绍　兴　市
诸暨市
东阳市
义乌市
磐安
永康市
缙云
新昌
仙居
台　州　市
丽　水　市
台　州　市
温　州　市
大　盘　山
五泄镇
草塔镇
东和
谷来镇
仙岩镇
竹溪
王院
崇仁镇
街亭镇
王家井镇
浬浦镇
东白湖镇
陈蔡水库
雅璜
通源
石璜镇
甘霖镇
璜山镇
同山镇
安华镇
安华水库
红峰
白马镇
义北
郑家坞镇
高路
大畈
西岸
八都坑水库
陈宅镇
石壁水库
龙花岗
东白山
西坑
东方红水库
长乐镇
里南
澄潭镇
梅渚镇
城南
东茗
大陈镇
上楼
里西岗
里外台
岭北镇
市前
白溪
南山水库
贵门
镜岭镇
儒岙镇
苏溪镇
西山下
华溪
塘下店
雅楼
下西陶
梅庄
苦竹山
罗店
白峰
楼下畈
湖溪
虎鹿镇
象岗
佐村镇
罗峰
青溪
三单
大爵溪
后张
双彩
回山镇
廿三里街道
西京
永久
石马
桐坑
六石街道
巍山镇
上村
石井坑
闲溪
胡宅
白鹤镇
歌山镇
俯侃
四汇
横锦水库
白牛畈
俞家
城东街道
东阳江镇
岭下
花溪－夹溪（夹溪）
玉山镇
尖山镇
里吞
三州
南山
南王店
南峰
槐堂
和堂
天鹅尖
郭宅
尚镜
黄浦
学陶
五丈岩水库
后业岭
万苍
上朱
画溪
后塘
三都－屏岩
金宅
东吴
陈村
佛堂镇
塔山
六联
八面山
湖溪镇
东门
牛背岩
岩甲
九和
尚湖镇
平桥镇
赤岸镇
画水镇
廿丰
横店镇
南江
潘庄
上横山
陈董
回龙山
街头镇
王凡
溪南江
下安店
中信联
屠梁
雅坑
双溪
西岭
雷峰
山高平
绣川
南马镇
官桥
和平
八音尖
岭山
纺川
岭干
马宅镇
和协
卢坎头
水坞岗
方前镇
龙溪
下位
桐溪
太平
太平水库
岭脚
防军
南湖
千祥镇
磐安
花台山
墨林
石门水库
唐先镇
九里口
龙山镇
西溪镇
龙井山
大路
双坑
官田
大盘镇
田广
泉头
林坑陈
贾处
林甘
麻车下
深泽
王庄
里林山
里井坑
罗成岩
童宅
象珠镇
古山镇
森屋
花溪－夹溪（花溪）
大盘山
大盘山
广度
朱阴
王南山
上马
新渥镇
盘峰
芝英镇
方岩镇
方岩
铜山
双峰
横坑
高二
维新
白水洋镇
西村
岩潭
仁川镇
冷水镇
平象
丰陈
下各镇
麻车口
厚辛
杨溪水库
大路任
古竹畈
泊公坑
马岭
石村镇
古里溪
石下
清明尖
官路镇
大战
双庙
前仓镇
舟山镇
壶镇镇
步路
田市镇
历山
金斗
前路
埠头镇
白塔镇
东方镇
横溪镇
嗜滩
淡竹
三溪
湫山
七里
舒洪镇
溶江
双溪口
胡源
下岸水库
太源镇
溪港
安岭
方溪
黄村
大洋镇
东渡镇
诸永高速
甬金高速
常台高速（上三段）
台金高速
金丽温高速
S26
S211
S310
S210
S312
S217
S218
S219
S322
S323
S28
S333
G1512
G15W
G104
图　例
设区市政府驻地
县(市、区)政府驻地
镇(乡)、街道驻地
村庄
景点
设区市界
县（市、区）界
铁路及车站
高速公路及互通、编号、服务区
国道及编号
省道及编号
县乡道
比例尺　1：670 000
浙江省第一测绘院　编制
浙测地图审［2011］86 号
版权所有　复制必究
本图界线不作划界依据
基础地理底图资料由浙江省测绘与地理信息局提供

金华年鉴

(2014)

中国共产党金华市委员会
金 华 市 人 民 政 府 主办

金华市地方志编纂委员会 编

方志出版社

图书在版编目（CIP）数据

金华年鉴．2014 / 金华市地方志编纂委员会编．-- 北京：方志出版社，2015.10
ISBN 978-7-5144-1740-1

Ⅰ．①金… Ⅱ．①金… Ⅲ．①金华市 — 2014 — 年鉴
Ⅳ．①Z525.53

中国版本图书馆 CIP 数据核字(2015)第 245687 号

金华年鉴（2014）

编　　者：金华市地方志编纂委员会
责任编辑：张　昊
出 版 人：冀祥德
出 版 者：方志出版社
地址　北京市朝阳区潘家园东里 9 号(国家方志馆 4 层)
邮编　100021
网址　http://www.fzph.org
发　　行：方志出版社发行中心
电话（010）67110500
经　　销：各地新华书店
印　　刷：金华日报商务彩印有限公司
开　　本：889 × 1194　　1/16
印　　张：25.5
字　　数：716 千字
版　　次：2015 年 10 月第 1 版　　2015 年 10 月第 1 次印刷
印　　数：0001~1000 册

ISBN 978-7-5144-1740-1　　定价：220.00 元

▲ 2 月 25 日—28 日，金华市政协举行六届三次会议。

▲ 2 月 26 日至 3 月 1 日，金华市六届人大四次会议举行，会议表决通过关于市政府工作报告的决议等一系列决议。

▲ 3月初，金华市区婺城大桥竣工通车。

▲ 4月18日，省委副书记、省长李强（前排右三）在义乌深入企业，调研义乌国际贸易综合改革试点工作。

▲ 5月15日，第二届浙(婺)商创业大会在金华举行，140多位嘉宾和浙(婺)商代表齐聚一堂。大会签约项目29个，总投资额209亿元。

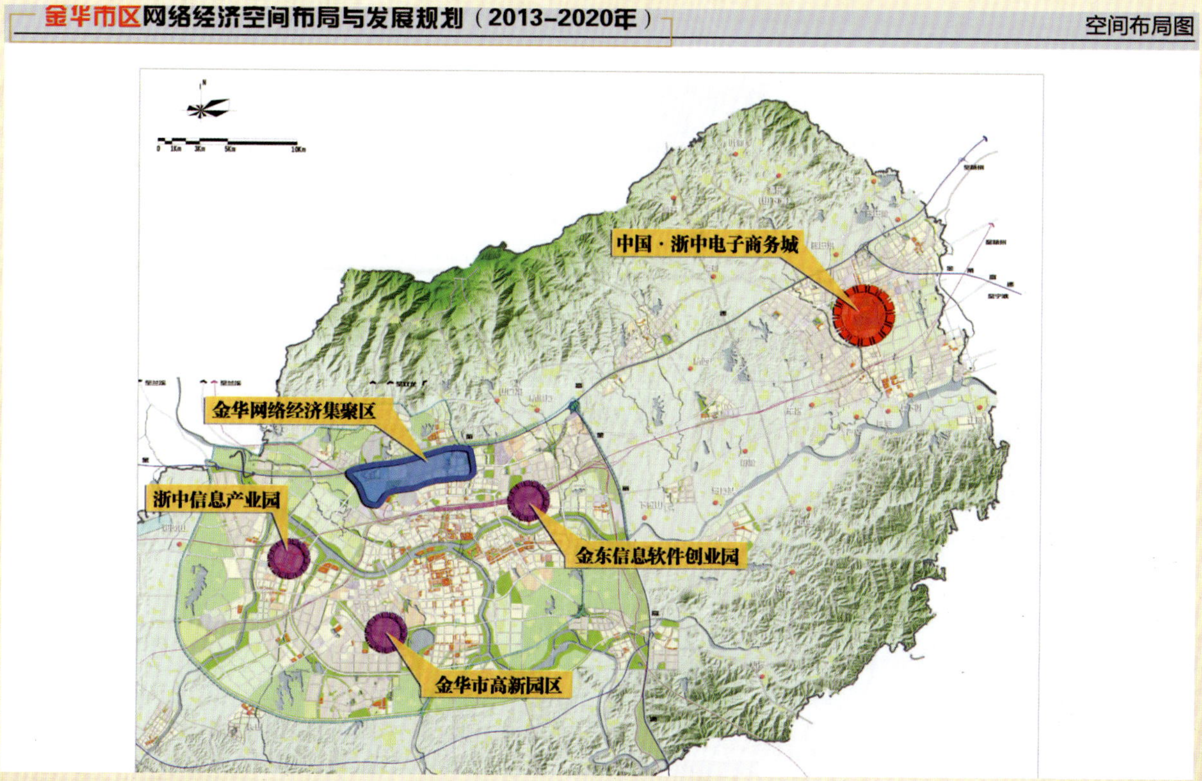

▲ 5月16日，金华市举行网络经济发展大会，成立网络经济发展局，网络经济成为金华加快转型发展的“一号产业”。图为金华市区网络经济空间布局与发展规划(2013-2020年)。

▲ 6月26日，省委书记、省人大常委会主任夏宝龙（前排右一）到浦江督办浦阳江水环境综合整治工作，要求加快走出"绿水青山就是金山银山"的发展新路，拉开金华治水攻坚战的序幕。

▲ 7月24日，中共金华市委六届五次全体（扩大）会议暨市政府六届六次全体会议召开，审议通过《中共金华市委关于全面实施创新驱动发展战略加快建设创新型城市的决定》。

▲ 9月21日—29日，浙江省第二届体育大会在金华举行。

▲ 金华全力打造宜居宜游精品城市。10月16日，市委书记徐加爱(右二)到现场指导工作。

◀ 10月28日，“8890”便民服务平台开通试运行。图为市委副书记、市长暨军民（左一）视察“8890”平台呼叫中心。

▲ 11月2日，金华市区公共自行车开通运行，市民可凭卡租用，1小时内免费。

金华市地方志编纂委员会

编辑说明

1.《金华年鉴》的编辑，以中国特色社会主义理论体系为指导，旨在全面真实反映年度全市经济和社会各项事业的发展状况，汇集各行业、各方面在改革开放和社会主义现代化建设中的实绩。

2.《金华年鉴》采用分类编辑法。分为类目、分目、条目3个层次，部分分目下增设副分目。为方便检索，标题使用不同字体和版式，类目标题用魏碑体字通栏，分目标题用黑体字加“网纹”，副分目为黑体字顶格，条目标题用黑体字加【】号。条目为记述的基本形式，是收录信息的实体。

3.《金华年鉴(2014)》的记述时限为2013年1月至12月。无年份日期为2013年，“上年”指2012年。全书分：概况、经济建设、政治建设、文化建设、社会建设、生态文明建设、党的建设、县(市、区)概况、国家省直驻金单位、专记、附录。

4.本年鉴内表述为“全市”的，指金华市行政区划范围的两区四市三县范围；表述为“市区”的，指金华市城区(婺城区、金东区、金华经济技术开发区)范围。

5.本年鉴采用的文稿由各单位提供，并经单位领导审阅。各种数据、资料均经有关部门核实确认，综合性数据以金华市统计局提供为准。

6.“组织机构及负责人”收录的名单由市委组织部提供，均为市本级机关各部委办局及各县(市、区)正职。凡2013年职务有变动的，姓名后加括号注明任、免职时间。

7.本年鉴编辑工作由袁朝明、郑龙、邵云花、周兴江、林莉完成。照片由陈少华、洪兵和供稿单位提供。

目　　录

政治建设

文化建设

社会建设

生态文明建设

党的建设

县(市、区)概况

国家、省直驻金单位

专记

附录

索引

概 况

基本市情

地 域

【位置面积】 金华市位于浙江省中部，为省辖地级市，以境内金华山得名。处于北纬28°32′~29°41′、东经119°14′~120°47′之间。东邻台州、南毗丽水，西连衢州，北接绍兴、杭州。市域东西直线距离151千米，南北直线距离129千米，面积10942平方千米。市区位于东阳江、武义江和金华江交汇处，面积2049.38平方千米，建成区面积76.68平方千米。

【地形地貌】 地处金衢盆地东段，为浙中丘陵盆地区，地势南北高、中部低。“三面环山夹一川，盆地错落涵三江”是金华地貌的基本特征。市境的东、东北有大盘山、会稽山，南属仙霞岭，北、西北接龙门山及千里岗山脉。仙霞岭山脉从闽、赣交界的武夷山延伸入境，至武义县、婺城区南部和永康市境，向东北延续为大盘山和天台山脉，一般海拔500米~1000米，山体多由火山岩和花岗岩构成。大盘山是钱塘江、曹娥江、椒江和瓯江部分支流的发源地和分水岭，西南段位于磐安、东阳、永康和义乌南缘，主峰在磐安县安文镇东南，海拔1245米。会稽山为天台山支脉，主体朝东北方向伸展，西南段延伸至东阳北部和义乌，山体主要由火山熔岩、碎屑岩构成，平均海拔500米左右，主峰东白山位于东阳、诸暨、嵊州交界处，海拔1194.6米。龙门山界于富春江与浦阳江之间，高度多在500米~800米，分布在浦江、婺城区和金东区北部、兰溪及义乌西缘，山体主要由中生代火山熔岩和碎屑岩构成，局部为花岗岩和石灰岩，其余脉金华山呈块状山地，北隔墩头盆地与龙门山脉相连，主峰海拔1312米。千里岗山脉由赣东北怀玉山脉延伸入境，余脉至兰溪与建德市交界处，山体由沉积碎屑岩组成，中心部分为千里岗砂岩。延伸入境的山系受华夏构造控制，山脉大多呈东北—西南走向，同时受东北—西南和东西向断裂带的切割，延伸出来的众多支脉纵横交织，山形破碎、峰岭交错。境内千米以上的山峰有208座。位于武义与遂昌交界处的牛头山主峰，海拔1560.2米，为全市最高峰。境内山地以500米~1000米低山为主，分布在南北两侧。山地内侧散布起伏相对和缓的丘陵，以江山—绍兴断裂带为界又分为北部丘陵和中部丘陵。市境的中部，以金衢盆地东段为主体，四周镶嵌着由断裂凹陷形成的武义盆地、永康盆地、南马盆地、浦江盆地、墩头盆地等山间小盆地。盆地之间丘陵、低山阻隔，盆地群外围又为低山、中山所环抱，形成一个大致呈东北—西南走向，西面开口的大盆地。大盆地东自东阳市巍山镇，西至兰溪市游埠镇，长100多千米，宽数十千米不等。由盆周向盆地中心，呈现出中山、低山、丘陵岗地、河谷平原阶梯式层状分布，海拔高度逐级降落。大小盆地内浅丘起伏，海拔在50米~250米之间，相对高度不到100米。盆地底部是宽阔不一的冲积平原，地势低平。上游东阳江自东而西流经义乌，在金华市区汇合武义江而入金华江。金华江向西北流往兰溪，在兰溪城区汇入兰江。兰江北流至将军岩入建德市境。将军岩海拔23米，为全市最低点。

气 候

属中亚热带季风气候，四季分明，年温适中，热量丰富,雨量较多,有明显干、湿两季。春早秋短,夏季长而炎热,冬季光温互补。盆地小气候多样,有一定垂直差异。灾害性天气频繁。

水 情

2013 年,全市平均降水量 1427.1 毫米,比上年(1939.0 毫米)偏少 26.4%,比多年同期(1512.9 毫米)偏少 5.7%。主要特点为:①降水量总体偏少,江河水势平稳。受局部强降雨、梅雨和台风等影响,全市主要江河水位起伏较大,但均未超警戒水位,金华站在"菲特"台风期间出现年最高水位 34.01 米(10 月 7 日 20 时),距警戒水位 0.66 米。全市 29 座大中型水库年末蓄水总量 6.82 亿立方米,平均蓄水率 64.6%,比年初 7.93 亿立方米减少 1.11 亿立方米。②梅雨期较为典型。全市 6 月 6 日入梅,7 月 1 日出梅,梅雨期长达 25 天,全市平均降水量 230.3 毫米,比常年梅雨期平均降水量 253.5 毫米偏少 9.2%。从时间分布看,全市先后经历 2 次大范围较强降雨过程(6 月 6 日—7 日,6 月 26 日—29 日),期间出现多次局部短历时暴雨。从空间分布看,降雨量地区分布不均匀,总体呈现南北多中部少,其中浦江最多(300.0 毫米),永康最少(156.9 毫米)。出梅时全市水库蓄水率较高,其中 28 座大中型水库平均蓄水率达 87.5%。③出现近十年来最严重高温干旱。出梅后,全市遭遇历史罕见的持续晴热高温少雨天气,出现 35 度以上高温天气 44 天,40 度以上高温天气 8 天,蒸发量破历史纪录,呈现近十年来最严重的旱情。7 月 1 日至 8 月 20 日,全市平均降雨量仅 102.3 毫米,比多年同期降雨量 253.2 毫米偏少 60%。8 月 21 日起,受 13 号台风"潭美"影响,全市普降大到暴雨,面平均降水量 48.4 毫米,大部分地区旱情基本解除。④台风"菲特"影响较大,汛期局地短历时暴雨频发。受 23 号台风"菲特"影响,10 月 6 日起全市普降大到暴雨,6 日 8 时至 8 日 8 时全市面平均降水量 137.2 毫米,最大为磐安县 195.7 毫米,最小为兰溪市 73.8 毫米。期间单站累计雨量大于 250 毫米的有 5 个站点,大于 200 毫米的有 38 个站点,其中最大的为婺城罗坪达 281.5 毫米。2013 年全市短历时暴雨频发,汛期 1 小时暴雨量达到 30 毫米以上的有 401 站次,超过 50 毫米的有 75 站次。

建置沿革

金华市域春秋时属越国。秦、汉为乌伤县,属会稽郡。三国吴宝鼎元年(266)置郡,名东阳,以郡在瀔水(即衢江)之东、长山之阳得名。金华设立郡府建置自此始。东阳郡属扬州,领长山(今婺城区、金东区、兰溪市)、乌伤(今义乌)、永康、吴宁(今东阳)、丰安(今浦江)、太末(今龙游)、新安(今柯城、衢江区)、定阳(今常山)、平昌(今遂昌)9 县,治设长山。南朝梁绍泰二年(556)置缙州,陈天嘉三年(562)撤州,东阳郡改名金华郡,郡名金华自此始。隋开皇十三年(593)改置婺州。大业三年(607)复置东阳郡。唐武德四年(621)改东阳郡置婺州,并于信安(新安)县分置衢州。唐天宝元年(742)改婺州为东阳郡,乾元元年(758)复为婺州,一直延续到宋元。元至元十三年(1276)改为婺州路,至正十八年(1358)朱元璋攻取婺州路,改名宁越府,至正二十年(1360)改为金华府。明成化七年(1471)金华府领金华、兰溪、东阳、义乌、永康、武义、浦江、汤溪 8 县,故有"八婺"之称。1912 年废府实行省、县两级制。1914 年置金华道,辖区扩及原衢州、严州府。1927 年废道,各县仍直属于省。1932 年 6 月设浙江省县政督察专员办事处第八区,驻金华。9 月,改设浙江省特区行政督察专员办事处第六特区。民国期间,行政督察区序号、辖县、专署驻地时有变换。1949 年 5 月 7 日,金华解放,设立浙江省第八行政区。10 月,改名金华专区。11 月金华专区辖 2 市 9 县。1955 年3 月,衢州专区撤销并入。嗣后,金华专区辖县(市)续有撤并、复置,并与杭州、丽水等毗邻市地互有调整。1968 年 4 月,改金华专区为金华地区。1985 年 5 月,撤销金华地区,原金华、衢州两县级市分别升为地级市,实行市管县体制,并于金华城区设立婺城区,郊区设立金华县,同时撤销兰溪县,设立兰溪市(县级)。金华市辖婺城区、兰溪市和金华、永康、武义、东阳、磐安、义乌、浦江 7 县。原金华地区的龙游、开化、常山、江山县划归衢州市管辖。1988 年 5 月,撤销义乌县设立东阳市(县级)。1992 年 10 月,撤销永康县设立永康市(县级)。2000 年 12 月,撤销金华县,设立金华市金东区。

行政区划

金华市设婺城、金东2个市辖区，辖浦江、武义、磐安3个县，代管兰溪、东阳、义乌、永康4个县级市。截至2013年底，全市共有镇76个、乡36个(含民族乡1个)、街道39个，村民委员会4795个、社区居委会(居民委员会)366个。

2013年，全市行政区划基本没有变动，仅部分县(市、区)对村民委员会、社区居委会(居民委员会)的布局进行了微调，其中村民委员会减少8个，社区居委会(居民委员会)增加16个。

人 口

【户籍人口】 2013年底，全市(不含现役军人、武警官兵，下同)总户数为1834352户，总人口数为4733469人，平均每户2.58人，总人口比增加27213人，年增长0.58%，比上年的0.33%上升0.25%。在总人口中：男性2417631人，女性2315838人，性别比为104.40:100。

总人口按年龄段看18岁以下811825人，占总人口17.15%；18~35岁(含18岁不含35岁)1063270人，占总人口22.46%；35~60岁1972767人，占总人口41.68%；60岁以上885607人，占总人口18.71%。与2012年末相比，18岁以下人口、18~35岁人口、35~60岁人口占总人口比例分别下降0.22%、0.44%和0.11%，60岁以上人口则上升0.77%，金华市常住人口呈老龄化趋势。

2013年底，九个县、市(区)总人口分别为：市辖区总人口945727人(其中：婺城区381524人、江南经济开发区245818人、金东区318385人)，武义县340321人，浦江县394385人，磐安县210350人，兰溪市666711人，义乌市759902人，东阳市830664人，永康市585409人。

2013年全市共出生52731人，出生率为11.17‰，比上年上升0.55‰；死亡29568人，死亡率为6.26‰，比上年下降2.75‰。全市人口自然增长23163人，增长率为4.91‰，比上年上升3.3‰。其中金华市区出生9940人，出生率为10.55‰，死亡5182人，死亡率为5.50‰，自然增长4758人，自然增长率为5.05‰。

【流动人口】 截至2013年6月30日，全市流动人口总量达305.2061万人，比上年减少2.8562万人，减少0.93%。其中：男性176.9109万人，占

金华市2013年末行政区划表

表1

地区 \ 类别	镇(个)	乡(个)	街道(个)	村委会(个)	社 区(居委会)(个)	土地面积(平方千米)
全市	76	36	39	4795	366	10942
婺城区	9	9	9	571	96	1391
金东区	8	1	2	491	21	658
兰溪市	7	3	6	646	26	1312
东阳市	11	1	6	347	43	1747
义乌市	6	–	7	714	91	1105
永康市	11	–	3	710	44	1047
浦江县	7	5	3	409	19	918
武义县	8	7	3	544	18	1568
磐安县	9	10	–	363	8	1195

57.96%;女性128.2952万人,占42.04%。

从年度统计表分析：流动人口来自省内的37.1204万人，占总量的12.16%；省外的流动人口268.0437万人,占总量的87.82%;港澳台及国外的流动人口分别为95人和325人，仅占总量的0.14%。从区域来看,金华市流动人口的总量从高到低的排序为：义乌116.5473万人、永康58.0943万人、东阳36.5865万人、浦江25.4789万人、江南17.5199万人、金东15.9292万人、武义13.9347万人、婺城12.2148万人、兰溪6.1401万人、磐安2.7604万人；流动人口主要集中在义乌市，占38.19%。流动人口主要以务工、经商、服务、务农等为主,其中:务工人员258.7804万人,占84.79%;经商人员5.4454万人,占1.78%;从事服务业人员2.3821万人,占0.78%;务农人员0.6475万人,占0.21%;四类经济型流动人口共占全市流动人口总数的87.57%。

资　源

【水资源】 市域内江河分属钱塘江、瓯江、曹娥江、椒江4大水系,流域面积分别为9332.73平方千米、949.71平方千米、341.6平方千米和293.96平方千米，分别占总面积的85.49%、8.69%、3.13%和2.69%。集雨面积在100平方千米以上的江溪有40多条。

【矿产资源】 境内发现的矿产50余种,可供开发利用的有32种。矿产以非金属居多,其中以萤石储量最为丰富，是国内主要产地之一，总储量在3000万吨以上。石灰岩储量约为2亿吨。金华九龙——山口岩矿储量0.8亿吨。全市优势矿产有萤石、水泥用灰岩、饰面用花岗石、建筑石料、钾长石、矿泉水、地热水等。

【生物资源】 属亚热带常绿阔叶林地带。全市植物资源有1500余种,其中森林树种440种,草本植物约300余种,农作物品种资源800余种。属国家重点保护的珍稀树种有银杏、金钱松、鹅掌楸、凹叶厚朴、香果树、青檀、浙江楠、半枫荷、花榈木、南方红豆杉、天竺桂和短穗竹12种。全市森林活立木蓄积量2851万立方米。

全市野生动物约有鸟纲12目23科100余种，哺乳纲8目13科30余种，爬行纲2目6科20余种。属国家一类保护动物有穿山甲、大灵猫、金钱豹、云豹、鬣羚,属二类保护动物天鹅、猕猴、鸳鸯、大鲵(娃娃鱼)等。畜牧业历史悠久,地方优质品种有金华两头乌和兰溪花猪、永康灰鹅等。

大事记

1月

3日—4日,金华降雪。该次降雪为2010年12月以来的最大降雪。市政府紧急部署应对雨雪冰冻灾害,启动二类响应。

7日,全国近千名旅行社总经理齐聚金华,参加“全国千名旅行社总经理走进金华”活动。

8日,燕尾洲步行景观桥开始建设。

10日,金华启动百镇千村奔“两富”创建活动。

14日—15日，副省长毛光烈到金华检查指导2012年度推进惩防体系建设和落实党风廉政建设责任制工作并慰问驻金部队和困难群众。

16日，在中国传媒大会上,《金华日报》获评“2012年中国十大地市党报”,《金华晚报》获评“2012年中国十大影响力地市晚报”。

16日,尖峰山高尚休闲生活区建设指挥部进行实地调研,着手制订开发建设方案。

16日,省重点工程——永康市垃圾焚烧发电项目点火成功,正式投入试运行。

17日,金华中职学生本学期起学费全免。

17日,市区三江六岸核心区段整体规划及景观优化提升方案通过专家评审。

18日,中共金华市委六届四次全体(扩大)会议暨市政府六届四次会议召开,市委书记陈一新作题为《重落实 敢担当 有作为 再创金华赶超发展新业绩》的报告。

18日,金华市新一轮扶贫标准由之前的家庭人均纯收入2500元提高到4600元。

18日,市六届人大常委会举行第十五次会议。

20 日，陈斌强、吴连表获评 2012 年度浙江骄傲人物。

21 日，金华市委、市政府印发《关于改进工作作风密切联系群众的实施意见》，从改进调查研究、精简会议活动、精简文件简报、规范考核检查、规范出国访问和出市考察活动、改进接待和警卫工作、改进新闻报道、厉行勤俭节约、狠抓督查落实等方面，对改进工作作风、密切联系群众提出了具体明确的要求。

22 日，金华市委、市政府召开“五城四边三化”行动推进会。市委副书记、市长徐加爱要求着力打造精品城市，努力建设美丽金华。“五城同创”包括巩固扩大国家卫生城市创建成果，积极争创国家森林城市、国家园林城市、国家环保模范城市和全国文明城市。“四边三化”是指在全省的公路边、铁路边、河边、山边等“四边区域”开展洁化、绿化、美化行动。

23 日，市慈善总会举行 2013 年“慈善温暖行动”救助金发放仪式，共向市区困难户发放救助金 200 多万元。

26 日，2013 年春运开始。

29 日，金华籍美术大师方增先获得第二届“中国美术奖·终身成就奖”。“中国美术奖”是中宣部批准设立，文化部、中国文联、中国美协主办，并由中国美协承办的国家级美术最高奖。

2 月

4 日，金华市举行见义勇为暨公安系统英雄模范表彰大会。市委书记陈一新讲话，市长徐加爱宣读表彰决定。

17 日，全国首家省级现代农业装备高新技术产业园区落户永康，副省长毛光烈为永康省级现代农业装备高新技术产业园区授牌。

18 日，金华市召开作风建设暨行政审批制度改革工作会议。会议要求“全市正风提效促赶超 务实担当创新业”。

19 日，金华市召开全市工业大会，要求全市深化“工业强市”战略，全力推进赶超发展。

19 日，磐安孝子陈斌强当选 2012 年度十大感动中国人物。

20 日，市人大常委会举行十六次会议。

25 日—28 日，金华市政协六届三次会议举行。

25 日，金华市首班农村公交夜班车开通。

26 日至 3 月 1 日，金华市六届人大四次会议举行。市长徐加爱代表金华市政府在开幕式上向大会作政府工作报告。大会以举手表决方式，通过关于市政府工作报告的决议、关于 2012 年全市国民经济和社会发展计划执行情况及 2013 年国民经济和社会发展计划的决议、关于 2012 年全市和市本级财政预算执行情况及 2013 年全市和市本级财政预算的决议、关于市人民代表大会常务委员会工作报告的决议、关于市中级人民法院工作报告的决议、关于市人民检察院工作报告的决议。

28 日，金华市代表团赴舟山参加 2013 年中国海洋旅游年暨金华—舟山两地“诗画浙江·海山增辉”旅游山海协作活动。

3 月

3 月初，金华市区二环路婺城大桥通过竣工验收。

2 日，浙江婺剧团陈美兰剧目创作团队受文化部委派前往南美洲古巴、委内瑞拉、特立尼达和多巴哥三个国家访问演出。

5 日，市委书记陈一新就如何打造浙中水资源战略优势进行专题调研，强调要建造“城市水库”，打造“浙中水乡”。

6 日，金华市招才局成立。

12 日，公交新线路 K1 开通，新型天然气车投运。

13 日—14 日，副省长梁黎明到金华调研商务旅游工作和义乌国际贸易综合改革试点工作。

15 日，金华市新增省五星级文明规范市场 1 家，为永康中国五金城。新增四星级市场 4 家，分别为东阳国际缝制机械市场、东阳市红木市场、金华市锦绣国际家居·江北市场、金华市锦绣国际家居·江南市场。

18 日，中国民生银行进驻金华。

26 日，市政府召开第 46 次常务会议。

28 日，“双千亿投资系列工程”——金义都市新区首批百亿工业项目开工建设，19 个高端工业项目落户高新产业区，总投资 103 亿元，用地 1572 亩，投资强度每亩 600 万元以上，建成投产后预计年销售收入160亿元,利税25亿元,经济密度每亩超1000万元,亩产税收10万元以上。

28日—29日,全国工商联法律座谈会暨商会调解工作现场会在义乌举行。全国工商联副主席谢经荣出席会议。

29日,东阳中国木雕文化博览城开工奠基。

29日—31日,第六届永康国际机械装备及工模具展览会举行。

4月

1日,金华市区提高城乡居民最低生活保障标准,城市低保标准从每人每月464元调整为每人每月524元,农村低保标准从每人每月279元调整为每人每月357元。

3日,市党政军领导祭扫革命烈士陵园。

5日,婺城汤九线至夏家联网公路开工建设。

7日,市政府召开第47次常务会议。

8日,金华市召开招商招才工作汇报会,总结3月“无会月”期间集中招商招才活动成果。

8日,市区燕尾洲公园建设全面展开。

8日,金华市举行第25个全国爱国卫生月暨国家卫生城市复审迎检工作启动仪式。

截至11日,金华市“三改一拆”工作开局良好,全市启动旧住宅区改造68.76万平方米,启动旧厂区改造43.64万平方米,启动旧城中村改造60.25万平方米,拆除违章建筑139.09万平方米。

11日,全省历史文化村落保护利用工作现场会在兰溪召开,副省长黄旭明出席会议。

11日—12日,省委常委、组织部部长蔡奇在武义、兰溪调研基层党建和乡镇干部队伍建设,强调要创新基层党建工作,培养全科干部。

12日,浙江省义乌市国际贸易综合改革试点工作领导小组第一次全体成员会议在义乌召开,27个省级部门共商“试点”工作,总结义乌试点的进展情况,并对2013年的重点工作做出部署。省委常委、常务副省长龚正,省政府党组成员郑宇民等领导出席会议。

13日,第六届金华市名茶推介暨“清茗酬知音”万人品茶大会举行。

15日,金华市首家台资农庄在义乌设立。

17日,省委副书记、省长李强在永康调研,深入能诚集团、浩天实业、众泰集团车间,召开永康企业座谈会,听取星月集团、天行集团、步阳集团、四方集团、哈尔斯公司负责人的情况介绍,详细了解企业发展情况,对永康企业集约用地、“机器换人”、科技创新等转型升级的做法予以充分肯定。还听取了金华工作汇报,强调要推动转型升级,切实抓好金义都市新区建设。省政府秘书长李卫宁、省政府党组成员郑宇民等参加调研。

18日,省委副书记、省长李强调研义乌国际贸易综合改革试点工作,实地考察义乌港、国际商贸城五区市场、东方之星控股集团、浙江邮政速递物流公司义乌分公司、浙江真爱网商仓储服务有限公司,主持召开座谈会,要求进一步深化改革创新,不断放大试点效应,全力打造义乌市场贸易和区域。

18日,市六届人大常委会举行第十八次会议。

19日,市政府召开第48次常务会议。

19日,第九届浙中购物节启动。

19日,全球客房拥有量最大的洲际酒店管理集团携旗下皇冠假日酒店签约金东区紫金湾城市综合体。

20日—22日,第十届中国国际五金电器博览会、第八届义乌消费品交易会、第二届义乌进口商品展在义乌举行。

22日,金华市政府召开全体会议。

23日,金华市区暂停活禽交易。

24日,金华市筹建的国家汽车传动系统零部件产品质量监督检验中心通过国家质检总局专家组预审,该中心进入正式建设阶段。

24日,金华市中心医院签收浙大,设立院士专家工作站。

25日,金华举行新闻通报会,通报市区治理城市交通拥堵工作,计划通过三年时间有效缓解城市交通拥堵。2013年,市区将打通断头路4处,新增1万个停车位、3000辆公共自行车。

26日,市区三江六岸核心区段整体规划及景观优化提升设计及效果图向市民公开展示,市区三江六岸景观提升工程正式启动。

26日,中共中央政治局委员、中央政法委书记孟建柱到金华调研,先后到义乌国际贸易服务中心、国际商贸城进口商品馆、义乌市江东街道鸡鸣山社区、金义都市新区了解社会服务管理中心、“网络化管理、组团式服务”工作流程，考察新区规划与建设。中央政法委秘书长、国务院副秘书长汪永清，中央政法委副秘书长、中央综治办主任陈训秋，省委副书记、政法委书记王辉忠等参加调研。

26日，金华市中小商贸流通企业服务大厅正式启用，服务大厅位于市区胜利北街530号市粮食局大院内，面积近400平方米，开设创业指导、融资担保、管理提升、科技应用、市场开拓及政策法规咨询六个服务窗口。服务大厅将强化公共服务、供需对接、政策落实和需求开发等，使5万家中小商企受益。

26日—28日，副省长卢子跃，省政协党组副书记、副主席陈加元带领省相关部门负责人到浦江、兰溪调研浦阳江污染综合整治和金华市“双清”行动进展情况。

28日，第八届中国义乌文化产品交易博览会开幕，文化部副部长项兆伦，省委常委、宣传部长葛慧君等领导及保加利亚、厄瓜多尔等来自16个国家和地区的国际友人出席开幕式。

28日，浙能兰溪发电工资运营三值一单元获得全国“工人先锋号”称号。

28日，荷兰王氏企业发展集团与金华市人民政府签署《战略合作框架协议书》，投资6.9亿欧元开发“中华福园·金西国际养生温泉度假区项目”。

5月

1日，义乌作为国内首批城市列入《政府间陆协定》，正式升格为国际级内陆港。

1日，金华市出台《加快推进企业直接融资发展的意见》鼓励企业直接融资，企业发行债券、股权交易、并购重组都有高额奖励。

6日，浦江县召开浦阳江环境综合整治动员大会，部署动员浦阳江水环境综合整治攻坚战。副省长卢子跃出席大会。

7日，省委常委、宣传部部长葛慧君到东阳专题调研横店影视文化产业发展情况，实地考察明清民居博览城《秦淮八艳》项目、梦上海建设项目、明清宫苑《紫禁大典》项目等，详细了解项目进展情况，并主持召开调研现场会，听取东阳市关于横店影视文化产业实验区工作情况汇报和建设中需协调解决的困难问题。

7日，市政府召开第50次常务会议。

7日，云南省保山市经贸代表团到金华考察，就两地开展经济贸易协作进行洽谈。

9日，金华市铁皮石斛产业协会成立。

9日，省公安厅出入境管理局义乌分局成立，成为全国唯一一家可办理外国人签证和居留许可的县级公安出入境管理机构。

10日，寺前皇菜市场拆除异地重建。

10日，金华市政府与浙江省交通投资集团签订战略合作框架协议，双方将加强在高速公路、有轨电车、港口码头和市政工程等交通基础设施建设方面的合作，共同推进杭金衢高速拓宽改造、杭金衢高速新狮乡互通连接线改造提升、临金高速建设、金丽温金东互通新增等项目建设；加强在交通智能、信息化发展等方面的合作；加强在物流基地和平台建设方面的合作；加强在双方有意向的其他领域的合作。

11日，金华市区七大重点区块建设在2012年12月11日召开市区建设与发展克难攻坚动员大会，成立七大重点区块建设指挥部和建设服务协调小组后，又梳理出48个项目60个难题。

15日，第二届浙(婺)商创业大会在金华举行，140多位参会嘉宾和浙(婺)商代表齐聚一堂，共商深化合作事宜。大会共签约项目29个，总投资209亿元。金华市政府还与中国交通建设股份有限公司签订战略合作框架协议。

15日，上海—金华医学合作项目签约仪式在金华举行，上海市虹口区卫生局、复旦大学附属中山医院、第二军医大学附属上海长征医院一批上海医疗卫生机构与金华医疗卫生机构签订合作协议。双方18家单位共签订9项合作协议。金华将借助上海先进医疗力量，打造浙中西部医疗中心。

16日，金华市举行网络经济发展暨网络经济发展局成立大会，市委书记陈一新强调，要把网络经济作为加快转型发展的“一号产业”来抓。

16日，金华举行2013中国旅游日主题活动暨淘宝美丽金华馆开馆仪式。淘宝美丽金华馆是全国首个地市级旅游淘宝馆，汇聚金华地区数百家旅游企业近千件旅游产品。

16日,受省文化厅委派,浙江婺剧艺术研究院陈美兰创作团队一行32人启程前往德国,参加“2013德国·浙江文化节”和“柏林文化狂欢节”。

17日,市政府召开第51次常务会议。

18日,第六期浙江经济主题沙龙在金华举行。

18日,金华无铝油条配方获国家发明专利,用小苏打和臭粉代替明矾作为膨松剂。该专利配方由金华市卫生监督所发明,任何团体和个人都可以无偿使用配方。

20日,金华第一届招才引智大会在杭州召开,会上签约20个市校、校企科技人才合作项目,其中金华市政府与省教育厅签署《关于共建浙江高校产学联盟金华中心合作协议》。

20日,金华市出台《深化行政审批制度改革工作方案》,对涉及企业投资项目、政府投资项目、便民服务事项的审批和办理作了进一步规范,减少审批事项,下放审批职能,建立联办机制。

21日,省委书记、省人大常委会主任夏宝龙到磐安调研,要求山区县市坚定不移落实“绿水青山就是金山银山”的理念,抓住生态优势,推进美丽乡村建设,促进农民持续增收,走出一条生态富民、绿色发展的新路子。省委常委、秘书长赵一德,副省长黄旭明等参加调研。

22日,金华市召开生态金华建设大会,市委书记陈一新在大会上强调要加大环境整治保护力度,实现生态环境建设和经济发展双赢。会议提出推进生态金华建设的总体要求:以“811”生态文明建设推进行动为总抓手,突出抓好“治污、减排、转型”三个环节,统筹推进“四边三化、三治一优、双清行动、浙中水乡”四大重点工程,努力实现“金山银山与绿水青山、环境保护与赶超发展、美丽金华与百姓富裕”三个双赢,积极创建国家环保模范城市,加快打造生态金华。

22日,中国金义电子商务新城项目在金义都市新区签约,金义都市新区成为阿里巴巴物流第一“巢”。

23日,国务院研究室副主任韩文秀到金华调研,实地考察金义都市新区。

26日,第四届中国国际门博会在永康开幕。

28日,金华市部署展开“中国梦”宣传教育活动。

28日,金华银行·金报集团乒乓球俱乐部队落户金华,成为浙江省唯一乒超女队。

28日,全市宣传系统负责人会议召开,宣布在当前和今后一个时期,要把农村文化礼堂建设作为全市宣传思想工作的一个品牌和美丽乡村建设的一项重要任务,打造属于农民的“精神家园”。

28日,傅煜华被追授“省优秀人民警察”荣誉称号,追记个人一等功。

29日,金华市顺利通过国家卫生城市省级复审。

30日,金华市召开决策咨询委员会换届工作会议,成立新一届金华市决策咨询委员会。

6月

1日,金华市“个转企”优惠政策开始施行。

6日—7日,金华市38769名考生参加高考。

7日,“浙中崛起千亿投资系列工程”——金义都市新区首批百亿现代服务业项目开工建设,总投资116亿元。

8日,第八届省非物质文化遗产节暨2013年省文化遗产日主场城市活动在金华举行。

9日,五百滩瑞城国际顺利结顶。

12日,金华市举行智能城市建设专题报告会,中国工程院常务副院长潘云鹤院士作专题报告,省政府党组成员、义乌改革试点领导小组副组长郑宇民出席会议并讲话。会议由金华市委书记陈一新主持。

14日,省工商联十届一次常委会在金华召开,全国政协常委、省工商联主席南存辉作工作报告。

16日,全市“浙中水乡”建设动员大会召开,会议提出,金华加快建设“城市水库”、打造“浙中水乡”的总体要求是:按照“干好一三五、实现四翻番”的部署要求,以“两联两蓄三统一”为抓手,以试点工程为样板,全面加强水环境综合治理,加快推进农业水利向城市水利、环境水利、生态水利转型,努力打造“城水相依、湖库相嵌、江河相连、山水相融、保用相促、人水和谐”的浙中水乡,不断提高科学“蓄水、调水、治水、用水”水平,为金华赶超崛起打造水资源战略竞争优势。

17日,新疆阿克苏地区党政代表团到金华考察。

18日,市政府召开第53次常务会议。

18日,全国最大网络传销案——“万家购物”案件在金华开庭审理。8 月 7 日,金华市婺城区法院对“万家购物”案作出一审判决。主犯应建成被处有期徒刑 15 年,并处罚金 200 万元。

18 日,金华连续第五年被评选为“中国十佳和谐发展城市”。

19 日,衢州市电子商务考察团到金华考察交流。

19 日—30 日,市人大常委会主任黄锦朝率团赴芬兰、西班牙、土耳其三国友好访问。

20 日,国务委员王勇在义乌调研工商、质检等工作,国家工商总局局长张茅、国家质检总局局长支树平等参加调研,副省长朱从玖和金华市领导陪同调研。

20 日,金华美术馆挂牌开馆。

21 日,金华市成立交通投资集团公司。

21 日,全市水环境综合治理工作会议召开,动员部署全市上下打响水环境治理攻坚战。

26 日,省委书记、省人大常委会主任夏宝龙到金华现场督办浦阳江水环境综合整治工作。省委常委、秘书长赵一德,副省长熊建平,省政协副主席陈加元和金华市、浦江县领导陪同。

26 日,海军金华舰官兵到金华走访慰问。

27 日,甘肃陇南市党政代表团到金华考察。

7 月

1 日,市委召开常委扩大会议,认真学习传达和贯彻落实夏宝龙书记在浦江督办浦阳江水环境综合整治工作时的讲话精神,动员全市上下以水环境整治为突破口推进转型升级。

2 日,浙江婺剧团赴香港参加中国戏曲节。

2 日,衢江金华段航运开发工程已获省发改委批准,该项目投资估算 33.85 亿元,预计 2017 年竣工。

2 日—3 日,中国五矿建设总公司董事总经理何剑波一行到金华考察。

4 日—5 日,全省院士专家工作站建设现场会在金华召开。

5 日,捷克纳霍德市市长比尔克一行到金访问,市委副书记、市政府党组书记暨军民会见比尔克一行。

5 日—6 日,市领导徐加爱、暨军民等会见绿城集团董事长宋卫平一行。

9 日,金华市召开全市领导干部会议,宣布省委关于金华市党政主要领导调整的决定:徐加爱任中共金华市委书记,暨军民任中共金华市委委员、常委、副书记,并提名为金华市市长候选人。同日,市六届人大常委二十次会议召开,会议决定任命暨军民代理金华市人民政府市长职务。

9 日,市委书记徐加爱主持召开市委常委会议,传达学习中央和全省党的群众路线教育实践活动工作会议精神,研究部署金华市贯彻落实工作。

9 日,金华市部署开展全市党政机关会员卡专项清退活动。

10 日,金华市启动第三次经济普查工作。

10 日—11 日,台州市党政代表团到金华考察交流。

12 日,市委书记徐加爱会见上海复星集团董事长郭广昌一行,市委副书记、代市长暨军民主持座谈会。

15 日,2013 金华杰出职工(金锤奖)评选揭晓。

18 日,金华市政府召开上半年经济形势分析会暨县(市、区)长座谈会。

19 日,国土资源部检查评估组到金华检查低丘缓坡开发利用试点工作。

22 日,市委书记徐加爱主持召开市委常委会议,分析上半年经济形势,要求全市“经济报表”“生态报表”和“平安报表”一起抓,确保实现“全年红”。经省统计局初步核算,上半年,金华 GDP 增长 9.7%,增速居全省第三。

22 日,浦江发生一起较大交通事故,造成 8 死 10 伤。

23 日,省政协副主席陈艳华率领省督查组到金华就省政府工作报告提出的 2013 年十方面实事进展情况进行专项督查。

24 日,市委六届五次全体(扩大)会议暨市政府六届六次全体会议召开,审议通过《中共金华市委关于全面实施创新驱动发展战略加快建设创新型城市的决定》。

24 日—26 日,副省长朱从玖到兰溪、浦江等地调研农贸市场改造提升和市场主体转型升级工作。

26 日,市政府召开上半年经济金融形势分析会。

26 日,市政府召开第 54 次常务会议。

26 日至 8 月 6 日,金华市代表团访问非洲坦桑尼亚、南非、毛里求斯三国,宣传推介金华,促进金华与非洲国家经贸往来和文化交流合作,推动浙商回归工程和友好城市间的交流。

27 日,金华市出台高端人才用房租赁管理办法(试行),金华市人才保障房开始申租。

30 日, 金华市举行庆祝建军 86 周年暨纪念双拥运动 70 周年大会。

8 月

1 日,省委书记、省人大常委会主任夏宝龙在义乌调研国际贸易综合改革试点工作。省委常委、常务副省长龚正,省委常委、秘书长赵一德,副省长梁黎明,省政府党组成员郑宇民等参加调研或座谈。

2 日,市委召开常委会议,传达学习夏宝龙同志重要讲话精神。

2 日,金华市召开全市深化作风建设大会,市委书记徐加爱作题为《动真碰硬抓作风,正风提效促赶超》的报告。

4 日,金华市启动抗旱Ⅳ级响应,各地积极行动全力投入抗旱。

6 日,省委常委、常务副省长龚正率领省“六五”普法中期考评检查督导组到金华市检查。

7 日,市政府召开第 55 次常务会议。

8 日,省委副书记、省长李强到新疆阿克苏地区温宿县实地检查指导金华市对口援疆工作。新疆建设兵团副司令员于秀栋,省政府秘书长李卫宁等参加考察。

8 日,浙江省首场“十万浙商进百区”活动举行,省委副书记、政法委书记王辉忠出席活动。

8 日—9 日,省委副书记、政法委书记王辉忠到金华调研流动人口服务管理工作。

12 日,市委、市政府与上海铁路局在上海举行座谈会,研究协商共同解决金华市区涉及铁路项目的相关问题。

12 日,金华援建新疆温宿县人民医院 120 急救指挥中心和影像中心交付使用。

13 日, 温州市考察团到金华考察水资源保护、利用和开发。

15 日, 金华经济技术开发区成立网络经济党委, 党委由辖区内 500 多名在网络经济产业中的党员组成。

15 日—16 日,副省长熊建平到金华调研。

16 日,中国南车股份有限公司代表到金华就浙中城市群轨道交通建设项目与金华市委、市政府进行洽谈对接。

17 日,由浙江省海外高层次人才联谊会举办的“千人计划” 智汇金华网络经济峰会在金华召开,55 名来自海内外电子信息界的顶尖专家齐聚金华。

19 日,全国政协副主席何厚铧到金华调研。省政协副主席吴晶、省政府党组成员郑宇民等陪同调研。

20 日,据《金华日报》消息,浙江华东铝业有限公司与锦江集团、红狮集团完成战略重组。

20 日—21 日,省委常委陈德荣到金华调研新农村建设工作。

22 日, 金华市区开始开展职工医疗互助保障工作。

23 日,金华博士联谊会会员代表大会暨“金华博士浙中行”活动在金华举行。

25 日,金华市委、市政府下发《关于正风提效促赶超的实施意见》,认真贯彻落实中央、省委关于开展党的群众路线教育实践活动的决策部署,动真碰硬抓作风,以党建带正风、以正风提效能、以效能促赶超、以赶超惠百姓,为干好“一三五”、实现“四翻番”,加快推进“两富”现代化都市区建设提供坚强保障。

26 日—28 日,市委书记徐加爱率队赴珠三角地区开展招商对接活动。先后到中国宝兔集团、碧桂园集团、广东工业设计城、东阳光集团和安立信电子有限公司等进行实地考察,介绍近年来金华经济社会发展及市区重点区块规划建设情况,并就有关事项进行坦诚深入的洽谈对接,达成一批投资合作意向。活动期间,徐加爱还在广州主持召开浙(婺)商代表座谈会。

27 日—28 日, 省委工作组检查金华法治创建工作。

28 日,省咨询委副主任、第九届政协副主席王玉娣率调研组到金华调研网络经济发展情况。

28 日,金华市首家粮食生产合作联社——新发粮食生产合作联社成立。

29 日,市六届人大常委会举行第二十一次会议。

30日，市委在兰溪杨东海纪念馆召开党的群众路线教育实践活动专题学习会，市委书记、市委教育实践活动领导小组组长徐加爱强调，要重温“东海精神”，以为民务实清廉的好形象赢得群众爱戴和拥护。

9月

1日，市委书记徐加爱随机暗访义乌市佛堂镇鲁雅村、杨宅村，了解农村建设真实情况，解决百姓困难。

2日，金华市召开2013年全市村级组织换届试点工作会议，启动村级组织换届试点工作。

4日，金华市启动首次可移动文物普查。

6日，市委、市政府召开全市乡镇(街道)负责人会议，研究部署加强乡镇(街道)工作，深化“正风提效促赶超”活动。市委书记徐加爱出席会议并讲话，市委副书记、代市长暨军民主持会议。

6日，市委副书记、市长暨军民会见泰国彭世洛府友好访问团。

9日，市委、市政府召开全市机关中层干部大会。市委书记徐加爱强调，要争当优秀中层干部，建设人民满意机关。会上还宣布市机关10名中层干部标兵、10名优秀中层干部名单，通报10起市机关中层干部违法违纪典型案例。会议由市委副书记、代市长暨军民主持。

9日，市四套班子领导走访部分市区学校，慰问教育工作者。

9日，市纪委、监察局下发《关于进一步严肃纪律切实加强2013年中秋国庆期间党风廉政建设的通知》，坚决刹住公款送礼等不正之风。

9日，市委、市政府召开全市土地节约集约利用工作座谈会，市委书记徐加爱在会上强调，要充分看到转变土地利用方式和转变经济增长方式之间的内在联系，看到节约集约利用土地与控制用地总量、保护生态环境之间的联动作用，切实提高土地节约集约利用水平，倒逼经济转型升级。市委副书记、代市长暨军民参加会议。

10日，金华市召开双千亿投资及重点项目座谈会，通报工作进度，分析问题，查找原因，研究部署狠抓有效投资和项目建设工作举措。市委书记徐加爱，市委副书记、代市长暨军民出席会议并讲话。

11日，副省长郑继伟到金华检查浙江省第二届体育大会筹备工作。

12日，浙江婺剧艺术研究院(浙江婺剧团)赴新加坡参加“艺满中秋”系列演出。

13日，全市乡镇财政建设现场推进会召开。市委副书记、代市长暨军民出席会议。

13日，全市水环境综合治理暨重点行业整治推进会在浦江召开，会议要求要用最严格的责任制、最严厉的监管制、最严肃的问责制，打赢水环境综合治理和重点行业整治攻坚战。市委副书记、代市长暨军民出席会议并讲话。各县(市、区)政府、金华经济开发区管委会负责人与市政府签订水环境整治目标责任书。

15日至10月15日，2013年秋季浙中购物节举行。

16日，浙江中西部首台PET/CT在金华广福医院启用。

16日—18日，第七届中国·磐安中药材交易博览会在磐安举行。省人大常委会副主任程渭山等领导出席开幕式。

18日，舟山市考察团到金华考察学习治水经验。

21日—29日，浙江省举办第二届体育大会。21日，大会开幕式在金华市体育中心举行。省委副书记、省长李强宣布会议开幕。省人大常委会副主任姒健敏，副省长郑继伟，省政协副主席姚克等领导出席。29日，大会正式闭幕，副省长郑继伟等领导出席会议。金华市代表团共获得40金、34银、46铜，团体总分名列全省第四。

22日，金华市494个试点村全面完成党组织换届工作。

26日，第18届中国五金博览会和第三届中国(金华·永康)国际商贸发展大会相继开幕，副省长梁黎明等领导出席开幕式。中国首个五金指数——“中国·永康五金指数”正式上线，定期通过商务部“商务平台”发布。

26日，金华市开展首次地理国情普查。

29日，金华市城建发展控股有限公司挂牌。市城建公司注册资本5亿元，原有的城投公司和城开公司成为市城建公司的全资子公司。

10月

9日,金华市在2013年中国电子商务博览会上被评为全国十大电子商务城市

9日,浙江省委原书记李泽民一行参观考察金义都市新区。

9日,副省长毛光烈率考评组到金华考评科技进步与人才工作目标责任落实情况。

9日,国家卫生计生委副主任王培安到金华市调研流动人口计划生育服务管理工作。

10日,市委副书记、代市长暨军民会见德国迪恩市市长保尔·拉如一行。

10日—11日,省人大常委会副主任王永昌带领省检查组到金华检查指导食品安全工作,并对金华食品安全工作表示肯定。

12日,全市宣传思想工作会议召开。

12日,复旦大学附属中山医院与金华市中医院医疗合作中心揭牌。

13日,四川省甘孜州党政代表团到金华考察。

15日,十二届全国人大代表浙江中心组第四代表小组到金华专题调研农村居家养老服务和美丽乡村建设工作。

16日,宁波奥克斯集团一行到金华考察,走访金义都市新区和金华市电子信息文化创意园等地。

17日—19日,全国政协常委、海协会会长陈德铭到金华调研现代服务业工作。

18日,第九届金华·华东农交会和第11届中国苗木交易会在金华开幕。省人大常委会副主任程渭山等领导出席开幕式。

19日,金华市区公共自行车系统试运行。

21日—25日,第19届中国义乌国际小商品博览会在义乌举行。省委副书记、省长李强,原外经贸部部长、第十届全国人大财经委副主任石广生,省人大常委会副主任王永昌,副省长梁黎明,省政协副主席吴晶等领导出席开幕式。本届义博会设标准展位4500个,有来自国内和境外32个国家、地区的2747家企业参展,实现成交额166.15亿元。

21日,义乌购跨境电子商务平台启动。

22日,金华市召开市区管理体制调整工作动员大会,全面部署金华经济开发区和金西经济开发区整合工作,两个开发区成建制整合。

22日—23日,省委常委、组织部部长蔡奇到金华市调研村级组织换届工作。

23日,金华石门农场区块的金华农业高新科技示范园区被科技部批准成为浙江金华国家农业科技园区。这也是金华首个国家级农业科技园区。

23日,云南省昆明市党政代表团到金华考察美丽乡村建设。

23日,副省长熊建平到浦江调研水环境综合整治工作。

24日,市六届人大常委会举行第二十二次会议。

24日,金华市委副书记、代市长暨军民会见芬兰洛密涅瓦市市长埃斯可·劳特费南。

24日—25日,江西省上饶市党政代表团到金华考察学习。

26日,浙江婺剧团婺剧表演艺术家陈美兰荣获2013年中国文化艺术政府奖——文华表演奖。

27日,金华市领导会见香港浙联会访问团。

28日,市政府召开第60次常务会议。

28日,金华市“8890”便民服务平台开通试运行。

29日,金华农民学院在金华职业技术学院成立。

30日,浙中水乡总体规划通过省市专家评审。

11月

1日,第6届中国义乌国际森林产品博览会开幕,来自25个国家和地区的1300多家企业参展。国家林业局副局长张建龙,省人大常委会副主任程渭山,副省长黄旭明等领导参加开幕式。

1日,中组部调研组到永康调研非公企业党建工作。

1日,金华市中级人民法院对“万家购物”网络传销案当庭作出二审裁定,驳回上诉,维持原判。

2日,金华市区公共自行车开始试运行。

3日,市区迎宾大道两侧违章建筑被拆除。

4日,市委召开常委扩大会议,认真学习贯彻习近平总书记参加河北省委常委会专题民主生活会时的重要讲话精神、刘云山参加浙江省委常委会专题民主生活会时的重要讲话精神和夏宝龙在省级领导班子专题民主生活会情况通报会上的讲话精神,研究部署全市教育实践活动。市委书记徐加爱

主持会议。

7日，市委书记徐加爱会见中天控股集团董事长楼永良一行，共同考察北山和尖峰山高尚休闲生活区块建设工作。

7日，金华市交通投资有限公司成立。

8日，第8届中国东阳木雕竹编工艺美术博览会开幕，省人大常委会副主任程渭山、市委书记徐加爱等领导出席。

8日—9日，青海省副省长、海西州委书记辛国斌率海西州党政代表团到金华考察。金华市领导徐加爱、暨军民等陪同考察。

11日—12日，省委常委、省纪委书记任泽民到金华调研贯彻执行中央“八项规定”、村务监督委员会建设、依纪依法安全文明办案等工作情况。市领导徐加爱、暨军民等参加调研活动。

13日，市委召开常委扩大会议，传达全省政协工作会议精神。

14日，市委召开常委扩大会议，传达学习贯彻党的十八届三中全会精神。

14日—16日，市委召开工作务虚会，市委书记徐加爱出题“十问”金华发展新思路，要求切实做到“正风提效促赶超，转型升级走前列”。

15日，金华市连续第七次通过科技部的全国县市科技进步考核，成为全国县市科技进步先进市。

19日，金华市建立干部工作日常巡查机制，对18个市区重点工程建设指挥部及承担专项工作的重点单位进行首轮巡查。

19日，首届义乌国际装备制造业博览会开幕，副省长毛光烈、市委书记徐加爱等领导参加开幕式。

19日，金华市干部网络学院成立。

19日—20日，省委常委、政法委副书记、省公安厅厅长刘力伟到金华检查指导公安工作。市领导徐加爱、暨军民等参加相关活动。

28日，金华婺州窑博物馆开馆。

12月

3日—4日，省委常委、省纪委书记任泽民在义乌检查指导改革发展工作并宣讲三中全会精神。

4日，金华市红十字会召开第四次会员代表大会。市委书记徐加爱出席会议并讲话。

5日，全市召开“深化百千工程建设美丽乡村”现场会，会议要求进一步做好农村生活污水治理工作。市委书记徐加爱，市委副书记、代市长暨军民，市人大常委会主任黄锦朝，市政协主席郑金平等领导出席会议。

5日，市气象台发布首个霾黄色预警信号。

7日，解放东路人行天桥投入使用。

10日，全市乡镇(街道)人大规范化建设推进会召开，会议要求加强基层人大工作，充分发挥一线作用。市领导徐加爱、黄锦朝等参加。

10日，浙中城市群规划委员会会议召开，讨论研究浙中城市群交通、水资源配置等规划和浙中城市群建设三年行动计划等文件。市委副书记、代市长暨军民主持召开会议。

11日，省政协副主席陈加元到浦江调研水环境综合治理工作，要求努力推进水环境综合整治、产业转型升级、美丽金华建设等重点工作。市委副书记、代市长暨军民陪同调研。

12日，金华市档案馆晋升成为国家一级档案馆。

12日—13日，省委常委、宣传部部长葛慧君到金华调研金华新兴产业集聚区建设与义乌市场诚信体系建设。市领导徐加爱、暨军民等参加有关活动。

12日—13日，省委常委、组织部部长胡和平到金华调研。市委书记徐加爱等陪同调研。

13日—20日，金华市开展环保“铁腕一号”专项执法行动，打击严惩曝光一批重大典型环境违法行为。

19日，省、市服务业重大项目——“5173”保诚信息产业园开工建设。

20日，浙江师范大学汉语国际推广办公室主任、坦桑尼亚达累斯萨拉姆大学孔子学院中方院长张笑贞获评中央电视台主办的“中华之光”年度人物。

23日，市委召开十八届三中全会精神报告会。市委书记徐加爱主持报告会并讲话。

23日，重庆市涪陵区党政代表团到金华考察。

24日，省政府党组副书记、省政府顾问王建满到金华召开座谈会，征求对2013年度省政府工作报告的修改意见。市委副书记、代市长暨军民等领导参加座谈会。

27日，四川省凉山彝族自治州政府党政代表团到金华考察。

27日,金华市召开建筑业发展大会,市委副书记、代市长暨军民要求全市贯彻落实中央新型城镇化工作会议和全省经济工作会议精神,推进金华建筑强市建设。

27日,磐安县大盘山省级地质公园揭牌开园,成为金华市首家省级地质公园。

28日,金华横塘沿社区安置小区项目开工,金华市区城中村改造拉开序幕。

28日,市委书记徐加爱带领有关部门步行检查精品城市建设工作。

29日,《人民日报》刊发题为《金华多策扶持乡村旅游——农民开店有招了》文章,肯定金华扶持乡村旅游政策。

30日,中共金华市委六届六次全会召开,会议通过《中共金华市委关于全面深化改革 再创体制机制新优势的决定》。

重要文献

深化改革再创优势 转型升级走前列 努力开创“两富”现代化都市区建设新局面

——市委六届六次全体(扩大)会议暨市政府六届七次全体会议上的报告
(2013 年 12 月 30 日)

徐加爱

同志们:

这次全会的主要任务是:深入学习贯彻党的十八大、十八届三中全会和习近平总书记系列重要讲话精神,按照中央经济工作会议、中央城镇化工作会议、中央农村工作会议和省委十三届四次全会、全省经济工作会议的决策部署,总结今年工作,部署明年任务,审议通过《中共金华市委关于全面深化改革再创体制机制新优势的决定》,动员全市党员干部和广大群众,深化改革再创优势,转型升级走在前列,努力开创“两富”现代化都市区建设新局面。

下面,根据市委常委会研究意见,我讲三个问题。

一、今年以来主要工作

2013 年是金华正风提效、奋力赶超的重要一年。全市上下认真贯彻落实中央精神和省委要求,围绕“百姓富裕、浙中崛起”总目标,按照“干好一三五、实现四翻番”的决策部署,坚定信心,凝心聚力,稳中求进,务实进取,各项工作取得明显成效,呈现出崭新气象。1~11 月,全市 19 项主要经济指标中,有 16 项指标增速高于全省平均水平,有 9 项指标增速居全省前 3 位,其中 6 项指标增速居全省第 1 位。预计全市实现生产总值 2950 亿元,增长 9%;固定资产投资 1360 亿元,增长 20%;社会消费品零售总额 1400 亿元,增长 14%;外贸出口 310 亿美元,增长 45.5%;地方财政收入 240.5 亿元,增长 11.9%;城镇居民人均可支配收入 36300 元,农村居民人均纯收入 14700 元,分别增长 9.5%和 10.5%。

(一)坚决贯彻中央精神和省委省政府决策部署。市委常委会严守党的政治纪律,强化政治定力,坚定、自觉地在大局下想问题、作决策、抓工作,在思想上行动上始终与中央和省委保持高度一致,确保中央和省委政令畅通。认真学习贯彻党的十八大,十八届二中、三中全会和习近平总书记系列重要讲话精神,全面贯彻落实省委、省政府的各项决策部署,深刻领会省委、省政府主要领导对金华工作的重要指示,创造性地做好金华各项工作。继承和坚持历届市委形成的好思路、好做法,切实做到既定的决策部署不变、既定的目标任务不变、既定的工作机制不变,发扬“钉钉子”精神,以“功成不必在我”境界,一张蓝图干到底,一以贯之抓落实,保持工作的连续性和稳定性。

(二)深入开展“正风提效促赶超”活动。认真贯彻中央和省委关于加强作风建设的各项部署要求,以开展党的群众路线教育实践活动为契机,动真碰硬抓作风,重拳出击刹歪风。市委常委会坚持从自身做起,重温“东海精神”,践行“六个带头”,自觉纠“四风”、树“四气”。召开全市深化作风建设大会、组织工作会议、乡镇(街道)负责人会议和机关中层干部大会,出台具体、刚性、操作性强的实施意见,表彰了一批先进典型,通报了一批负面案例,干部群众反响强烈。开展“万名机关干部基层走亲连心”活动,累计帮扶困难群众 7 万余户,解决难题 1.5 万余个。充分发挥“市民问政”、“八婺问水”、“行风热线”、8890 便民服务中心等平台作用,及时回应群众诉求,切实提高工作实效。强化明察暗访、舆论监督、工作问责,让守规矩成为大家的共同自觉,全面营造敢担当、严执行、抓落实的良好氛围。

(三)全力打好转型升级组合拳。牢固树立“绿水青山就是金山银山”的理念,坚持铁腕治水,实行市县乡村四级“河长制”,坚决淘汰落后产能,首次实现市县两级流域考核全部合格,浦阳江水环境综合整治成效明显。强力推进“三改一拆”工作,全市拆除违法建筑 1358 万平方米,启动“三改”691 万平方米,实现发展得空间、城市得形象、政府得公信;全面推进“四换三名”工程,完成工业技改投入 337.6 亿元,7

家企业进入全国民营企业500强,“个转企”11840家,新增“小升规”692家;消化批而未供土地2.3万亩,盘活存量建设用地7192亩。全面实施创新驱动发展战略,新认定国家级高新技术企业46家、省级重点企业研究院3家、省级高新技术研发中心23家,婺城区、金华高新技术产业园被评为省知识产权示范区;“双龙计划”首批入围项目37个,入选省“千人计划”人选13名,初步入选国家“千人计划”人选5名。成建制整合金华经济技术开发区和金西经济开发区,享有国家级开发区的各种利好,以及市级经济管理权限和社会行政管理职能。东阳横店影视文化产业实验区被列入国家级文化和科技融合示范基地,永康入选全国质量强市示范城市和首批循环经济示范试点城市,武义被评为“美丽中国·生态旅游十佳示范县”。出台《关于加快网络经济发展的若干意见》,成功举办第三届中国国际商贸发展大会,金融、物流、休闲旅游等服务业加快发展。1~11月电子商务交易额1657.8亿元,同比增长91.1%;网络零售额615.7亿元,同比增长123%,增幅居全省第一,总额居全省第二。农业“两区”建设走在全省前列,新开工建设粮食生产功能区项目142个共11.23万亩,新通过省级验收现代农业综合区2个、主导产业示范区10个、特色农业精品园15个。

(四)扎实推进重点领域改革和项目建设。市委常委会先后两次专题研究义乌国际贸易综合改革试点工作,改革试点首个三年计划基本完成,“市场采购”贸易方式试行,国际陆港城市获得联合国亚太经社会认定。行政审批制度改革不断深化,建立了代办制、模拟制、联办制,市本级行政审批事项压减52.8%。狠抓“浙商回归”和重大项目建设,集中开展三期攻坚克难活动,固定资产投资保持较快增长。1~11月,完成浙商回归项目308个,到位资金152.57亿元,同比增长29%;省“411”重大项目完成投资285亿元,完成年度计划的147%,省“411”和省重点项目完成进度均居全省第一。坚定不移地推进金义都市新区开发建设,六大区块和十条主干道建设全面推进,一批重大项目顺利开工,累计完成投资116.6亿元,土地征用3.66万亩,农转用报批3.35万亩。市区七大重点区块建设扎实推进,“精品城市”建设初见成效,国家卫生城市通过复审,国家园林城市创建进入公示阶段,金华市区、磐安县通过省级森林城市验收。

(五)努力办好百姓关心的民生实事。全面落实十大民生实事,新增财力70%以上用于民生事业。城市交通治堵工作全面加强,开发地下空间151万平方米,建成绿波带18条,投放公共自行车5000辆。大气污染防治力度加大,建成PM2.5监测点16个,全市城市空气平均优良率达到89.1%。美丽乡村四级联创广泛开展,农村环境连线成片整治扎实推进,兰溪历史文化村落保护利用工作经验全省推广。金东区被评为省美丽乡村创建先进县,金东区澧浦镇、东阳市花园村、义乌市何斯路村、永康市园周村获评首届“浙江最美乡村”。深入开展“创业就业政策落实年”活动,切实稳定就业形势,城镇登记失业率为2.73%。学前教育三年行动计划圆满完成,教育办学条件得到进一步改善。建成农村文化礼堂218家,首届“欢乐金华”百姓文化节启动。市体育中心投入使用,省第二届体育大会成功举办。与上海9家医疗机构签订了战略合作协议,基层医疗卫生事业单位绩效工资改革试点顺利开展,出台实施大病医疗商业补充保险制度,城乡居民医疗保险报销比例进一步提高,调整完善被征地农民养老保障政策,金东区新型农村养老模式全面推广。社会救济救助体系逐步健全,福利慈善、老龄和残疾人事业加快发展,出生人口性别比持续下降。新开工建设保障性住房7203套,基本建成6105套。

(六)着力凝聚赶超发展合力。围绕市委总体部署和市人代会政府工作报告确定的目标任务,各级人大、政府、政协各司其职、各负其责,分工不分家,互相支持和配合,形成心往一处想、劲往一处使的良好局面。倡导人大、政协树立“一线”意识,追求“一线”作为、发挥“一线”作用。传达学习全省政协工作会议精神,部署推进乡镇(街道)人大规范化建设。工商联工作荣获全国“十大创新”奖,市档案馆被授予国家一级综合档案馆,民主党派、工青妇工作卓有成效,民族宗教、侨务和对台工作取得新进展,国防动员、后备力量建设得到新加强。对外交流协作和援疆援藏援青等对口帮扶工作成效明显。广泛开展以“中国梦”为主题的中国特色社会主义宣传教育活动,深入挖掘八婺善美文化,举办第三届道德模范评选、乡风评议和“双千结对共建文明”活动，陈斌强被评为第四届全国“孝老爱亲”道德模范，孙炎明荣获第八届全国“人民满意的公务员”称号，吴连表被评为浙江省第三届道德模范。“大金华”城市形象宣传片首次在央视一套和新闻频道《朝闻天下》栏目播出，在省级以上媒体刊载金华新闻报道2000多篇。

（七）切实维护社会和谐稳定。深入推进“平安金华”建设，连续七年获浙江省“平安市”称号，连续五年跻身全国最安全城市。“六五”普法扎实推进，司法救助和法律援助逐步加强。加强信访工作制度建设，深入开展矛盾排查化解“三百三千”行动，积极推进维稳“十项机制”建设，妥善处置“万家购物”案件。严厉打击各类刑事犯罪，侵财案件多发势头得到有效遏制。全面开展交通、消防等安全生产大整治，安全生产控制指标连续9年下降。

（八）进一步加强和改进党的建设。根据中央和省委的部署要求，同步开展党的群众路线教育实践活动，强化理论武装和群众观点。确立“五个树立、五个反对”的用人导向，把肯不肯干、会不会干、敢不敢干作为干部评价的标准尺度，选拔用好领军挂帅的“狮子型”、脚踏实地的“老黄牛”、群众贴心的“全科型”干部，提拔了一批作风过硬、工作出色的干部，调整了一批工作不力、作风不硬的干部。完善县(市、区)、市直部门“一把手”和党政班子考核办法，打通市县干部交流通道，注重一线培养锻炼，建立健全能上能下、能进能出的用人机制。坚持每季度召开基层党建现场推进会，深化基层党组织“五星争创”、党员“五星管理”和“全科干部、全心服务”活动，扎实推进青春党建、巾帼党建工作，加强基层服务型党组织建设。认真抓好村级组织换届工作，坚决打击各种贿选和破坏选举的行为。加强廉政风险防控体系建设，建立市管干部廉情分析制度，严肃查处各类违纪违法案件，以反腐倡廉实际成效取信于民。全市各级纪检监察机关共立案查处各类违纪违法案件885件，其中大要案482件，涉及县处级领导干部8名。

在肯定成绩的同时，我们也清醒地认识到，金华发展正处于深化改革、爬坡过坎、不进则退、慢则掉队的重要关口，必须深刻剖析、敢于面对改革发展中的各种困难和挑战。特别对出口增速下滑、投资项目规模偏小、经济效益不高，环境污染治理压力增大、维稳形势不容乐观，少数干部作风不实、消极应付等问题，必须以更大的勇气和决心，啃硬骨头，涉大险滩，重拳出击，全力突破。

二、2014年主要工作

2014年是全面深化改革的开局之年，是“干好一三五、实现四翻番”中干好“三”的关键一年。当前，世界经济进入深度调整期，国际和国内环境正在发生深刻而复杂的变化，我国经济仍具有很大发展潜力，但增长速度的换档期、结构调整的阵痛期、前期刺激政策的消化期“三期”叠加对经济的影响不可能在短期内消除。面对严峻复杂的宏观形势，我们既要看到有利因素，善于在错综复杂的形势中看清主流，增强机遇意识、进取意识、担当意识，全面深化改革再创优势；更要清醒认识面临的各种风险和挑战，敢于在触及深层次问题中攻坚克难，增强使命意识、忧患意识、责任意识，加快转型升级走在前列。明年经济社会发展工作的总体要求是：深入贯彻落实党的十八大，十八届二中、三中全会和十三届省委历次全会精神，以科学发展为主题，深入实施“八八战略”，以“百姓富裕、浙中崛起”为总目标，以“干好一三五、实现四翻番”为总要求，坚持稳中求进、改中求活、转中求好，把改革创新贯穿于经济社会发展各个领域各个环节，进一步释放改革红利、内需潜力、创新动力、市场活力，加快转方式调结构，推动更有效率、更加公平、更可持续地赶超发展，全面加快“两富”现代化都市区建设。

初步考虑，明年全市经济发展的预期目标确定为增长8.5%左右，确保固定资产投资增速高于全省平均水平，力求城乡居民收入增长与经济增长基本同步。这样一个预期目标，是统筹考虑抓改革、促转型、惠民生、保增长等各方面因素确定的，既体现了保持赶超发展的要求，又切合金华发展的现实基础，也是一个需要奋力拼搏可能完成的目标。

根据上述目标要求，重点推进“八项行动”：

（一）实施“改革创新”行动，加快向集约式发展转型。坚持以我为主、立足实际，按照“三个进一步解放”的要求，以更大的勇气和智慧深化改革创新，不断增强赶超发展、转型升级的内生动力。

1. 务实推进全面深化改革工作。根据中央和省委的统一部署,坚定不移地推进各项改革,凡是中央确定的改革措施坚决执行,凡是省里提出的硬性改革任务坚决落实,凡是对金华发展有利的改革事项坚决推进,凡是阻碍金华发展的体制机制瓶颈坚决破解。坚持统筹谋划、重点突破,继续大力推进义乌国际贸易综合改革等国家和省部级改革试点,率先在一些重要领域和关键环节取得突破,努力扩大改革成果受益面。正确处理好政府与市场的关系,深化行政审批制度改革,做好"减"的文章、加大"放"的力度、探索"优"的路径,推行负面清单和市县扁平化管理,切实做到放权不放监管。坚持项目化管理导向,对坚持和完善基本经济制度、构建现代市场体系、加快转变政府职能、完善财税体制、健全城乡一体化体制机制等重点领域的改革任务进行分解细化,拿出路线图、制订时间表、落实责任制,一项一项抓落实,干一件成一件,确保各项改革取得实效。

2. 全面实施创新驱动发展战略。认真落实《关于实施创新驱动发展战略加快建设创新型城市的决定》,提高对重大项目和关键技术的财政投入力度,带动企业和社会创新投入加快增长。加快浙中科技城规划建设,筹建北大科技园,推进高新技术产业园与中科院金华科技园整合提升,大力发展企业研究院、工程技术中心、技术检测中心等创新平台,争取新列省级以上重点科技项目超200项、科技资金超亿元。加快浙江高校产学研联盟金华中心建设,抓好国家机动车机械零部件、五金工具、红木家具等产品质量检验中心建设,提高自主创新特别是协同创新能力。大力实施"千人计划""双龙计划",抓好科技市场建设,举办先进装备制造技术等系列专题对接会,着力培养和引进一批高端人才、创新团队,促进企业、人才、项目无缝对接。

3. 强势开展"四破"专项整治活动。土地是保障发展最核心、最基本、最稀缺的要素,用一寸少一寸。要以土地节约集约利用为重点,下决心开展"四破"专项整治活动,即破"僵尸企业",让规矩硬起来;破围墙圈地,让效能强起来;破低效用地,让效益好起来;破既得利益,让公信立起来。综合运用法律、行政、经济等手段,大幅提高企业粗放用地成本,着力提升资源要素节约集约利用水平,倒逼企业加快转型升级。积极探索差别化土地使用税征收标准,实行差别电价、水价,采取排污、信贷限制等措施,挤压低效用地企业生存空间。强化制度顶层设计,将涉企优惠政策与企业亩均产值、税收、能耗等直接挂钩,进一步树立"以亩产论英雄"的鲜明导向。坚决打破既得的利益格局,对一些通过不规范手段取得或程序合法但运行不规范的既得利益进行专项整治,建立健全社会公共资源政府集中管理、市场公开运作的体制机制。

(二)实施"群城共建"行动,加快向都市区经济转型。深入实施"群城聚市"战略,突破县域经济格局,促进产业集聚、要素集约、产城联动、功能集成,让城市能级强起来、城市融合快起来、城市活力迸发出来。

1. 构建"一轴两带"城市组团发展新格局。按照国家、省《主体功能区规划》和"规划共绘、设施共建、产业共树、资源共享、生态共保、优势共创"的要求,优化完善城市群发展、中心城市、卫星城市、中心集镇等总体规划和详细规划,强化规划空间管制作用,确保一张图纸管到底。以金华市区和义乌为核心,以金义都市新区为战略节点,坚定不移推进金义主轴聚合发展。金华市区七大重点区块要从做前期、大招商阶段向集中攻坚、全面开工转战,使功能定位更加清晰、项目推进更加有力、配套设施更加完善,努力打造城市发展新地标。金华经济技术开发区要整合资源、激活机制,着力在增量提质、高端集聚、存量挖潜、转型升级上下功夫,真正做大做强国家级开发区品牌。金义都市新区要坚持产城联动、以产促城、融合发展,大力度、快节奏推进征地拆迁、重点项目和配套设施建设,切实承担起"补双城之短、供区域之需、促聚合发展"的重要角色。义乌要以深化改革试点为契机,在更高起点上、更大范围内整合利用资源要素,加快建设大市场、拓展大通道、创建大品牌、健全大配套,积极拓展发展空间,推进商品市场大提升、物流体系大完善、产业布局大调整和城市国际化步伐。围绕做大金兰永武和义东浦磐城市带,强化各县(市、区)城市发展规划、产业空间布局、资源统筹利用等方面的对接协作,实现优势互补、错位竞争、合作共赢。围绕做活"节点”，抓好佛堂、横店等小城市培育试点工作，做强汤溪、孝顺等一批中心镇，加快推进农业转移人口市民化。

2. 构建枢纽型同城化城市群交通新框架。抓紧编制浙中城市群和中心城市的基础设施、综合交通、公共交通、快速交通等专项规划，加快杭长客专、金温铁路扩能改造、杭金衢高速公路拓宽改造、衢江金华段航运开发，尽快启动金台、金甬铁路和临金、杭绍台高速公路以及城际公交 BRT 规划建设，认真抓好义乌客货国际机场项目研究和报批，积极谋划城际轻轨项目，优化以金义都市新区为节点的快速交通规划，进一步巩固和强化区域交通枢纽地位。深入实施浙中城市群建设三年行动计划，启动建设一批道路交通、生态环保、公共服务设施等重大项目，加快推进城市群同城化步伐。

3. 构建市场起决定性作用的资源要素配置新机制。坚持“统”到位、“放”到底，使市场在资源配置中起决定性作用和更好发挥政府作用，让资源合理高效配置，让要素有序自由流动。建立城乡统一的建设用地市场，完善招拍挂机制，合理调整城乡建设与工业用地比例，统筹调配重大产业项目用地指标和环境容量，杜绝工业用地零地价甚至倒贴现象。加强财政资金绩效管理，建立国有资产长效管理机制，着力防控债务风险。注重发挥政府投资对民间投资的引导带动作用，放宽民间投资准入、增加民间投资信心、释放民间投资潜力，特别是解决好不敢投、不愿投、不能投、不会投的“四不投”问题。科学划定饮用水水源保护区，探索建立市、县两级水资源开发利用总量控制、用水效率控制、水功能区限制纳污“三条红线”控制指标体系，建立商品水交易机制，保障水资源可持续利用。

（三）实施“产业升级”行动，加快向现代产业集群转型。大力调整产业结构，淘汰落后产能，化解产能过剩，积极推进产业发展高端化、集群化，努力改变“低小散”状况，探索走出一条集聚集约、高质高速的科学发展之路。

1. 加快发展先进制造业。坚定实施“工业强市”战略，以“四大”建设为抓手，招大商、引强企，狠抓“浙商回归”，成立招商选资专家团，加强与商务部投资机构的合作，着力引进一批国内外 500 强等行业领军企业和投资 20 亿元以上的大项目，以增量提质带动存量调整优化。强力推进“四换三名”工程，扎实推进“机器换人”三年行动计划，全力抓好现代农业高端装备、新能源汽车推广国家试点工作，大力发展高新技术产业和战略性新兴产业，加快传统产业改造升级，持续推进“两化”融合工作，力争每年新增 100 家高新技术企业、淘汰改造 100 家高能耗高污染企业。深入实施国家和省级开发区(园区)整合提升工程，扎实抓好省级现代产业集群转型发展示范区建设，进一步完善亩产效益评价体系，努力实现工业经济“四减两提高”，力争全市规上工业总产值超 100 亿元的园区达到 8 个，其中超 200 亿 4 个、超 500 亿 2 个。实施大企业大集团和高成长性企业培育计划，扎实抓好“个转企”“小升规”“规改股”“股上市”工作，支持有条件的企业加快“走出去”步伐。

2. 加快发展现代服务业。深入实施“商贸富市”战略，大力发展电子商务、现代物流、商务会展、金融服务、高端商贸业，提升发展专业市场和传统商贸业，培育发展影视文化、设计创意、中介服务、休闲旅游养生业，健康发展房地产业，努力提高服务业在三次产业中的比重。坚持把网络经济作为“一号产业”来抓，大力实施“万企电子商务工程”，加快“中国·金义电子商务新城”项目建设，规划建设浙中跨境电子商务产业园，努力建设全国网络经济强市。抓紧完善物流业发展规划，以建设综合保税物流园区为突破口，培育发展一批大型物流基地和物流企业，推动物流业和制造业、商贸业联动发展，力争现代物流业增加值占 GDP 比重每年提高一个百分点。积极推进金华山旅游资源开发的整体策划、包装、推介，争取创建浙中国家公园，带动全市旅游景区串点、连线、成圈、拓面，构建金华大旅游格局。

3. 加快发展高效生态农业。深入实施“三农稳市”战略，严守耕地红线，加强粮食安全保障能力建设。更加注重农产品质量和食品安全，注重生产源头治理和产销全程监管，用最严谨的标准、最严格的监管、最严厉的处罚、最严肃的问责，确保广大人民群众“舌尖上的安全”。完善农业补贴政策，深化涉农资金统筹整合，加大农业“两区”和农田水利基础设施建设投入，稳步提高农业综合生产能力。坚持以家庭经营为基础的农村基本经营制度，有序推进农村土地承包经营权流转,加大现代农业经营主体培育,积极发展以村集体为单位的劳务合作和合作农场,大力发展节水农业、循环农业、休闲观光农业,让农业成为有奔头的产业,让农民成为体面的职业,让农村成为安居乐业的美丽家园。加快建设金华国家农业科技园区,推进市农业科技研发中心、农业机械研发中心和基层农业公共服务中心建设,提升农业科技水平。做优做强花卉苗木、特种水产、有机茶叶、奶牛乳品等主导产业,继续办好农交会、苗交会等展会,努力打响金华农业品牌。

(四)实施“先进文化”行动,加快向现代文明社会转型。按照“传播正能量、建设软实力”的要求,围绕“两个巩固”任务,抓好以意识形态工作为重点的宣传思想文化工作,扎实推进“人文金华”建设,加快建设文明和谐的现代社会。

1. 唱响时代主旋律。深入开展以“中国梦”为主题的中国特色社会主义宣传教育活动,扎实抓好党的十八大和十八届三中全会精神学习宣讲工作,坚定中国特色社会主义的道路自信、理论自信、制度自信。加强社会主义核心价值体系建设,深入开展“善美金华”主题宣传、道德讲堂等系列公民道德建设活动,继续推进农村文化礼堂建设,依法打击非法宗教组织、邪教组织活动,进一步构建“精神家园”。启动全国文明城市创建工作,广泛开展群众性精神文明创建活动,加快建设“信用金华”,大力弘扬新风正气,不断提升社会文明水平。

2. 打好舆论主动仗。坚持党管媒体不动摇,管方向、管阵地、管规矩,把握好时、度、效,做到关键时刻不失语、重大问题不缺位、宣传报道不过度、舆论引导不失效。坚持团结稳定鼓劲、正面宣传为主,深化新闻宣传系统“走转改”活动,更加鲜明有力地把党和政府的声音传递好,把社会进步的主流展示好,把人民群众的心声反映好,不断巩固壮大主流舆论。加快党报党刊、电视电台数字化、网络化、移动化步伐,启动建设“金华发布”政务微博工作平台,健全网上舆情发现、研判、报送和应急处置机制,加强网军队伍建设,让网络空间清朗起来。

3. 推动文化大发展。深入推进文化惠民工程,充分发挥大型文体设施作用,抓好“五个一批”文化人才和创新团队建设,办好“欢乐金华”百姓文化节,努力满足群众文化需求。深入挖掘历史文化资源,加强历史文化遗产保护和传承。深化文化体制改革,加强文化市场监管,推动政府部门从办文化向管文化转变。推进东阳横店影视文化产业实验区实体化运作,做大做强义乌文交会,积极推进金义都市新区文化产品市场建设,努力将文化产业打造成支柱性产业。

(五)实施“美丽金华”行动,加快向现代生态文明转型。认真学习贯彻中央城镇化工作会议精神,依托山水脉络等独特风光,让城市融入大自然,让老百姓望得见青山、看得见绿水、记得住乡愁。

1. 打好“五水共治”攻坚战。统筹推进治污水、防洪水、排涝水、保供水、抓节水等“五水共治”,是省委、省政府作出的重大决策部署。治水的过程,就是转型的过程,就是弘扬热爱水、珍惜水、节约水的文化,就是抓平安保稳定促和谐,就是促进节能减排和环境优化。其意义十分重大,其任务迫在眉睫。要在制定总规划和子规划的基础上,按照“五水共治、治污先行”的思路,严格落实四级“河长制”和交接断面水质考核制度,重点清理黑河、臭河、垃圾河,整治一批最差河流,创建一批最美河流,力争三年解决突出问题、五年基本解决问题、七年基本不出问题。积极引入第三方治污模式,强力推进电镀、印染、造纸、化工、制革及水晶等重污染行业整治,大力加强污水处理厂建设,力争到2016年实现城镇截污纳管基本覆盖。广泛动员全市人民参与“五水共治”,在加大财政投入、金融支持的同时,积极吸引民间投资,党员干部要带头捐款治水。同时,协调推进防洪水、保供水、排涝水、抓节水工作,力求各项治水工作齐头并进、彰显成效。认真落实大气污染防治十条措施,推进“禁燃区”建设,全面实施“黄标车”区域限行,建立健全雾霾天气应急处置预案。继续加大城市交通治堵力度,加强交通乱点整治,优先发展公共交通,进一步提升交通管理智能化水平。

2. 提升精品城市建设水平。按照“规划精品化、建设精致化、管理精细化、设施现代化、环境生态化、形象个性化、产业高端化、行为文明化”的要求,建立城市建设管理标准化体系,积极动员广大市民参与“五城同创”,努力打造让金华人骄傲、外地人向往的魅力之城。统筹城市地上、地下空间开发利用，打通城市环线和“断头路”，消灭城市环境卫生死角和“疮疤”，增强城市综合承载力。以市区二环内12个城中村为试点，扎实推进城中村新社区改造。大力开展“无违建县(市、区)”和“无违建乡镇(街道)”创建活动，抓好背街小巷改造，专项治理占道经营、乱搭乱建、野蛮施工、乱贴乱挂等问题，让老百姓实实在在地看到“三改一拆”的成效。深入实施“三江六岸”景观优化提升工程，万佛塔复建、樱花公园改造等项目建设取得实质性进展，让河面更宽、水质更优、两岸更绿、文化更浓。加强社区公园、街头绿地和“四沿”绿带建设，千方百计布点增绿，最大限度成林成景，原则上有社区的地方都要有公共绿地和文化健身场所。

3. 迈出美丽乡村建设新步伐。继续推进农村“两房”改造和新一轮美丽乡村建设，切实抓好农村生活污水治理、垃圾减量化处理、赤膊房整治等工作，创建精品村45个、秀美村90个，启动20个农房示范村建设。全面加强农村面源污染治理工作，突出抓好规模畜禽养殖场排泄物无害化处理，有序推进“平原绿化”“双清行动”，进一步改善农村生态环境。扎实推进历史文化名村建设，延续乡村历史文脉，保留村庄原始风貌，慎砍树、不填塘、少拆房，着力打造“村点出彩、沿线美丽、面上洁净”的美丽乡村景观线。

(六)实施“实事惠民”行动，加快向城乡公共服务一体化转型。坚持量力而行、尽力而为，切实办成一批群众看得见、得实惠的好事实事，让改革发展成果更多更公平地惠及全体人民。

1. 让就业创业更加充分。实施更加积极的就业创业政策，千方百计扩大就业渠道，努力解决农村困难群众和城市低收入群体的增收问题，使居民收入增长与经济发展同步、劳动报酬增长与劳动生产率提高同步。实施农民工职业技能提升计划，采取“培训券”“菜单式”等措施，加强对农民工特别是新生代农民工的基本职业技能培训。探索建立城乡一体化的失业登记制度，力争新增城镇就业6万人，城镇登记失业率控制在4%以下。

2. 让社会保障更加公平。坚持“保基本、兜底线、促公平、可持续”原则，进一步扩大社保覆盖面。加强城乡居民基本养老保险和医疗保险制度整合，统筹提高社会保障水平，逐步缩小城乡、区域、群体之间的待遇差距。推广统分结合的新型社区养老模式，加强保障性住房建设。做好扶贫救济工作，切实保障困难群众基本生活。

3. 让社会事业更加繁荣。发挥好8890便民服务中心、“市民问政”、“行风热线”等平台作用，及时了解群众所需所盼，着力解决群众关心的上好学校难、看病难、健身活动场所少等热点难点问题。扎实推进教育现代化县创建，全面提升教师素质，促进义务教育均衡发展，重视抓好偏远山区教育工作。实施市级公立医院综合改革，完善民营医疗机构扶持政策，抓好基层医疗卫生事业单位绩效工资改革，推进健康城市创建工作。落实好“单独”生育二孩政策相关工作，促进人口长期均衡发展。

(七)实施“固本强基”行动，加快向社会治理现代化转型。坚持重心下移、力量下沉，进一步加强和创新社会治理，让人民安居乐业，使社会安定有序。

1. 发展基层民主政治。坚持和完善人民代表大会制度，支持各级人大及其常委会依法充分有效行使各项权力。坚持和完善中国共产党领导的多党合作和政治协商制度，推进协商民主广泛多层制度化发展。积极开展“后陈经验”十周年系列活动，深化“党务、村务、财务”公开，着力提升基层自治水平。进一步加强民主党派、工青妇和关心下一代工作，把群众工作做在基层、做进家庭、做入心坎。加强党管武装工作，深入开展双拥共建活动。

2. 提升法治建设水平。深入推进“法治金华”建设，健全司法权力运行机制，不断扩大人民群众参与监督的渠道。稳步推进行政执法体制改革，严格规范自由裁量权，推动食品药品、安全生产、环境保护、劳动保障等重点领域执法力量向基层倾斜。深入推进“六五”普法工作，引导干部群众善于运用法治思维和法治方式统筹解决各种矛盾问题。积极培育行业协会类、科技创新类、公益慈善类、社区服务类社会组织，支持和发展志愿服务组织，真正发挥其服务社会、规范行为、表达诉求、有效监督作用。

3. 维护社会大局稳定。当前，维稳工作牵制各级各部门精力很大，各种社会矛盾交叉纠结，“头疼医头、脚痛医脚”，往往难以根治难点问题。要深入分析其原因，从源头上制度上寻找解决问题的办法,学会花钱买制度而不是简单花钱买稳定。要强化制度设计的系统性、协调性,做到不出“跷跷板”、不留后遗症。坚持和发展“枫桥经验”,落实重大决策社会风险评估制度,深入开展“网格化管理、组团式服务”,完善人民调解、行政调解、司法调解联动工作体系,落实信访工作责任制,进一步规范信访秩序。加大突出治安问题整治力度,强化流动人口和特殊人群服务管理,推进防范社会化。深入开展食品药品、消防、交通安全等专项治理,狠抓安全生产,最大限度地预防和减少安全事故。

(八)深化“正风提效”行动,不断提升党的建设科学化水平。深化改革、推动转型,转变干部作风是关键。坚持以开展党的群众路线教育实践活动为主线,全面深化“正风提效促赶超”活动,不断提升党的建设科学化水平。

1. 真查真改纠“四风”,让党的群众路线教育实践活动联系点成为示范点。认真学习贯彻习近平总书记系列重要讲话精神,抓好县处级以上领导干部集中轮训工作,切实用马克思主义中国化最新理论成果武装头脑、指导实践、推动工作。深入开展解放思想大讨论活动,认真反思夏宝龙书记提出的“四个有没有”问题,即体制机制的优势还有没有,自我革命的精神还有没有,敢闯敢冒的改革劲头还有没有,人民群众创业创新的环境还有没有,并深入思考“四个是不是”问题,即是不是真心实意地对待每一位群众,是不是公平公正地办理每一件事情,是不是用心用情地做好每一项工作,是不是全程跟踪每一件办理事项的落实,以更大的决心和勇气推进转型升级、赶超发展。认真学习贯彻中央和省委领导同志关于教育实践活动的系列重要讲话精神,做到真学真懂真用,切实解决好“我是谁、为了谁、依靠谁”的问题。各级领导干部要全面落实“照镜子、正衣冠、洗洗澡、治治病”总要求,以学习教育、听取意见为基础,以查摆问题、开展批评为关键,以整改落实、建章立制为根本,大力整治“文山会海”,带头下基层、解难题、抓整改,着力破除形式主义、官僚主义、享乐主义和奢靡之风。

2. 实干创业树导向,让作风过硬、工作出色的干部有干事舞台。按照习总书记强调的好干部“五条标准”,坚持“五个树立、五个反对”原则,积极推进干部人事制度改革,注重在基层一线锻炼干部,强化乡镇(街道)和部门工作明察暗访力度,以实干苦干拼命干的精神推动工作落实,切实干出新风、干出合力、干出气势、干出导向。坚持考绩推优导向,加强干部绩效管理,统筹经济、社会、生态、维稳和党的建设考核工作,单列民主测评分,真正考出经得起群众、实践和历史检验的实绩。坚持苦干出实效、实干论英雄,重用埋头苦干的人、敢于担当的人、干出实绩的人,坚决不用好大喜功、心浮气躁的人,不用推诿扯皮、不敢担当的人,不用拍脑袋决策、拍胸脯蛮干的人。要下决心打通“下”的通道,切实调整不适宜担任现职领导干部,坚决把无所事事、不称职、不作为、乱作为的干部调整下去,让干不好、干不了的干部“腾岗挪位”。

3. 五星争创强基础,让基层党组织成为坚强的战斗堡垒。全面落实县(市、区)委书记抓基层党建责任制,坚持和完善基层党建工作例会制度。深化“五星争创”活动,严格党员日常教育管理,探索党员和党代表联系群众新途径。认真做好村级组织换届及后续工作,加强干部培训,深化创业承诺,积极为群众办实事做好事。扎实推进基层服务型党组织建设,深化“全科干部、全心服务”活动,大力推行步行下村、夜访夜谈、在村考勤、在职党员进社区等做法,切实把基层党组织建设成为勤服务群众、善做群众工作的坚强战斗堡垒。

4. 标本兼治保清廉,让清正廉洁成为广大干部的共同自觉。廉洁是干部的生命,只有把规矩立起来、铁起来、硬起来,才能使干部不能腐败、不愿腐败、不敢腐败。不折不扣贯彻落实中央“八项规定”、省委“28条办法”和市委“25条意见”,加强公务支出和公款消费审计,抓好办公用房、公务用车、公务接待等违规问题整改。认真落实《金华市建立健全惩治和预防腐败体系2013—2017年工作细则》,完善领导干部廉情分析制度,加快重点领域、关键环节和重要岗位的廉政风险防控体系建设,切实把权力关进制度的笼子里。坚持有案必查、有腐必反,坚决查办各类违纪违法案件,切实纠正不正之风,确保干部清正、政府清廉、政治清明。

三、关于市委全会决定稿的说明

根据中央和省委全会精神,结合金华实际,市委起草了《中共金华市委关于全面深化改革再创体制机制新优势的决定(审议稿)》。受市委常委会委托,我就有关情况向全会作说明。

（一）市委全会决定稿的起草过程

市委全会决定稿的起草工作，从2013年10月启动,历时近3个月。期间,市委常委会先后4次研究全面深化改革工作,2次专题研究市委全会决定稿;组织开展了系列调查研究,就全面深化改革的目的和意义、内容和任务、重点和路径、方法和原则等问题提出了具体的意见和要求;各位市领导结合年度重点课题和分管工作开展深入调研,对全会决定稿的修改和完善提出许多很好的具体意见;进行了多层面、多形式、多轮次征求意见工作,共收到各类意见建议292条,吸收了205条。可以说,全会决定稿形成的过程,是充分发扬民主、汇聚集体智慧的过程,是统一思想、凝聚共识的过程。

（二）起草市委全会决定稿的总体考虑

市委常委会认为,金华全面深化改革,必须全面贯彻落实中央和省委《决定》精神,以“一三五”为目标节点,以重大问题为导向,以具体改革项目为抓手,通过各领域体制机制优势再造,解决赶超发展中面临的一系列矛盾和问题。为此,有以下四个方面的考虑:

1. 全面贯彻中央和省委全会精神。党的十八届三中全会通过的决定,是我们党在新的时代条件下全面深化改革的总部署、总动员。省委十三届四次全会紧密结合浙江实际，对我省全面深化改革、再创体制机制新优势作出了决定。市委常委会明确,必须把贯彻中央和省委精神同金华实际紧密结合起来,既要全面对接不漏项,又要提出符合中央和省委精神、切合我市实际的具体改革项目和举措。

2. 坚持以重大问题为导向。改革是由问题倒逼而产生,又在不断解决问题中得以深化。全会决定稿围绕到2020年实现“四翻番”、到建党100年赶超全省平均水平、到新中国成立100年进入全省先进水平的奋斗目标，积极回应基层和群众的期盼,针对发展中出现的突出问题,着力回答“改什么”、“怎么改”等最为现实的问题,研究提出了全面深化改革的战略重点、主要任务及具体措施,力求提高改革的针对性和实效性。

3. 率先在一些重点领域取得突破。改革开放以来,金华许多领域的改革走在全省前列。在新的起点上,金华全面深化改革,必须要有走在前列的信心和追求,要有率先突破的勇气和举措,特别是在推进县域经济向都市区经济转型、“五水共治”、农村生活污水治理和垃圾减量化处理等一些具体事项的改革上要有新举措、新突破,力求体现金华的亮点和特色。

4. 从实际出发设定改革举措。主要是做到“五个不写”:一是与改革联系不紧密、纯属发展性的举措一般不写;二是中央和省委决定有明确部署和表述、市里可直接操作抓落实的具体举措,不重复写;三是不属于市级权限能解决、一时又难以探索破题的举措,原则上不写;四是需要下一步研究出台配套政策和操作办法的，只点题明确方向不具体写;五是近年来市委、市政府已明确部署的改革举措和国家、省在我市进行的各类专项改革试点,不具体展开写。

在框架结构上,全会决定稿总体与中央和省委《决定》一致,按条条谋篇布局,共三大板块14部分50条。第一板块即第一、第二部分,是总论,共6条,主要阐述全面深化改革的总体要求,提出改革的目标及时间表、路线图,排出一批率先突破、先行探索的具体改革项目。第二板块从第三部分到第十三部分,是分论,共40条,主要从经济、政治、文化、社会和生态文明“五位一体”各领域,具体部署全面深化改革的主要任务和重大举措。第三板块即第十四部分和结束语,共4条,主要讲全面深化改革的组织领导和保障措施。

（三）市委全会决定稿涉及的重点问题

第一,关于全面深化改革的目标。中央全会决定稿按2020年时间段提出改革任务,市委全会决定稿按照“干好一三五、实现四翻番”的部署要求,提出了分步推进的时间表:即到2015年,本决定提出的一批改革具体项目取得突破性进展;到2017年,在重要领域和关键环节改革上取得决定性成果，基本完成本决定稿提出的改革任务;到2020年,全面完成中央和省委提出的各项改革任务,为形成系统完备、科学规范、运行有效的制度体系打下坚实基础。

第二,关于近期突破的改革项目。实施项目制是推动工作落实的有效手段。全会决定稿提出,要落实深化改革项目责任制,在不折不扣抓好中央和省委提出的改革项目基础上,按照率先实践、走在前列的要求,从金华实际出发,排出了一批能够率先突破和先行探索的具体改革项目。这些改革项目,会后要马上分解任务,落实责任,明确具体内容和完成时间。

第三,关于使市场在资源配置中起决定性作用和更好发挥政府作用。这是中央全会对政府和市场关系作出的新的科学定位,是一个重大的理论创新,对金华具有很强的现实指导意义。市委全会决定稿明确提出,要深化市场取向改革,推进资源要素配置市场化,完善主要由市场决定价格的机制,加快建立"四破"整治的体制机制,建立健全经营性国有资产和其它公共资源集中统一监管制度,努力实现资源配置效益最大化和效率最优化。同时,要更好发挥政府作用,把深化行政审批制度改革作为转变政府职能的突破口,创新性地提出了加快建立行政权力目录、全面推广"政务超市"审批模式等具体改革措施。

第四,关于完善产业转型升级的体制机制。市委、市政府坚持把推进转型升级作为事关金华全局和长远发展的重大战略举措,以治水为突破口倒逼产业转型升级,全力打好转型升级组合拳。我们也必须清醒地看到,我市产业发展层次和水平仍然较低,污染治理、节能减排的任务仍然十分繁重。为此,市委全会决定稿提出了一系列推进转型升级的具体改革项目,包括以"五水共治"为突破口倒逼转型升级,建立健全化解产能过剩、淘汰落后产能、治堵治气、推进"四换"、浙(婺)商回归、推动网络经济超常规发展等方面的体制机制,通过强化体制机制保障,进一步巩固和扩大转型升级成果。

第五,关于推动民营经济新飞跃。中央《决定》强调,必须坚持"两个毫不动摇",鼓励、支持、引导非公有制经济发展。我市民营经济比重高、中小企业多,但是目前民营企业投资实体经济、扩大再生产的意愿不强。如何通过深化改革,激发民间活力,推动民营经济新飞跃,促进民营企业做优做强,是我们必须考虑的重点问题。为此,市委全会决定稿提出废除对民营企业的不合理规定、消除各种隐性壁垒、制定民营企业进入特许经营领域的具体办法、健全落实"个转企、小升规"扶持政策、放宽市场准入、推进商事登记制度改革等一系列改革措施,不断优化民营企业创业创新的制度环境。

第六,关于完善城乡发展一体化的体制机制。通过深入实施"百村示范、千村整治"和美丽乡村建设,我市农村面貌发生了深刻变化,农民生产生活明显改善,但城乡二元分割的状况还没有根本改变,城乡发展差距仍然较大。从根本上解决这些问题,必须从体制机制着手,统筹推进城乡综合改革。为此,市委全会决定稿重点在创新现代农业经营体制和农村产权制度、加快城乡公共服务一体化、完善新型城市化健康发展体制机制等方面作出了具体部署,力求加快推进城乡发展一体化,努力让广大农民平等参与现代化建设、共享改革发展成果。

第七,关于健全建设法治金华的体制机制。中央《决定》提出了加强法治建设的一系列新思想、新要求、新部署,省委就贯彻落实中央精神提出了具体要求。市委全会决定稿结合金华实际,从发挥党委总揽全局、协调各方作用,坚持和完善人民代表大会制度,完善社会主义协商民主制度,发展基层民主,提高全社会法治化水平等方面作了相应部署。市委全会决定稿还重点阐述要强化权力运行制约和监督,着重对形成科学有效的权力制约和协调机制、深化惩治和预防腐败体系建设和建立作风建设常态化机制作出具体部署。

第八,关于健全建设平安金华的体制机制。按照一手拿"平安报表"、一手拿"经济报表"的要求,市委全会决定稿提出,要围绕社会事业改革创新,深化教育、卫生、体育等社会事业体制改革,健全就业和社会保障体制机制,进一步保障和改善民生;围绕创新社会治理体制,改进社会治理方式,激发社会组织活力,完善公共安全管理体制,坚持底线思维,切实维护社会稳定,为全面深化改革创造和谐稳定的社会环境。

第九,关于完善建设美丽金华的体制机制。今年以来,全市上下通过铁腕治水,治走了落后产能、治出了转型升级、治出了青山绿水,取得了阶段性成果。但也要看到,生态建设总体情况仍然不容乐观。为此,市委全会决定稿提出要坚决执行主体功能区制度，严守生态保护红线，并从完善空间开发格局优化机制、资源能源节约利用机制、环境保护依法监管机制、发展生态经济激励机制等方面提出了一系列实质性改革措施，让天更蓝、水更清、山更绿、空气更清新。

第十，关于加强对全面深化改革的领导。全面深化改革是一个复杂的系统工程，需要凝聚各方面的智慧和勇气，调动社会各界的积极性和创造性，形成强大的合力。为此，市委成立全面深化改革工作领导小组，负责全市改革的顶层设计、统筹协调、整体推进和督促落实，充分发挥党委总揽全局、协调各方的领导核心作用，确保各项改革任务全面落实。市委全会决定稿还就建立市领导牵头负责机制、健全工作落实责任制和绩效考评机制、健全问责追究机制等方面作出部署，并强调要强化组织保证和人才支撑，发挥人民主体作用，营造全面深化改革的良好氛围，不断聚合全面深化改革的正能量。

同志们，全面深化改革，加快转型升级，任务艰巨、责任重大。让我们紧密团结在以习近平同志为总书记的党中央周围，凝聚起强大的干事创业力量，解放思想、开拓创新，真抓实干、勇于担当，坚定地抓改革、促转型、治环境、惠民生，为全面建设“两富”现代化都市区而努力奋斗！

政府工作报告

——金华市第六届人民代表大会第五次会议上的报告

(2014年2月18日)

金华市代市长　暨军民

各位代表：

现在，我代表金华市人民政府向大会报告工作，请予审议，并请市政协委员和其他列席人员提出意见。

一、2013年工作回顾

过去的一年，市人民政府在中共金华市委领导下，全面贯彻党的十八大和十八届二中、三中全会精神，坚持“百姓富裕、浙中崛起”总目标，着力稳增长调结构，抓治水促转型，办实事惠民生，正作风提效能，与全市人民一道齐心协力，攻坚克难，较好地完成了市六届人大四次会议确定的主要目标任务。全市实现生产总值2959亿元，增长9.1%；地方财政收入242.5亿元，增长12.8%；城镇居民人均可支配收入36423元，增长9.8%；农村居民人均纯收入14788元，增长11.3%。一年来，我们主要做了七方面工作：

(一)保持经济平稳发展。抓项目扩大投资。加快推进重大项目建设，开展克难攻坚活动，项目实施进度明显加快。固定资产投资1364亿元，增长21.1%。省“411”重大项目、市重点项目分别完成年度投资计划的169%和156%。创新招商选资方式，注重招大引强，浙(婺)商回归项目309个，到位资金157亿元，新引进世界500强企业4家。抓市场扩大消费。开展拓市场促消费活动，举办义乌小商品博览会、永康五金博览会、国际商贸发展大会、浙中购物节等展会。提升实体市场，发展网上市场，积极培育消费热点，社会消费品零售总额1407亿元，增长14.8%。商品市场成交额2121亿元，增长11.4%。抓改革扩大出口。发挥义乌国际贸易综合改革试点效应，带动外贸出口增长，实现外贸出口总额325亿美元，增长52.7%。坚持稳增长与调结构相结合，实体经济平稳发展。粮食生产保持稳定，工业效益逐步回升，建筑业加快发展，房地产业稳定发展，地方财政收入增长结构进一步优化。金融机构本外币存款余额6161.6亿元，贷款余额5157.3亿元，分别增长15.7%和18.7%。

(二)加快产业转型升级。强化科技创新。开展“十倍增两提高”科技服务专项行动，推进园区合作，实现中科院金华科技园与市高新技术产业园区融合发展，金华国家农业科技园区获批。新增国家级高新技术企业46家、省级重点企业研究院3家、省重点产业技术联盟4家。新增省级以上科技项目477个，高新技术产业增加值占规上工业增加值比重达到20.6%。实施“双龙计划”，入选国家“千人计划”5人、省“千人计划”17人，新增院士工作站5个。推进产业集聚平台建设。完成金华经济技术开发区和金西经济开发区整合工作。启动永康现代农业装备高新区、浦江水晶产业生态集聚区等建设。加快培育11个省级服务业集聚示范区，横店影视文化产业实验区列为国家级文化和科技融合示范基地。加大农业“两区”建设力度，新增省级现代农业综合区2个、特色农业精品园12个。实施“四换三名”工程。改造提升传统产业，培育发展新兴产业，永康“机器换人”“空间换地”等经验在全省推广。华东铝业实现战略重组。实施“亩产倍增”行动计划，加大旧厂区改造和闲置低效用地处置力度，消化批而未供土地26055亩，盘活存量建设用地7956亩。大力发展网络经济，我市入选首批信息消费国家试点城市、全国十大电子商务城市，电子商务交易额1816亿元、网络零售额668亿元，分别增长90%和123%。推进质量和品牌强市建设，新增中国驰名商标9件。培育壮大市场主体。完成“个转企”13102家，净增“小升规”企业938家、“下升上”企业403家，新增股份制公司13家，新增中国民营企业500强2家。新增家庭农场348家，规范化合作社达到592家，省级以上农业龙头企业达到39家。

(三)大力推进城乡建设。加快编制城市群专项规划。完成浙中城市群综合交通、水资源配置等专项规划，编制城市地下空间开发利用规划，完善城镇规划体系。加快重点功能区块建设。统筹推进多湖、湖海塘、五百滩、尖峰山、西客站及二七新村、古子城、旅游度假区等区块建设,完善开发机制,优化功能定位,开展土地征迁、招商选资和项目前期工作。“三江六岸”景观整治提升工程有序推进。加快金义都市新区六大区块开发和十条主干道建设,菜鸟·金义电子商务新城等重大产业项目顺利开工。加强中心镇中心村建设。出台加快推进中心镇发展改革暨小城市培育若干意见,深化横店镇和佛堂镇小城市培育,中心镇建设取得新成效。澧浦镇获评浙江最美乡镇,花园等3个村获评浙江最美乡村,建成12条美丽乡村风景线。加快基础设施建设。推进杭长客专、金温铁路扩能改造、东永高速公路等项目建设,基本建成十白线、怀万线二期等公路,扎实做好金台铁路、临金高速公路等项目前期工作。启动衢江金华段航运开发项目。全力支持两项国家级特高压工程建设。稳步推进金丽温输气管道工程。加强农田水利基础设施建设,完成钱塘江干堤等堤防加固60公里。加强城市管理。推进精品城市建设,成功创建国家园林城市,国家卫生城市通过复审,市区和磐安成功创建省级森林城市。调整完善了市区城市管理行政执法体制。

(四)加大重点改革力度。认真抓好义乌国际贸易综合改革试点。市场采购贸易方式获批试行,全面实施主体准入、货物通关、财税外汇等贸易便利化措施,成功创建国际陆港城市。加快低丘缓坡综合开发利用试点步伐。累计完成农转用征收报批面积4.7万亩,完成率达99%,全面落实试点区耕地占补平衡。有序推进商务部四项改革试点和国家智慧城市、省级智慧车联网等省部级改革试点。深化行政审批制度改革。实行政府投资项目并联审批和行政审批事项目录化管理,市级行政许可事项由375项减少为189项,非行政许可审批事项由231项减少为97项,审批平均承诺期限由7个工作日减少为5个工作日。开展中介机构和社会团体清理整顿等专项执法监察。

(五)加强环境综合整治。全力推进水环境治理。全面实行“河长制”,强势推进浦阳江、金华江等重点流域水环境综合治理。加强重污染高耗能行业整治,关停淘汰电镀、印染、造纸、化工等企业84家。浦江关停、取缔水晶加工户1.4万家,淘汰水晶设备7.2万台,治水经验在全省推广。抓好农业面源污染整治,拆除养殖场3608家,新建畜禽养殖场治污设施285家。整治制沙场(点)537家,兰溪制沙整治取得明显成效。加快建设城镇生活污水处理设施,建设城镇污水配套管网377公里,开工建设秋滨污水处理厂二期工程。推进农村生活污水治理,行政村覆盖率达72%。市区联合执法,加强沙金兰、九峰等水源涵养生态功能区污染整治和生态保护,关停拆除养殖场95家、锯板厂49家,生态涵养区面积扩大19.5万亩。大力推进“三改一拆”。拆除违法建筑1490万平方米,完成旧厂区、旧住宅区、“城中村”改造802万平方米。坚持政府主导、市区联动,统一政策、规划引导,加快推进市区二环路以内“城中村”改造试点,开工建设横塘沿“城中村”改造安置房。积极推进交通治堵。市区建设双向公交专用道11.2公里,新增公交车60辆,公交分担率提高到16%。新增停车位1.3万个。改造城市道路10条,打通断头路4条,建设智能交通控制系统,探索“十字路口”精细化、人性化管理,道路通畅和安全水平得到提高。投放公共自行车5100辆,其中市区投放3000辆。制定落实大气复合污染防治实施方案,市区淘汰黄标车5532辆。统筹推进“四边三化”、“双清”行动、“百村示范、千村整治”工作。武义加快推进生态景区全域化。

(六)重视发展民生事业。着力保障和改善民生。财政民生支出占财政总支出的比重达到75.1%。加强就业和社会保障工作,新增城镇就业7.1万人,城乡居民社会养老保险参保率达97%,医疗保险参保率达96%。市区开展大病医疗商业补充保险工作,完善被征地农民基本生活保障机制。积极推广金东新型农村居家养老模式,新建成农村社区居家养老服务照料中心537个、省级示范农村社区服务中心66个。新开工建设保障性住房7203套,基本建成6105套,实施农房改造22033户,农村困难家庭危房改造2386户。不断扩大社会救助覆盖面,城乡低保标准提高10%以上,困难群众基本生活价格补贴7.6万人次,救助困难群众2.1万人次。扎实开展新一轮扶贫工作,列入省级扶贫重点村576个,山区群众异地搬迁完成5210人,婺城、磐安等下山移民新村建设进展顺利。

认真抓好各项社会事业。创建义务教育标准化学校40所、省一级中等职业学校10所、省特色示范普高5所、省等级幼儿园226所,市特殊教育中心开工建设。启动市级公立医院改革,完善基层医疗卫生机构绩效考核体系。加快推进市中心医院东扩工程,市中医院新病房楼、兰溪人民医院城西院区、东阳人民医院综合大楼投入使用。完善公共文化基础设施和服务体系,中国婺剧院、市文化艺术中心对外开放,建成农村文化礼堂218家,长乐等8个村列为省级历史文化村落保护利用重点村。市体育中心投入使用,坚持节俭办会,成功举办省第二届体育大会。稳步推进人口计生工作,全面发展老龄、慈善、残疾人和关心下一代等事业。创新基层社会治理方式。开通8890便民服务平台,试运行以来日均受理市民诉求事项293件,累计办结18475件,办结率97%,满意率98%以上。进一步完善信访工作机制,加强矛盾纠纷调解和社区矫正工作,深入开展"六五"普法。推进食品药品安全监管长效管理,保持安全生产严管高压态势。深入推进"平安金华"建设,连续七年获浙江省"平安市"称号,连续五年跻身全国30个最安全城市,社会保持和谐稳定。支持工会、共青团、妇联等人民团体开展工作,加强社工专业人才和志愿者队伍建设。加强民族宗教、侨务、对台、应急、气象、民防、统计、档案、地方志、仲裁等工作。积极开展国防动员、双拥和优抚安置工作。深入推进援疆、援藏、援青及"双对口"工作。

*(七)加强政府自身建设。*坚决贯彻落实中央"八项规定"、省委"28条办法"和"六条禁令",按照市委部署,扎实开展"正风提效促赶超"专项活动。发挥市民问政、行风热线、市长信箱等平台作用,推进服务型政府建设。认真落实人大决议,自觉接受人大法律监督和工作监督、政协民主监督和群众社会监督,扎实办理人大代表建议298件、政协提案502件。加强规范性文件审查和行政复议工作。加强审计监督和行政监督,完善廉政风险防控机制。加强公务接待、公务用车、因公出国(境)管理,"三公"经费支出同比下降14.4%。

各位代表,过去一年我市取得的成绩来之不易。这是省委省政府和市委正确领导的结果,是全市人民共同努力的结果。在此,我代表市人民政府,向全市人民,向市人大代表、市政协委员,向离退休老干部,向各民主党派、工商联、人民团体和社会各界人士,向驻金解放军和武警部队官兵,向中央和省驻金单位,向所有关心支持金华发展的朋友们,表示崇高的敬意和衷心的感谢!

同时,我们也清醒地看到,我市城镇居民人均可支配收入增速没有完成预期目标;十方面50项民生实事中,由于国家政策调整,义务教育发展基本均衡县(市、区)评估验收延迟,没有按时完成;创新驱动和转型升级的基础还不够稳固;一些重点领域和关键环节改革还不够到位;中心城市功能还需进一步提升;教育、医疗、环境治理等工作与群众期待仍有较大差距,公共服务和社会治理能力亟待提高;政府职能转变相对滞后,作风建设有待加强,少数干部服务能力、工作效能和廉洁意识还需进一步提高。对上述问题和不足,我们一定高度重视,切实加以解决。

二、2014年主要工作安排

2014年是全面深化改革的开局之年。政府工作的总体要求是:全面贯彻党的十八大和十八届二中、三中全会精神,认真落实省委省政府及市委的决策部署,深入实施"八八战略",紧紧围绕"百姓富裕、浙中崛起"总目标,以改革统领全局,坚持稳中求进、改中求活、转中求好,以"五水共治"为突破口,全面实施"八项行动",着力转变政府职能,着力强化环境综合整治,着力加快转型升级,着力推进城乡一体化,着力保障改善民生,为推进赶超发展,建设"两富"现代化都市区奠定更加坚实的基础。

建议2014年全市经济社会发展的主要预期目标是:地区生产总值增长8.5%,地方财政收入增长8.5%,城镇居民人均可支配收入增长9.5%,农村居民人均纯收入增长10%,节能减排指标完成省下达的目标任务。

(一)实施"改革创新"行动,增强赶超发展内生动力

开展"四破"专项整治活动,建立健全"四破"体制机制,推进资源要素集约节约利用和公共资源集中管理、市场化运作。建立以企业亩产效益为核心的综合评价体系,出台闲置低效用地再开发利用政策,推进水电气、建设用地、环境容量等资源要素差别化定价,建立健全工业用地、节能量、水权、排污权等交易制度，完善资源有偿使用机制，推进环境污染第三方治理。优化民营经济发展体制机制，进一步落实扶持发展民营经济的各项政策，引导民间资本投向基础设施、基础产业和社会事业等领域。加快金融改革创新，完善金融服务体系，破解实体经济面临的资金要素供给困难。支持东阳、永康开展民间资金管理公司、借贷登记服务中心试点。加强国有资产运行管理，推进国有投融资平台建设。积极发展混合所有制经济。

落实义乌国际贸易综合改革试点第二个三年实施计划，对接上海自由贸易区，深化国土、金融等专项改革，完善国际贸易管理体系，促进贸易便利化。扎实推进低丘缓坡综合开发利用试点，加快征地拆迁和基础设施建设，同步推进招商选资和产业集聚区建设。积极争取废弃工矿地复垦利用试点。

全面实施创新驱动发展战略，力争研究与试验发展经费支出占生产总值比例达到1.95%。整合提升国家级、省级开发区（园区），大力推进金华经济技术开发区新能源汽车产业园、现代生物医药产业园、电子信息产业园、文化创意产业园建设。以中科院金华科技园与市高新技术产业园区整合为契机，推进高科技产业园建设。加快永康现代农业装备高新区、浦江水晶产业生态集聚区等产业平台建设，创建国家级文化产业示范园区，推进东阳文化产业全域化发展。发挥企业创新主体作用，引导民营资本与人才智力项目对接，促进创新资源向企业集聚，争创国家级企业技术中心，新增高新技术企业100家。完善产学研结合机制，办好工科会，推动校企合作和协同创新，鼓励设立院士专家工作站、企业研究院，加快建设浙江高校产学研联盟金华中心、大学院所金华技术转移中心。大力实施“千人计划”、“双龙计划”，引进一批创新团队和领军人才。加强企业家队伍建设，加大本地人才培养力度。

（二）实施“美丽金华”行动，强化环境综合整治

大力推进“五水共治”。认真落实市人大常委会关于加强金华江流域水环境综合整治的决定，依靠全市人民，全面实施金华江、浦阳江等流域水环境综合治理。以重整山河的雄心和壮士断腕的决心，打响“保护母亲河”攻坚战。按照“一年灭黑臭”的要求，全面整治垃圾河、黑河和臭河。全面开展“治砂清水”专项行动，建立砂石资源管理长效机制。继续实施重污染高耗能行业整治。抓好农村面源污染治理，严格执行畜禽养殖禁养区、限养区制度，加强养殖污染物无害化处理和资源化利用。全面编制雨污分流管网建设规划，加快实施城市污水处理厂扩容、城乡截污纳管、集镇污水处理设施改造等重点治污工程，市区污水处理率达到90%以上，县城污水处理率达到85%以上，建制镇污水处理率达到40%以上。开展最美河流示范工程建设。进一步扩大水源涵养生态功能区范围，加快库区群众下山生产生活步伐，创新功能区水源保护管理体制机制，保护好全市人民的“大水缸”。开工建设安地水厂，推进武义石硖水库、磐安花溪水库、永康北部水库联网等重点供水工程建设，统筹城市群水资源配置。加快城市堤防加固改造，完成干堤加固和中小河流治理110公里，病险水库除险加固29座。修编市区防洪排涝规划。实施灌区节水配套改造工程，探索中水回用和污水再生利用，创建节水型城市。

深入实施“三改一拆”。坚持应拆尽拆、拆改建管并举，坚决遏制新违建，努力消除存量违建，开展无违建县、乡、村创建活动。实施“城中村”改造三年行动计划，全市“城中村”改造面积600万平方米，其中，市区推进15个“城中村”改造项目，开工安置房85万平方米，各县(市)实施3–5个“城中村”改造项目。推进旧住宅区改造，启动背街小巷改善三年行动计划，开展环境整治，改善基础设施、街景立面和功能配套，改造旧住宅区230万平方米。推进旧厂区改造，加快园区“改二优二”、城区“退二进三”步伐，改造旧厂区150万平方米。

积极实施大气污染防治。制定实施雾霾天气应急处置预案，推进禁燃区建设，加快城区燃煤锅炉改造淘汰步伐，深入实施水泥、热电行业脱硝工程。加强机动车尾气污染治理，加快市机动车尾气检测中心建设。严格实行黄标车区域限行，加大高排放车辆淘汰力度。整治扬尘污染，加强挥发性有机物治理。推进大气监测网络建设。

全面开展美丽乡村建设。按照“四美三宜”的要求，深化“百村示范、千村整治”工程，加大农村基础设施建设力度，为留在农村的农民创造更好的生产生活条件。结合“三改一拆”和“无违建村”创建工作,开展农村“赤膊房”整治行动。加强农村生活污水治理,着力提高治理覆盖率。推进农村生活垃圾集中处理,提高减量化、无害化、资源化处理水平。加强历史文化古村落保护利用,推进农旅结合,打造特色乡村。

(三)实施“产业升级”行动,推动经济转型发展

加快发展现代农业。加大农业“两区”和农业科技、农田水利基础设施建设投入,提高农业综合生产能力。严守耕地保护红线,稳定粮食生产面积,确保粮食安全。做强花卉苗木、蔬菜水果、特种水产、有机茶、中药材和食用菌等特色产业。在宜养区扶持生态规模养殖场建设,实施金华“两头乌”猪产业振兴行动计划。推进“兴林富民”工程。推行标准化生产,扩大无公害农产品、绿色食品、有机农产品基地面积,大力发展节水农业、循环农业、设施农业和休闲观光农业。加快金华国家农业科技园区和农业科技创新孵化中心建设,发挥浙中农业科技资源优势,建设特色优势物种研发基地,推进农业科研成果产业化。积极培育家庭农场、种养大户、专业合作社、产业化龙头企业等新型经营主体,加快推进金华农产品批发市场迁建项目,继续办好特色农业展会,构建农业专业化服务体系和农产品质量安全监管体系。发挥火腿、佛手等传统品牌优势,推动农业转型发展。

加快发展先进制造业。坚持工业强市战略不动摇,大力实施“四换三名”工程,淘汰改造高能耗、重污染企业100家,完成工业技改投资400亿元,盘活存量建设用地8000亩。促进信息化与工业化深度融合,加快传统产业改造升级,大力发展新能源汽车、电子信息、生物医药、新材料、节能环保等新兴产业。加快省级现代产业集群转型升级示范区建设,支持永康创建国家循环经济示范市(县),培育和引进一批工业设计中心。抓好新能源汽车推广应用和现代农业装备产业技术创新试点。实施大企业大集团和高成长企业培育计划,落实“个转企、小升规、规改股、股上市”扶持政策,引导金融机构加大对实体经济的支持力度,推进中小微企业健康发展。培育工业强县强镇,永康规上工业产值力争超千亿元,支持义乌、兰溪争创省级工业强县。以创建建筑业强市为抓手,做大做强建筑业。

提升服务业发展水平。大力发展电子商务、现代物流、商务会展、金融服务、高端商贸业,提升发展专业市场和传统商贸业,培育发展影视文化、设计创意、中介服务、休闲旅游养生业,健康发展房地产业,努力提高服务业在三次产业中的比重。大力发展网络经济,努力盘活房产、土地等存量资源用于发展网络经济,加快浙中信息产业园、金东信息软件创业园、市电子商务创业园扩容提升。抓好菜鸟·金义电子商务新城、金义邮政电子商务示范园等重大项目建设。开工建设金华经济技术开发区电子商务产业园项目。加快发展现代物流业,建设金义都市新区、义乌、浦江等跨境电子商务园和义乌保税物流中心(B型)。加快义乌国际生产资料市场、兰溪纺织品综合市场、永康五金城生产资料市场、武义工业材料城等建设和发展。统筹旅游资源保护和开发利用,建设一批有特色的旅游产品,促进旅游与生态、文化、会展、养生等产业有机融合,打造生态休闲旅游目的地,构建大旅游格局。

努力扩大有效需求。充分发挥有效投资对稳增长、促转型的关键作用,以“扩大有效投资月”活动为载体,抓攻坚优服务,加大项目推进和难题破解力度,实现省“411”重大项目、省重点项目全面开工建设。坚持招商选资、招大引强,引浙(婺)商、招央企、选外资,着力引进一批国内外500强企业和投资20亿元以上大项目。培育消费热点,鼓励商业模式创新,推进信息消费国家试点,优化消费环境。以开放促转型,积极发展转口贸易、进口贸易,稳定传统市场,拓展新兴市场,鼓励企业“走出去”,努力提高开放型经济发展水平。

(四)实施“群城共建”行动,构筑都市区发展新格局

科学编制都市区发展规划。以“群城聚市”战略为指导,以“一轴两带”城市组团发展为格局,以金华市区和义乌为核心,以金义都市新区为战略节点,科学编制城市群、中心城市、卫星城市、中心镇等总体规划、详细规划和各专项规划,突出城镇功能提升规划和产业升级规划的融合,充分发挥规划在推进县域经济向都市区经济转型中的龙头作用,有效引导城镇转型和发展方式转型的协同互促、同频共振,推进城乡一体化发展。

做强中心城区。加快多湖中央商务区开发,努力建设地区金融服务中心、浙中经济总部中心、金华科技文化中心和城市商务创意中心。加快推进湖海塘、五百滩、尖峰山、西客站及二七新村、古子城、旅游度假区等重点功能区块建设。加快推进“三江六岸”景观提升工程,提升项目建设的质量和文化内涵。积极推进婺城新城区、金东新城区、金华经济技术开发区金西区块建设。大力推进金义都市新区核心区建设,带动开发六大区块,加快重大基础设施和产业项目建设。加速推进义乌国际陆港物流园区、金融商务区和总部经济区建设。积极推进兰溪总部商务区、东阳红椿巷区块和永康总部中心建设,加快浦江江南新区、武义北岭新区和磐安新城区开发。

做特中心城镇。以小城市、卫星城镇、中心城镇为重点,推进扩权强镇改革,整合完善中心镇规划和开发区规划,以“五水共治”为切入点,加强城镇基础设施和主要功能区建设,培育特色产业,增强中心城镇集聚要素和承接农业转移人口就地市民化的能力。抓好佛堂、横店小城市培育试点工作,培育一批文化名镇、旅游强镇、特色小镇。

深化城乡体制机制改革。推进城乡要素平等交换和公共资源均衡配置,统筹城乡基础设施建设和社区建设。积极探索赋予农民对承包地占有、使用、收益、流转及承包经营权抵押、担保权能。深化农村股份合作制改革,赋予农民对集体资产股份占有、收益、有偿退出及抵押、担保、继承权。

加快基础设施建设。实施铁路西客站和汽车西站综合枢纽改造、金温铁路扩能改造工程,确保杭长客专金华段如期完工,启动金华铁路新货场建设,加快推进金台铁路前期工作,启动甬金铁路前期研究。加快实施杭金衢高速公路金华段拓宽和新狮互通连接线提升工程,东永高速公路建成通车,开工建设临金高速公路。加快义兰、义武公路等城际快速通道建设,实施330国道市区段及永康段、20省道浦江段、37省道义东段、40省道东磐段、42省道磐安段等改建工程,抓好金兰中线、金义中线、永康至金义都市新区公路等项目前期工作。推进义乌机场飞行区等级提升和横店通用机场建设。启动快速公交(BRT)建设。实施衢江金华段航运开发项目和兰江航道整治。续建金丽温输气管道工程。推进4G网络建设。加大电网建设改造力度,加快建设燕尾、鞋塘、汤溪等输变电工程。

提升城市管理水平。按照洁化、绿化、序化、美化的要求,推进市容市貌、环境卫生、市政设施等管理精细化。继续开展“五城同创”活动,形成人人参与创建、支持创建的良好氛围,实现人民城市人民建、人民城市人民管。继续实施城市治堵五年行动方案,治理城市主干道堵点,坚持公交优先,提高公交分担率。加快绿道慢行系统建设,提高公共自行车网络覆盖面。进一步完善智能交通系统,坚持严格管理和教育引导相结合,持续加大交通违法整治力度,提高交通参与者的文明素质。加大停车场建设和管理力度。加快智慧城市建设。

(五)实施“固本强基”行动,促进社会和谐稳定

加强基层社会治理,推行“枫桥经验”,引导群众参与社会管理,培育公益慈善类、社区服务类组织,壮大社工及志愿者队伍,实现政府治理和社会自我调节、居民自治良性互动。用群众工作统揽信访工作,把工作做在基层、做进家庭、做入心坎,把矛盾化解在基层、问题解决在当地、隐患消除在萌芽状态。落实民族宗教政策,促进民族团结、宗教和谐。

畅通市民问政、市长信箱、行风热线、来信来访等渠道,完善与群众利益密切相关的重大事项社会公示和听证制度,做好重大决策社会稳定风险评估和社会矛盾纠纷预防化解工作。深化8890便民服务平台建设,拓展服务内容,完善办理机制,努力实现市域内一张网。推进户籍管理制度改革试点,加强和创新流动人口服务管理。建立“最美金华人”道德模范关爱机制。强化司法保障,完善人民调解、行政调解、司法调解联动的工作体系,加强社区矫正工作,健全法律顾问制度。

加强食品药品质量安全监管,建立健全全过程监管和可追溯制度。建立生产安全隐患排查和预防控制长效机制,深化企业安全生产标准化建设,加强消防安全管理,有效防范较大事故、坚决遏制重特大事故发生,保持生产安全形势总体稳定。加强社会治安综合治理,完善治安防控体系,防范和打击各类违法犯罪活动。保障网络和信息安全。做好防汛防台抗旱、动植物防疫、森林防火等工作。完善应急联动管理机制,提高应急处置能力。

(六)实施“先进文化”行动,统筹社会事业发展

推进文化强市建设,开展以爱国、敬业、诚信、友善为主要内容的公民道德建设,深化文化惠民工程,加快建设农村文化礼堂,完善城乡文化设施网络,大力发展文化产业。发挥中国婺剧院、市体育中心等场馆服务功能,丰富群众文化体育生活。积极创建义务教育发展基本均衡县(市、区),推进教育现代化。实施新一轮学前教育三年行动计划,推进义务教育学校标准化建设,提高普通高中教育质量,改善特殊教育办学条件,强化职业教育实训基地和重点专业建设。支持浙江师范大学、上海财大浙江学院、金华职业技术学院、义乌工商学院等在金高校发展。推进卫生强市建设,统筹推进公立医院改革,鼓励社会资本兴办高端医疗机构,支持非营利性医疗机构发展。深化与省内外知名医疗机构、医学院校合作,提升医疗服务水平。加强基层公共卫生硬件设施和医疗队伍建设,提高乡镇(社区)公共医疗卫生服务能力。做好公共卫生、爱国卫生、精神卫生和传染病防控工作。继续加强人口计生工作,落实“单独两孩”政策,促进人口长期均衡发展。

实施积极就业政策,努力做好高校毕业生、城镇困难人员等重点群体就业工作。扎实开展社保扩面征缴工作,健全城乡居民、城镇职工养老保障机制,加快城乡医疗保障制度整合步伐,推进医保“一卡通”建设。全面推广金东新型农村居家养老模式,探索建立城市社区社会化养老模式。加快推进保障性住房建设。加强残疾人等城乡弱势群体社会保障和服务。提高最低工资标准,健全企业职工工资正常增长机制。扎实推进扶贫攻坚,抓好下山移民,发展山区经济,完善生态补偿机制,支持金磐扶贫开发区转型发展。改善武义柳城、兰溪水亭等民族乡镇生产生活条件。完善困难群众价格补贴机制。

落实优抚安置政策,深化双拥工作,抓好国防动员和后备力量建设,推进民防建设。深入实施妇女儿童发展规划,加快发展老龄事业。积极做好侨务、对台、气象、统计、档案、修志、文物保护以及关心下一代等工作。认真完成第三次经济普查工作。积极做好援疆、援藏、援青及“双对口”工作。

(七)实施“实事惠民”行动,努力提高民生福祉

坚持量力而行、尽力而为的原则,围绕群众反映的突出问题,明确任务表、时间表、责任表,认真办好十方面民生实事。一是水环境治理方面。消灭垃圾河、黑河、臭河。实施城市供水水库水面保洁5万亩,农村河道综合整治471公里,河道保洁基本实现全覆盖。实施农村治污提速工程,行政村、自然村生活污水治理覆盖率分别提高到80%、60%以上,农户受益率提高到50%以上。加快污水处理厂技术改造,6家城镇生活污水处理厂排放水质达到国家一级A类标准,全市污水管网改造320公里。二是雾霾防治方面。全市5家燃煤电厂全部实施脱硫脱硝及除尘技术设备改造,淘汰黄标车1万辆。市区实施一环内煤改气,新增清洁能源城市公交车60辆以上。三是交通治堵方面。新增公交线路10条、优化32条,完成公交停靠站优化114个,新建公交首末站6个,新增公共自行车1万辆。四是美丽乡村建设方面。新建美丽乡村风景线9条,新创建市级美丽乡镇9个、精品村45个、秀美村90个。建设市级示范农村社区便民服务中心80个。完成农村改水32个村,覆盖人口1.9万人。五是食品监管方面。全部县(市、区)建成农产品安全快速检测室,并对公众开放。20家城镇农贸市场改造成为“放心市场”,三分之一城镇超市设立“放心柜”。六是低收入群体保障方面。最低工资标准提高8%以上,城乡居民最低生活保障标准提高8%以上,开工建设城镇保障性安居工程住房9000套,竣工4900套。七是就学就医方面。标准化中小学校比例达到50%,义务教育发展基本均衡县(市、区)通过省和国家评估验收,省等级幼儿园达到1000所。城乡居民健康体检115万人次,建立规范化健康档案450万份;市、县两级医院对口帮扶乡镇卫生院(社区卫生服务中心)52家;培训红十字救护员1万人次,普及培训4万人次。八是文化惠民方面。创建省、市级文化示范村(社区)30个,送戏下乡1000场,送电影下乡4.3万场。新增农村文化礼堂200家,开展非遗百村行活动,举办非遗精品演出100场;农村应急广播体系覆盖30%的村庄。九是就业和社会保障方面。新增城镇就业6万人。新增养老保险参保5万人、医疗保险参保2.5万人、工伤保险参保2万人、生育保险参保2万人、失业保险参保3万人。实现残疾人就业创业帮扶1000人。十是居家养老方面。新建城乡社区居家养老服务照料中心1200家以上，新增机构养老床位1000张以上。

（八）深化“正风提效”行动，切实转变政府职能

加快政府自身改革。加大简政放权力度，依法取消一批不符合全面深化改革要求的行政权力，继续下放一批市级审批权限。建立权力清单制度，规范权力运行。制定企业投资项目负面清单和市场准入标准。推进审批服务标准化和流程再造，建立“政务超市”，推行一表受理、并联审批、联合踏勘、多证联办制度。建设网上政务大厅。推进工商注册便利化，改先证后照为先照后证，改注册资本实缴登记制为认缴登记制。培育规范中介机构，建立公开公平的中介市场竞争机制。

优化政府机构设置和职能配置，完善行政运行机制。调整完善工商和食品药品监管体制，整合卫生、人口计生管理机构。坚持权责一致，深化基层行政执法体制改革，促进执法重心下移。深化各开发区、产业集聚区、风景旅游区体制改革。

严格执行中央、省委和市委关于改进工作作风、密切联系群众的各项规定，切实解决政府部门“门好进、脸好看、事难办”的问题。组织开展“千企万人双评议”活动，实施绩效管理和项目化考核，严格实行首问责任制和公务员问责制。健全调查研究制度，构建科学的政府决策咨询体系。推进政府和部门预算决算公开，提高财政资金使用绩效，市县两级政府“三公”经费预算支出削减30%。加强行政监察和审计监督，健全民主监督、法律监督、舆论监督机制，推进决策、管理、服务和结果公开。

各位代表，建设人民满意的服务型政府，是发展的要求、人民的期盼。我们将按照“照镜子、正衣冠、洗洗澡、治治病”的总要求，认真开展以“为民务实清廉”为主要内容的党的群众路线教育实践活动，不折不扣地完成各个重点环节的教育任务，确保在干部深受教育、突出问题得到解决、作风形象明显改进、人民群众真正满意等方面取得实效。认真落实市人大及其常委会各项决议决定，更加自觉接受人大依法监督和政协民主监督，主动接受司法监督、舆论监督和社会公众监督，积极听取人大代表、政协委员、民主党派、工商联、无党派人士、人民团体和各界人士的意见建议。推进科学决策、依法行政，以雷厉风行的状态、敢于担当的品德、一抓到底的韧劲、务实创新的方法，努力完成全年目标任务，不辜负全市人民的重托。

各位代表！今年改革发展的任务艰巨、责任重大。让我们在省委省政府和市委的正确领导下，解放思想，开拓进取，同舟共济，真抓实干，为加快“两富”现代化都市区建设而努力奋斗！

中共金华市委
关于全面实施创新驱动发展战略
加快建设创新型城市的决定

(2013年7月24日中国共产党金华市第六届委员会第五次全体会议通过)

为深入贯彻落实党的十八大和省委十三届三次全会精神,切实加强科技进步与创新,全面提升自主创新能力和内生发展动力,推动金华赶超发展,中共金华市委第六届委员会第五次全体会议讨论了全面实施创新驱动发展战略、加快建设创新型城市的重大问题,作出如下决定。

一、充分认识实施创新驱动发展战略的重大意义

1. *实施创新驱动发展战略是金华未来赶超发展的强大引擎。*未来五年是金华全面建设"两富"现代化都市区的关键时期,要突破资源要素和生态环境的"双重制约",缓解国际和国内市场竞争的"双重压力",完成量的扩张和质的提升"双重任务",根本出路在于坚持以创新驱动催生新的主导力量、新的发展路径、新的增长动力。各级党委政府务必从全球视野、核心地位、战略高度,深刻认识实施创新驱动发展战略的重大意义,并扎扎实实付诸行动,使创新驱动真正成为赶超发展的强大引擎。

2. *加快科技进步与创新是实施创新驱动发展战略的核心环节。*近年来,我市坚持把科技进步与创新摆在重要位置,着力推进"创新自主化",区域创新能力、科技综合实力迈上新台阶。但是发展中不平衡、不协调、不可持续的矛盾依然突出,科技投入保障不足、企业创新能力不强、创新资源分散低效的状况总体上依然没有改变。在新的发展阶段,全市上下要进一步明确科技进步与创新的目标和内涵,有效整合创新资源,积极推进创新型城市建设。

二、准确把握创新驱动发展的目标要求

3. *总体要求。*全面贯彻落实党的十八大和省委十三届三次全会精神,深入实施"八八战略"和"两创"总战略,紧紧围绕"百姓富裕、浙中崛起"总目标,坚持"稳中求进、赶超发展"总基调,按照"干好一三五、实现四翻番"的部署要求,以推进科技与经济紧密结合为主线,以提高自主创新能力为核心,以加快产业转型升级为主攻方向,以科教和人才为重要支撑,着力完善区域创新体系,着力加强产学研用协同,着力优化创新发展环境,全面发挥创新驱动在经济社会发展中的支撑引领作用,为"两富"现代化都市区建设提供强大动力。

4. *基本原则。*

——坚持政府引导与企业主体相结合。既要充分发挥政府引导促进作用,主动担当创新发展的规划、引领和推动职责,重视财政投入的乘数效应,不断激发创新活力;又要坚持市场导向,鼓励企业积极发挥创新决策、研发投入、技术攻关和成果转化的主体作用,着力夯实创新发展的基础。

——坚持科技创新与体制创新相结合。既要加大研发投入,积极开展科技攻关,力争在关键核心技术上取得突破,不断增强区域创新能力;又要努力突破创新发展的体制机制瓶颈,增强创新发展的体制活力,促进创新资源高效配置和综合集成。

——坚持自主创新和开放合作相结合。既要积极鼓励和引导企业加大科技研发投入,牢牢把握创新核心环节的主动权,不断通过科技创新提升竞争力;又要加强与国内外的开放合作,鼓励联合研发与创新,充分利用好国内国外两个市场、两种资源,切实提高创新资源利用和运行效率。

——坚持重点突破与整体推进相结合。既要对科技与经济社会发展紧密结合、创新体制机制等重点领域和关键问题集中力量进行重点攻关,力争取得突破和成效;又要立足全局和长远,加强对创新发展的宏观统筹和整体设计,以重点突破带动整体推进,实现创新驱动全面协调发展。

5. *主要目标。*到2020年,建立起适应社会主义市场经济体制、符合科技发展规律、具有金华特色的区域创新体系,创新投入不断加大,创新资源有效集聚,创新主体充满活力,创新能力显著增强,创新绩效大幅提升,金华市区进入国家创新型试点城市行列,5个以上县(市、区)成为省创新型县(市、区)试点,基本形成创新驱动发展格局。今后五年,实施创新驱动发展的主要目标是，实现“十倍增”、力促“两提高”。“一三五”分阶段目标是：

2013 年，全社会研究与试验发展(R&D)经费支出达到 50 亿元，研发人员数达到 17600 人年，发明专利授权量达到 480 件，规模以上工业新产品产值达到 1040 亿元，高新技术产业产值达到 820 亿元，技术市场交易额达到 9280 万元，科技型中小企业达到 500 家，高新技术企业达到 610 家、其中国家级达到 235 家，市级以上企业研发中心达到 470 家，县级以上创新型企业达到 270 家；科技进步贡献率达到 55%，全社会劳动生产率达到 8.24 万元/人左右。

2015 年，全社会研究与试验发展经费支出达到 68 亿元，研发人员数达到 23430 人年，发明专利授权量达到 630 件，规模以上工业新产品产值达到 1390 亿元，高新技术产业产值达到 1080 亿元，技术市场交易额达到 12180 万元，科技型中小企业达到 1000 家，高新技术企业达到 780 家、其中国家级达到 365 家，市级以上企业研发中心达到 620 家，县级以上创新型企业达到 400 家；科技进步贡献率达到 57%，全社会劳动生产率达到 9.87 万元/人左右。

2017 年，全社会研究与试验发展经费支出达到 87 亿元，研发人员数达到 31950 人年，发明专利授权量达到 850 件，规模以上工业新产品产值达到 1870 亿元，高新技术产业产值达到 1470 亿元，技术市场交易额达到 16000 万元，科技型中小企业达到 1500 家，高新技术企业达到 1000 家、其中国家级达到 535 家，市级以上企业研发中心达到 800 家，县级以上创新型企业达到 450 家；科技进步贡献率达到 60%，全社会劳动生产率达到 11.54 万元/人。

三、加快打造金华经济“升级版”

6. 加快培育高新技术产业和战略性新兴产业。 加快完善高新技术产业和战略性新兴产业布局，实施重点突破，培育各具特色的高新技术产业集群和战略性新兴产业高地。认真实施省产业技术创新综合试点工作，做大做强汽车摩托车及关键零部件、生物医药、电子信息、先进装备制造等重点高新技术产业，积极打造新能源汽车、新材料等新的经济增长点和亮点产业，加快发展千亿级高新技术产业集群。坚持把网络经济作为“一号产业”来抓，加快形成“一城一区多点”发展布局，全力推进中国·金义电子商务城建设，努力打造网络经济强市。

7. 加快优势传统产业改造提升。 推进信息化和工业化深度融合，深化信息技术集成应用，提高重点产业产品智能化、设计数字化、管理精细化水平。大力推进“机器换人”，全面启动现代化技术改造专项行动，实现“四减两提高”。坚持扩大工业有效投资与“腾笼换鸟”、淘汰落后产能有机结合，探索建立环保标准，要素消耗贡献考核排序、调整城镇土地使用税，实行差别电价、水价等新机制，倒逼企业实施技术改造和产业转型升级。鼓励“退二进三”，促进“空间换地”，加快高能耗、高排放、低产出产业转型发展。加快块状经济向现代产业集群转型，大力推进传统制造企业转化和应用高新技术成果，积极开发高新技术产品，努力提高新产品产值率。

8. 加快现代农业科技创新。 大力发展现代生态循环农业、设施农业、科技农业，加快推进金义都市新区现代都市农业建设，积极创建金华国家级农业高科技园区。加强农业高新技术引进、开发与推广应用，进一步做大农业支柱产业，促进旅游与农业深度融合，大力发展休闲观光农业，做强做优高科技农业企业。建立健全农村科技创新服务体系，加快农业科技区域创新孵化中心建设，进一步完善和深化科技特派员工作机制。

9. 加快发展现代服务业。 扎实推进现代服务业发展综合配套改革试点工作，重点推进现代商贸服务业信息化、规模化、智能化、集群化发展，着力培育新兴服务、工业设计、现代物流等新业态。以东阳文化产业全域化为引领，加快科技与文化的嫁接融合，积极发展文化创意产业。按照打造国际贸易特区的发展方向，全面深化义乌国际贸易综合改革试点，探索建立新型“市场采购贸易监管方式”，促进国际贸易便利化。

10. 加强社会发展领域科技创新。 以国家首批智慧城市试点为契机，加快推进省级云计算中心项目建设，积极启动智慧交通、智慧能源、智慧物流、智慧社区、智慧支付、智慧旅游建设。组织实施社会发展领域关键技术科技攻关，全面提高健康安全水平和生态环境质量。加快推进金义都市新区“田园智城”建设，重点加强城市建设的智能化发展，实现电子商务、工业设计、科技创新的“梯队式”联动开发,科学规划建设城市公交系统,促进城市宜居、宜业、宜行。积极推进“城市水库”“浙中水乡”建设,推进水资源开发利用与转变经济发展方式、保护生态环境相结合,进一步提高科学治水、科学用水的水平。

四、大力推进创新平台提升

11. 加快建设高新技术产业园区。加快金华省级高新技术产业园“退低进高”“退二优二”步伐,积极争创国家级高新技术产业园区。抓好现代农业装备省级高新技术产业园区创建工作,加快打造超千亿级现代农业装备制造业基地,努力建成我国南方最大的农业机械生产和出口基地。扎实推进产业集聚区、开发区和工业园区创建高新园区,不断拓展高新产业发展空间。

12. 加强创新公共服务平台建设。加快建设一批检验测试、技术咨询、成果转移、知识产权服务、大型仪器开放共享的公共服务平台,积极推进国家机动车机械零部件产品质检中心建设,不断提升省级科技创新服务平台的创新服务水平。加快科技企业孵化器建设,建设完善“创业苗圃+孵化器+加速器”多层次的孵化体系,不断提升孵化能力。

13. 加快创新要素集聚平台建设。积极推进中科院金华科技园建设和发展,进一步理顺管理体制,完善激励政策,拓展发展空间,不断提升集聚国内外优质科技创新资源的能力。加快“浙中科技城”规划建设,按照“政府引导、市场运作”的模式,加快启动研发创新区、孵化创业区、配套服务功能区等核心区块建设,着力打造浙中标志性的创新平台。推进大院名校金华技术转移中心建设,积极承接本地企业技术需求,加快院校科技成果向我市转移、转化。

五、切实强化企业创新主体地位

14. 提升企业自主创新能力。认真落实国家鼓励企业创新的各类优惠政策,全面建立企业研发投入资助制度,引导企业加大研发投入。逐步扩大并用足用好自主创新专项资金,为科技进步与创新提供资金保障。鼓励和扶持企业组建各类研发中心和创新机构,重点推进企业研究院建设。鼓励企业依托研发机构积极承担国家以及省、市各类科技计划项目,形成一批拥有自主知识产权的产品和技术。引导企业将技术创新与管理创新紧密结合,建立适应现代企业制度和创新要求的管理体制机制。

15. 大力培育创新型企业。大力实施创新型企业培育工程,加大对科技型初创企业和中小企业的扶持力度,引导创业投资机构和社会资本投资创新型企业,形成以大带小、以小促大的协同发展格局。鼓励领军大企业加大核心技术和关键技术攻关力度,加快形成自主知识产权和核心竞争力。积极组建产业技术创新战略联盟,合力突破产业发展的核心技术,形成重要的产业技术标准。加强市级创新型企业的认定和管理,支持和鼓励有条件的企业申报国家级、省级创新型示范(试点)企业。

六、着力加强产学研用协同创新

16. 完善科技市场服务体系。加快建设“展示、交易、共享、服务、交流”五位一体的科技大市场,推进网上技术市场建设,探索完善科技成果竞价(拍卖)机制。加强科技中介服务机构建设,进一步加大对行业(技术)协会的支持和规范力度。

17. 积极推进科技成果转化应用。鼓励和引导科研机构实行“面向企业+收集难题+企业定制+开发研制+推广转化”的项目运行机制,提高创新成果转化成功率。引导企业实施重大科技成果转化项目,重点支持获国家、省、市科技奖项,应用前景广、产业关联度大、带动作用强的共性关键科技成果转化产业化。制定自主创新产品的认定标准、采购清单和指南,不断提高在政府采购和公共资源交易中的应用比重。建立首购首用风险补偿机制,推进本地企业新技术、新产品的广泛应用。

18. 不断深化科技交流与合作。加强创新人才库、技术需求库、科技成果库“三个库”建设,形成多层次科技创新服务的对接机制。认真总结工科会办会经验,积极向“专业化、精细化、常态化”方向转变,努力把工科会打造成为科技成果荟萃、创新人才集聚、创业资金汇聚的产学研用综合平台。大力开展国际科技交流与合作,鼓励企业到海外设立、兼并和收购研发机构,吸引国际知名高校和科研院所落户金华。强化校企合作,建立完善各类交流合作机制,鼓励本地企业与高校院所、科研机构之间的各种创新资源采用市场化方式实现互惠共享。

七、扎实推进金华制造质量振兴

19. 大力实施知识产权战略。积极推进“国家知识产权示范城市”建设，完善现行专利补助政策，推进知识产权综合服务平台建设。进一步强化知识产权导向，全面增强知识产权创造、运用、保护和管理的能力水平。加强市、县(市、区)知识产权保护执法机构和队伍建设，形成司法保护、行政执法、行业自律、企业维权四位一体的知识产权保护机制。

20. **大力实施品牌化战略。**积极推进“品牌金华”建设，建立市级品牌战略实施工作领导协调机制，设立专项发展资金。大力实施“名品、名企、名家”工程和“十百千品牌培育工程”，加强品牌企业资源库建设。加快品牌基地和区域名牌建设，重点支持省级专业商标品牌基地和省级区域名牌，扩大品牌规模效应。积极推进基层品牌指导站建设，加快打造品牌公共服务新平台。鼓励和支持出口企业加快“走出去”步伐，通过国际化运营，力争创建国际品牌。

21. **大力实施标准化战略。**加快制定实施标准化战略规划，加大对标准化工作的引导和扶持。建立标准化人才交流平台，成立战略性新兴产业技术领域标准化专家库，引导企业组建标准创新团队，探索与高校、科研机构联合培养标准化人才的机制。大力开展标准化示范试点工作，形成一批掌握国际、国内标准话语权的标准创新优势企业群，抢占市场竞争制高点。

八、加快建设浙中人才高地

22. **加速集聚创业创新领军人才。**大力实施“双龙计划”，扎实推进“千人计划”增量晋位。加快实施国外智力项目引进、“婺星行动回归”等重大人才工程，积极发挥招才局、海内外引才联络站、招才专员(大使)、高层次人才驿站作用，重点引进一批掌握关键核心技术、能带动产业发展的创业创新领军人才和团队。加强地方拔尖领军人才培养选拔，抓好拔尖人才、“321专业技术人才工程”等工作，建立完善统分结合、梯次衔接、政策配套的人才培养体系。

23. **积极培养实用型高技能人才。**深入实施高技能人才培养三年行动计划，重点抓好技能大师工作室、名师带徒、高技能人才选拔等“八大工程”，结合市场导向，有针对性地培养我市产业发展紧缺急需的各类实用型人才。探索技能人才基地化培训模式，建设技能含量高、体现科技发展前沿技术的公益性高技能人才公共实训基地。深化院校教育教学改革，大力推广校企合作人才培养，依托浙江师范大学、金华职业技术学院等骨干院校开展“订单培养”，研究建立以职业院校学生为对象的职业资格认证体系，加快培育复合型、应用型高技能人才。

24. **加强高端创业创新平台建设。**依托国家、省级经济开发区和产业集聚区，加快实施产业平台整合提升工程，不断提升对高端人才、要素的集聚和承载能力。加快推进国际贸易人才特区、“千人计划”产业园和各类高科技园区等高端创业创新平台建设，在人才发展体制机制创新上先行先试。积极鼓励和支持企业建设科技创新平台，加大对省级重点企业研究院、博士后科研工作站、院士专家工作站、海外高层次人才创业创新基地的政策扶持，不断提升各类平台在创新发展中的实际效能。

九、深入推进科技体制机制创新

25. **建立新型科技成果评价激励机制。**进一步完善科技成果评估体系，以创新质量和实际贡献为核心，重点构建面向应用需求的科技成果评价制度与激励机制，完善以政府奖励为导向、社会力量和创新单位为主体的科技奖励制度。建立和完善公正、公平、科学、透明的奖励办法，建立完善网络评审制度。坚持分类评价激励机制，对技术开发类重点评价科技成果的突破性和对产业发展的实质贡献，对社会公益类重点评价其对社会进步和人民生活质量提升等方面的贡献度。

26. **建立健全人才评价激励机制。**高度重视人才政策的导向作用，建立以科研能力和创新成果转化为主要依据的实用性人才评价标准，促进科技经费向产学研结合以及科技成果产业化项目倾斜。建立健全“双龙计划”配套政策体系，研究制定《网络经济领域特殊贡献人才认定激励办法》。改革用人单位对人才和职务成果的管理办法，提高技术要素在收益分配中的比重。着力破除人才培养引进、流动配置、激励保障等方面的体制机制障碍，大力推进人才保障房建设，切实解决人才子女教育、家属安置、社保等实际问题。

27. **建立健全科技创新投融资机制。**加快制定出台关于推动科技金融创新发展的实施意见，形成多元化、多层次、多渠道的科技创新投融资体系。扶持创新型企业多渠道直接融资，引导和鼓励商业银行设立科技支行,加快科技保险发展。积极完善科技投资信贷担保机制,建立健全担保机构风险准备金制度。积极完善科技风险投资机制和补偿,设立创新风险投资引导基金。

十、全面优化创新发展环境

28. *进一步加强组织领导。*坚持“一把手”抓“第一生产力”,建立由主要领导挂帅,科技部门牵头负责,各部门积极参与的工作机制。把实施创新驱动发展纳入各县(市、区)党委政府和市有关部门综合考评的重要内容,形成重在长远、科学合理的科技创新绩效评价机制。深化企业党建服务创新,推动企业完善创新发展机制。加强科技统计工作,健全科技统计和监测指标体系。

29. *建立健全创新扶持政策。*健全和完善财政科技投入稳定增长机制,确保财政科技投入增长幅度高于同级财政经常性收入增长幅度1.5个百分点以上,到2015年,市、县(市、区)财政用于科学技术经费占本级财政经常性支出的比例分别达到4.2%和3.2%以上;市、县(市、区)本级财政人才专项投入占本级公共财政收入比重超过2%。进一步明确财政科技投入方向和支持重点,加强对创新投入财政经费的审计监督和绩效管理,深入推进科技项目管理改革,强化科技经费的整合、统筹和优化配置,促进财政科技资金的科学管理和高效利用。

30. *大力弘扬创新文化。*深入挖掘八婺文化思想精髓,大力弘扬具有时代特征、金华特色的创业精神,努力营造尊重人才、尊重创造、勇于创新、宽容失败的浓厚氛围。深入实施全民科学素质计划,广泛宣传科技法律法规和方针政策,不断提高公民的科学素养和创新意识。加强对重大科技成果、典型创新人物和企业的宣传,积极引导社会舆论,激发全社会创新活力。

中共金华市委关于全面深化改革再创体制机制新优势的决定

（2013年12月30日中国共产党金华市第六届委员会第六次全体会议通过）

中国共产党金华市第六届委员会第六次全体会议，认真学习贯彻党的十八届三中全会、省委十三届四次全会精神，紧密结合金华实际，研究了全面深化改革问题，作出如下决定。

一、全面深化改革的总体要求

1. *深刻领会中央和省委决定精神。*党的十八届三中全会通过的《决定》，是我们党在新的时代条件下全面深化改革的总部署、总动员。省委十三届四次全会紧密结合浙江实际，对我省全面深化改革、再创体制机制新优势作出了《决定》。全市各级党组织和广大党员干部要全面准确领会中央和省委全会提出的新思想、新论断、新举措，坚决把思想和行动统一到中央和省委精神上来，切实增强全面深化改革的自觉性和坚定性，正确、准确、有序、协调推进改革。

2. *坚持和发展金华改革创新的实践经验。*改革开放35年特别是党的十六大以来，全市各级党组织和广大干部群众坚持解放思想，勇于创新，积累了丰富的实践经验。一是坚持党的领导，坚定改革的政治定力，不断提高领导改革发展的能力和水平；二是坚持党的群众路线，及时总结推广基层群众的实践创造，切实体现发展依靠人民、发展为了人民、发展成果由人民共享；三是坚持一切从实际出发，创造性地贯彻落实中央和省委的决策部署，扎实推进中国特色社会主义在金华的实践；四是坚持以市场为导向，注重市场配置资源和政府积极有为相结合，充分激发市场主体的生机和活力；五是坚持统筹兼顾，牢牢把握总量增长与质量效益、发展经济与改善民生、尽力而为与量力而行、基本与非基本的关系，强化各项改革的互促共进。这些做法和经验，必须在实践中长期坚持、不断完善。

3. *全面深化改革的指导思想。*高举中国特色社会主义伟大旗帜，以马克思列宁主义、毛泽东思想、邓小平理论、"三个代表"重要思想、科学发展观为指导，深入实施"八八战略"和"两创"总战略，坚持社会主义市场经济改革方向，以"百姓富裕、浙中崛起"为总目标，以促进社会公平正义、增进人民福祉为出发点和落脚点，进一步解放思想、解放和发展社会生产力、解放和增强社会活力，坚决破除各方面体制机制弊端，努力开创金华赶超发展、转型升级的新局面，为干好"一三五"、实现"四翻番"，到建党100年赶超全省平均水平、到新中国成立100年进入全省先进水平提供强大动力和坚强保障。

二、全面深化改革的目标和路线图

4. *全面深化改革的目标。*深入推进中国特色社会主义在金华的生动实践，努力在推进治理体系和治理能力现代化上走在全省前列，再创体制机制新优势。按照"一三五"时间表分步推进，到2015年，本决定提出的一批改革具体项目取得突破性进展；到2017年，在重要领域和关键环节改革上取得决定性成果，基本完成本决定提出的改革任务；到2020年，全面完成中央和省委提出的各项改革任务，为形成系统完备、科学规范、运行有效的制度体系打下坚实基础。

5. *全面深化改革的路线图。*坚决贯彻落实中央《决定》提出的"六个紧紧围绕"和省委《决定》提出的"八个着眼于"，按照既定的方向、目标、原则办事；同时，从金华实际出发，勇于探索和创造，更加注重改革的系统性、整体性、协同性。坚持以市场化改革为导向，着力加快推进使市场在资源配置中起决定性作用；坚持以转型升级为主攻方向，着力加快破除制约结构调整和产业升级的体制机制弊端；坚持以统筹协调为根本方法，着力加快构建城乡发展一体化的体制机制；坚持以文化强市建设为目标，着力加快完善文化事业和文化产业发展的体制机制；坚持以促进社会公平正义为出发点，着力加快完善法治金华和平安金华建设的体制机制；坚持以建设美丽金华为统领，着力加快健全生态文明建设的体制机制。

6. *近期重点突破的改革项目。*既全面组织实施中央和省委部署的改革项目，又从金华实际出发，根据市级党委政府的法定职能和权限率先实践,以重点突破推动全面改革,切实体现“加强顶层设计与摸着石头过河相结合,整体推进与重点突破相促进”。凡是中央明确的改革措施坚决执行,凡是省委提出的硬性改革任务坚决落实,凡是对金华发展有利的改革事项坚决推进,凡是阻碍金华发展的体制机制瓶颈坚决破解,以更大的决心和智慧向改革要红利, 率先在一些重要领域和关键环节突破和探索,对方向明、见效快的改革加快推进,对涉及面广、需要全面统筹的改革适时推进,对认识还不深入、但又必须推进的改革试点推进。

率先突破的改革项目:从时间表倒排最急迫的事项、老百姓最期盼的领域、制约经济社会发展最突出的问题、社会各界能够达成共识的环节改起,推出一些立竿见影的改革,让老百姓得到实实在在的好处,让全社会感受到市场环境、创业条件、干部作风的改善。加快推进义乌国际贸易综合改革及各类省部级专项改革试点;建立健全“破僵尸企业、破围墙圈地、破低效用地、破利益格局”的硬性约束机制; 加快建立网上网下市场融合发展的体制机制;加快建立推进县域经济向都市区经济转型的体制机制;建立健全化解产能过剩矛盾和推进兼并重组的体制机制;建立健全“五水共治”、农村生活污水治理和垃圾减量化处理、城乡环境综合治理的体制机制;加快农村集体资产股份制改造,推进撤村建居、城中村改造;加快推进基层医疗卫生事业单位绩效工资改革试点,建立健全基层公共医疗卫生服务体系建设的体制机制;大力推广金东区农村居民居家养老模式,加快建立城乡联动的养老服务体制机制;深化行政审批制度改革、中介机构市场化改革,建立健全差别化绩效考核、便民服务、作风建设常态化等体制机制。

率先探索的改革项目:探索建立城乡统一的建设用地市场,推进农村集体经营性建设用地流转的体制机制;探索建立废弃矿山开发利用、水资源市域统筹利用、流动人口管理、基层民主建设等体制机制。

三、促进多种所有制经济共同发展

7. 推动民营企业做优做强。废除对民营企业各种形式的不合理规定,消除各种隐性壁垒,制定民营企业进入特许经营领域的具体办法,推进民间资本进入基础设施、基础产业、金融服务和教育、医疗卫生、养老、健康等领域,坚决打破“弹簧门”“玻璃门”“旋转门”“无影门”,最大限度激发民间活力。完善中小企业公共服务体系,健全落实“个转企、小升规、规改股、股上市”扶持政策,鼓励民营企业加强与世界500强企业合作,引导民营企业做优做强,实现民营经济新飞跃。

8. 积极发展混合所有制经济。鼓励国有企业引入民营资本, 支持民间资本参与国有企业改革重组,大力发展国有资本、集体资本和非公有资本等交叉持股、相互融合的混合所有制经济。鼓励混合所有制经济实行企业员工持股,形成资本所有者与劳动者利益共同体。

9. 完善国有资产管理体制。以管资本为主加强国有资产监管,改革国有资本授权经营体制,探索组建国有资本运营投资公司; 全面梳理经营性、非经营性国有资产,加快国有资本从竞争性行业退出步伐,更多投向社会公共产品领域;建立健全经营性国有资产和其他公共资源集中统一监管制度,使各类国有资产实现最优化配置、最充分使用,做大国有资本,增强国有资本服务公益事业的能力。推动国有企业完善现代企业制度, 健全法人治理结构,建立职业经理人制度,提高市场化选聘比例,建立完善年薪制,合理确定并严格规范管理人员薪酬水平、职务待遇、职务消费、业务消费。完善国有企业考核评价机制,强化国有企业投资经营的监督与责任追究。

四、深化市场取向改革

10. 实行统一的市场准入制度。坚持“非禁即入”原则,制定市场准入负面清单,各类市场主体可依法平等进入负面清单之外领域。推进商事登记制度改革, 加快先照后证改革工作步伐。完善市场监管体系,维护市场秩序,健全优胜劣汰市场化退出机制。

11. 推进资源要素配置市场化。按照“严控增量、盘活存量、优化结构、提升效率”的要求,加快建立健全“破僵尸企业、破围墙圈地、破低效用地、破利益格局”的体制机制,形成资源要素的节约集约使用和公共资源政府集中管理、市场公开运作的硬性约束,大力推进“腾笼换鸟”“机器换人”“空间换地”;探索建立城乡统一的建设用地市场,推进农村集体经营性建设用地加快流转;加快低丘缓坡综合开发利用试点,探索废弃矿山开发利用体制机制。完善民生领域重要公用、公益等商品服务的政府定价机制,健全用电、用水、用气差别化、阶梯式价格机制。探索建立浙中城市群水资源统筹配置机制。

12. 加快地方金融创新。积极推进义乌国际贸易金融专项改革,建立健全与“市场采购”贸易方式相适应的外汇监管制度。支持民间资本投资地方金融业,发展普惠金融和互联网金融,推动有条件的地方设立民营银行、小微金融服务中心、中小企业票据服务公司,探索开展土地承包经营权、农村住房等抵押贷款试点,扩大农村有效抵押物范围和抵押物受让人范围,大力发展农村小额信贷、扶贫小额信贷,增强金融服务实体经济特别是小微企业和“三农”的能力。支持股权投资、风险投资,鼓励股权融资、债券融资,提高直接融资比重。创新地方金融监管制度,有效防范金融风险。

13. 完善产业转型升级体制机制。加快粮食生产功能区和现代农业园区建设,建立推进农业全产业链发展体制机制。健全发展壮大高新技术产业和战略性新兴产业、改造提升传统产业、化解过剩产能和淘汰落后产能的体制机制。深化省级现代服务业发展综合配套改革试点,积极争取设立国家级试点;扎实抓好商务部“四项改革试点”。加快建立网上网下市场融合发展、促进“电商换市”的体制机制,推动网络经济超常规发展。加快旅游综合改革试点,建立健全旅游产业转型提升的体制机制。

14. 深化科技体制改革。健全实施创新驱动发展战略的体制机制,推动科技与经济紧密结合,加快创新型城市建设。加强产业技术创新体系建设,完善关键共性技术联合攻关机制,健全项目、技术、资本、人才与产业对接的长效机制。加快建立主要由市场评价技术创新成果的机制,推动产学研用协同发展。加强知识产权运用和保护,扎实推进国家知识产权示范城市建设。

五、加快转变政府职能

15. 正确履行政府职能。认真梳理市、县(市、区)、乡镇(街道)的权责界限,加快制定行政权力目录,全面履行公共服务、市场监管、社会管理、环境保护等职责。完善公共服务体系,推进公共服务向基层延伸,建立健全向社会购买服务的体制机制。强化市场秩序监管,加快构建覆盖生产、流通、消费三大领域,事前预防、事中检查、事后查处有机结合的长效监管机制。建立健全社会征信体系,推进银行、工商、税务、环保、司法等系统信息共享,推行信用分类分级管理。严格控制机关事业单位编外用工和财政供养人员。

16. 深化行政审批制度改革。坚决贯彻落实中央和省减少审批事项、审批层级的各项规定,全面清理自行设立的行政许可、非行政许可等审批事项,凡是负面清单以外、符合市场准入标准的企业投资项目,一律不再审批。坚持“能放则放、应放尽放”,探索市、县两级审批同权的扁平化管理制度,凡是能下放的行政审批权限全部下放给县(市、区),凡是有利于方便百姓办事的充分授权给基层单位。建立全流程公开审批机制,完善行政审批全过程实时监督、行政问责、责任追究制度。加快前置审批中介机构改革,大幅减少前置审批;引入市场竞争机制,建立公开公平的审批中介市场;建立代理审批制度,全面推广一门受理、并联审批、多证联办的“政务超市”审批服务模式,全面提升审批效能。

17. 完善财税管理制度。加快公共财政体系建设,健全政府全口径预算体系,逐步健全公共财政、国有资本、政府性基金、政府性债务、社会保障基金的预决算管理机制。完善税收征管体制,健全政府非税收入征收管理制度。健全预算绩效管理体系,完善预算执行全过程动态监控机制。清理、整合、规范政府专项资金,逐步取消竞争性领域专项资金,切实加强优化工业、服务业、农业和文化等专项资金及经批准的各类节庆、展会专项资金的绩效管理。建立健全市政债券发行管理制度,创新融资工具,拓宽城市建设融资渠道。探索建立跨年度预算平衡机制,建立健全地方政府债务风险管控机制。

六、完善城乡发展一体化体制机制

18. 创新现代农业经营体制和农村产权制度。坚决贯彻落实国家粮食安全战略,切实把粮食生产放在更加重要位置,把农产品质量和食品安全放在更加突出位置。加快构建现代农业经营体系,推进农业经营方式创新,培育和发展专业大户、家庭农场、合作农场、农民合作社、农业企业等新型农业生产经营主体。深化现代农产品流通体系试点,推进农产品配送网络建设。鼓励农村发展合作经济,加快农村集体资产及村经济合作社股份制改造,鼓励农民与村集体经济组织合股发展股份合作经济。落实中央赋予农民对承包地的相关权能,完善土地征用制度和实施办法,健全土地增值收益分配机制,保障农民公平分享土地增值收益,探索建立土地流转风险防范和保障制度。探索建立农村宅基地跨社置换、有偿退出、有偿使用机制,引导土地承包经营权、集体经济股权、农民住房财产权等规范流转。

19. 加快城乡公共服务一体化。着力推动基本公共服务向农村延伸,建立健全城乡一体的基本公共服务供给制度,逐步缩小公共服务的城乡差距。健全城乡统筹的就业服务体系,消除影响平等就业的制度障碍和就业歧视,保障城乡劳动者平等就业、同工同酬。统筹城乡义务教育资源、公共医疗资源均衡配置。探索建立社会保障制度城乡衔接并轨机制,大力推广金东区农村居民居家养老模式,加快建立城乡联动的养老服务体系。

20. 完善新型城市化健康发展体制机制。认真贯彻落实中央城镇化工作会议精神,积极、稳妥、扎实地推进以城市群为主体形态的新型城市化,建立健全"五城同创"和生态低碳城市建设的体制机制,切实体现尊重自然、顺应自然,让老百姓望得见山、看得见水、记得住乡愁。建立健全浙中城市群融合发展体制机制,建立统筹城市群交通、能源、水利、信息、生态环保、公共服务设施等重大项目规划建设机制,加快金义主轴聚合发展、县市融合发展,提升中心城市能级和集聚辐射能力,推动县域经济向都市区经济转型。建立健全城市建设管理标准化体系,加快推进老旧小区改善和城中村改造。扎实推进横店、佛堂小城市培育试点。以中心镇建设为突破口,加快基础设施建设,改善城镇环境,提升城镇功能,推进土地节约集约利用,赋予吸纳人口多、经济实力强的小城市和中心镇,同人口和经济规模相适应的管理权限。以中心村为重点,加快农村新社区建设,促进城市化与新农村建设协调推进。把促进有能力在城镇稳定就业和生活的常住人口有序实现市民化作为首要任务,深化户籍制度等配套改革,按照自愿、分类、有序的原则,推进农业转移人口市民化,稳步推进城镇基本公共服务常住人口全覆盖。

七、构建开放型经济新体制

21. 深化义乌国际贸易综合改革试点。以制定落实第二个三年实施计划为抓手,发挥先行先试优势,大胆改革创新,推动义乌改革发展走在全国前列。加快建设大市场、拓展大通道、创建大品牌、健全大配套,推动传统市场向现代市场转型,进一步巩固全国龙头市场地位。加快形成与"市场采购"贸易方式相适应的管理体系,进一步提升国际贸易便利化水平,努力扩大改革试点受益面,全力打造国际贸易特区。积极争取全国国际陆港城市首批试点和义乌航空口岸开放,探索国际陆港发展机制,建立健全与宁波—舟山港等沿海口岸及内陆边境口岸、重要航空口岸的战略合作机制,加强与亚欧大陆桥的主动对接,拓展亚欧及周边国家贸易大通道。加快金融、物流、电子商务等重大功能设施建设,强化"采购地+原产地"联动管理,积极促进义乌与周边地区合作共赢,形成以义乌为动力源、梯次扩张的改革效应。

22. 推动内外贸易一体化发展。探索国内贸易与国际贸易、进口贸易与出口贸易协调发展的体制机制,积极争取国家跨境电子商务试点、义乌国家进口贸易促进创新示范区,推进出口、进口、转口贸易协调发展。健全综合保税物流园区、出口加工区、高附加值产品出口联动发展的体制机制,推动外贸发展方式转变。发挥市场大市优势,推进国内贸易流通体制改革,完善中小商贸流通企业服务体系,推动传统市场向现代市场转型升级。

23. 提高招商选资质量。以实施"浙(婺)商回归"工程为重点,完善招商选资工作机制,健全项目遴选、协调、落地、考核机制,完善资源要素保障机制,大力引进优质项目、高层次人才和先进管理经验,吸引外资参与本地企业改组改造和兼并重组。

24. 加强对外交流合作。主动对接上海自由贸易试验区,分享改革试点的"溢出效应"。健全支持"走出去"政策体系,鼓励有实力企业"走出去"到境外投资兴业。

八、健全建设法治金华体制机制

25. **发挥党委总揽全局协调各方作用。**注重改进党的领导方式和执政方式，完善党委常委会、全委会议事规则和决策程序。支持人大、政府、政协依照宪法法律和章程独立负责、协调一致开展工作，支持工会、共青团、妇联等人民团体依照法律和各自章程开展工作。坚持党管武装，切实加强国防和后备力量建设，推动军民融合深度发展。

26. **坚持和完善人民代表大会制度。**按照推动人民代表大会制度与时俱进的要求，进一步加强和改进党对人大工作的领导，确保人大及其常委会依法充分有效行使职权，确保"一府两院"依法行政公正司法。健全人大监督制度，强化人大监督职能。健全人大讨论、决定重大事项制度，各级政府重大决策出台前向本级人大及其常委会报告。完善人大工作机制，推进乡镇(街道)人大规范化建设，健全代表联系群众制度，提高代表履职能力。

27. **完善社会主义协商民主制度。**推进协商民主广泛多层制度化发展，完善协商机制，拓宽协商渠道。发挥统一战线在协商民主中的重要作用，认真听取各民主党派和无党派人士意见，巩固和发展最广泛的爱国统一战线。充分发挥人民政协作为协商民主重要渠道作用，切实把政治协商纳入重大决策程序，加大民主监督力度，提高参政议政实效，探索政协工作向基层延伸的机制。

28. **发展基层民主。**完善村民自治、社区居民自治和企业事业单位民主管理制度，健全基层选举、议事、公开、述职、问责等机制。健全村级重大事务决策机制，发展和完善"后陈经验"，全面落实"五议两公开"和村务监督制度，探索村(居)务公开、厂务公开的新途径新办法。

29. **提高全社会法治化水平。**深化行政执法体制改革，推进综合执法和执法力量下沉。全面推进依法行政，完善行政执法程序，规范执法自由裁量权，强化行政执法监督。完善行政执法与刑事司法衔接机制。完善规范性文件、重大决策和行政合同审查机制。健全行政复议案件审理机制，强化行政复议责任追究。健全社会普法教育机制，普遍建立法律顾问制度，健全司法救助和法律援助制度，完善律师执业权利保障机制和违法违规执业惩戒制度，大力发展法律服务业，构建覆盖城乡的公共法律服务体系。完善司法公开机制，规范司法权力运行，确保独立公正行使审判权、检察权。落实人权司法保障制度，健全错案防止、纠正、责任追究机制。理顺社区矫正管理体制，健全社区矫正工作制度和保障体系。

九、强化权力运行制约和监督

30. **形成科学有效的权力制约和协调机制。**健全党内民主制度，落实民主集中制，完善集体领导与个人分工负责相结合制度，完善决策机制和程序，建立健全决策问责和纠错制度。科学配置和依法规范各级各部门职责权限，推进"阳光工程"建设，建立权力清单制度，全面推进党政部门权力公开规范运行。落实党内监督十项制度，加强行政监察和审计监督，健全民主监督、法律监督、舆论监督机制，运用和规范互联网监督。

31. **深化惩治和预防腐败体系建设。**认真落实中央和省委《决定》提出的各项反腐倡廉改革举措，制定具体工作细则，加强党对党风廉政建设和反腐败工作的统一领导，健全反腐败领导体制和工作机制。全面落实党风廉政建设责任制，强化党委主体责任，落实第一责任人责任，建立"一案双查"制度，加大责任追究力度。强化纪委监督责任，落实纪律检查工作双重领导体制的具体制度。坚持"老虎"、"苍蝇"一起打，加大违纪违法行为查处力度。完善重点领域专项治理机制，完善廉政风险防控机制和防止利益冲突等制度，有效促进权力规范运行。加大领导干部个人有关事项报告核查力度，扩大新提任领导干部有关事项公开制度试点。

32. **建立作风建设常态化机制。**持续深入地狠抓中央八项规定、我省"28条办法"和我市"25条意见"的贯彻落实，坚决纠正形式主义、官僚主义、享乐主义和奢靡之风。深入开展"正风提效促赶超"活动，健全领导干部带头改进作风、深入基层调查研究制度。严格执行《党政机关国内公务接待管理规定》。完善作风状况监督评价机制，推进作风建设制度化规范化常态化。

十、创新文化发展体制机制

33. **深化社会主义核心价值体系建设。**深入开展"中国梦"和中国特色社会主义宣传教育，倡导和践行社会主义核心价值观。大力开展"弘扬善美精神、争做最美金华人"主题活动,加强先进典型和道德模范的宣传报道,推进公民道德建设,全面提高公民素质。

34. 加强和改进文化管理。完善文化管理体制,推动政府部门由办文化向管文化转变。健全坚持正确舆论导向的体制机制,加快"金华发布"政务微博平台建设,建立健全新闻发布制度。完善网络舆情研判导控服务平台功能,健全突发公共事件和热点问题舆论引导工作协调机制,推进网站依法规范有序运营,形成正面引导与依法管理相结合的舆论工作格局。

35. 健全文化产业发展体制机制。加快经营性文化事业单位转企改制。建立健全文化产业发展政策体系和工作机制,培育文化要素市场,完善文化产业流通体系,支持小微文化企业发展,培育壮大文化市场主体。扎实推进东阳横店影视文化产业实验区文化和科技融合示范基地建设。完善文化对外开放交流机制,提高文化开放水平。

36. 加强公共文化服务体系建设。建立公共文化服务体系建设协调机制,推动公共文化服务向农村和欠发达地区延伸。坚持"送文化"和"种文化"相结合,推进农村文化礼堂建设,繁荣发展农村文化。引导和鼓励社会力量、社会资本参与公共文化服务体系建设,培育文化非营利组织,推动公共文化服务社会化发展。探索公共文化设施共建共享模式,大力发展数字图书馆、数字博物馆、数字档案馆(室)等新兴文化服务平台。

十一、推进社会事业改革创新

37. 深化教育卫生体育等社会事业体制改革。推进教育领域综合改革,加快提高教育现代化水平。加强师资队伍建设,建立教师校长交流机制,促进城乡义务教育均衡发展,更加重视偏远山区教育工作。加大职业教育发展改革力度,深化产教融合、校企合作,加强社会急需技能型人才培养。创新鼓励社会力量投资办学体制机制,健全家庭经济困难学生资助体系,多渠道解决进城务工人员子女入学问题。深化医药卫生体制改革,统筹推进医疗保障、医疗服务、公共卫生、药品供应和监管体制综合改革。深入推进公立医院改革,鼓励发展民营医疗机构,加强基层医疗卫生机构建设,全面实施基层医疗卫生事业单位绩效工资改革。开展"家庭医生服务模式"试点,建立与居家养老模式相匹配的医疗服务模式。落实中央人口计划生育政策调整措施,促进人口长期均衡发展,提高人口素质。健全群众体育服务体系,推进学校体育设施向社会开放。

38. 健全就业和社会保障体制机制。全面落实中央和省委关于促进就业创业和完善社会保障制度的改革举措。把就业工作放在突出位置,健全高校毕业生、化解产能过剩和淘汰落后产能中出现的下岗职工等重点人员就业促进机制,完善创业培训、创业服务、农村劳动力培训工作机制,推动多渠道多形式创业就业。健全劳动关系协调机制,发展和谐劳动关系。健全"五费合征"机制,稳步推进社会保险扩面征缴。健全城乡基本医疗和基本养老保险制度,完善社会保障管理服务体系,建立健全合理兼顾各类人员的社会保障待遇确定和正常调整机制。健全困难群众救助和帮扶机制,健全低保标准动态调整和低保对象价格补贴制度。加强保障性住房建设和管理,健全市场配置和政府保障相结合的住房制度。

39. 深化收入分配制度改革。健全资本、知识、技术、管理等由要素市场决定的报酬机制,完善企业工资集体协商、工资指导线和工资支付保障制度。健全最低工资保障制度,稳步提高最低工资标准。完善扶贫开发机制和结对帮扶机制,促进城乡低收入家庭和欠发达地区群众加快增收。

十二、创新社会治理体制

40. 改进社会治理方式。建立健全党委领导、政府负责、社会协同、公众参与、技术支撑、法治保障的社会治理机制,强化制度建设,着力从源头上制度上提高社会治理能力。大力推行重大决策社会稳定风险评估制度,完善社会矛盾纠纷化解机制,完善人民调解、行政调解、司法调解联动工作体系,健全人民调解保障机制。健全领导干部接访、下访等制度,实行市、县两级联合接访,落实信访工作责任制,建立涉法涉诉信访依法终结制度。加强"8890"便民服务中心、"市民问政"、"行风热线"、"八婺问水"、"寻找精品街区"等平台建设,及时回应和解决群众关切的热点难点问题。建立健全社区管理体制机制,提高基层治理水平。健全实有人口动态管理体系，创新流动人口管理服务新机制，在转型升级中优化外来人口结构。

41. **激发社会组织活力。**加强对社会组织的政策扶持和分类指导，重点培育和优先发展行业协会商会类、科技类、公益慈善类、城乡社区服务类社会组织。完善社会组织综合监管机制，加强对社会组织和在金境外非政府组织的管理。加强社会工作者队伍建设，支持和发展志愿服务组织。

42. **完善公共安全管理体制。**完善食品药品安全监管体制机制，建立最严格的覆盖全过程的监管制度，切实保障食品药品安全。深化安全生产管理体制改革，建立隐患排查治理体系和安全预防控制体系，坚决遏制重特大安全事故。健全防灾减灾救灾体制。完善110应急联动体系，健全应急联动工作机制，强化应急工作保障。加强社会治安综合治理，创新立体化社会治安防控体系，依法严密防范和严厉打击各类违法犯罪活动。加快完善互联网应用和管理的体制机制，确保网络和信息安全。

十三、完善生态文明建设体制机制

43. **完善空间开发格局优化机制。**坚决执行主体功能区制度，严守生态保护红线，加强源头治理，推进制度创新，着力从根本上改善环境质量，促进生产空间集约高效、生活空间宜居适度、生态空间山清水秀。建立资源环境承载能力预警机制，实行差别化的区域开发管理政策，取消重点生态功能区县(市)地区生产总值考核，探索建立跨行政区浙中国家公园建设机制。健全生态功能区环境保护与整治修复体制机制，完善生态环保财政转移支付制度，健全生态补偿机制，提高生态补偿标准。深化“百村示范、千村整治”工程，推进“四边三化”，完善农村环境综合整治体制机制，加快建设美丽乡村。

44. **完善资源能源节约利用机制。**完善征地补偿和耕地保护补偿制度。健全能源消耗强度和能源消费总量“双控”机制，探索建立用能转让机制，积极优化用能结构，提高清洁能源在能源结构中的比重。积极推广排污权有偿使用和交易制度，积极开展碳排放权交易试点。科学划定饮用水水源保护区，建立覆盖市县两级的水资源开发利用总量控制、用水效率控制、水功能区限制纳污“三条红线”控制指标体系，健全完善水权交易机制和水价形成机制。

45. **健全环境保护依法监管机制。**严格实行环境准入制度，完善环评机制。建立健全“五水共治”体制机制，全面推行“河长制”；建立健全大气污染防治机制，加强源头治理，创新环境治理区域联防联控机制。建立完善环保多元化投入机制，积极推进环保设施、检测机构市场化运营。创新区域、流域环境管理考核模式，建立健全乡镇交接断面水质考核制度。建立完善农业面源污染减排和治理机制，健全农村生活污水治理机制，探索新型农村垃圾减量化处理机制。建立生态环境损害责任终身追究制，实行生态环境损害赔偿制度。

46. **完善发展生态经济的激励机制。**建立健全绿色节能产品优先列入政府采购制度，推进生态农业、生态工业、生态旅游业发展。全面推行清洁生产，支持节能低碳产业和新能源、可再生能源发展。积极创建省级循环经济示范园区。

十四、切实加强对全面深化改革的领导

47. **完善全面深化改革的领导体制和工作机制。**市委成立全面深化改革工作领导小组，负责全市改革的总体设计、统筹协调、整体推进和督促落实。建立市领导牵头负责机制，制定年度改革计划，分解落实改革任务，明确责任单位和责任主体。健全工作落实责任制和绩效考评机制，定期对重大改革事项的进展情况进行考核评价。健全问责追究机制，对态度消极、阻扰和抵制改革，造成严重后果的，依法依规追究相关单位和领导的责任。市政府要制定具体改革实施方案，并抓好组织实施。

48. **强化全面深化改革的组织保证和人才支撑。**坚持党管干部原则，深化干部人事制度改革，构建有效管用、简便易行的选人用人机制。按照“五个树立、五个反对”的用人导向，选优配强转型升级、赶超发展需要的好班子、好干部，做到关键时刻能决断、敢拍板、真落实。选拔用好“狮子型”领导干部、“效能型”机关干部、“全科型”乡镇干部。完善和落实科学的干部绩效考评制度，健全干部能上能下、能进能出机制。大力推进基层服务型党组织建设，健全基层党组织“五星争创”、党员“五星管理”等机制，整顿转化软弱涣散党组织，加强和改进党员队伍建设，疏通不合格党员出口。健全招才引智

工作机制，深入实施“千人计划”“双龙计划”引才工程，着力打造高端人才集聚区，大力培养引进、用好留住高层次、高技能人才，大力培养本土实用人才。

49. 发挥人民主体作用。坚持党的群众路线，健全社会参与机制，充分调动人民群众参与各项改革的积极性、主动性、创造性，齐心协力推进改革。统筹各方利益诉求，汇聚各家真知灼见，找准改革的最大公约数，进一步凝聚共识、巩固共识、发展共识，不断聚合全面深化改革的正能量。

50. 营造全面深化改革的良好氛围。大力弘扬创新文化，鼓励基层和群众大胆探索，积极开展重大改革试点，及时总结宣传在改革实践中涌现出来的先进典型，推广可复制的经验。建立改革责任豁免机制，进一步营造鼓励创新、宽容失败的社会环境。

各地各部门要结合实际，突出重点，制定贯彻本决定的配套文件和实施办法，抓好市委决策部署的贯彻落实。

主要组织机构及其负责人名录

中国共产党金华市委员会

书　记 陈一新(　~2013 年 6 月)
徐加爱(2013 年 7 月~　)
副书记 暨军民(2013 年 7 月~　)
陶诚华
常　委 何杏仁(女)
黄志平(　~2013 年 3 月)
钟关华
毛善恩
周嘉爱(　~2013 年 7 月)
徐建华
金中梁
张建明
李一飞(2013 年 3 月~　)
温　暖
陈　伟(2013 年 6 月~　)
杨龙溪(2013 年 7 月~　)
委　员 (按姓氏笔画排列)
马　越
王　健
王丁路
毛建岳
毛善恩
卢秀芝(女)
朱建军
朱瑞俊
刘少非
江国富(　~2013 年 12 月)
李一飞(2013 年 3 月~　)
李郁华
杨龙溪(2013 年 7 月~　)
吴小明
吴立钢
吴志松
吴国成
何杏仁(女)
何美华
余秋荣
张伟亚
张建明
张新宇
陈　伟
陈　晓
陈一新(　~2013 年 6 月)
陈志身
陈陆一
陈雷红(女)
陈蕾妍(女)
林丹军(女)
金中梁
周剑敏
周嘉爱(　~2013 年 7 月)
郑余良
郑金平
钟关华
施美红(女)
施振强
祝伦根
徐加爱
徐华水
徐志坚
徐建华
徐建新(　~2013 年 1 月)
陶国兴
陶诚华
黄志平(　~2013 年 3 月)
黄锦朝
傅利常
温　暖
蔡　健
暨军民(2013 年 7 月~　)
戴建平(　~2013 年 12 月)
秘 书 长 钟关华
副秘书长 吴小明
吴建星(　~2013 年 6 月)

潘改良
祝维伟
金　艳(女)
陈志坚
王瑞海(2013 年 6 月~　)
张旭辉(2013 年 9 月~　)
傅源长
李雄伟(2013 年 3 月~　)
孙建成(2013 年 5 月~　)
章旭升(2013 年 10 月~)

市委工作部门及直属单位

办公室
主　任　吴小明

组织部
部　长　温　暖

宣传部
部　长　何杏仁(女)

统战部
部　长　吴志松

政法委
书　记　陶诚华

政策研究室
主　任　潘改良

市委台湾工作办公室、市政府台湾事务办公室
主　任　张世元

机构编制委员会办公室
主　任　郭全刚

直属机关工作委员会
书　记　金　艳(女)

市委、市政府农业和农村工作办公室
主　任　祝维伟

市委、市政府信访局
局　长　陈志坚

新经济与新社会组织工作委员会(社会工作委员会)
书　记　姚激扬

老干部局
局　长　胡正明

讲师团
团　长　潘江涛

防范和处理邪教问题领导小组办公室
主　任　吴建星(　~2013 年 6 月)
王瑞海(2013 年 6 月~　)

党校
校　长　温　暖

金华日报社
社长、党委书记、总编　陈　东

党史研究室
主　任　吴因清

档案局
局长、党组书记　钱　静(女)

中国共产党金华市纪律检查委员会

书　记　张建明
副书记　卢秀芝(女，~2013 年 6 月)
张自力
吕文革
张慧娟(女，2013 年 11 月~　)
常　委　常爱平
王锦武
范晓东(　~2013 年 6 月)

周红德(2013 年 6 月~)
郭　飞
刘景刚

金华市人民代表大会常务委员会

主　　任 黄锦朝
副 主 任 林一心
程子林
钱世茂
丁国玉(女)
王国强
张荣贵
江跃进
党组书记 黄锦朝
党组副书记 林一心
程子林
秘 书 长 应炳兴
副秘书长 李克勤
胡冬娥(女)
郑樟根
陈后呈
张志明
伊福泉
吴文飞
邹志伟
陈增加
委　　员 (按姓氏笔画排列)
马　越
王华新
王国进
王淑丹(女)
伊福泉
杨　艳(女)
李克勤
李晓叶(女)
吴文飞
吴晓华
吴瑞银
邹中玺
邹志伟
张志明
陆基灯
陈后呈
陈迎春(女)
陈美兰(女)
陈雄武
郑樟根
胡文君
胡冬娥(女)
姜洪森
姜　宪
袁坚列
钱毓峰
徐学清
徐　敏(女)
陶国兴
斯克良
蒋晓萌
雷永金

市人大常委会工作机构

办公室
主　任　邹志伟

研究室
主　任　吴晓华

法制工作委员会
主　任　王国进

财政经济工作委员会
主　任　胡文君

教育科技文化卫生工作委员会
主　任　吴文飞

民族宗教外事侨务工作委员会
主　任　(暂缺)

农业与农村工作委员会

主　任　姜洪森

城乡建设环境保护工作委员会

主　任　张志明

代表与选举任免工作委员会

主　任　伊福泉

金华市人民政府

市　　长　徐加爱(~2013年7月)
代 市 长　暨军民(2013年7月~)
副 市 长　金中梁
黄小杭(~2013年6月)
何美华
蔡　健
林丹军(女)
傅利常
谢春涛(~2013年2月)
张伟亚(2013年6月~)
邵国强(2013年6月~)
胡国强(2013年12月~)
党组书记　徐加爱(~2013年7月)
暨军民(2013年7月~)
党组副书记　金中梁
秘 书 长　祝伦根
副秘书长　任建生
应恩民(~2013年10月)
马亚平(~2013年11月)
陈天堂
陈庆华
程天云
陈陵际(~2013年5月)
王旭照
张维源
吕绍荣
姚孔屏(女)
朱志德
蒋永根
叶新良(2013年5月~)
朱志杰(2013年7月~)
方雨辉(2013年8月~)
邱银泉(2013年9月~)
朱　飞(2013年10月~)
韦　炜
吴贤惠(~2013年8月)
潘文锋(~2013年8月)
陈峰齐
方宪文
马海清
傅关福
傅显明(~2013年10月)
楼东江(~2013年10月)
郭　卫(2013年5月~2013年11月)
肖功海(2013年5月~)
章旭升(2013年5月~2013年10月)
韦国潭(2013年10月~)

市政府工作部门及派出机构、直属单位

办公室

主　　任　任建生
党组书记　祝伦根

发展和改革委员会

主任、党组书记　余秋荣(~2013年8月)
李郁华(2013年8月~)

物价局

局　长　杨晓红

经济和信息化委员会

主任、党委书记　金洪生

教育局

局长、党委书记　徐志坚

科学技术局

局长、党组书记　徐东成

民族宗教事务局
局　长　王景荣

公安局
局长、党委书记　毛善恩

监察局
局　长　卢秀芝(女，~2013年12月)
　　　　张自力(2013年12月~　)

民政局
局长、党组书记　夏　刚(　~2013年10月)
　　　　　　　　陶叶萍(女，2013年10月~　)

司法局
局　　长　刘净非(女)
党委书记　钟庆华

财政局
局长、党组书记　陈志身

人力资源和社会保障局
局长、党组书记　王丁路

国土资源局
局长、党委书记　蒋金红(　~2013年9月)
　　　　　　　　楼东江(2013年9月~　)

住房和城乡建设局
局长、党委书记　潜高星

规划局
局长、党组书记　傅显明(　~2013年9月)

交通运输局
局长、党委书记　邱建中

水利渔业局
局　　长　包晓华(　~2013年4月)
　　　　　潘炉生(2013年4月~　)
党委书记　包晓华(　~2013年11月)
　　　　　潘炉生(2013年11月~　)

农业局
局长、党委书记　吴立钢

林业局
局长、党组书记　吴国平

商务局(粮食局)
局长、党组书记　江国富

文化广电新闻出版局
局长、党委书记　钟世杰

体育局
局长、党组书记　卢云霄

卫生局
局长、党委书记　吴康良

人口和计划生育委员会
主任、党组书记　石骁敏(　~2013年10月)

审计局
局长、党组书记　方卫民

统计局
局长、党组书记　郑迪元

环境保护局
局长、党组书记　丁　政(　~2013年10月)
　　　　　　　　石骁敏(2013年10月~　)

食品药品监督管理局
局长、党委书记　吕绍荣

城市管理行政执法局
局长、党委书记　潘文锋(　~2013年8月)
　　　　　　　　方雨辉(2013年8月~　)

安全生产监督管理局
局长、党组书记 李志妙

旅游局
局长、党组书记 朱 红

机关事务管理局
局长、党组书记 张维源

外事与侨务办公室
主任、党组书记 罗月霞(女，~2013年4月)
章 宏(2013年4月~)

人民防空办公室(民防局)
主任、党组书记 胡 宏

国有资产监督管理委员会
主任、党委书记 徐方根

行政服务中心
主任、党组书记 楼东江(~2013年8月)
邱银泉(2013年8月~)

金华经济技术开发区党工委、管委会
书 记 李郁华(~2013年8月)
余秋荣(2013年8月~2013年10月)
傅利常(2013年10月~)
主 任 李郁华(~2013年8月)
余秋荣(2013年8月~)

金华新兴产业集聚区管委会
主 任 陈陆一

金义都市新区党工委、管委会
书 记 金中梁
主 任 陈陆一

金华双龙风景旅游区党工委、管委会
书 记 陈 晓
主 任 徐祝成(~2013年10月)
申瑞龙(2013年10月~)

浙江金西经济开发区党工委、管委会(~2013.10)
书 记 陈 晓(~2013年10月)
主 任 张旭辉(~2013年10月)

浙江金东经济开发区党工委、管委会
书 记 郑余良
主 任 胡 杰

义乌商贸服务业集聚区党委、管委会
书 记 斯建民(~2013年10月)
王奎明(2013年10月~)
主 任 王奎明(~2013年10月)
赵国荣(2013年10月~)

经济合作交流办公室(招商局)
主任(局长)、党组书记 姚孔屏(女)

供销合作社
主任、党委书记 陈福雨

文物局
局长、党组书记 蓝跃军(~2013年9月)
施革雄(2013年9月~)

市政府金融工作办公室
主 任 (暂缺)

市政府驻北京联络处
主 任 应丽青(女)

市政府驻上海联络处
主 任 叶 青

市政府驻杭州办事处

主 任 钟术清(~2013 年 10 月)
蒋震雷(2013 年 10 月~)

市政府驻深圳办事处

主 任 张红丽(女)

市政府驻厦门办事处

主 任 (暂缺)

中国人民政治协商会议金华市委员会

主 席 郑金平
副 主 席 王建平
张解放
邵国强(~2013 年 10 月)
傅路红
张跃进
朱恒钱
吴志松
刘净非(女)
许章才
党 组 书 记 郑金平
党组副书记 王建平
秘 书 长 徐月明
副 秘 书 长 方竟成
万晨曦
汪永革
黄 伟
胡锦全
张少华
柳建民(2013 年 1 月~)
常 务 委 员 (按姓氏笔画排列)
丁 宁(女)
万晨曦
马巧良
王景荣
方竟成
叶赏和
卢 广
卢淑芳(女)
丛 华(女)
包建益(~2013 年 1 月)
巩美英(女)
成明亮(~2013 年 4 月)
成晓波
朱文勇
朱孝平
朱茂丹(女)
刘 尧
杜剑平
杨坚明(2013 年 2 月~)
吴月华(女)
吴彩霞(女)
吴瑞成
何校生(~2013 年 1 月)
何蔓丝(女)
辛永良
汪永革
张 毅(女)
张少华
张世元
张建敏(女)
陈 琳(女)
范庆松
金罕岗
郑爱军
郑一平(女)
郑守乾
柳建民(2013 年 2 月~)
胡欢刚(2013 年 2 月~)
胡济荣
胡总旗
胡泰群
胡爱珠(女)
胡锦全
赵允成
施清纯
姚波峰
倪 捷

徐　斌
徐志辉
郭金林
诸晓东
黄　伟
董巧娟(女)
蒋荣伟
程　颖(女)
傅　治
童国友
楼余产
蓝根有
雷启余
窦金庸
戴克华(2013 年 2 月~)

市政协工作机构

办公室
主　任　汪永革

研究室
主　任　马巧良

提案委员会
主　任　万晨曦

经济科技委员会
主　任　朱文勇

人口资源环境委员会
主　任　丛　华(女)

教育文化卫生体育委员会
主　任　胡爱珠(女)

社会法制委员会
主　任　成明亮(~2013 年 4 月)
　　　　夏　刚(2013 年 10 月~)

文史资料委员会
主　任　方竟成(~2013 年 1 月)
　　　　杨坚明(2013 年 1 月~)

港澳台侨委员会
主　任　胡泰群

委员工作委员会
主　任　丁　宁(女)

金华市中级人民法院

院　　长　徐建新(~2013 年 1 月)
　　　　　汤海庆(2013 年 3 月~)
代 院 长　汤海庆(2013 年 2 月~2013 年 3 月)
副 院 长　范旭东(~2013 年 7 月)
　　　　　宋耿金
　　　　　邵永龙
　　　　　黄美园(女)
　　　　　范锡祥(2013 年 7 月~)
党组书记　徐建新(~2013 年 1 月)
　　　　　汤海庆(2013 年 2 月~)

金华市人民检察院

检 察 长　毛建岳
副检察长　葛兆俊(~2013 年 4 月)
　　　　　李　斌(~2013 年 1 月)
　　　　　郭土华
　　　　　方旭东
　　　　　陈生平(2013 年 1 月~)
　　　　　傅新民(2013 年 7 月~)
党组书记　毛建岳

中国人民解放军浙江省金华市军分区

司 令 员　徐学清
政治委员　周嘉爱(~2013 年 12 月)
　　　　　杨龙溪(2013 年 12 月~)

群众团体

金华市总工会
主　　席　朱恒钱
党组书记　徐跃进（ ~2013年12月）
　　　　　蒋永根(2013年12月~)

中国共产主义青年团金华市委员会
书记、党组书记　马　越

金华市妇女联合会
主席、党组书记　陈雷红(女)

金华市科学技术协会
主　　席　楼余产
党组书记　戴　玲(女，~2013年2月)
　　　　　何淑芳(女,2013年8月~)

金华市文学艺术界联合会
主　　席　金云平
党组书记　楼　冰

金华市归国华侨联合会
主　席　蓝根有

金华市工商业联合会
主　　席　邵国强(~2013年11月)
　　　　　丁国玉(女,2013年11月~)
党组书记　范庆松

金华市社会科学界联合会
主　席　吴远龙

金华市残疾人联合会执行理事会
理事长、党组书记　骆　芳(女)

金华市老龄工作委员会
主 任 温　暖

金华市红十字会
会　　长　林一心(兼，~2013年12月)
　　　　　林丹军(兼,女,2013年12月~)
党组书记　陈艳艳(女,2013年6月~)

民主党派

中国国民党革命委员会金华市委员会
主　委　张解放(~2013年12月)

中国民主同盟金华市委员会
主　委　胡锦全

中国民主建国会金华市委员会
主　委　丁国玉(女)

中国民主促进会金华市委员会
主　委　张少华

中国农工民主党金华市委员会
主　委　傅路红

九三学社金华市委员会
主　委　张跃进

企事业单位、院校

金华银行
董 事 长　徐雅清(女)
党委书记　刘少非(~2013年12月)
行　　长　宣利新(2013年5月)

金华市城建发展控股有限公司
董 事 长　徐雨光(2013年12月~)

金华市多湖中央商务区党委、管委会
主任、党委书记　程天云(2013年9月~)

金华广播电视总台
台长、党委书记　朱连芳

金华职业技术学院
党委书记　李秋华(女)
院　　长　王振洪

义乌工商职业技术学院
党委书记　严金发
院　　长　王　珉

金华教育学院(市体校)
党委书记　何宝钢
院　　长　申屠江平(~2013年12月)

金华广播电视大学(浙江贸易学校)—
金华广播电视大学(浙江商贸学校)
校　长　黄宏伟

垂直管理部门(单位)、部省属驻金单位、金融机构

国家税务局
局长、党组书记　吴伟民

国家安全局
局长、党委书记　陈庆华

金华海关
关长、党组书记　何士电

金华海关缉私分局
局　长　姚亚良

金华出入境检验检疫局
局长、党组书记　詹勤伟

工商行政管理局
局长、党委书记　范寿山

地方税务局
局　长　陈志身

质量技术监督局
局长、党委书记　颜天明

气象局
局长、党组书记　陈智源(~2013年2月)
谷风鸣(2013年2月~)

金华电业局—国网金华供电公司
局长(总经理)　姜　宪
党委书记　杜晓平

烟草专卖局(浙江省烟草金华市公司)
局长(经理)、党组书记　邱樟海(~2013年3月)
郑敏强(2013年3月~)

邮政局
局长、党委书记　杨嘉树

邮政管理局
局长、党委书记　温雪荣

中国电信金华分公司
总经理、党委书记　邹鹤海(~2013年12月)
樊振华(2013年12月~)

浙江移动金华分公司
总经理、党委书记　胡欢刚

中国联通金华市分公司
总经理、党委书记　徐国荣

中国人民银行金华市中心支行
行长、党委书记　李晓叶(女， ~2013年11月)
翁国华(2013年11月~)

银监会金华监管分局
局长、党委书记　陈兆水

中国农业发展银行金华市分行
行长、党委书记　甄岗军

中国工商银行金华分行
行长、党委书记 赵丹蓓(女)

中国农业银行金华市分行
行长、党委书记 贾正生

中国银行金华市分行
行长、党委书记 吴 越

中国建设银行金华分行
行长、党委书记 陈根海(~2013年8月)
王井平(2013年8月~)

中国人民财产保险金华市分公司
总经理、党委书记 毛新龙

中国人寿保险金华分公司
总经理、党委书记 楼琦辉

中国太平洋财产保险金华中心支公司
总经理、党委书记 赵建华(~2013年2月)
于 洋(2013年2月~)

中国太平洋人寿保险金华中心支公司
总经理、党组书记 杨 旻

中国平安财产保险金华中心支公司
总经理 楚军锋

中国平安人寿保险金华中心支公司
总经理 张利坚(~2013年4月)
陈驰波(2013年4月~)

县(市、区)主要机构及负责人名单

中国共产党金华市婺城区委员会
书 记 陈 晓

金华市婺城区人民代表大会常务委员会
主 任 张菲菲(女)

金华市婺城区人民政府
区 长 王 健

中国人民政治协商会议金华市婺城区委员会
主 席 施素珍(女)

中国共产党金华市婺城区纪律检查委员会
书 记 何海彬

中国共产党金华市金东区委员会
书 记 郑余良

金华市金东区人民代表大会常务委员会
主 任 赵 庆

金华市金东区人民政府
区 长 施美红(女)

中国人民政治协商会议金东区委员会
主 席 楼科进

中国共产党金华市金东区纪律检查委员会
书 记 丁丰田

中国共产党兰溪市委员会
书 记 吴国成

兰溪市人民代表大会常务委员会
主 任 吴国成

兰溪市人民政府
市 长 朱瑞俊

中国人民政治协商会议兰溪市委员会
主 席 刘成芝

中国共产党兰溪市纪律检查委员会
书 记 张慧娟(女，~2013年12月)
林纪平(2013年12月~)

中国共产党东阳市委员会
书 记 徐建华

东阳市人民代表大会常务委员会
主 任 施侍伟

东阳市人民政府
市 长 朱建军

中国人民政治协商会议东阳市委员会
主 席 王正明

中国共产党东阳市纪律检查委员会
书 记 樊国斌

中国共产党义乌市委员会
书 记 黄志平(~2013 年 3 月)
李一飞(2013 年 3 月~)

义乌市人民代表大会常务委员会
主 任 陈秀仙(女)

义乌市人民政府
市 长 何美华

中国人民政治协商会议义乌市委员会
主 席 宋英豪

中国共产党义乌市纪律检查委员会
书 记 卢照洋

中国共产党永康市委员会
书 记 张伟亚(~2013 年 8 月)

永康市人民代表大会常务委员会
主 任 张伟亚(~2013 年 7 月)

永康市人民政府
代市长 金 政(2013 年 6 月~)
市 长 徐华水(~2013 年 6 月)

中国人民政治协商会议永康市委员会
主 席 陈毅成

中国共产党永康市纪律检查委员会
书 记 蓝群英(女， ~2013 年 5 月)
范晓东(2013 年 5 月~)

中国共产党浦江县委员会
书 记 戴建平(~2013 年 12 月)
施振强(2013 年 12 月~)

浦江县人民代表大会常务委员会
主 任 黄林生

浦江县人民政府
县 长 施振强

中国人民政治协商会议浦江县委员会
主 席 朱受明

中国共产党浦江县纪律检查委员会
书 记 丁进跃

中国共产党武义县委员会
书 记 陈 伟(~2013 年 6 月)
钟关华(2013 年 7 月~)

武义县人民代表大会常务委员会
主 任 徐华良

武义县人民政府
县 长 张新宇

中国人民政治协商会议武义县委员会
主 席 骆瑞生

中国共产党武义县纪律检查委员会
书 记 楼国康

中国共产党磐安县委员会
书 记 周剑敏

磐安县人民代表大会常务委员会

主　任　周剑敏

磐安县人民政府

县　长　陈蕾妍(女)

中国人民政治协商会议磐安县委员会

主　席　黄福良

中国共产党磐安县纪律检查委员会

书　记　周红德(~2013 年 6 月)

　　　　傅　治(2013 年 6 月~)

2013 年金华市劳动模范名录

表 2

序号	姓 名	性 别	出生年月	工作单位	职 务	职 称
1	陈趋源	男	1961 年 6 月	浙江亚峰药厂有限公司	总经理	经济师工程师
2	单卫东	男	1968 年 3 月	金华电业局送变电工程公司质安部	主 任	高级工程师
3	方 明	男	1963 年 4 月	浙江科惠医疗器械有限公司技术中心	主 任	教授级高工
4	方向征	男	1973 年 8 月	金华婺舟航运开发公司	总工程师	高 工
5	徐志明	男	1966 年 6 月	金华市北山林场	林场片长	技 师
6	钱志华	男	1957 年 9 月	金华日报社印务中心	主 任	高级经济师
7	赵丹蓓	女	1959 年 12 月	中国工商银行股份有限公司金华分行	行长、书记	高级经济师
8	黄兆成	男	1958 年 7 月	金华苏香现代农业科技有限公司	职 工	高级面点师
9	章跃洪	男	1983 年 10 月	金华职业技术学院	教 师	讲 师
10	朱锡兰	女	1963 年 2 月	浙江金华第一中学	工会副主席	中学高级
11	应献新	男	1962 年 1 月	上海铁路局金华车务段金华西站	站 长	技术员
12	刘梦寒	男	1967 年 12 月	金华市公安局警务保障处	处 长	
13	王卫平	男	1968 年 11 月	金华市第二医院	门诊部主任	副主任医师
14	赵 俊	男	1964 年 4 月	金华市住房和城乡建设局城市建设和管理处	处 长	城市规划师
15	陈 安	男	1973 年 10 月	金华市发改委投资管理处	处 长	
16	徐雅清	女	1962 年 7 月	金华银行股份有限公司	董事长	高级经济师
17	方美玲	女	1967 年 8 月	金华市美然食品有限公司	质量总监	高级技师
18	潘新涛	男	1977 年 12 月	浙江万里扬变速器股份有限公司供方管理中心	副主任	
19	潘 刚	男	1978 年 6 月	浙江高峰控股集团有限公司	公司总裁	高级经济师
20	邵国菲	女	1964 年 10 月	金华市婺城区计生指导站	医 师	副主任医师
21	章静钢	男	1963 年 11 月	金华市仙源山铁皮石斛种植基地有限公司	技术管理	
22	周卫中	男	1974 年 3 月	金华市捷特包装有限公司	董事长兼总经理	经济师
23	何胜军	男	1975 年 8 月	金华市华锦园艺有限公司、	总经理	农艺师
24	许芬芳	女	1959 年 3 月	金东区多湖小学	校长	中学高级
25	张明忠	男	1959 年 8 月	金东区源东乡人民政府	文书、档案员	
26	陈永刚	男	1981 年 5 月	浙江真爱时尚家居有限公司	质检员	
27	马爱芳	女	1972 年 3 月	金华市江南街道社区卫生服务中心	院长	主治医师
28	胡雪龙	男	1967 年 9 月	浙江金徕镀膜有限公司	车间主管	工程师
29	张秉新	男	1977 年 12 月	金华利诚信息技术有限公司	董事长	
30	凌秉文	男	1962 年 11 月	浙江银宇纺织股份有限公司	总经理	工程师
31	吴卸连	男	1964 年 2 月	浙江彩之源纺织有限公司	董事长	
32	童福友	男	1962 年 4 月	浙江金梭纺织有限公司	董事长	
33	徐建忠	男	1970 年 9 月	浙江佳而美纺织有限公司	董事长	助理工程师
34	徐永忠	男	1970 年 8 月	兰溪市灵洞乡洞源行政村	村主任	农民技师
35	毛国忠	男	1962 年 5 月	兰溪市诸葛镇厚伦桥行政村	村支书	
36	郭 慧	女	1971 年 8 月	兰溪市聚仁教育集团	校 长	中学高级教师

续表 2-1

序号	姓　名	性　别	出生年月	工作单位	职　务	职　称
37	黄茂清	男	1956 年 12 月	浙江华源制药科技有限公司	总工程师	高级工程师
38	徐晓君	女	1965 年 5 月	兰溪市城市管理行政执法局	局　长	会计师
39	吴志荣	男	1958 年 6 月	浙江长风汽车运输有限公司	职　工	
40	应国新	男	1977 年 9 月	浙江欧宝塑业有限公司	研发中心主任	工程师
41	叶瑞荣	男	1972 年 2 月	浙江华东铝业股份有限公司	班　长	助理工程师
42	章丽清	女	1981 年 9 月	兰溪市裕欣纺织有限公司	运转主任	二级技师
43	赵冬子	男	1974 年 12 月	义乌赵龙集团有限公司	董事长	中　级
44	厉文海	男	1968 年 4 月	浙江有加利连锁超市有限公司	董事长	董事长
45	徐雪芳	女	1978 年 2 月	中国银行义乌市分行	主　任	
46	骆淑英	女	1969 年 6 月	义乌市疾病预防控制中心	科　长	副主任医师
47	张红梅	女	1974 年 5 月	义乌市稠城街道办事处	党工委委员	中　级
48	楼才水	男	1964 年 3 月	义乌市人民检察院	纪检组长	
49	楼晓林	男	1958 年 8 月	义乌市花卉行业协会	会　长	高级工程师
50	贾宇晶	女	1985 年 2 月	浙江中国小商品城集团股份有限公司海洋大酒店	收银主管	
51	吴　云	男	1960 年 5 月	义乌市城镇职业技术学校	校　长	中学高级
52	盛英辉	男	1972 年 1 月	义乌市枫坑水库管理处	主　任	经济师
53	王荣山	男	1960 年 8 月	义乌市妇幼保健院	院　长	主任医师
54	朱　鸣	男	1971 年 1 月	义乌市房地产管理处	主　任	高级工程师
55	徐飞宇	男	1965 年 5 月	横店集团房地产开发有限公司	董事长总经理	高级经济师
56	王式跃	男	1960 年 1 月	浙江海森药业有限公司	董事长	高级经济师
57	葛富民	男	1959 年 9 月	浙江绿宇制冷配件有限公司	总经理	
58	王世明	男	1964 年 10 月	东阳市江北街道猴塘社区王峰小区	支部书记	
59	胡国钟	男	1948 年 3 月	东阳市歌山镇双村村	支部书记	工程师
60	韦金炎	男	1964 年 3 月	中天建设集团有限公司第一建设公司	经　理	高级经济师
61	卢振华	男	1976 年 8 月	广厦建设集团有限责任公司上海分公司	项目经理	高级工程师
62	黄小明	男	1964 年 7 月	浙江新东阳木雕有限公司	总设计师	高级工艺师
63	厉子金	男	1963 年 5 月	东阳市定达皮具有限公司	设计主管	
64	徐爱萍	女	1951 年 1 月	浙江朕炜电器有限公司	职　工	
65	吴海尧	男	1966 年 2 月	东阳市外国语学校	校　长	高级教师
66	程云霄	男	1961 年 5 月	东阳市人民医院	大外科主任	主任工程师
67	吴厚文	男	1954 年 8 月	东阳市北江农垦场	场　长	
68	刘国梁	男	1963 年 2 月	浙江永康农村合作银行	党委书记董事	经济师
69	应　杰	男	1953 年 12 月	天河集团有限公司	董事长	高级经济师
70	蒋爱女	女	1960 年 5 月	永康市包装有限公司	董事长	高级经济师
71	俞健宁	男	1970 年 5 月	永康市旺吾农庄	种植专业户	
72	黄绍雄	男	1954 年 7 月	永康市西城街道周塘经济合作社	书记、社长	
73	胡华东	男	1973 年 2 月	浙江四方集团公司	研究所所长	高　工
74	陈如进	男	1963 年 11 月	浙江永康市第一中学	副校长	中学高级
75	童跃锋	男	1958 年 3 月	永康市第一人民医院	院长党委书记	主任医生

续表 2-2

序号	姓　名	性　别	出生年月	工作单位	职　务	职　称
76	徐玲玲	女	1978 年 12 月	浙江新华建设有限公司	技术组组长	高　工
77	邓如莹	男	1975 年 2 月	中国先行集团有限公司	采购部主管	工程师
78	陈美平	女	1963 年 5 月	永康市环境卫生管理处	江南所所长	
79	沈迎春	女	1961 年 12 月	永康市广播电视台	频道总监	记　者
80	张越康	男	1963 年 12 月	浙江百炼工贸集团有限公司	董事长	经济师
81	周黎明	男	1960 年 12 月	浦江县汽车运输总公司	总经理	
82	吴志平	男	1966 年 5 月	浙江力霸皇工贸公司	技术中心干事	工程师
83	汪建平	男	1958 年 9 月	浦江欧妮雅化妆品有限公司	车间主任	助理经济师
84	王　艾	女	1969 年 7 月	浦江县毛阳岗生态养殖场	专业户	农技师
85	曹龙水	男	1956 年 7 月	浦江县黄宅镇曹街村	社　长	
86	江金文	男	1963 年 1 月	浦江县自来水公司	负责人	工程师
87	高文兴	男	1967.年 12 月	浙江省武义县兴业食用菌专业合作社	理事长	高级农技师
88	俞学文	男	1969 年 9 月	浙江更香有机茶开发有限公司	董事长	高级品茶员
89	王文江	男	1974 年 11 月	浙江海王电器有限公司	董事长	
90	李建生	男	1961 年 1 月	武义县壶山小学	校　长	中学高级
91	顾海璐	女	1977 年 12 月	武义县公安局网警大队	大队长	
92	程美霞	女	1962 年 6 月	武义县经贸中小企业服务所	所　长	经济师
93	傅薇莉	女	1966 年 4 月	武义县河道堤防管理所	所　长	高级工程师
94	王锡铭	男	1974 年 9 月	浙江鹏孚隆科技有限公司	总经理	
95	朱国华	男	1979 年 3 月	磐安县邮政局大盘支局	投递员	
96	陈永甘	男	1974 年 8 月	浙江广都建设有限公司	项目经理	高级工程师
97	陆天富	男	1965 年 12 月	磐安县妇幼保健院	主　任	中　级
98	杨贺龙	男	1957 年 9 月	磐安县尖山镇廷潭岗村	党支部书记	

注:2013 年 4 月 27 日《金华市人民政府关于表彰金华市劳动模范和模范集体的决定》(金政发〔2013〕34 号文件)表彰

经济建设

义乌国际贸易综合改革试点

【概述】 2013年，义乌国际贸易综合改革试点进展顺利。4月18日，商务部、发展改革委、财政部、海关总署、税务总局、工商总局、质检总局、国家外汇局联合发文致函浙江省人民政府，同意在义乌市试行市场采购贸易方式，完善与市场采购贸易方式相适应的配套管理制度。7月，检验检疫局开展“集中仓储、联网申报、前移检验、有效监管”的检验模式试点。9月22日，国家税务总局正式批复下文《浙江省义乌市市场采购贸易方式出口货物免税管理办法(试行)》，规定市场集聚区的市场经营户委托从事市场采购贸易经营的企业或个人出口并纳入义乌国际贸易综合管理服务平台免税管理系统管理的货物免征增值税。《市场采购出口货物海关监管办法》《市场采购贸易方式工商监管办法》《市场采购外汇监管办法》尚在修订完善。12月4日，承接市场采购贸易方式政策落地的“市场采购贸易联网信息平台” 上线试运行，45家试点企业利用该平台出口货物110余票。

【建设国际贸易发展平台】 4月27日，设立中国义乌工业设计中心，引进20余家设计机构入驻。4月，义乌中国小商品城被认定为首批省级进口平台，并获得支持资金200万元，2252个经营户374个商位，经营90个国家和地区5万余种商品。9月，义乌经济技术开发区成功获批国家级博士后科研工作站。10月，国际生产资料市场一期一阶段工程竣工验收，11月19日正式开业。义乌总部经济区引进规模优势企业60家，金融商务区入驻金融机构7家。构建进口、转口展贸平台。12月19日，中国—东盟商品交易中心正式落户义乌。

【发展电子商务平台】 搭建市镇两级电子商务园区，其中：已建成市级电子商务园区选址商城创业园、北苑街道的义乌网商创业园、城西街道的电子商务科技园、江东街道的淘源电子商务科技园。7月31日，义乌市与敦煌网签约合作建设“义乌全球网货中心”，11月26日上线运行。11月，国际电子商务园首期29.6万平方米主体工程开工建设。

【建设综合交通物流平台】 5月，义乌作为国家东部唯一内陆城市，被联合国亚洲及太平洋经济社会委员会(以下简称：联合国亚太经社会)列为国际陆港城市。6月，成立义乌港物流有限公司，开展集装箱运营和甩挂运输等港口物流业务。9月，国家发改委下发《全国物流园区发展规划》，将义乌列为全国二级物流园区布局城市。修订《义乌市人民政府关于加快发展现代物流业的若干意见》，拟定《关于加快物流运输业专业化发展的若干意见》。完成《国际陆港物流园区控制性详细规划》和《国际陆港物流园区交通专项规划》等专项规划。10月17日，义乌港二期海关监管场工程正式通过杭州海关验收，引进全国最先进的智能卡口管理系统、智能监控指挥中心系统和FS3000集装箱检查设备。10月24日，金华铁路货运中心与义乌市天盟实业投资有限公司、宁波港国际集装箱有限公司、中铁集装箱上海分公司、长春中远快运有限公司、浙江东宇物流有限公司5家企业签订运输意向书。10月25日，“义乌—北仑” 集装箱专线首发仪式在铁路义乌西站举行。保税物流中心(B型)纳入全国第二批调研审核项目，疏港高速公路项目完工可报批。义乌航空口岸列入《国家口岸发展规划(2011~2015年)》。

【优化国际贸易发展环境】 健全有利于客商往来便利化的出入境管理机制，5月9日省公安厅出入境管理局义乌分局挂牌成立，5月16日，市涉外纠纷人民调解委员会挂牌成立。10月，市政府办公室下发《关于进一步打造境外客商便利化管理服务环境的指导意见》。外交部授予义乌市外侨办“被授权单位资质”，从2013年1月起可以直接受理邀请外商来华。实施便利的外国人就业政策，对投资创办企业的原驻义代表机构就业的外国人直接办理就业单位变更手续。开展外贸主体登记及后续业务快速审批改革试点，办理时限从原来的近30个工作日缩减到10个工作日。

【推进城市功能国际化】 2013年，义乌具备招收外籍人员子女资格学校13所(在读外籍学生140余名)，具备聘请外教资格的学校8所，基本满足外籍人员子女入学需求。开展“千校结好”，32个学校参与，结对姐妹学校40对。6月，中央财政支持国际经济与贸易实训基地建成投入使用。市卫生局出台《关于进一步加强涉外医疗服务管理工作的通知》，设中心医院、中医医院、妇幼保健院为涉外医疗服务定点医院，设江东中心卫生院为涉外儿童免疫接种定点单位。

【签订合作协议书】 1月31日，义乌市与浙江出入境检验检疫局签署《共同推进国际贸易综合改革试点合作备忘录》。4月25日，义乌市与浙江省卫生厅举行共同推进国际贸易综合改革试点签约仪式。4月27日，义乌市与浙江省文化厅举行《共同推进国际贸易综合改革试点文化共建框架协议书》签约仪式。6月27日，中信银行杭州分行联合中信建投证券与义乌市签署全面战略合作协议。7月5日，义乌市与浙江省食品药品监督管理局签署《关于推进国际贸易综合改革试点共建食品药品安全示范区合作协议》。7月31日，义乌市与“敦煌网”签订《义乌全球网货中心建设项目合作协议书》。8月17日，在武汉举办的第九届中国国际会展文化节上，义乌市与国内14个中心城市签约成立“中国会展城市联盟”。11月18日，国家工商总局和浙江省人民政府签署《关于共同推进义乌国际贸易综合改革试点战略合作协议》。11月29日，在人行义乌市支行、市金融办、市电商办联合主办的2013年义乌市银电合作对接会上，义乌市22家银行机构与66家网商、2家第三方支付平台公司、4家电商园区、3家融资性担保公司就信贷融资、支付结算等方面进行合作签约。12月23日，义乌市与浙江省地方税务局签署《共同推进国际贸易综合改革试点合作备忘录》。

【出台扶助政策】 义乌市被外交部授予外侨办“被授权单位资质”，从2013年1月1日起，可以直接受理邀请外商来华，义乌成为全国首个拥有该权限的县级市。商务部以文件形式向全国各省、自治区、直辖市、计划单列市及新疆生产建设兵团商务主管部门下发《商务部办公厅关于做好第十九届中国义乌国际小商品博览会相关工作的通知》，进一步加大对2013年“义博会”的实质性支持。3月，省财政厅拨付国际贸易综合改革试点专项经费5000万元，支持义乌国际贸易综合改革试点。4月18日，商务部、发改委、财政部、海关总署、税务总局、工商总局、质检总局、外汇局联合发函，同意在义乌试行市场采购贸易方式。同月28日，省交通运输厅印发《关于简化交通建设项目管理程序的通知》，赋予义乌省级审批权限。至此，省交通厅交通建设项目省级审批权限已全部下放义乌。同月底，商务部下发《商务部办公厅关于确定2013年商务部引导支持展会的通知》，义乌消费品交易会暨义乌进口商品展列入商务部115项引导支持展会之一。5月1日，联合国亚太经社会第六十九届年会以决议形式正式通过《政府间陆港协定》，义乌被列为国际陆港城市。同月30日，省工商局与义乌市政府联合出台《关于义乌市开展商事登记改革试点的实施意见》，商事登记改革义乌模式正式启动。9月22日，国家税务总局正式批复下文《浙江省义乌市市场采购贸易方式出口货物免税管理办法(试行)》。同月，国家发展改革委、国土资源部、住房城乡建设部等国家12个部委联合下发《全国物流园区发展规划》，义乌列为全国二级物流园区布局城市。12月17日，国家工信部公示首批国家信息消费试点市(县、区)名单，义乌市成功列入全国68个试点市之一。12月31日，浙江省地方税务局批复同意《浙江省义乌市“市场采购”贸易方式地方税收监管暂行办法》。

【国土专项改革】 1月，开始制定《义乌市国际贸易综合改革试点土地管理制度改革3年实施计划(2013~2015年)》,8月形成土地利用总体规划评估报告。7月出台《义乌市城乡新社区集聚建设实施办法(试行)》,开展规划修编、耕地保护、差别化供地、节地技术、地下空间开发、三维地籍管理等13个专项课题研究。6月26日,在完善政府领导下的土地违法违规案件查处协调机制和联合执法行动机制的基础上,成立法院驻国土局执行室和公安驻国土局联络室。10月,《义乌市国土资源执法视频监控网建设实施方案》通过专家评审。

【金融专项改革】 8月23日,中国人民银行、中央机构编制委员会办公室、国家发展和改革委员会、财政部、商务部、中国银行业监督管理委员会、中国证券监督管理委员会、中国保险监督管理委员会、国家外汇管理局9部委联合下文批复《义乌市国际贸易综合改革试点金融专项方案》。12月5日,省金融办牵头论证金融专项方案3年实施计划。出台《关于加快拓宽担保贷款抵质押物范围,强化中小企业金融服务的指导意见》。义乌工商银行与浙江省国贸供应链服务有限公司合作,推出“国贸通”供应链金融服务新模式,提供国内信用证融资、提单质押、退税融资、远期外汇保值服务等业务。义乌市工商银行承办,画之都股份有限公司在全国发行首单民营企业私募债。推出跨境人民币订单融资、保理融资、内保外贷、跨境保函、转口贸易融资等新型业务。引入异地本外币兑换公司,10月,国家外汇管理局浙江省分局批复天津渤海本外币兑换公司进驻义乌开展筹建工作。

【国家、省级领导到义乌视察调研】 3月14日,浙江省副省长梁黎明一行8人到义乌调研国际贸易综合改革试点和商务、旅游工作。同月21日,浙江省副省长朱从玖到义乌调研市场发展情况。4月18日,浙江省委副书记、省长李强到义乌调研国际贸易综合改革试点工作。5月9日,国家发改委副主任连维良带领财金司、体改司等相关司局负责人一行7人,就推进义乌改革试点相关事宜到义乌进行调研。6月7日—9日,义乌国际贸易综合改革试点推进督导组一行8人,就市场采购贸易通关便利化、电子商务发展、市场转型升级、信用体系和大数据融合4个课题到义乌调研。6月8日,浙江省副省长熊建平就生态环保、城市规划、改革试点等工作到义乌调研考察、检查指导。7月27日,国家税务总局货物和劳务税司副司长王振华和处长裴光华,就制订《市场采购贸易方式出口货物免税管理操作规程》和开发“市场采购贸易方式出口货物免税管理系统” 的情况到义乌开展调研和工作指导。7月29日,金华市委书记徐加爱一行8人,到义乌指导推进国际贸易综合改革试点工作。8月1日,浙江省委书记、省人大常委会主任夏宝龙一行23人,到义乌调研国际贸易综合改革试点工作。8月16日,海关总署副署长孙毅彪一行4人,到义乌考察国际贸易综合改革试点推进情况。9月13日,海关总署监管司司长徐道文到义乌调研义乌港建设、“市场采购”方式推进、义乌国际贸易综合改革试点等情况。11月19日—20日,由国家发展和改革委员会委托的专家评估小组一行8人,到义乌开展浙江省义乌市国际贸易综合改革试点评估工作。

(楼海虹)

农村农业

农　村

【概述】 全市实现农业总产值222.5亿元,实现增加值140亿元,同比分别增长4.5%、4.3%。农村居民人均纯收入达到14788元,同比增长11.3%,城乡居民收入比缩小到2.463。

农业“两区”建设走在全省前列,进度居全省第一位,共投入资金7.8亿元,新开工建设粮食生产功能区项目142个,面积11.23万亩,全市粮食种植面积230.13万亩、总产量88.3万吨,新通过省级验收的现代农业综合区2个、主导产业示范区2个、特色农业精品园6个、特色林业主导产业示范区3个、特色林业精品园5个、现代渔业园区5个、验收挂牌现代渔业园区5个。经营主体培育方面:农业规模化、专业化、生态化水平不断提高,全市全年新增土地流转面积7万亩,新培育省级示范社20家、规范化合作社141家、年销售额1亿元以上的龙头企业5家、家庭农场306家。农业龙头企业、农民专业合作社以及种养大户等新型农业经营主体逐步成为推动全市农业发展的主力军。农业生产条件方面:农田水利建设扎实推进,全市完成病险水库除险加固19座,完成1-10万方山塘整治246座,完成清水河道建设248千米;完成高标准基本农田建设40.24万亩,新发展喷滴灌设施面积1.541万亩。完成林区道路建设1082千米,落实建设资金5334万元。

【农民收入】 贯彻省委8号文件精神,制定下发《中共金华市委金华人民政府关于促进农民收入持续普遍较快增长的实施意见》(市委〔2013〕37号),多措并举扎实推动农民增收。农民素质提升方面:金华农民学院挂牌成立,全市完成各类农民培训31130人,其中:农村实用人才培训15566人,农村创业人才培训1650人,农民转移就业技能培训13914人,实现培训后新增转移就业12067人。农村新兴产业发展方面:市农家乐工作首次获得省考核一等奖,全市农家乐接待游客达1205万人次,营业收入7亿元,同比分别增长16.6%和16.5%。全年发放来料加工费28.30亿元,从业人数33.28万,人均增收8502元。低收入农户增收方面:扎实开展新一轮扶贫开发工作,市本级扶贫专项资金从80万元增加到500万元,完成新一轮低收入农户和扶贫重点村界定,低收入农户人均纯收入增长率预计13%,山区群众异地搬迁工作列入市十大民生实事,全年完成搬迁6586人。

【美丽乡村建设】 紧密结合"三改一拆""四边三化""双清"等专项行动,围绕水环境综合治理工作要求,深入实施美丽乡村建设行动计划,牵头做好"清洁乡村"专项行动,取得明显进展。金东区通过省美丽乡村创建先进县核查,一镇三村(金东区澧浦镇、东阳市花园村、义乌市何斯路村、永康市园周村)获评首届"浙江最美乡村(镇)"。突出干净,结合"双清"行动,组织开展农村环境集中整治月活动,全市各地共投入人员12万余人次、资金8200余万元,整治清运垃圾3.79万吨;对市本级太阳能减量化垃圾处理设施建设项目给予专项资金补助,探索源头治理垃圾问题。认真组织开展全市农村生活污水治理情况摸底调查,着手制定农村生活污水治理三年行动计划,部署各县(市、区)开展规划编制,其中浦江规划已编制完成。突出示范,扎实推进"12510"精品培育。全市共启动美丽乡村风景线15条,开展美丽乡村各类项目建设村共1525个,占行政村总数的31.8%。目前9条风景线已初现雏形,89个精品村、102个秀美村、14个示范中心村、17个优秀历史文化村落已基本建成。突出特色,重点打造历史文化村落。把历史文化村落保护与利用作为美丽乡村建设的最紧迫任务之一,市、县两级都成立历史文化村落保护利用工作协调小组,出台实施意见,落实专项资金。高度重视规划编制工作,8个省重点村都编制了高标准规划。在项目跟进上,每月一报督查设计、预算、政策处理、项目施工进展情况,确保年度任务保质保量完成。这项工作得到上级有关部门充分肯定,全省工作现场会于4月11日在兰溪市召开。

【农村公共事业】 覆盖城乡的社保体系基本形成,城乡居民社会养老保险参保率达97%,新型农村合作医疗保险参保率达96%,人均筹集水平进一步提高,筹资标准为569元/人·年(任务460元/人·年),城乡居民医疗保险政策范围内住院补偿比例为75.24%(任务75%)。全市农村在册低保对象4.11万户5.8万人,发放低保救助金1.4亿元,农村低保标准从267元/月·人提高到347元/月·人,增幅达30%(任务13%),农村低保标准达到城市低保标准的68%。进一步提高城乡教育均衡发展水平,继续推进义务教育标准化学校建设,出台县域内义务教育学校校长教师交流专项文件且教师交流率达8%以上,进一步缩小城乡学校的师资差距。9所乡镇中心幼儿园建设任务全部完成。农村文化建设继续加强,建成农村文化礼堂223家,农村(社区)文化活动室实现全覆盖。不断完善农村社区公共服务,新建成省级示范农村社区服务中心66个、农村社区居家养老服务照料中心537个,金东区探索创新"统分结合"模式建设农村居家养老服务中心的做法受到省委、省政府的肯定以及央视《新闻联播》等国内主流媒体的广泛关注。全市新启动农村住房改造建设示范村21个,完成农村困难家庭危房改造2386户。

【农村改革】 不断健全农村土地山林承包经营权流转机制,全市农村土地流转面积累计达94.1万亩,流转率为43.9%,涉及农业企业313个,涉及农民专业合作社780个,涉及规模经营户(家庭农场)

10721户；土地山林承包经营权的流转加速，流转面积达到73.2万亩。浦江县作为省级林地改革试点县，已完成林地股份制合作社12家，参股林地面积9582亩，参股农户896户，合同期累计分红额预计可达到4.8亿元以上，走出一条“土地变股权、农户当股东、收益有分红”的合作经营新路子，被省政府授予“浙江林改模范县”称号。义乌市758个行政村全面完成村经济合作社股份制改革，建立“归属明确、权责清晰、利益共享、保护严格、运作规范、监管有力”的村股份经济合作社。促进社员经济身份和社会身份分理，保障社员合法、平等的权益，实现人口、劳动、资本等要素在城乡之间自由流动，构建城乡一体机制。积极推进农村金融体制创新，全市拥有农村商业银行1家、农村合作银行4家、村镇银行6家、小额贷款公司31家，农信联社和农业银行分别推出“丰收——小额贷款卡”和“金穗惠农卡”，有效缓解农村贷款难问题。构建多层次全面覆盖农村的社会养老保障体系，在总结金东区“统分结合”的新型农村居家养老服务模式的基础上，按照“大村统一布点、小村分享服务，日间统一照料、夜间分散居住”的方式，全市投入资金6000余万元，共建成农村居家养老服务照料中心567家，近7万名老人不离乡、不离家、不离亲，享受到就餐、日托等就近便利的养老服务。

农　业

【概述】 2013年，全市农业部门围绕“高产、优质、高效、生态、安全”的现代农业发展目标，以农业“两区”建设为主平台，积极培育农业主导产业，加快发展生态循环农业，稳步构建新型经营体系，坚持推进农业科技进步，切实强化农产品质量安全监管，有力促进农业转型升级，各项工作取得明显成效。全市农林牧渔业总产值132.9亿元，农村居民人均纯收入14788元，比上年分别增长3.2%、11.3%。

【农业主导产业】 农业主导产业和优势产业初步形成，区域化布局更加明显，在全省的份额和比重不断加大。全市生猪存栏166万头，肉类产品产量22.6万吨，比上年分别减8.9%、10.1%；家禽存栏1050万只，出栏1960万只，同比下降5.4%和15.8%；奶牛存栏29333头，奶类产量8.5万吨，分别下降3.2%、10%；蔬菜播种面积77.7万亩，产量140.5万吨，分别增0.05%、1.8%；果园种植面积68.2万亩，总产量49.8万吨，减3.8%；中药材面积11.3万亩，总产量2.3万吨，分别增0.9%、4.5%；食用菌总产7.5万吨，与上年基本持平；茶园面积38.3万亩，茶叶总产量3.1万吨，与上年持平；粮食作物种植面积230.1万亩，总产量88.3万吨，分别减0.8%、0.9%；油料面积38.1万亩，总产量4.6万吨，分别减2%、4.2%。奶牛乳品、中药材产业居全省第一位，生猪、水果、食用菌、茶叶、粮油产业均居全省前五位。

【农业“两区”建设】 把农业“两区”建设作为现代农业建设的主平台，全市上下整合资金、加强协调、协力推进。全年共投入资金7.8亿元，建成粮食生产功能区项目145个，面积11.28万亩，粮食功能区内建成一大批基础设施和服务组织，建成育秧中心7个、烘干中心9个；新通过省级验收的现代农业综合区2个、主导产业示范区2个、特色农业精品园12个。三年来累计投入两区“建设”资金17亿元，建成粮食生产功能区项目462个，建成面积38.7万亩；建成现代农业综合区3个、主导产业示范区16个、特色农业精品园49个、现代农业示范基地279个，金华市农业“两区”建设走在全省前列。

【农业科技创新】 充分发挥市级农业(农机)科技研究院(所)的作用，积极推进农业科技创新，加强培训中心、上海农科院金华技术转移中心、浙大农科教合作实践教育基地等平台建设。金华农业高新科技园区成功列入国家级园区行列，中国南方农机产业园初具规模，农业装备研发能力增强。组织筹建“浙江省金华两头乌猪研究院”，已被省科技厅列入培育计划。农业新品种新技术引进和推广力度加大，在粮油、果蔬、茶叶、中药材和食用菌、畜禽等产业一大批新品种新技术得到推广应用。加快促进农牧结合、农机农艺(牧艺)融合，新建农机农艺(牧艺)融合示范点5个，有力助推农业生产节本增效。

【农业面源污染治理】 结合十大民生实事，加大面源污染治理力度，着力保障城乡饮用水安全。制订出台农业面源污染治理的指导性意见，在全市大力推广农牧结合的生态循环农业模式，新增省级生态循环农业示范区2个、示范企业2个。农药化肥减量控害工程顺利实施,推广测土配方施肥311.4万亩(次)、水稻病虫害综合防治和农药减量增效技术129万亩。加大畜牧业污染治理力度,制定《金华市畜牧业区域布局调整优化方案》《金华市区生态畜牧业发展规划》,进一步优化养殖布局,调整养殖结构,全市共关停搬迁拆除畜禽养殖场(户)3608家。按照“三元合一、星级管理”的要求,加快养殖场生态化改造,推广畜禽清洁化生产技术和农牧结合生态养殖模式,创建标准化生态养殖场。全年新增21家省级以上标准化畜禽规模养殖示范场,国家级和省级标准化示范养殖场数量均居全省首位。编制《农业面源污染治理典型百例》,汇集近年来全市发展生态循环农业方面成功的典型案例,为全市生态循环农业发展提供指导。推广农村新能源综合利用,全年新增畜牧场沼气工程池容1.59万立方米,沼气用户1001户,新增推广太阳能热水器80587平方米,创建清洁能源示范村10个,建立农村能源综合利用示范工程点4个。规模化畜禽养殖场排泄物综合利用率、农作物秸秆综合利用率、农村清洁能源利用率分别达到96%、88.5%、72.8%。

【农业安全监管】 结合十大民生实事,着力保障农产品质量安全。重大动植物疫病防控责任制得到有效落实,畜禽养殖场重大动物疫病免疫密度达100%,全年未发生重大动植物疫情。坚持常态监管和专项整治相结合,进一步健全农产品质量安全监管体系。积极开展“绿剑”系列集中执法行动,切实保障农业产业安全和农产品质量安全,维护农民合法权益,农产品质量安全水平稳步提升,农产品省级以上抽检合格率达97.8%,县级以上抽检合格率99.88%。全面推行农业标准化生产,发展绿色农业,全市实施县级以上农业标准化项目101个,示范面积40.31万亩,辐射面积279.59万亩;发放标准化模式图20100张;实施农业标准化农作物种植面积208.45万亩,标准化畜禽养殖总规模1956.16万头(群),标准化生产程度分别为58.4%、68.25%。新增无公害农产品111个,绿色食品16个,通过“三品”认证产地面积10.5万亩。继续深化“平安农机”创建活动,全年全市负同等责任以上拖拉机道路交通事故死亡18人,远低于省市控制指标。强化种子质量监督和储备,全市主要农作物种子抽检合格率94.9%,储备量达到102万千克,确保良种有效供给和粮食的稳定生产。

【服务农民增收】 深入开展百名高级专家千名农技人员支农惠农送服务活动和以送政策、送科技、送订单、送农资、送信息为主要内容的“五送”服务活动。深入实施“富村五年计划”。全市向省厅争取薄弱村物业经济项目46个,补贴资金1376万元(资金总量位居全省第二),完成省定薄弱村转化749个。举办第九届金华·华东农交会等农业展会,为农产品销售推广搭建平台,拓展市场。本届农交会吸引参会人员8.5万人次,签订购销合同额2.2亿元,达成农业招商协议和意向项目79个、金额3.65亿元。实施“十亿百项”农业招商行动,全市共有60余个引资项目落地并开工建设,引进资金8.8亿元。新建基层农业公共服务中心30个、区域性农机化示范服务中心16个,认定省级现代农业科技园区3个,培育科技示范基地31个,科技示范户6042个,新招定向培养农技人员26人(招生数量及招生县数均居全省第一),引进从事农业大学生62人。深入实施“百万农民素质提升工程”,新招农民职业教育学员532人,阳光工程培育农民5300人、农技人员1500人,培训农村实用人才3000多人,举办农业实用技术培训班870期(次),培训农民3万人(次)。

(曹继志)

种植业

【粮食生产】 2013年,全市粮食生产面积基本保持稳定,产量略微下降。全年粮食播种面积15.34万公顷,比上年减少0.14万公顷,减0.9%;每公顷产量5756千克,比上年减少45千克,减0.78%;粮食总产量88.3万吨,比上年减少1.48万吨,减1.65%。

水稻生产。全市水稻播种面积9.21万公顷,比上年减少0.14万公顷,减1.5%;每公顷产量6891千克,减0.26%;总产量63.43万吨,减1.86%。其中,早稻播种面积1.63万公顷,比上年增加0.02万公顷,增1.24%;每公顷产量5823千克,增2.79%;总产量9.48万吨,增4.06%。

旱粮生产。全市玉米播种面积1.41万公顷,比上年增长0.71%;每公顷产量4725千克,减2.58%;总产量6.68万吨,减1.47%。大豆播种面积1.52万公顷,比上年减少1.3%;每公顷产量2761千克,减3.09%;总产量4.20万吨,减4.11%。蚕豌豆播种面积0.27万公顷,与上年持平;每公顷产量2079千克,减0.09%;总产量0.56万吨,增1.82%。马铃薯播种面积7851公顷,比上年增加0.19%;每公顷产量4937千克,减0.96%;总产量3.87万吨,减1.02%。番薯播种面积1.11万公顷,比上年增长2.78%;每公顷产量5315千克,减3.06%;总产量5.90万吨,减0.67%。

粮食生产的特点:一是受夏季高温干旱天气影响,部分连作晚稻插种困难,影响连作晚稻插种面积,山地和丘陵地区旱粮受灾更为严重,面积单产下降;二是灌溉条件良好的单季晚稻和连作晚稻产量较好,婺城区汤溪镇厚大畈百亩示范方平均亩产886.5千克,创全市高产百亩方亩产新高;三是新型粮食生产经营主体逐步壮大,种粮大户和粮食专业合作社的主力军作用进一步增强。

【油料生产】 2013年全市油料作物播种面积2.54万公顷,每公顷产量1847千克,总产量4.69万吨。其中,油菜籽种植面积2.25万公顷,减2.17%;每公顷产量1786千克,增0.85%;总产量4.03万吨,减1.22%。花生种植面积2005公顷,比上年减0.99%;每公顷产量2559千克,减10.62%;总产量5130吨,减11.51%。浙双72、浙双758、浙油18和浙油50等高产、高油、品质优的"两高一优"油菜新品种逐步得到普及,油菜直播免耕栽培和机械化收割等新技术的应用,有效提高油菜种植效益,拓展优质油菜生产的发展空间。

【蔬菜生产】 2013年,全市蔬菜播种面积为43.5千公顷,面积与2012年持平,产量为93.1万吨,增长0.3%,总产值31.96亿元,增长5.8%。果用瓜种植面积10.4千公顷,下降1.9%,产量为23.02万吨,下降1.2%。山地蔬菜播种面积10.2千公顷,总产量22.9万吨,总产值5.6亿元,分别比2012年减0.97%、15.8%和1.75%。

现代农业园区蔬菜产业示范区建设。全年全市政府投入扶持资金2988.6万元。继续开展农业"两区"蔬菜产业示范区、蔬菜精品园基地的建设,至2013年底,全市已获得省立项批准的蔬菜产业示范区10个、面积3143.93公顷,蔬菜精品园基地13个,面积766.7公顷,至2013年获批全国蔬菜标准园建设项目4个,面积74.7公顷。根据项目的要求和年度建设目标任务,加强园区基础设施、产业设施建设和现代农业新技术推广,提升示范区蔬菜生产能力和社会化服务水平。各地财政加大对蔬菜产业的扶持力度,促进大棚、微灌设施、道路、沟渠、检测室、分级场地等基础建设。全市蔬菜钢架大棚面积1734.7公顷,新增钢架大棚153.9公顷;微灌面积1744公顷,其中蔬菜微灌面积1165.1公顷,西甜瓜微灌面积578.9公顷。

保障性蔬菜基地建设、市区重点蔬菜基地认定。根据国务院办公厅、省政府办公厅和市府办关于统筹推进和加强新一轮"菜篮子"工程建设的意见,市本级和各县市都加大了蔬菜基地建设的力度。根据省农业厅《关于印发〈浙江省保障型蔬菜基地建设工作方案〉的通知》(浙农专发〔2012〕43号)精神,到2014年全市将建成保障型蔬菜基地1767公顷,2013年已建成1174.1公顷。2011年开始市农业局对市区重点蔬菜基地进行认证,至2013年底重点蔬菜基地达30个,面积1254.3公顷。市农业局、财政局联合下发的文件明确保障型和市区重点蔬菜基地可优先安排市财政支农项目。

推广多样化增效技术。全年全市引进蔬菜新品种50多个,通过试种观察、试验筛选,部分品种得到了示范推广,增添市场蔬菜的花色品种,加快品种更新换代。推广蔬菜嫁接栽培技术,推广应用嫁接栽培番茄、苦瓜、黄瓜、西瓜面积1094.4公顷。推广穴盘育苗新技术,松花菜、黄瓜、大白菜、芹菜、番茄等应用穴盘育苗种植面积1640公顷。开展蔬菜有机化栽培的示范推广,推广萝卜、小白菜、豇豆有机化栽培面积40公顷。引进芽苗菜种植技术,种植的芽苗菜品种有油葵、松柳、萝卜、荞麦、香椿、豌豆等,产品供不应求,实现周年供应。

蔬菜安全生产工作进一步推进。全市通过省级无公害基地认证的蔬菜基地96个,面积6223.7公顷,获得绿色农产品证书数24个。各地印制《蔬菜基地生产档案》记录本发放给重点蔬菜基地菜农或规模生产的业主用于记录农业投入品的购买、使用和蔬菜产品销售情况,便于产品的安全检查和质量问题追溯。生产措施方面继续推广使用低毒高效化学农药和生物农药,大力推广非农药防控措施。全市引进应用防虫网 326.0 公顷,应用频振式杀虫灯 3767 盏,应用诱虫色板 173.0 公顷,应用性诱剂 630.0 公顷。另外磐安县对 546.7 公顷茭白进行统防统治,杜绝高毒农药的使用和盲目用药,减少农药的使用量,提高产品的安全质量。 (程 林)

金华市 2013 年粮油生产情况表

表 3

作　物	面　积(公顷)	产　量(吨)	作　物	面　积(公顷)	产　量(吨)
一、粮食作物	153418	882968	③大　麦	78	235
1.春　粮	12288	45932	④玉　米	14129	66753
2.秋　粮	124857	742271	⑤其他谷物	3464	16718
①稻　谷	92056	634342	二、油料作物	25368	46852
早　稻	16273	94765	1.油菜籽	22531	40250
晚稻及单季稻	75783	539577	2.花　生	2005	5130
②小　麦	3684	12195	3.芝　麻	832	1472

(胡谷琅)

【茶叶生产】 2013 年,全市茶园面积 2.56 万公顷,与上年基本持平;全年茶叶产量 2.5 万吨,产值 14.5 亿元,产量比上年减 17.7%,产值比上年增加 3.1%。其中名优茶产量 10.3 万吨,产值 12.6 亿元,产量同比减少 8.1%,产值增加长 5.1%;无性系良种面积 1.32 万公顷,无性系良种化率达 52%,有机茶颁证面积 0.124 万亩,与上年 0.32 万亩相比下降 61.2%。今年遭到两次较严重的"倒春寒"袭击和高温干旱自然灾害,茶叶产量降低,但全市茶叶生产机械化有效提升、加工专业化步伐加快,项目建设稳步推进,科技应用推广扩大,品牌宣传取得成效,促进了茶产业增收。

茶叶产销:一是春茶提早开采,前期低落后期顺畅。2013 年早春气温高,春茶提早萌发,全市最早开采茶区——武义县于 2 月 26 日开采,比 2012 年提前 14 天。春茶生产前期,茶产业行情比前几年有明显回落。中后期销售顺畅,销售价和销售额略都有所提高。同时企业对产品创新,调整茶类品种结构,适度简化包装,压缩高端"礼品茶"的生产规模。二是夏秋季高温干旱,夏秋茶生产受到严重影响。7 月以来,连续高温少雨,气温 35℃以上有 40 多天,气温连续 40℃以上有近 10 天,各种作物大面积受旱。全市有 12 万亩茶园表层不同程度枯焦,其中,死亡需重新种植的茶园 1 万多亩,旱情严重茶园 3 多万亩。三是茶类品种呈多样化发展,红茶香茶生产崛起。除原有针形、扁形、毛峰形名优绿茶和珠茶、眉茶、砖茶等大宗茶外,红茶、香茶得到快速发展。仅武义县,红茶加工品牌企业 8 家,各家以注册品牌包装上市销售。生产量 52 吨,产值达 5854.5 万元,是武义茶产业增产的主要原因。武义加工香茶茶厂有 124 家,产量3277 吨,产值 9765 万元。还发展了乌龙茶、白茶等。砖茶生产向养生黑茶发展,提高产品附加值。四是茶叶出口恢复增长,国际对茶叶绿色壁垒的提高,使低残留茶叶比往年更为畅销。兰溪赤山湖绿色农庄有限公司,春季生产的上百吨低残蒸青、珠茶,全部销往欧洲,并且售价比上年提高了 15%以上。更香公司的出口茶也出现近年少有的增长势头。出口毛峰、绿片 298 吨,出口值 1788 万元,出口白茶片 14 吨,出口值 84 万元。五是扁形茶机械化水平提升,加工专业程度提高。武义、磐安、东阳等地扁形茶加工专业化程度较高。武义今年电脑控制的扁形茶加工机械普及率达85%以上,生产量提高快,磐安全县茶叶专业化加工率达90%。东阳收购鲜叶集中加工的企业、专业合作社的数量大幅增加,加工规模大幅扩大。在宅口自然形成鲜叶交易市场,农户直接出售青叶。六是受新政出台影响,有机茶生产严重萎缩。2013年有机茶颁证面积下降到1.86亩,产量只有1719吨。生产企业减少到仅有24家,其中部分以生产有机茶为主的企业也减少了认证面积。

为稳定茶叶生产,一是积极开展品牌宣传工作。举办节会。组织召开第六届金华市名茶推介暨"清茗酬知音"万人品茶大会,大会紧紧围绕展示茶产业、弘扬茶文化、宣传茶品牌、推进茶交易的主题,通过群众免费品茶、茶叶品牌推介、茶艺表演等活动,充分展示金华市近几年茶产业所取得的成就。组织参加展示展销及评比活动。6月8日至10日,第八届浙江绿茶博览会在南京隆重举行。金华市共组织21家企业参加,设置18个展位,是展位最多的地市。其中武义为这次大会的特别支持单位之一。在茶博会的名茶评比中,5只名茶获博览会金奖。同时,武义组织承办"武阳春雨杯"第二届全国茶艺职业技能竞赛总决赛、磐安举办茶产业发展研讨会等都有效提升品牌知名度。二是加强抵御自然灾害技术指导。各地茶叶技术干部密切关注受灾情况,深入茶园茶厂,指导抗灾减灾工作。组织多期技术培训班,提高茶农茶叶管理水平。同时通过实施农业项目,加强建设防灾抗灾,通过品种改良,提高茶树抗灾能力。三是开展"浙江省标准化名茶厂"验收工作。根据《关于印发〈浙江省标准化名茶厂验收办法〉的通知》(浙农专发〔2012〕40号)及《关于做好2012年度省标准化名茶厂验收工作的通知》(农经茶〔2012〕19号)文件精神,指导并做好本辖区标准化名茶厂的创建、申报、初审及推荐验收等工作。并组织省、市、县有关专家,对武义更香等4家茶厂进行了浙江省标准化名茶厂验收。 (罗文文)

【水果】 2013年水果总面积65.2万亩,同比减少4.1%,总产量52.6万吨,同比略增1.2%。总产值25.7亿元,与上年增长24.8%。

【蚕桑】 由于劳动力成本上升和其他经济作物的冲击及秋季干旱的影响,今年蚕桑生产出现价增量减的情况,据初步统计,本市去冬今春优化改造桑园2208亩,比上年减少366亩;其中种桑面积1381亩,减少181亩;全年蚕预计发种20232张,比上年同期减少7542张,减27%左右;产茧量881吨,比上年同期减少383吨,减30%左右。而茧丝价格依然在高位运行,全年蚕茧收购价约2280元/50千克左右,增长295元/50千克左右。全年蚕茧生产产值4012万元,减收1009万元,减幅20%。果桑生产受天气因素产量有所下降,但价格较好,各地果桑采摘游方兴未艾。

【棉花】 据初步调查统计,2013年金华市棉花种植面积10.28万亩,比上年收获面积(10.80万亩)减少4.8%,全市平均皮棉单产97公斤/亩,比上年减产7.8%,总产量9934吨,比上年减12.6%。在金华市棉花生产总产量连续四年创历史新高之后,出现连续二年较大幅度的回落。2013年度金华市棉花产值2130元/亩,比上年减4.9%;生产总成本2810元/亩(其中物化成本635元/亩),比上年增长16.8%,主要是人工成本增幅大,种子、化肥、农药等物化成本略增;棉农净收入减少680元/亩,亏损额连续三年扩大。主要特点有:上年度的棉花产值是决定下一年棉花种植面积的重要因素,皮棉单产受气候条件影响出现较大幅度的减产;植棉成本刚性上涨,特别是人工成本大幅度快速增长;棉农净收入呈现下降趋势。

(包立生)

林　业

【概述】 2013年底,全市共有林业用地1049万亩,占土地总面积的63.85%。其中,有林地面积980.7万亩,占全省的9.8%。活立木蓄积量2851.44万立方米,占全省的11.1%;森林覆盖率60.44%,全省为60.63%;共有面积120亩以上的各类湿地面积58.8万亩。当年造林面积95265亩,其中人工造林42623亩,封山育林本年新封23205亩;完成迹地更新29217亩,平原绿化面积46934亩,重点生态公益林建设面积达到416万亩，优质林分面积达292万亩；完成森林通道建设637.1千米、绿化面积6230亩、通道沿线林相改造61915亩，全市共有135.2万人次参加义务植树活动，完成植树255万株。

【林业产业】 围绕林业特色优势产业，全市以兴林富民为抓手，加快高效生态林业发展，建设特色基地和产业市场，搭设平台促合作，扶优做强创品牌，突出特色促发展，形成以花卉苗木、香榧、大红柿、大白桃、佛手、森林蔬菜等为特色产品林果特产业，以仙桥花木城、澧浦苗木市场等为核心的花卉苗木产业，以东阳木雕城、东阳木雕竹编、武义根雕等为拳头的竹木精深加工产业，以浙中木材市场、华东木材市场、南马木线市场为龙头的现代竹木制品加工与销售市场。金华花卉苗木产业先后获得了"中国茶花之乡""中国佛手之乡""中国桂花之乡""中国花卉之乡""中国苗木盆景之乡""中国兰花之乡""中国苗木(盆景)之乡"8个国家级品牌，跨入省主产区行列、全国知名花木之乡的行列。2013年末，全市共有竹林71.43万亩，经济林128.68万亩；松树面积491.78万亩，毛竹面积72万亩；香榧基地16万亩(另有高产老龄香榧树13600棵)，油茶基地14万亩。2013年全市实现林业总产值457.4亿元，位列全省第4位，增幅6%，其中花卉苗木生产面积达29.3万亩，销售额22.5亿元，实现产值46.6亿元。东阳市、义乌市被命名为首批"浙江省林业产业百亿强县"。

【"两区"建设】 2013年省林业厅下文批准金华市林业"两区"创建点18个，占全省的五分之一，是新批准的创建点最多的市。全市共有省级现代林业园区创建点66个，已建成25个。新建成省级林业主导产业示范区3个、特色林业精品园5个。新命名省级林业龙头企业16家、林业示范性专业合作社2家、新技术产业化项目1个、林业观光园1个、浙江名牌林产品3个；新命名市级林业龙头企业24家、市级林业示范性专业合作社4家。兰溪市举办浙商"创业创新"农业产业化项目专题推介会，2个林业项目签约投资额达14.3亿元。省级林产品抽检合格率为98.6%。

【林业展会节会】 第十一届中国苗木交易会设展位457个，吸引国内外企业300余家，现场交易金额达到3700万元，意向成交金额3.9亿元。第6届中国森林产品博览会共有来自全球25个国家和地区的1313家企业参展，设国际标准展位3300个，展览面积7万平方米；累计实现成交额46.5亿元，同比增长9.98%。其中外贸成交额22.55亿元，占总成交额的48.5%，同比增长4.69%；达成3000多项投资、贸易、经济技术合作协议(意向)。其中，金华市展团获得最佳组织奖，55个产品获得金奖。

【集体林权制度改革】 市政府召开由分管县(市、区)长、林业局局长等参加的全市林地股份制流转现场会，总结推广浦江、兰溪林地股份制流转工作经验，布置全市加强林地股份制流转工作。全市完成林地股份制流转28000亩。金华市林地股份制流转工作得到省林业厅的直接指导，国家林业局、北京大学组成调研组，来金华市进行专题调研指导。全市累计流转林地面积72.61万亩，其中2013年新增24751亩；林权抵押贷款累计达92954万元，其中2013年新增加31908万元。

(王迦琳)

水　利

【概述】 截至2013年底，全市共建成有水库821座(其中：大型2座、中型27座)，占全省总量1/5，蓄水总量19.5亿立方米。2006年以来，全市新建、续建、扩建水库30座，累计加固病险水库381座，新建加固堤防252千米，解决改善农村饮水不安全人口274万人，农村饮水安全人口覆盖率达99%以上，41个万亩以上灌区2/3实施节水配套改造。2013年全市水利系统以"浙中水乡"建设为统领，围绕提高水利对"两富"现代化都市区建设保障水平的目标，加快实施防洪保安、旱涝保收、水资源保障、水环境保护四保工程，全面推进金华水利战略转型，为赶超崛起提供强有力的水资源保障。"浙中水乡"建设工作得到中央领导同志孟建柱的高度肯定，中国水利报头版头条和专版、全国各大网站等纷纷报道金华市"浙中水乡"建设的情况。浦江县浦阳江水环境综合整治、兰溪市黄砂整治等治水工作经验得到省委书记夏宝龙的批示肯定。水库安全管理、农民饮用水建后管理等经验受到副省长黄旭明批示并全省推广交流。金东区、东阳市、永康市3个全国中小河流治理重点县进展顺利。浦江县列入第五批中央财政小型农田水利重点县。中央财政小型农田水利重点县启动四年来，全市共有8个县(市、区)被列为中央财政小型农田水利重点县。兰溪市、东阳市列入2013年中央农田水利资金建设山塘整治县，婺城区列入2013年中央农田水利资金建设农村灌排河道整治县。浦江县被列为省水生态文明建设试点县。水利部副部长李国英，副省长黄旭明，省水利厅厅长陈川先后检查指导金华市水利工作。

【水利建设】 全市完成水利投资27亿元，完成年度投资计划的108%。全市共争取省以上资金5.7亿元，其中市本级1.05亿元。全市完成病险水库除险加固25座，钱塘江干堤等堤防加固60千米，整治山塘246座，万里清水河道建设248千米，实施河道保洁5090千米，治理水土流失面积97平方千米。农田水利标准化建设完成新增旱涝保收面积5.95万亩，扩大灌溉面积6.96万亩，发展喷微灌面积1.54万亩，农田渠道改造744.6千米。考核指标任务全部完成，部分指标任务超额完成。市本级水利工程建设助力“精品城市”成效明显，金华市区应急供水工程通过验收，东阳江左岸东关大桥至电大桥堤防加固工程已经完成，沙畈水库除险加固工程开工建设。水利列入市委市政府主要工作任务和市区十方面重点实事的内容全部完成。省重点工程兰溪农防工程已累计完成70千米。兰溪钱塘垅水库通过蓄水验收，永康北部水库联网工程、武义石峡水库、磐安花溪水库等按计划推进，全市解决和改善农村饮水人口17.98万人。

【水政监察】 完成磐安县水政大队“三百六保障”达标建设工作，继而全市所有水政队伍全部通过省水利厅“三百六保障”达标验收。完成全市水政监察人员水政监察证年审注册工作，全市共提交注册申请水政监察证520本，其中在职注册428本，调离水利系统注销92本，其中市本级注销16本。全市共组织巡查达3233次，巡查人员12209人次，受理群众举报191次，现场处理水事违法行为208起，立案查处案件86件，下达责令停止违法行为通知书155份，收缴罚没款人民币34万余元。8月—9月，市水政、渔政、环保、海事、公安等部门组成的联合执法队伍开展为期一个月的市本级饮用水源保护专项执法行动，共出动执法人员340余人次，劝阻游泳者2800多人次，收缴鱼竿130余根，清理水库竹排23支，暂扣船只13艘，下达责令停止违法通知书5份，对12名当事人给予罚款处罚，对2名涉嫌盗窃渔业资源的人员移交公安刑事拘留。

【水土保持】 婺城、义乌、兰溪、武义、磐安5个县(市、区)水土保持监督管理能力建设通过省水利厅验收，至此，全市9个县(市区)水土保持监督管理能力建设全部通过省水利厅验收。全面开展开发建设项目水土保持监督检查，全市共检查项目309个，检查人次668次。全市共审批水土保持方案184个，其中市本级44个。大力开展水土保持设施验收工作，全市共有25个项目通过水土保持设施验收。积极推进大中型建设项目水土保持监测工作，武义石峡水库工程、磐安县花溪水库、义乌公里工程等10个重点项目均委托有资质的单位开展了水土保持监测工作。治理水土流失改善生态环境，全市治理水土流失97平方千米，乌云坑等四条小流域项目通过竣工验收。低丘红壤开发治理工作有序开展，完成开发项目5个，治理面积为2040亩。

【河道管理】 全市河道总计3383条，总长度10855千米，其中省级河道5条，长度228千米；市级河道8条，长度228千米；县级河道67条，长度1097千米；县级以下河道3303条，长度9302千米。自2003年开展万里清水河道建设以来，全市已累计完成建设任务达3692千米，其中2013年完成248千米。金东区、东阳市、永康市列入全国中小河流治理重点县综合整治试点，划分为31个项目区，规划治理河道789.7千米，其中9个项目区已开工建设。新中国成立以来金华第一座水利枢纽工程——铁堰水闸除险加固工程初步设计方案通过审查，金东区杨卜山中型水闸除险加固已完工。全面建立“河长制”，市、县、乡、村四级划分责任区，全面落实动态保洁制度，河道保洁成效明显，兰溪市、浦江县获评全省河道长效保洁二等奖，婺城区、磐安县获评三等奖。批复涉河审批项目9个；开展“河道采砂”专项整治，全面禁止河道和饮用水源保护区内非法采砂、制砂行为,兰溪市黄砂整治经验获省委书记夏宝龙批示肯定。

【水资源管理】 全年全市总用水量18.7805亿立方米。截至年底,全市共有1469家取水单位,其中取水量10万方以上的用水单位共安装实时监控点114个。市政府出台《金华市人民政府关于实行最严格水资源管理制度全面推进节水型社会建设的意见》(金政发〔2013〕67号)。盘活市区水利经营性资产,组建金华市源水水资源投资开发建设有限公司。编制完成《浙中城市群水资源配置规划》。全市共完成开发建设项目水资源论证报告书评审8项。对全市重点61个水功能区(涵盖74质监测断面)实施动态监测,及时掌握水质动态,发布每月一期的《金华市重点水功能区水资源质量通报》,有效保障水资源安全。义乌市通过国家节水型城市验收,市本级沙金兰水库水源保护试点建设通过省级验收。

(黄可谈)

水　文

【水文情报预报】 一是水文情报搜集及时。入汛以后,全市水文系统坚持全天24小时全天候监测汛情,同时加强中小河流和山区小流域洪水、城市暴雨、局地强降雨和水库泄洪等的监测,提高防洪预警的综合服务能力。二是水情分析准确可靠。全年共接收处理3000多份市级报汛站报文及150万多条水雨情数据,编制发布《水情简报》32期,提供大量统计分析材料、数据、图表,为防汛抗台工作起到较好的参谋作用。三是洪水预报效益显著。进一步完善大江大河洪水预报方案,完成金华地区中小河流预警预报方案构建及实时洪水作业预报系统,在梅汛及台汛期间对金华水文站进行滚动实时预报,预见期长,洪峰水位误差小,取得精度为优秀的预报成果。

【水文基础工作】 一是规范水文测验工作。精心组织水文测验,高质量完成《测站任务书》规定的任务。加强水文监测计量器具检定工作,完善水文技术标准体系。进一步完善测流、测洪和测沙工作方案,及时商讨解决技术问题,确保测验的规范性和资料的正确性。二是提高水文资料质量。按时完成2012年度全市85站年大区水文资料及29座大中型水库水文资料整编、审查工作,加强水库水文工作检查指导。加强水文资料管理,进一步完善水文资料汇交与审查制度,规范水文资料有偿使用制度。三是加强水文科学研究。加强水文站网管理,统筹考虑水情遥测站点的规划设置。加强测验资料分析研究,及时解决受工程建设影响水文站点测验工作的有关问题。加大业务技术培训范围和力度,大力推进水文资料工作实现无纸化。

【水质监测工作】 一是抓好水功能区水质水量监测。全面开展全市92个站点每月一次水质监测评价工作,积极推进水质水量同步监测工作,充分体现水利部门水功能区监测特点。以武义县源口水库为试点,率先在全省水文系统开展藻类监测。根据“五水共治”要求,开展市本级12个水环境功能区、17条小溪流的水质调查及水系图绘制工作。二是增强应对突发性水事件的应急监测能力。密切关注水库饮用水水源地以及农村饮用水工程的水质情况,加强突发性水污染事件和突发性大洪水的应急监测预警工作。逐步组建水文应急监测队伍,配备便携式多参数水质检测仪、电波流速仪等先进仪器设备,举办应急监测演练和技术培训,建立快速有序高效的应急工作机制。三是完善水资源监测评价服务成果。按期完成《金华市水资源公报》《金华市水资源质量通报》等编制工作,及时呈送市领导及其他相关部门。与省水利科技推广与发展中心合作开展金华江流域水质生态监测与分析,完成《金华市区地下水资源调查评价报告》,编制了永康、义乌、诸暨等地多个建设项目水资源论证报告书。

【水文设施建设】 一是继续推进全市中小河流水文监测系统建设。全市完成建设水文站1个、水位站1个、雨量站17个及水文信息中心站1个,已到位资金1419万元,累计完成投资743万元。其中市本级对家地水文站完成竣工验收,磐安县安文和玉山水文站主体工程均已结顶,堤防工程已完成90%。二是完成金华站改造提升工程。新建及改建金华站站房,改善基层水文测站的生活生产条件;改建测井、水位台、铅鱼平台,提高市区洪水测验能力;更新智能软件控制测流系统,提高金华站测流精度;改造水文遥测系统,修订完善预报方案,提高金华江洪水预报能力。三是加强水文新技术新设备的应用。开展新仪器、新技术的研究和推广应用,推广新八位码人工报汛机、水文自动测报系统和声学多普勒剖面测流仪、电波流速仪等先进测验设备的应用,实现水文要素监测长期自记、固态存储、自动传输和处理,提高水文测报能力和水平。

(朱　琦)

防汛抗旱工作

【概述】 2013年,防汛防旱工作早计划早部署,坚持以人为本、科学防御,实现"不死人、不伤人、不决堤、不溃坝、少损失"的目标,最大限度地减轻洪涝台旱灾害损失。年初,市防指下发《关于做好2013年防汛抗旱工作的意见》,召开全市防汛会议进行部署。汛前,市政府与各县(市、区)政府签订2013年度的防汛抗旱责任书,在媒体上公布全市水库(电站)、重要山塘、重要堤防等工程设施和行政村(社区)基层防汛体系责任人。3月中旬,市防指派出11个防汛检查组开展汛前防汛大检查,对发现的问题及时下发整改通知,提出限期整改要求,并跟踪督办。市本级防汛物资储备中心储备有各类防汛抗旱物资。在"防灾减灾日"和"安全生产月"开展防汛防台抗旱科普知识宣传。各县(市、区)防指结合基层防汛体系和山洪灾害防治建设,组织多轮集中和分类培训。6月8日,市防指联合金华军分区司令部举行2013年金华市防洪抢险演练,演练内容在7月3的中央电视台新闻联播中播出。市委书记、市长多次亲临一线检查指导防汛抗旱工作。市防汛防旱指挥部随时连线各地,指导部署防汛防台抗旱工作。

【汛情、旱情及灾情】 上半年雨量总体略偏少,梅雨期历时长、梅雨量比常年偏少。6月6日入梅,7月1日出梅,历时25天,比常年偏长3天。梅雨期全市平均降水量230.3毫米,比常年253.5毫米偏少9.2%,比上年207.5毫米偏多11.0%,降雨量最多的浦江县达300.0毫米,最少的永康市156.9毫米。出梅后遭遇了历史罕见的持续晴热高温少雨天气,出现了近十年来最严重的旱情。旱情主要呈现以下四个特点:一是7月1日出梅后全市出现摄氏35度以上高温天气44天,40度以上高温天气8天,历时之长、温度之高、蒸发量之大均破历史纪录。二是农作物既受干旱缺水影响,又受高温灼伤。一些没有灌溉条件的农田土壤缺墒严重,农作物无法正常生长,一些农作物即使具备灌溉条件,但持续高温灼伤严重,一些新发展的花卉、苗木等由于刚培植不久,根系不发达,高温导致成活率降低。三是旱情呈分散多点状,受灾面广点多。全市9个县(市、区)都遭受不同程度的旱灾,受灾点比较零散,主要是山区的靠天田和经济作物,平原乡镇的旱地,水库灌区范围的水尾巴田及无骨干水利工程的耕地。饮用水困难人群主要分布在利用山涧溪流或小山塘供水的农村地区。四是从受影响的行业看,主要对农林牧业造成较大的影响。受旱高峰期时因旱饮水困难人口3.9448万人,农作物受旱面积85.67万亩,粮食因旱损失6.676万吨,因旱直接经济总损失8.9263亿元。8月21日—22日,第12号台风"潭美"影响全市,全市过程雨量达59.8毫米,其中降雨量最大的东阳东井站达122.5毫米,雨量超过100毫米的站点19个,江河、水库水量明显增加,有效缓解持续多日的晴热高温干旱灾害。10月5日—8日受第23号台风"菲特"影响,全市出现强降雨,全市过程雨量达122.7毫米,其中东、南部的磐安、婺城、永康雨量较大,分别达203.8毫米、149.6毫米、141.2毫米,其他地区70~130毫米,降雨量最多的婺城区罗坪站达289毫米,部分地区受灾。江河、水库蓄水明显增加,全市大中型水库增加蓄水约1.5亿方。年内,全市有6个县(市、区)共65个乡镇8.3万人受洪涝台灾害影响,倒塌房屋236间,转移人口11726人,直接经济总损失1.8093亿元。

【处置灾情】 在抗击梅雨期强降雨、多次台风和防御高温干旱期间,防汛、气象、水文等部门密切监视水雨情、墒情动态,通过广播、电视、报纸、网站、短信及时向社会发布预警信息;各级防指认真组织会商、研判,科学调度,沉着应对,市防指启动防台风Ⅲ级应急响应1次,市、县防指启动抗旱Ⅳ级应急响应各1次,市防指下发防暴雨、防台风及抗旱工作通知10份,市主要领导、市防指指挥通过防汛远程视频会议多次与各地防指连线会商,下达防汛抗旱调度命令,指导各地开展防汛抗旱工作。高温干旱期间,市委、市政府先后下发3个紧急通知,要求各地、各有关部门切实做好高温天气应对和防旱抗旱工作;市领导多次作出重要批示,并亲自带队检查指导,听取专题汇报,全面进行部署;气象部门开展人工增雨作业22次,“乌引工程”从衢州地区引水1000多万方,有效缓解农业旱情;全市共投入抗旱人口16.296万,抗旱资金5983万元,挽回粮食损失16.662万吨,挽回经济作物损失4.0735亿元,解决饮水困难人口3.94万。防御台风“菲特”期间,市主要领导多次坐镇市防指,连线指导各地开展防台工作,防汛、气象、水文等部门保持密切联系,及时掌握雨情水情信息,督促各地加强预警预报,全面落实各项防范和应对措施,台风没有造成人员伤亡,并有效地减轻了灾害损失。据统计,在全年防汛防台工作中,全市各类水库共计拦蓄洪水3.57亿立方米,发挥防洪减灾效益1.8053亿元,发布预警信息80多万条,转移危险区域群众11726人次。

【山洪灾害非工程措施建设】 全市各地均已完成山洪灾害防治县级非工程措施建设的各项建设任务,除磐安仅完成项目专项验收工作外,各县(市、区)均已完成项目初步验收并投入试运行,各地均已开展项目竣工验收的各项准备工作。金华市级山洪灾害监测预警平台前期工作进展顺利。

(汪展　黄可谈)

畜牧业

【概述】 2013年,全市畜牧兽医工作坚持“一手抓重大动物疫病防控,一手抓畜牧业生产发展”,以金华两头乌猪产业振兴行动和“三元合一”星级管理工作为重点,加快推进畜牧业转型升级,完成年初制定的各项目标任务。因受到黄浦江死猪漂浮事件、人感染H7N9禽流感疫情、“三改一拆”行动及罕见的高温干旱天气等影响,全市畜牧业生产总体呈下降趋势。2013年,全市奶牛存栏29333头,同比降低3.17%;生猪存栏165.78万头,同比降低9.1%,生猪出栏253.27万头,同比降低8.41%,其中能繁母猪存栏18.69万头,同比下降7.64%;家禽存栏1085.8万羽,同比降低2.2%,家禽出栏2002.3万羽,同比降低13.93%;羊存栏7.56万只,同比持平,出栏7.44万只,同比下降7.8%;蜜蜂存栏27.94万箱,同比下降1.45%;肉类总产量22.75万吨,比上年同期下降9.3%,禽蛋产量6.55万吨,同比增加11.55%,牛奶产量8.83万吨,同比下降6.3%。全市畜牧业总产值约60亿元。

【畜牧业转型升级】 以振兴金华两头乌猪产业为抓手,畜牧业转型升级实现新突破。组织专家对《金华两头乌猪产业振兴行动计划》进行多次论证,在完善《计划》的同时,同步开展了几项工作。4月,农业部确定金华两头乌猪为农产品地理标志保护产品。10月,金华两头乌猪研究院被列入省级企业研究院建设计划。成立了首家金华两头乌猪专业合作社,“金华市婺家土两头乌猪专业合作社”。合作社由27个两头乌猪养殖、产品加工等企业参加,注册资金500万元。拓宽宣传渠道,全方位多视角宣传金华两头乌猪,在《金华日报》《农村信息报》等媒体上刊发了专版,与科技部、中央电视台摄制“国宝级猪种金华两头乌”的前世今生宣传片资料,绘制金华两头乌猪卡通,并被作为省二体会吉祥物。

【畜牧业标准化建设】 以“三元合一”星级管理为抓手,畜牧业标准化建设实现新突破。年初下发《关于开展2013年规模养殖场星级评定工作的通知》,对全年工作进行部署,分解任务,稳步推进评定工作。组织专家对各县(市、区)申报的15家三星级以上规模养殖场进行评审。9月份开展复评工作,对2009年度7家星级场和2013年度15家三星级以上规模养殖场进行现场复评。全市已建成星级规模养殖场178家,其中三星级以上86家。17家规模养殖场被农业部评为全国标准化示范养殖场,32家规模养殖场被评为省级标准化示范养殖场,国家级和省级标准化示范养殖场数量均居全省首位。

【畜牧业生态循环发展】 以畜禽养殖污染治理工作为抓手,畜牧业生态循环发展实现新突破。编制了《金华市畜牧业区域布局调整优化方案》,组织各地对禁、限养区重新作出调整划分,明确提出控制总量、减少散养以及规模养殖场100%治理和排泄物资源100%循环利用等工作目标。制定《金华市畜禽养殖污染治理工作方案》《金华市区养殖污染治理三年行动计划》,积极开展畜禽养殖污染治理,结合

“三改一拆”“四边三化”“水环境综合整治”等行动，着重对水源保护区、居民区、风景区等重点区域开展综合整治。全市共关停搬迁拆除畜禽养殖场(户)3608家，处理生猪20.7万头、家禽116.3万只、其他畜种3.1万只。通过整治拆除和废弃物资源化利用整治，有效规范养殖行为。

【畜牧兽医管理】 以编制工作流程图为抓手，畜牧兽医管理工作实现新突破。在全省率先制定畜牧业类项目管理、重大动物疫病控制及生鲜乳收购许可证审批等20个畜牧兽医工作风险防控流程图。通过编制工作流程图，进一步理顺各项工作程序，明确工作职责，提高干部职工的服务意识和工作效能，加强本部门职能的发挥。

【重大动物疫病防控】 全市按照养殖场程序免疫和散养畜禽集中免疫、月月补针的免疫方法，着力做好畜禽的集中免疫工作。进一步落实免疫密度评估制度，每季度开展一次重大动物疫病免疫密度风险评估，及时通报各地的免疫进度，对免疫密度低、抗体水平不合格、免疫进度慢的县(市、区)、乡镇，督促当地查找原因，加以整改。严格执行动物及其产品调运风险评估制度，认真落实调运前登记备案、调入后报验措施。全面落实检疫申报制度，严格按照检疫操作规程实施检疫。检疫不合格的动物及产品，一律按“五不准一处理”的要求进行处置。加强病死动物无害化处理工作，重点落实五项措施：养殖环节大排查行动；养殖场(户)告知承诺行动；河道及其周边环境大清查行动；无害化处理设施大检查行动；动物卫生监督执法行动。五是严格动物卫生监督执法。开展行风规范行动。行动期间，全市共处理动物卫生监督案件31起，其中结案27起；进一步规范宠物诊疗机构诊疗活动。对全市现有的43家宠物诊疗机构开展一系列的摸底调查，对宠物诊疗机构在2010年~2012年三年期间的基本情况、从业人员等信息进行问卷调查；加强动物标识和疫病可追溯体系建设。在加强动物卫生监督及疫病防控队伍建设上，开展一季一考核、一月一例会、一周一检查以及组织技能比武、军训等活动，人员的综合素质得到明显提升，连续两年在全省实验室检测技术和动物防疫技能大比武中获得第一、第二名。2013年在浦江县成功举办金华市突发重大动物疫情防控应急演练，得到省、市领导的充分肯定。

【畜产品安全监管】 强化生鲜乳监测监管工作，提升生鲜乳质量安全，促进奶业稳定健康发展。围绕生鲜乳生产、收购、运输等关键环节，采取切实有效的监管措施，从三个方面严格落实生鲜乳质量安全监管工作：狠抓日常动态监管。全年，出动监督执法人员2196人次，检查单位1960家次，未发现使用不合格的兽药、饲料及饲料添加剂等违法违规行为；严把换证审核关。对全市原有48家奶站开展生鲜乳收购许可证换证工作，取缔10家不符合条件的奶站和3辆不符合条件的奶车；强化检测力度。全面超额完成2013年农业部、省畜牧兽医局、市农业局生鲜乳质量安全监测任务。重点开展养殖环节、屠宰环节的“瘦肉精”等违禁药物监督检查专项行动。重视排查找隐患，积极开展畜产品质量安全“强网清源”集中行动。行动期间对养殖场、奶站的投入品台账、生产记录档案、购销台账、违禁药物禁用情况，以及质量安全监管工作责任落实情况进行全面检查。

（王　巍）

渔　业

【概述】 2013年，全市水产品总量达77813吨，同比增长5.35%，渔业总产出170461万元，同比增长8.44%。其中鱼类产量62730吨，同比增长5.94%，甲壳类705吨，同比增长4.44%，贝类694吨，比上年略有增长，其他(包括珍珠、甲鱼)产量8322吨，比上年增长1.22%。渔业总产出170461万元，比上年增长8.44%。生产鱼苗17.63亿尾，增长5.13%，生产鱼种5502吨，增长4.98%。

【现代渔业园区】 自2010年启动省级现代渔业园区创建到2013年底，全市共有50个园区列入省级创建点，有10个省级现代渔业精品园通过省现场考核验收，其中2013年验收5个。首次设立渔业产业发展扶持资金，主要用于现代渔业园区建设过程中的基础设施和养殖尾水处理设施补助。

【养鱼稳粮增收工程】 年内,以兰溪、婺城两个省级示范县为基础,推进稻田养鱼推广,在规模化基地建设、模式示范、新品种引进、技术推广和日常管理等方面都取得一定的成效。2013年,全市的综合种养模式已由原来的稻鱼共生(轮作)、稻鳅共生发展为稻鱼共生(轮作)、稻鳅共生、稻鳖共生、茭鳖共生、茭鱼共生等6个,种养殖面积达到8000亩。

【水产品质量安全监管】 开展初级水产品质量安全整治工作,在完成省下达的90批次养成品药残抽检和13批次渔业投入品抽样任务的基础上,还完成市政府民生实事食品安全抽检10个批次(4个养殖基地龟鳖,6个市场淡水鱼),检测合格率100%。开展水产品质量安全“强网清源”联合执法行动,共组织开展联合执法7次,检查36户次,约谈企业36家,组织开展宣传教育11次。金华市本级检查养殖场或苗种场125家,责令整改1家。

【渔政管理】 开展为期两个月的“春潮2013”专项执法活动,并与公安机关建立110联动机制,对电鱼、偷鱼等破坏渔业资源的违法行为给予坚决打击,全市共出动检查161次654人次,查获电鱼及非法捕捞案件165起,收缴电瓶及偷捕工具108副,立案查处10起,罚款金额4.92万元。全市共受理渔业污染案件52起,调处赔(补)偿金额168.92万元。在全市范围内开展江溪和水库增殖放流工作,全年共投入经费178.4万元,放养各类苗种1821万尾,有效增加全市的渔业资源。

(贺文芳 赵振)

经营主体

【概述】 2013年,全市共有市级以上农业龙头企业317家,省级33家,国家级6家。农民专业合作社4394家,其中种植业2512家,畜牧业776家,渔业191家,服务业184家。已登记注册家庭农场324个,其中:注册为个体工商户的254个,注册为个人独资企业的54个,注册为普通合伙企业的2个,注册为有限责任公司的14个。全市经市县级农业主管部门认定的规范化合作社610家,市级示范性合作社115家,省级示范性合作社109家。建立农业生产记录的合作社842家,通过农产品质量认证的合作社419家,组织实施农业标准化生产的合作社421家,建立农产品质量追溯制度和安全检测体系的合作社276家,拥有注册商标的合作社508家。

【农业经营主体】 按照中央一号文件“大力培育发展多元服务主体”的要求,全市进一步加大对大学毕业生从事现代农业的扶持力度,鼓励农业大户登记注册家庭农场,培育和壮大各类新型农业生产经营组织。全年新增土地流转面积7万亩,新培育省级示范社20家、规范化合作社141家、年销售额1亿元以上的龙头企业5家、家庭农场348家。全市共有农民专业合作社4220家(其中规范化合作社592家),社员16.2万人,带动非社员农户48.2万户。全市市级以上龙头企业317家(其中省级33家、国家级6家),带动基地农户75.4万户,实现产值200多亿,出口创汇3.3亿美元。农业龙头企业、农民专业合作社以及种养大户等新型农业经营主体逐步成为推动全市农业发展的主力军。

(朱丽虹)

农业机械化

【概述】 2013年,全市农机总动力达2626500千瓦,比上年度增加1.72%。新购置大中型拖拉机308台、水稻插秧机124台、联合收割机140台、油菜收获机7台、烘干机81台、全自动喂料系统280套、育秧流水线42套,这些高效农机具的增加进一步促进全市农机发展水平的提高。全市机耕地面积230万亩,比上年增加1.3%。水稻机插完成22.6万亩,比上年增加近2万亩。受夏季持续高温影响,机电排灌面积96万余亩,比上年度增加2.15%。各级全年农机化投入3.13亿元,比上年增加19.1%,其中:中央购机补贴资金3783.11万元,省补资金210.06万元,县补资金201.84万元,全市农机净值达17.9亿元,增加1.51%。有农机专业合作社70家,新增7家,入社农民1518人。

(洪一前)

农业综合开发

【概况】 2013年,金华市农业综合开发项目总投资规模2612.1万元,其中:中央财政资金819万元、省财政资金871万元、市财政配套资金257万元、自筹资金665.1万元。实施“金华市江东多湖中低产田改造项目”,计划改造中低产田总任务为0.85万亩,总投资1300万元,其中:中央财政资金500万元、省财政资金500万元、市财政配套资金200万元、自筹资金100万元。该项目于11月22日在金华公共交易平台完成项目招投标工作,12月3日与施工单位签订施工合同,建安工程中标金额共计986.2万元。实施“金华市优质高产杂交水稻中浦优华占示范推广项目”,总投资94万元,其中:中央财政资金35万元、省财政资金35万元、市财政配套资金14万元、自筹资金10万元。实施并完成产业化经营项目3个,分别为“金华市10000吨生物型饲料加工改建项目”“金华市婺城区千亩优质杂交水稻推广示范基地建设项目”“金华市婺城区260亩葡萄设施栽培示范基地建设项目”,总投资769万元,其中:中央财政资金165万元、省财政资金132万元、市财政配套33万元、企业自筹资金439万元。实施并完成产业化经营中央财政贷款贴息“鲜腿收购流动资金贷款贴息项目”,中央财政贴息资金69万;实施并完成省财政贷款贴息项目4个,分别为“废弃木料综合利用项目”“鲜奶收购流动资金贷款贴息项目”“茶叶收购流动资金贷款贴息项目”和“鲜猪肉收购流动资金贷款贴息项目”,省财政贴息资金164万元。实施并完成部门项目1个,为“金华市金东区200亩优质蔬果核心基地新建项目”,该项目系省供销合作社联合申报项目,总投资216.1万元,其中:中央财政资金50万元、省财政资金40万元、市财政配套资金10万元、自筹资金116.1万元。

(朱芝萍)

工　业

纺织服装工业

【概述】 2013年,金华市纺织工业拥有规模以上企业816家,其中:纺织业431家,纺织服装、鞋、帽制造业298家,化学纤维制造业31家。全市纺织工业实现工业总产值865.49亿元,同比增长11.37%。其中纺织业543.12亿元,同比增长13%;服装、鞋、帽制造业271.27亿元,同比增长8.96%;化学纤维制造业51.1亿元,同比增长7.5%。全行业实现销售产值814.86亿元,同比增长10.38%;产销率94.15%;新产品产值239.43亿元,同比增长47.85%;新产品产值率27.66%;实现利税55.38亿元,同比增长7.11%;其中实现利润35.36亿元,同比增长5.77%;实现出口交货值227.27亿元,同比增长5.4%。

全市纺织服装行业主要代表企业有:浙江立马云山纺织股份有限公司、浙江金梭纺织有限公司、浙江佳而美纺织有限公司、浙江双灯家纺有限公司、义乌华鼎锦纶股份有限公司、浪莎集团等。兰溪的纺织、义乌的针织及袜业、浦江的绗缝等产业得到聚集发展。尤其是兰溪棉纺织产业集群,成为全市四个省级产业集群示范区之一,销售收入和利润分别是202亿元和5.13亿元,同比增长分别是13.2%和5.9%。义乌的无缝内衣、化纤原料成为该市工业经济新的增长点,针织行业成为优势行业。浦江的绗缝针织、服装产业已成为该县工业“五朵金花之一”。金华在兰溪成功承办两项浙江省职工(纺织工)技能比赛,金华兰溪的选手摘取了80%的奖项。

纺织行业淘汰落后产能、行业转型升级、腾笼换鸟工作得到大力推进,全市3家织造企业淘汰落后产能2528万米。

(汪敏燕)

轻工业

【概述】 2013年,金华市规模以上轻工业企业

1968家，完成工业总产值2029.52亿元，同比增长11.2%,占全市规模以上工业总产值的46.42%;销售产值1921.96亿元，同比增长10.4%，实现利税161.94亿元，同比增长11.2%，其中利润101.53亿元,同比增长11.4%。

在全市轻工业中,占主导地位的有木雕、竹编、纺缝、水晶、饰品、玩具等工艺美术品;沙滩车、滑板车、全地形车、越野车、健身器材及休闲旅游用品等五金制造的文教体育用品;造纸、印刷业、塑料制品等。工艺品制造业以义乌、浦江、东阳居前;文教体育用品总量是永康、武义居前;塑料制品、造纸和印刷业以义乌、市区居前;磐安的塑料制品业颇具特色;轻工业总量义乌、市区和永康居前三位。金华成功举办第三届金华市工艺美术精品展和精品评审,有超过500件木雕、金华玉雕、婺州窑、莹石雕、铜雕、锡雕、水晶雕、根雕、竹根雕、竹编、无骨灯、麦秆贴、剪纸、烙画作品参加了精品展示,是历届工艺美术精品展中参展品种最多、水平最高的。

轻工行业淘汰落后产能、行业转型升级、腾笼换鸟工作得到大力推进,造纸行、制革、水晶行业整治工作取得较大成果。全市14家印染企业淘汰落后产能9585万米,1家造纸企业淘汰2条生产线，淘汰落后产能2.3万吨,浦江关停低小散水晶企业10000多家。

(汪敏燕)

食品工业

【概述】 2013年，金华市规模以上食品工业企业90家,比上年增加7家;全市有年销售收入超过1亿元企业28家,其中:市区11家、义乌8家、东阳3家;完成工业总产值110.88亿元,同比增长7.96%,销售产值105.13亿元,同比增长8.02%,

金华的食品行业主要有农副食品加工业、食品制造业、饮料制造业三个子行业。规模以上子行业中,农副食品加工业企业38家,比上年增加2家;工业总产值58.72亿元，比上年增长7.3%；销售产值54.54亿元，比上年增长5%。全市食品制造业企业37家,比上年增加5家;工业总产值37.24亿元,比上年增长5.4%；销售产值35.72亿元，比上年增长6.7%。全市饮料制造企业15家，工业总产值14.92亿元,比上年增长18%;销售产值14.87亿元,比上年增长15.2%。饮料制造业企业主要集中在金华市区,主要产品是乳制品和饮料、酒。

巴马火腿博物馆正式开馆,金字冷冻食品城正式投入使用。

(汪敏燕)

化学工业

【概述】 2013年，全市规模以上化工原料及化学制品制造业企业127家;完成工业总产值149.94亿元,同比增长3.5%,完成工业销售产值139.96亿元,同比增长3.6%,完成新产品产值32.53亿元,同比增长36.6%,实现出口交货值32.8亿元,同比增长-7%;产销率为93.34%。全行业实现主营业务收入133.11亿元，同比增长1%，实现利税15.11亿元,同比增长-7.9%,其中利润8.77亿元,同比增长-21.4%。行业利税率是全市平均值的1.35倍,高于其他行业。

全市化工企业有销售收入超亿元企业5家,主要分布在金华市区、东阳、永康市和武义县。氟化工产品已成为金华化工行业主导产品。产品主要包括无水氟化氢、公园玩氢氟酸、氟化盐、含氟医药中间体、农药、化学品及其他含氟材料。浙江三美化工股份有限公司、浙江森美化工有限公司、浙江瑞星氟化工业有限公司、浙江厚鹏化工有限公司4家企业成为全国首批获得氢氟酸行业准入公告后的企业。

化工行业淘汰落后产能和行业整治工作开始启动,永和氟化工淘汰落后产能10000吨。

(姜　勃)

建材工业

【概述】 2013年,全市建材行业共有规模以上企业112家,同比增长5.66%,全年共实现工业总产值142.63亿元，同比增长12.1%，销售产值136.33亿元，同比增长17%；出口交货值12.92亿元,同比增长18.6%;产销率为95.58%。全年实现利税15.31亿元,增长-1.3%;其中利润9.83亿元,同比增长 7.8%。

全市水泥总产量为 1810 万吨,比上年增加 176 万吨,同比增长 10.8%,水泥散装率达 74.1%。2 家企业水泥产量占全市 70%以上，它们是南方水泥和红狮水泥。兰溪南方水泥有限公司成为继 2012 年 4 家企业获得水泥行业准入公告后的第五家企业。

全市新墙材产量达 32.6 亿标块,同比增长-5.3%。拆除黏土砖瓦窑 5 座,淘汰落后产能1.6 亿标砖。

（姜　勃）

冶金工业

【概述】2013 年，全市冶金工业拥有规模以上企业 165 家，其中黑色金属冶炼及压延行业 58 家，有色金属冶炼及压延行业 107 家。实现工业总产值 437.34 亿元,同比增长 8.1%,其中黑色金属冶炼及压延行业 135.77 亿元,同比增长 11.6%,有色金属冶炼及压延行业 301.57 亿元,同比增长 6.6%,全行业实现销售产值 405.33 亿元,同比增长 3.71%;产销率 92.68%,新产品产值 94.5 亿元,同比增长 30.7%;实现利税 15.89 亿元,同比增长 8.51%;其中实现利润 10.04 亿元,同比增长 26.13%;实现出口交货值 9.03 亿元,同比增长-14.52%。

华东铝业关停其中一条生产线减少用电 1032 度。

（姜　勃）

机械制造业

【概述】2013 年，全市规模以上机械工业共有 616 家,同比增长 9.8%。完成总产值 901.64 亿元,同比增长 9.58%，销售产值 855.11 亿元，同比增长 9.5%；实现主营业务收入 799.4 亿元，同比增长 7.24%；其中新产品产值 402.37 亿元，同比增长 17.09%。出口交货值 282.76 亿元,同比增长 3.28%。实现利税 68.1 亿元，同比增长 3.68%；其中利润 41.45 亿元,同比增长-0.5%

汽摩配行业 446 家规模以上企业总产值 840.3 亿元,同比增长 10.2%,销售产值 837.9 亿元,同比增长 10.7%。年销售收入达到 10 亿元以上的企业有今飞控股集团有限公司、金华青年汽车制造有限公司、浙江绿源电动车有限公司、青年汽车集团有限公司 4 家企业。今飞控股集团有限公司实现销售收入 51.88 亿元。新能源汽车推广取得发展,市区汽车产业专项政策可兑现 500 多万元;2011 年-2013 年,全市累计推广 636 辆电动汽车，成为全国拥有电动汽车最多的城市。

电镀行业淘汰落后产能、行业转型升级、腾笼换鸟工作得到大力推进,整治工作取得较大成果。1 家铸造企业淘汰落后产能 0.48 万吨；全市 22 家电镀企业淘汰落后产能 148.3 万升电镀槽容量，各县(市、区)确定的电镀园区正在有序规划建设中。

（杜慧健）

电子信息产品制造业

【概述】2013 年，全市有电子信息产品制造业规模以上企业 73 家，完成工业总产值 172.1 亿元；完成出口交货值 43.8 亿元，实现主营业务收入 138.17 亿元,实现利税 16.69 亿元,其中利润 10.49 亿元。

2013 年,软件业发展势头强劲,全年软件和信息服务业实现销售收入超 250.1 亿元。截至 2013 年底,列入省统计的 84 家重点软件企业,实现主营业务收入 23.4 亿元,软件业务收入 16.5 亿元,同比增长 32%;创利税 4.2 亿元,其中利润 2.3 亿元,同比增长 33%。软件业务收入超 500 万元企业达 38 家，新增 13 家，其中金华星秀文化传播有限公司 1.9 亿元。

全市已获得省软件企业认定的企业 90 家。这些软件企业集聚金华大部分软件开发人才,是全市软件研发的主力军。园区内 5173、915、长风信息、银泰电子商务等几家网站异军突起,位居全国行业网站前列。

（黄步兴）

医药工业

【概述】2013 年,全市医药经济平稳发展,总量增长,增幅收窄,好于全省平均水平,各项主要经济指标均列全省第四。全市规模以上医药工业企业有

43家，完成工业总产值111.61亿元，同比增长5.56%。实现销售产值106.33亿元,同比增长5%。完成出口交货值17.11亿元,同比增长-6.18%,其中新产品产值29.82亿元，同比增长18.89%。产销率95.27%。全行业实现主营收入106.18亿元,同比增长-4.83%,实现利税20.71亿元,同比增长3.40%;其中利润11.82亿元,同比增长2.99%。全年技改投入资金15.1亿元,同比增长73.16%。产值超亿元的企业有8家。

（姜　勃）

电力与供电

【概述】 全年完成固定资产投资15.03亿元,其中电网建设与改造投资12.64亿元;110千伏及以上输电线路开工121公里，投产113公里；变电开工159万千伏安，投产170万千伏安。完成售电量273.94亿千瓦时，同比增长5.35%；最高网供负荷502.87万千瓦；线损率4.12%；营业收入152.54亿元,同比增长7.04%;实现EVA(经济增加值)2.28亿元;可控费用和利润总额完成省公司下达的年度指标;全员劳动生产率108.52万元/人·年。城网供电可靠率99.9794%、综合电压合格率99.973%,农网供电可靠率99.9240%、综合电压合格率99.324%。保持“全国文明单位”称号。年度绩效考核在地市公司中名列第五,同业对标综合管理名列第五,业绩对标名列第四,管理对标名列第五,安全管理、财务管理和配套保障管理成为专业标杆,磐安公司成为第三类县公司标杆单位。

【安全生产】 扎实开展“安全管理提升”、安全生产大检查等活动,城市电网安全性评价通过专家查评。深入推进现场反违章和隐患排查治理,检查作业现场35172个,查纠违章6077起,排查整改隐患954项,整改率100%。实行重复性违章全时段稽查,3G移动视频监控全面覆盖到2.1万个现场。强化电力设施保护,市政府挂牌督办的24项电力设施隐患全部完成整改。全面应用作业项目风险管控系统,所属县公司率先通过实用化验收。建立金丽衢应急救援联动机制,成功实施永康大面积停电联合演习,全省首次开展大灾理赔应急演练。科学应对雨雪冰冻、强台风等极端恶劣天气,实现灾害损失最小的目标,先后派出1600余人的精干队伍驰援宁波和温州电网，有力支援全省灾后抢险抢修工作。截至2013年底,公司连续安全日达到3219天。全面推广以带电检测为主的状态检修,110千伏及以上输变电设备在线监测装置实现全覆盖。编制实施电网检修与改造规划,完成双龙变500千伏设备改造,投运首座35千伏移动开关站。大幅缩短变电站综合自动化改造工期,全年完成技改大修项目348项。省内率先编制输电线路“二十四节气”运行计划手册。完成特高压1000千伏淮上和±800千伏直流线路的验收任务。开展“配网管理提升年”活动,治理超载过载配变437台、“低电压”1810户，完成配电带电作业14593次、作业率94.32%。全面推进营配贯通,配变-表计可用率100%。全面完成信息通信系统安全排查治理和清理整合，下线自建系统36套。推进科技创新,获得省公司及以上科技成果奖励11项,独立承担的“500千伏同塔多回线路带电作业研究与应用”获国家电网公司科学技术进步三等奖,6个QC小组获全国优秀质量管理小组称号。加大专利申请力度,获得专利授权54项。

【电网建设】 国家电网公司特高压建设重点在浙江,浙江特高压建设主战场在金华。公司全力以赴,快速推进境内“一交一直”特高压工程建设。浙福特高压交流工程浙中站完成“四通一平”、土建开工建设,兰溪公司用3个多月完成9个月的工作量,浙中站进度在沿线4个站排名第一。1000千伏线路基础政策处理工作全部完成,金东区开展百日克难攻坚政策处理立功竞赛，用6个月完成2年的政策处理工作。浙中站500千伏线路送出工程12月份获得核准,全线开工建设。溪浙特高压直流工程克服年初多雨、夏季高温等困难,工程进度赶超一级网络计划。浙西换流站全面开展设备安装,配套送出500千伏线路基础政策处理工作全部完成，境内直流线路率先架通,接地极进场施工。大件运输完成“两桥”建设,特大型换流变压器安全运抵。送变电公司承担的接地极线路工程顺利建成,武义公司建设的35千伏站外电源提前投运。电力设施布局规划滚动修编通过市县两级政府审查,“十二五”电网发展规划完成修编。主动对接地方规划调整,编制金东区低丘缓坡开发和金义都市新区专项电力规划。加快项目前期工作,完成可研12项、获批25项,取得核准18项,500千伏永康工程获得核准,荣获省公司特高压及重点电网项目前期先进集体。协调推进各级电网发展,加快500千伏吴宁工程建设,投运220千伏朱云、莹乡、西陶3#主变等工程,减少"单线单变"9个。深入开展基建"安全管理提升"活动,吴宁变获国家电网公司变电工程质量管理流动红旗,两项设计竞赛分获国家电网公司一等奖和省公司第一名,两项施工工艺荣获省公司质量"艺术奖",莹乡变和朱云变获评省公司安全文明施工标准化工地。探索金华特色的居民光伏发电并网服务机制,省内率先实现上网电费结算。开展配网典型设计,建成16个配网"三双"工程。全面推进用电信息采集系统建设,推广智能电能表50.3万户,实现城区及试点镇全覆盖。完善电动汽车智能充换电设施和服务网络建设,《金华市区电动汽车充电设施布局专项规划》获得批准,市区建成2.5×2.5公里的充换电服务网络,金华市入选全国首批新能源汽车推广区域。

【供电保障和服务】精心组织电力供应,落实各项保电措施,供用电形势保持平稳。按照省委省政府"两保三促"要求,克服62年来最为严重的高温干旱天气,连续限电36天,最大错避峰负荷35.9万千瓦。优化电网运行方式,迎峰度夏期间11次调整系统接线,提高供电能力46万千瓦。大力开展状态检修、带电作业、零点检修等作业方式,减少停电时户数54.8万个,多供电量0.45亿千瓦时。科学编制有序用电方案,坚持政企合署办公、联合执法机制,完成十八届三中全会、省二体会等重大保供电任务。在电力紧张时期,运用分层分区需求侧管理系统实施分档有序用电,精准实现"停机不停线",做到"不拉电、少限电",保证居民生活和重要用户用电。全面实施供电服务提升工程,整治供电服务突出问题13个,客户满意度连续4年名列省公司前茅。全面建成供电抢修服务中心,实现客户报修响应、配网抢修指挥和配网调度一体化运作。推行"套餐式"配网抢修,低压故障抢修平均时长减至103分钟。深入开展供电服务"无投诉"劳动竞赛,金华供电营业厅获评浙江省群众满意基层站所示范单位。深化村级便民服务中心对接和电力社区乡村共建,推进农村表后服务。深化一口对外服务理念,推广"一户一卡一流程"业扩跟踪卡和并联审批制度,低压、10千伏、35千伏及以上流程时限平均缩短2个、8个和15个工作日。推广大客户经理制,为大客户节约电费1000余万元。稳步推进农村农用电力线路改造移交工作,2107个项目移交框架协议全部签订。

【经营管理】全面开展"强化管理年"活动,推行"二十四节气"程序化管理。深化综合计划全面预算管理,全过程全业务监控预算执行情况,实现经营活动可控在控。大力增供扩销,建立大用户业扩周报制度,万达广场等近百个项目提前送电,增售电量超过1亿千瓦时。强化电费回收风险预警,深化"零停电"柔性催费,实现当年电费结零。开展反窃电劳动竞赛,查处违约用电、窃电1624起,追补电费541万元。深入推进节能服务体系建设,签订项目12个,年节约电量1491万千瓦时。注重管理方式改进和创新,7项成果入选省公司典型经验库。深化"三集五大"体系建设,制定全面建设操作方案,优化调整机构设置和人员配置。规范劳动用工管理,将劳务派遣和集体企业用工纳入统一计划管控。实现全面全员绩效管理体系全覆盖。圆满完成单位名称规范工作。积极构建市县一体化预算管控体系,纵向贯通财务信息系统,财务一体化管理提升工程通过验收。盘活利用库存物资,库存量由4.3亿元压降到1.1亿元,库存物资实现"零积压"。推进配网物资通用化和"统购统配",建成金华中心库。全面开展运营监测(控)业务,建成公司运营监测(控)中心。推进县供电企业一体化管理,在体制机制、制度标准、企业文化等方面实现全面接轨。完成磐安公司"子改分"工作。优化调整供电所设置,统一职责、岗位及业务流程,75个供电所整合为44个。大力推广应用供电所实时监控平台,实现设备运行和业务工作的综合监控,提升供电所管理水平。稳妥推进集体企业重组整合,从年初58家下降至30家。建立集体资产经营平台,开展集体企业经营诊断分析和集中统一招标,实现集体企业人财物集约管理。实施集体企业"五加一"安全管理,完成电力施工集体企业的安全认证。完善外包施工队伍红线管理退出机制,清退11家不满足要求的外协队伍。

【依法治企】坚持"以防为主",完善协同监督机制,定期召开联席会议,强化纵向监督、过程管控和检查考核，主动消除各类风险。坚决贯彻中央八项规定，制定落实实施细则，公司文件和会议数量大幅压降30%以上，业务招待、会议、公务用车三项费用控制在省公司下达的预算目标值。圆满完成国家电网公司依法治企专项检查迎检工作。实施关键岗位人员定期轮换、分包商定期退出和评标专家定期资格终止制度，完成关键岗位轮换交流67人，实现应交流必交流，满5年以上的97家分包商全部清退，连续5年担任同专业的66名评标专家全部终止。严把合同法律审核关，规范合同内容和流程，有效防范和化解企业法律风险。落实“以审验防”，实施县公司综合检查，完成经济责任审计5项、专项审计调查5项、工程项目审计12项，提出审计建议115条。在市县公司共同努力下，“两证”补办全部完成。严控小型基建规模，落实超标办公楼封存和综合利用措施，杜绝豪华装修。规范车辆管理，完成集体企业和供电所车辆清理整顿，推广车辆集约化管理模式，实现公务车辆GPS全覆盖。

【队伍建设】 围绕“促进政工部门形成合力、实现行政部门一岗双责”两大目标，大政工工作格局全面构建。修订完善38项政工工作规章制度，出台《公司大政工工作责任制》，组建基层单位专兼职政工员队伍，实行本部政工部室AB岗制度。创新大政工工作载体，实施具有公司特色的“12345”工程，扎实开展以“树立大安全观”为主题的大政工专项活动。开展大政工工作季度检查和年度一体化考评，促进思想政治工作与专业业务的有机融合。

认真学习宣贯中共十八届三中全会精神，扎实开展群众路线教育实践活动准备阶段工作，制定落实“三联系”工作制度，着力查找“四风”方面存在的突出问题，梳理反馈问题和建议71项。深化“三型”党组织建设，推广农电用工“党(团)员管理服务中心”统一管理模式，党员服务队在抗台风、战高温等急难险重任务中发挥了先锋模范作用。打好党风廉政建设组合拳，建立健全党员干部廉洁从业行为禁令、领导干部问责暂行办法、领导干部任前廉政考试等制度。注重廉政风险源头防范，强化因岗施机制，广泛开展示范教育、警示教育和廉洁从业教育。推行工程项目廉政承诺制和重大工程项目派驻廉政监督员制度，全年查处廉洁从业违章9人次、记29分。

深化“七位一体”综合教育培训机制，整合公司教育培训资源，建立高素质技能型人才培训管理体系，管理创新成果获国家级二等奖。参加省公司各类技能竞赛、调考，荣获11项团体第一、8项个人第一。广泛开展“追求卓越”工作，96个项目通过验收评审，产生众多优秀成果。完善竞争性选人用人机制，试点开展3个副科级岗位公开竞聘。畅通员工职业发展“四个通道”，7人入选国家电网公司优秀专家人才。

深入开展“制度管事、文化管心”“中国梦·国网情”等主题实践活动，促进“五统一”企业文化落地深植。义乌公司荣获全国五一劳动奖状，时通电气和设计院荣获浙江省文明单位称号，蒋卫东荣获全国劳动奖章和第六届浙江杰出职工“银锤奖”。全方位开展先进典型宣传，选树表彰公司年度“十大工作亮点”和“最美金电人”，赵学峰被评为省公司“最美员工”。“道德讲堂”开进公司中层领导干部培训班、送到施工现场和基层班组，累计举办21期。大力开展品牌主题传播，建立月度重要选题报送机制，在高端媒体宣传取得重大突破，新闻宣传评价名列省公司前三。组建新闻宣传应急队伍，在保供电、抗灾救灾等工作中塑造公司“责任央企”形象。深化企业民主管理，纲要规范化试点工作高分通过国家电网公司现场验收，典型经验在《国家电网工作动态》和国家电网报刊发。落实老同志两项待遇，全年走访慰问员工和离退休老同志4600余人次。圆满召开公司第十一次团代会，以公推直选方式产生新一届团委会。完善“三个一”信访维稳工作机制，逐级落实信访维稳责任，成功化解一起原村电工赴省群访事件，来信、来访总量分别下降29%和41%，企业保持和谐稳定。

(姜　宪)

交　通

公路　水路

【概述】 2013年，交通运输系统围绕“百姓富裕、浙中崛起”总目标，按照“干好一三五，实现四翻番”部署要求，大力推进现代交通五大建设，着力构建五大体系，改革创新，攻坚克难，切实整改“四风”问题，保持交通运输工作的赶超态势。全年完成交通建设投资76亿元，其中：公路建设36.5亿元，物流、客运场站38亿元，水运1.5亿元，完成年度计划的118%。公路旅客运输量2.66亿人，周转量82.14亿人千米，公路货物运输量1.11亿吨，货运周转量153.3亿吨千米，水路货运量37.2万吨，货运周转量2742.3万吨千米。

【大事突破】 围绕“交通让金华更美丽、交通让金华更美好”愿景，着力抓了“五件大事”。一是起草6个政府层面上与交通运输行业相关的规范性文件。其中，《金华市现代物流产业发展规划》《金华市区优先发展公共交通的实施意见》《金华市城市公共交通专项规划》《金华市交通治堵五年行动纲领》《衢江金华段航运开发工程实施方案》5个文件已以市政府名义出台，《金华市优先发展城市公共交通三年行动计划》报请市政府审议。这是金华交通史上第一次在政府层面上密集出台交通运输行业的规范性文件，对推进金华市交通运输行业转型升级具有现实重要的指导意义。二是顺利建成一批交通重点建设项目。东阳怀万二期，历时6年顺利建成通车。金东十八里至武义公路主体工程全面完工。金东曹塘澧公路，婺城白汤下公路，浦江岩郑公路等一批对地方经济起重要带动作用的重要县道也都顺利建成。兰溪嘉宝物流基地、武义物产(浙中)供应链服务基地、浦江现代物流中心、金字火腿窖藏冷链物流基地、顺通仓储中心(一期)等物流基地建成并投入运营，进一步推动全市物流业朝着组织化、集约化、高效化的现代产业方向迈进。三是集中攻坚重大项目前期工作。杭金衢高速公路改扩建、临金高速、杭金衢高速公路金华互通提升改造及连接线、金丽温高速公路金东互通及连接线、330国道永康段外迁、330国道市区段改建、金兰中线、金义中线、衢江(金华段)航运开发等一批重点建设项目前期取得重大进展。其中，衢江(金华段)航运开发于1月10日在婺城区游埠枢纽举行开工仪式，杭金衢高速公路改扩建、杭金衢高速公路金华互通提升改造及连接线工程将开工建设。四是全力助推金华市交通建设投资有限责任公司组建工作，于11月初挂牌成立，结束全省11个地市唯金华没有交投融资平台的历史。交投公司的组建有利于整合资源、盘活资产，为各类重大交通基础设施项目建设提供可持续的资金保障。五是完成抗击重大自然灾害任务。面对雨雪冰冻天气、夏季的持续高温、23号强台风“菲特”等重大自然灾害，发挥交通战备专业保障队伍的主力军作用，统一调配抢险力量、全力抢修设施、保障物资供应、积极开展灾后重建。全年共执行各类抢险任务25次，抢通公路200多条(次)，投入抢险资金2500余万元。全市公路应急抢险被市政府纳入一级应急联动单位，完成市区二环路、诸永高速等多个“卡脖子”路段的应急抢险任务。

【实事办理】 坚持民生实事早筹划、百姓需求早落实，专心致志办了惠及民生的“五件实事”。一是全力以赴治理城市交通拥堵。治理城市交通拥堵是金华市委、市政府2013年民生实事的“一号工程”。省委、省政府，市委、市政府对治堵工作高度重视，市领导先后作出批示12次，召集会议12次。治堵办设在市交通运输局，交通运输局承担治堵牵头职能，经过不懈努力，省政府确定的13项考核目标完成率100%，其中2项指标完成率在200%以上。治理拥堵点9处，新增公交车辆60辆，新增专用停车位12836个，打通影响通行的断头路4条，新建改造城市道路任务10条18.5千米，新增公共自行车5100辆，公交分担率提高2个百分点。省交通治堵考核组对金华市治理城市交通拥堵工作进行考核，群众满意度测评全省第一，考核名次列全省第二。二是加快城乡交通统筹步伐。把推进农村公路“四张网”建设作为统筹城乡交通发展的重要载体，建设农村联网公路115.3千米，实施农村公路大中修304.4千米、安保工程304千米，推广农村公路自发光安保设置工程166.7千米。实施水上康庄工程4项，其中：渡埠改造2个、渡船更新改造1艘、候船亭建设1处，新建港湾式停靠站40个。按照“延伸为主、新增为辅”的原则调整城乡公路线路规划，全市城乡客运一体化率达到92%，市本级城乡公交通村率达97%。三是积极推进智慧交通建设。以路网监控(应急)指挥中心、运政指挥中心、质监监控中心等信息化平台建设为载体，加快发展“智慧交通”。首批38个公路外场视频监控设施全面实施中。全省首个地市级智慧公路规划——《金华市公路综合管理与服务信息系统(智慧公路)(2013-2017)规划》通过专家评审。建立货运综合监管和国际订仓平台，全面推行出租车电召和3G手机网络智能叫车系统,安装试运行“掌行天下”系统。在执法车辆安装车载视频系统、配备单兵执法装备,积极探索非现场执法模式。积极推进ETC发展,不停车专用车道覆盖率100%,一站式办理网点16个,发展ETC用户24952辆。四是全面提升公共服务能力。加强对公益性强的公路水路重点工程、客货场站、科技创新和安保工程建设,投资结构继续优化,公路建设36.5亿元,同比增长58%,场站建设投资38亿元,同比增长216%，成为新的增长点，水运建设投资1.5亿元,实现历史上金华水运零的突破,有效促进各种运输方式有效衔接。在运输结构调整方面,发展规模化、集约化、网络化运输,逐步实现货运无缝衔接和客运零换乘。开通“金华路政”微博和“金华运管”微博,加强与公众的网上互动和信息发布。充分利用“96266”“96520”和市政府“8890”接受举报投诉咨询,接受社会的监督,公共服务能力和水平不断提高。五是大力开展交通运输整治。开展以车辆违规停放、自备车非法营运、无牌无证残疾车及摩托车非法营运为重点的联合整治,各类非法营运车辆违法违规行为得到有效遏制。加大对火车西站出租车秩序整治力度,拒载、拼载、不按规定排队候客、离车叫客等违规行为有了根本性好转。通过强化源头管理、建立奖惩制度、开展联合治超等措施,超限率有效控制在4.1%以下。在姜山头专门建立停车场,规范外地货车管理,这个多年来的顽瘴痼疾得到有效整治。扎实推进“平安交通”创建活动、“打非治违”、隐患排查治理、“道路客运安全年”、“平安工地”建设等专项行动,交通运输安全生产形势稳中趋好,死亡事故次数、死亡人数、直接经济损失三项指标分别比上年减少42%、50%、38%。

【难事处理】 集中精力攻克影响交通运输发展的“五件难事”。一是到期出租车经营权平稳收回。2004年市区投放的180辆公营出租车经营权,于2012年底到期,涉及3家出租车公司和450多名从业人员。为积极稳妥地做好这批出租车经营权到期处置工作,市政府专门成立以常务副市长为组长的领导小组,经过方案制定、风险评估、多部门联合会商、市政府常务会议决定、单车服务质量考核、企业整合重组、经营权招标等多个步骤,顺利完成出租车经营权到期平稳收放的艰巨任务,成功化解行业内部长期积累的复杂矛盾。同时建立和规范出租车经营权准入退出管理机制,强化出租车经营企业内部管理。二是收费公路清理遗留问题取得关键性进展。与5家收费公路投资业主开展五轮谈判,其中与浙江省成宇集团有限公司、金华市融通公路建设有限公司、金华市坤泰公路建设有限公司等3家投资业主达成一致补偿意见。根据市政府第53次常务会议精神,分别于7月29日和10月12日与3家投资业主签订政策补偿协议书。12月底,根据政策补偿协议支付2家投资业主政策补偿款,市区收费公路清理政策处理工作取得阶段性的重要成果。三是交通运输管理体制得到进一步理顺。积极与市人力社保局、市委编办沟通,完成公路局、运管局、港航局三个单位的“处改局”“三定”方案,及公路局、港航局、质监站和兰溪港航所等四家单位“参公”的申报工作。金华经济技术开发区与金西经济开发区合并后，按照有利于推进新合并后的金华经济技术开发区工作顺利进行，有利于交通运输工作平稳顺利交接的原则,在广泛征求婺城区、经济技术开发区意见基础上，对开发区内交通运输管理体制问题向市委市政府提交建议方案并得到采纳。四是路域环境整治成效明显。公路边“三化”和“三改一拆”是全省推进经济社会转型升级的重要一环,市委、市政府领导多次召开会议部署或作出批示。全市共投入9000余万元,绿化里程985千米,拆除违法建筑、违法构筑物9.71万余平方米,拆除非公路标志标牌5143块,完成公路边“三化”和“三改一拆”目标的92%,比省里要求多出12个百分点。S220省道上松线“三化”示范路,投入资金470万元,完成示范路创建任务。五是“四风”问题得到切实整改。按照市委、市政府统一部署积极开展“正风提效促赶超”活动,大力纠正“四风”问题。市本级行政许可项目以及非行政许可审批事项的平均办结时限已压缩至5.53天。在全市范围内负责实施的行政许可共40项,减少了9项。会议费、因公出国费、公务接待费、公务用车购置及运行费分别与上年同期相比下降 12.79%、100%、34%、12.9%，清理超标办公用房面积 4870.07 平方米。

【亮点工作】 努力创新，展现交通运输行业形象的“六个亮点”。一是科研工作取得重大成果。《既有低等级公路隧道加固及关键施工工艺研究》《玄武岩纤维喷射混凝土在既有隧道加固技术中的应用研究》两个课题获国际先进；《隧道自发光应急逃生系统研究》《内河航道标准等级提高相关配套渗漏防护关键技术研究》两个课题获国际领先；《蓄能自发光交通标识》项目获浙江公路科学技术一等奖、浙江省科学技术三等奖，获交通运输部交通运输节能减排资金支持 104 万元，是金华市交通运输系统首个获部专项资金补助的科研项目。《既有低等级公路隧道加固及关键施工工艺研究》《农村公路、隧道反光自发光复合交通安全标志研究》两个科研项目获得 2013 年度中国公路科学技术三等奖。编制的国家交通行业标准《蓄能型自发光警示标识》、浙江省地方标准《公路蓄能型自发光交通标识设置技术规程》均已通过专家评审。“蓄能自发光交通标识研究成果”作为全国公路建设养护领域唯一课题，入选 2013 年中国节能与低碳发展论坛。二是课题调研成果丰硕。围绕群众最紧迫、最关心的现实问题，影响交通运输发展的重大问题，认真开展课题调研，共形成调研报告 32 篇。《围绕“一轴两带”构建快速交通圈 服务县域经济向都市区经济转型》《以综合保税区建设为支撑 推进全市传统物流向现代物流转型》等一批调研成果得到省厅和市委、市政府领导的高度评价。调研成果的形成为治理城市拥堵、发展现代物流业、编制“十三五”乃至中长期综合交通规划提供第一手宝贵素材。三是现代物流产业蓬勃发展。全市已建成各类货运(物流)站场、园区基地(站场)共 26 家，乡镇货运站共31 家，物流企业 831 家，物流行业增加值达 280 亿元，基本形成物流集聚区、物流中心、物流场站和物流配送的物流网络。全市规模以上快递服务企业快递业务量 3.02 亿件，比上年增长 92.81%，增速全省第一，完成快递业务收入 31.21 亿元，比上年增长85.87%，快递业务量与快递业务收入均列全省第二、分列全国第六和第八。尤其业务量仅列北京、上海、广州、深圳、杭州之后，快递物流跃居全国前列。在全省交通系统首创公共订舱平台，为全市国际物流企业提供在线订舱服务，同时提供后续交易、结算、查询等一条龙服务，推进全市物流业与制造业的联动发展。四是争取上级政策资金创历史新高。共向上级争取补助资金 35.8 亿元，土地指标约 7743.5 亩，争取资金比上年增加 186%。其中，公路项目共争取资金 14.8 亿元，土地指标 6413.5 亩。水运项目共争取省交通厅资金支持 20.62 亿元，土地指标1330 亩。衢江金华段航运开发项目是改革开放以来金华市第一个水运建设项目，项目前期工作历经近十年，该项目共争取到省交通厅资金支持 20.2 亿元，几乎按建安费的 100%补助，补助资金创港航项目历史上最高纪录，在全省排名第二。普通国省道大中小工程争取资金补助 2.47 亿元，争取资金额度在全省排名第一。物流项目共争取省交通厅大物流补助资金 2040 万元，争取资金额度在全省排名第二。客运场站项目共争取资金补助 1509 万元，争取资金额度在全省排名第一。徐加爱书记对此作出重要批示：“争取这么多资金，交通局功不可没，关键要用好，用出效果。2014 年，争取再上新台阶。”五是交通新闻宣传开展有声有色。新闻宣传作为交通运输工作的“喉舌”，弘扬善美文化和时代正气，唱响主旋律。与《交通旅游导报》社合作，开设《最美交通人发现之旅》栏目，挖掘金华交通行业优秀从业人员先进事迹。在金华日报、电台、电视台等设立治堵专刊，对一些新举措、新思路、新成效及时跟踪报道。在《中国交通报》《交通旅游导报》头版头条发表《金华抢占现代物流发展制高点》和《“菜鸟”筑巢金义都市新区》。宣传工作跳跃式前进，2011 年在全省交通系统排倒数，2012 年跳到第四、2013 年排在第二。公路局的宣传工作一直在全省公路系统名列前茅，2013 年是第一名。六是最美行业创建汇聚交通正能量。扎实开展文明行业、文明单位、文明班组等群众性精神文明创建活动。在客运行业开展“客运文明班线”创建活动，积极打造“文明、高效、优质、安全”的道路客运品牌。金华路政“96266”监控指挥中心，先后被金华市总工会、市妇联、团市委授予“五一巾帼标兵岗”“巾帼文明岗”和“青年文明号”荣誉称号。全省“最美交通人”评选 4 人入围、“最美公路人”1 人入围、“最美公路”3 条入围。2013 金华杰出职工(金锤奖)评选中,交通运输行业获奖数占20%。浙江通济交通运输股份有限公司驾驶员江晓祥,被《温暖中国》评为全国十大感动人物。把党建工作品牌创建作为增强党建工作活力有效载体和重要抓手,公路局“五型公路伴你行”申报了党建知名品牌,运管局申报了“服务、廉洁、高效、有担当”党建工作品牌。

(石　月)

铁路金华车务段

【概述】 金华车务段系隶属上海铁路局的基层运营单位,段机关设在浙江省金华市二七路148号,车务段主要担负浙江省绍兴、金华、衢州等三市及周边地市的旅客运输任务,以及沪昆线、金温线、金千线、萧甬线等区段的列车解编任务。车务段管辖37个车站,分别分布于沪昆线、金千线和衢常线,里程跨度398千米。沪昆线为湄池、诸暨东、诸暨、牌头、浦江、义乌、义乌西、塘雅、东孝、金华东、金华西、金华、白龙桥、蒋堂、汤溪、龙游东、龙游、衢州东、衢州、后溪街、江山、上铺、贺村、新塘边等24个车站,金千线为竹马馆、功塘、兰溪、溪西、永昌、排塘、寿昌、更楼、新安江、朱家埠、千岛湖等11个车站。衢常线的招贤、辉埠等2个车站由车务段受托管理。2013年,完成旅客发运1661.5万人,为年度计划的107.2%。各项运输效率指标均完成路局下达的任务。其中金华西站发送旅客543.62万人,同比增长10.07%,旅客到达570.59万人;义乌站发送旅客687.24万人,同比增长12.42%,旅客到达696.71万人;金华东站日均办理8652辆,其中有调车数4394辆。车务段在浙江省“安康杯”竞赛中被评为优胜企业,继续被路局和金华市命名为文明单位,被路局命名为“平安单位”。

【安全生产】 坚持安全发展理念,建立健全干部现场安全检查量化制度、标准化作业规范化管理考核奖励等5个办法,全段两级干部月均检查发现和解决各类安全问题480余个。加强安全基础建设,抓好新《行规》实施,规范技术规章管理,共修改《站细》37本,颁发行车文件22个。狠抓安全关键控制,扎实开展安全大检查和安全专项整治。全年实现三个阶段百日和安全年目标,到年底实现连续安全1883天。

【货运组织改革】 随着全路货运组织改革推进,5月29日,上海铁路局下发《关于成立徐州、蚌埠、合肥、淮南、南京、芜湖、上海、杭州、金华货运中心的通知》(上铁劳卫〔2013〕248号),自6月1日起,车务段承担的除货检以外的全部货运业务、资产、人员划交相应的金华货运中心管理。

【管内始发列车】 金华西站每日开行列车156列,义乌站开行136列。车务段管内各客运站始发列车情况:D5678次金华西站至合肥站;D5664次金华西站至上海虹桥站;快速K1182次金华西站至烟台站。D5654次义乌站至上海虹桥站;D5652次义乌站至上海虹桥站。T7786次兰溪站至南通站,7月1日首日开行;K8478次兰溪站至温州站。D5690次衢州站至上海虹桥站。D5692次江山站至南京站;D5682次江山站至上海虹桥站;K8372次江山站至淮北站;K8458次江山站至徐州站。

【客票代售点】 截至2013年底,车务段管内共设有64家客票代售点,其中金华市区设有金发广场、一百、骆家塘、通园、西关、汽车南站、回溪街、金山大道、白龙桥、丹溪路等10家客票代售点。一般情况下客票代售点的预售期为18天。

(马晓岚)

金华南站

【概述】 2013年,金华南站实现各阶段的运输安全生产任务,完成了春运、暑运等节假日运输,四局路料到达等重点运输生产任务,车站货运运输主线为水泥运输,全年发送水泥40万吨,运输收入860万元。车站通过和短驳车队沟通,开展装车试验,改进装车方案,推进70敞车的装车,配套短驳车辆从最初的3个车扩大到十几台车,提高装车使用率。发挥党支部的战斗堡垒作用和党员的先锋模范作用,组织党员、入党积极分子到革命烈士纪念碑重温党的历史,参加运输部组织的党史比赛,车站代表队获得团体第一名,个人并列第三的好成绩。组织开展职工旅游、羽毛球比赛等积极健康的文体活动,丰富员工生活,创建和谐车站。

(叶　静)

民航义乌机场

【概述】 2013年，民航义乌机场安全保障航班10629架次，同比增长27.8%，吞吐旅客量1161463人次，同比增长24.0%，其中进港532149人次，出港629314万人次。货邮(含行李)10787.3吨，同比增长21.9%，其中行李7334.6吨，货物3256.1吨，邮件196.6吨。全年平均客座率70.1%，平均载运率61.2%。至2013年末，有国航、南航、昆航、天津航、幸福航等5家航空公司在义乌运营，开通义乌至北京、广州、深圳、厦门、重庆、昆明、郑州、成都、乌鲁木齐、海口、沈阳、揭阳、合肥、哈尔滨、晋江、南宁、珠海、临沂、大连等19个城市的航班，平均每周航班100余班。

【旅客吞吐量】 11月15日，民航义乌机场旅客年吞吐量首次突破一百万人次，成为浙江省第四个年旅客吞吐量突破百万的机场，实现从小型机场向中型机场的历史性跨越。

【新航线】 1月28日，南航汕头分公司开通义乌—沈阳航班，航班班期为每周一、三、五各往返一班，具体航班时刻为：15时20分义乌起飞，17时50分到达沈阳；18时40分沈阳起飞，21时15分到达义乌。6月26日，幸福航空公司开通义乌—合肥航班，航班班期为每天一班，具体航班时刻为：16时55分合肥起飞，18时20分到达义乌；18时55分义乌起飞，20时20分到达合肥，执飞机型为新舟(MA)60。7月18日，南航珠海分公司开通珠海—义乌—哈尔滨航班，航班班期为每天一班，具体航班时刻为：9时10分珠海起飞，11时05分到达义乌；11时55分义乌起飞，15时05分到达哈尔滨；16时25分哈尔滨起飞，19时35分到达义乌；20时25分义乌起飞，22时25分到达珠海，执飞机型为波音737-800。8月5日，天津航空公司开通义乌—晋江—南宁航班，航班班期为每周一、三、五、日各往返一班，具体航班时刻为：8时00分南宁起飞，10时00分到达晋江；10时40分晋江起飞，12时00分到达义乌；12时40分义乌起飞，14时00分到达晋江；14时40分晋江起飞，16时40分到达南宁，执飞机型为天津航空公司的空客320型或ERJ190型喷气式客机。9月3日，天津航开通义乌—临沂—大连航班，航班班期为每周二、四、六各往返一班，具体航班时刻为：9时45分大连起飞，10时55分到达临沂；11时25分临沂起飞，13时00分到达义乌；13时40分义乌起飞，15时10分到达临沂；15时40分临沂起飞，17时00分到达大连。

【国际航站楼建设】 义乌机场国际航站楼项目建设已竣工，该项目总投资2.2亿元，新建国际航站楼1.34万平方米，扩建停车场4687.5平方米，改建高架桥200.4米；改扩建站坪14157平方米，新建3个C类机位；新建货运仓库1879平方米，道口安检用房244平方米；新建道路1532.5平方米以及给排水、供电、绿化等配套工程，计划于2014年正式投入使用。

【航空口岸配套设施工程建设】 航空口岸配套设施主体建筑于10月份正式开工，主要建设内容包括：边检机场执勤点3000平方米；联检大楼6476平方米；机场餐厅、值班宿舍3690平方米；航空食品配装中心6084平方米；监管仓库5532平方米；配电房、门卫802平方米；以及市政道路、绿化、三线搬迁、设备等配套。项目总投资约2亿元人民币。已完成主体工程土建结顶。

【开通义乌机场至永康、浦江客运班线】 11月29日，民航义乌机场至永康、浦江客运班线正式开通运行。该班线实行定时定班双向发车。义乌机场至永康班线每天双向各4个班次，设义乌民航机场、义乌火车站公交站(站前站)、商城大道、阳光大道、礼村、永康汽车东站等6个站点。义乌机场至浦江班线每天双向各12个班次，间隔一小时左右发一班，设义乌民航机场、义乌火车站公交站(站前站)、黄宅、浦江汽运中心等4个站点。

(龚卫民)

邮政物流

【概述】 2013年，全市邮政企业业务收入(不包括邮政储蓄银行直接经营收入)累计完成45.46亿元，同比增长80.7%；业务总量累计完成82.22亿元，同比增长90.7%。

【邮政快递行业】 金华市邮政快递业依托电商强省及金华市“把网络经济作为赶超发展的‘一号产业’来抓”等优势，发展迅速，共有持证快递企业111家，加之备案的分支机构共163家，全市规模以上快递企业累计完成业务量3.55亿件，完成业务收入36.33亿元，比上年同期分别增长104.4%和103.8%，业务收入与业务总量均列全省第二、分列全国第六和第八。其中快递业务量占全省总量的24.9%，比上年提高4个百分点；业务收入占全省总量的20.2%，比上年提高5个百分点（浙江省2013年全年快递业务量收分别为14.2亿件和179.8亿元）。快递业务旺季11月–12月，全市快递业务量达到1.05亿件，完成业务收入10.24亿元。其中“双十一”“双十二”购物节当天均产生快件400万件以上(收、派件合计)，全市快递企业积极应对，在业务量暴增二至三倍的情况下，未发生大面积积压、爆仓等情况，平稳度过高峰期。积极推进产业转型升级，服务水平和服务质量也有了质的提升。2013年，全市快递行业协会成立，制订行业自律公约，建立行业内部标准，加强行业内部培训，提升行业的自我管理水平和管理能力；成立由公安、国安、工商、药监、邮管等部门联合组成的寄递行业综合管理小组，多次开展专项整治活动，对违法违规企业“出重拳”“零容忍”，有效净化全市快递行业的市场环境，稳定行业的市场秩序；快递企业加强分拣自动化和信息化建设，创新服务模式，快递电商嵌入式发展以及快递物流电商中心应运而生；邮政管理部门牵头，市里相关部门协助，《金华市快递行业车辆运行管理办法》开始实施，有效解决快递企业车辆通行难、停车难问题，保证快递企业市区内的投递时效。

【邮政普遍服务基础现状】 全市共有邮政网点216个，其中：城区74个、农村142个，各网点基本实行一周七天营业，每天营业8小时，对于有特殊业务需求的校园、部队，采取不定期上门服务方式办理业务。全市邮政网点覆盖辖区2城区、7县市，服务范围达10941平方千米，服务人口469万人，基本满足全市人民群众用邮需求。邮政普遍服务和特殊服务寄递时限达到国家规定标准，服务满意度保持稳定。

【村邮站运营情况】 建立长效的村邮站运营管理机制，确保已建4846个村邮站正常运转，服务覆盖全市5028个行政村，实现村村通邮的总体目标，完成进度列全省第一，其中：信息化村邮站1335个、与农家书屋结合的村邮站585个、与便民服务结合的村邮站853个。全市村邮站共完成各类报刊邮件投递工作3846.91万件，提供便民服务107万笔，让农村居民真正感受到“家门口、零距离、不出村”的普遍服务。积极提高村邮站信息化比重，信息化比例达24.06%。支持邮政企业扩展村邮站服务功能，服务好农村群众。

（楼　天）

通信业

中国移动金华分公司

【概述】 中国移动金华分公司隶属于中国移动通信集团浙江有限公司，是中国移动(香港)有限公司的全资内地运营子公司，公司下辖义乌、婺城、永康、东阳、浦江、兰溪、金东、武义、磐安九个县(市)分公司，统一运营金华地区的中国移动通信网络。公司主要经营移动话音、数据、宽带、IP电话和多媒体业务，并具有计算机互联网国际联网单位经营权和国际出入口局业务经营权。除提供基本话音业务外，还提供传真、数据、IP电话等多种增值业务，拥有“全球通”“神州行”“动感地带”等著名客户品牌。

截至2013年底，公司用户数超540万，业务收入超44亿元，先后获得“全国文明单位”“全国青年文明号”“全国三八红旗集体”“全国精神文明建设先进单位”等近20项国家级荣誉和“浙江省五一劳动奖状”“浙江省模范集体”等40多项省级荣誉。

（丁静波）

中国电信金华分公司

【荣誉】 2013年，中国电信股份有限公司金华分公司认真完成年度工作目标任务，获“浙江省五一劳动奖状”荣誉称号。

公司承建金华市“8890”便民服务中心项目,不仅提供系统集成和语音、网络等,还提供整体运营服务。“8890”便民服务中心将130多个党政部门职责、170多条服务热线整合，审核签约加盟企业127家,涉及20个大类381个小类,基本涵盖市民日常生活服务需求。市委副书记、代市长暨军民对“8890”便民服务平台试运行情况进行调研。公司与中国石油金华销售分公司签署“翼支付”业务合作,正式推进翼支付业务发展。中石油金华“翼支付”首批开通的9个加油站点于6月28日起对内部员工进行体验,7月1日正式对公众开放。“翼支付”平台已支持彩票购买、话费充值(手机)、当当网购物,部分地区的水电煤缴费、购电影票、购火车票、购长途汽车票、交通罚款代缴等业务应用。公司开展对垃圾短信治理和整治“三强事件”工作。12月4日,工信部正式向三大运营商发布4G牌照,中国电信、中国移动、中国联通均获得TD-LTE牌照。到2013年末,公司开通4G基站1063个，覆盖区域包括市区、县城城区、郊区、乡镇、风景区、高铁高速,全网覆盖率为87.75%。

【活动开展】 6月8日—9日，新华社浙江分社、中新社浙江分社、浙江日报、钱江晚报、今日早报、青年时报、都市快报等主流媒体组成采访团,到金华实地采访智慧城管(金华数字城管)和智慧农村(兰溪市上华街道马鞍徐村)项目。6月25日,金华市副市长邵国强到金华分公司调研指导。6月26日,由金华市经信委主办,中国电信金华分公司承办的“智慧金华智慧家庭”论坛暨发布会召开。市经信委副主任叶梓余与公司总经理邹鹤海共同发布“爱城市—智慧金华”手机客户端,正式推出智慧家庭业务,双方还签署智慧城市体验馆共建协议。智慧城市体验馆位于金华市后街电信营业厅二楼。11月12日,金华市教育局联合公司举行“千校联网”工程启用暨成果展示活动,副市长林丹军出席启用仪式。金华市千校联网工程正式启用,金师附小、兰溪市汪高中心小学、磐安县大盘中心小学等多地开展互动远程教学展示。12月10日,公司党委召开党的群众路线教育实践活动专题民主生活会,对照“四风”、六个聚焦等方面的突出问题,以整风精神认真开展批评和自我批评。省公司第七指导服务组组长、副总经理顾荣太到会进行指导,进行点评并提出要求。

（廖宏威）

中国联通金华分公司

【售后服务中心】 1月28日上午，浙江联通首家手机售后服务中心金华中心举行开业典礼。浙江联通零售事业部总经理殷汝峰、副总经理何海燕为仪式剪彩,温州、宁波分公司的同仁和100多位现场市民及多家媒体记者参加开业典礼。

【营销服务团队】 金华联通开展新营业员入司培训,使员工尽快融入联通这个大家庭,适应公司环境和岗位,快速进入工作角色;通过金丽衢地区手机售后专题培训讨论会、“学习年”等活动有效提升各接机点营业人员的售后专业知识与服务技能,为后续的售后服务工作打下扎实的基础；组建“5G达人”营销团队,逐步实现渠道的销售方式和能力的转型,真正形成以数据业务、流量经营为核心吸引力的销售体系,摆脱价格战、成本战,为公司健康绿色发展,提供保障和支持;顺利完成3G玩家俱乐部中级专家选聘工作，让用户不断认知3G、运用3G、恋上3G,对2013年3G业务营销、流量经营和存量维系工作具有积极的推动作用。

【拓展合作项目】 金华联通与浙江春洲铝业有限公司签约“一卡通项目”,互惠互利、合作双赢;与金华广播电视大学启动“掌上电大”移动教学项目,以此作为切入点，在教育行业内树立良好口碑,满足人民群众多样化、个性化的学习需求;携手横店影城打造3G业务体验中心,利用影城的人气宣传金华联通丰富的3G体验,同时通过体验带动影城的客流。

【经营举措】 金华联通在城中区域龙腾通讯商场通过元宵猜灯谜、团圆好礼“‘沃’来送”抓住节后购机小高峰;永康九铃东路营业厅举办首场以流量经营为核心的“中兴V790促销专场+手机游戏现场PK”营业厅专场促活动,积极探索流量经营促发展;以“5G来了”为卖点,全区联动,营造销售氛围;借势“5G”,发力渠道,打响促销攻坚战。

【提高网络质量】 优化IP地址资源,缓解IP地址资源紧张的问题,大大提高 IP 地址利用率,稳定网络安全,支撑宽带业务发展;IDC 机房正式启用,业务规模可达 100 个机柜,新增收入 140 万元/年。

(林静瑛)

金融业

市金融办

【概述】 2013 年,全市银行业金融机构本外币存款余额 6161.6 亿元,新增 835.7 亿元,同比增长 15.69%,增幅列全省第二;各项贷款余额 5157.3 亿元,新增 794 亿元,超额完成全年 700 亿元的目标,贷款增幅 18.19%,增幅双列全省第一。

【加强金融保障】 出台《2013 年度市本级银行业金融机构支持地方经济发展考核办法和市区银行业金融机构小企业贷款考核办法》,以考核推动银行机构加大支持实体经济的力度。配合相关部门和金融机构积极开展"金融走进小微企业"等系列活动,牵头实施国开行与市政府的战略合作,增加资金支持。拟定《优化金融发展助推实体经济的指导意见》,进一步强化区域金融支撑作用,并为辖区金融机构做好协调服务工作。

【引导企业对接资本市场】 举办企业对接多层次资本市场宣传培训活动,近 200 家企业参加"新三板""区域股交中心" 等不同板块资本市场培训,取得较好效果。帮助今飞机械、派尼尔、信和科技、三环化工等拟上市企业协调调解决遗留问题,会同浙江证监局完成银宇纺织、中坚科技、千乘影视等企业辅导验收,并帮助企业将材料申报国家证监会。组织专家团队到寿仙谷、中呼科技、田歌公司等企业指导、辅导,帮助企业选择不同层次资本市场。

2013 年增加上市公司 1 家(系买壳上市公司注册地迁至金华市)。另有上市材料报证监会的企业 5 家,过会待发行 1 家,列浙江证监局辅导 8 家,后备资源企业 60 余家。全市新增浙江股交中心成长板挂牌企业 8 家,超额完成省金融办下达的任务,累计挂牌企业达 17 家,在全省排名第四。

【帮助企业拓宽融资渠道】 制定出台《金华市加快推进企业直接融资发展的实施意见》,支持有条件的企业充分运用直接融资工具,腾出信贷规模帮扶更多小微企业。帮助东晶电子、尖峰集团、万里扬、画之都图片、百炼集团等企业做好债券发行协调服务工作。搭建私募股权机构与企业的对接平台,先后组织近 20 家创投、风投、PE 等机构与金华市相关企业洽谈对接。

2013 年直接融资破百亿元大关,达到 112.61 亿元,同比增长 33.23%,其中短期融资券 59 亿,中期票据 39.5 亿,上市公司再融资 10.87 亿,中小企业私募债 1.8 亿,拟上市企业股权融资 1.44 亿。

【推进金融改革创新】 2013 年,全省将小贷公司监管从工商部门转到金融办系统,市金融办拟定《促进小额贷款公司发展有关问题的意见》《金华市小额贷款公司监督管理实施细节》,成立小额贷款公司行业协会,加强对小额贷款公司的考核监管。设立民间融资管理试点县(永康)和金融创新示范县(东阳),义乌国际金融配套改革方案出台。积极参与企业资金链、担保链断裂风险防范协调,协调资金矛盾、化解资金风险、打击非法集资和逃费债行为。会同银监、法院等部门,加大银行不良资产处置力度。开展各类交易场所规范整顿工作,会同证监局做好对区域证券营业机构、已上市公司规范运行的合作监管。做好全省证监系统合作监管会议在金华召开的相关工作。

【健全金融组织体系】 2013 年,新开业银行 3 家、新设保险机构 2 家,新增证券营业部 6 家,期货营业部 2 家,新开业小额贷款公司 2 家,新增典当行 3 家,融资性担保公司 1 家,融资租赁公司 1 家,机构有序增加,体系更趋完善。辖区内各金融机构、上市公司管理规范、经营稳健,助推、引领作用明显。2013 年已开业的 33 家小贷公司注册资本 81.99 亿元,本年累计发放贷款 411.77 亿元,实现净利润 12.64 亿元,纳税 4.34 亿元。18 家境内上市公司纳税额占规上企业的 20%以上。

【队伍建设】 针对金融机构财政体制改革、鼓励和规范发展民间融资、上市公司发展状况、企业资金风险等多方面开展调研。《顺应财政体制改革提增金融业地方税收贡献》调研报告得到市领导的批示肯定。市县联动的信息员制度初步设立,建立系统内信息报送和共享平台,逐步完善全市性的金融动态信息数据库,多层次资本市场资源库得到完善。组织学习培训、借鉴先进经验。针对新设机构的特点,先后组织人员到温州、丽水、上海、宁波、广州、北京、湖州等第学习金融改革创新、新三板挂牌、小贷公司利率指数、民间融资管理等先进经验。金融系统及金融办机构的服务水平和综合素质有所提高。

【企业资金链风险】 2013 年,企业资金链、担保链断裂的事件有所增加。据统计,6 月末,全市出险企业 42 家,同比增加 16.67%,涉及资金 19.08 亿元,同比增加 19.92%。11 月末,全市出险企业 85 家,同比增加 44.07%,涉及资金 39.69 亿元,同比增加 36.30%,增幅较大,并呈现县域交叉、资金链担保链交错、各种风险因素交融状态。

(卢志雄)

金华银监分局

【概述】 2013 年,金华银监分局突出引领服务实体经济的监管导向,在全市银行业开展“提升信用品质 服务实体经济”主题活动。一是宣传造势,营造良好氛围。牵头组织全市银行业开展“提信用 强实体 助赶超”宣传活动,引导全市银行业主动与电视台、电台、报纸等新闻媒体对接。和金华电视台联合建立“服务实体经济”专栏,每星期在金华电视台播出 2 期“服务实体经济”主题活动节目,部分机构的良好做法被央视新闻联播、经济新闻联播采用报道。开展“小微企业金融服务月”“金融知识进万家”“防范和打击非法集资宣传教育”“企业家风险教育”等系列宣传,并引领各银行业机构开展各种形式的宣传活动,如通过组建小分队进村入企、组织金融产品现场展示、邀请专家专题辅导讲座、送金融电影入社区、下乡举办文艺晚会等,推动银行加强与金融消费者的互动。联合政府相关部门举办金华市银行业金融服务推进会,组织 7 家银行与企业进行现场问答和互动,“面对面、一对一”解决企业的资金困难,市区 16 家银行在现场开展金融产品展示并与 70 多家企业达成合作意向,促成银企联姻。二是保障需求,对接重大项目。引导银行业机构运用银团贷款、项目贷款,加强与“金义都市新区建设”“义乌国际贸易综合改革试点”“婺商回归”“央企对接” 等重点领域和项目的对接,成效斐然。三是服务小微,助推转型发展。研究出台全市银行业服务小微企业发展指导意见,推行差异化的监管措施。积极推广小微企业无缝对接贷款、信用贷款,督促开展小微企业贷款抵押担保创新。开展银行服务小微企业收费专项检查,督促取消财务顾问费、贷款承诺费等,并合理下浮贷款利率,切实减轻小微企业融资成本。加大小微企业专营机构监管引导力度,为小微企业提供量体裁衣式的金融服务。联合市经信委制定下发金融服务“个转企、小上规”指导意见、实施细则等,并筛选出 1096 家“小上规”重点培育企业名单,引导银行业机构加强“两转”企业的金融服务。截至 2013 年底,小微企业贷款余额 2747 亿元,比上年增加 480 亿元,增长 21.18%,高于各项贷款增速 2.99 个百分点。金华银监分局引领银行业服务小微企业的做法被《浙江日报》多次宣传报道,得到金华市委、市政府领导的批示肯定。四是普惠三农,促进服务均等化,实现涉农贷款“两个高于”的目标。持续推进金融支农“三大工程”建设,引导金融服务进农村、进社区、进农户。督促完善农村地区支付结算网络,推动农村金融自治创新。制定下发《关于支持农家乐休闲旅游业发展的指导意见》,支持农村新型业态发展,并在婺城、武义、磐安等地多次召开银农对接会(银行业机构与农家乐农户),现场落实授信 5000 多万元。同时,金华银监分局积极引领各类银行到金华辖区设立分支机构增强要素供给,民生银行、台州银行、宁波银行、杭州银行金华分行和义乌联合、东阳富民村镇银行相继开业,广发银行、嘉兴银行、渤海银行金华分行获批筹建,机构的新设预计全年可新增 60 多亿元的贷款规模。截至 2013 年底,全市各项存款余额 6162 亿元,比上年增加 836 亿元,同比增长 15.72%,居全省第二。各项贷款余额 5157 亿元,比上年增加 794 亿元,同比增长 18.65%,新增贷款超过舟山、衢州、丽水、温州四地的总和,贷款增速位列全省第一。

【监督管理】 一是创新现场检查方式。按时完成全部现场检查项目,并积极运用银行非现场审计系统,开展数据采集和模型构建,建立账户管理、员工管理、存款管理、贷款管理、资金流向、票据管理等6方面194个模型，发挥现场检查的精确制导功能。对现场检查发现违规问题的部分银行业机构，作出行政处罚合计76万元，提高监管威慑力。二是完善非现场监管体系。建立健全监管工作室制度、监审联动办法、高管履职评价办法、高管病历档案管理办法等非现场监管制度。加强市场准入管理，创新实施市场准入违规问题积分考评标准，对不合规行为累计积分并定期开展核查通报。利用新版客户风险预警系统加强非现场数据监测、预警和分析，及时跟进监管措施。三是全面辅导式监管。分解2家法人城商行年度监管计划，从公司治理、人力资源、发展改革、风险管控等四个维度出台79项时点性监管目标。组织辅导式监管沙龙帮助城商行引进智力支持，并对辅导方案推进、人力资源管理、薪酬绩效考核、战略投资者引进等关键事项深入讨论分析。整合机构和功能监管资源，组建监管团队定期开展问题会诊，追根溯源提出24方面53项整改要求。截至2013年底，辖内2家法人城商行已基本完成79项监管目标。四是持续深化股权改革。将资格股取消与市场准入联动挂钩，促使辖内农合机构全面取消资格股。指导农合机构开展增资扩股、清产核资等股份制改制工作，通过约见谈话、下发监管意见书督促其加快改制进程。在监管指导督促下，成泰农合行股份制改革为农村商业银行已于年末上报浙江银监局审批。严格村镇银行监管，坚持培育与监管并重且突出审慎监管的原则，设置“三严两控”的监管红线，确保辖内村镇银行稳健发展。

【风险防控】 立体防控，守住区域性系统性风险底线，促进全市银行业安全稳健运行。2013年末，辖内不良贷款率0.93%，继续保持全省最优水平。一是积极防控重点领域风险。加强融资平台贷款现场检查和全口径监测、严格平台公司调整和退出后管理、协调提前收回相关平台贷款，防止平台债务悬空风险。严格执行房地产调控政策，加强房地产贷款的风险提示，并督促开展风险排查、真实反映资产质量。积极推进金融案件执行，联合法院、金融办制定《关于联合推进银行业不良资产处置工作方案》，解决执行难案件2起，维护了银行债权。二是科学防控“两链”风险。加强对重点行业和重点地区企业的风险监测，并指导银行业协会将13家逃废银行债务的企业及法定代表人列入“不诚信债务机构”名单。积极开展监管协调，参加企业风险事件协调会，督促银行业机构不随意抽贷、压贷，协助政府妥善化解企业“两链”风险。据统计，全年共协同各级政府化解“两链”风险企业18家，涉及贷款30多亿元。三是有效防控表外业务风险。深化监管承诺制，按月监测中小商业银行表外业务指标变动和监管承诺书落实情况。对票据压降进度不理想、保证金比例占比偏高的机构，通过约见高管谈话、下发监管提示单控制表外业务规模，促使辖内股份制银行银票占比和各项保证金占比大幅下降。开展票据业务检查，对部分银行业机构票据业务违规行为进行行政处罚。督促开展理财业务自查，严格做到一一对应。四是严密防控外部转嫁和案件风险。加强与市政府的汇报和工商部门的协调，稳妥处置工商部门对部分银行业机构房地产贷款抵押登记业务收费检查涉及的重大处罚，维护了银行声誉。推动银行业机构加强与小贷公司和担保机构的名单制管理，在资质信用评级的基础上审慎业务合作，防止操作风险传染。督促各银行业机构开展从业人员行为排查、职业道德和诚信教育，对内部排查发现涉及民间融资的员工，责成严肃处理。开展信息科技风险巡查，及时排除信息科技安全隐患。签订责任书传导案防压力，继续执行“一票否决”“一案四问责”等责任追究机制，保持全市银行业零案件的良好态势。

（陈兆水　吴少佳）

中国人民银行金华市中心支行

【概述】 2013年，全市人民银行系统按照稳健货币政策稳增长、调结构的政策要求，研究制订货币信贷工作和金融支持文化产业发展等指导意见，开展主题深化金融服务活动，引导金融机构加大对转型升级领域的信贷支持。完善法人金融机构信贷调控，全市法人金融机构贷款投放均衡性创历史最好水平。重启支农再贷款工具，发放3085万元支农再贷款，较好地满足“三农”资金需求。提请地方政府出台加快企业直接融资发展的奖励补助政策，设立5000万元市区中小企业直接融资发展基金，中小企业直接融资渠道进一步拓宽，全市14家企业通过银行间债券市场融资102.5亿元，同比增长45.39%。分解落实“无贷款”小微企业客户拓展任务，出台政策措施有效解决“个转企”过程中遇到的结算账户、信贷支持、征信管理等问题，促成东阳市试点组建3000万元小微企业融资性担保基金，小微企业重点培育活动成效明显。全市金融机构新拓展“个转企”客户726户，共有3542家无贷小微企业获得银行贷款支持。

【推动区域金融改革发展】 围绕金融支持义乌国际贸易综合改革试点工作，全面参与义乌金融专项改革试点方案的起草、修订和讨论，并积极向上级行争取政策支持，助推义乌金改专项方案获批。针对市场采购贸易方式中普遍存在出口主体与收汇主体相分离的现状，研究提出“宏观预警、中观监测、微观核查”的总体思路，制订市场采购贸易外汇管理办法，完善市场采购外汇管理。通过研究制订个人跨境人民币试点工作推进方案、业务管理办法、实施细则，建立客户信息库以及重点培育客户制度，组织实施业务竞赛、集中宣传培训、开展“入商户、摸情况、解难题”活动，多措并举推进义乌个人跨境人民币结算试点工作取得明显成效。2013年，金融机构累计办理个人跨境人民币结算业务85.8亿元，中心支行在全省跨境人民币业务竞赛活动中获“先进集体”称号。批准义乌小商品城个人本外币兑换公司增设1个经营网点，首家异地个人本外币兑换公司获准筹建。

【维护区域金融稳定运行】 加强新设金融机构开业管理和在营业金融机构日常管理，完成市本级14家金融机构综合评价和1家金融机构综合执法检查。认真履行金融消费权益保护新职责，制订管理办法，建立涵盖银行、证券、保险行业的金融消费投诉体系和金融消费权益保护专家库，处理金融消费者投诉28件，保障了金融消费者权益。加强企业资金链状况调查、监测分析，收集整理风险企业100余家，妥善处置企业突发信贷风险事件。研究制订规范商品房预售资金监管、委托贷款业务发展的措施，有效防范金融风险，委托贷款情况调研得到浙江省副省长的批示。密切关注资金流动渠道及涉外主体外汇收支新动向，通过研究监管对策、开展打击虚假转口贸易专项行动，有效抑制异常资金过快流入，规范外汇市场秩序。全面贯彻落实《征信业管理条例》，加强监督检查，规范征信业务；以信用体系试验区建设为突破口，深入开展“三信”创建，区域信用环境进一步优化。实施法人金融机构反洗钱风险评估，强化洗钱可疑交易监测和分析，提高反洗钱工作水平。

【推进金融服务能力建设】 夯实统计数据基础，加强调查研究和监测分析，金融调查研究的服务决策作用进一步发挥。组织全市外汇指定银行开展“优服务、树诚信、促平衡”业务竞赛，累计培训企业3200余家次，有效提高外汇业务知识普及率和外汇从业人员素质；深入推进货物贸易外汇管理改革，优化服务举措，合理合规帮助企业解决难题。创建完成19个“网上支付应用示范区”，提高助农取款服务点在行政村的覆盖率，持续改善农村地区支付环境，中心支行荣获总行改善农村支付服务环境“先进集体称号”。县支行国库全面履职试点稳步推进，国库业务创新取得积极成效，国库电子化对账系统、国库综合管理与服务系统作为“省级国库创新项目”上报总行。完善反假货币工作站建设，利用冠字号码查询技术解决假币纠纷事件，保障小面额现金供给，充分发挥钞票处理中心功能，优化人民币流通。有效发挥“科技+业务”合力作用，在国库业务、国际收支统计申报非现场核查、反洗钱数据筛查、计算机病毒防护等方面，开发运用信息化工具成效明显。

（周妙燕）

中国农业发展银行金华市分行

【概述】 2013年，农发行金华市分行以“全力服务浙江粮食安全和城乡发展一体化”为目标，立足金华实际，遵循“发展兴行、管理立行、和谐强行”的办行思路，强化政策性职能定位，主攻中长期政策性贷款业务，着力实施精细化管理，取得良好的社会和经济效益。截至2013年底，各项贷款余额511969万元，比上年增加26107万元，增幅5.37%。其中：政策指令性贷款余额130764万元，占25.54%；政策指导性贷款251480万元，占49.12%；

商业性贷款余额129725万元,占25.34%。正常贷款占贷款总额的99.60%,不良贷款率0.40%,比上年下降0.15个百分点。各项存款余额为151470万元(不含同业存款),比上年增加33977万元,增幅28.92%。实现中间业务收入303.82万元,其中:咨询顾问类收入243.4万元,国际业务收入27.77万元。全年实现账面利润10395万元,同比减少782.94万元,下降7%。

【政策性贷款业务】 一是强化粮食安全保障职能。毫不懈怠地做好粮油收储信贷工作,确保粮棉油收购和其他储备贷款的及时足额投放。全年累计发放储备贷款、调控粮油贷款共56040万元,为稳定本地粮食市场价格发挥积极作用。二是大力支持政府性中长期项目。同东阳市政府签署《农业政策性金融支持新农村建设合作备忘录》;向金华市政府专题报告《农业政策性银行支持金义都市新区基础设施建设若干建议》,促成金义都市新区、婺城区、金东区等土地储备中心的成立,直接推动金义都市新区满堂湖水系综合整治5亿元贷款项目的顺利实施;争取农发总行对义乌市政府投融资客户特别授权,促成同义乌市政府首个融资项目的合作对接;联合金华市国土资源局出台《关于加强合作共同推进农村土地整治工作的通知》,共同打造一个依托各级土地储备中心支持农村土地整治项目的银政合作平台,拓宽农村土地整治项目融资渠道。全年共对接营销、储备贷款项目20多个,融资额度60多亿元。共成功获批中长期贷款项目10个,贷款额度26.9亿元,其中政府背景项目8个,贷款额度26.3亿元,包括37省道(S310)东阳李宅至义乌青岩刘改建工程(东阳段)12亿元贷款项目、金义都市新区满塘湖水系整治5亿元贷款项目、钱塘江治理工程婺城区金华江治理一期2亿元贷款项目、兰溪市排岭村一期新农村建设工程2亿元贷款项目、武义县浙中城市群五金产业带武义区块低丘缓坡改造1.7亿元贷款项目、钱塘江治理工程浦江县浦阳江治理工程2亿元贷款项目、金华浙中粮油市场0.8亿元贷款项目等。全年共实际投放中长期贷款5.75亿元,比上年同期增加1.37亿元,净增贷款1.72亿元,比上年同期多增1.22亿元,分别占全年累放贷款和增量贷款的22.3%和65.7%。

【商业性贷款业务】 严格按照"控制总量、优化结构、严控风险、突出效益"监管要求,审慎把握商业性贷款业务。确保80多家正常经营的商业性贷款企业续贷;择优支持浙江田歌实业有限公司、金华市金帆饲料有限公司等省级农业龙头企业,新增中长期贷款5990万元,促使田歌1万吨鸭蛋产品精深加工项目和金帆12万吨饲料新建项目顺利投产;坚持压缩客户风险贷款总量与提高抵押担保比例、有序退出等举措相结合,进一步优化贷款信用结构、客户结构和质量结构。全年提高抵质押比例客户4家,商业性贷款抵质押比率达到72%,比年初提高10个百分点,压缩客户14家,压缩贷款金额5120万元,退出客户3家,金额1390万元。

【精细管理】 实施财会、信贷精细化管理。坚持按季对辖内机构精细化管理状况进行考核通报,建立合同"面谈面签、照片备查"制度,开展营业网点视觉形象和礼仪服务规范活动,全面推开营业网点晨会制度,加大违规经济处罚和违规积分管理,继续推进贷款"绿色通道"建设,简化业务流程,提高办贷效率。

【队伍建设】 学习贯彻中共十八大、十八届三中全会精神基础上,切实抓好中央八项规定、六项禁令的自查整改,先后制定《机关管理监督检查制度》《机关接待管理规定》等,规范公务接待和财务费用管理;实施员工素质提升工程,开展业务骨干上下交流、新员工跟班培训、业务知识考试。开展慰问困难职工、困难党员等送温暖活动。

(程圣韬)

中国工商银行金华分公司

【概述】 2013年,全年实现拨备前利润20.9亿元,增长10.47%;本外币全部存款余额574.53亿元,增量62.51亿元,四行占比31.89%,排第一;本外币贷款余额527.48亿元,增量82.55亿元,增长18.55%,增幅列全省第二,四行占比35.1%,排名同业第一;实现中间业务收入8.57亿元,四行占比34.6%,排名第一;客户拓展效果明显,新开对公结算有效户7687户,个人有效客户净增13.8万户;清收不良贷款11973万元,年末不良贷款金额71582万元,不良率1.36%;新增营业网点2家,净增自助银行35家、自助点4家,自助设备194台。

【存款业务】2013年，重点利用商友卡等优势产品围绕工薪类、经营类、投资类三类客户群体拓展储蓄存款。深入推进代发工资业务,明确代发工资“一把手”工程,开展“绝代佳人”代发工资劳动竞赛。全年新增代发工资个人客户9.41万户,代发金额96.44亿元;深化重点专业市场营销,逐个落实营销项目经理,明确工作目标,制定考核办法和营销方案;重视高端客户营销,拓展“高流量”和“高净值”客户市场,对重点优质单位和基础单位逐一落实分层维护责任人。全年新增商友卡客户9.11万户,大力推广掌上理财应用,开展理财业务竞赛,通过个人期次理财产品吸引新资金21.96亿元；完善在外婺商服务,通过流动服务站、营销小分队等做好省外婺商资金归行。全行机构客户存款新增34.82亿元,占对公存款增量的96.5%;开展法院、教育重点系统的“填空营销”活动,新增存款2.1亿元;强化中小无贷户的基础管理,加强队伍建设,加大考核力度,全年中小无贷户存款新增4亿元。

【信贷业务】积极介入浙中崛起、浙商回归、城市公用设施智慧化改造等大工程和大项目,全年审批通过项目22个,金额48亿元,发放33亿元;积极推进小企业信贷业务拓展，主动营销工业园区、专业市场、发达乡镇等,合理运用创新产品,灵活设计批量化融资方案,全年小企业贷款新增12.17亿元,全省排名第一。

【中间业务】加快银团贷款业务发展，共牵头组建银团项目8个,金额22.25亿元,在省内首开行内银团4笔,金额9.2亿元,实现全年银团收入947万元;大力发展债券承销业务,非金融企业债务融资工具业务长足发展，全年发行短期融资券7亿元,中期票据0.5亿元;加强养老金业务营销,全年养老金业务收入4421.27万;加快发展国际业务,坚持贸易融资和外汇资金业务并重，办理国际结算57.15亿美元,四行占比28.57%,排名第一;加快发展法人理财业务,做好个性化服务,加大对同业机构的营销,开展“做理财、促网银”等营销活动,实现法人理财销量的稳步上升,销售量达61.21亿;加快发展贵金属业务，抓住贵金属市场高度活跃的机遇,积极开展贵金属实物销售,大力发展黄金租赁业务,全年实现贵金属业务收入2605.4万元,同比增长50.54%;加快发展电子银行业务。开展“走市场、到乡镇、进企业、赴商会”营销活动,批量发展电子银行客户2万多户。积极推广“工银聚”电子商务平台,发展“工银聚”电子商务客户21户。大力推广银校通业务，交易达金额700多万元，占全省的43.48%。

【转型发展】组织高管人员积极实践探讨转型发展路径,并逐行指导、面对面沟通推进,抓好新理念、新思路的传导。通过整合柜口、压缩后台,共释放人员87人,其中73人转岗为个人客户经理,另有14人转为其他岗位。组织三期零售业务培训,培训业务精英人员207名。采取理论和实战演练相结合的方式,提升人员业务素质与营销能力,为转型发展奠定基础。构建新的管理体制。调整零售业务部内设机构,按照前、中、后台重新设置;网点实行差异化经营,建立“旗舰店+专营店”经营模式;建立“批量营销+集中流程+分层管理”的零售资产业务集约管理模式;将多种经常性业务集中分行处理,柜面业务实行集约管理；形成“网点—贵宾理财中心—财富中心”“理财专员—理财经理—7财富顾问”的客户分层维护机制。领导和联动小组各司其职,确保运行顺畅。采取考核倒逼、过程紧逼的方式,提升转型发展执行力,促使改革落到实处。

【信贷风险管理】加强非现场监测预警，构筑全方位预警网络。对春节后开工情况、小微企业联保贷款等多个领域开展全面排查,对问题加强跟踪督办,确保风险有效化解;抓好潜在风险贷款退出及“担保圈”贷款化解工作。“一户一策”制定处置预案,落实退出目标及压降计划,明确责任人,采取各种措施及时消除风险隐患力求多压降，严控迁徙率,杜绝池外劣变情况的发生;抓好不良贷款清收处置工作，对不良贷款企业进行逐户梳理排查,制定清收处置预案,充分运用实现担保物权、法律诉讼等手段加快清收处置。强化员工行为动态管理,积极开展员工参与民间融资、违规担保及经商办企业等专项排查工作；全面实施内控案防网格化管理,修订完善非现场审计工作制度,增加监测指标,覆盖公司信贷业务、个人信贷业务、运行管理业务等专业范围，明确人员定期进行全面监测分析；加强重要风险点防控治理，确定31个业务重要风险点，针对性地落实整改治理措施，提升全行风险管理水平。

【作风效能建设】 将着力点放在“创新”上，将切入点放在“提效”上，将落脚点放在“服务”上，组织开展“正风提效促赶超”“转文风会风改作风”“讲感恩、强责任”等活动，推进全行正风气、提效能，开展“进企业、解难题、优服务、提品质”等活动，提升银行在社会上的美誉度。聘请行风监督员140人，虚心听取社会各界及行风评议专家的意见和建议，切实做好整改落实，改进服务，不断提高群众满意度。加强品牌建设，规范服务标识，整理下发《网点各区域标识、设备设施一览表》，对存在的问题逐项整改；加强投诉管理，组织“应急处理案例”学习和创新突发事件应急演练，提高网点应急处理能力；完善投诉管理联席会议制度，提高投诉处理速率；优化服务流程提升中高端客户服务能力，规范大堂工作流程，加强网点非现场监测管理，提高业务处理能力；开展“激情夏日”服务提升活动、“星级网点、星级员工”评选活动，全行服务水平明显提升，在全市银行业开展的“群众满意窗口”评选中，辖内有7家机构入围，居同业前列。

【队伍建设】 围绕“为民务实清廉”主题，召开员工座谈会、支行班子谈话会、走访政府、企业广泛征求意见，共收集300多条意见，逐一进行答复与解决；分行党委班子开展批评与自我批评，坚持边查边改并及时反馈；组织“中国梦·工行梦·员工梦”巡回演讲，大力宣传党的十八大中国梦思想；开设道德讲堂，把群众路线教育与员工思想品德教育紧密结合，积极弘扬正能量。加强管理人员队伍建设，全年共提拔任用支行行级、总经理助理级高管24名；统筹规划，对每个后备干部量身制定培养方案，采用个性化方式提升其工作能力；在全行范围内集中对后备干部、紧缺专业后备人才分别组织培训，提升管理和专业后备力量。深化员工关爱工作，全面推进职工之家和小家的建设，增强员工凝聚力和向心力；开展员工心理援助，邀请心理学专家授课辅导，建立员工个人健康信息管理档案；加强员工膳食管理，解决员工上班时段用餐问题；积极开展“五个一”活动，对每位员工安排一次座谈、家访、谈心、体检和生日祝福，使员工感受到工行大家庭的温暖。

（盛　炜）

中国农业银行金华分行

【概述】 2013年，中国农业银行金华分行主动应对复杂多变的经济金融形势，以建设浙中一流商业银行为目标，以支持实体经济为己任，加快产品和服务创新，积极服务全市经济社会发展，成为金华银行业中拥有网点最多、电子化网络最大、客户群体最广泛的一家银行，也是发展史上业绩最突出，支持地方经济力度最大，形象提升最显著的一年。截至2013年底，全行各项存款余额915亿元，各项贷款余额753亿元。荣获中国农业银行重点城市行改革发展突出成就奖；2013年综合绩效名列全省第一位、全国第五位；连续三年被上级行评为创建“四好”领导班子先进集体；荣获全国金融系统思想政治工作先进单位、浙江省思想政治工作先进单位、浙江省企业文化建设示范单位、总行第五届学习型组织标兵单位等荣誉称号。

【支持实体经济】 全年各项贷款新增130.8亿元，贷款增量创历史新高，占全省总增量的32.04%。一是支持重点项目建设和企业转型升级。制造业贷款余额321亿元，比上年增加35亿元，增量占法人贷款增量的67%。二是助力企业直接融资。通过债务融资工具、内保外贷、海外代付、银信合作、金融租赁等多种方式帮助企业融资12.5亿元。三是通过调整存量结构，优化流程、创新贷款等措施，使有限的资源最大限度地助力实体经济发展。央视二套经济信息联播栏目头条用时8分钟报道了金华分行创新发放首笔林权抵押贷款的做法。

【服务小微企业】 制定小微企业培育目标，建立“二转”企业培育库，小微企业客户增加1978户，小微企业贷款新增84.9亿元，增速43.97%，高于法人贷款增速25.6个百分点。将10家园区型二级支行设为小微企业专营机构，采取市分行直接授予一定权限、直配规模在内的“四直一降”政策，10家二级支行新增小微企业贷款户30家，新增贷款1.8亿元。

在浙江小微企业金融创新推选活动中，金华分行获全省农行系统唯一“最佳服务专营机构”荣誉称号。

【发展普惠金融】 主动融入金华市委、市政府“三农稳市”战略，较好地发挥在农村金融服务中的支柱作用。2013年末，全行涉农贷款余额310亿元，比上年增加31亿元，增速11.2%。新增惠农卡2.12万张，总量达到50万张，小额农户贷款余额5.15亿元。增加“三农”地区自助设备投入，新兴渠道交易占比显著提升，其中电子渠道金融性交易占比88.04%，提升3.33个百分点。布设“惠农通”2217台，覆盖1189个行政村，全市近40%的行政村农民借助农行“惠农通”工程，实现足不出村便能办理结算、理财等金融服务便利。不断创新和延伸服务触角，永康支行首创的农村自治金融模式，在全省农行范围内推广。2013年末，全市已设立50个农村金融自治村，1200余名农户通过该模式获得贷款1.5亿元。

【履行社会责任】 尽心尽力帮扶各类企业平稳过渡。对小型企业、微型企业、“三农”等客户降低贷款利率上限。新发放人民币贷款加权平均上浮幅度在同业中处于较低水平。落实企业的帮扶措施。对经营虽遇暂时困难，但产品仍有市场、经营仍比较稳定、企业经营管理素质高、发展前景看好的企业，特别是中小企业，通过本外币贷款、贸易融资或有资产业务等多种融资方式给予积极支持。对因经营管理不善、近年扩张过快等原因造成资金链断裂、风险显现的客户，也积极采取平稳政策，尽自身能力和责任保护区域内金融安全，防止风险扩散。

（陈土法）

中国银行股份有限公司金华市分行

【概述】 2013年，中国银行金华市分行深入贯彻总行“做最好的银行”战略目标，围绕全市“转型升级、赶超发展”的发展战略，以深化金融服务活动和行风评议“回头看”活动为抓手，优化信贷结构、加强金融创新、拓宽融资渠道、深化金融服务，确保更多信贷资金投向实体经济，较好地推动地方经济转型升级，也实现自身经营业绩的稳健提升。获得年度绩效考核列全省中行系统第一、年度市级银行业金融机构支持地方经济发展工作考核居同业前列。截至2013年底，本外币各项存款和贷款新增额均居全省中行系统第一。其中：各项存款余额429.18亿元，新增47.81亿元，增幅12.54%；各项贷款余额508.23亿元，新增66.14亿元，增幅14.96%。

【支持实体经济】 坚持调结构、保重点，“用好增量、盘活存量”，将信贷资源优先配置到实体经济领域。该行联合金华市工商局、市企业信用促进会启动“信用助企，中行同行”金融服务年活动，承诺未来三年内向全市信用企业提供总金额不低于50亿元的专项信贷支持；围绕金义都市新区建设、低丘缓坡综合开发利用试点等重点领域，优先安排信贷规模，全年累计为全市重点建设项目和重点技改项目清单内的104家企业发放贷款超60亿元；充分发挥中银集团海内外一体经营、多元化平台优势，创新叙做了全国金融系统首笔双货币组合产品、全省中行系统首笔网银模式应收账款池融资业务、全市金融系统首笔对台跨境人民币结算业务和首笔跨境人民币境外直接投资业务，为企业从境外融通资金30.83亿元，办理跨境人民币结算业务70.54亿元，推荐发行短期融资券11.4亿元，助力企业从资本市场获取低成本融资35亿元，千方百计满足企业多样融资需求，全力助推实体经济转型升级。

【服务小微企业】 该行为有效破解小微企业融资困境，针对金华板块经济、产业集群、专业市场不同客户的不同金融需求，持续加强市场调研和业务创新，陆续研发推广“影视通宝”“永康通宝”“木艺通宝”“税务通宝”“网络通宝”“林权通宝”等十余款专为小微企业量身定做的“通宝”系列产品，社会影响力持续扩大。截至2013年底，该行国标口径小微企业贷款客户突破1200家，当年新增贷款近30亿元，贷款增速高于全行各项贷款增速20个百分点。进一步提高审批效率，坚持专营机构运作的同时，持续加快推进服务体系“下沉”，在基层网点健全完善独特的“钻石团队”营销终端，确保业务贴心、服务贴身。截至2013年底，全市中行已组建29支专兼职结合的“钻石团队”，超百名客户经理专门为小微企业提供金融服务。积极推动基层网点对公业务转型，通过“钻石团队”与网点对接、组建联动营销小组等手段，拉直授信流程，为资金使用频率高、时间紧的小微企业融资建立了快速服务通道，网点就近服务中小企业客户的能力进一步提升,全市中行 67 家分支机构全部可办理小微企业授信业务。

【强化风险管控】 深入开展“平安中行”创建活动,把握风险管控主动权。对大额不良贷款建立“一把手”负责制,一户一策,开展“红五月”“夏季攻势”“双抢战役”等专项行动,实施清单式、倒计时管理,全力提升清收化解实效。全市中行共清收化解不良贷款 3.48 亿元,年末授信综合不良率控制在 1%以内,资产质量在全省中行系统保持领先,以实际行动维护了区域金融稳定。进一步严密内控体系,以基层机构、基础业务、基本规范为中心,在全行范围开展“模范行动”,加强押品、账户管理、异常交易、现金重空等业务的关键控制环节和风险高发领域的排查力度,引导全行员工牢固树立“诚信经营”“合规立行”的理念,在全省中行系统安保工作绩效考核中被评为 A,连续 8 年实现零发案。

【改进作风】 贯彻中央八项规定,结合实际细化贯彻措施,不遗余力地解决员工普遍关心、反映强烈的问题。认真践行党的群众路线教育实践活动,聚焦“四风”问题,切实改进工作作风,全行内部风气发生实质性转变,全年内部会议费、业务招待费、行政费用下降明显。引导全辖各级机构积极践行“服务为善”理念,以客户为中心,深化服务内涵,提升服务质效,改善客户体验,涌现出一批服务领先、业绩突出的先进集体和个人。其中:市分行营业部荣获全国金融系统“女职工文明示范岗”称号,婺城支行营业部、永康支行营业部和武义支行营业部被评为金华市银行业金融机构“群众满意服务窗口”,东阳横店支行等十家网点荣获“中国银行总行级优质高效网点”称号,婺城支行营业部等十三家网点荣获中国银行省行级青年文明号,有效激发员工爱行爱岗热情,为传承百年基业、再创发展辉煌凝聚力量。

(沈新昌)

中国建设银行股份有限公司金华分行

【概述】 2013 年,金华分行坚持“五个满意”工作目标,全面推进“业务发展、不良压降、案件防控”三大任务,主要经营业务走在系统前列。全行各项贷款新增居系统第一,一般性存款日均新增、中间业务、利润均居系统二级分行第二。截至 2013 年底,全行人行口径一般性存款时点和日均余额分别为 502 亿元、494 亿元,分别新增 44.2 亿元、37.3 亿元;全行各项贷款余额 541 亿元,比上年新增 43.5 亿元,其中:对公贷款新增 30.3 亿元,个人贷款新增 13.2 亿元;全行实现中间业务收入 6.06 亿元,系统贡献度比上年提升 0.15 个百分点,其中:对公中间业务收入 3.86 亿元,个人中间业务收入 2.2 亿元;全行实现拨备前利润 19.6 亿元,增长 3.6%,系统贡献度比上年提升 1 个百分点。全行不良贷款余额 7.25 亿元,比上年增加 2.86 亿元;不良率 1.34%,比上年上升0.46 个百分点;逾期贷款 9.63 亿元,垫款 0.54 亿元。其中不良贷款额和垫款额控制在省分行下达计划内。全年无重大风险事项、无重大案件、无重大责任事故。

以机构客户“资金流”为核心,深入推进“大系统”客户营销,着力抓财政客户存款联动营销。全年财政存款新增 5.53 亿元,市场份额 28%,居同业第二位。坚持“一行一策、一户一策”,做好财政资金下游承接,共承接财政下游资金 7301 万元,承接率 57%。抓企业结算资金流归集。以专业、细致、周到的无缝隙营销服务,提升信贷客户应有的结算份额。以社保存款、金融社保卡、社保账户为重点拓展存款。社保存款新增 8.13 亿元,市场份额 31%,同业和系统均居第二位。着力提升客户活跃度、产品覆盖率和综合贡献度。通过“工商验资通”系统共开立注册(增资)验资账户 1801 户;在全省开展的“争账户,提质量,促存款”对公小额无贷户营销争先赛中,分行荣获二等奖。着力抓个人存款。在全市范围内开展理财产品行外掘金专项营销活动,着力抓代工客户拓展,积极开展百日营销活动、专业市场专项营销活动,共拓展专业市场客户 1500 户,月均交易额超 2 亿元,市场客户资金沉淀率达 50%。

【中间业务】 2013 年,将中间业务发展作为业务转型的重中之重,着力提升做真实中间业务的能力。严格执行银监会提出“七不准”和“四项原则”的规定要求,坚持中间业务收入合规真实。与各条线、支行签订责任状,定期通报,强化考核。全面梳理 20 项重点产品的市场发展空间、推进计划进度等,有针对性开展中间业务挖潜增收竞赛活动,并在相应的归口管理部门KPI考核中给予加减分。抓好重点业务与产品拓展。明确重点产品条块双责任制，分别制订并落实重点产品营销行动计划。大力发展战略性业务，国际业务各项工作走在系统前列，实现中间业务收入8420.48万元，居同业第二位。信用卡中间业务收入占个金条线40%以上。投行业务取得新业绩，办理首笔资产收益权理财产品、首笔中期票据和首笔方案型融资顾问业务。

【优化信贷结构】 贯彻省分行“向两头延伸”的结构调整要求，积极安排好新增信贷资源。贷款重点支持城镇化建设、新农村建设、旧城改造、高速公路、优质房地产项目，特别是金华市政府支持的重点项目。大中型客户信贷余额占比为37.7%，比2013年初提升2.6个百分点。有效支持小微企业发展，积极开展小微企业服务宣传月活动，深入推进“信用贷、善融贷、浙融易”等信用类贷款产品，认真开展“个转企”“小上规”金融服务活动。截至2013年底，分行传统小企业信贷户1286户，比2013年初新增151户，新增总量列全省系统第二。累计为572家结算类小微企业预授信2.51亿元，累计向46家“个转企”小微企业发放贷款1.21亿元，累计向65家“小上规”小微企业发放贷款6.31亿元。加快退出“三低一高”客户、“两高一剩”、“6+1”等控制行业，严控房地产及政府平台贷款。“两高一剩”与“6+1”行业有贷户仅为两家。重点做好承兑汇票业务压缩、保理业务调整、网络银行信贷退出等工作。

【拓展渠道建设】 着力提升电子渠道交易占比，先后开展电子银行产品体验、手机银行“交易赢话费”、手机银行营销竞赛等活动，电子银行账务性交易量占比达38.38%，居全省第三。手机银行同步率、个人网银同步率、短信同步率、电话银行同步率分别为66%、60.6%、69.2%、65.09%。大力加强电子商务拓展。共有金字火腿股份有限公司等14家优质商户进驻我行善融商务B2C商城，69家企业进驻我行善融商务B2B商城。制定渠道发展三年规划和年度计划。全年新增离行式自助银行17家，新增自助设备94台。加快网点二代转型和“三综合”建设，强化提升网点销售业绩、服务质量、销售氛围、营业环境、网点内部管理，切实提高网点集约化经营水平。共有27家网点获得总行星级称号，获评率位居系统第一。全年改造或退出低效网点8个，超额完成省分行下达的计划。

【控制不良贷款】 明确目标，加强考核，建立激励和责任约束机制。实行资产质量“双线”考核，确保考核到支行和部门。坚持一户一策、一户多策的处置方案，逐户建立跟踪监测表，运用“收、转、卖、核、控”等各种手段，针对性制定清收处置措施。牵头建立重点信用风险项目处置机制。成立由行领导牵头的爱斯曼、热电厂、日普公司等大额不良项目处置团队。成立重点帮扶小组进行帮扶督导，对浦江、兰溪风险集中地区开展“不良资产压降大会战”。从严治行，推行离岗收贷、减薪收贷。全年确定离岗收贷人员3人、减薪收贷人员2人。对符合总分行特殊化解政策的风险客户，及时进行风险客户认定、上报省分行审批。全年共认定风险客户15户，涉及信用余额4.85亿元。全年上报不良贷款49户、经省分行初审待核销金额1.95亿元。

【实现安全经营】 推进全面风险管理，着力防范操作风险。通过加强教育培训、重检岗位职责、岗位自评估、19个关键风险点全面检查、监察网络队伍风险提示等，多渠道增强操作风险管理。以“提升基础管理年”活动为抓手，提升管理规范化和精细化水平。共修订完善各项制度及流程119项，建立较为完善的“制度管人、制度管事”的工作体系。坚持违规必究，从严治行。对发现的问题，坚持不整改不放过、不问责不放过。完成省分行统一下发的794个问题的自查自纠和整改落实工作。先后开展4次全行性员工行为排查活动，共对200多名员工实施轻微违规积分、扣减绩效工资、开除、记过、劝退等处分。加强底线教育。通过开展“内控促发展、合规创价值”、“方圆之道”案例宣讲、“合规从我做起大讨论”等主题活动，提升员工风险合规意识。通过开展请进来、走出去、送教下支行等形式，提升党员干部的廉洁和反腐意识。稳步推进突发事件应急管理工作。全年共成功堵截案件45起，当场或协助公安机关抓获犯罪嫌疑人11名，堵截涉案资金152.48万元。高度重视舆情危机应对，成功处理潜在的负面报道事件，信息宣传与媒体应对考核居当地与系统首位。

【队伍建设】 深入推进党的群众路线教育实践

活动。坚持“规定动作”做到位,“自选动作”有创新。共对10类75条意见建议梳理归纳，坚持做到边学边改,持续提升。活动期间举办“道德讲坛”、“最美建行人”报告会、“合规经营、从我做起”大讨论等活动,并出台实施“关爱员工十大措施”,实现上级行两提升两促进的活动效果。加强各级领导班子建设,规范干部队伍管理,选好人、育好人、用好人。管理岗位以业绩为导向,坚持公开竞聘;完善不同层面员工的晋升机制,修订出台《金华分行2013年度十职等以下岗位职务晋升降职暂行办法》,共有147人符合条件并获得晋升，聘任专业技术职务53人。加大后备干部选拔培养,完成本级后备网点正职副职、客户经理的竞聘选拔工作。实施全员教育培训计划。建立多层面立体式的培训体系,全年共组织129期培训项目,累计14538人次参加。积极承担社会责任,认真开展各项文明创建活动。市政府对全市金融单位和垂直管理部门进行绩效考核,分行获“十佳单位”称号;分行被金华市慈善总会授予“慈善一日捐”活动“最佳组织单位”荣誉;武义支行营业部获“中国银行业文明规范服务百佳示范单位”荣誉称号。五是以人为本,积极开展健康向上、丰富多彩的文体活动。先后举办第五届职工田径运动会、全省首届“青春建行杯”篮球赛南半区比赛,足球、篮球、乒乓球等17个文体俱乐部都开展了丰富多彩、各具特色的活动。

(王竹江)

金华银行

【概述】 2013年，金华银行全面贯彻落实国家各项方针政策和监管要求，积极支持经济发展,优化服务,提高效能,开拓创新,各项业务取得稳定健康的发展。截至2013年底,资产总额397亿元,比上年增加53亿元;存款余额346.74亿元,比上年增加51.15亿元；贷款余额246.53亿元，比上年增加35.35亿元；不良贷款率为1.1%；资本充足率达10.11%;贷款损失准备充足率达317.1%,拨备覆盖率达226.2%。全年共实现经营利润6.31亿元。

【信贷规模】 一是合理配置资源，重点支持小微企业发展。狠抓“六项机制”建设,持续加大小微企业信贷投入,实现小微企业发展“三个不低于”目标。截至2013年底,金华银行小微企业贷款余额167.32亿元,比上年新增29.33亿元,占当年全部新增贷款的82.76%,同比多增9.69亿元;增速21.26%,高于全部贷款增速4.47个百分点；小微企业比年初新增538户,同比多增141户。全年新增“个转企”52户,融资余额1.93亿元;支持“小上规”113家,融资余额11.71亿元。2013年,金华银行新增贷款80%以上投向小微企业,并制定小微企业发展计划,对小微企业发展进行计划单列，将新增小微企业总户数、“无贷款”小微企业拓展户数、“个转企”户数等进行专项考核,调动全行发展小微企业业务的积极性。8月,金华银行杭州上城小微企业专营支行开业，探索小微企业专营服务模式，为小微企业专营服务提供一个崭新的平台。在金华市政府对2013年度市本级银行业金融机构小企业贷款考核中金华银行位列第1名。二是认真贯彻产业政策,积极支持特色经济和民生工程。支持重点技改项目授信金额30945万元,支持重点建设项目授信金额9850万元。发展绿色信贷,继续加大对节能减排、绿色环保等绿色信贷领域的信贷投入，重点支持节能环保以及符合相关绿色低碳产业政策的替代型产业；严格执行国家宏观产业政策，结合地方经济特点，及时调整行业信贷投向,加大对“两高一剩”行业贷款退出力度。加大“三农”支持力度,围绕农业“两区”建设、农民创业增收、农业科技创新、农村住房改造等新农村建设,助推农业经济持续健康发展。截至2013年底,涉农贷款余额125.80亿元,比上年新增12.95亿元。其中:农户贷款4.25亿元，农村企业及各类组织贷款115.38亿元,城市企业及各类组织涉农贷款5.92亿元。三是扶贫帮困,履行社会责任。实行差异化贷款定价。结合企业贷款归行、担保方式以及信用等级等方面,合理确定贷款利率浮动幅度,进一步减少业务收费,让利于小微企业。2013年,金华银行小微企业贷款利率同比下降0.58个百分点，同时严格落实“七个不得”规定，免收部分小微企业网银转账等结算服务费,切实减轻小微企业负担;减少外部中介费用。一方面对小微企业提供的房地产等传统抵押物，尽可能采用上门核实、专业咨询、市场对比分析等手段进行自行估评,合理确认抵押物价值,减少企业评估费用支出,另一方面减免企业房屋抵押登记费,延长抵押登记期限,减轻企业负担;帮扶困难企业。对产品有市场、有需求、前景好、管理较规范,符合转型升级要求,但受经济环境等客观因素影响、经营暂时困难的企业,做到不压贷、不延贷,帮助企业共渡难关。

【金融创新】 一是业务流程创新。对融资敞口500万元以下非评级小微企业实行授信和业务同步,并实行“两个标准一个无”,即调查表式标准化、审查流程标准化,以及审批无纸化。非评级企业贷款全部实行计算机操作,简化企业贷款手续,切实提高办事效率。二是信贷产品创新。根据小微企业经营特点,在灵活运用金华银行现有信贷产品同时,结合服务区域的支柱行业、特色产业及其核心企业、产业集群创新产业链、供应链等信贷产品,相继推出了小固贷业务、国内再保理、国内信用保险保理、供应链融资等多款新产品与业务方案。三是创新担保方式。在总结完善推广以往排污权质押、林权抵押等新型担保方式的基础上,相继推出商标专用权质押、专利权质押等多种担保方式,推动和发展应收账款、订单质押等担保方式。截至12月底,金华银行林权抵押、商标权质押、专利权质押、排污权抵押、收费权质押贷款余额1.34亿元,累计投放2.14亿元。四是还款方式创新。根据小企业经营特点、用款方式和还款及资金周转规律,设置多种贷款期限,相继推出贷款“年审制”、无缝对接贷款、“百惠通”和“百易通”循环贷款业务等。“年审制”贷款业务得到社会各界的充分肯定与好评,《浙江日报》《金华日报》等媒体进行报道。五是服务渠道创新。金华银行设置小微企业专营机构,对小微支行实行专门的业务流程、专项的考核办法、专设的业务架构。六是资产管理创新。积极与信托、券商、基金公司等第三方专业金融机构合作开展资产管理业务,持续扩充金华银行财富管理类产品及业务服务品种,与其他金融机构合作开展资产转让业务12.16亿元。七是整合银行卡业务。抓好金融IC卡项目建设,全面发行双龙IC卡;积极做好社保卡发卡工作,全年新发社保卡8.3万张;与公交集团合作开发“龙通卡”项目,使金华银行双龙卡应用范围更广泛。

【活动营销】 开展多项活动,优化金融服务,推动各项业务发展。一是开展主题活动。认真开展“提升服务能力,实现赶超发展”红五月、金融服务月等主题活动,深入金华花农、永康小五金、东阳木雕、义乌小商品等金华市特色产业带,开展金融市场产品情况、特色行业发展状况与金融服务情况调研,有针对性地帮助拟定切合企业实际的融资方案,全年累计走访客户2700多户。二是开展现场办公。全力支持中小商贸流通企业服务中心开展“金融超市团贷”服务月活动,通过驻点服务等方式,接待中小商贸流通企业31家,其中达成融资意向的企业13家,有意向贷款额度为3270万元。三是持续开展民主评议行风“回头看”、群众路线教育实践活动。在规范银行业市场秩序、规范作风建设和规范网点窗口建设、推广“惠企便民”新举措等方面加强建设,切实解决企业、群众反映的热点、难点问题。四是开展营销竞赛。先后组织旺季营销、外汇业务、零售产品综合营销等各类竞赛活动,收到较好效果,其中旺季营销竞赛,活动期间存款增加17.99亿元,新增小微企业贷款户(不含个人经营性贷款)户数185户,新增贷记卡5343张。重大节庆日,联合知名商场举办银行卡联合营销活动,进一步提升金华银行双龙卡的品牌知名度。截至2013年底,信用卡时点透支规模和全年累计消费金额分别达到1.76亿元和11.35亿元,均比上年增长40%以上。同时,全行各网点进行“智慧营业厅”改造,实现免费高速无线网络接入。截至2013年末,金华银行网上银行客户比2013年初新增11806户,网银交易总笔数与交易金额分别比上年增长56.07%和75.31%。

【风险管理】 开展全面风险管理建设规划咨询、风险管理系统项目开发建设工作;开展各类风险排查活动,开展内部审计项目101个,并开展“非面对面”交易风险、银行员工涉非法融资行为等排查活动,通过例行合规讲评、内控评价、日常业务检查和辅导,及时发现业务操作过程中的风险点或不合规操作行为,对检查过程中发现的问题进行处罚通报,落实整改措施,规范业务行为;开展压力测试,对金华银行抗御风险能力进行评估和判断,为提早做好资产与负债的合理配置提供依据。做好IT战略规划,制定了金华银行未来3–5年内科技发展远景规划以及达成此目标所需的路线图;强化科技对业务发展的支撑，先后开发上线业务应用与管理系统等24个项目，完成系统维护类项目138个；强化科技基础设施建设，建造与完善同城灾备机房的基础设施改造，科技硬件环境得以改善。做好事前防范，加强信贷“三查”制度，抑制不合理信贷需求；加大信用风险排查力度，按日做好新增不良贷款监控，按月开展信贷风险排查，积极做好相关风险的预警监测与防范工作，尽早发现风险隐患、及早化解；完善信用风险资产管理工作机制，组织开展“防控风险攻坚克难”不良贷款清收等竞赛活动，全年累计收回历年不良贷款107笔，余额13505万元。积极推进跨区域经营，实现网点资源配置的优化，5月份金华银行义乌支行升格为义乌分行，8月份杭州上城小微企业专营支行成功开业；修订完善规章制度，制定管理制度56个、废止各类管理制度249个、修订完善制度209个；加强人力资源管理，制定完善了《员工薪酬管理制度》《绩效管理制度》《类级行管理制度》《客户经理薪酬管理制度》《柜员薪酬管理制度》《专业技术序列管理办法》等办法，将在2014年全面实施，组织开展各类培训143期，培训人数达5980人次，各分支行组织专业化、强化培训292次，受训人数达8600余人次。

（黄杰伟）

交通银行股份有限公司金华分行

【概述】 2013年，交通银行金华分行围绕“调结构、转方式、强根基、控风险、建特色”工作主线，各项业务保持健康、快速的良好发展态势。截至2013年底，本外币各项存款余额90.54亿元，本外币各项贷款余额72.56亿元，实现经营利润24004万元，不良率为0.85%。

【支持实体经济】 全面对接金华“两富”现代化都市区建设，积极开展“提升信用品质、服务实体经济”主题活动，大力支持实体经济和小微企业，有效投放信贷资金。截至2013年底，全行一般授信类客户共计340户，贷款余额41.91亿元，比上年增加6.69亿元。担保方式以抵押、保证方式为主。客户主要以5级以上为主，零售信贷余额30.18亿元，较年初增4.18亿元。其中：个人贷款余额131696万元，比年初增38741万元，增幅为41.68%；展业通业务余额170098万元，较上年增3050万元。按照省分行倡导型信贷管理模式要求，主动调整资产结构，大力发展贸易融资、楼盘按揭贷款和高收益贷款。截至2013年底，贸易融资余额为31917万元。

【分线业务情况】 一是公司条线。开展“财富管理走遍浙江”系列活动及“户户增”“双客户”“托管业务”竞赛等活动，出台相关激励考核办法，加大产品创新和新业务应用，“1+10”特色产品业务发展迅速。电子商票发生业务量为5.79亿元；新增签约电子商票62户；开办国内保理业务124笔；办理资产池业务9500万元；办理18.42亿元的委托贷款业务；完成13.3亿元的托管业务规模，实现65.46万元的托管业务收入；积极推进产业链指标业务，共完成产业链3条；推进自来水公司、电力公司的代扣代缴业务，促进财政事业类客户的营销提升。二是国业条线。推出保票通、对公网银即期结汇、碳排放权益交易账户、人民币NRA账户购汇、跨境人民币项下代付等多项省交行系统内首单业务，并带来外币存款1066.11万美元，实现中间业务收入389.48万元，跨境人民币业务量15.31亿元和国际结算量12.13亿美元两项指标考核实现封顶分。充分发挥境内外、离在岸联动的专业化优势，通过海外分行筹措表外资金本外币共计11639.41万美元，通过境外同业筹措表外资金共计本外币11319.97万美元。三是零售条线。大力发展贷记卡和IC卡发卡业务，大力推进小记者卡等项目的营销落地，办理分行首张太平洋出国金融卡，荣获2013年省行贷记卡业务分行组织奖、浙江省分行IC卡业务优胜奖；永康、东阳支行获浙江省分行贷记卡“十佳发卡经营机构”称号；努力拓宽卡消费渠道，改善用卡环境，组织5元看电影活动，促进信用卡在当地影响力。认真落实省行13家重点行家易通、代发留存工作推进，截至年底，营业部薪金理财A签约215户，提前1个月达成目标；永康支行家易通入网142户，超额完成任务。在重点新发基金产品销售方面，新发托管基金6200万。开展贵金属、基金、保险等产品专场营销，实现财富管理收入增加；积极推广家账户业务，签约家庭户数531户；组织开展珍珠品鉴会活动、境外投资与出国留学讲座，为个人高端客户提供增值服务。零贷条线在“一家分行做全国”的国内保理业务方面实现真正落地，并积极参加金融支持小微企业和重点项目融资对接推进会、“金融超市团贷”服务月活动、“第二届小微企业金融服务宣传月活动”，加大对小微企业的支持力度。

【风险控制】 在永康、浦江两地召开“与企业面对面，共同渡难关”座谈会，帮助企业解决实际问题，落实一户一策，通过多种渠道积极缓释企业风险。完成四户对公新增不良处置清收工作，合计3065.54万元，清收存量不良185.14万元，同时对四户企业的风险实现有效化解，共计敞口余额5950万元。落实潜在风险月度监控，关注重点管控风险客户变化情况，完成潜在风险客户减退加固11425万元。开展形式多样的会计业务培训，做好会计人员的轮岗轮调工作，防范会计结算业务操作风险；加强检辅力度，充分运用营运风险管理平台等技防工具，提高监测识别能力，做好营运风险监测工作；加强营运风险教育，增强防范外部诈骗，防范内部案件发生。进一步推进不规范经营专项治理工作和民主评议行风活动。开展员工失范行为排查和案件风险“1+X”精准防控专项行动，实施员工轻微违规行为记分管理办法，对违规人员及时进行处理。分行荣获“金华市银行业金融机构安全评估工作先进集体”“浙江省银行业金融机构安全评估工作先进集体成绩突出集体”等称号；被评为市级创安先进单位，同时被市公安局推荐为省级创安先进单位。

【客户拓展与服务】 通过落实推进“城市成功路线图计划”，实施“清零提升”，对公对私客户群体迅速扩大，中高端客户快速提升，成功营销机构类客户和行业龙头企业的新增存款。截至2013年底，对公有效户新增284户；达标沃德完成261户；交银理财完成3206户；对私有效户完成5645户。开展“我为客户做方案”活动，为公司客户定制金融服务方案115个，为个金客户定制个人理财计划457户，零售金融服务方案2个，实现200万元以上客户理财方案的全覆盖，受到客户的欢迎和好评。依托金华地区县域优势特色资源，优化机构布局，扩大业务辐射面，武义支行于10月底顺利开业，分行营业部、永康支行、东阳支行顺利通过总行综合型网点入围验收。加大对电银业务发展的投入力度，设立了全市首个电子银行体验区，加快推进自助渠道建设，在永康、东阳两地新增2个离行式自助银行，电子银行分流率达76.67%。积极开展“百佳示范网点”创建活动，完善硬件设施和提升软件服务，获得中银协检查组的高度评价，也得到当地群众的认可；深化与上海外服合作，深入开展“强化执行力、提升大服务”的各阶段活动，在省分行“走进交行，感受温馨”服务提升评选大赛中，荣获“优秀大堂经理银奖”“优秀高柜柜员铜奖”两个奖项；在省分行会计人员综合能力大赛中荣获综合录入单项比赛第二名的好成绩。认真开展金融知识万里行、反假币等集中宣传教育活动，进一步提升分行的影响力和美誉度。

（吕艳薇）

招商银行股份有限公司金华分行

【概述】 招商银行股份有限公司金华分行（以下简称：招商银行金华分行）成立于2007年1月31日，经过7年的发展，截至2013年12月底，分行资产总额已达100亿元，各项存款余额60亿元，各项贷款余额99亿元。分行下辖营业部、江北支行、义乌支行、永康支行、义乌商小微企业专营支行五个营业网点和13家自助银行，共有在册员工160余人。2013年，招行金华分行、江北支行分别荣获省级治安安全单位；招行金华永康支行零售银行部被永康市巾帼建功活动协调小组评为永康市巾帼文明岗；招行金华义乌支行在2013年度义乌各金融机构支持地方经济考核中荣获年度金融创新奖第一名。招商银行金华分行以优质、专业、个性化的金融服务在社会上树立良好的品牌形象。

【服务企业】 以每月组织的“生意会”为平台，以“请进来和走出去”相结合的方式，主动与小微企业对接，征求小微业主意见、建议，了解小微企业内在需求。组织小微企业培训会，提供咨询服务。深入市场、企业、店铺等了解小微企业日常生产经营和金融服务需求情况，重点了解小微企业在金融服务方面存在的困难和问题。结合各地产业特色，选择优质中小企业给予信贷支持，通过推动“三个一批”

计划,加强银、政、企合作,解决中小企业融资需求。对产业链条完整、具有集群优势的龙头配套小微企业给予信贷支持。加强对成长性较好、有技术改造或转型升级需求中小企业的信贷支持,促使企业产品质量提升,实现经营转型。坚持走绿色环保的信贷之路,对产能过剩、能耗大、污染大的企业,坚决予以退出,对造纸污染企业拒绝提供信贷支持。

【服务创新】 在抵押贷款基础上增加抵押加成贷、配套贷、小额信用贷、供销流量贷等多个信贷品种,其中配套贷、供销流量贷、POS贷基本采用信用方式,有效解决小微业主担保难问题。推出“周转易”产品,提升贷款便利化。对信用良好、经营状况稳定的借款人推出“自动转贷”,便利企业可贷资金循环使用。积极改造小微贷流程,实现标准化“三查”模板,加快审查速度。开展审批效率承诺制,承诺在资料齐全情况下48小时完成审批,对资金需求紧急的客户可凭抵押登记回执放款。新设招商银行金华义乌商城小微企业专营支行,通过“专点、专人、专项”服务,实现批量化的贷款管理和标准化的贷款模式,加速小微企业贷款。

(姚豪雁)

上海浦东发展银行股份有限公司金华分行

【概述】 2013年,上海浦东发展银行股份有限公司金华分行各项存款余额97.34亿元(含义乌为185.19亿元),比上年增加24.46亿元、增长33.56%(含义乌为27.65亿元、增长17.55%)。其中对公存款余额80.8亿元,增加20.06亿元;储蓄存款余额16.55亿元,增加4.4亿元。各项贷款余额63.50亿元(含义乌为142.21亿元),比上年增加11.5亿元、增长22.12%(含义乌为23.26亿元、增长19.56%)。其中,中小企业贷款余额增长69.2%;小微企业新增贷款占企业类新增贷款的66.72%。分行等级排名在浦发系统94家二级分行中居第8位,连续2年荣膺A类最高等级;分行营业部、永康支行分别入围浦发银行“百万中收”精品网点和优秀网点。公银、个银业务综合评价排名均进入杭州分行前十强。服务体系进一步完善,辖属东阳支行5月开业,浦江机构设立规划获上级行批复同意。2013年末,全行有营业机构3家、自助银行5家,单位银行结算账户2460户、公司授信客户787户、个人客户1.76万户、电子银行客户1.35万户。

【服务小微企业】 通过承办省“双服务”政银企对接洽谈会、参加金融支持小微企业和重点项目融资对接推进会等途径,搭建政银企共赢平台,确定一批重点支持小微企业,全年以现场形式签订合作协议企业14家,签约总额超10亿元。截至2013年底,公司授信总量147亿元,其中投向制造业、批发和零售业的贷款余额占全行总量的80%;争取小微企业匹配信贷规模8.13亿元,占全行可配置信贷规模的69%。坚持灵活定价和严格定价双重管理,在权限范围内为优质客户减费让利,减轻中小企业财务成本,全年贷款平均利率低于同类银行贷款平均利率水平0.45个百分点,低于全市银行业贷款平均利率水平1.18个百分点。

【金融创新】 针对小微企业客户群体,初步建立了包括“吉祥三宝2.0”“投贷宝”“微小宝”和“信贷工厂”等产品在内的中小业务“五宝一厂”服务模式,推出永康经济开发区“银元宝”等项目,批量支持小微企业。针对企业担保落实难现状,创新融资担保形式,探索科技型小企业保证保险贷款模式,完成首批900万元资金投放,并推出“信用培养计划”产品,利用小微企业抱团共担风险的融资形式,推动银企合作。依托全市网络经济优势,提出“打造网络经济特色服务银行”口号,推行专项服务方案,与8家网络企业开展合作,涉及软件开发、网游运营、第三方支付等领域,支持金华市“一号产业”发展。优化中小企业服务机制,实行小微业务加成考核,制定小微企业授信业务审贷机制和审批流程,推行差异化的额度管控模式和审批流程,提高审批效率,推动小微金融服务的专业化、集中化。

【规范管理】 全面检查贷款发放、理财、手续费收入等的收费合规性、流程完整性及资料规范性,确保金融服务与收费内涵相符。健全授信管理体制,化解处置信贷风险,推动业务合规经营,强化员工行为管理,推出“讲文明、促合规、防案件”知识竞赛、警示教育、分层家访等活动。强化安全保卫工作,保障全行平安运行,获评省、市两级“安全评估工作成绩突出集体”，成为全省浦发系统内 2 家获得省级安全评估工作先进称号的机构之一。加强精神文明建设，成功争创金华市文明单位、市银行业“群众满意服务窗口”、浙江省财贸系统先进女职工组织、市财贸工会先进工会组织和工会规范化建设考核先进单位等称号。

（吕玉峰）

中国邮政储蓄银行金华市分行

【概述】 2013 年，邮储银行金华市分行围绕“业务齐头并进、机构均衡发展”的经营策略，真抓实干，各项业务稳步发展。截至 2013 年底，全辖个人储蓄规模达 317.06 亿元，居全省第一，其中自营储蓄存款余额 59.37 亿元；公司存款规模 21.74 亿元；各项贷款余额突破百亿元大关，达到 102.36 亿元，全年贷款结余净增 15.58 亿元，同比增长 17.95%，贷款规模及净增量均排名系统内全省前三。推进小企业信贷业务拓展，扶持中小企业发展，贷款结余达到 13.71 亿元，同比增长 16.5%。资产质量良好，不良率为 0.23%，低于全省系统内平均水平。

【履行社会责任】 加大对小微企业、涉农贷款的政策倾斜，扎实、有序地开展金融服务宣传月、邮储阳光行、企业大走访等形式多样的专题活动，全年新增“支农支小”信贷投放 16 亿元；获得社保卡代理入围资格，全年发放社保卡 13.31 万张，超额完成发卡目标；积极承担医保、养老保险等代收付工作，累计代收医保 21 万人，代收金额达 3231 万元，代收养老金（居保、社保、失地农转非）45 万人，代收金额达 6.95 亿元；承担着 46 万人的养老金发放、25 万人的涉农补贴发放，月均发放金额达 1.5 亿元；积极完善农村支付渠道，以助农结算服务点为依托，全市共有助农取款点 1400 多个；大力推进反假币工作建设，积极构建一站式综合服务网络，全年共建成 65 个联络站；开展国债下乡等各类金融服务宣传工作，深入社区、农村，普及金融知识、更新金融资讯；积极开展献爱心活动，开展向四川雅安受灾人民捐款，为市区英达民工子弟学校赠送学习用品等爱心活动。

【强化内控管理体系】 坚持“案件零容忍”目标和“审慎经营、风险先行”发展理念，重点开展“合规大讨论”“监管政策下基层”“反洗钱宣传月”“学两个办法、促认真履职”等主题活动，切实提升全行员工的风险防范意识和水平；加强案防体系建设，认真开展业务、管理条线专项审计和网点、内控评价工作，重点开展操作风险排查以及风险数据核查工作，认真落实整改问题，审计工作在省分行年度审计工作考评中排名第一；加强安全生产保障，全年物防、技防等基础设施投入超过 300 万元，组织安保检查达 660 人次，安保工作在省分行安保工作考评得分中继续保持全省第一位，并被省公安厅、银监部门评为“浙江省银行业金融机构安全评估工作先进集体”。

【推进渠道建设】 积极落实银监会和集团公司下达的二类支行改革的相关要求，主动与市邮政局、各县（市）邮政局沟通，认真做好支行改革机构工作，完成了金华市商城支行、义乌市北苑支行、东阳市南马花园支行的三家支行开业工作；完成永康市芝英支行的二类支行改革；完成金华市开发区支行、金东支行等 9 家机构迁址工作；完成兰溪市支行营业部、金华市商城支行、解放西路支行、永康市芝英支行的装修改造工程。进一步加大自助设备投入，全年新增自助机具 34 台，新建离行式自助银行 3 家。邮储银行金华市分行办公大楼顺利迁址置信大厦新址，新大楼内增设了员工食堂、职工之家等场地。

【培育企业文化】 坚持以人为本的理念，完善职代会制度，维护企业和职工双方的合法权益，增强企业管理透明度和职工的向心力；积极开展劳动竞赛，推动业务发展；宣传推广“感动邮储”感人事迹，营造学先进、赶先进、超先进的良好氛围；举办“十八大”“中国梦”等专题精神宣贯和学习会，增强全辖党员干部的党性素养；积极推进“文明单位”创建工作，邮储金华市分行、永康市支行被评为市级文明单位，义乌市支行、磐安县支行成功创建县级文明单位；借力全省银行业民主评议行风“回头看”活动，全面提升服务能力，邮储银行义乌市支行营业部被评选为全国“千家”示范网点，邮储银行金华市分行营业部被评为“浙江省文明示范窗口”。

（胡　佳）

浙江泰隆商业银行金华分行

【概述】 2013年，浙江泰隆商业银行金华分行坚持“小企业成长伙伴”市场定位，优化金融服务，保持信贷合理适度增长，有效防范信贷风险。截至12月30日，分行存款余额36.52亿元，比上年增加10.29亿元，增幅39%；存款客户99758户，比上年增加42543户，增幅为74.36%。各项贷款余额(含表外贷款、信用卡、贴现)36.3599亿元，比上年增加13.7599亿元，增幅60%；贷款户数4867户，比上年增加1364户，增幅为38.94%。

【贷款投放】 支持小微客户发展。把100万元以下贷款作为信贷投放重点，对300万元以上信贷业务严格准入。截至12月30日，一般贷款中100万元(含)以下贷款6120笔，笔数占比95%，贷款余额16.9亿元，余额占比72.5%；100万元-500万元贷款笔数268笔，笔数占比4%，贷款余额5.2亿元，余额占比22.3%；500万元以上贷款9笔，笔数占比1%，余额占比5.2%。面对小微企业“无抵押物、贷款难”的特点，金华分行积极推行“保证为主，不依赖抵押”的担保方式。分行保证类贷款笔数占比91%(其中道义担保8.8%)，余额占比83.7%(其中道义贷款余额占比9.5%)；信用贷款笔数占比2.5%，余额占比1.9%；抵押贷款笔数占比6.5%，余额占比14.4%。加大对原生态客户支持力度。分行出台信贷政策要求辖内机构必须加大对原生态客户的支持力度，对原生态的客户主动上门服务，并进行台账登记。截至12月30日，分行原生态客户户数160余户，贷款余额7000万元。帮助重组困难企业渡难关。分行与重组企业主充分沟通，不押贷、不抽贷，给予其时间缓冲，共帮助6家企业进行重组，金额达1110万元。

【金融产品】 主要包括信融通、义融通、接力贷、延展贷等特色产品。截至12月30日，分行有余额义融通481笔，贷款余额15360万元，当年累计发放1246笔，发放金额51599.6万元；有余额信融通133笔，贷款金额4431.7万元，当年累计发放304笔，发放金额11396万元；延展贷发放68笔，余额6614万元；接力贷发放23笔，金额2648万元。顺应市委市政府发展“网络经济”的工作思路，推出创新产品“电商贷”，泰隆银行金华义乌支行专设“电商服务团队”，为67家义乌电商企业办理“电商贷”，授信金额总计4092.4万元。

【金融服务】 截至12月30日，共有387个社区，社区客户数44499户，比上年增长8402户，增幅23.28%。给社区小微、个体工商户、普通居民提供平等大贷款机会。积极为农民工提供金融服务。为改善农民工用卡环境，分行以批量作业的模式为农民工办理工资卡(借记卡)，共发放6597张借记卡，办理33台物理机具。农民工持分行借记卡到全国任一ATM机上取款免收手续费，同时对网银行内、跨行转账也免去了手续费。分行尝试对农民工开展贷款服务，让他们安心在金华生根。

(蒋晶晶)

省农信联社金华办事处

【概述】 2013年，省农信联社金华办事处以“稳增长、控风险、强基础、优机制”为主基调，转变发展方式，致力风险管控，加快经营转型，促进强基增效，振兴企业文化，为建设物质富裕、精神富有的现代化金华做出了新的贡献。截至2013年底，各项贷款余额758.64亿元，比上年增96.21亿元，其中涉农贷款余额660.91亿元，比上年增93.63亿元，增幅为16.5%，小微企业贷款余额641.02亿元，比上年增93.37亿元，增幅为17.05%，实现小微企业贷款增速高于全部贷款增速、涉农贷款增速高于全部贷款增速目标；各项存款余额1072.55亿元，比上年增加154.73亿元，增幅16.86%，存贷款余额连续四年位居金华同业首位。全市农信系统实现各项收入80.84亿元，同比增加8.47亿元，增幅为11.71%，上交各项税收及附加12.4亿元，同比增1.14亿元，增幅10.12%。

【服务实体】 一是规划创新有重点。因地制宜地出台《金华农信系统2013年业务创新计划》，规划产品、服务、机制等三方面创新目标，从实施步骤、完成时间、责任部门进行逐一落实。二是产品创新有亮点。助力个体工商户和小微企业“个转企”“小升规”，在全辖推广“税银通”信用贷款，为198家纳税信用良好的小微企业授信金额4.34亿元，发放贷款达3.68亿元。省政府《专报信息》对此经验进行专门介绍。试点推出“美丽田园”农业产业链贷款和“1+N”产业链贷款，探索与产业经济配套的“链条式”服务。三是服务创新有特点。各行社围绕区域产业经济发展，不断改善服务、推陈出新。建立小微专营机构12家，积极推广微贷系统和技术的运用，发放小微企业贷款3303户，余额27.19亿元，户均贷款82万元。成泰引入微贷技术，成立专业团队，发放信用贷款308户，金额1.23亿元。义乌针对网商需求，开发商实贷产品；兰溪创新农信股权反担保质押贷款，磐安开发了利率定价系统，着力解决小微企业担保难；永康、武义分别推出“园银通”贷款和工业项目履约保证金质押贷款，为“婺商回归”提供配套贷款；浦江支持经济薄弱的村集体经济发展创新推出“村村富”贷款，对郑宅镇地畈村、岩头镇三红村两个经济薄弱村各捐款5万元支持村级集体经济发展。东阳农信联社与政府共同出资成立的“同筑梦想共享阳光”担保基金合作机制，着力解决小微企业“担保难”“担保贵”问题，年内已有52家企业获得1亿元授信，其中48家企业9100万贷款已发放到位。

【普惠金融】 一是提升工程建设重视度。办事处精心制定实施方案，多次向市政府及相关部门专题汇报，取得了广泛的支持和帮助。金华市政府下文印发《推进农信普惠金融工程建设的实施意见》，辖内8家行社也分别由当地政府发文落实或召开了普惠金融推进会。二是提升创业融资普惠度。支持小上规企业230家，支持个转企648家。把支持农村住房建设作为推进金融服务城镇化的重要载体，累计投入信贷资金85.41亿元，支持346个村，3.34万户农户拆旧房建新房。央视《新闻联播》节目进行专题报道，金华农信服务支农扶企工作多次获得省、市政府领导的批示肯定；深入开展信用户、信用村、信用乡镇评定，企业信用等级评定面达100%，农户经济档案建档率比年初提升1.9个百分点。兰溪开发农户经济档案管理系统，收集农户建档资料，提高了建档利用率；开展普惠授信870个行政村，11万户农户得到了行社授信2.53亿元；个人(农户)贷款增加8568户，小微企业贷款增加930家。开展普惠授信试点的兰溪、武义、磐安三地，农户授信面分别达到72.85%、52%和47%；累计发放创业类贷款达8.15亿元，帮助2166户农村青年、大学生、失地农民、下岗工人圆了创业梦想。三是提升金融服务便捷度。8家行均已达成社保卡合作意向，其中东阳独家获得农村居民社保卡业务，成泰和东阳共发放社保卡63.89万张。成泰配套推出养老“安心贷”贷款。永康成功发行首张“银医通”IC卡。全市达成乡镇财政国库集中支付合作意向125个，占乡镇数的81.7%，其中兰溪独家获得国库集中支付资格。7家行社达成一卡通合作意向。县级公务卡已合作数量达158个，累计发卡5062张。全年新增ATM机297台，POS机具2219台，新设自助银行70家，布放助农终端32台，创建普惠金融示范村3个。在1903个村，设立助农取款点，占全市金融机构设立数的53.53%。大力推进3大电子银行平台在农村地区的应用，新增“网上支付示范区”11个，电子渠道交易笔数替代率42.03%，比上年提升9.47个百分点。四是提高阳光普惠透明度。在欠发达乡镇和贫困山区居民区开展帮扶活动，年内新发放低收入农户贷款0.69亿元，惠及1190户农户。浦江农信联社创新推出的“村村富”贷款产品，实施一村一策帮扶措施，帮助薄弱村增收。永康实施富村五年计划，与经济薄弱村开展村银共建。全系统主动让利达4.34亿元，慈善捐助324.7万元。成泰农合行每年结对经济困难村1个，兰溪农合行班子担任贫困村的“两富”指导员。永康实施“阳光雨露”工程，建立金融企业反哺基金，累计投入资金270万元，扶持17户企业转型升级。浦江联社推出“助困难家庭·圆大学梦想”助学基金，每年拿出6万元资金，无偿资助20名贫困大学新生入学，已累计捐助40名贫困大学生入学，金额达12万元。

【风险控制】 一是完善违规积分制完善积分与干部提拔、员工转编、机构内部风险评级、机构负责人考核、合规联络员考评的有机结合。8家行社全部出台新的违规积分管理办法，并上线违规积分管理系统，武义还推出违规积分“管理八法”，获得监管部门好评。二是建立《大额违规贷款责任追究管理办法》，建立覆盖调查、审查、审批、直至贷审委决策等各环节的一条线追责制，强化对行社班子的追责。三是加大行业风险监测力度。对10%以上信贷份额行业或信贷支持排名前两位的行业开展风险监测。永康建立风险客户信息库,在网点实施“小班化”法律合规培训。浦江与工商局联动,建立工商金融信息互动平台,双方定期发送企业登记变动情况、违约等动态信息。武义出台“限三禁五”风险管理法,降低或退出授信46户,金额2.3亿元。年内全系统下发了风险预警通知书228份,涉及241户、金额6.08亿元。四是主动推进不良清收。开展以“控风险、提质量、强基础”为主题的不良贷款专项清收活动,全年清收不良贷款3643户,金额4.32亿元。年末不良占比1.06%,比上年下降0.21个百分点。不良贷款绝对额和比例继续双降,并保持全省先进水平。五是推进内部审计转型。自主开发审计信息管理系统,搭建审计人才培养平台,出台《审计队伍建设三年规划》,优化审计队伍结构,审计人员平均年龄从41岁下降到37岁。注重规范审计体系,强化问题整改问责,加快计算机辅助审计系统建设。通过审计建议书等方式,对存量贷款的及时退出、新增贷款行业的准入把控、新业务产品导致的新风险等方面提出意见,引导优化信贷结构。全年实施审计项目346个、调查项目12个,有10个审计项目或论文获得省、市奖项。六是夯实会计工作基础。组建市级检辅队伍,开展全市三级检辅网活动。所有行社均达到规范化以上水平,新增一级会计达标单位5家,其中武义农合行整体达到省一级标准。组织开展了全市第八届业务技能比赛,营造了练技能、提素质的良好氛围。七是抓牢安全保卫工作。全辖推广应急预案桌面演练,推进安全评估达标工作,安全评估得分提高了1.14个百分点,获得市级先进单位3个,省级先进个人1名。市本级及8家行社全部建立灾备机房,网络灾备系统成功投入运行。永康建立了应用级双活容灾机房,东阳、义乌建成了数据级灾备机房,8家行社均单设科技部门,全年自行开发20多个系统。八是扎实廉政案防工作。深入开展案防“五个一”活动,编写案防材料50份;推进民主评议行风“回头看”活动,发放行评问卷调查表8385份,浦江制定《曝光台》,对存在问题进行曝光。积极开展教育引导,办事处举办廉政警示教育培训和征文活动,各行社开展警示教育活动8期。

【农信文化】 一是以十八大精神为指导,开展群众路线教育。办事处领导带头宣讲十八大精神,各行社班子分赴各网点进行宣讲,在全辖范围内掀起学习宣传贯彻十八大精神的热潮;组织开展了“学习十八大、我来讲党课”微型党课擂台赛和“学习贯彻十八大、做强做优浙江农信”知识大奖赛。开展党员志愿者活动,着力推行党组织五星级管理,开展“我为基层解难题”活动和“三亮三比三评”活动;办事处班子成员开展走亲连心活动,下基层实际天数累计达到120余天。召开组织生活会,认真查摆问题,提出整改措施。二是以文化建设为核心,打造良好品牌形象。选派优秀青年代表参加省联社第一、二届农信文化之旅,接受农信社史教育;积极配合省联社开展《那些年,我和浙江农信的故事》专著编写和青年论坛工作。积极开展金华农信“六最”文化活动。开展最美农信人评选,普惠金融广告设计大赛,普惠金融宣传摄影比赛和最忆农信文化之旅等活动。以全省超万亿、金华超千亿宣传活动,“普惠金融宣传推广活动”等为契机,开展了4大主题宣传202次,在中央电视台、中央人民广播电台等国家级媒体发表6篇,省部级媒体发表317篇,省级以上政务类信息15篇。三是以人本思想为主线,强化人才队伍建设。落实人才发展计划,指导开展员工职业生涯规划,落实“五个百人工程”,全年新增各类职业人才71名,完成全年计划的150%。引进国业、投行等专业人才48名。本科及以上学历占比上升9个百分点,队伍素质明显提升。加大培训服务力度,充分借助各类资源,通过走出去,请进来,现场看,座谈会等多种形式,全年开展各类培训294次,参加人数达1.1万人次。

(杜圆婧)

浙江金华成泰农村合作银行

【概述】 2013年,浙江金华成泰农村合作银行围绕打造精细化管理、实现又好又快发展的一个总目标,突出提升市场竞争力、提升风险防控力两项重点,紧抓业务经营、严密风险防控,努力加快转型升级步伐,各项业务保持稳健发展。截至2013年末,各项存款余额101.1亿元,比上年提升14.3亿元。各项贷款余额69.6亿元,比上年增加9亿元。五级不良贷款余额1.2亿元,不良占比1.74%,比年初下降

0.65个百分点。

【金融服务】 打造信用品牌,与台湾融辅公司合作,引进专业微贷技术、组建专业营销队伍,主打"黄金成"系列纯信用产品,共发放"黄金成"系列信用贷款232户、金额7470万元;探索税银合作,与金华市国税局签订了《税银征信互用合作框架》,联合推出丰收"税银通"贷款,先后走访推荐企业751户,其中授信46户,金额5861万元,用信31户,金额4794万元;扶持青年创业,继续办好成泰农村青年创业学院,深入推动"导师、团干、信贷员、农村青年"四位一体帮扶模式,支持农村青年创业就业。农村青年创业贷款获选浙江省银行业首届服务小微企业和服务三农双十佳产品,是金华市金融机构唯一的获奖产品;落实业务惠民,深入开展第二届小微企业金融服务宣传月活动,共举办专场宣传活动27场,参与人数1498人次,发放宣传册4359份;走访小微企业共650家,召开座谈会39次,解决问题54个。

【金融创新】 开展信贷产品创新,先后开办丰收创业卡、年审制贷款、养老"安心贷"、"'1+N'农业产业链"、排污权抵押、丰收"税银通"贷款等7个贷款品种,拓宽担保方式,满足不同客户的金融需求;开展国际业务创新,先后开办出口商票融资、短期出口信保融资、个人外汇现金业务和速汇金业务,全年累计完成国际结算量4170万美元,结售汇量4060万美元;开展中间业务创新,做好贵金属代理业务前期准备工作,经人行批复取得代理资格,代理发行4期"丰收信福"理财产品,销售金额1.2亿元;开展资金业务创新。加强与金融同业间的合作,在确保资金的流动性基础上,提高资金收益率,全年累计完成资金市场交易273.16亿元,实现金融机构往来收入11856万元。

【普惠金融】 分区制定了普惠金融三年行动计划。金东区政府、婺城区政府及开发区政府分别对普惠金融三年行动计划进行转发文,明确将普惠金融工程建设纳入新农村建设考核体系中;开展普惠授信试点。11月,在曹宅支行拉开阳光普惠授信试点工作,通过设立支农联络点,完善支农联络员机制,实施客户经理联村制度,推行"一块牌子、一本操作手册、二项制度",按照"先评级、后授信、再用信"原则抓好落实。至试点结束,在全镇63个行政村确定了71位支农联络员,授信216户、金额4886万元;建设"微型"银行。逐步提高辖内行政村"丰收卡(折)+电子机具+村级便民服务中心(农家店)+支农联络员+管村信贷员"五位一体覆盖面,已达38%;强化渠道建设。加大电子支付机具的布放力度,优化刷卡环境。全年新增布放ATM机22台,POS机164台,便农自助金融机具10台,助农POS使用率达73%。

【企业文化】 组织开展全省农信系统存款超万亿、全市农信系统存款超千亿、全行存款超百亿、普及金融知识万里行等专题宣传;积极参加省联社金华办事处"六最"文化活动,承办"金华农信系统最佳摄影采风大赛";组建金华成泰农合行支持青年创业课题组,对支持农村青年创业进行专题记录;充分发挥工会、共青团作用,开设道德讲堂、组织趣味运动会、举办成泰之声歌咏比赛、组建篮球等三个运动队、开办总行职工食堂等,凝聚员工合力。在国家、省、市级各类主流媒体和刊物发表各类报道442篇,并通过举办文艺晚会、播放广告片等多种形式,提升本行社会知名度。

(万　菁)

浙江稠州商业银行

【概述】 2013年,浙江稠州商业银行金华管理部以稳健发展为第一要务,致力于支持金华地区中小企业、个体商户的发展。截至2013年底,金华管理部全辖总资产94.74亿元,同比增长19.44%;总负债92.66亿元,同比增长28.07%;各项存款余额91.55亿元,同比增长19.96%;各项贷款余额65.38亿元,同比增长28.07%;全年实现净利润1.56亿元,同比增长16.42%;不良贷款余额11.58万元,比上年减少1478.41万元,不良占比0.001%,比上年下降38.9%个百分点,不良贷款率由年初的0.29%降为0.00%,而拨备覆盖率则由366.67%升至56994.82%,资产质量及防范风险能力显著提高。

【改善金融服务】 一是加大网点辐射,加强小微业务发展。积极响应监管政策,批量设置小微专营支行,2013年全辖新设传统型支行1家(金义支行)、小微专营支行3家(芝英、桐琴、云山支行),拟筹传统型支行 1 家(金东支行)、小微专营支行 1 家(南马支行),在辖内各县市全布点的基础上,通过设立乡镇支行,完善服务功能,开展错位竞争,逐步实现机构下沉、服务下沉。适应转型需要,加快小微业务发展,成立小微金融部,各支行于当年 8 月全部完成小微团队建立工作,开展集中培训、现场导入等前期工作,全面推广小微营销新模式,提升营销队伍的能力与素质。该举措取得良好成效,新增中小企业贷款 1223 户,新增贷款 45.8 亿元;专业市场个人经营性贷款户数 1369 户,新增 910 户,新增贷款 10.9 亿元。二是优化内部流程,助力小微企业发展。深化落实"六项机制"及"四单原则",对小企业贷款指标实行单列,按月下达投放计划和控制目标,新增指标的 80%用于小企业,对存量贷款实行"压大促小"政策;提高"小企业贷款占比"指标考核权重,要求小企业贷款增量和增速都不低于去年同期水平;进一步简化审批流程,实行差别授权管理,授信审批权限下放,权限内业务只需经客户经理、拓展部负责人及授信审查审批人员三级审批,对小微企业授信审批采取限时办结制,新增授信要求在 3 个工作日内放款出帐,续授信要求在1 个工作日内放款出帐;对批量开发的小微企业,推行"631"快速审批流程,即客户的 6 项必备材料以及银行 3 人审批、1 日放款;探索发展专业市场业务模式。按照"集群客户批量做"的思路,实行"严准入、快放款"的市场经营户授信流程,在全行开展"专业市场深化年"和"小微企业批量营销竞赛"等活动,大力拓展区域产业集群、专业市场、商业街区内符合市场定位的小微企业和个体工商户,并开发了"商易贷""保易贷""抵全贷""市场通"等产品。三是开展送金融知识系列活动。响应人行及银监开展的"提升信用品质 普及金融知识万里行""金融知识宣传月" 等活动,组织业务骨干深入专业市场、社区、协会等开展 80 场余场"稠行进万家"系列活动,普及银行金融知识,服务公众。

【创新业务和管理】 一是流动资金贷款还款方式创新。推行"无缝对接续贷款"业务。借款人在贷款到期前一个半月提出申请,银行进行调查、审查、审批,签订书面无缝对接贷款协议,流动资金贷款在不办理归还手续的情况下提供续贷手续。共办理该业务 10 笔,金额为 5570 万元。推出自助循环贷款业务。企业可采用信用、保证、抵(质)押多种担保方式获得授信额度, 与该行签订一次性授信合同,在授信存续期间和授信额度内,根据资金周转需要随时通过银行卡账户在柜面和网上银行自助或分次循环取得和偿还贷款,做到"一次授信,循环使用,随借随用, 随贷随还"。累计发放自助循环贷款 22 笔,金额 2920 万元。二是贷款业务产品创新。重点推广"铺底贷"小企业中期流动资金贷款、"转型升级贷"小企业固定资产贷款、"无缝对接续贷"三款还款方式创新产品,扩大受益企业范围,解决小微企业"短贷长用"问题;为公务员、事业单位、优质单位员工量身定制了"白领贷",担保方式采用信用,解决个人或家庭消费中的资金问题;推出了"抵全贷"业务、"1+N"产业链贷款业务、专利权质押业务以及林权抵押业务。办理"转型升级贷"业务一笔,金额 100 万元;办理"铺底贷"业务 4 笔,金额 1260 万元;办理"白领贷"22 笔,金额 2920 万元;"抵全贷"业务累计发放近 5 亿元,专利权质押业务发放 500 万元,林权抵押业务发放近 2000 万元。三是小微企业融资及担保业务创新。积极开展同业合作业务,与省进出口银行小微信贷业务合作, 合作余额超亿元,涉及金华、永康、武义、磐安等地数十家小微企业,支持地方小微业务的发展。主动寻求与担保公司的合作,与金华当地较为知名的天成担保公司进行小微贷款担保业务合作, 累计发放担保合作贷款超过1 亿元,支持当地小微客户的成长。

(徐敏雅)

中国人民财产保险股份有限公司金华市分公司

【概述】 2013 年,全年支付赔款 7.1 亿元,市场份额为 36.44%, 居全市财产险市场行业第一位,充分发挥了保险的社会保障职能,为地方经济的发展做出了应有的贡献。先后获得金融系统学习型组织先进单位、省级文明单位和省级消费者信得过单位、金华市级商贸流通优秀企业、诚信经营企业等荣誉,并被人保财险总公司评为 2012 年度地市级经营业绩五十强、全国理赔百强先进单位,荣获人保

2013年金华市保险公司概况

表4

公司名称	保费收入(万元)	同比增长(%)	赔款支出(万元)	赔付率(%)	保额(亿元)	公司地址
中国人民保险股份有限公司金华市分公司	191994.26	20.64	105514.07	54.96	8906.32	金华市中山路293号
中国太平洋财产保险股份有限公司金华中心支公司	50824.58	34.17	28543.81	56.16	3161.24	金华市丹溪路1223号金宇大厦三楼
中国平安财产保险股份有限金华分公司	62687.47	17.33	32925.30	52.52	1535.52	金华市八一北街118号汇金国际商务中心11楼
天安财产保险股份有限公司金华中心支公司	15306.09	−0.14	9355.22	61.12	436.31	金华市丹溪路315号
中华联合财产保险股份有限公司金华中心支公司	20297.96	14.44	12302.00	60.10	761.55	金华市八一南街1777号汽车南站3楼
中国人寿保险股份有限公司金华分公司	302361.88	10.42	89325.82	–	6430.47	金华市丹溪路633号
中国太平洋人寿保险股份有限公司金华中心支公司	78517.54	30.48	3712.48	–	–	金华市义乌街921号
中国平安人寿保险股份有限公司金华中心支公司	138928.40	17.30	16403.56	–	544.96	金华市江南婺州街55号龙源大厦7楼

财险浙江省分公司经营管理综合一等奖、金牌服务标兵先进单位等荣誉。

【推进农险】 公司作为政策性农业保险共保体首席承保人,2013年共承保政策性农业保险60870户,756.96万单位标的(亩、头、羽),承担风险21.42亿元,相继开办能繁母猪、生猪、水稻、林木火灾、鸡、鸭、鹅、蔬菜大棚、淡水养殖、油菜等9个品种,共处理政策性农业保险赔案7637件,已赔付2596万。作为政策性农村住房保险独家承保人,公司共承保农房100万户,承担风险226亿元,参保面为99.13%,共为全市1859户受灾农户支付赔款734.52万元。

【参与“平安金华”建设】 相继推出校方责任险、医疗责任险、出口产品责任险、董事责任险、公共娱乐场所责任险、公众火灾责任险、自然灾害公众责任险一系列涉及公众场合风险保障的保险产品。为有效解决医患纠纷,构建和谐社会,公司以占60%的份额作为首席承保人,联合当地6家保险公司成立了政策性医疗责任保险共保体,自2010年起已连续四年为当地医疗机构提供医疗责任险(含附加医疗意外责任保险)保障。公司抽调人员,与相关部门组建医疗纠纷人民调解委员会和医疗责任保险理赔中心,引入第三方开展医疗纠纷调解理赔,及时支付医疗责任险赔款,稳定患者家属的情绪,充分发挥保险的保障功能,有效缓解医疗纠纷这一顽症,得到了副省长郑继伟的批示肯定。公司进一步密切与金华市道路交通运输协会的联系,签订农村班线承责险和危货承责险业务合作协议,为农村班级运营和危险货物运输系上保险“安全带”。加强与燃气协会的合作,在全市率先开办燃气经营单位安全生产责任险,为燃气经营单位提供6000万元的风险责任。积极开拓新的保险业务,2013年6月底成功签下融资性国内短期贸易信用险首张保单,为浙江野风药业有限公司提供了最高1.8亿的保障;签发三张高新技术企业小额贷款保证保险,为三家高新企业在中国银行的900万元贷款提供了风险保障;相继签发小额贷、科技贷、出口信、董事责任险、环污险等第一单,为助力平安金华建设贡献力量。

【提升服务水平】 根据总公司“以客户为中心转型年”的要求,建立健全客户投诉处理机制,成立保险消费事务工作委员会,落实领导接待日活动;

出台考核办法，加大客户信息真实性考核检查力度，通过聘请神秘人开展检查，并在浦江开展标准化服务现场辅导，提升服务水准；继续推进客户俱乐部建设，为客户提供代办年检等增值服务；出台理赔提速竞赛办法，应用移动查勘定损系统等新技术手段，进一步缩短理赔周期，同时推出理赔专员服务联络卡，为客户免费提供保险事故处理解答咨询服务，有效提升客户满意度，“95518”回访客户满意度达 98.74%，居全省第三位，理赔综合考评进入全国百强，居全省系统第二位；开通电话车险，拨打 4001234567 投保专用电话的家用车客户，免费送单上门服务，开通电子商务平台（www.e-picc.com.cn），让客户通过互联网购买保险产品。出台反保险欺诈工作方案，建立健全反保险欺诈工作机制，严厉打击保险欺诈行为，并积极开展追偿工作，有效降低公司经营风险。

（章周松）

中国平安人寿保险股份有限公司金华中心支公司

【概述】 2013 年，全年总保费收入 138928.4 万元，同比增长 17.4%，其中个人营销业务保费收入 131742.07 万元，同比增长 17.02%，银行代理业务保费收入 7160.94 万元，同比增长 22.72%。公司支付各项赔款、满期给付金和年金给付 16404.29 万元。公司缴纳地税 2014.82 万元，连续四年被金华市政府授予“市区缴纳税费超千万元大户”。公司被评为金华市第九届消费者信得过单位。年末公司保险代理人队伍达到 3000 余人，首次成功晋级平安人寿系统全国超大型三级机构。公司积极参与社会公益事业，与金华市雅畈镇汪家村结对开展文明共建，重阳节为该村老年人送去一批葵花籽油进行慰问；向磐安县仁川镇平安希望小学捐赠了一批价值 4 万元的电子白板、音响等教学仪器，以改善学校教学条件。

公司新单业务承保 4.52 万件，提供各类人身险保障额度 142.56 亿元；公司续期业务承保 25.91 万件，提供各类人身险保障额度 402.4 亿元。发挥保险理赔功能，公司理赔总件数 6485 件，理赔总额为 3840 万元，其中：医疗险赔付 5957 件、重疾与残疾赔付 352 件、死亡责任赔付 176 件，与 2012 年同期相比，赔款支出增长 19.6%。发挥保险保障养老理财功能，公司生存金给付件数 29684 件，给付金额 9065.99 万元。保险人性化功能得到体现，公司为 249 位死亡、残疾、重疾客户豁免了保费，合计豁免保费 22.03 万元。

（楼兴望）

中国太平洋人寿保险股份有限公司金华中心支公司

【概述】 全年保费收入 7.85，同比增长 30.40%；公司营销新保期缴保费 1.19 亿元，新保期缴占比达到 97%。公司营销人均新保保费收入 136500 元，同比增长 14.2%；银保保费收入 2.66 亿元，同比增长23.3%；团险保费收入 7614 万元，同比增长 2.5%。

支公司提前达成客户数据治理目标，进一步扩大精确营销实施范围，并试点中高端客户业务模式，为实现客户洞见经营模式奠定基础。初步建立客户资源共享常态化机制，建设客户经营开发系统，推进存量客户开发，打破产品壁垒，建立产品共享管理机制。构建个人营销、顾问营销、服务营销三大销售团队，实现人力健康发展和产能有效提升；团险渠道，安贷宝业务稳步增长，把握政府合作机遇，主动参与大病保险试点；银保渠道，边际利润率提升明显，新业务价值贡献企稳，转型发展初见成效；新渠道，巩固并扩大“寿代产”业务领域，推动“产代寿”业务试点。推广总公司“神行太保”项目，技术运用领先行业。率先在业内实现电子签名，快速推进“高级定制”保险、家财险和精确营销的植入，应用智能移动终端产品销售行业领先；关注客户需求，改善客户界面，全面实施承保理赔透明化举措，通过新技术手段公开公司内部呈报理赔作业全流程，提供一站式、各项花、迅捷有效地承保理赔服务，持续改善客户体验。严控销售误导，防范退保风险，建立销售误导综合治理责任体系和投诉吃力机制。完成全辖 7 家支公司销售误导自查自纠和现场检查工作，销售误导综合治理工作初见成效；加强合规预警，推动内控优化，梳理重要经营管理流程中的高风险环节，推动缺陷整改。

（郭振斌）

天安财产保险股份有限公司金华中心支公司

【概述】全年保费收入 15301 万元，实现利润 550 万元，在整体经济疲软，内外成本居高不下的大背景下，仍然实现公司的稳健经营。在取得省文明单位、浙江省工商 AAA 守合同重信用单位等重量级荣誉的基础上，2013 年天安财险金华中心支公司被金华市委宣传部等 9 家政府部门联合评为“优秀诚信企业”“消费者信得过单位”等荣誉。

（张锦红）

商贸业

【概述】2013 年，全市商贸流通工作采取“保供给惠民生”的方针，积极扩大内需，商贸流通工作有了新的发展。全年实现社会消费品零售额 1406.98 亿元，增长 14.8%，增幅居全省第二位。农村消费市场增速略高于城市，其中城镇消费品零售额为 1166.87 亿元，增长 14.4%；乡村消费品零售额为 240.1 亿元，增长 16.9%。分行业看，批发零售业零售额 1277.16 亿元，增长 15%；住宿餐饮业零售额 129.82 亿元，增长 13.2%。

【国家试点】精心组织实施商贸流通领域 4 项国家级试点。农产品绿色流通网络体系健步迈开。累计总投资 2.3 亿元，新建、改造农产品流通场所 9.63 万平方米。建设一批骨干市场，凸显农产品流通设施的公益性；通过设立农户直销区、构建“连锁超市+农民专业合作社(基地)+农户”直销链、打造“专业配送中心—统一采购—统一配送—同城同价”惠民小菜店网络、设立专柜等举措探索新的运营模式，实现了惠民生、平菜价的功能；同时带动全市农贸市场改造提升，全市已有 120 多家农贸市场完成了提升改造，其中 65 家农贸市场被评为省文明示范农贸市场。市民家政服务体系日趋完善。通过试点，市区培育了 1 家网络服务中心、3 家龙头企业、15 家中小型企业，试点企业营业额达到2796 万元，比上年增长 40.9%。同时，以市政府 8890 公共服务平台为载体，积极整合现有家政服务资源，完善服务功能对接。再生资源回收利用体系初步形成。以“便于购销，保护环境”为原则，以打造“精品城市”为目的，采用连锁经营的现代流通运营方式，改造和建设“七统一、一规范”(即统一规划、统一标识、统一着装、统一价格、统一计量、统一车辆、统一管理和经营规范)的回收站(点)。通过资金、项目、土地等政策方面的支持，完成网点建设 100 余个，分拣中心 3 个，规划 200 亩的市场建设用地已着手征用。“居民（企业）产废—回收站点—分拣中心—集散市场—再生资源利用”的回收流程初步建成。中小商贸流通企业服务中心建设亮点纷呈。从服务载体、服务理念、服务模式、服务质量和服务水平五个方面积极开拓创新。通过整合各类社会服务资源，为中小企业提供了创业指导、融资担保、市场开拓、科技应用、管理提升和政策法规咨询六大方面服务。截至年底，已建成的 32 个服务联系点和 102 家服务机构组织开展各类服务活动二百余场次，服务中小商贸流通企业 1 万家以上，实现融资百亿元以上，服务满意率达 90%以上。

【消费市场】在限额以上批发零售业零售额中，服装鞋帽针纺织品类、日用品类、金银珠宝类、化妆品类零售额分别为 41.7、11.87、10.71、3.73亿元，分别增长 29.1%、134.9%、40.3%、28.6%。中西药品类、通讯器材类零售额分别为 33.67、1.74 亿元，分别增长38.4%、10.7%。汽车、家电等传统热点商品销售增速比上年有所回温，限上企业汽车零售额256.35 亿元，同比增长 10.5%，较上年回升 4.7 个百分点；限上企业家电及音像器材类零售额为 19.36亿元，增长 10.5%，比上年回升 12.5 个百分点。

【电子商务】5 月，金华市提出明确将电子商务产业作为转型发展的“一号产业”来抓，在诸多扎实举措的推动下，成效明显。产业规模不断扩大。全年共实现网络零售额 668.66 亿元，同比增长 123.3%，占全省网络零售额的 17.5%，增幅居全省第二，网络零售额居全省第二。城市知名度不断上升。先后被命名为“中国电子商务创业示范城市”“国家电子商务示范基地”,全省7个“省级电子商务示范县(市、区)”中,占2个(婺城区、义乌市)。跨境电子商务强势起步。全市每年跨境电子商务零售额至少在150亿元以上。

【农村网络】 继续推进“万村千乡市场工程”。全年增加农超对接农户2600户,全市新建村级便民连锁店395家,其中市区新增村级连锁店107家,截至2013年底,全市4809个行政村累计建立4734家连锁便利店,村级连锁便利店覆盖率达96.19%。

【商品市场】 全市共有各类市场451个,市场总成交额2380亿元,比上年增长10.5%,其中年成交额超亿元的市场75个,总成交额2283亿元,比上年增长14.5%;商品交易市场435个,年成交额2121亿元,增长了11.4%;生产要素市场9个,年成交额7.7亿元。

(智玮伟)

粮食流通

【概述】 2013年,在罕见的高温干旱气候条件下,全市粮食工作以“赶超发展、浙中崛起”为统领,围绕粮食安全这一总目标,按照“守住管好天下粮仓,做好‘广积粮、积好粮、好积粮’”的总部署和总要求,积极搭建新平台、完善新机制、探索新举措,主动适应粮食流通新形势,全市粮食工作继续保持平稳向好发展态势。

【储备粮源】 全市早晚稻订单计划56750吨,实际收购60059吨,完成订单计划的105.83%。对当年的订单粮食收购工作市政府分管领导专门作出批示:“今年早稻收购入库工作,工作准备早、政策兑现好、主动服务到位,既圆满完成任务,也受到粮农的肯定,应予表扬。”订单粮食预购定金发放额也创历史新高,全市达806万元,市区贴息发放扶持粮食生产贷款2251万元。

【粮油储备】 县市储备粮食增加,全市共落实市县级储备粮24.09万吨,超过省政府下达计划(20.65万吨)任务3.44万吨。在储备粮轮换工作中首次试行网络竞拍和现场拍卖同步进行的方式,取得超预期的成效。积极推动科学保粮,坚持做好“一符四无”粮仓鉴定,积极开展争创“星级粮库”活动,同时富氮气调储粮等新技术在更大范围获得推广。

【粮源保障能力】 实施产销合作建设,积极引导市场多元主体推进产销合作。截至2013年底,全市已在江西省的进贤、东乡、贵溪、万年、弋阳、金溪等地建立稳定的粮食订单基地25.5万亩;在黑龙江省的五常、吉林省的通化、延吉、永吉、榆树,江西省的乐平、宜春建立粮食生产基地9.98万亩;在内蒙古奈曼旗等地建立稳定的粮食收购加工基地5个,年收购加工能力16.56万余吨。各类粮源基地面积达到44.58万亩,超过省局下达任务40万亩的11.45%。

【粮食仓储设施】 加大中心粮库更新改造力度,切实改善仓储硬件设施。东阳市中心粮库第二期工程23000吨仓容结顶;磐安中心库一期工程4500吨竣工,二期工程完成主体工程量的70%;浦江中心库二期工程4400吨仓容和综合大楼完工;义乌投入190万元对仓库屋面隔热、仓库气密性及危仓进行改造;市级粮食收储公司直属粮库、第二粮库都对仓储设施进行了翻新和改造。浙中粮油交易中心建设项目进展顺利;市军粮供应站、金东中心粮库迁建工程均已动工。

(智玮伟)

供销合作

【创新经营管理体制】 市供销社把改革发展的着重点和切入点放在调整和完善金华金鑫企业集团公司的经营机制和管理模式上。推行“两块牌子、一套班子”运行模式。市供销社机关公务员与集团公司员工混岗编成,主任、副主任分别兼任集团公司董事长、副董事长和总经理、副总经理,纪委书记兼任集团公司监事会主席,兼职不兼薪。调整市社机关内设机构设置和职能。市社机关除业务处职能变动不大以外,办公室与集团公司办公室合二为一;原财务处一分为二,更改为财务融资部和投资管理部;原经济发展处更改为经济开发部。将财务、资产和投资管理分解细化,提高办事效率。市社(集团公司)与三个内设部,以及全资和持大股企业全部签订经营目标责任制或投资收益责任制，并明确奖罚措施，调动积极因素。一年的实践，理清社有资产的家底数，收回参股企业拖欠数年的收益款，完善了方方面面的经营管理制度。经济开发部，经营理念合拍时代潮流，经营业态突破传统构架，经营业务拓展新的空间，其展示公司设在上海西郊国际农产品展示销售中心的金华馆和设在北京的浙江农产品中心金华馆，业务在原基础上有新进展。其援疆农产品销售有限公司，帮助展示、推荐、代售新疆名优特农产品开端良好。其新成立的金华农产品电子商务产业园，计划招商30家，已完成25家，是全省首个农字号电商园区；畅隆茶叶公司，传统经营商品不走经营老路，推行金华品牌商标“婺州方茶”，成立茶业技能培训中心，联姻浙中茶叶批发市场经营户共同创建畅隆茶叶淘宝网店，拓展地产名茶销售渠道。投资管理部圆满处理金华大厦上一轮租赁合同纷争，通过招投标的形式，签订新一轮承包经营合同。市社对金华各县（市、区）供销社的指导，注重形式和机制的创新，制定《金华市供销社经营服务综合体三年发展规划》，60家的目标任务，年内完成32家，进度在全省名列前茅，山东省供销社组织全省地市级供销社主任前来考察。市农产品经纪人协会，年度开展涉农培训60余次，培训农民4492人次。兰溪市农产品经纪人协会获全国农产品经纪人协会优秀奖。

【推进项目建设】 全市供销社年度项目建设21个，投入资金2.18亿元。其中金华农产品批发市场迁建工程，是金华市重点建设工程之一，并申报省411重大服务业项目。至年底，项目土地利用总规调已完成，土地指标申报工作已启动，区域内8家企业的处理工作受委托中介机构已开始评估，市社已取得3.1亿元的银行贷款授信，首期土地征用款3000万元已支付。市社和武义县社共同投资兴建的武义农产品交易检测中心已于11月27日破土动工，该项目被列入省服务业重大投资项目。金东区供销社投资1500万元的农产品展示展销中心大楼动工于4月份，12月结顶。东阳市供销社资金积累厚实，固定资产产权清晰，基层社建制完整，年度相继上马了市社供销大厦、供销学校，以及横店供销大厦和千祥供销社综合楼等项目建设，总投资达1.8亿元，项目多成效好。磐安县社在安文镇新兴街蔬菜市场大楼项目和特产城综合楼项目，主体工程已竣工并通过验收，招商工作正在有序推进。浦江县供销社借力发展，与省农资集团公司签订投资协议，农副产品批发中心建设项目前期工作已扎实有效地铺开。其他县（市、区）供销社项目建设有大有小，门类各异，但都按计划有序地推进之中。

【履行工作职能】 供销农超公司在原基础上，管理抓提升，服务求完善，经营拓空间。业主市社和婺城区社秉承情系百姓，积极推进“食品安全，平价销售，优质服务，诚信经营”社会承诺，受到政府的好评，得到市民的称赞。该超市公司先后与全市30多家专业合作社和种养殖大户，以订单农业合作方式直销蔬菜水果、家禽水产品；新开“校园店”4家，首推大学生创业“闪超便民店”20家。至年底供销农超公司共建大中型超市6家，总经营面积达6万余平方米。于4月通过了由商务部、省商务厅、财政厅联合组织的“国家级农产品现代流通综合试点项目建设”工程考察验收。农资供应主渠道地位巩固，储备品种齐全，市场保障供应。特别是全市系统农资经营单位开展的“保障供应、支援春耕”服务月活动和“送政策、送农资、送科技、送信息、送服务”五送活动，以及严禁高毒高残留农药进货，加强市场巡查，在源头上控制与保障农产品生产安全措施，受到政府和农民的好评。市农产品批发市场强化管理手段，完善服务设施，全国各地名、优、特农产品的集、散功能发挥更上新台阶。全年交易量达126万吨；交易额达60.5亿元，同比增长7.7%，在浙江省同类市场中位居第二。再生资源回收利用，业务回归，重组体系，参与美丽金华建设。抓住金华成为国家财政部、商务部再生资源回收体系建设试点城市这一契机，全市系统发挥优势，积极参与。市供销社在市组建的再生资源公司废旧物资市场建设中，以49%的股份参与合作。东阳市社废旧物资公司，新办10家社区回收网点（总数已达47家），并在横店、歌山两地建立了两个废钢分炼中心。其浙中再生塑料集散加工中心招商入园已全部完成，全年销售达1.3亿元，纳税1300万元。

【壮大系统经济】全市系统做到社会效益与经济效益两手抓、两手硬,积极地推行新的经营业态,大胆地探索资本运作样式,切实地强化资产管理手段,取得了明显成效。全市系统商品购进总额57.7亿元,同比增长30.2%,其中从生产者购进的农副产品12.16亿元,同比增长85.4%。增幅超过60%的有4个县(市、区)供销社(武义同比增长137.2%,婺城同比增长67.9%,义乌同比增长60.1%,金东同比增长63.6%)。总经营收入稳步增加。全市系统总经营收入为154.9亿元,同比增长22.1%。其中商品销售总额为91.47亿元,同比增长31.3%,增幅居全省第二;商品市场交易额62.2亿元,同比增长10.9%。资产经营收入9800万元,同比增长29.9%。全市系统实现利润总额5566万元,比上年增长51.58%,增幅居全省第一。其中市本级利润总额2389万元,比上年增长44.4%;县及县以上企业盈利2346万元,同比增长85.6%;基层社盈利831万元,同比增长10.7%。全市盈利幅度最大的是永康市社,全年盈利达511万元,同比增长57.7%。至年底全市系统资产总额35.45亿元,同比增加4.91亿元,增长16%。

(陈启新)

烟草盐业

烟草专卖

【概述】2013年底,全地区共有从业人员1149人,辖区内共有零售户31629户。全年销售卷烟25.56万箱,实现批发销售额83.87亿元,同比增长5.48%;实现税利19.7亿元,同比增长4.7%。国有资产保值增值率达140.46%。全市已建成现代终端2844户,比重达9%,终端建设工作在全省名列前茅。全市系统资助城市共建、社区共建、文明结对、扶贫帮困、双拥共建、慈善捐赠共228万元,连续八年被命名为“金华市慈善荣誉单位”。

【专卖执法】全市共查获涉烟案件1371起,查获卷烟18.72万条,破获国标案12起,省标案1起。其中,永康“9·29”案是全国首起非法烟标部督案,义乌“8·16”案为涉烟物流部督案。市烟草局首次荣获“浙江省卷烟打假特殊贡献单位”称号。共查获真烟案件1272起,并保持重大真烟外流案件零的记录。在全省率先制定许可证延续管理规定,东阳市局、磐安县局被评为“浙江省依法行政示范单位”。

【基础管理】建立完善业务接待、基建工程、人事管理、财务管理、劳动纪律管理等基础性制度23个。严格成本管控,全市系统三项费用率同比下降0.23%;会议费、业务招待费分别下降29.07%、28.5%,单箱物流费用位列全省前茅。坚决贯彻中央“八项规定”,开展车辆配备专项清理及节假日用车突击检查。落实“两项工作”,全市公开招标率83.39%,同比提高23个百分点。顺利通过“国二级”安全生产标准化达标验收。构建合同法律风险防控机制,获全省创新项目一等奖。

(胡美丹)

盐　务

【概述】2013年,金华市盐务工作按照“稳中求进、改中求活、转中求强”的总基调,以调整结构、保障供应、优化资产和开拓市场为工作重点,强化专营管理,加强企业党建工作和文化建设,努力推动金华盐业持续健康发展。全市盐业公司实现主营业务收入16990万元,同比增加2203万元,增长14.9%;实现利润1300万元,同比增加364万元,增长38.9%;上缴税金1188.78万元。其中市本级公司实现主营收入5123万元,同比增加1199万元,增长30.6%;实现利润253万元,同比增加114万元,增长82%;上缴税金214.63万元。年末全市盐业资产总额16894.84万元。

【食盐专营管理】一是确保有效供应、提高碘盐“三率”水平。严格执行盐产品的购销计划和价格政策,认真做好食盐调运和储备工作,保持合理库存,始终保证食盐市场供应安全平稳有序。加强铁路专线的安全管理,落实各项有效措施,消除安全隐患,确保正常运营。进一步普及科学补碘知识,强化碘盐普及供应工作。加强非碘盐供应管理,金华市亮牌非碘盐供应点109家,为特殊人群购盐提供了方便。二是履行盐业市场监管责任，加强食盐安全管理。重视日常的市场巡查。将食品市场列为盐政工作重点检查的对象，着重对食品加工、餐饮用盐和集贸市场、超市、副食品店销售情况进行检查，切实规范食盐市场秩序，确保合格碘盐供应，确保人民群众用盐安全，确保重大节日期间食盐市场安全、平稳、有序。2013 年度，全市共出动盐政人员 3665 人次，检查生产经营单位 18326 个，发现有违规苗头及时制止教育，查处盐业违法案件 2 件，涉案盐产品 84 吨。开展专项检查。根据省局《关于开展全省蔬菜加工用盐专项检查的通知》的要求，积极开展了蔬菜加工用盐专项检查，除重点对腌制加工用盐情况进行检查外，还对蔬菜加工用盐企业食堂用盐及农户口盐情况进行检测。三是开展安全生产大排查大整治活动，重点对公司业务装卸车和铁路专用线行车环节开展排查，确保安全生产。

【食盐结构调整】 进一步深化口食盐经营品种的结构调整，着力扩大高附加值的多品种盐销售。公司加强客户经理培训，组织客户经理走访市场，了解市场动态，制定有效的新产品推广方案，持续加大品种更新力度。协调处理结构调整过程中出现的区域窜货低价竞销等矛盾和问题，最大程度降低新产品梯度推进时局部市场波动，有效保证食盐市场的平稳有序供应。四月，全市各盐业公司先后启动退出 400 克精制盐的销售，至六月份基本完成，实行了平稳过渡，没有引起市场波动。九至十月份期间，全市又逐步退出了 2500 克自然晶盐(餐饮用盐)和营养日晒盐系列的全部品种，以 350 克精制岩盐取代餐饮用盐，以(绿色)日晒自然盐系列取代营养日晒盐系列，实现了多品种盐的更新换代和品种提升。全市口食盐市场供应已实现多品种盐全覆盖，以 350 克精制岩盐和绿色日晒自然盐系列为主打品种，350 克低钠盐、300 克健康平衡盐、青海湖盐、竹盐等为辅助，销售的食盐品种有 20 多个。全市销售多品种盐 17770 吨，约占口食盐销售总量的70%，同比去年增加两倍以上，口食盐结构调整工作取得了阶段性成果。

【非盐业务经营】 根据省集团公司提出的“盐业主导，多元发展”战略，全市各盐业公司在做优主业的前提下，结合自身实际，积极拓展非盐产品市场。全市非盐经营商品重点开拓领域主要有：酒类产品(郎酒、红酒等)、洗化产品(奇强等)、盐化产品(元明粉、纯碱等)、其他产品(顺酣、白砂糖、味精原粉等)，全年销售额达到 4124 万元。白砂糖业务是全市全年非盐经营的主要增长点，采取三项措施保障工作的开展。抓优质品牌的白砂糖采购，市公司主要领导带队赴广西产糖区考察，通过市场调研来确定供应商，签订采购协议。抓储存管理，针对白糖易受潮、结块、发霉、储存要求高的特点，投入资金对现有的仓库进行改造，并购置除湿机等设备，为白糖储存提供有利条件。抓销售开发，重点抓住制药、冷饮、调味品、制奶等行业用糖大户，用心做好存储、配送等服务工作，在金华区域市场已培育直接用户 30 多家，并已尝试拓展周边区域市场的白糖销售。全年累计销售白糖 3782 余吨，比上年同期增长 141%，四季度部分公司试销味精 1497 吨。

（金伟欣）

旅游业

【概述】 2013 年，全市共接待游客 4914.06 万人次，同比增长 17.48%，实现旅游收入 490.31 亿元，同比增长 22.7%。截至 2013 年底，金华市星级饭店共 70 家(含义乌)，其中：五星级 1 家、四星级 21 家、三星级23 家、二星级 24 家、一星级 1 家。全市共拥有旅行社 153 家，其中：市区 59 家、兰溪 8 家、东阳 15 家、义乌 17 家、永康 18 家、浦江 8 家、武义 18 家、磐安 10 家。出境游组团社 6 家，浙江省五星级品质旅行社 1 家，四星级品质旅行社 18 家，三星级品质旅行社 15 家。全市共有 25 个 A 级景区，比上年增加 2 个。其中：AAAAA 旅游景区 1 个(横店影视城)，AAAA 旅游景区 12 个(双龙、仙华山、诸葛村、义乌国际商贸城、东阳木雕城、磐安百杖潭、磐安十八涡、横店红色旅游城、明清民居博览城、华夏文化园、东阳花园村、武义清水湾)，AAA 旅游景区 7 个(兰溪六洞山、武义郭洞、寿仙谷、俞源、磐安花溪、水下孔、金华动物园)，AA 旅游景区 5 个(兰溪黄大仙赤松园、婺城九峰山、万象花卉、金华伊利乳业有限公司、武义石鹅湖)。

【旅游惠民】 “五一”节假期,市区旅游系统全体党团员志愿者在“杭金衢”和“金丽温”高速公路金华出口设立多个旅游服务台,为游客提供旅游咨询、受理投诉等服务。“5·19”中国旅游日,当天全市所有旅游景区面向金华市民实行门票优惠打折,参加活动的27个旅游景区现场提供4000余张景区优惠门票,同时,淘宝金华旅游馆期间也推出“2元秒杀金华热门旅游景区”抢购活动,惠民让利总价值达30余万元。5月20日,开展“关爱新金华人子女免费游金华”活动,组织100名新金华人(外来民工)子女免费游金华,引导社会各界给予民工子女更多关心和帮助。以“走基层,促融合,访民生,办实事”活动为载体,深入开展旅游扶贫、富民工作,受到上级肯定和基层广泛好评,被评为全省“低收入群众增收行动计划”先进集体,《中国旅游报》、《浙江日报》、人民网等多家媒体头版专栏开篇报道肯定这项工作。

【入境旅游】 2013年,接待入境旅游者79.7万人次,同比增长2.57%,实现旅游外汇收入4.54亿美元,同比增长6.98%,入境游客平均消费增加显著,比上年有大幅度提升。全市旅游的外国人客源市场以亚洲为主,入境前5名的客源国为韩国、俄罗斯、美国、马来西亚和日本。

【国内旅游】 2013年,全市共接待国内旅游者4834.36万人次,同比增长17.76%,实现国内旅游收入462.19亿元,同比增长23.99%,旅游收入增长速度明显高于接待人次增长速度,国内游客平均消费增加明显。本市客源地仍主要集中在本省及华东地区,但由于交通通讯设施的不断改进,自驾游等自助出游方式的不断普及,以及客源地旅行社与本市各大景区之间的长期紧密合作,本地旅行社接待长三角地区的游客有所下降,但并不意味着客源市场的萎缩。

【假日旅游】 2013年,“春节黄金周”,全市共接待游客123.27万人次,同比增长26.03%,实现旅游总收入11.38亿元,同比增长28.39%。“十一黄金周”,全市共接待游客312.9万人次,实现旅游收入20.24亿元,按同比口径计算分别比上年同期增长17.9%和22.3%。

【旅游主体管理】 全年新设立旅行社12家,取消5家。依据浙江省《旅行社品质等级划分》,全年评定省四星级品质旅行社1家,三星级品质旅行社5家。全年取消饭店星级2家;新评定1家绿色饭店。与市人力社保局、市总工会、团市委联合举办全市饭店技能大赛,被列入全市二类大赛。通过各县(市、区)层层选拔,140多名选手参加前厅、客房、餐饮等各组别的技术比武,评选出7名行业“技术标兵”和14名“技术能手”。组建首批城市导游队伍,其中一级城市导游32名,二级城市导游40名。邀请专家对全市30多名执法人员、300多名从业人员开展培训。

【旅游市场检查】 联合公安、工商、物价、运管等相关部门开展旅游市场的监督、检查工作。共检查旅行社75家、旅游饭店60家、旅游景区23家、旅游营运公司8家、购物商场3家、旅游演艺场所2家,旅游团队导游100多人次,办理了1起行政处罚案件,处罚2万元。及时受理并妥善处理游客投诉咨询案件,全年共受理旅游投诉案件40起,结案40起,理赔12600元,反馈满意率达到100%,有力地维护了旅游消费者的合法权益。全年未发生申诉和复议案件,未发生重大旅游服务质量投诉及质保金赔偿案件。

【旅游安全管理】 与各县(市、区)旅游局、市直旅游企业全面签订了旅游安全责任书,落实旅游行政主管部门的监管责任和企业安全生产主体责任。全方位开展饭店安全检查,旅游安全大排查、大整治活动。认真开展平安旅游创建活动,组织旅游从业人员应急救护培训,相继开展了消防安全百日会战、漂流安全联合检查、旅游设施设备安全检查、扫黄打非清源行动、台风“菲特”防御等一系列安全防范工作,确保不发生较大以上安全责任事故。

【旅游项目建设】 全市范围共有34个在建旅游项目,总投资达262.05亿元,全年累计投资约36亿元,涉及度假区开发、基础设施建设、新景区开发、老景区提升、旅游酒店等方向。浙中崛起千亿投资系列工程的东阳市“上海滩、横店通用机场、万花园”项目、双龙风景区智者寺复建、仙源湖度假区喜曼安地度假酒店、武义温泉度假区百泉谷温泉大酒店、磐安云山度假区养生不夜城等一批项目进展顺利。金东区积道山20公里休闲绿道项目、九峰水上乐园,以及九峰温泉开发项目一期体验馆等均已完工并投入使用。

【旅游宣传促销】 整合网媒资源创新宣传方式,品牌推广有所突破。一是全国首家地市级旅游淘宝馆(美丽金华旅游馆)开馆。与阿里巴巴集团签订战略合作协议,半年来入驻商家3500多家,策划推出40多个主题推广活动,在线销售总额超2.5亿元,梁黎明副省长对这一工作给予表扬肯定。二是首部金华旅游微电影《囧梦金华》上传人民网、腾讯网、优酷网等网站推广,上传3个月以来点击量达到300多万,刷新浙江旅游微电影点击记录。三是首次采用漫画彩绘方式,通过人民网以"金华十景"为主题展示金华旅游资源。四是巧借时尚元素,以彩绘动漫形式在杭金衢高速沿线投放23座高炮宣传广告。五是联合腾讯微博,开展"新金华十大景区"评选活动,网络投票达42.8万次,浏览量超800万。通过创新和丰富品牌营销手段,全市旅游工作被《人民日报》、《光明日报》、《中国旅游报》、《浙江日报》、人民网、腾讯网等多家国家级、省级主流媒体宣传报道达到30多次,金华旅游品牌知名度、影响力明显上升。

【区域合作】 以"2013中国海洋旅游年"为契机,组织浙江省2013中国海洋旅游年暨金华—舟山两地"诗画浙江·海山增辉"旅游山海协作活动启动仪式,将金华"山水旅游"与舟山"海洋旅游"进行组合宣传推广。举办"全国千名旅行社总经理走进金华暨'感受宜居城市、畅游美丽金华'"系列活动,引发社会各界高度关注。与景德镇、上饶市建立旅游战略合作关系,加强金丽温衢旅游联合体区域协作,建立资源共享、宣传推广、客源互送、信息交流的营销协作平台。

(陈　静)

房地产业

【概述】 2013年,在深入贯彻国务院和省政府关于做好房地产市场调控的文件精神,继续严格执行既有的调控政策的同时,认真贯彻"新国五条"政策及其实施细则,切实加强房地产市场宏观调控。并根据房地产市场出现的新情况、新问题,采取相应对策,适时进行补充完善,及时进行微调,确保全市房地产市场健康有序发展。2013年,针对市区房地产市场交易明显回升,住房公积金贷款矛盾突出的问题,及时做出调整。自2月4日起,金华市区住房公积金最高贷款限额标准下调10万元,即从原来的最高可贷30万元降至20万元,最大限度地满足刚性需求释放。四季度,针对市区房地产市场过热,房价上涨过快的局面,及时采取限价措施,对价格上涨过快的楼盘,要求其调低价格,否则不予上市。通过这一措施,及时地促进了房价的理性回归,确保房价控制目标的实现。2013年,全市完成房地产税收59.8亿元,同比增长37.47%,税收比重达29.6%。其中市区19.44亿元,同比增长47.75%,税收比重达37.2%。

【住房保障】 认真贯彻落实国务院和省政府相关精神,统一领导,高度重视,深入贯彻落实"十二五"住房保障规划,稳步推进保障性安居工程建设。全面落实阳光住房保障,强化分配公平,积极探索后续管理机制,扎实开展城镇住房保障各项工作。全市2013年共新开工保障性安居工程建设7203套,完成年度目标任务的118.1%;其中新开工公共租赁住房4364套,完成年度目标任务的110.0%;新增廉租住房租赁补贴469户,完成年度目标任务的153.8%;基本建成各类保障性安居工程建设6105套,完成年度目标任务的165.0%,竣工各类保障性安居工程建设4777套,完成年度目标任务的129.1%。

【房地产开发】 房地产开发稳定增长,全市共完成房地产开发投资384.97亿元,比上年增长35.0%,其中市区115.23亿元,比上年增长64.7%;商品房施工面积2197.55万平方米,比上年同期增长4.6%,其中市区670.77万平方米,比上年增长9.9%;商品房销售面积392.68万平方米,比上年同期增长21.8%,其中市区169.06万平方米,比上年增长51.8%。

市区房价保持基本稳定。从房屋成交均价看:全年商品房成交均价9487元/平方米,同比上升9.95%,其中:商品住房成交均价8987元/平方米,同比上升了6.69%;办公用房成交均价11093元/平方米,同比上升了6.9%;商业用房成交均价14554元/

平方米,同比上升了33.68%。二手房成交均价4637元/平方米,同比上升7.76%,其中二手住房成交均价5788元/平方米,同比上升13.38%。

从住房价格指数看:根据国家统计局公布的1-12月份房价指数显示,呈现环比逐月温和回升态势。无论是商品住房还是二手住房,价格指数环比月月上涨。新建商品住房5、7、8月份环比涨幅达到1%及以上,二手住房5月份环比涨幅达到1%。第三季度新建商品房房价涨幅达到高峰,四季度由于采取了临时性房价控制措施,价格逐步趋于稳定。12月市区新建商品住房价格指数环比为100.2,同比为107.0,定基比为104.1;二手房价格指数环比为100.3,同比为105.1,定基比为98.8。基本达到年度控制目标。

2013年底,全市共有房地产开发企业495家,其中:一级资质7家、二级资质46家、三级资质138家、四级资质135家、暂定资质169家。市区共有房地产开发企业182家,其中:一级资质2家、二级资质18家、三级资质42家、四级资质44家、暂定资质76家。

【物业管理】 2013年底,全市共有物业管理企业182家,其中:一级资质1家、二级资质企业5家、三级资质企业146家、暂定资质30家;市区共有物业管理企业81家,其中:一级资质3家、二级资质5家、三级资质70家、暂定资质13家。

2013年底,全市物业服务企业承接物业管理项目438个,管理面积2509.58万平方米,其中:住宅项目312个,管理面积2114.26万平方米。住宅管理项目中,建筑面积5万平方米以上的住宅小区只有132个,管理面积1385.33万平方米。全市物业服务收费平均价格1.27元/平方米·月,其中:住宅物业服务收费平均价格1.10元/平方米·月。全市物业服务企业营业收入25308.26万元,营业成本25546.39万元,营业税金及附加1362.82万元,营业亏损1600.95万元。全市物业服务企业经营情况仍不理想,收费难仍然是当前及今后的主要矛盾。

2013年底,市区物业服务企业承接物业管理项目148个,管理面积1435.63万平方米,其中:住宅项目127个,管理面积1144.16万平方米。住宅管理项目中,建筑面积5万平方米以上的住宅小区只有54个,管理面积738.55万平方米。物业服务收费平均价格0.85元/平方米·月,其中:住宅物业服务收费平均价格0.96元/平方米·月。市区物业服务企业营业收入15278.93万元,营业成本15344.03万元,营业税金及附加837.89万元,营业亏损9.2.99万元。市区物业服务企业收费标准低于全市平均水平,经营情况也差于全市平均水平。

(余方元)

专业市场

【概述】 2013年,全市共有各类市场451家,其中商品交易市场435个(包括消费品市场385个,生产资料市场49个,服务市场1个);生产要素市场9个,网上交易市场7家。全市共有市场摊位数162634个,市场经营户137227户。金华市的商品交易市场个数占全省4316个的10.07%,市场个数列全省第五位;全市商品交易市场成交2121.22亿,占全省成交额17837亿的11.89%,列杭州、宁波、绍兴之后,排名第四位。

截至2013年底,全市有省重点市场3家,分别为义乌中国小商品城、永康科技五金城、义乌家具市场;省重点培育市场1家,为浙中建筑装饰材料市场;区域性重点市场9家,分别为义乌农贸城、金华农产品批发市场、金华市浙中家俬居室用品市场、金华商城、义乌汽车城、金华比奇虚拟数字产品交易市场、永康废旧金属材料市场、浙江浙八味特产市场、浙江东阳缝配城。全市有超亿元市场75个,2013年又有11家新市场步入亿元大关。75家亿元市场中,其中:消费品市场48个、生产资料市场22个、要素市场1个、网上市场4个。超五亿元市场44个,超十亿元市场27个,超百亿元市场4个。超百亿元的市场分别是浙江省义乌中国小商品城,浙江永康中国科技五金城和浙江永康中国五金商城、浙江东阳中国木雕城。超亿元市场总成交额2283.22亿元,占全市市场总成交额的2380亿95.93%。

全市的市场成交额为2380亿元,比上年增长10.49%,增幅比上年回落5个百分点;其中商品交易市场年成交额 2121.22 亿元，比上年同期增长 11.36%，增长幅度基本与去年持平；网上交易市场 7 家，全年网上市场成交 252.18 亿元，比上年同期增长 2.89%，2013 年全市的网上市场成交额增幅明显回落。生产要素市场 9 个，成交额 7.7 亿元；消费品市场成交额 1349.7 亿元，同比增长 11.06%；生产资料市场成交额 771.32 亿元，同比增长 11.9%。

（张小军）

开放型经济

对外贸易

【概述】 2013 年，金华实现外贸进出口 342.7 亿美元，同比增长 50.8%，增幅高于全国、全省 43.2 和 43.3 个百分点。其中出口 325.3 亿美元，同比增长 52.7%，增幅高于全国 44.8、全省 41.4 个百分点；进口 17.4 亿美元，同比增长 22.2%，进出口、出口和进口三项指标增幅均居全省首位，规模均创历史新高。进出口规模从年初全省的第五位上升至第三位(超越嘉兴、绍兴，位居宁波、杭州之后)。

【市场采购】 全市以“市场采购”方式出口 141.02 亿美元，占全市全年总出口额 43.3%，对全省出口增长的贡献率达 36.4%，拉动全省出口增幅提高 3.9 个百分点(全省增长 10.8%)，比上年同期提高 1.5 个百分点。其中义乌市场采购出口 133.55 亿美元，占全年出口总额的 41.05%。

【出口有效主体增加】 全年新增备案企业 1810 家，全市有出口实绩企业 5799 家，比上年净增 777 家，新增出口实绩的企业出口总额达 125.8 亿美元。其中出口超 1 亿美元企业 16 家，比上年净增 8 家。民营企业继续领军全市出口，全年民营企业出口 304.5 亿美元，同比增长 60.1%，高出全市外贸总体增速 7.4 个百分点，占全市外贸出口的 93.6%，比上年同期提高了 4.4 个百分点。

【出口特点】 机电轻工出口保持稳定，纺织服装略有下降。剔除市场采购，2013 年全市机电产品以及轻工产品出口保持稳定，其中机电产品出口80.2 亿美元，同比增长 10.9%，占出口总值的比重为43.5%；轻工产品出口 27.6 亿美元，同比增长 21.8%，占出口总值的比重为 15.0%。纺织服装出口 50.6 亿美元，同比下降 0.6%，出口占比上年同期下降 4.3 个百分点。

新兴市场出口比重提升，市场结构日趋多元化。全市与 219 个国家和地区建立贸易关系，其中出口超 1 亿美元的国家和地区 67 个，比上年增加16 个。市场结构进一步多元化，对新兴市场国家出口增速较快，对中东、非洲、东盟、“金砖四国”出口额分别为 73.9 亿美元、52.8 亿美元、24.0 亿美元和 36.6 亿美元，同比分别增长 100.8%、103.7%、69.3%和 51.9%，以上 4 个市场合计拉动出口增长 40.5 个百分点，占全市出口比重已达 57.6%，比上年同期提高 10.2 个百分点。

【进口特点】 进口增速保持稳定，台湾为最大进口市场。全市共有进口实绩的企业 1055 家，同比增加 63 家。从贸易方式看，进口仍以一般贸易为主，占全市进口的 71.8%。从进口产品看以资源性产品为主，全年进口主要为未锻造的铜及铜材、初级形状的塑料、纺织纱线、织物及制品、铝废金属，占进口总量的 73.6%；从进口市场看，中国台湾、美国、赞比亚、越南和日本是全市进口贸易的五大市场，占进口总量 50.6%。

【外经合作】 2013 年，全市审批核准境外投资企业(机构)44 家，其中新批境外投资项目(机构)37 个(含增资项目)；境外投资中方投资 18557.35 万美元，完成市政府年度工作指标的 150%。完成对外承包工程劳务合作营业额 30618 万美元，同比增长 18.8%；派出各类劳务人员 2247 人次，年底在外各类劳务人员 2806 人。

【境外营销网络】 全市新批核准 35 个项目中有29 个是境外营销网络项目，占比达 82.8%，涉及家纺、服装、轮毂、摩托车配件、工艺品等行业企业。全市企业累计在外投资、经营的各类营销网络(贸易公司、办事处等)达 300 个，涉及 62 个国家和地区，遍布美国、日本、德国、俄罗斯、阿联酋和中国香港等主要市场。

境外企业增资项目比重较大。华谊兄弟国际有限公司增资 2091.6 万美元，累计总投资额 9071.6 万美元；印记传媒在香港的 DMG 公司增资 2000 万美元拓展业务;青年乘用车集团增资8753万美元并购荷兰世爵联合股份公司,累计中方投资达9740万美元,预计年生产(销售)规模16442万美元。三个增资项目累计中方投资额1.28亿美元,约占全市境外投资总额的70%。

【对外承包工程】 东三建、中天集团、金厦建设等对外承包工程优势企业在阿尔及利亚承建住宅项目稳步推进,其中东三建完成工程营业额1.69亿美元,占全市对外承包工程总额的55.3%。金轮机电、中高动力等涉及电站设备安装工程企业,2013年新签工程合同8893万美元,完成营业额7585万美元,占全市总额的24.8%,表明金华市机电装备出口企业正由单纯的供货商向集设计、安装、调试、运营为一体的机电成套的供应商转变,以直接带动全市材料、设备出口和劳务输出。

【服务外包】 2013年,金华服务外包离岸合同签约额18772.04万美元,同比增长10.32%;离岸合同执行额15767.08万美元,创历史新高,同比增长20.3%。

业务类型以信息技术外包为主。信息技术外包(ITO)合同接包执行金额为8361.78万美元,占总执行金额的53.03%,业务涉及信息系统操作服务、信息系统应用服务和软件技术服务等;业务流程外包(BPO)合同接包执行金额为4943.2万美元,占总执行金额的31.25%,业务涉及企业业务流程设计服务和企业供应链管理数据库服务等;知识流程外包(KPO)合同接包执行金额为2462.12万美元,占总执行金额的15.62%,主要涉及工业设计。

业务来源地以美国、中国香港为主。来自美国的服务外包合同执行额达4522.92万美元,占全市离岸执行额的28.69%;来自中国香港的合同执行额2365.3万美元,占全市的15%;来自中国台湾的服务外包合同执行额达820.96万美元,占全市离岸执行额的5.21%。第四至八位分别为:加拿大、澳大利亚、法国、阿拉伯联合酋长国、印度。

开展离岸业务企业仅为三成。全市在商务部服务外包业务管理和统计系统中注册企业189家,其中有离岸执行额的64家,离岸执行额在500万美元以上的服务外包企业10家,离岸执行额共10000.5万美元,占全市离岸执行额的63.43%。离岸执行额在100~500万美元的有21家,50~100万美元的有25家,50万美元以下的有8家。

(智玮伟)

外来投资

【概述】 2013年,金华新批外商投资企业59家,合同利用外来投资3.8亿美元,同比增长8.77%,实际利用外来投资2.49亿美元(其中外商投资合伙企业外商认缴出资额1881万美元)。

作为利用外来投资手段之一,外债在弥补金华市外商投资企业资金缺口、优化产业结构、激发创造活力方面起到积极作用。在金华市的不断探索和引导下,经浙江省商务厅核准,2013年金华市首次将外方股东贷款额纳入全市的实际利用外来投资统计,全年共实现外方股东贷款额2444万美元,占全市实到外来投资的10.62%,对推动金华市外商投资多元化起到积极作用。

全年新批工业制造业项目24个,实际利用外来投资12732万美元,占全市实到外来投资的55.29%,主导地位仍未动摇。一批通讯设备、电子信息技术、电气机械等高端设备制造业项目相继设立,合计总投资21276万美元,合同利用外来投资8463万美元,占新批工业项目合同外来投资的67.63%,提升全市利用外来投资的质量。

全市新设立或增资(单次)的项目中,总投资超过3000万美元的项目8个,其中总投资超过5000万美元的项目1个,合计总投资33297万美元,合同利用外来投资14759万美元,占全市新增合同外来投资的38.84%。大项目分布相对集中,其中:金华经济技术开发区2个、义乌市2个、东阳市3个、婺城区1个。

随着服务业领域开放日益扩大,第三产业利用外资保持较快增长。全年第三产业新批外商投资项目35个,合同利用外来投资13589万美元,同比增长1.48倍;实际利用外来投资10094万美元,占全市实际利用外来投资的43.84%,比上年同期提高26.22个百分点。坦桑尼亚实到外来投资1629万美元,占全市的7.08%;英国实到外来投资1170万美元,占全市的5.08%。日本、奥地利、土耳其等地也均有外来投资到位。

【港台资】 香港仍是金华市利用外来投资的主要来源地，全年实到外来投资16762万美元，同比增长42.51%，占全市外来投资的72.80%。台湾也有在金华投资。

（智玮伟）

经济合作

【概述】 经济合作从三个层面展开，加强国内合作交流，推动区域协调发展；深化“山海协作工程”，促进欠发达地区加快发展；落实“双对口”工作，促进帮扶地区项目建设，均取得新的成效。

【区域合作交流】 一是组织参加“西洽会”、“哈洽会”、“渝洽会”、成都“西博会”。四次展会共组织市区、义乌、永康、东阳、武义、磐安等县（市、区）的18家企业44个展位参加产品的展示展销活动，涉及日用品、五金机电、家具、纺织品、食品等近百种金华名优产品。金华市参展企业共接待各类客商8000余人，达成产品购销合作意向和贸易合同共20个，达成合同金额1000多万元。二是积极参与“长三角”城市经济合作交流。完成长三角各成员市提交的会展、金融、物流、交通、旅游、农业、园区共建、互联网前沿技术等合作课题的初稿，同时对长三角协调会有关扩容方案及2013年度专课题的遴选方案进行意见反馈。4月13日，长江三角洲城市经济协调会第十三次市长联席会议在合肥召开，副市长傅利常出席会议，并在会上作了“创新机制、聚合联动、实现共赢”的书面发言。此次市长联席会议，22个城市签署了《长江三角洲地区城市合作（合肥）协议》《长三角城市环境保护（合肥）宣言》《长三角城市实施创新驱动推进产学研合作（合肥）宣言》。参加长三角协调会办公室第32次工作会议，探讨交流明年工作思路。三是继续加强与闽浙赣皖九方经济区成员市间的经济协作。10月9日至12月5日金华市分别参加了九方经济区三届九次党政联席会议预备会及九方经济区三届九次党政联席会议。

【山海协作工程】 通过加强区域产业合作、大力发展山海协作来料加工和积极参与山海协作工程新农村建设等方式，实现优势互补、互惠互利、共同发展，促进欠发达地区加快发展。一是开展区域产业合作。积极引导东阳、义乌、永康企业向相对欠发达的武义等县（区）扩张和转移，已有11家市内企业落户武义，到位资金4.59亿元人民币。磐安县充分利用“山海协作工程”示范园区的优势，从东阳、永康、义乌等地引进山海协作企业11家，到位资金2.93亿元人民币。二是开展结对帮扶新农村建设。把山海协作工程与社会主义新农村建设相结合，落实帮扶新农村建设资金1160万元。义乌、东阳、永康三市（县）政府今年落实专项扶持资金200万，并与婺城、武义、磐安县（区）签订了2013年度帮扶协议。三是通过义博会拓展欠发达地区产品。金华展团共48个展位由武义县、磐安县、婺城区、金东区、兰溪市共31家企业及来料加工经纪人组成。参展产品涉及日用五金、工艺礼品、饰品、文体用品、健身器材、电子电器、针织辅料等。金华展团共接待各类客商16000余人，发放宣传资料、名片8500多份，达成意向订单220余项，总价值5600多万元，当场签订成交订单40多单，成交额400多万元。四是开展人力资源培训和劳动力转移。落实全年培训经费60万元，完成各类培训10多期次，培训转移就业劳务3676人。磐安县依托职业中学山海协作实训基地，加大对农民工的技能培训；义乌市在国际商贸城开办来料加工经纪人培训班，为全省欠发达地区来料加工经纪人进行业务培训。11月举办全市“山海协作工程”来料加工经纪人培训班，约150名来料加工经纪人代表参加培训。

（智玮伟）

招商引资

【概述】 2013年，以支持浙（婺）商回归创业创新工作为主线，积极开展招商引资工作。全市共上报浙商回归项目309个，到位资金157.14亿元，完成省对市115亿元考核任务的136.64%，完成市对县138亿元考核任务的113.87%，同比增长32.87%。全市浙商回归重大项目共获得省国土厅700亩土地指标奖励，其中市区100亩、兰溪市100亩、东阳市100亩、永康市100亩，永康市浙商回归创业创新园300亩。全市通过各类重大招商活动共签约91个项目,协议签约资金 681.58 亿,其中 5 亿元以上项目 27 个,占全部签约项目总数的 29.67%,签约重大产业项目 65 个,平均投资规模 8.02 亿元,签约项目的总体质量与引进规模得到明显提升。

【招商活动】 开展“三月集中招商月”活动。该活动由 23 位市领导带头、各部门参与、市县区联动,组织 16 个招商组 150 多人次外出对接共 20 多批次,分赴全国 10 多个省市区、20 多个城市开展招商招才活动,宣传金华的投资环境,推介金华重点投资区域和重点招商项目,共考察 100 多家企业、开发区和科研院校,新洽谈各类项目 82 个,有效推动 40 多个已签约项目的开工建设。招商办(局)开展五项重大招商活动。一是举办第二届浙(婺)商创业创新大会。邀请到来自国内外有投资意向的 140 多位嘉宾和浙(婺)商代表参会,共签约浙(婺)商回归项目 29 个,总投资 209 亿元。会上招商办(局)为 6 个在外婺商党工委举行了授牌仪式。二是赴海外开展招商对接活动。5 月初由市委组织部长温暖带队赴欧洲,在法国巴黎联合法华工商联合会,在荷兰联合全欧华人华侨联合会、荷兰温州华人华侨联合会召开两场金华投资环境推介会。5 月底至 6 月初由市长徐加爱带队赴东南亚地区,重点是赴新加坡举办了金华投资环境推介会。三是举办浙洽会金华投资环境推介会及项目签约仪式。金华市共签约项目 16 个,总投资 8.48 亿美元。四是举办第三届中国(金华·永康) 国际商贸发展大会重大投资项目暨经济合作协议签约仪式。金华市签署 33 个重大投资项目协议,总投资达 133 亿元,和赛伯乐、中聘 2 个重大项目投资达成合作意向框架协议。五是赴上海广东北京宁波等地多次开展专题对接招商活动。重点就网络经济产业等项目进行对接。

【项目推进】 一是继续实行“每月通报、每季督查、年终考核”制度,坚持每月在《金华日报》等媒体上公布各县(市、区)的到位资金数量,并按照引进资金数和完成进度情况分别进行排名。二是结合金华市委、市政府督查室对各县(市、区)的浙商回归工作、浙中崛起千亿投资系列工程和浙商回归金华千亿投资系列工程“双千亿”工程等多次进行督查。6 个2013 年省级浙商回归重大项目已经落地开工建设;上年引进的 162 个项目,破解 47 个难题,有 50 个项目取得重大进展,落地率从 41%提高到83.46%。

【浙商回归】 2013 年, 在永康市龙山镇打造全省首个浙商回归创业创新园, 首批从 138 个报名项目中通过七步遴选法脱颖而出的 10 个浙商回归优质项目已顺利落地,全部动工建设。此外兰溪市的浙商创业实验园、永康市商会总部、义乌市的浙商回归总部中心等正在积极筹建当中,工作目标是争取每个县(市、区)至少建设 1 个以上浙商回归创业创新园区或基地, 为浙商抱团回归搭建良好平台。为促进浙商回归,推出四项工作举措。一是根据省办和市委、市政府的要求,招商办(局)联合浙师大编制了 2013-2015 的支持浙(婺)商创业创新三年工作规划,开展加强浙商回归园区建设、支持浙商创业创新激发民间投资活力等多个课题的研究;二是开展“四级点评”活动。布置市对县和县对乡两级点评工作,并对各县(市、区)工作分别进行点评;三是加强统计培训, 保证项目报送质量。5 月、9 月招商办(局)根据省考核实施细则和新的统计制度,分别召开了全市浙商回归统计工作培训会和组织各县(市、区)统计人员参加全省的项目报送系统调整和统计培训会议;四是召开领导小组会议,加强组织领导。5 月、11 月,分别由市长徐加爱、副市长张伟亚主持召开第一次、第二次支持浙商创业创新工作领导小组会议,组织各成员单位学习 2013 年省里新的考核办法, 落实各成员单位的个性化考核任务,要求各成员单位形成合力推进工作。

(包亚川)

对口支援

【“双对口”工作】 按照国务院扶贫办《关于完善浙江、四川东西扶贫协作工作的通知》(国开办发〔2010〕50 号) 要求,2013 年开始浙江与四川东西扶贫协作中的政府援助、社会帮扶、人才交流等工作扩大到四川省甘孜州、阿坝州和凉山州木里藏族自治县,金华市对口帮扶甘孜州。8 月,副市长张伟亚带队赴四川甘孜州考察对口帮扶工作。9 月中旬,市政府副秘书长章旭升带队赴甘孜藏族自治州和重庆涪陵,就对口帮扶和对口支援工作,分别与甘孜州政府和涪陵区政府召开座谈会落实有关工作。经济合作办(局)于10月14日至12月3日分别落实了对甘孜州党政代表团、甘孜州经贸合作考察团来金考察的接待,为进一步做好对口帮扶工作奠定坚实基础。已落实全年“双对口”资金1646万元,300万元用于甘孜州泸定县冷碛镇梅子坪村、和平村的800亩优质核桃基地建设,146万元用于涪陵区韩家村村级服务中心、断桥社区公共服务中心等5个项目的建设。

(包亚川)

私营企业

【概述】 截至2013年12月31日,金华全市共有私营企业86916家,与上年同期相比增长26.44%,注册资本2499.40亿元,与上年同期相比增长21.45%;全市个体工商户年期末数为337413户,与上年同期相比负增长3.89%,注销数66092户,与上年同期相比增长58.25%。

私营企业整体增长较快,反映了民间投资的活力回升。从行业看,金华批发和零售业、农林牧渔业、制造业、住宿和餐饮业、金融业、文化、体育和娱乐业、卫生、社会保障和社会福利业、建筑业、房地产业等行业都在两位数以上速度增长,除采矿业、电力、燃气及水的生产和供应业以外的全部国民生产行业都得以增长。制造业、批发零售业依然是金华民营企业中的大头,两者占比依次为41.02%和35.80%,农林牧渔业(同比增长46.78%)、建筑业(同比增长22.07%)增长较快。全市大力开展个体工商户转型升级为企业工作,开展“五水共治”工作,查处取缔无照经营力度加大,一些行业性无照得以规范和整改,浦江水晶行业整治,共查处取缔无照水晶加工经营户一万多家。民间投资激情得以进一步释放。义乌县域商事登记改革作用立竿见影,市场采购经营得到政府承认并加以健康引导等举措极大的激发民间投资的激情,其他各地审批事项放宽、小微企业免税等政策利好也较好的激发民间投资的热情,为整体个私经济趋稳回升提供了政策动力。

(李西立)

科　技

【概述】 市委六届五次全会通过《关于全面实施创新驱动发展战略加快建设创新型城市的决定》,提出到2017年实现科技主要指标“十倍增、两提高”目标任务。市政府出台《关于进一步加快中科院金华科技园建设的若干意见》,设立总额1亿元的专项资金。市科技局制定《金华市应用技术研究与开发资金管理办法》《金华市科技特派员专项资金管理办法》《金华市专利资金管理办法》《金华市专利实施奖评选办法》。2013年,全市财政科技投入12.39亿元、增长18.06%;其中市本级财政科技支出1.93亿元、增长22.0%,占财政经常性支出的5.1%。金华市连续第七次成为全国科技进步考核先进市,年底跻身省级创新型试点城市行列。

全社会研究与试验发展经费(R&D经费)支出额50.6亿元、占GDP比重1.71%;研发人员数18900人年;发明专利授权量480件;规模以上工业企业新产品产值1142.75亿元;高新技术产业产值1107.74亿元;技术市场实现交易额4.4亿元;省级科技型中小企业数511家;市级以上高新技术企业数616家、其中国家级高新技术企业数241家;市级以上企业研发中心数474家;县级以上创新型企业数423家;科技进步贡献率提高到55%(任务55%),全社会劳动生产率提高到8.24万元/人(任务要求8.24万元/人)。

全市争取上级科技项目477项(其中国家级89项),资金12977万元(其中国家级3075万元)。新立市级科研项目、农业科技成果转化项目293项。获省科学技术奖19项,评选市科学技术奖60项、科技合作奖3项,浙江霸王衡器有限公司应炬当选“科技新浙商”。成功创建金华国家级农业科技园区,兰溪市女埠街道穆坞村、焦石村列入第三批省新农村建设科技示范(试点)。

市政府与省教育厅签约共建“浙江高校产学研联盟金华中心”。市区引进的大院名校金华技术转移中心达到10家。组织企业赴长沙、上海、天津等地举办新材料、机电一体化、特种车辆等专场科技对接活动,邀请浙江大学与金华企业对接共建企业研究院事宜,赴西安、东北、杭州、宁波开展科技对接,并参加浙洽会、北京科博会、西安高交会、成都西博会和深圳高交会等展会。市本级共举办科技对接洽谈活动11次,收集60余家院校的科技成果,组织112家企业与94家高校院所的专家对接;全市共达成科技合作协议94项、总金额6910万元。参加省网上技术市场活动周,组织企业签订合作项目12项,协议金额2523万元;竞拍科技成果19项,总成交价3639万元;展示企业创新成果90多项。金华市和宁波市、丽水市获省“网上技术市场工作先进市”荣誉称号,永康市、东阳市成为先进县(市、区)。

【重大科技专项】 全市共列入上级科技项目477项,其中国家、省级重点科技项目131项,含国家创新基金项目15项、火炬计划28项、星火计划31项、“863”项目3项、重点新产品9项、农业科技成果转化项目2项、科技富民强县项目1项,省级重大科技专项42项。42家企事业单位参与省农业新品种选育重大专项,金华市中心医院等12家单位参与省“双十双百微创技术成果转化工程”全部8个项目。

获2013年度省科学技术奖成果一览

表5

获奖等次	成果名称	获奖单位
一等奖	栽植机械机构创新优化设计平台的建设及应用	浙江理工大学 东北农业大学 延吉插秧机制造有限公司 南通富来威农业装备有限公司 浙江丰德伟业铜材有限公司 莱恩农业装备有限公司
二等奖	DM4550高性能永磁铁氧体材料	横店集团东磁股份有限公司
	灵芝新品种选育和生态高效栽培及精深加工关键技术与产业化	浙江寿仙谷生物科技有限公司 金华寿仙谷药业有限公司 丽水市林业科学研究院 武义寿仙谷中药饮片有限公司 浙江寿仙谷珍稀植物药研究院 浙江省林业科学研究院
	ACE抑制剂系列手性中间体的绿色合成技术	浙江师范大学 浙江昌明药业有限公司
	ETO机电系统设计制造数字化集成平台	杭州电子科技大学 浙江濠泰机械有限公司 浙江三锋工具制造有限公司 浙江万邦汽车动力系统有限公司
	薄壳山核桃良种选育与规模化扩繁技术研究	中国林科院亚热带林业研究所 建德市林业技术推广中心 浙江省杭州市余杭区长乐林场 浙江省金华市婺城区东方红林场 淳安县林业科技站
三等奖	金丽衢地区桃品种优选及产业提升关键技术研究与示范	金华市农业科学研究院 金华职业技术学院 丽水市农业科学研究院 金华市经济特产技术推广站
	袜品小浴比染色新技术的研发及应用	浙江宝娜斯袜业有限公司 浙江理工大学 浙江省纺织测试中心
	绿色网络视频娱乐平台关键技术研发与应用示范	金华就约我吧网络科技有限公司 杭州电子科技大学 天格科技(杭州)有限公司 上海视速信息技术有限公司
	左乙拉西坦及其中间体的绿色合成技术开发	浙江华义医药有限公司 浙江省环境工程技术评估中心
	废弃物和低品位燃料能源化技术研究与开发	浙江华川实业集团有限公司 浙江大学
	新型多功能针织纺织品的纺丝织造染整关键技术研究和产业化	义乌华鼎锦纶股份有限公司 浙江理工大学 浪莎针织有限公司 义乌市姗娥针织有限公司 浙江棒杰数码针织品股份有限公司
	高蓬松易染色阻燃聚酯BCF纤维生产的关键技术研发	浙江义乌金汇化纤有限公司 浙江理工大学 德国纽马格公司

续表 5-1

获奖等次	成果名称	获奖单位
三等奖	电动汽车动力总成系统产业化开发	浙江尤奈特电机有限公司 浙江万向企业集团电动汽车有限公司
	农作物安全生产数字化管理关键技术研究与应用	浙江省农业科学院 浙江省农业厅农作物管理局 金华市农业科学研究院 浙江工业大学
	金华火腿高值化深加工关键技术研究与产业化开发	浙江省农业科学院 金字火腿股份有限公司 中国农业大学食品科学与营养工程学院
	菌菇生产废弃物无害化处置及综合利用技术研究与示范	浙江省农业科学院 庆元荷地森宝农业开发有限公司 金华共和生物科技开发有限公司 嘉善县姚庄镇农技水利服务中心 庆元食用菌科研中心
	水稻穗腐病研究及防控关键技术集成与应用	中国水稻研究所 浙江省农业厅植物保护检疫局 金华市植物保护站 嘉兴市种植技术推广总站 临安市农业局农技推广中心
科技成果转化一等奖	维生素 D3 光化学合成工艺的研究及产业化	浙江花园生物高科股份有限公司 中国科学院理化技术研究所
一等奖	栽植机械机构创新优化设计平台的建设及应用	浙江理工大学 东北农业大学 延吉插秧机制造有限公司 南通富来威农业装备有限公司 浙江丰德伟业铜材有限公司 莱恩农业装备有限公司
二等奖	DM4550 高性能永磁铁氧体材料	横店集团东磁股份有限公司
	灵芝新品种选育和生态高效栽培及精深加工关键技术与产业化	浙江寿仙谷生物科技有限公司 金华寿仙谷药业有限公司 丽水市林业科学研究院 武义寿仙谷中药饮片有限公司 浙江寿仙谷珍稀植物药研究院 浙江省林业科学研究院
	ACE 抑制剂系列手性中间体的绿色合成技术	浙江师范大学 浙江昌明药业有限公司
	ETO 机电系统设计制造数字化集成平台	杭州电子科技大学 浙江濠泰机械有限公司 浙江三锋工具制造有限公司 浙江万邦汽车动力系统有限公司
	薄壳山核桃良种选育与规模化扩繁技术研究	中国林科院亚热带林业研究所 建德市林业技术推广中心 浙江省杭州市余杭区长乐林场 浙江省金华市婺城区东方红林场 淳安县林业科技站
三等奖	金丽衢地区桃品种优选及产业提升关键技术研究与示范	金华市农业科学研究院 金华职业技术学院 丽水市农业科学研究院 金华市经济特产技术推广站
	袜品小浴比染色新技术的研发及应用	浙江宝娜斯袜业有限公司 浙江理工大学 浙江省纺织测试中心
	绿色网络视频娱乐平台关键技术研发与应用示范	金华就约我吧网络科技有限公司 杭州电子科技大学 天格科技(杭州)有限公司 上海视速信息技术有限公司
	左乙拉西坦及其中间体的绿色合成技术开发	浙江华义医药有限公司 浙江省环境工程技术评估中心
	废弃物和低品位燃料能源化技术研究与开发	浙江华川实业集团有限公司 浙江大学
	新型多功能针织纺织品的纺丝织造染整关键技术研究和产业化	义乌华鼎锦纶股份有限公司 浙江理工大学 浪莎针织有限公司 义乌市姗娥针织有限公司 浙江棒杰数码针织品股份有限公司
	高蓬松易染色阻燃聚酯 BCF 纤维生产的关键技术研发	浙江义乌金汇化纤有限公司 浙江理工大学 德国纽马格公司
	电动汽车动力总成系统产业化开发	浙江尤奈特电机有限公司 浙江万向企业集团电动汽车有限公司

续表 5-2

获奖等次	成果名称	获奖单位
三等奖	农作物安全生产数字化管理关键技术研究与应用	浙江省农业科学院 浙江省农业厅农作物管理局 金华市农业科学研究院 浙江工业大学
	金华火腿高值化深加工关键技术研究与产业化开发	浙江省农业科学院 金字火腿股份有限公司 中国农业大学食品科学与营养工程学院
	菌菇生产废弃物无害化处置及综合利用技术研究与示范	浙江省农业科学院 庆元荷地森宝农业开发有限公司 金华共和生物科技开发有限公司 嘉善县姚庄镇农技水利服务中心 庆元食用菌科研中心
	水稻穗腐病研究及防控关键技术集成与应用	中国水稻研究所 浙江省农业厅植物保护检疫局 金华市植物保护站 嘉兴市种植技术推广总站 临安市农业局农技推广中心
科技成果转化一等奖	维生素 D3 光化学合成工艺的研究及产业化	浙江花园生物高科股份有限公司 中国科学院理化技术研究所

获 2013 年度金华市科学技术奖成果一览

表 6

获奖等次	成果名称	获奖单位
一等奖	阿洛西林及其钠盐产业化开发	浙江金华康恩贝生物制药有限公司
	水生蔬菜产业提升关键技术研究与示范	金华水生蔬菜产业科技创新服务中心 金华市农业科学研究院 金华市蔬菜技术推广站 武义县农业局 义乌市农业局
	鼓膜外伤性穿孔修复过程创缘动态观察及临床应用	义乌市中心医院
二等奖	新型履带式收割机变速箱转向机构	浙江浦江齿轮有限公司
	双向切割机	永康市正大实业有限公司
	横走式注塑机智能机械手	金华凯力特自动化科技有限公司 浙江工业大学
	高效发电装备配件低合金钢高磅级承压铸件	中核苏阀横店机械有限公司
	高性能永磁铁氧体 DM4636 材料	横店集团东磁股份有限公司
	30kgLED 衬底单晶炉研发及产业化	浙江昀丰新能源科技有限公司
	网络点卡交易服务管理系统的研发	金华利诚信息技术有限公司
	硫酸粘菌素	浙江普洛康裕生物制药有限公司
	生物光素锦纶 6 纤维的研发和产业化	义乌华鼎锦纶股份有限公司 上海惠实化工科技有限公司
	大米蛋白生产关键技术中试及示范	义乌市海之纳生物工程有限公司 义乌出入境检验检疫局 江南大学
	新型植物源杀菌剂创制与产品开发	金华市农业科学研究院 浙江华京生物科技开发有限公司
	利用荧光探针技术分析肝组织中环氧化物水解酶表达量及其临床意义	金华市中心医院 浙江工业大学
	莫西沙星针对早发且无多重耐药危险的医院获得性肺炎疗效和预后	义乌市中心医院
	新发传染病–埃立克体病的病原研究	金东区疾病预防控制中心 浙江省疾病预防控制中心

续表 6-1

获奖等次	成果名称	获奖单位
三等奖	电动燃油泵碳换向器研制及产业化	磐安县安达碳基材料厂 上海理工大学
	WLY8S90 汽车变速器	浙江万里扬变速器股份有限公司
	流变相合成工艺制备锂离子电池正极材料磷酸铁锂	浙江振华新能源科技有限公司 武汉大学
	国Ⅳ排放标准的 LNJE4 型柴油机研发	莱恩(中国)动力有限公司
	智能化超强动力 500CC 汽油发动机的研发	浙江信阳实业有限公司
	4000KW 船用大功率调距桨及关键技术的研发	浙江汉力士船用推进系统股份有限公司 武汉理工大学 武汉武船海洋工程船舶设计有限公司
	永磁无刷电机应用于电动工具系列关键技术研究及产业化	嘉禾工具有限公司
	高镍铬合金锥套	浙江朋诚科技有限公司
	全自动印切订装一体化高速柔版印刷系统的开发与产业化	浙江蓝宝机械有限公司
	轻型双速电锤	浙江海王电器有限公司
	自动正反转电钻	正阳实业投资有限公司
	J5B-1 低银钎焊钎料	金华市双环钎焊材料有限公司
	基于 DSP 的电除尘三相高低压柜供电系统	金华大维电子科技有限公司
	高性能无稀土置换永磁铁氧体材料	东阳市金砖磁业有限公司 浙江凯文磁钢有限公司
	高矩形度锶铁氧体材料	浙江凯文磁钢有限公司
	自适应通信协议配电变压器电能计量与监控智能终端研发	浙江八达电子仪表有限公司
	基于拉伸原理的洗衣机水位传感器的研发	金华市宏昌电器有限公司 金华市质量技术监督检测院
	KJZ 矿用隔爆兼本质安全型永磁真空馈电开关	浙江恒泰科技有限公司
	水溶性耐水塑料编织袋用油墨	浙江永在化工有限公司
	高密度盐酸环丙沙星合成	浙江华义医药有限公司
	他苏洛辛中间体 S 异构体的消旋化技术开发及应用	浙江普洛家园药业有限公司 中国计量学院
	头孢克肟原料药	浙江普洛得邦制药有限公司
	L-丝氨酸	浙江普洛医药科技有限公司
	织带涂料-染料复合环保节能染色技术开发	浙江三鼎织造有限公司
	无缝针织物风阻的关键技术研究及功能性骑行服开发	浙江棒杰数码针织品股份有限公司 浙江理工大学
	玲珑缎彩纱	浙江云山纺织印染有限公司
	抗静电功能性高档涤纶缝纫线	浙江沪江线业有限公司
	木材干燥发明专利技术在竹木画架制作中的产业化应用	浙江省磐安县绿海工艺厂 浙江农林大学

续表 6-2

获奖等次	成果名称	获奖单位
三等奖	有机茶生态调控和精制质量控制关键技术研究与示范	浙江更香有机茶业开发有限公司 中国农业科学院茶叶研究所 金华市金净净化工程有限公司 武义更香有机茶叶专业合作社
	火腿成品后期加工品质控制技术集成研究与应用	金华金年火腿有限公司 浙江大学
	浙江大盘山野生中药材资源保护和可持续利用研究	浙江省大盘山国家级自然保护区管理局 浙江中医药大学 浙江省中医药研究院
	适于红黄壤地区李品种筛选及标准化技术研究	金华市经济特产技术推广站 金华市农业科学研究院 金华市果业协会 浙江师范大学
	转基因抗虫杂交棉金杂棉 3 号的选育与推广	金华三才种业公司 婺城区三才农业技术研究所 中国农业科学院生物技术研究所 金华市种子管理站
	能源植物及液体燃料利用产业化新技术开发	浙江捷达油脂有限公司 湖南省林业科学院
	细菌生物膜在慢性鼻-鼻窦炎表达的研究	金华市中心医院 浙江师范大学
	载药磷酸钙人工骨治疗慢性骨髓炎的临床研究	义乌市中心医院
	腰椎间盘突出症与腰三横突损伤的临床研究	金华市中心医院
	肺结节螺旋 CT 下三维重建并钩丝定位对胸科微创手术的价值研究	金华市中心医院
	低年资注册护士核心能力现状与培训体系研究	兰溪市人民医院
	细针穿刺细胞学结合 PCR 技术诊断淋巴结结核	金华市中心医院
	中西医结合脑血管病规范化治疗方案的制定与实施研究	金华市中医院
	金华市医疗卫生机构实验室生物安全管理模式的研究与应用	金华市疾病预防控制中心 东阳市疾病预防控制中心 永康市疾病预防控制中心

【创新主体】 新认定国家级高新技术企业 46 家、累计达到 241 家。新认定省级科技型中小企业 154 家,市级以上创新型企业 24 家、其中省级 8 家,县级以上创新型企业累计达到 341 家;新认定省级农业科技企业 14 家、市级 18 家,省级农业科技研发中心 10 家、市级 8 家;建成农业科技研发中心 137 家,市级以上各类企业科研机构 474 家。

【科技特派员工作】 金梅松等 4 人被省委、省政府授予"省功勋科技特派员",张尚法等 6 人被授予"省突出贡献科技特派员"称号,评选市"科技特派员突出贡献奖"10 人、市优秀科技特派员 26 人;10 家企业列入省首批企业法人科技特派员;13 个产业被列入省团队科技特派员结对服务计划。

【高新技术产业】 推动高新技术产业发展。金华现代农业装备产业列入省级产业技术创新综合试点,永康现代农业装备省级高新技术产业园区新获授牌,莱恩农装、四方集团、威力园林等 3 家企业成为启动试点单位并组建省重点企业研究院。全市高新技术产业实现产值 1107.74 亿元,新认定市级以上高新技术企业 104 家、其中国家级 46 家,累计分别达到 617 家、241 家。

【科技活动】 启动"十倍增、两提高"科技服务

2013 年专利申请量、授权量统计表

表 7

县(市、区)	申请量(件)	发明专利申请量(件)	授权量(件)	发明专利授权量(件)
全　市	23356	2379	15997	480
婺城区	1816	431	1318	146
金东区	1037	158	615	26
兰溪市	1429	310	691	28
东阳市	2732	502	2104	70
义乌市	7735	442	4693	78
永康市	5088	223	4265	55
浦江县	988	141	624	50
武义县	1374	120	898	17
磐安县	1157	52	789	10

专项行动，开展“正风提效促赶超”“科技大走访”“百局千人万企”“双百服务”等服务活动，发动全市科技部门、邀请院校所专家深入企业送政策、优服务、解难题、明需求，共征集企业技术难题 307 项并积极帮助解决；会同市有关部门面向市区规模以上企业、重点高新技术企业、小微企业分层次举办政策宣讲会，受惠企业逾千家；年底开展近年最大规模的科技培训，来自 360 家企业的近 500 名技术、财务负责人接受科技政策解读和创新方法公益培训。组织开展“科技活动周”“知识产权宣传周”等活动，在金华日报、金华电视台开展“科技创新、赶超驱动”“最美科技特派员”“科技特派员基层创新创业”等系列专题报道，反响良好。

知识产权工作

【概述】 培育市级以上专利示范企业 65 家、其中省级 12 家；加大知识产权保护力度，办结行政执法案件 105 件，结案率 100%。2013 年全市共申请专利 23356 件，居全省第五位，同比增长 8.7%，其中发明专利 2379 件，同比增长 22.3%；授权专利 15997 件，居全省第四位，其中发明专利 480 件，同比增长 13.5%居全省第二位。义乌市、东阳市、义乌市、婺城区的专利申请量、发明专利申请量、专利授权量、发明专利授权量四项指标总量居各县(市、区)第一。

【市级专利示范企业】 新认定 53 家：浙江八达电子仪表有限公司、莱恩农业装备有限公司、浙江信阳实业有限公司、浙江时通电气制造有限公司、金华永和氟化工有限公司、浙江精深实业有限公司、金华市双环钎焊材料有限公司、金华市德仁假肢矫形康复器材有限公司、金华大维电子科技有限公司、浙江昀丰新能源科技有限公司、浙江飞亚电梯有限公司、浙江鸿牛工贸有限公司、浙江信和科技股份有限公司、浙江东晶电子股份有限公司、金华市怡达玻璃机械有限公司、兰溪奇达机械制造有限公司、浙江永泉化学有限公司、兰溪市里何机械厂、浙江星辉铝轮有限公司、浙江丰登化工股份有限公司、浙江七星纺织有限公司、中天建设集团有限公司、横店集团东阳英洛华绿色电化学有限公司、浙江海天建设集团有限公司、浙江思科国祥制冷设备有限公司、中核苏阀横店机械有限公司、浙江海森药业有限公司、浙江省东阳化工机械有限公司、东阳市创亿针织机械有限公司、东阳富仕特磁业有限公司、东阳市东艺工艺品有限公司、浙江安德电器有限公司、浙江特畅恒实业有限公司、永康市科捷休闲用品有限公司、浙江炊大王炊具有限公司、浦江亚太肠衣有限公司、浦江亿通塑胶电子有限公司、浙江洪帆工贸有限公司、浙江洋铭工贸有

限公司、浙江奥鹏工贸有限公司、浙江博来工具有限公司、浙江荣荣实业有限公司、浙江裕融实业有限公司、浙江双峰锅炉制造有限公司、浙江乐家厨具有限公司、浙江金澳兰机床有限公司、浙江福多纳汽车部件有限公司、浙江省磐安县三合器皿有限公司、浙江绿林工艺有限公司、磐安县茂盛机械有限公司、磐安县丰源工艺品有限公司、金华市花溪食品有限公司、金华市春光橡塑软管有限公司

【市专利实施奖】 获奖企业15家:浙江绿源电动车有限公司、莱恩农业装备有限公司、浙江今飞凯达轮毂股份有限公司、青年汽车集团有限公司、浙江今飞摩轮有限公司、浙江通达电器有限公司、浙江派尼尔机电有限公司、浙江尖峰药业有限公司、浙江普莱得电器有限公司、金华万得福日用品有限公司、浙江昀丰新能源科技有限公司、浙江皇冠电动工具制造有限公司、金华市亚虎工具有限公司、金华长弓清洁用品有限公司、浙江精深实业有限公司。

地震监测

【概述】 金华市获2013年度“全省防震减灾工作优秀单位”称号,东阳市、浦江县被评为“全省防震减灾工作先进单位”。完成浙中地震监测中心项目用地规划调整和土地指标落实以及婺城区、永康市、浦江县、磐安县的台站选址工作,其中磐安台站进入土建程序。推进重大工程的地震安全评价工作,东阳市召集11个机关部门单位召开工程建设项目地震安全评价工作协调会,并向百余家房地产企业宣传《浙江省地震安全性评价管理办法》;浦江县科技局与发改委、建设部门正逐步建立联合审查监管机制。东阳市、兰溪市等部分县(市、区),对本区域内的《地震应急预案》进行重新修订,并上报省地震局备案。东阳市、义乌市、浦江县、武义县等县的有关部门协同学校开展应急演练活动,宣传地震灾害预防及应急避险救助常识。通过“防灾减灾日”“科技活动周”“科技三下乡”等宣传途径积极开展防震减灾科普宣传活动。

(来　怡)

财政税收

财　政

【概况】 2013年,全市财政总收入415.96亿元,增长10.5%,其中公共财政预算收入242.47亿元,增长12.8%;市区财政总收入94.45亿元,增长9.7%,其中公共财政预算收入58.53亿元,增长11.3%。全市公共财政预算支出322.25亿元,增长18.5%;市区公共财政预算支出85.60亿元,增长26.4%。全市各级财政收支平衡。全市公共财政预算收入占财政总收入的比重为58.3%,比上年提高1.2个百分点;全市公共财政预算收入中的税收收入224.14亿元,占比92.4%,比上年提高0.3个百分点。市区首次推行排污权有偿使用制度,征收使用资金1310万元。强化土地出让收支管理,市区国有土地使用权出让收入42.66亿元,增长60.8%。加强户外广告阵地使用权、城市道路停车泊位管理,实现政府性资源收益7557万元,增长15.3%。全市非税收入253.11亿元,增长62.4%。其中国有土地使用权出让收入187.20亿元,增长86.8%。盘活财政沉淀资金,创新资金保值增值方式,市本级全年财政专户资金收益3.23亿元,增加净收益1.28亿元。市局在市机关部门考核中获政府序列第一名,在“千企万人双评议”活动中获政府序列第二名,在市机关党风廉政建设责任制考核中获先进单位。

【扶持企业】 全市落实各项扶持政策为企业减免各类税费22.33亿元。市区为企业减免各类税费6.92亿元,兑现涉企扶持资金3.26亿元。支持主导产业发展,完善差异化财税扶持政策,“亩产税收”低于2万元的工业企业一律不享受财税优惠扶持政策。推进“腾笼换鸟”“退二进三”“退低进高”工作,淘汰落后产能,为好企业好项目腾出更多空间和资源。支持服务业发展,市区安排7000万元引导培育服务业优势产业发展。制定市区网络经济发展扶持政策。支持创新驱动,全市财政科技投入12.14亿元,增长16.5%。加快引进创业创新领军团队和人才,市本级安排人才引进专项资金1亿元,高端人才和领军人

才用房专项资金 1.27 亿元。市本级城市基础设施建设资金支出 19.10 亿元,推进城市创建、"双清"行动、"五城四边三化"行动、道路畅通工程、"三江六岸"景观带提升等工程建设。市财政安排资金 3.10 亿元,专项用于县(市)水环境治理和防洪建设。

【保障民生】 全市民生支出 241.08 亿元,增长 15.9%,占财政总支出的比重达到 74.8%。全市农林水支出 27.90 亿元,增长 17.1%。市区安排 1.69 亿元保障"三农"建设,增长 12.7%。推进乡镇财政建设,全市基本实现机构建设、平台建设、系统建设三个 100%,提前两年完成省财政厅工作目标。全市教育支出 76.60 亿元,增长 5.8%。落实国家确定的"十二五"期间免费义务教育、中职学校免学费后的财政保障机制等政策。全市社会保障和就业支出 26.36 亿元,增长 16.8%。医疗卫生支出 29.21 亿元,增长 13.8%。市区在全省率先实施大病医疗商业补充保险制度,基本建成覆盖城乡居民的社会保险、社会救助和社会福利相衔接的社会保障制度体系。建立健全养老服务体系,推行政府购买服务方式提供养老服务。完善被征地农民基本生活保障制度,建立资金筹集标准与保障待遇调整同步机制。保障安居工程建设,安排财政专项资金 1.40 亿元。严格执行厉行节约各项规定,从严控制行政经费支出。开展专项清查,严禁新建政府性楼堂馆所。加强公务接待、公务用车、因公出国(境)管理,全市"三公"经费支出下降 14.4%,会议经费下降 32.9%。

【深化改革】 推进"全口径"预算体系建设,规范部门预算编制。制定新一轮市区财政管理体制方案,制定《区域统筹发展专项资金管理办法》。整合融资平台,重组城投公司、交投公司。首次全面试编完成市本级政府投资预算。强化行政事业资产管理,制定 9 个关于市本级行政事业单位国有资产管理制度,基本形成涵盖资产管理各个环节的一整套管理制度体系。组织 9 场公房拍租会,收入达 3634 万元,增长 13.8%。深化国库集中支付改革,推进全市"金财工程"和数字财政建设工作。扩大财政直接支付面,对 30 万元以下的大型会议、培训类项目等财政项目实行直接支付。全面推行公务卡改革,市本级预算单位开卡率达 100%,制定公务卡强制结算目录,将公务接待费、公务用车运行维护费、差旅费、会议费等 16 个项目纳入到公务卡强制结算范围。深化行政审批制度改革,设立财政行政审批中心,清理行政审批业务 28 项,实行"一窗口受理、一站式服务"。

【加强监管】 加强预算绩效管理。强化财政绩效管理,实现绩效自评工作部门全覆盖。通过部门预算绩效初审,取消 20 个部门的 31 个项目预算安排,涉及申报金额 2.43 亿元。对 2012 年度 11 个节会项目共 1531 万元财政资金的使用情况实施专项绩效评价,核减财政资金 424 万元,核减率达到 43.4%。强化财政项目审核,完成政府投资项目估算、概算和结算审核 215 份,审核总投资 22.66 亿元。加强对政府投资项目概算的审核,审核中心工作重点前移,概算审核结论作为发改部门批复项目初步设计依据,以批复概算控制项目总投资,从源头控制政府投资。加强财政监督检查,对 18 家单位开展会计监督和"小金库"专项检查,清退违规发放津补贴 132 万元,追缴应缴国资收益 130 万元;将 2 家单位移送纪委进一步核查处理,根据检查反映出的问题提出加强事业单位下属实体监管的建议。严格政府采购监管。2013 年金华市本级政府采购预算金额 7.29 亿元,实际采购金额 6.45 亿元,比预算节约资金 0.84 亿元,资金节约率为 11.5%。

(陈玲颖)

国　税

【概述】 2013 年,全市国税部门共组织入库税收收入 224.30 亿元,完成年度收入计划 212.14 亿元的 105.73%,同比增收 24.66 亿元,同比增长 12.35%。其中:增值税累计入库 151.30 亿元,同比增长 12.60%;消费税累计入库 4.11 亿元,同比下降 0.49%;企业所得税累计入库 43.75 亿元,同比增长 15.67%;车辆购置税累计入库 25.13 亿元,同比增长 7.85%。市本级国税共组织税收收入 48.74 亿元,完成年度收入计划 47.44 亿元的 102.74%,同比增收 4.53 亿元,同比增长 10.24%。

【落实税收政策】 稳步推进"营改增"试点工作,制定实施试点工作方案和工作计划表,明确"能买票、能开票、能申报"三大时间节点,1 月成功运行

2013 年金华市国税收入一览表

表 8

县(市)	税收收入		
	累计入库(万元)	与年度计划相比(%)	与上年同期相比(%)
总　计	2243016	105.73	112.35
市本级	487362	102.74	110.24
兰溪市	211969	104.06	111.34
义乌市	577276	103.94	110.18
东阳市	322034	124.11	133.05
永康市	347399	102.07	108.2
浦江县	102835	102.26	103.28
武义县	142935	100.14	106.15
磐安县	51216	114.28	120

“营改增” 试点工作,8 月完成广播影视服务业试点扩围工作,12 月完成铁路运输业和邮政服务业试点准备工作。2013 年全市共确认“营改增”企业 12587 户,共计入库“营改增”税收收入 7.09 亿元,总数居全省第二(不含宁波),97%的试点企业“营改增”后享受了国家减税政策,减税额1.93 亿元,平均减税幅度达 22.5%,下游工商企业因“营改增”增加现代服务业抵扣税额 3.5 亿元,分享了国家减税红利。积极发挥税收政策支持作用,全年共落实各项税收优惠政策 9.35 亿元。大力支持外贸经济发展,全年共办理出口退免税 141.14 亿元,同比增长 5.78%。落实车购税优惠政策, 全年共为 1055 辆/次车辆办理免税手续,免征税额 3504 万元。稳步推进“个转企”“小升规”等工作,全市共办理“个转企”税务变更 6557 户,累计实现“小升规”企业 938 户,“小升规”任务完成率居全省第一,绝对数全省第二。深化税收经济调研分析,《金华市“营改增”运行情况》调研报告被国务院办公厅采用并得到国务院领导批示。

【税收征管】 以科学分解权力为切入点, 对基础管理事项合理分类,推行税源基础管理专业化,逐步实现税源管理由“管户”向“管事”的转变。全系统推行了两种专业化管理模式, 一种是推行全局管事管户相分离, 基础事项推入前台, 重点事项集中管理,集中数据分析,开展团队评估的模式。另一种是以科为单位,实行科长派工制,实施专业化管理的模式。深化网络发票综合推广应用,强化发票查验列支监控工作,全年累计查验户数 1.43 万户,查验发票 54.17 万份,查验金额 69.60 亿元,网络发票查验工作各项指标均居全省前列。积极做好重点税源风险纳税人评估工作,全市共评估入库税款5310.7 万元,调减以前年度亏损 5783 万元。做好企业所得税汇算清缴及后续管理工作,汇算清缴面达 100%,汇算清缴入库 11.11 亿元, 全年后续审核共补缴企业所得税 4152.02 万元。切实加强非居民和反避税的管理,全市共入库预提所得税 1.11 亿元, 增值税 1152.83 万元。全面开展大企业税收风险管理,共调整企业所得额 4905 万元。规范车辆价格信息的采集、审核、汇总、上传工作,全年共对 2453 辆次车型车辆进行价格信息采集,进一步夯实税收征管基础。

【依法治税】 完成“六五”普法工作规划的制订工作,认真组织参与依法行政工作目标考核和依法行政示范单位创建工作。做好重大税务案件审理和税务行政复议工作,全年共完成 19 件案件的审理工作,进一步提高案件审理质量。加强税收执法监督,充分应用省局税收执法风险提示系统和法规库子系统,认真抓好税收执法风险防范工作。以税收执法风险管理信息系统为抓手, 加大执法监察力度,严格过错责任追究,全市执法正确率达 99.99%。进一步健全稽查工作管理机制,加大重大税收违法案件的查处力度,充分发挥税务稽查“以查促收、以查促管”作用，全市共检查涉税案件906件，累计查补入库总额2.36亿元。积极做好内外网站群系统运行工作，按照“全面真实、严格依法、及时便民”的原则做好政府信息公开工作，全市累计通过地方政府信息公开网、国税门户网站等平台，公开各类政府信息3000余件，全面打造阳光国税。

【优化服务】 推进办税服务厅标准化规范化建设，全市八个办税服务厅实现了标准化规范化建设“全覆盖”。完善升级“网络问税”活动，推出“网络问税”知识库，开通24小时自助查询功能。积极做好12366问题工单的转办和回复工作，工单按期回复率达100%。在办税服务厅试行办税服务风险指引与窗口指导制度，对各类窗口服务事项进行风险排查分析，编印《纳税服务风险防范指引》活页供税企双方学习，加强事前防控教育。制订《办税服务厅涉税事项风险提示与窗口指导意见书》，有效降低纳税人涉税风险。开展重点税源风险提示工作，全年通过提醒、帮助264家企业，纠正涉税风险金额635.62万元。与税收信用体系建设相结合，建立“税银征信互用”税贷联动管理，支持企业发展，共有市区、东阳、永康、浦江、武义和磐安等六个单位与当地的金融机构开展“税银征信互用”项目，全年累计向金融单位推荐纳税信用企业1500多户，授信金额超过5亿元。开展“助力产业集聚·国税服务同行”和“税收与环境”纳税服务青年志愿者等系列宣传活动，建立每月18日新办企业培训常态化机制，进一步加强税收政策宣传辅导。举办纳税服务岗位技能竞赛，提升办税服务厅的业务技能和服务能力。

【队伍建设】 严格落实党组中心组理论学习制度，努力推进学习型领导班子建设。积极开展竞争上岗和民主推荐工作，规范干部选拔使用，进一步优化中层干部人员结构。开展分层、分类、分岗位的全员培训，全年共组织和参加各类培训班194期次，干部人均培训天数达8.8天。组织开展“我身边的好税官”评选活动。加强精神文明创建，全系统新增全国税务系统先进集体1家，全国巾帼文明示范岗1家，浙江省文明单位1家。试点推行基层单位岗位绩效管理机制，在善待、严管干部，激励干部自我提升等方面起了积极作用。加强基层党组织建设，开展“学十八大、建新金华”微言、微行、微策活动，举办“学习十八大、放飞中国梦”演讲比赛。开设“手机短信党课”，拓展党员教育渠道，营造浓厚学习氛围。紧抓作风效能建设，认真学习贯彻执行中央八项规定、省委“六个严禁”，制订下发工作人员作风和效能问责暂行办法，全年先后组织各类检查、督察36次，纠正不良倾向84人次。制定实施《重点税收执法事项公开督评实施办法》，对纳税评估、税务稽查、出口退税审批等6类重点执法事项，实施5级评审机制和5类评分管理，防止权力滥用和违法违纪行为的发生。开展群众满意基层站所(服务窗口)创建活动，武义县局、永康市局、浦江县局获得省级“群众满意基层站所(服务窗口)”创建工作先进单位荣誉称号。围绕税收中心工作，坚持服务经济大局，在市级机关部门(单位)2013年度工作绩效考评中连续5年获得第一。在86个部门123个涉企科级岗位参加的“千企万人双评议”活动中，获得金融单位和垂直管理部门第一名的佳绩，参评的9个岗位全部进入各组别前十名。

（方震　王兵）

地　税

【概述】 2013年，全市地税部门共组织各项收入335.47亿元，增长15.0%。其中：税收收入202.08亿元，增长10.7%；社保基金收入114.33亿元，增长25.4%。2013年，金华市区地税部门共组织各项收入86.03亿元，增长15.0%。其中：税收收入52.25亿元，增长9.6%；社保基金收入29.2亿元，增长27.2%。

【引导转型升级】 推进“个转企”工作，通过新闻媒体、税企座谈会、政策辅导会等方式开展宣传辅导，同时开辟“个转企”绿色通道，落实相关税费优惠政策，并做好后续服务管理，2013年，全市共完成“个转企”13098家；支持浙商创业创新，开展“服务推进年”活动，走访企业401户，上门宣传辅导516人次，为企业解决实际问题108个，为“浙商回归”项目和企业办理2012年度减免税费1.38亿元；建立经济社会生态效益排序机制，协调国税、人行、国土、环保等部门，对试点企业相关指标实行综合考评，并在金华市主要媒体上公布全市各县市区单位亩产税收、单位贷款税收、单位用电税收、单位排污税收排名情况，同时完善差异化财税扶持政策，金华市区亩产税收低于2万元的工业企业一律不享受财税优惠扶持政策。

【征收管理】 调整工业土地转让最低计税价格,将金华市城区原土地计税价格进行分级细化管理和调整，同时进一步强化转让环节税收征管,规范工业土地转让行为；规范耕地占用税征收管理，联合国土部门、财政部门下发《关于进一步加强市区耕地占用税征收管理工作的通知》；推进个人出租房屋税收征管,制定《金华市本级个人出租房屋计税租金争议处理暂行办法》《明确代征工作职责及业务流程的通知》等配套管理办法,健全出租房税收社会化征管网络,与区政府、乡镇(街道)签订委托代征协议,通过投递《致纳税人的一封信》、上门宣传等多种途径广泛宣传,2013年房源清册共登记5139户次,税源清册共登记5381户次,征收税费1477万元;开展2013年度广播影视服务、铁路运输和邮政服务业"营改增"试点工作,圈定试点范围,开展征管资料和数据清理、交接,全市地税部门共向国税部门移交试点纳税人202户;加强规费征管,对全市征收管理质量情况实行按月通报,加强社保费零申报企业的清理工作，统一"五费全征认定""不缴费种认定"等操作流程,明确企业零申报的范围和条件。

【信息化建设】 制定《<税友龙版>深化应用平台开发方案》，编写13万字、198张表单，内容涉及《税友龙版》数据审计、开放式《税友龙版》报表查询、政府部门信息数据共享协作等方面的《税友龙版深化应用平台业务需求》。将存量房最低计税价格调整数据导入《税友龙版》统一运用。共导入应用评税分区1029个、小区信息1029条、楼幢基础信息11863条;推进涉税信息部门共享。与公安部门协作,对44家欠税企业的法定代表人实施法定不准出境备案,并对其中已持有出入境证件的8人实施边控；深化工商信息应用，定期交换企业自然人股东变动及其股权转让信息,及时取得登记(变更)情况,2013年,金华市本级共取得2013年工商新成立与变更企业信息25040条,企业股权变更信息308条;及时获取国土部门、建设部门、房产交易中心等有关房地产行业涉税数据,进行比对分析,把握税收形势。

【税务稽查】 2013年,全市共对1032户企业进行检查,其中责成自查599户,重点检查433户,查补税费合计14833万元。开展专项检查工作,分别对工业商贸业和证券基金业2个指令性检查项目,金融业、劳务中介等5个指导性检查项目以及金融证券发电业等3个省局统一安排检查项目进行专项检查;打击发票违法犯罪活动,查处违法发票1912份,发现延伸涉税发票违法线索99份;清理遗留案件,会同公检法系统、房管部门以及工商部门等部门协同行动,全年共清理遗留案件18件,执行税款330多万元，追缴税款总额占历年未结案件欠缴总额的39.4%。

【纳税服务】 拓宽办税时限,开发建设24小时自助办税服务系统,推出延时服务等个性化服务制度,在非上班时段提供办税服务;减轻纳税人申报负担,减少存量房买卖纳税申报纸质资料,由原需提供房屋转让合同、房屋权属证明、身份证明等基本资料,简化为仅提供《房产交易信息登记表》;完善税企沟通平台,依托"12366"财税知识库,开通网络在线实时咨询,实行专人负责、网络互动、远程支持,咨询服务3495多人次,开展"网上局长接待日""行风热线""我有问题问财税"等活动,采取现场互动、"市民问政"的形式,解答各类涉税问题,接受建议、投诉和举报,全年咨询及反映各类问题1000多个;上门服务企业,组织开展"百名干部进百企解百难""服务对象跟踪回访活动"等活动,主动帮助解决企业发展中遇到的涉税问题。

【税收法治】 开展防范风险教育，举办法制业务培训和《政府法治的中国之路》专题讲座;加强规范性文件管理,认真落实规范性文件"三统一"要求的审核、会签、报备工作,组织开展文件清理,从制度层面强化执法风险防范;严格执法监督,组织开展税收执法督察,对兰溪、东阳、武义三个县(市)地税局及金华市本级江北、江南分局进行重点检查,着重对组织收入原则、结构性减税优惠、资本交易税收管理、税务师事务所税收管理等内容进行重点督察,对存在问题限期整改;推行税收执法责任制试运行,每月将月度考核结果公布,由各单位进行对比分析。

(朱芝萍)

体制改革

【行政审批制度改革】 一是全面清理并减少审批事项。推进新一轮改革后市级第一批保留执行的行政许可事项由原先的375项减少至189项，非行政许可审批事项由231项减少至97项，审批事项压减了52.8%。大力推行行政审批“一审一核”模式，“一审一核”比例达审批项目总数的60%以上。缩短审批时间，市本级行政审批事项平均承诺期限由7个工作日压缩为5个工作日。二是加强中介机构的清理规范。通过清理规范，完善了中介机构诚信档案、信用等级评定、日常监管、黑名单等管理制度；建立了中介机构行为规范、服务收费管理细则等相关规章制度及促进发展的指导意见，稳妥推进行政审批中介机构转企改制、管办脱钩改革，确保同一性质中介机构达到3家以上。三是推行审批代办制、联办制、模拟制三项制度。在全市推行投资项目审批代办制、联办制、模拟制，按照“流程集成化、服务导航化、管理信息化”的原则，着力解决投资项目审批程序多、部门多、效率低等问题，实现“一门受理、一表登记、内部流转、统一送达”。通过实施代办制，用专业化服务化解审批难的问题；实施联办制，用协同化解决跨部门审批效率低的问题；实施模拟制，用时间差解决前后置审批同步的问题，缩短审批周期。

【财政管理体制改革】 深化预算管理改革，进一步优化收支结构，建立健全预算编制、预算执行、资金绩效结合机制，着力提高资金使用的规范性、安全性和有效性。出台《关于实施营业税改征增值税试点期间过渡性财政扶持政策的通知》，对市区试点改革过程中确因新老税制转换增加税负的试点企业，在试点期间实施过渡性财政扶持政策，自2012年12月1日“营改增”试点改革以来，市财政按照规定预拨税负增加部分80%的财政扶持资金79.94万元。推进国库集中支付改革，完成市财政与金华银行国库集中支付网银接口开发和测试工作，实现财政网银直接支付，实现317家行政事业单位国库集中支付全覆盖。深化行政事业单位资产管理改革，出台国有资产管理、处置等多项制度，全面推广应用资产管理信息系统，实行资产条形码管理制度，科学制定资产配置标准，提升资产调配使用和整合置换管理水平。加强财政资金绩效管理，修订财政支出绩效管理的实施办法，制定《精简节会改进作风的实施办法》，按“政府引导、市场化运作”的原则，实行绩效管理关口前移，导入绩效目标管理。推进管理信息化，开展“数字财政”建设，实现高效便捷的财政管理；深化《税友龙版》运用，建成“云计算中心”，实现财政部门与各区财政、乡镇、街道信息共享，提升税收征管效率。

【金融领域改革】 深入推进金融服务改革，推动金融机构集聚发展，积极引导金融机构加入同业拆借市场，全市10家法人金融机构(不含村镇银行)已有6家加入全国银行间同业拆借市场。继续培育发展小额贷款公司和村镇银行。金华市现有村镇银行6家、小贷公司31家，一批小额贷款公司正在筹建。积极探索融资模式，加快国资重组和融资平台整合，新组建的4家市级国有集团公司运营平稳，全市企业通过银行间债券市场融资90亿元。全面推进个人跨境贸易人民币结算试点，1月—10月累计办理个人跨境人民币结算业务63.74亿元，境外地域已增至51个国家（地区）。极推进外汇监管服务创新，制订《市场采购外汇管理办法》，探索外汇业务流程再造，本外币兑换公司营业网点已新增至10个。推动资本与市场的对接，金华工行推出新型融资产品和多种外汇资金产品，为金华进出口企业从境外引入资金超过9亿元，节约成本约510万元，受益客户达253家。推动资本与实体经济的对接，出台《关于金融支持实体经济发展的若干意见》，完善政银企沟通对话机制，加快中小企业信息共享平台建设。创新信贷产品，先后推出林权抵押、专利权质押、农民专业合作社贷款、农村青年创业专项贷款、小企业成长贷款和联保贷款等，为中小企业提供融资便利。

【城乡二元体制改革】 一是深化小城市培育和中心镇发展的体制改革。出台《关于加快推进中心镇发展改革暨小城市培育试点的若干意见》(市委办〔2013〕11号)，从加大土地要素保障力度、加大财政扶持力度、加大财政投资体制改革力度、加大行政管理体制改革力度和加大组织协调力度等5个方面提出了具体的推进举措。注重发挥财政资金的杠杆引导作用。市区中心镇600万元扶持培育资金从考核拨付转为项目拨付,努力激发区、镇两级抓基础设施、公共服务和社会民生等项目的积极性。二是推进农业产业化、现代化、规模化。制定实施农业现代化三年行动计划,农业“两区”建设稳步推进,全市已正式登记注册的家庭农场60家,农民专业合作社4113家。全市各县、乡两级全面建立农村土地承包经营权流转服务中心,2874个村建立农村土地流转服务站或配备土地流转服务信息员,研发完成市本级土地流转信息化管理系统,全市家庭承包耕地流转累计面积达91.5万亩。做大做强农业特色主导产业,实施“两头乌”、香榧、油茶等产业行动计划。浦江县开展农村土地股份合作社试点,探索“土地变股权、农户当股东、收益有分红”的合作经营模式。三是推进林权制度改革。在集体林权流转方面,永康、磐安、浦江等县市出台《关于进一步深化集体林权制度改革的若干意见》等文件,鼓励连片规模开发、长期开发,分别给予流入者、流出者100元/亩左右的林地流转资金奖励,全市林地已实现流转33930亩。在林地股份制改革试点方面,兰溪、浦江等县市组建林地股份合作社,合理设置股份数量,确定参股农户,选举股东代表,商定股份流转及分红模式。浦江林地股份制改革受到国家林业局关注。在林权抵押融资方面,积极利用集体林权的抵押借贷款融资功能,为林地规模化、产业化经营解决资金短缺问题。

【市级公立医院综合改革】 截至2013年底,11家市级医院(其中5家民营医院)均已实施改革。市级公立医院综合改革主要有以下六大内容。一是探索建立公立医院经济运行新机制。包括执行基本药物制度,实行药品零差率销售;调整医疗服务价格,优化医疗服务收费结构,医疗服务价格调整总量控制在2012年药品差价总量的92%左右进行合理调整;发挥医保政策调节作用,引导病人合理就医;加大财政保障力度,体现政府职责和公立医院的公益性。二是深化公立医院管理体制改革。包括推进管办分开,建立统一、高效、权责一致的政府办医体制;推进政事分开,建立医疗机构质量监管体系;完善公立医院法人治理机制;合理确定公立医院医务人员编制,全面建立岗位管理和人员聘用制度;健全绩效考核制度,完善医院内部收入分配激励机制。三是切实加强对公立医院医疗行为的监督管理。包括严格医疗费用管理,强化医疗技术管理,加强医疗质量监管等三项。四是科学配置医疗资源。包括通过总量控制,优化医疗机构布局和结构;通过结构调整,加快形成多元化办医格局;通过多方联动,逐步形成基层首诊、分级医疗、双向转诊的格局。五是大力提升公立医院服务能力。包括加强临床技术能力建设,卫生人才队伍建设,提高中医药服务能力建设,推进医院信息化建设等四个方面。六是全面改善群众看病就医感受。包括实施惠民便民措施,强化医德医风建设,优化医疗执业环境等三项内容。为保障市级公立医院改革的扎实推进,市财政每年需安排4368万元保障经费。

【现代业服务业综合配套改革】 一是大力发展网络经济。把网络经济作为全市的一号产业,成立市网络发展局,出台多项举措助推网络经济发展。制定《金华市区网络经济空间布局与发展规划》。推进电子商务、信息服务、软件产业等六大网络经济主导产业提升,加强金融、物流、科技等配套产业对网络经济的支持力度,促进网络经济一体化发展。加快重大平台建设。做强“一城”,做大“一区”,做优“三园”,进一步明确责任主体,出台扶持政策,加大培育和扶持力度。加强重点企业培育,带动网络经济加快发展。开展首批市服务业重点企业认定工作,落实重点企业扶持政策。推进重大项目建设,认真落实《2013年金华市服务业重大项目计划》,做好金义国际电子商务新城、云计算金华分中心等网络经济重大项目的跟踪落实工作。探索网络经济监管新模式,筹建全市电子商务信用监管平台,推进网络企业信用信息共享,开展电子合同网上备案,实施智能提示和分析,提高网络交易的水平,提升管理处置网络违法行为的能力。二是加大对创新型服务业的支持力度。明确研发设计等高技术含量服务业企业,可认定为技术先进型服务业企业,享受优惠政策;对提升服务业领域原始创新能力和集成创新能力的重大项目,做到优先立项、优先解决用地指标。三是推进制造业和服务业联动发展。开展制造业和物流业企业“两业联动”试点，确定了“两业联动”的五种路径，落实了尖峰与青年汽车、马钢与中宇等4对企业开展“两业联动”合作，再造物流流程、节约成本，每年可节省物流成本4000余万元。四是放宽市场准入条件。在企业名称登记条件、经营范围核定、注册资本要求、集团登记条件等方面放宽准入条件。将一般企业、集团公司、母子公司注册资本下限分别从30万元、5000万元、1亿元降低至3万元、1000万元、3000万元。五是建设金融服务业社会信用体系。在全省率先建立征信系统和信息共享联合惩戒机制，将法院强制执行信息、环保问题信息、用工欠薪信息等纳入全国联网的人民银行征信系统。

（吕利军）

综合监管

统 计

【作风建设】 全市深化作风建设大会后，市统计局层层学习传达贯彻大会精神。对照市纪委通报的3起违反作风建设案件，要求每位党员干部汲取深刻教训，引以为戒。对照局党组提出党员干部作风建设查摆反思六大方面20个问题，每位干部职工都在支部组织生活会上发言，谈认识、找差距、明方向，会后向支部和局党组提交书面剖析材料，力促作风建设取得实效。按照中央八项规定、浙江省“28条办法”和金华市“25条意见”要求的指导思想，先后出台《关于贯彻落实进一步改进工作作风若干规定的实施意见》《金华市统计局队党组关于贯彻落实“正风提效促赶超”深化作风建设的若干意见》等可量化操作的规章意见，做到及时纠正问题，自觉接受监督，坚决贯彻落实好中央“八项规定”，杜绝违反省“28条办法”和金华市“25条意见”行为的发生。

【健全管理机制】 单位财务收支情况每月终了10日内在公开栏张榜公布，分层次公开财务收支情况。严格按照《党政机关厉行节约反对浪费条例》有关规定和标准统筹公务接待和调研安排，严格审核和报批各类会议。完善和落实各项廉政风险防控措施和相关制度建设，出台《公开承诺自律制度》《过错责任追究制度》《效能建设考核办法》《财务管理制度》《考勤制度》《值班制度》《保密制度》等加强党员干部纪律约束方面的有关制度，以及严格落实《首问责任制》《限时办结制》《服务承诺制》等服务制度。对市委、市政府部署的重大工作贯彻落实情况进行跟踪督查，及时调度和进度通报。对局党组和局长办公会议议定的事项，做到有布置有检查，保证工作落到实处；对上级统计业务部门召开的专业会议和工作部署，加强工作调度，督促抓紧定时完成。

【统计调查】 按照国家统计报表制度的规定和“快、精、准”的要求，抓好各个环节的统计调查工作，全面完成农业、工业、交通运输、投资（房地产、建筑业）、批零贸易餐饮业、能源、科技、劳动工资、服务业、综合、核算等10多个专业的2012年年报和2013年的定期报表任务。在实施过程中，各专业同志积极做好部门协调、报表催报、数据审核、汇总上报等各个环节，生产的统计数据基本反映金华经济社会发展的客观实际，并利用相关资料进行分析，横向比较，纵向衔接，对重要数据的科学性和客观性进行认真评估，提高了数据质量的可靠性。

【第三次经济普查】 2月28日，市政府下发《关于在全市开展第三次经济普查的通知》，成立市第三次经济普查领导小组，正式启动金华市第三次经济普查工作。组建“三经普”内部机构，明确工作职责。建立部门联络员制度，落实经费和人员。开通运行“三经普信息网”。召开第三次经济普查领导小组第一次会议和全市经济普查办公室主任第一次会议。审议通过并下发《金华市第三次经济普查主要工作计划》《金华市第三次经济普查领导小组及其办公室职责分工》。针对规范单位基础信息工作，专题召开各县（市、区）经普办主任或业务副主任会议4次，市经普办专题印发文件7个。全市第一轮现场核查工作基本完成，录入工作基本完成，单位查漏补缺和改错工作继续进行。全市调查录入的法人及产业活动单位数7.60万个，比第二次经济普查多1.66万个，增长28.0%；完成调查及数据录入的个体户数40.81万个，比第二次经济普查多1.15万个，增长2.9%。

【社情民意调查】按照“关注百姓心声、围绕中心工作、服务领导决策”的调查原则,金华市社情民意调查完成和继续调查项目7个。重点是围绕政风行风评议、窗口服务,协助市纪委开展了金融机构银行行风满意度和“群众满意服务窗口”调查二项调查;围绕经济社会发展变化带来的民众心态变化以及民生生活状况,开展了社会心态、低收入人群感知度、社会道德环境和公共文化服务公众满意度等调查;围绕公共服务建设,推动服务型政府建设,开展婺商企业发展环境满意度和投资意向调查;承担市党政各有关部门委托的专项调查,如协助市科协开展全市公民科学素质调查,协助卫生局开展乡镇(街道)卫生院服务满意度调查等。

【专项统计】保障性安居工程统计是新增的建设领域统计制度,工作开展顺利,统计数据与部门数据基本一致。开展社会、生态统计,用具体指标、方法量化和监测评价各领域发展进程,为各级党委政府科学决策发挥“情报部”“监测器”作用。通过抓规范强化部门统计制度管理,抓落实加强部门统计基础工作,抓质量严把部门统计数据审核,不断完善部门协作机制,健全评价工作。完成科技进步监测、社会发展综合评价、生态文明评价、文化发展指数、文化产业增加值等社会报表。

【“十二五规划”中期监测评估】与市妇联妇儿工委办联系召开金华市妇女儿童发展“十二五”规划中期监测评估工作培训会议。各部门及时上报监测指标、子报告,进行分析研究,完成《金华市妇女儿童发展“十二五”规划中期监测评估报告》。

【实施“三项调查”】部署开展5‰人口变动、劳动力调查和“平安浙江”调查工作,共抽中9个县(市、区)共112个调查小区,其中国家样本点18个。经历前期的样本核实替换、地图绘制(包含电子地图)、调查摸底、住户列表编制以及住户样本的上报,中期的入户登记,审核、编码及后期人口变动数据汇审。历时两个半月完成各项调查任务。

【人口电子台账】就如何做好城乡人口电子台账事宜赴永康市统计局及东城街道进行专题调研,制定符合全市特色的人口电子台账操作办法。人口电子台账可以准确、快速地建好人口电子台账,提高了户籍人口、常住人口信息化管理水平。该办法既保证质量,又方便操作,提高工作效率,还克服了产出再生性差错这一工作难题,得到省局领导的肯定并在全省范围内推广。

【统计信息化建设】将规模以上工业企业、有资质的建筑企业、限额以上批发和零售企业、限额以上住宿和餐饮企业、房地产开发经营企业及耗能万吨以上的第三产业法人单位纳入“一套表”联网直报。做好全市统计系统三级主干网扩建工作,全面完成市到县的专网连接工作。着力打造一个“运行稳定、安全可靠、扩展方便”的统计信息化平台,加快推进全市统计信息化前进步伐,为统计工作提供更有力、更有效、更到位的支撑。

【提高统计服务水平】全年共编发《金华统计视窗》252期,及时发布《2012年国民经济和社会发展统计公报》,为两会提供《2012年金华市经济社会发展报告》。及时完成市领导交办的专题材料和市两办的约稿,向“两办”信息刊物提供信息稿件227篇。编印《金华经济月报》10期,印发《2013年金华发展概览》。围绕经济建设和增长方式转变,强化课题研究,全局确定17个研究课题,其中10个课题由市社科联立项,立项课题数连续8年居市机关部门首位。完成《金华市主要经济指标》(快报数据精选);按月向市委市政府提供其他相关城市主要经济指标对比分析;不定期向市委提供县(市)主要经济指标排序及变动情况;不定期向市委市政府提供全市及各县(市)经济运行情况和主要经济指标的变动;协助相关部门做好经济发展规划提供统计咨询和服务。做好企业申报国家、省级名牌数据核实工作,核准统计数据,及时为申报企业出具书面证明材料。协助考评办确定对县(市、区)考核排序通报具体指标;参与起草对各县(市、区)经济社会发展主要指标实行排序通报的意见;提供市委市政府对县(市、区)主要经济指标考核排序月度、季度、年度指标;提供全省90个县(市、区)主要经济指标排序对比;分析各县(市、区)年度考核汇总结果,提出方案供市委决策;参与对市机关部门年度“职能工作目标”的审核。

【统计教育法制工作】利用短信平台、电台、电视台、报刊专栏、领导干部学习网、知识竞赛、普法培训班、统计法制宣传漫画巡展、向企业送达《统计法律事务告知书》等多种形式，广泛深入地进行统计法制宣传教育。按照《浙江省统计局关于开展企业“一套表”联网直报“三查”工作的通知》要求，组织开展对工业、能源、固定资产投资、房地产、建筑业企业统计数据质量的自查与核查工作。通过企业名录资料检查，确保单位调查名录库的真实完整；数据质量检查，确保源头数据准确可靠；企业一套表联网直报工作检查，确保国家关于四大工程各项部署落到实处。通过“三查”，进一步夯实统计数据的根基，为政府决策提供更加扎实的支撑。前3季度全市共稽查单位705家，立案查处统计违法案件40家。市局对3个县(市、区)统计局及76家企业进行统计巡查和执法检查。组织开展固定资产数据质量专项检查、能源统计专项执法检查、省级以上著名商标和名牌产品申报企业专项检查。2013年全市有205人报名参加统计高级、中级、初级职称考试；2087人报名参加统计从业资格认定培训考试；已有2900余人参加了统计人员继续教育培训。在上年开展统计诚信单位创建试点工作的基础上，进一步明确要求，严把质量关，确保诚信单位能起带头示范作用，以此促进企业的统计基础和统计台账建设，确保源头统计数据的质量，全市已超过41家企业申报统计诚信单位。按依法执政和依法行政的要求，完善法律知识学习、统计执法责任制、普法工作和责任追究等各类制度。严格执行部门统计调查项目审批制度。在满足部门要求的同时，尽量少增加基层负担，全年共批准3个部门5张报表。

【统计会议】 2月20日召开县(市、区)政府领导和市机关部门(单位)主要负责人参加的全市统计工作会议，会上市委常委、常务副市长金中梁对全年统计工作提出具体要求。7月3日召开县(市、区)政府主要领导、分管领导和市机关部门(单位)主要负责人参加的全市统计工作和统计知识宣讲会议，省统计局李学忠局长到会指导，徐加爱市长到会讲话。11月29日召开县(市、区)政府分管领导和市机关部门(单位)主要负责人参加的全市乡镇统计基础建设暨经济普查推进会，傅利常副市长对统计工作重点、乡镇统计基础建设和经济普查工作作出部署。

【规范工作机制】 《金华市部门统计工作规范化管理试行办法》《金华市部门统计工作联席会议制度》的出台和建立，使部门统计工作网络不断健全。立足金华实际，把推进乡镇统计基础建设列为近几年的重点工作。2012年初市政府明确提出乡镇(街道)统计基层基础建设要达到“六有六化”标准。2013年2月20日的全市统计工作会议把着重研究解决乡镇(街道)统计机构和统计队伍建设确定为2013年全市统计工作重点。在前期兰溪市赤溪街道试点的基础上，11月29日召开的全市乡镇统计基础建设暨经济普查推进会上对推进乡镇统计基础建设做出了全面的部署。按照省、市《关于进一步加强和改进统计工作的意见》要求，对乡镇统计基层基础建设制定“试点先行，全面推进”的工作方案，并得出“以人员、经费保障为基础打造统计专业服务中心，以网格建设为重点加强街道统计队伍建设，以制度建设为核心规范街道统计工作平台，以五星评比为抓手推进街道统计优质服务，以服务企业为理念提高统计数据利用水平”等乡镇试点工作经验，为金华市的乡镇统计基层基础建设开了个好头，为全市提供了宝贵的经验。

【干部队伍建设】 按照金政发〔2011〕138号充实市、县统计力量的要求，市统计局新设立金华市地方统计调查队，增加全额拨款事业编制4名；提拔中层副职干部2名；提拔任用主任科员1名；新聘高、中级统计师各1名；选调公务员1名、事业单位工作人员3名。制订下发《2013年局机关岗位目标责任制考核办法》，考核目标分四类，统计调查(基本业务)、统计服务(分析、信息)、统计文化、机关效能，考核办法突出重点，责任到人，奖惩结合，鼓励创新。并设预期量化目标，使工作任务具体到人，形成人人有目标，工作对照目标，事事围绕目标的工作机制。对工作落实不了、推诿扯皮推动不力的相关责任人坚决予以问责，确保敢于担当，通力协作，在全局形成奋发向上的工作氛围。使岗位目标责任制考核真正成为激励先进、鞭策后进的有效手段。开展对县(市、区)统计局的规范化工作和年度目标量化考核。制订下发《各县(市、区)统计工作考核评价办法》，考核内容包括统计基础建设、统计调查、统计服务、统计信息化建设、统计法制建设、统计管理、加分项、领导评价等8个部分、26个方面内容或指标,并对每一项内容指标都设定具体量化评分标准。有效指导和促进县级统计工作基础建设和比学赶超的工作氛围,形成市、县联动工作机制,有效提升全市统计系统干部职工的工作能力。

(林　萍)

审　计

【概述】 2013年,金华市审计局完成审计项目63个,查出主要问题金额152163万元,其中:违规金额6459万元、管理不规范金额145704万元;损益(收支)不实3425万元;审计处理处罚金额38133万元,其中:应上缴财政3332万元、应减少财政拨款或补贴3550万元、应归还原渠道资金29500万元、应调账处理金额1750万元;审计促进整改落实有关问题资金8746万元,其中:增收节支6996万元、已调账处理金额1750万元、审计后挽回(避免)损失3550万元;提交审计报告和专项审计调查报告28篇,被批示、采用19篇;移送司法机关、纪检监察机关和有关部门处理事项2件;提出审计建议146条,提交审计信息101篇,被批示、采用84篇。

【分项审计情况】 一是财政审计。组织全市政府性债务审计,摸清政府性债务的规模、结构和风险状况,提炼总结的技术方法、债务管理和审计经验被省厅采用推广并上报审计署债务办。财政预算执行审计重点关注"三公"经费支出控制、公务卡推广使用、财政支农专项资金支出管理等情况,提交多篇专报和内参信息均被市长批示,促成完善财政管理机制。首次实施市本级财政信息数据系统审计。二是行政事业审计和社会保障审计。跟踪关注市区城乡居民基本医疗保险运行情况,及时提出改进建议。关注金华市区镇级污水处理设施运管问题和高层二次供水设施管理和水质安全情况,提出建议和意见。关注住房公积金运行,提出实施公积金

金华市本级及所辖区、县(市)审计工作统计表

表9

审计机关	完成审计项目(个)	审计查出主要问题金额(万元)	审计处理情况					出具审计报告和审计调查报告(篇)	提出审计建议(条)	提交审计信息(篇)
			审计处理处罚				移送处理事项(个)			
			应上缴财政(万元)	应减少财政拨款或补贴(万元)	应归还原渠道资金(万元)	应调账处理金额(万元)				
金华市本级	63	152163	3332	3550	29500	1750	2	28	146	101
婺城区审计局	32	339537	–	–	–	263	–	10	91	22
金东区审计局	22	27170	–	–	11	–	–	–	19	2
兰溪市审计局	28	44977	12125	–	–	36	–	10	110	19
东阳市审计局	83	22417	330	10552	17	539	–	2	40	15
义乌市审计局	40	148873	684	–	–	–	2	3	86	4
永康市审计局	26	1427	253	–	302	579	–	7	87	31
浦江县审计局	22	21236	342	–	57	–	–	–	30	4
武义县审计局	29	36458	117	97	–	133	–	–	66	9
磐安县审计局	21	132300	24	–	25	717	–	–	34	–

(黄　登)

调剂制度，统筹全市沉淀资金建议。针对住房发展基金长期闲置问题，及时向市政府提出盘活使用的审计建议。三是经济责任审计。推动修订《领导干部离任经济事项交接办法》，对16位离任领导按新办法实施交接。制定下发《关于贯彻落实经济责任审计工作全覆盖的实施意见》等办法，推动经济责任审计全覆盖。首次面向80多个市直机关单位发布《2012年度年中抽签项目领导干部经济责任审计结果公告》。对法院系统进行异地交叉审计，揭示执行款管理基础工作不完善、支付不及时、存在挪用现象等问题。四是固定资产投资审计。完成投资审计项目10个，送审金额30024万元，核减造价3550万元。出台《政府投资项目审计复核办法》，规定政府投资项目送审金额在3000万元及以上的必须实行复核，切实防范审计风险；重新修订《政府投资项目跟踪审计操作规程》，突出重要环节的审计监督，确保审计质量。五是农业与资源环保审计。完成3个农业综合开发项目和1个水利项目审计，促进资金规范管理、使用绩效提高。六是金融审计。开展2个小额贷款公司经营风险情况专项审计调查，揭示小贷公司持续发展和风险防控方面所面临的政策、机制瓶颈，所上报信息被省厅采用。七是企业审计。组织力量清理金华市城开公司资产账务，全面理清十多年的遗留问题，为理顺市政府投融资平台打下基础。在金华市第二水泥厂资产处置情况专项审计调查中，妥善解决遗留问题，消除不稳定因素。八是专项资金审计。完成13项专项资金绩效审计调查，促进节约财政资金，提高专项资金使用效率。

（黄　登）

价格管理

【定价机制】 一是合理制定初始排污权有偿使用费标准。出台《金华市排污权有偿使用和交易试点工作实施办法》，合理制定化学需氧量、二氧化硫初始排污权有偿使用费标准，对全市新增排污企业化学需氧量和二氧化硫排污权实行有偿使用，对原有核定化学需氧量和二氧化硫排污量的企业实行自愿有偿使用。二是合理制定污泥处置费试行价格。在充分调研和成本测算的基础上，广泛征求相关企业和部门的意见，并召开价格协调会，科学制定了污泥处置费试行价格。

【清费减负】 一是强化收费管理基础。开展建设、环保、人防、消防、卫生检测等行业项目竣工验收前审批前置的服务收费和市本级农产品市场收费情况以及海关、商检等部门的涉企收费情况的调研，提出清理规范意见，为国家和省制定清费减负政策提供参考。二是加强教育收费管理。制定出台《金华市幼儿园收费管理实施细则》，调整公办幼儿园收费标准，对属地管理的开发区115家民办幼儿园实行备案管理。制定了金华六中艺术特长班以及六中、八中小语种特色班学费标准。全年共对18个行政事业单位核定收费标准191项。三是加强民生价格管理。对全市6家市级公立医院的医药价格调整方案进行匡算，制定初步调价方案。及时对市区道路二级区域A、B类地段进行划分，开展城市道路停车收费管理。制定金华市区一般道路救援收费标准调整方案。

【价格监审】 一是强化价格监测预警。全面调整农本调查，形成粮食、生猪、油菜籽、棉花、蔬菜（豆角）等主要品种以市本级为主，婺城区、金东区为辅的常规性调查以及各种专项和临时性调查相结合的成本调查格局。监测网络调查对象拓展到2个区8个乡镇19个村78个农本调查户。有序应对应急专项监测，共启动H7N9、高温干旱、“苏力”和“菲特”台风等4次应急监测。完善民生价格信息发布渠道。共计在《金华日报》、市府网等平台发布信息200次。每月发布《价格形势分析报告》。二是加强重点项目成本监审。对管道燃气、城市供水、污水等多个重点项目实施了成本监审。三是强化基础数据应用。全年共撰写市场价格动态、形势分析和专题分析共计203篇28万字，上报动态信息233篇。

【监督检查】 一是规范燃气行业明码标价行为。在全省首创出台《金华市燃气销售明码标价规定》，对瓶装燃气销售明码标价内容作出统一明确，规范燃气行业价格行为。二是扎实开展监督检查。推进涉农涉企收费、医疗收费专项检查，旅游价格行为专项整治，以及节假日价格检查，维护公平有序的市场价格环境。全市共查处价格违法案67件，涉嫌违法金额1405.9万元，没收违法所得1344万元,罚款52.5万元,退还57.4万元,经济制裁1453.9万元。三是健全完善价格举报工作机制。创新“电话沟通远程调解、调查现场简易调解、召集双方集中调解”三种调解模式,制作《金华市物价局行政调解书》,把情节轻微的举措事项移交价格监督组织督促规范,探索调解工作的规范化、程序化和制度化。完善《价格举报接访指南》,着重对接访注意事项和常见疑难问题解答进行规范,提高解答问题的效率。全市共受理举报2701件,办理2694件,查处价格举报案件71件,协调办结397件。四是提升价格服务水平。主动到义乌和磐安下访,进一步畅通价格信访渠道,方便群众来访。通过创新机制、优化服务、提能强效等一系列手段和举措,全力打造服务高效的“群众满意基层站所”。开展“价格服务进社区”活动。成立了7个服务小组,深入社区,对新狮等11个街道的社区开展“价格服务进社区”活动,大力宣传价格法律法规政策。优化社会价格监督服务。开展价格监督服务进校园活动,对市区1所省管学校、8所市本级直管学校、13所区管学校进行饮用水价格突击检查。开展商品房销售明码标价巡查。通过发放《关于做好商品房销售明码标价提醒函》,指导商品房开发企业做好明码标价工作,协助房产协会编制了《2013购房宝典》。

【制度建设】 一是统一配置监测预警机构。市本级设立成本调查监测预警分局,永康市成立“价格成本监审与监测科”,武义县成立“价格监测与成本监审科”,东阳市成本与监测机构也在编办审批中,机构建设方面取得显著突破,价格成本监测工作的力量得到加强。二是建立价格鉴定协助员制度。制定市价格认证中心价格鉴定协助员制度,在江南公安分局各派出所、刑大等基层站所中选聘优秀干警来担任价格鉴定协助员,专门负责联络价格鉴定工作,降低行政成本、提高工作效率。

(陈鑫伟)

国土资源管理

【修编土地规划】 根据各地的发展实际和需求,全市104个乡镇的土地利用总体规划进行修改,进一步优化土地利用布局和用地规划空间。

【用地报批】 2013年,全市共上报农转用土地49763亩,新增建设用地43900亩(其中:农用地42735亩、耕地20170亩),低丘缓坡批次上报面积26421亩(其中:农用地24472亩、耕地6943亩)。

【土地供应】 全市共供应国有建设用地1303宗,面积30107亩,合同出让金197.43亿元。其中:工业用地447宗,面积10431亩,合同出让金28.84亿元;商服、商品住房等经营性用地458宗,面积6791亩,合同出让金165.47亿元。对保障性住房用地做到“应保尽保”,全市列入新开工保障性安居工程项目涉及用地321.17亩全部落实,落实率达100%。

【低丘缓坡试点工作】 累计完成土地征用47926亩,农转用42843亩,平整土地24824亩,完成林地报批21736亩;完成供地项目63个,面积5910亩;已开工建设项目44个,面积3334亩。顺利通过国土资源部2012年度试点评估论证。

【推进批而未用土地消化工作】 通过“落实项目供应一批、异地置换盘活一批、完善手续补办一批、查清情况核销一批”等措施,积极推进未用土地的消化利用,提高节约集约利用水平。全市共消化批而未供土地2.3亩,完成年度任务的115%;盘活存量建设用地7192亩,完成年度任务的174%。

【推进市区延期开竣工项目】 在市区消化批而未供土地1956亩的基础上,督促延期开竣工项目竣工15宗,盘活存量建设用地614亩。

【落实耕地保护责任】 落实省政府下达的耕地保护目标,明确县(市、区)耕地保有量、基本农田保护和标准农田保有面积任务。认真开展县(市、区)耕地保护目标责任考核工作,顺利通过省政府的考核。做好国家土地督察上海局例行督察的有关工作。

【实施“812”土地整治工程】 全市完成垦造耕地立项项目292个,规划新增耕地31709亩,正在实施项目213个,规划新增耕地20750亩,2013年底完成2万亩垦造耕地任务。高标准基本农田建设任务全面分解落实,2013年底完成37万亩目标任务。全年完成拆旧复垦的38个农村土地综合整治项目,除个别项目申请延期和撤销外,其余均在2013年底前完成拆除和复垦工作。

【查处违法用地】 扎实做好2012年度卫片执法检查和“三改一拆”行动。年度违法占用耕地面积占新增建设用地占用耕地面积的比例（问责比例）约4.68%，同比下降两个百分点。全市查处土地违法案件528件，面积146.89公顷，其中耕地45.73公顷；拆除构筑物55.75万平方米，没收构筑物55.67万平方米，收回土地27.91公顷，罚没款2201.19万元。查处矿产违法案件64件，罚没款301.77万元。提出党纪处分建议37人，移送公安机关追究刑事责任10人。

【矿产资源开发利用规划】 科学设置采矿权选址，优化空间布局，完成市、县两级规划数据库和综合监管平台的建设，目前全市实有矿山214个，已全部实现网上报备，矿山年检率达100%。

【矿山生态环境建设】 深入开展“四边三化”矿山生态环境专项治理行动，全力抓好15家绿色矿山的创建工作，完成90个废弃矿井的治理。

【规范矿业权交易】 矿业权出让实行市级平台集中交易，做到交易全程公开，确保交易公正，全市完成矿业权交易13宗，出让金总额2659.58万元。

【推进砂石资源整治】 做好全市砂石整治工作，研究制定整治意见、政策、方案，建立市、县两级和市级部门间的联席会议，指导全市专项行动稳步推进，进一步规范全市砂石资源管理秩序。

【地籍管理】 认真做好年度土地变更调查和城镇村庄数字地籍调查工作，同步推进地籍数据库和管理信息系统建设，全市基本建立图属一致的登记发证系统，完成地籍管理系统的升级改造和土地登记动态监管查询系统运行等工作。全市累计核发国有土地使用权证95677本（市区28874本）、集体建设用地使用权证140本（市区5本）、办理抵押权证3290宗（市区219宗），涉及抵押金额517.72亿元（市区125.31亿元）。

【国土资源信息化建设】 完成存量工业用地、建设用地审批、低丘缓坡地开发利用等信息系统的开发和应用，监管审批效率明显提升。

【地质灾害防治】 进一步完善群测群防网络、地质灾害防治共同责任机制和应急保障服务平台建设，全市676个地质灾害隐患点全部落实责任人和监测员。积极做好重点工程的治理和搬迁避让工作，完成12个灾害点的治理，避让搬迁320户1053人。建成浙中西部第一个地下水动态监测网络，建成152个地下水监测点，涉及9县（市、区），控制面积1500平方公里（约占全市面积的1/6），实现对地下水开采造成的地质环境破坏的实时监测和预警。

【依法行政】 办理行政复议和诉讼应诉案件16件，努力解决群众合理诉求，保障群众权益。认真组织案卷评查工作，积极开展普法工作，组织开展地球日、土地日法律法规宣传咨询活动。

【信访维稳】 认真开展纠纷矛盾排查和信访维稳工作，在春节和全国、省、市两会等敏感时期均未发生重大群体性事件。全市受理信访事项2416件，同比下降18.78%；市局直接受理信访事项779件，同比下降6.25%。全市2008年至2010年国土资源积案全部化解，未出现复访情况。

【征地制度改革】 推进征地拆迁阳光工程建设，制定出台《市区被征地农民基本生活保障完善补充意见和实施细则》，保障被征地农民利益。进一步加大对省、市重点建设项目土地的征迁服务力度，积极配合开发单位解决征迁过程中的困难和问题。

【队伍建设】 完成对全市系统121个单位党风廉政建设责任制考核，领导干部累计述职述廉180人次，领导干部任前廉政谈话46人次，提醒诫勉谈话16人次，领导干部报告个人重大事项12人次。做好干部的培养、考察、选拔工作。积极开展各类干部的培训教育工作，先后组织1500人次参加市级以上举办的综合素质和业务专题培训。组织开展“我的价值观”大讨论活动，总结提炼“惜土如金、守土有责、爱岗敬业、服务群众、阳光心态”20字国土资源价值观精神，并被评为市政府十佳机关精神。扎实开展第三方评议工作，严格执行服务对象回访制度，全市系统政风行风进一步好转。

（王　斌）

工商行政管理

【重点工作任务】 全市共完成“个转企”13098家，总量列全省第三，提前超额完成三年总任务。金东创新“云审批”机制，打造“个转企”绿色通道；义乌推动“市场转型我先行”主题活动，激发市场经营户转企热潮；东阳出台房地产、车辆等资产平移的优惠政策，降低“个转企”成本；兰溪纺织、义乌电子商务、永康五金、东阳红木家具、浦江水晶等行业实现整体转型升级。组织开展调研活动,当好政府“参谋”,现代市场集群建设成为金华重点打造的“三个现代集群”之一。第八届中国商品市场峰会在义乌成功举办。浦江水晶城、金字冻品城、义乌国际生产资料市场等一批新建重点市场开业,还有一批市场新建项目和扩容项目正在抓紧施工。积极推动网上网下市场对接,深化市场信用示范建设,全市呈现出新一轮市场提升发展高潮。全市商品交易市场435个,各类商品交易市场成交额2105亿,同比增长10.49%。农贸市场改造提升成效显著,全市共投入资金1.36亿元,启动58家农贸市场改造提升工作,并创建33家省文明示范农贸市场。组建农贸市场专业委员会,开展市场管理之星评比,强化培训教育,多措并举,推动长效监管。三年来,全市共改造提升农贸市场115家,累计投入资金3.2亿,得到省政府考核组充分肯定。国卫复审任务圆满完成。扎实开展食品安全电子监管示范创建,全市已安装电子监管软件1971户,同比增长28.82%,安装率和使用率都得到较大提升,并创建30家省级示范单位。配合教育部门,推进品牌超市进校园工作,加强经营主体准入把关,严格品牌超市的资质设定和确认,强化校园食品的统一配送管理,定期开展校园食品的检查监督,全市校园店品牌超市入驻数205家,入驻率82.66%,提前完成省里三年50%的工作目标。加大流通环节食品质量抽检力度,全年共抽检各类食品2345批次,检出不合格率10.19%,高于省局规定指标。创新工作机制,兰溪试点实施食品仓储、品种双备案制度,金东开展食品流通企业冷藏仓储规范管理,提升食品安全风险防控能力,消除监管盲区。

【完善工作机制】 创新行政审批运行机制和服务方式,全市登记窗口全部实现审批事项“一窗对外”、集中办理,六个县(市)实现多证联办,三个县(市)实行并联审批,行政审批效率大幅提高,市场主体发展环境得到优化。全市共办理筹建登记20户,一址多照32户,一照多址63户,多证联办13921户,并联审批521户,全市市场主体达到43.89万户,再创新高。市场主体结构进一步优化,企业占比提升至21.8%,非上市股份公司首破一百户。义乌大胆探索与实践,启动商事登记制度改革试点,取得明显成效。商改以来,义乌共新增各类市场主体22168户,同比增长56.3%,电子商务企业数量激增1576家,环比增长582%。无照综合治理纳入轨道,增补电力、教育、通信办、三大通信运营商为查无办成员单位,制定完善部门和县(市、区)的查无考核机制,进一步巩固“政府领导、部门负责、查无办协调、社会参与”的查无综合治理格局。结合“五水共治”“三改一拆”等政府重点工作,开展校园周边、黑网吧、危化品、小旅馆、小餐饮、采砂石等专项整治,将无照经营纳入政府综合治理的监管轨道,试行市区企业集中上网场所备案制度,取得良好实效。全市共立案查处无照经营案件1200余起,无照转有照1.5万余家。浦江牵头实施水晶加工行业整治,力度大、成效足。创新行业协会互动协作机制,形成行业协会规范企业、企业强化自律的良好格局。出台全国首部服装“三包”规定,为处理此类纠纷提供了依据。永康调查发布国内首份汽车润滑油价格报告,揭开汽车润滑油价格乱象,引发媒体关注和消费者共鸣,被省消保委评为2013年度消费评价一等奖。创新消费投诉快调机制,建立首批消费维权“绿色通道”,实现消费纠纷就地快速解决,服务站自行调解率达98%,为消费者挽回损失2195万元。开展“霸王条款随手拍”活动,参与“市民问政”直播访谈,调动社会各界力量参与霸王合同条款整治,共发放行政指导469份,立案查处51件。切实做好合同使用的行政指导,变被动事后治理为主动事前预防,社会效果明显。做好8890便民服务平台、110和数字城管的转办、处置和反馈工作,完善应急联动工作机制,确保及时处置各类突发事件。

【专项执法行动】 开展三次打击“傍名牌”集群战役,查获侵权商品10.5万件,包装、配件52万余套,货值1.2亿。保持打击传销高压态势,全市共立案查处传销案件14起,移交司法追刑案件25起,解救传销人员130人。违法广告整治疏堵结合,建成全天候广告自动监测系统,建立媒体发布虚假违法广告“五必查”制度。开展“春雷2013”和打击保健食品“四非”专项行动,共监测广告5210条,发现违法广告198条,立案52件,罚没款70.59万元。广告信用指数纳入政府对报纸媒体单位的评选考核,将媒体广告净化工作上升为政府行为。网络市场秩序强化监管,共发现非法主体网站 68 家,查处网络侵权案件 120 起。

【扶持举措】 出台十项举措,扶持网络市场发展,规范网络经济秩序,服务网络经济“一号产业”快速有序发展。开发全省首个电子商务信用平台,发挥统计分析、信用公示作用,为网络经济发展提供技术支撑,该平台已通过专家组初步审定,建档涉网经济主体近 6 万户,采集涉网企业信用信息 9.5 万条。商标培育指导机制逐步完善,新建品牌指导站 5 个,总数达到 21 个。商标品牌建设成果喜人,全市注册商标总量达 12 万件,位列全省第三,义乌注册商标量位居全国县级市榜首。驰名商标培育再获丰收,新认定驰名商标 8 件,认定数量居全省第三位,总量累计 44 件,首次超过台州。“金华市金华火腿”,成为金华市首只被认定为中国驰名商标的证明商标,品牌含金量再次提升。通过政策宣传、企业管理培训、企业融资渠道拓展等方式,切实帮助解决企业困难。开展“送政策进千企”活动,走访企业 8765 家,个体工商户 21 万多户,发放政策汇编 4 万多份,各级个民协会组织培训 135 批次。开展金融服务年活动,组建企业信用联盟,加大对信用企业的金融扶持力度,授信近 10 亿元。

(王海莹)

质量技术监督

【质量建设】 开展“树质量标杆,创示范城市”活动,率先在全省推出“五强”示范创建评价体系,永康入选全国质量强市示范城市。东阳、兰溪等 2 个县市被授予市级质量强市示范县,全年共创建 2 个质量强市示范县、9 个示范乡镇、5 个示范区、8 个示范行业、100 个示范企业。深入开展政府质量奖评审工作,共评出市政府质量奖 3 个,提名奖 2 个。推荐3 个企业参加省政府奖评选,全都进入现场评审阶段。新增浙江名牌 28 个,名牌创建水平继续位居全省前茅,开发区软件和信息服务业区域名牌为全省首个服务业区域名牌,永康五金争创全国知名品牌示范区已进入公示阶段,武义有机产品认证示范区建设有序推进。推动为主制修订国家标准和行业标准 7 项,全市主导产品采标率达 45.29%。获得国家级农业标准化示范项目和服务业试点项目 4 个,农业标准化生产程度达 57.62%,省级工业和服务业标准化项目优秀率达 69.2%,均位列全省前列。进一步夯实质量基础,强制检定计量器具共 22.8 万台件,推进特种设备节能减排和能源计量工作,全年实现节能 7.4 万吨标准煤。

【质量安全】 建立质量风险监控机制,鼓励基层发现、上报和处理问题。以永康市场反溯机制、东阳特种设备大监管、兰溪乡镇首席质量监督官、浦江絮用纤维、简易升降机专项整治等 5 个试点为抓手,积极探索和完善监管新模式。省、市局先后在永康、东阳和兰溪召开 3 个现场会,得到省局和市政府主要领导充分肯定,并先后对兰溪乡镇首席质量监督官和永康市场反溯机制试点做了专门批示。组织开展“蓝剑行动”、特种设备安全大检查大整治、“633 地产食品保安全”等专项行动。排查各类安全隐患 668 个,查处案件 308 起,移送公安机关 13 起。更新改造土制简易升降机 206 台,停用或拆除 768 台。强化网络突发事件应对,编发舆情监测信息 73 期,有效应对义乌毒吸管等事件,全市质量安全形势保持平稳。

【国家质检中心建设】 深入实施“科技兴检”战略,市本级的机动车机械零部件、永康五金、东阳红木家具等三个国家质检中心建设取得较大突破。6 月 20 日,国家机动车机械零部件产品质量监督检验中心(浙江)获总局批筹,11 月 28 日举行开工奠基仪式,项目建设进入施工阶段。永康国家五金工具中心和东阳国家红木家具中心也都已上报总局,有望在 2014 年获得批筹,三箭齐发态势愈发明显。全市检验检测工作得到较快发展,新申报省局科研项目 7 个,共投入能力提升和项目建设资金 6000 万元,技术机构完成业务收入首次突破 7500 万元。

【作风建设】 严格落实中央“八项规定”、省委“六条禁令”和省局 20 项规定,结合市委“正风提效促赶超”和省局“深化作风建设年”活动,扎实开展“抓规范、重督查、严问责、树形象”活动,营造有令必行、有禁必止的工作氛围。夯实党建基础,推动质监文化建设。调整充实一批县市区局领导班子,队伍活力进一步激发。稳步实施行政审批制度改革,共清理下放审批事项 17 项,清理率达 88%。认真做好依法行政工作,永康成功创建全省依法行政示范单位。开展质量月、“质量帮扶进百企,优化服务促发展”、“民生计量入万家”等行动,全年共走访企业3679家,解决问题269个,提供技术帮扶3578次。信息化建设不断加快,开通“金华质监”政务微博,并实现县(市、区)局全覆盖,宣传工作名列全省系统前茅。连续两年荣获全省系统优秀单位称号。

(吕　斌)

食品药品监督

【概述】 2013年,金华市食品药品监管以保障公众饮食用药安全为总目标,抓长效建设推进食品药品安全监管,抓规范建设促进食品医药产业转型发展,促进社会和谐和推进地方食品医药经济发展。一是开展食品安全基层责任网格化建设。2013年,在永康市古山镇、城西街道和婺城区等地开展了基层食品安全监管责任网格化建设工作试点。9个县(市、区)和金华开发区全部建立基层食品安全责任网建设领导小组、制定下发基层食品安全责任网格实施方案、召开基层食品安全责任网建设动员会议。全市156个乡镇、街道(含1个办事处、1个开发区)全面实现了网格化管理“七个四”的工作目标。全市共投入网格化管理建设经费340.65万元;乡镇(街道)网络化管理工作培训率、乡镇(街道)对5175个村(居)网络化管理培训率达到100%;培训乡镇负责人220人次,培训部门联系人169人次,培训村级网格责任人员1.2万余人次;全市组建村级网格(含以下)7913个,村(居)覆盖率100%,平均每个村(居)建立责任网格1.529个。金华市的网格化建设工作得到省领导的充分肯定,副省长郑继伟在省府办关于金华网格化试点工作的信息上批示推广。二是推进“食品安全检验检测数据共享与发布工程”建设。在金华市区范围内设置30个检验检测点,统一发布食品安全检验检测数据,从5月起,每月定期统一向社会公布食品安全检验检测数据,公布各类食品检验检测结果共8期1647批次,累计合格率98.91%。总投资26万元的“食品安全检验检测数据共享与发布”电子平台11月投入试运行,实现食品安全检验检测资源的软性初步整合。三是继续推进药品安全示范创建。全市153个乡镇已有150个乡镇通过药品安全示范乡镇(或达标乡镇)考核验收,创建完成率达98%,其中永康市以高分通过省级药品安全示范县考核验收。依托省级药品安全创建平台,以工作考核为抓手,以县乡村三级药品安全监督网络建设为重点,进一步完善农村药品网格化监管,充分发挥基层药品协管员、信息员和社会群众监督的作用,引导和鼓励药品经营企业在“双无村”设置药品供应网点,目前行政村供应点覆盖率已达90%以上。四是突出风险管控加强食品药品源头监管。为有效控制食品药品质量安全风险,及时消除安全隐患,结合金华实际制定《金华市食品药品安全风险会商办法(试行)》,构建全市的食品药品风险防控体系。组织开展食品安全“强网清源”集中整治行动,全面完成“走访排查一次、分析梳理一次、重点企业约谈一次、集中宣传一次、整顿治理一批突出问题、建立一批长效机制”这“六个一”工作目标。在全省率先探索开展本地产中药制剂重金属风险评价工作,将技术支撑引入药品生产风险管控工作,使风险管控具体化、数字化,通过代表样品检测来评估全市药品生产企业生产中成药的重金属污染情况,为日常监管的有效开展提供技术依据。对全市15家中药制剂生产企业的108个在产品种进行全面分析的基础上,完成9家中药制剂生产企业的15个代表样品重金属风险评价性实验检测,筛查出了3个高风险品种,组织企业从药材种植基地的土壤、化肥、灌溉用水,从不同来源的原药材、药材清洗提取工艺、辅料、生产工艺、共用设备清洁等多环节进行风险排查,并提出风险控制建议,提高中药制剂生产企业依法生产的自觉性,进一步督促企业按《药品生产质量管理规范》组织生产,保证中药药品质量和安全。巩固打“四非”成果,对保健食品从法律法规、审批、生产、经营、监管环节等五个方面共梳理出包括“铁皮石斛、破壁灵芝孢子粉、珍珠粉原料安全隐患”等15个风险点作为金华保健食品行业监管的重点和着力点,加强对特色保健食品生产的安全监管。对医疗器械,强化无菌和植入医疗器械生产企业的风险点排查,重点督促生产企业加强对生产用原辅材料的安全性评价,进一步提高过程确认方案的科学性和有效性,深入开展对企业多个产品共用一组灭菌过程参数以及部分无菌组(部)件二次灭菌的适宜性评估,并对有效期内的200多个一类医疗器械产品的注册情况进行了自查和梳理。对餐饮环节,于10月23日组织一次食物中毒事件应急演练,进一步完善和规范应急处理程序,提高应急处理工作的协调、调查、判断分析能力,防范突发公共卫生事件的发生。

【食品安全工程创建】 一是制定并实施“百万学生饮食放心工程2013~2015年创建计划”。全市共有学校食堂1092家,通过规范引导,各项指标均已完成省定考核目标。其中,原料索证索票率100%,大宗食品统一配送或定点采购率达97.07%;学校(含等级幼儿园)食堂量化分级A级单位98家、B级单位573家,学校食堂量化分级A、B等级占食堂总数的61.45%;全市共有学校内商店246家,实现品牌超市入驻203家,品牌超市入驻率82.45%,远高于省定50%的指标。其中,市区60家学校内商店中已有58家实现品牌超市入驻,入驻率96.67%;加强学校饮用水管理,学校饮用水城镇管网接入率95.18%。二是开展全市餐饮服务食品安全“321示范工程”创建工作。完成餐饮服务食品安全示范县2个,示范街6条,示范单位63家的创建工作,完成市级的考核验收并公布。在餐饮服务环节监管中进一步落实餐饮服务单位食品安全主体责任,完成有证餐饮服务单位的等级评定,专门设计制作了《餐饮服务食品安全信息公示牌》,免费发放并悬挂在餐饮服务单位门口。做好市本级省二体会等重大活动13个、180餐次、3.4万余人次的餐饮食品安全保障工作,全年未发生重大餐饮食品安全事故。三是实施小餐饮备案管理机制,完成创卫复审任务。将国卫复审与创建省级文明城市的文明程度指数测评工作相结合,创新小餐饮整规管理举措,出台了《金华市区小餐饮行政指导服务备案暂行规定》,对经营面积80平方米以内的小餐饮服务单位实行备案管理制度,将小餐饮服务的“前置审批”调整为事后监督“备案管理”的方案,解决小餐饮无证无照失管的情况。全市共发放备案证1500余份,开发区小餐饮单位的纳管率从31.8%上升到96.8%,从业人员健康证持证率从45.2%上升到94%;200余家无证小餐饮单位顺利取缔;125家备案管理的小餐饮单位升级领取了《餐饮服务许可证》,《餐饮服务许可证》持证率提升了10个百分点。开展各类集中培训20余次,受训人员达3400余人次,备案管理的餐饮单位培训覆盖率达到100%,小餐饮从业人员培训覆盖率达到90%以上。金华市的小餐饮监管工作经验在《浙江政务信息》上进行刊发。

【违法违规惩治】 一是组织打击“四非”遏制保健食品违法违规。联合公安、工商等部门组织开展打击保健食品“四非”行动,全市出动执法人员3075人次,检查保健食品生产、经营企业1186家,立案查处13起,查扣违法保健食品4950盒(瓶),移送公安机关处理2起,初步形成了“部门监管、联合打击、行业自律、舆论监督、群防群治”的工作格局,“四非”违法行为得到了有效的遏制。二是开展药品安全“两打两建”专项行动。通过组织对特殊药品、中药材和饮片、互联网销售假药等10余次专项整治行动,强化与司法机关的衔接,保持对药械违法案件的高压态势,加大对故意制售假劣药品等社会影响恶劣违法行为的打击力度,全年共立案38起,结案38起,其中:大要案2起、移送公安5起。药品生产环节以实施新版GMP为抓手,以风险管控为主要内容,督促企业健全完善内部质量管理体系,强化措施落实,有效控制和消除药品生产安全风险隐患,对辖区内药品生产企业进行全覆盖监督检查。流通环节以实施新版GSP为契机,以建立药品经营规范建设和药品监管机制建设为目标,出台《金华市贯彻新修订<药品经营质量管理规范>实施方案》《金华市药品零售企业新修订药品GSP检查工作程序》《实施新修订药品GSP帮扶方案》,对实施新修订药品GSP中相关问题的处理进行规范,进一步理顺GSP认证检查工作机制,提高经营企业诚信经营的自觉性。

【改进和优化服务】 一是深入企业开展主题实践活动。根据金华市委的统一安排,金华市食品药品监管局的相关领导分头带队深入乡镇和企业调研,走访240余家保健食品、化妆品、药品、医疗器械和餐饮服务重点企业,组织召开座谈会,下发征求意见函1000余份,收到建议意见200余条,帮助解决困难30余个。强化对药品生产企业实施新版GMP服务指导,通过召开现场会、组织模拟检查等多种方式来全面推动新版GMP的深化实施,全市9家无菌药品生产企业有4家(涉及5条生产线)通过新版认证,占总数的44%;28家非无菌制剂生产企业有12家通过新版认证(涉及16个原料药,15个制剂),占总数的43%。加大对企业新药研发的扶持力度,帮助企业加快申报进程,助推企业转型升级,年内,全市企业药品注册申报数量剧增,比上年同期增加233%。研究出台结合金华实际的新版GSP实施办法,重点引导药品零售企业转型发展,鼓励加盟店与总部合作成立有限责任公司,稳步提高零售连锁直营店比例,全市药品零售连锁门店直营率比例由转型前的10%上升到31%。二是深化行政审批制度改革。认真清理审批项目,12个审批项目清理了5个,清理率达41%。根据市政府要求将药品零售连锁总部的许可等5项审批和管理权限下放给义乌市局。进一步优化整合资源,从审批权限、审批时限、审批程序对行政许可的自由裁量权进行规范,理清处室之间的时间衔接,缩短审批时限。全年受理各类审批事项1625件,办结1625件,发证1625件,审核资料2000余件,平均每一审批项目办结时间为3个工作日,低于各项法定时限。

(王　慧)

安全监督管理

【概述】 2013年,全市安全监管工作坚持"安全第一、预防为主、综合治理"的方针,围绕"三个确保"的工作目标,大力开展安全生产大排查大整治专项行动,全面推进企业安全生产标准化创建工作,深化安全生产宣教工作,持续保持安全生产严管高压态势,全市安全生产形势总体稳定。全年,共发生各类生产安全事故2742起,死亡534人,受伤1357人,直接经济损失5724万元,与上年同期相比(同比数不含火灾事故,下同),事故起数减少32起、下降2.1%,死亡人数减少19人、下降3.4%,受伤人数减少37人、下降2.7%,直接经济损失减少239.2万元、下降11.4%,四项指标连续第九年实现同比下降。

【安全生产标准化创建】 将标准化创建作为夯实企业安全生产基础,提升安全生产本质水平的重要举措,制定全市标准化创建方案,将创建任务分解落实到各县(市、区);各县(市、区)政府出台标准化创建奖励政策。金华市政府召开全市安全生产标准化建设工作推进会,对规模以上企业标准化建设工作进行再部署。出台了《关于开展企业安全生产诚信机制建设和安全生产标准化建设相互融合推进的实施意见》,将企业安全生产诚信机制开展情况纳入年终考核内容,并要求各地在企业诚信建设与标准化的融合中要做到"同步创建、同步推进、同步申报、同步考核、同步管理"。截至2013年12月底,全市有国家一级安全标准化达标企业2家、国二级标准化达标企业37家、国三级安全标准化达标企业2955家,并已全部实现网上申报,实现高危行业企业、规模以上企业两个100%达标;规模以上企业诚信等级分类评估率达60%以上。

【安全生产大排查大整治专项运动】 一是周密部署,迅速行动。金华市政府下发两个大排查大整治专项行动文件(金政办发明电〔2013〕35号、38号),对专项行动作了全面部署,各县(市、区)、市级有关部门制定了具体的工作实施方案。二是按照"全覆盖、零容忍、严执法、重实效"要求,深入开展重点行业领域排查整治。全市矿山、道路交通、建筑施工、消防、危险化学品和烟花爆竹等重点行业领域,共组织大检查大整治专项行动督查组4973个(其中暗访、突击检查组581个),参加人员41773人次,检查单位和场所28437家,责令改正、限期整改、停止违法行为14410起,责令停产、停业、停止建设998家,暂扣或吊销有关许可证、职业资格证93个,关闭非法违法企业119家,罚款1355.44万元。三是抓好液氨使用企业专项排查整治。市政府组织召开全市涉氨企业清理整治专项工作会议,印发《关于立即开展液氨使用企业专项排查整治工作的通知》,共排查出液氨使用企业(单位)152家,查出安全隐患570项,全部实施分类汇总并逐家登记建档和安全评价,相关企业开展隐患整改工作,对不具备安全生产条件或整治不力的9家企业予以关停。四是加强督查,确保各项措施落到实处。6月25日至7月10日,组织20个督查组,对各县(市、区)、市级有关部门开展大排查大整治情况,特别是重点行业领域的排查整治情况进行督查。8月12日—8月23日,组织8个督查组,在全市集中开展安全生产

2013 年金华市各类事故统计表

表 10

指标 类别	事故起数		死亡人数		受伤人数		直接经济损失(万元)		其中一次死亡	
	起数	同比	人数	同比	人数	同比	经济损失数	同比	起数	同比
工矿企业	45	-6.25%	46	-13.21%	0	0	1449.00	-13.21%	0	-
道路交通	1425	-1.93%	487	-2.21%	1352	-2.66%	410.55	-4.28%	3	0
水上交通	0	-	0	-	0	0	0	-	0	0
火　灾	1272	-	1	-	5	-	3864.48	-	0	-
渔业船舶	0	0	0	0	0	0	0	0	0	0
铁路路外伤亡	-	-	-	-	-	-	-	-	-	-
合　计 1	1470	-2.13%	533	-3.44%	1352	-2.66%	1859.55	-11.39%	3	-25.00%
合　计 2	2751	-	534	-	1357	-	5724.03	-	3	-
备　注	1.2013 年 2 月份始消防火灾事故起数、死亡人数、受伤人数、直接财产损失只统计生产经营性火灾 2.合计 1 栏不包含火灾事故									

明查暗访督导检查活动。9 月中下旬,结合节前安全生产工作,组织由金华市政府领导带队的大排查大整治开展情况督查。整治活动期间,还积极做好国务院安委会、省政府组织的各二轮大排查大整治专项行动督查的相关工作。

【隐患排查治理】 始终把隐患排查治理作为安全生产的一项基础性工作来抓，落实隐患排查治理各项措施和主体责任，深化隐患治理各项工作的开展。一是积极开展主动执法。不断推进安全生产行政执法规范化建设,严肃事故调查和举报查处。全年,全市查处生产安全事故 50 起,结案 44 起,移送追究刑事责任 7 人,罚款 666.45 万元。二是深化重点行业领域专项整治。对道路及水上交通、危险物品、消防、矿山、建设施工、企业用电安全及电力设施保护、有限空间作业等重点行业领域开展全市性的安全生产专项排查整治。全年,全市工矿企业和交通运输等重点行业领域企业累计排查单位 54070 家，查出一般隐患 79785 项,完成整改 79460 项,整改率 99.6%;列入省、市政府挂牌整治的 148 处重点隐患(其中省级挂牌 15 处）已完成整改，投入整改资金 7000 余万元。将大排查大整治期间发现的相关道路、火灾事故重点隐患列入省、市政府挂牌督办项目,积极督促有关单位开展整改工作。三是深化“打非治违”专项行动。全年，全市组织“打非治违”检查组 5908 个、21017 人次,检查企业 23879 家,对非法违法、违规违章行为实施警告处罚 2528 次,责令改正、限期整改、停止违法行为 3577 起,责令停产、停业、停止建设 270 家,暂扣或吊销有关许可证、职业资格 119 个,关闭非法违法企业 100 家,行政拘留 43 人,移送追究刑事责任 143 人,罚款 1376.25 万元。

【安全生产应急管理】 一是强化应急救援队伍建设。一方面,推进三美危化应急救援中心建设。在省局的大力支持下,金华市级危化应急救援三美中心成功升格为省级应急救援中心,争取到省级补助资金 500 万元。市财政安排补助资金 50 万元（自 2010 年以来共补助 210 万元)，武义县政府解决三美中心建设场地问题。另一方面,继续加强矿山应急救援队建设。连续四年每年对市矿山应急救援队建设补助 10 万元,添置了部分应急救援装备,进一步提升了矿山行业应急救援能力。二是强化应急预案管理与演练工作。组织人员修订完善《金华市生产安全事故应急救援预案》《金华市危化品生产安全事故应急预案》和《金华市矿山生产安全事故应急预案》。11 月 19 日,在武义开展全市危险化学品事故应急救援演练。三是成功组织多起生产安全事故应急救援处置工作。10月6日上午,42省道磐安双坑隧道发生局部塌方事故中的8名被困施工人员全部成功获救。先后成功实施"1·22"武义郊区公路白洋隧道北侧出口处盐酸槽车碰撞泄漏事故、"1·23"缙云县新碧开发区无水氟化氢槽罐车侧翻事故、"5·28"330国道武义县上茭道路段24吨液化石油气槽罐车侧翻泄漏事故、"7·14"杭金衢高速公路兰溪出口路段丙烯酸乙酯槽罐车翻车泄漏事故、"10·28"330国道武义县下茭道路段37吨废盐酸槽罐车自燃泄漏事故等危化品事故应急救援工作。

【安全生产宣教】 一是认真组织开展"安全生产月"活动,充分利用媒体和户外大型公益广告、LED滚动字幕、楼宇电视、科普画廊、公交车电子屏幕等载体,加大安全生产宣传力度,出动宣传车658台次,悬挂标语(横幅)8551条,出黑板报2268期,举办知识竞赛173场,举办演讲比赛36场,安全文艺宣传144场,发放宣传资料380147份,引导、动员社会力量关心、支持和参与安全生产工作,提高全民安全意识,营造深厚的社会氛围。二是认真贯彻落实国务院安委会、省安委会关于培训工作的决定、意见,制定了《关于进一步加强安全生产培训工作的实施意见》(金安办〔2013〕17号)。全年度共培训"三类人员"39936人(企业主要负责人13825人,企业安管人员10666人,特种作业人员15445人),从业人员547973人,全面超额完成省局下达的年度培训任务。

【难点领域监管方式创新】 一是在全省首创烟花爆竹经营计分制管理,顺利完成历史遗留的46家烟花爆竹二级批发经营单位专项整治,得到了省安监局的高度肯定,有关做法在全省进行推广。二是出台矿山采场外监管意见,实施矿山"精细化"监管,预防矿山事故的发生。三是制定《关于推进安全生产科技进步的意见》,鼓励企业加大安全生产关键技术、重点设备攻关和自动化改造,在一些高危行业、岗位推广应用现有先进适用工艺技术与装备,实现"机器换人",提高企业本质安全水平。在全市着重推广了化工企业气防站(组)、液氨灌区防泄漏自动保护、有机溶剂离心机惰性气体保护等系统的建设,引导推动重点化工企业在相关环节推行危险与可操作性分析(HAZOP)等科学方法。四是深化生产安全事故防范创新体系建设。在原有基础上查漏补缺,健全和完善全市电镀企业基本情况、责任单位、隐患排查、安全防护设备设施等信息数据库,完善清污作业相关制度和工作机制并在全市电镀企业全面推广实施。按照省政府责任书的要求,各县(市、区)都落实1家以上个体经营户集中或租赁单位多的大型市场或楼宇,进行安全生产管理的创新探索;在市开发区专题召开全市性的创新试点工作推进现场会,交流各地开展创新探索的做法、进展情况和成功经验。同时,浦江县水晶行业安全生产综合整治试点扎实推进。

(谢 纯)

国有资产监管

【概述】 截至2013年底,全市国有企业资产总额1111.9亿元,同比增长18.12%;所有者权益325.8亿元,同比增长12.88%;营业收入155.2亿元,同比增长11.17%;利润17.4亿元,同比增长13.72%;上缴税收6亿元。其中,金华市国资委监管企业资产总额499.82亿元,所有者权益100.45亿元,营业收入45.30亿元,利润9.06亿元,上缴税收3.95亿元。2013年底,市政府授权市国资委履行出资人职责,实行监管的一级企业共有19家,分别是:金华市城建发展控股有限公司、金华市交通建设投资有限公司、金华银行股份有限公司、金华市浙中教育集团有限公司、金华日报报业传媒中心、金华市铁路建设投资有限公司、浙江尖峰集团股份有限公司、金华市国有资产经营有限公司、金华市婺舟航运开发建设有限公司、金华市公交集团有限公司、金华市市场发展集团有限公司、浙江通济交通运输股份有限公司、浙江中联股份有限公司(金华市中宇物流有限公司)、金华市物资再生综合利用公司(金华市国通二手车交易市场有限公司)、金华市国信粮油交易市场经营管理有限公司、金华市南山建设发展有限公司、金华三才种业公司、金华市通济国有资产投资有限公司、金华市资产管理有限公司。

【国资监管机制】 市国资委以产权管理、营运监控、业绩考核为重点,全面提高国资监管效率。一是加强国有产权管理。启用国有产权登记新的网络登记系统,对全市的国有产权数据进行采集更新。组织开展国有资产出租出借行为专项整治活动。二是强化企业营运监控。进一步强化年报审计、政府审计、经济责任审计,加大财务监管力度。开展市属企业对外投资和重大资金往来专项检查,对企业重大投资项目实行事先审核、事中跟踪、事后考评的全过程监控。开展工资总额预算管理调研,修改完善《市属企业工资总额预算管理暂行办法》。三是完善企业业绩考核。结合市属国有企业实际,积极探索分类考核办法,提高考核的针对性和有效性。委托中介机构对企业负责人经营业绩暨薪酬考核进行专项审计。修改完善《金华市市属企业负责人经营业绩暨薪酬考核办法》。四是深化监事会监督。先后向市通济国投公司、浙中教育集团、国信粮油公司委派了新的监事和财务总监5名,发挥监事会和财务总监"双轨"监管作用,及时跟踪企业重大事项。

【国有企业改革】 金华市国资委围绕市委、市政府中心工作,积极推进市属国有企业的改革重组。9月,完成金华市保安服务公司脱钩改制,市保安服务公司顺利从公安部门移交到国资部门,实现公司平稳过渡;10月,整合原金华市城市建设投资有限公司和金华市城建开发有限公司,组建成立金华市城建发展控股有限公司;同月,在原市交通建设投资有限公司基础上组建成立金华市交通建设投资有限公司。

【发展民生事业】 金华市国资委以服务民生和市区发展为重点,积极推进各项重点工作。一是推进国资投资项目建设。大力推进省、市重点工程--浙中粮油交易中心建设;建成浙江中西部档次最高、规模最大的二手车交易市场,并开工营业。做好机动车排气检测项目建设。二是做好治堵任务落实。完成金西客运公交场站建设,新增(更新)公交车辆114台,新增(优化)线路16条。市区公交分担率达到16.2%,同比提高2.2%个百分点,位居全省第一(除杭宁温外);完成城西(姜山头)大货车停车场一期工程建设,并投入使用。三是推进国有民办教育发展。积极做好上海财大浙江学院的治理结构调整工作,大力推进学院基础建设,促进学院的长远发展。

(李晓华)

出入境检验检疫

【概述】 2013年,金华检验检疫局根据金华市委、市政府和浙江检验检疫局的工作部署,结合金华开放型经济发展的实际,深入贯彻"抓质量、保安全、促发展、强质检"的十二字方针,确立"突出推进'三大建设'、创新检验监管方式、提升外贸通关便利"三大工作重点,绩效管理工作取得明显成效,荣获金华市金融单位和垂直管理单位工作绩效"十佳单位"荣誉称号。全年共完成出入境货物检验检疫12.41万批、货值38.33亿美元,批次和货值同比分别下降16.25%和20.41%;签发产地证书6.52万份;开展出入境人员健康体检2615人,发现病例数547人,预防接种4563人;截获有害生物130批次。

【通关服务】 认真贯彻落实上级各项减免费政策,直接减免企业检验检疫费用约1639万元;引导企业用足用好产地证政策,举办1期政策宣贯培训会,培训企业人员171人;完成辖区4个地理标志产品地标大典编写工作;开展15家企业的服务贸易原产地调研;帮助出口企业获得国外关税减免优惠约7944万美元;配合实施名牌战略,促进地方经济转型升级,在"武阳春雨"获浙江省首个生态原产地保护产品基础上,帮扶"采云间"等辖区名优产品开展保护产品申报。积极推进窗口标准化建设,2个检务窗口被评为"全国检验检疫示范窗口",1个检务窗口被评为"浙江检验检疫示范化窗口"。

【商品检验检疫】 一是加强对重点敏感商品的检验监管。认真开展"强网清源"集中行动,共完成67个蜂蜜、速冻蔬菜、茶叶、调味料、化妆品残留监控样品,其中绿茶3个样品检出的虱螨脲、茚虫威,判定为不合格;强化进口设备检验监管工作,2013年度共检出不合格7批,涉及金额148.7万美元;组织完成目录外商品抽查80批,涉及生产出口企业73家,主要产品包括电动工具、不锈钢保温杯、铝锅、纺织服装,经检测,不合格样品14批次,样品不合格率为17.5%,对抽查不合格企业,及时督促、指导企业进行整改,提升出口产品质量。二是稳步推进检验监管模式改革创新。从弱化检验、改进监管方式、加强稽查力度三方面着手构建"检验+监管+稽查"三位一体的检验监管模式研究,初步实现从检验到监管的转移、事前监管到事后监管的转移、从抽批检验到稽查的转移。积极组织重大不合格案件报送和重大事项报告制度，全年共组织上报重大不合格案件信息3起，重大事项报告6起，在外网及时发布预警信息33条。帮助1家企业顺利通过总局出口免验现场审核和3家出口免验企业年度监督审查。推动永康市委市政府设立检验检疫工作相关奖励，在其下发的《关于进一步促进工业经济发展的若干意见》中对免验、示范区建设、实验室建设及质量诚信管理四个方面设立1万至100万元不等的奖励，通过树立标杆，营造“讲质量、重诚信”的良好氛围。三是动植物检验检疫模式综合改革取得新进展。自2009年起始，开展变“抽样检验”为“风险管理”的动植物产品检验检疫监管模式综合改革探索，浙江检验检疫局动植处确定金华检验检疫局为动植物产品检疫监管模式改革的试点单位。2013年，金华检验检疫局“四个一”的动植物产品检疫监管模式综合改革已通过全省动植物专家组的现场评审，获得省局领导的肯定，取得阶段性成果，进一步提升贸易便利化水平、检疫监管成效、宏观监督管理能力。

【公共服务平台建设】 一是金华检验检疫局国家非公路机动车检测重点实验室于2013年12月顺利通过国家质检总局检测重点实验室核查验收专家组的核查验收。国家非公路机动车检测重点实验室于2009年12月由国家质检总局批准筹建，是国内唯一一家以检测非公路机动车为主的专业实验室，为全国67%的全地形车出口生产企业提供公共检测服务，2012年业务量约占全国比重的74.5%。二是积极推进公共技术服务平台建设项目。金华检验检疫局综合技术服务中心作为第三方检测机构承担建设的“国家摩托车及零部件外贸转型升级基地摩托车及零部件检测公共服务平台”，以产品检测服务为中心，以技术培训(检测技术、产品标准、检测人员、产品认证培训等)、技术咨询(国内外技术法规、企业内部实验室建设、产品改良、标准信息咨询等)等为延伸，开展各项技术服务工作。该平台自建设以来，共服务企业280余家，优惠检测费用80余万元。2013年，该平台因具有公共性强、服务面广、外贸关联度高、示范作用明显等特点，被浙江省商务厅在全省范围内从331家服务平台中遴选并认定为27家公共服务平台作为第一批“重点外贸公共服务平台”之一，成功获得外贸公共服务平台建设专项资金352万元。

【科技工作】 取得全地形车国家标准立项1项、行业标准立项1项；获批2013年科研项目3项，省局重点1项，省局一般2项。完成总局课题《四轮全地形车车架振动试验机的研制》《四轮全地形车火花熄灭器测试装置的研究》《四轮全地形车纵向稳定系数试验台的研制》和浙江省科技厅课题《我国与欧美法律法规对食品级接触材料卫生要求的比较研究》的验收鉴定、成果登记。检科分院通过认监委组织的“监督评审+扩项评审+食品资质认定评审”“三合一”评审。同时，积极开展金华检验检疫局科普宣传工作，结合实际制定《金华检验检疫局科普工作规划》，并制作《动植检特色业务宣传手册》《国际旅行健康指南》《浙江省检验检疫科学技术研究院金华分院宣传手册》等相关科普宣传资料，用以强化和完善金华检验检疫局科普宣传工作的展开。

【行政执法稽查】 开展依法行政示范单位创建工作，加强了各类行政执法稽查工作，累计出动执法人员2641人次，全年累计立案42起，涉案金额达2284万元，上缴国库罚没款金额111万元，对22件不如实申报案件进行立案处罚。在开展打击走私专项行动中，成功查获涉嫌非法入境的巴西熟猪肚、巴西牛肚杂碎等产品共计150箱，2454千克，以及过期的美国田园鸡翼尖和珍宝凤爪等产品45箱，900千克。成功查获1家买卖上百份检验检疫证单的源头企业，有力打击飞单逃检等违法行为。

【专项活动】 一是开展“质量月”活动。共组织30余家企业，374人次开展“质量月”活动；出动执法人员18人次，查办各类案件4起，查获假冒伪劣产品货值18万元。组织大型宣传活动7次，群众参加220人次，涉及部门7个，部门参与20人次。通过报纸、杂志发表专题文章或新闻报道共6篇；播放广播、电视专题节目及新闻报道2次，总时长60分钟；制作、播放各类公益广告5次；制作、张贴宣传画20份，发放宣传资料350份，制作展板10个，向企业发送宣传短信15条。举办专题论坛和研讨会5次，惠及人数200余人。同时，联合工商部门，组织执法人员对辖区3家大型超市、7处冷冻库、1家进口商品备案收货人及1处菜市场进行检查进口葡萄酒、橄榄油、冷冻肉制品等。二是开展“百日克难攻坚抓进度优服务”活动。结合金华市开展2013年重大项目和十大民生实事工作，突出自身职能特点，主动融入地方，下厂进企业，走项目，宣讲国家、省相关产业政策；主动靠前服务，全面摸清重大建设项目中存在的问题和困难，积极与项目业主协商沟通，共同寻求解决办法。

【信息宣传】 加强检验检疫信息宣传，全年在《中国国门时报》发表宣传稿件84篇，在地方主流媒体发表宣传稿件97篇，同比均大幅增长，扩大金华检验检疫工作在系统内和地方上的影响力；积极开展舆情监测工作，被录用舆情41条；规范新闻发布制度，制定《金华出入境检验检疫局新闻发布管理办法》，积极走访《金华日报》《金华晚报》和《钱江晚报》等新闻媒体，开辟新闻发布新途径，加强与媒体的协作，通过舆论宣传更好地搭建社会公众与检验检疫沟通平台。

【自身建设】 一是深入学习贯彻中共十八大及十八届三中全会精神。分4批组织11名处级干部参加全省系统十八大精神集训班学习，党组中心组组织开展专题学习，组织21名科级干部参加由金华市直机关工委和县市机关工委组织的科级干部学习贯彻党的十八大精神集中轮训。二是以获得浙江省文明单位荣誉为新起点，全面深入推进文明创建活动。开展“文明细胞”创建工程，经过自评、复评，评选出4个文明处室标兵和10个文明工作者标兵；制定《金华检验检疫局文明创建工作规划（2013年–2017年）》；第三党支部被评为浙江检验检疫系统先进基层党组织，机关党委被评为市府办机关党委先进基层党组织，武义现场办被评为市级“青年文明号”和武义县外经贸工作先进单位，浦江现场办喜获县级“文明单位”荣誉称号，1名党员被评为浙江检验检疫系统优秀共产党员，1名同志被评为市直机关工委优秀党务工作者，3名党员被评为市府办机关党委优秀共产党员。三是按照“基层强局”建设要求加强内部管理。全面梳理内部管理体系，对全局10个内设机构、6个派出机构和3个直属单位进行内部工作质量监督检查，对各对外执法部门开展行政执法监督检查。在开展全省系统的满意度调查中，获得整体满意度为100%，并列全省系统第1名。四是党风廉政建设和干部队伍建设常抓不懈。强化对内部权力的监管，对“三重一大”等事项，坚持集体研究，民主决策；严格执行“三谈一述”制度，对今年新担任的10名领导干部进行任前廉政谈话；协助省局人事处完成1名副调研员，组织完成3名正科、1名副科、5名副科级领导干部竞争上岗，5名正科级非领导职务的选拔任用工作，协助上级部门做好2名高级工程师的聘任工作，做好12名干部调进调出、招录4名公务员和1名干部的提前退休工作。

（方　卉）

海　关

【概述】 2013年，金华海关认真落实上级海关及市委、市政府重要工作部署，确立“抓务实创新、促科学发展，防三大风险、保队伍纯洁”的工作思路，不断探索和研究辖区业务稳步发展的有效途径，巩固及深化防范“三大风险”的成果和经验，全面提升队伍建设水平，积极推进海关各项事业健康发展，努力提升服务地方开放型经济发展水平。据海关统计，全年全市实现外贸进出口总值342.7亿美元，同比增长50.8%，其中出口325.3亿美元，同比增长52.7%，进口17.4亿美元，同比增长22.2%，三项增速均位于全省首位；全年共完成关税和代征税征收4.1亿元；受理进出口报关单18.2万份，同比增长37%，监管进出口集装箱35.1万标箱，同比增长39%；办理加工贸易备案4亿美元，同比增长57%；审批减免税设备价值近3988.6万美元，同比增长26%，减免税款4019.3万元，同比增长48%；查处侵权案件214起，同比增长67%，行政案件立案查处5892起，同比增长79%，刑事案件立案9起。

【推进工作改革】 全面深化通关作业无纸化改革。成立专项工作小组，关党组一把手亲自督办指挥，制定改革方案，落实改革任务，理顺通关流程；加强政策宣讲，分海关内部、进出口企业、报关企业三个层面开展业务宣讲6次；完善咨询服务，由试点成功企业、海关通过QQ群实时进行无纸化通关疑难问题的处置和答复，保障通关改革效率。全年通关无纸化率达到98%以上，其中小商品出口为

100%。积极助推义乌国际贸易综合改革。认真组织研究市场采购模式下的新型监管机制,切实提高实际监管水平,积极推动义乌“市场采购”贸易方式属地申报成效显著，全面拉动全市外贸快速增长;积极参与国际贸易改革方案的研究论证,结合国家法检目录调整、口岸海关执法标准调整等情况对小商品业务运行情况密切跟踪，及时汇报有关动态,就有关重大问题提出相关建议，争取工作的主动;实行直通关模式，晚上预约凭运抵报告进行人工放行,真正实现小商品出口“货到验放”全覆盖,企业通关效率大幅提高;与上海、宁波等口岸及地方各部门密切联系,定期互通监管信息,建立国际贸易综合改革试点保障机制,主动做好各项对接工作。

【服务经济发展】 全力助推浙中国际物流业发展。积极培育辖区上年开通的铁路通往中亚的区域通关模式和金甬“铁海联运”模式,大力推动铁路国际物流场站布局,“金华—阿拉山口”铁路国际物流模式开通1年以来,共有420批次货值为6118万美元的属地货物出口至中亚或转口至欧洲;积极服务市级“大平台、大产业、大项目、大企业”建设,对嘉宝物流等重点项目积极做好相关政策辅导,目前该项目已经通过杭州海关审批并开工建设;开展建设浙中国际物流枢纽调研,调研报告《发挥区位与经济特色优势优化浙中区域现代国际物流格局》分别得到市委书记徐加爱和副市长郜国强批示肯定。积极投入金义都市新区建设。全力支持金东无水港发展,大力推动发展金东无水港集装箱“甩挂”和“双重”业务试点,全年,金东无水港共监管进出口集装箱36409标箱;积极发挥金东公共型保税仓库作用,使保库功能直接对接更多的生产企业,努力缓解企业资金压力和降低企业经营成本,支持和鼓励主要进口代理商充分利用公共保库的功能,为广大中小企业开展进口业务提供便利;积极立足海关职能,就建设海关特殊监管区等工作积极向市政府建言献策。扎实推进加工贸易转型升级。致力促进加工贸易转型升级,加大“加贸通”、E账册联网监管系统的推广应用力度，完善海关与企业的数据交换,不断探索加工贸易监管新模式。全年共举办加工贸易培训会5次，培训企业近400家，走访行业协会3家、加工贸易企业100余家，发放加工贸易调研表200余份,新审批1家公用型保税仓库。大力培育海关高资信企业。对辖区首批获得“AA类管理企业”的5家企业授牌,选派专人担任联络员,提供“量体裁衣”式个性化服务;稳步开展高资信企业培育和低资信企业晋级培育工作,建立A类企业降级预警机制,避免不必要的企业类别下调,对因客观原因造成类别下调的,积极促成企业类别恢复。全年共发展AA类企业3家,新增A类企业114家,现有A类及以上企业742家,同比增长10.3%,11家被降级企业恢复A类管理类别,提供降级预警服务200余家次。积极开展政策性帮扶活动。建立海关政策综合宣讲团、海关青年文明号窗口服务队,多形式多渠道全方位加强海关政策宣讲,全年共举办各类政策宣讲会、培训会17场,服务区域覆盖辖区全部8个县市(区)、面向企业千余家,发放“海关送政策进千企”宣传册1700余本,获各企业赠送锦旗5面;积极发挥统计监测预警作用,报送地方市委市政府政务信息和综合呈报40余期,录用26篇。

【严肃执法】 知识产权海关保护工作成效显著,全年共查获涉嫌侵权案件214起,危险品22起,其他违禁品、涉许可证、涉税、涉恐案件等69起,同比分别增长67%、267%、86%；严厉打击重点监管货物违法进出口,切实维护社会稳定。全年共立案侦查9起走私犯罪案件，案值1392万元，偷逃税款496万元,刑事罚没350万元,共抓获犯罪嫌疑人8名;侦办金华地区首起系列成品油走私案,破除走私成品油“购、运、储、销”一条龙走私链条;此外,还立案侦办3起毒品走私案和2起高档服装走私案。全力开展“绿篱”专项行动。突出工作重点,重点打击“洋垃圾”走私并注重查发倒卖证件、倒卖货物、企业资质不符等问题,加强对辖区“三废”(废纸、废五金、废塑料)进口监管;加大宣传力度,以《固体废物污染环境防治法》等相关法律法规为重点,加强对外法制宣传,对“洋垃圾”的危害,怎样区分“洋垃圾”和可再生固体废物,为什么开展“绿篱”专项行动,如何推进生态文明建设、建设“美丽中国”等方面,在报纸、广播电台、门户网站等载体上进行大力宣传,营造良好社会氛围。

【创先争优】 以“省级文明单位”为标准,着力打造一支“肯干事、会干事、干成事、能共事、不出事”的高素质干部队伍,以优良的党风促政风,强化工作的推进落实,着力形成团结奋进、实干兴关的良好氛围;认真做好政务公开,完善政务公开栏、行政执法等各项规范化制度,突出重点,对企业和群众比较关注的问题,相关政策信息实现全面公开,努力建设阳光海关。以文化强关为龙头,深入践行“爱国、厚德、增信、创新、奉献”的海关核心价值观,坚持社会主义先进文化前进方向,以科学发展为主题,以传承和发扬八婺传统文化为根本任务,以满足关警员精神文化需求为出发点和落脚点,大力开展丰富多彩、健康向上、贴近关警员工作生活的文化活动,增强金华海关文化软实力,为建设一流海关提供有力的思想保障、精神动力和文化支撑。

(陈立平)

无线电管理

【概述】 2013年,金华市无线电管理按照“四个服务、三个管好、一个保障”工作目标,全力构建和谐电磁环境,努力开创工作新局面。一是根据省经信委《关于2013年全省无线电台站规范化管理专项活动的实施意见》要求,完成对B库450MHz频段固定台、对讲机清理工作;完成在用无线电发射设备的专项检测工作,检测广播电视设备31台,专业通信设备16台,雷达发射设备1台,公众通信移动基站392台,均达到或超过任务规定要求。二是全面启用网上办事系统。6项许可事项全部实现网上办理,顺应了电子政务的发展,方便了申请者,办理进程和结果可实时查询,保证过程公开、透明,全年共办理行政许可事项57项,核换发执照1094本。

【行政执法与为民服务】 全年累计开展执法活动56次,出动人员271人次,检查单位66家设备350台,共查处案件29起(含考试保障),办结行政处罚案件8起,其中,没收无线电发射设备7套,罚款14000元。联合金华市公安局及移动通信公司共查处12起“伪基站”干扰公共通信案。着力解决用户及群众关心的问题。针对运营商反映的永康市部分学校未按规定使用公众移动通信干扰器,干扰公众移动基站的情况,积极与永康市教委进行协调,通过永康市教委下发文件并转发省、市关于移动通信干扰器使用管理规定相关文件及在召开校长会议上重申移动通信干扰器的使用管理规定,较好地解决了该市学校随意使用移动通信干扰器问题。针对市长信箱批转解决星月花园居民反映的“因公众移动基站设置离小区过近,影响居民身体健康”的问题,积极牵头协同环保部门及移动、联通两家移动运营商,暂时采取不影响该塔点信号覆盖区域手机通信的情况下,最大限度降低移动基站发射功率后,要求运营商年内另选移动基站站址,完成搬迁。金华局将协商结果向市长信箱进行了回复,并向星月花园所在金艺社区进行反馈,使该移动基站因设置而引起的矛盾纠纷得以圆满解决。

【无线电干扰监测与排查】 共受理和查处干扰25起,查结率为100%,发现并查明不明信号13个。严厉打击考试作弊行为。全年共完成研究生、公务员、高考等17场重大考试的无线电监测保障任务,出动人员216人次,驱赶阻断作弊信号4起,查获作弊案件17起,查获作弊器材17套,抓获场内外涉案人员59人,没收作弊器材12套。在研究生考试保障中配合公安查办了1个外地团伙贩卖答案,利用无人中转发射器传输考试答案的案件。

(范凌峰)

经济开发区

金华经济技术经济开发区(金华市高新技术产业园区、金西经济开发区)

【概述】 金华经济技术开发区成立于1992年,第二年升级为省级开发区,2010年升级为国家级经济技术开发区。2013年10月与金西经济开发区成建制整合,实行“一块牌子、统一对外,一套班子、统筹管理”。整合后的新金华经济技术开发区行政管辖面积253.86平方千米。下辖一乡三镇四街道,集聚人口45万。

【稳增长促转型】 实现规模以上工业总产值529.33亿元,增长9.72%;财政总收入35亿元,增长11.23%;外贸进出口15.3亿美元,增长32%;完成全社会固定资产投资124.57亿元,增长27.49%;实际利用外资5578.71万美元,引进内资49.19亿元,浙(婺)商回归资金22.7亿元。完成"小上规"42家;优势产业加快集聚,汽车及配件产业实现产值214亿元,增长15.49%。网络经济迅速发展,实现电子商务交易额475亿元;金华网络经济中心大楼投入使用,新增网络经济企业100家。实现社会消费品零售总额81.7亿元,增长14.3%;完成"下升上"75家、"个转企"305家。旅游业快速发展,九峰温泉体验馆和九峰水上乐园相继开业,全年累计接待游客突破170万元人次。

【抓项目促提升】 新能源汽车产业园、黄土丘陵综合开发二期、低丘缓坡试点区块等产业平台基础设施建设全面推进。今跃机械、信和科技、宁能热电等25个项目开工,金徕镀膜、蒙牛乳业等30个项目竣工,绿源关键零部件等23个项目投产。土地节约集约利用进一步推进,签订企业低效用地转型升级协议8家,收回企业闲置用地466.5亩,盘活存量用地549亩。被评为市级"机器换人"示范企业4家、市级"空间换地"示范企业1家。

【重培育促创新】 培育高新技术企业18家(其中国家级7家)、高新技术研发中心15家、省级技术中心3家,引进大院名校技术转移中心9家,促成院校科技合作23项。承担各级科技技术项目94项(其中国家级7项),6项科技成果获省市科技进步奖。创省市名牌产品11个,开发区软件与信息服务业获浙江省首个服务业区域名牌。企业专利授权1009年,其中发明专利授权48件。高新技术产业园成功创建"浙江省知识产权示范园区"。3个入选省"千人计划",3人入选市第八批拔尖人才,5个项目入围"双龙计划",9人通过"海外工程师"评审;2万平方米人才保障性住房顺利结顶。

【优配套促改善】 报批低丘缓坡试点区块征用土地4151亩,已获批3812亩;完成湖海塘区块农房拆迁490户、企业(单位)拆迁28家。金桂院南区3.4万平方米公寓式安置房竣工,香桂院、苏桂院31.26万平方米公寓式安置房开工。实现道路等竣工项目132项,竣工及在建道路总长达36.8公里。李渔路优化工程竣工,宾虹西路优化工程和白汤下公路城市化改造三期工程实现主路面通车,一环路贯通工程完成总工程量的40%;打通5号路、四联路等断头路;完成6个主要堵点改造。"三改一拆"成效显著,拆除违法建筑面积72.8万平方米,完成旧住宅区改造3.08万平方米、旧厂区改造20.42万平方米、城中村改造22.57万平方米;做好拆违后"用、改、控"工作,平整土地16.99万平方米,绿化5.16万平方米,土地复垦复耕2.7万平方米。

【严整治促宜居】 全力推进水环境治理,建立"河道长"制度,启动9个入江雨水口治理工程,扎实推进"最差河"和"最美河"整治;开展专项行动,关停拆除非法采砂制砂点30个,拆除养殖场84家,关停整顿污染企业15家。开展"五城四边三化"行动,岭垅湖大坝和溢洪道景观整治、四顾屏公园提档改造稳步推进;岭垅湖东岸公园、植物园以及二环南路景观绿化带等一批绿化工程竣工;省"二体会"会场周边环境整治工作全面完成。开展占道经营、"五小行业"、集镇等综合整治,全力做好国卫复审迎检、省级森林城市和国家园林城市创建等工作,城乡面貌逐步好转。

【重民生促和谐】 教育工作稳步发展,丰子恺学校建成使用,湖海塘学校筹建工作、汤溪初中风雨操场项目建设等稳步实施;中考上省一级重点高中分数线837人,占报考人数的34.7%。社会事业全面推进,新增城镇业人数6726人,失业人员再就业3915人,城乡居民医疗保障参保5.14万人;创建国家级基层自治示范社区1个;社区卫生服务站签约开展率达100%;建成居家养老服务照料中心(站)5家;追回劳动者工资745万元;新建职工文化中心5家,被评为浙江省和谐劳动关系先进组织。加大美丽乡村建设力度,汤溪镇寺平、鸽坞塔等4个村被评为市级精品村,宅口村、节义村被评为市级秀美村,上镜、下新宅等26个村被评为市级洁美村。

【荣誉】 金华经济技术开发区先后被评为全国十大电子商务产业园、浙江新型城镇化(产城融合)示范区,荣获首届浙江开发区特别贡献(产城融合)奖;在市级机关效能民主评议活动中,金华经济技术开发区管委会群众满意度名列政府部门第一;在市级机关部门年度综合考评中,金华经济技术开发区管委会被评为政府部门优秀单位。

(陆庆丰)

金义都市新区(金东经济开发区)

【概述】 2013年,新区紧紧围绕“三年求突破”总体要求,以开展“项目品质推进年”“干部素质提升年”活动为载体,大力实施“6、6、10”工程,紧盯目标,强化举措,狠抓落实,开发建设各项工作取得明显成效。预计全年实现工业总产值200亿元,其中,规上工业产值95亿元,增长20.5%;预计限额以上固定资产投资81.9亿元,增长162.5%,其中,工业投资40亿元、服务业投资22.6亿元、基础设施投资11.9亿元、房地产投资7.4亿元;预计实现外贸出口总额6.26亿美元,增长36%;预计实现财政总收入5.1亿元,其中地方收入3.1亿元,增长17.5%,地方收入占财政收入的60.78%,比2012年占比58.53%提高了2.25个百分点。

【征地】 市政府分配给新区试点指标37715亩,完成低丘缓坡开发征地3.66万亩,完成农转用报批33545亩,占报批总数的99.15%;其中,完成报批32批次25520亩,完成15000亩年度任务的170.1%。超额完成市委、市政府下达的年度任务。新区“两镇一办”完成造田造地3106亩,完成年度目标任务的104%。坚持建设高标准农田,积极推进建设占用耕地的耕作层土壤剥离再利用,切实提高垦造耕地质量的做法,得到省国土资源厅的高度评价与肯定。在市委主要领导协调下,新区加强与兄弟县(市、区)联系,做好耕地指标调剂工作,全年累计调剂(含借用)指标6602.55亩。做好林地报批工作,已完成报批5702亩,完成4800亩年度任务的119%。

【土地节约集约利用】 全市率先出台规范工业用地转让制度,推行节约集约用地补充协议范本,优化土地资源配置。依照“强制淘汰一批、倒逼提升一批、适时关停一批、兼并重组一批”的原则,开展清闲促产,狠抓效益提升。开展工业项目用地节约集约利用专项行动,新区联合经贸、国税、地税等多个部门对辖区842家供地企业进行逐个清理,重点对延期开竣工、低效用地和闲置用地等情况进行处置,共盘活工业用地461亩。2013年新区企业亩产税收预计提高10%。完成消化转而未供土地687.58亩,占510亩年度任务数的135%;完成盘活存量建设用地324.25亩,占200亩年度任务数的162%。

【开发建设融资】 新区成立注册资金本为30亿元、首期注资20亿元的金义都市新区开发建设股份有限公司,作为新区融资母公司。按照“滚动开发、适度负债、注重效益”的原则,积极探索和推进政策性银行贷款、发行企业债券等额度大、期限长、成本低的融资项目。国开行30亿元贷款审批到位,发行10亿元企业债券上报省发改委审批,其他金融机构的合作项目有序开展。

【招商引资】 梳理集聚平台、产业发展、基础设施、社会民生和生态环境等5大类76个项目,总投资544.5亿元。继续抓好在谈项目的跟踪、服务和对接。新区在谈项目112个,总投资1321亿元。共签约引进项目15个,计划总投资307亿元,用地3161亩,其中,实际引进内资35.1亿元,完成年度任务的121%;实际利用外资2358万美元。新区全年实现固定资产投资81.9亿元,增长162.5%。浙商回归项目32个,总投资373.2亿元,到位23.4亿元。

【招才引智】 帮助骨干企业招引高层次人才10余名,尤其是协助浙江南博电源有限公司引进新区首位“国千”人才卢文博士,完成省“千人计划”申报

集聚区低丘缓坡开发建设有关情况表

表11

	低丘缓坡开发试点面积(亩)	已征地面积(亩)	农转用报批(亩)	林地报批(亩)
金义都市新区(金东分区)	37715	36600	33545	5702
金西分区	4215	3403	3298	2196
兰溪分区	1500	1500	1095	752
合　计	43430	41503	37938	8650

1人、“双龙计划”申报4人。

【推进开工投产】 确定开工时间，倒排工作计划，落实责任和措施，推进引进项目早开工、早投产，进一步扩大有效投资。新区在建105个新建工业项目，落地率100%，已开工项目96个，开工率91.4%，已投产项目87个，投产率82.9%。3月28日，新区首批百亿工业项目开工。6月7日，百亿现代服务业项目开工。12月18日，浙商回归百亿投资项目开工，总投资429亿元。菜鸟·金义电子商务新城、金满湖·地心世界、万地广场、总部经济中心、高新产业区工业项目、都市新社区、满塘湖景观改造、地下共同沟及路网基础设施工程等8大项目全部开工建设。全力抓好“小上规”“个转企”和“四换三名”工作，今年共完成“小上规”34家、个转企145家，全面完成年度目标任务。

【省市重点项目】 2013年，新区列入省“411”9个重大项目、省重点5个项目、市重点9个项目实现全部开工建设。列入省“411”9个重大项目，全年预计完成投资38.4亿元，完成年度计划的268.5%。列入省重点5个项目，全年预计完成投资7.05亿元，完成年度计划的171.9%。列入市重点9个项目，全年预计完成投资9.67亿元，完成年度计划146.5%。这些项目的开工建设，将为新区的建设与发展增加新的活力，带动新区电子商务、现代物流等产业的高速发展，有效地提升新区的城市功能、城市品质和城市形象。

【专项规划编制】 全面完成新区总体规划编制的基础上，加快编制各项控规和专项规划。注重控规与总规的衔接，同步开展新区各重点区块的控规编制工作。六大区块控规编制基本完成。完成总部经济、路网框架、电力设施、生态低碳城市、田园系统、旅游、景观视觉系统、满塘滨水景观等8个专项规划编制。

【“六大区块”建设】 成立六大区块建设指挥部，实行指挥长负责制，计划三年政府投资100亿元以上，2013年已完成投资20亿元。满塘核心区块，已完成160万方的土方开挖，占总工程量的80%；金满湖·地心世界、总部经济中心基础工程及法华街、宏业路等地下共同沟已开工建设。支家综合区块，重点抓好“菜鸟·金义电子商务新城”的土地平整，完成70万方土方平整，占总工程量的80%；高新产业区块，已开挖土石方250万方，占总工程量的85%。孝顺低田区块和傅村鞋塘区块，重点抓好集镇的都市化改造，计划三年内总投资不少于5亿元，已投入1亿元。“两镇一办”都已完成“三个一”工程，即一批集镇都市化改造项目、一个整村改造试点、一个产权房安置小区建设，同时，集镇道路、污水管网、学校改造等项目扎实推进。

【主干道建设】 10条主干道、总长度81.7公里，总造价13.5亿元，建跨东阳江大桥2座。10条主干道进场施工。其中，金义快速路城市化改造基本完成，高新产业区块段正在抓紧灌木种植；东华街一期4公里主路面已建成通车，二期已进场施工，东华大桥完成设计并开工建设；金山大道大湖沿以北段全面建成，大湖沿以南主路面抓紧施工，春节前完成；新城路金山大道以西段完成1公里建设，其余部分进行地下管网施工。03省道城市化改造金港大道以东段完成地下管网施工，其余部分放样。正涵街进行地下管网铺设，跨江大桥完成设计；华金街完成雨水管网铺设，进行污水管网施工；法华街、广顺街及宏业路进行地下网管施工。

【“三改一拆”和水环境整治】 把“三改一拆”作为推进新区开发建设、强化新区干部作风和提升新区形象品位的重要工程，精心组织，周密部署，集中攻坚，强力推进，开创“五心”工作法和违建典型旬报旬结制度，“拆”出了空间、“改”出了实效，为新区社会的可持续发展、“六大区块”建设及重点工程项目的顺利推进提供了有力保障。2013年新区范围共拆除违法建筑314660平方米，完成管委会下达年度任务数的143%、金华市下达年度任务数的210%，顺利平稳实现“全年任务三个月完成”的工作目标；旧厂区改造19480平方米、旧住宅区改造39483平方米、城中村改造66741平方米，分别完成年度任务数649%、158%和148%。违法用地、违法建筑等势头得到了有效遏制。坚持依法治水、科学治水、铁腕治水、全民治水，出实招、下大力、用狠劲，全面打响新区水环境治理攻坚战。重拳出击，严厉打击“四小行业”。对“两镇一办”摸排发现的105家非法从事水晶、电镀、印(漂)染及废塑料加工等企业进行关停取缔。同时，新引进电子商务、总部经济、城市综合体等现代服务业,加快腾笼换鸟步伐。下大气力,狠抓高耗能高污染行业整治提升。根据省政府今年出台的《印染造纸化工行业整治提升工作方案》要求,新区相关部门全力推进有关企业落实提标改造和中水回用、淘汰落后产能等工作任务,累计投入资金近5000万元。主抓印染行业提标的污水处理改建,造纸行业的产能调整等工作,完成洁灵家居、帅达毛纺等印染厂的整治验收任务,争取2014年完成造纸行业的整治验收任务。严格把关,积极做好项目环评能评审批。合理设置新区环境准入条件,严格项目审批前现场查勘等程序,认真开展入园企业环保审批事项的跟踪指导、服务对接工作,杜绝高污染高能耗项目入园。上年,新区与金东区职能部门到企业现场能源评估49家,退回高耗低效企业9家。绝不手软,全面整顿非法采砂制砂点,对新区范围内的34家采砂制砂点进行了集中整治、拆除。利益兼顾,开展畜禽养殖整治工作。根据调查摸底,新区范围共有畜牧养殖户580户,总面积20.7万平方米。已拆除140户,拆除面积57900平方米。

【编制跨境电商产业园规划】 与各级海关进行了10多次的汇报交流,就浙中跨境电子产业园建设和综合保税区的创建工作等进行沟通,并就先行开展通关业务进行探讨。着手开展规划编制,已完成"浙中跨境电子商务产业园"和"跨境贸易电子商务公共通关服务平台"两个规划平面图设计。跨境贸易电子商务公共通关服务平台360亩,投资规模2.5亿元,建设全国一流的跨境电商公共服务平台。跨境电子商务产业园规划面积8~10平方千米,拟建设各类电商创业园100个。其中,以阿里巴巴"菜鸟科技"为核心的正涵街两侧集聚一批物流(园)企业,如"菜鸟科技"、邮政速递、中通、申通、圆通、韵达等。以尖峰电商创业园为骨干双尖大道两侧集聚一批电商(园)企业,如邮政电商示范园、尖峰电商创业园、天华·中外运创业园、浙中E谷电商园等。

【跨境电商产业园建设】 10月,新区管委会批复天华·中外运设立电子商务产业园。11月,批复邮政电子商务示范区和尖峰电子商务创业园。三个园区明确入驻电商企业133家,面积24.2万平方米。同时,继续加大招商力度,在谈电商园项目有EBAY网、敦煌网、中国饰品网等。全国三大电商巨头"阿里巴巴、EBAY网、敦煌网"将共聚新区。

【阳光征迁】 编制《阳光征地拆迁手册》和《阳光征地拆迁工作流程图》,向新区机关、镇(办)、各行政村发放5000余份。征地面积及地面附着物的清点和补偿情况,在镇(办)、村公开栏张榜公布,让广大群众看得清楚、算得明白。2013年完成房屋征迁5.3万平方米,完成企业搬迁18家面积307亩,企业整体性搬迁1家面积116亩。积极做好被征地农民养老保障。新区被征地农民养老保险参保人数达2.9万人,做到即征即保。完成所有失地农民养老保险转化城镇职工基本养老保险工作,消除被征地农民后顾之忧。通过新区人力资源服务中心这个平台,开展技能培训、就业服务,为被征地农民与用工企业引线搭桥,帮助被征地农民就业。

【治安防控与严打整治】 积极落实新区社会治安视频监控系统、警用地理信息系统和社会组织技防措施等,完成新区范围180只高清视频监控的安装工作,切实提高新区社会面的控制能力。加强巡防力量,加大巡防密度,建立完善"专业巡防,群防群治、技防引领"三防合一的治安防控体系,加强与新区周边区域的协作联动,建立突发事件快速联动协作机制和应急处置机制,确保对各种类型的突发事件处置得早、处置得好。坚持"露头就打",坚决净化环境,确保新区重点工程建设、重点项目落地顺利推进。对新区"强揽工程、强迫交易"等违法犯罪行为进行重拳出击,打掉"敲诈勒索""强迫交易""寻衅滋事"等黑恶势力团伙7个,抓获犯罪嫌疑人30名,涉案金额达200余万元。通过"打击一批、教育一批、掌握一批",遏制强揽工程现象的发生,优化新区发展环境,得到广大投资者和新区群众的支持和赞扬。

【排查化解矛盾纠纷】 开展平安教育、法制教育、防范教育等活动的基础上,进一步加强辖区不安定因素、矛盾纠纷的排查、跟踪与化解。建立完善"三调一合"大调解机制,努力提高"两镇一办"及派出所对社会面的掌控能力,2013年共调处各类矛盾纠纷1947起,涉及金额2000余万元。落实领导开门接访和定期下访约访。对群众反映强烈的普遍性、倾向性的热点问题,上级交办或赴省上访的重点问题,跨地区、跨部门且严重影响新区社会稳定的难点问题,建立领导包案化解制度,做到包调查、包协办、包督办、包结案、包稳定,确保信访问题依法、及时、妥善解决,信访人及时息访息诉,力争把问题控制在新区、解决在新区。

【安全生产大排查大整治】 9月6日,新区安委会下发《关于开展新区各领域安全生产大检查大整治专项行动方案》,开展危险化学品、非煤矿山、机械制造、建筑施工、道路交通运输等行业(领域)检查整治,“两镇一办”及新区有关部门要按照各自职责,彻底排查治理问题隐患,预防安全生产事故的发生。加强消防设施建设。启用孝顺消防站,大大缩短了火灾出警时间。10月30日,召开消防安全专项整治暨安全生产会议,针对新区范围内居住与生产、经营、储存合用或混用的“多合一”场所和擅自改变厂房使用功能等各类消防安全隐患单位,从11月1日开始至2014年4月30日,集中开展新区消防安全专项整治行动。注重制度建设,建立消防和安全生产长效机制,下发《新区消防安全实施意见》,对消防安全工作实施常态化管理。

【流动人口服务管理】 着力加强实有人口服务管理工作。进一步树立“以人为本、公平对待”新理念,完善“优化服务,分类管理”新机制,实现“人屋相符、变动有录、异情速处、底清数明”的实有人口服务管理新要求,努力构建新区实有人口“发展空间共存、生活资源共享、社会责任共担、社会秩序共管、经济繁荣共创”的和谐局面。2013年辖区登记流动人口11.54万人,同比增长13.8%,占金东区登记流动人口的68.5%,但新区总警情却同比下降8.9%。

【队伍建设】 领导班子成员带头到一线调研、一线办公、一线解决问题,切实做到转变作风、解决问题、推动新区发展。坚持民主集中制原则,对新区重大项目、重点工程、重大事项,由党工委会、主任办公会集体研究,切实做到决策科学化、民主化、规范化。坚持以好的作风选人、选作风好的人,优先提拔在工作中敢于担当、成绩突出的干部。镇(办)一批工作成绩突出的干部得到提拔或转任重要岗位,引导、激发镇(办)广大干部的工作积极性起到明显作用。坚持集体领导和个人分工负责相结合,管委

2013年度产业集聚区建设专项资金项目汇总表

表12

序号	项目名称	建设起止年限	项目主要内容	项目总投资(万元)	核定补助金(万元)	备 注
1	九峰生态温泉养生中心项目	2013-2018	建设温泉养生中心、温泉森林、养生庭院及配套附属设施	145249	200	省“411”土建设备
2	中小企业孵化园项目	2013-2015	建设厂房及配套附属设施总建筑面积187200平方米,同时,配套道路、排水、交通、电力、绿化等附属工程	23360	150	土建
3	金西污水二期工程	2013-2014	新建3万立方米/日的污水处理厂1座,新建污水收集管网47公里和提升泵站一座	15630	150	省重点土建
4	金山大道改建工程	2012-2013	路长4084米,路宽59米,属城市主干道,设计车速为50公里/小时	36320	200	市重点
5	金华国际物流园区区域分拨中心	2013-2014	用地面积510亩,建设公共仓库建筑面积69300平方米、物流信息大楼建筑面积8600平方米及配套的水、电、道路等公用工程	22473	300	建设物流仓储设施
合 计				433421	1000	

会班子成员坚决执行党工委、管委会的决策，自觉维护班子团结，切实做到分工不分家，合力推进新区的开发建设。

【基层组织建设】 始终按照“围绕中心抓党建、抓好党建促发展”的要求，高度重视基层党建工作，全面完成“两镇一办”150个村的村两委换届，475名村党组织班子成员中，女支委47名(上届32名)，比上届增长3.2%，大学生村官7名，当选率18.4%；新区150个村的村委会选举共选出500名村委会成员(150名村委会主任)，其中女委员158名；平均年龄44.8岁，中共党员66名，大专以上学历13人，支委、村委交叉任职6人，下派26名非公企业党建工作指导员的基础上，扎实开展政企、村企结对共建活动；组织23名大学生到企业无薪挂职，共帮助7家企业开设党建微博、网上学习园地和人才工作站。

【作风建设】 加强学习，开设新区“新视野”讲堂，由管委会领导或邀请专家定期授课，提升干部素质和业务能力。健全完善管委会干部联系镇(办)、村制度，特别是对规划范围内的58个行政村，管委会副科级以上干部一对一联系到村，明确责任、细化目标、落实举措，做到“三联、三下、三包”，即联村联户联项目、人下去心下去劲下去、包村包工作包完成。开展“百日攻坚”活动，共安排70个大项、136个小项的攻坚任务。新区干部发扬夜以继日、善于攻坚、连续作战的精神，通过近三个月的集中攻坚，136个难题基本得到破解，为项目的开工建设和工程顺利进行奠定基础。

【廉政建设】 按照“廉洁开发”的要求，坚持把贯彻落实党风廉政建设责任制作为一项事关全局的重要工作，纳入新区开发建设的整体工作布局，坚持年初同部署、年中同检查、年底同考核，确保党风廉政和反腐败工作的顺利开展。结合“四个一批”专项行动，对新区广大党员干部工作作风、效能建设、党风廉政建设进行重点巡查，走访座谈村58个，党员干部230人，整改解决征地拆迁、“三改一拆”及重点工程项目问题32个，并对列为“四个一批”需要处理的19名对象进行教育、处理，严肃党风党纪，取得良好成效。2013年，制定出台加强新区党风廉政建设各项规定，会议费用支出同比下降28.6%，业务接待费同比下降28.7%，因公出境费用同比下降50%，公车运行费用同比下降11%。

【新闻报道】 全年共刊发专版报道44期，在《金华日报》《金华晚报》《浙中新报》刊发的新区新闻稿件、图片总量超过了500篇(张)。《新区建设“接力赛” 今年加速跑》《纵横开阖拉开新城大框架》等报道，先后获市委书记、市长批示肯定。电视单条新闻播出120条，播出新闻周报52期共208条，总播出条数328条。设立每年600万元旅游发展引导资金，充分挖掘新区山头下村、畈田蒋村等古村落和艾青、施光南等名人故居，并进行景区化改造、古民居修缮、实物展示和民俗艺术引入，吸引外地游客体验文化旅游。开展“金华人游金义”活动，4个月内6万多人次参加，大大提高新区的知名度。举办新区全国摄影大赛，宣传新区风貌，展示新区建设进程，反映新区浓厚的文化底蕴、民俗风情。

(任　魁)

金华新兴产业集聚区

【概述】 2013年，金华新兴产业集聚区实现规模以上工业总产值366.1亿元，增长21.7%，其中，主导产业产值278.2亿元，增长24.5%，占工业总产值的76%；完成基础设施投资33.8亿元，增长22.2%；新开工项目69个，完成投入146.2亿元，增长20.9%；新引进项目88个，协议投资额535.6亿元，增长77.6%。

【基础设施建设】 2013年，完成基础设施投入33.8亿元，增长22.2%。金东分区(金义都市新区)，全面启动满塘核心区块、支家综合区块、科教创新区块、高新产业区块、孝顺低田区块、傅村鞋塘区块等6大区块和“四横六纵”10条主干道建设。其中，6大区块计划三年政府投资100亿元以上，2013年已完成政府性投资20亿元。10条主干道南北走向6条：东华街(跨东阳江大桥)、华金街、法华街、金山大道、正涵街(跨东阳江大桥)及广顺街，东西走向4条：金义快速路城市化改造、03省道拓宽改造、宏业路、新城路。总长度81.7公里，总造价13.5亿元。目前，东华街一期、金山大道、金义快速路城市化改造已完成，年底“四横六纵”建设基本完成。加快推进集镇的都市化改造，计划三年安排不少于5亿元，

2013年已完成投入1亿元。同时,鞋塘初中搬迁、让河小学扩建、金义中医院等项目建设扎实推进,计划2014年全部建成。金西分区,完成白汤下公路城市化改造、虹戴公路等对外交通建设,峙垅湖公园改造工程全面完成,低丘缓坡综合开发项目的水电路等基础配套建设加快推进,学校、消防站、公交枢纽站等公共配套设施基本建成,金西新城格局初步显现。兰溪分区,完成浙商创新实验园土方平整,开展地下管网建设。丹溪大道延伸段、环城西路南段已建成通车,兰花路延伸、宝龙路延伸、支八路、上叶路等道路建设顺利推进。企业服务中心、生活服务配套中心、总部经济大楼、纺织品市场、拆迁安置小区等功能配套项目建设加快推进。通过两年多来的建设,产业集聚区"十二五"规划区的道路框架已初步拉开,形成基础设施、产业项目和社会配套齐头并进、相互支撑的良好局面。

【招商引资】 2013年共引进项目88个,协议投资535.6亿元。其中:总投资1亿元以上项目有47个,20亿以上项目有6个,50亿以上项目有4个。20亿以上项目具体有:总投资26.5亿元的中光科技新材料项目、总投资36亿元的今飞高新产业园、总投资55亿元的中华福园金西国际养生温泉项目、总投资60亿元的金满湖·地心世界、总投资70亿元的万地广场和总投资100亿元的菜鸟·金义电子商务新城。加强招商项目储备,共梳理集聚平台、产业发展、基础设施、社会民生和生态环境等5大类76个项目,总投资544.5亿元。在谈项目112个,总投资1321亿元。同时,加强招才引智工作。成立招才局,实行"虚拟化机构、实体化运作",引进国家"千人计划"1人和省"千人计划"6人,双龙创新人才3名、双龙创业团队5人。相继建立一批企校合作共建的院士专家工作站、博士工作站。

【推进项目建设】 积极开展"集中攻坚月""百日攻坚""百日冲刺"等活动,通过难题集中交办、现场办公等形式,主动走访重点项目,加快推进项目建设。2013年,共举行5次大的项目集中开工,新开工项目69个,完成产业投入146.2亿元,增长20.9%。集聚区14个省"411"重大项目和13个省重点建设项目全部开工建设,并完成年度投资任务。金义都市新区完成"浙中跨境电子商务产业园"和"跨境贸易电子商务公共通关服务平台"两个规划平面图设计。跨境贸易电子商务公共通关服务平台占地360亩,投资规模达2.5亿元,目标是建成全国一流的跨境电商公共服务平台。跨境电子商务产业园规划面积8~10平方千米,拟建设各类电商创业园100个。2013年,批复成立天华·中外运设立电子商务产业园、邮政电子商务示范区和尖峰电子商务创业园。三个园区明确入驻电商企业133家,面积24.2万平方米。同时,继续加大招商力度,在谈电商园项目有EBAY网、敦煌网、中国饰品网等国内一流电商企业。金西分区着力盘活山水资源,加快旅游项目建设。九峰温泉体验馆于2013年3月底投入体验,日接待体验者均超400人次,合计接待客人7万人次。总投资28亿元的九峰文化互动体验园项目,一期水上乐园项目已建成并对外营业,日接待游客超5000人次,双休日突破15000人次,合计接待游客72万余人次;二期投资5亿元的神幻演艺园项目也已开工建设。兰溪分区加大生产性服务业、电子商务等产业的招商和培育。2013年4月正式运营的汇丰贵金属电子商务公司步入快速发展轨道,截至12月底,创各项税费2853.4万元。

【土地开发利用】 抓好4.34万亩低丘缓坡综合开发利用试点工作。编制低丘缓坡综合开发利用试点建设实施方案和试点区控制性详规。方案批准后,立即着手开展土地征用、农转用报批、林地报批等工作,已完成4.15万亩土地征用,完成农转用报批3.79万亩、林地报批8650亩。在征地拆迁中,集中精力、人力、财力,发扬"特别能吃苦、特别能战斗、特别能攻坚"的精神,全力推进征迁攻坚战。金义都市新区用100天时间,完成2.3万亩土地征用;用50天时间,完成"中国·金义电子商务新城"区块68户、2.5万平方米的房屋拆迁,树立新区的拆迁品牌。同时,按照"三年任务两年完成、今年任务三个月完成"的要求,自我加压、强势推进"三改一拆",全年共拆除违法建筑44.5万平方米,旧厂区改造8.6万平方米、旧住宅区改造4.4万平方米、城中村改造6.6万平方米,超额完成上级下达的任务。

【融资筹资】 坚持直接融资和间接融资"双轮驱动",多渠道筹集建设资金。三个分区各自成立投融资平台,通过信贷、信托、发行债券等方式,加快集聚区开发建设筹集资金。金义都市新区,注册成立资本金为30亿元、首期注资20亿元的金义都市新区开发建设股份有限公司,作为新区融资母公司,多渠道开展融资业务。市委、市政府高度重视集聚区的建设,明确市财政每年安排1000万元用于集聚区的产业发展和项目建设。

【完善机制】 在“四统四分”(统一规划、统一政策、统一协调、统一品牌,分区筹资、分区招商、分区建设、分区管理)运行机制的基础上,市委、市政府对集聚区各分区管委会充分授权,在“统”的基础上,全面激发“分”的积极性。成立金义都市新区后,市委、市政府决定金华新兴产业集聚区、金义都市新区、金东经济开发区“三区合一”。按照有利于加快开发、促进发展、确保稳定的原则,对规划范围内的乡镇原则上实行托管,由管委会统一领导、统一管理。金华新兴产业集聚区管委会职能由成立时的统筹为主向统筹与开发并重转变,实现实体化运作。根据金义都市新区开发建设实际,市委、市政府通过新设机构、增挂牌子等形式,将147项市级行政审批和管理权限充分授权给新区管委会,基本做到“一站式服务、办事不出区”。金西分区,成立由各办(局)负责人参与的重大项目服务小组,只要涉及规划、建设、国土、环保和消防等有关专项技术性审批,都由服务小组的代办员全程跟踪服务。兰溪分区,成立科技企业孵化园管委会,与兰溪分区管委会合署办公,具体负责协调孵化园的建设和管理工作,出台扶持政策鼓励科技型企业发展,并为企业入孵、办证办照提供一条龙、全方位服务。集聚区管委会加强对各分区产业规划和重大项目前期工作的指导,积极争取上级资源要素;对分区下达年度工作任务并加强日常工作指导、服务;对分区提出的有关需要省、市层面协调解决的问题,积极主动做好沟通协调;健全统计工作网络,提高统计监测质量,并根据年初目标,加强督促检查,共同推进集聚区高质量发展。

【编制提升方案】 2013年12月4日,省政府在杭州萧山召开全省产业集聚区提升发展推进会。按照省政府要求,产业集聚区管委会边汇报、边调研、边部署,组织力量开展金华新兴产业集聚区提升发展方案的编制工作。12月18日召开主任办公会,专题学习全省产业集聚区提升发展推进会会议精神,充分认识编制提升发展方案的紧迫性和重要意义,把思想行动统一到省委、省政府重大决策部署上来。起草汇报材料,提出提升发展方案初步建议,向市委、市政府书面汇报。市委、市政府主要领导高度重视,批示要求充分用好集聚区提升发展机遇和政策,加快提升方案编制,推动新兴产业集聚区提质增效。按照“六个一”(即确定一个核心区块、实行一个主体实体化运作、招引一批重大项目、突出一个产业特色、实施一个倾斜政策、建好一支“店小二”队伍)总要求,调研金西、金东、兰溪区块、产业、项目、目标等关键问题,拟确定金东分区(金义都市新区)为产业集聚区核心区块。初步确定电子商务及现代物流业为主导产业,重点培育先进装备制造业、文化创意产业。落实金华市经济建设规划院为编制单位,召集相关单位部署编制提升方案,要求在2014年2月底前完成提升方案初稿编制,并尽早把方案文本提交市政府专题会议研究,按时上报省发改委审核。

【20亿元以上项目概述】 2013年,金华新兴产业集聚区共有7个总投资20亿元以上项目开工,计划总投资412.5亿元,其中:金东分区(金义都市新区)5个、总投资350亿元,金西分区1个、总投资36亿元,兰溪分区1个、总投资26.5亿元。

【菜鸟·金义电子商务新城】 位于金华新兴产业集聚区金东分区(金义都市新区),占地1500亩,总投资100亿元。该项目由阿里巴巴控股的菜鸟网络公司投资,目标是打造成为中国智能骨干网的首个全国样本,计划两年内完成一期项目建设并运营,五年内完成整体开发。项目建成运营五年后,每年可产生600亿元的网购交易额,运营十年后,每年可产生1000亿元的网购交易额,实现亩产税收超过30万元,集聚人口6万人以上。该项目一期670亩地块已完成供地,2013年11月11日建设完成22万平方米的电商及物流基地并正式营业。

【万地广场】 位于金华新兴产业集聚区金东分区(金义都市新区),占地376亩,总投资70亿元,目标是打造成集大卖场、步行街、娱乐场所等为一体的城市综合体,包括建设五星级酒店、家居办公(SO-HO)、酒店式公寓、购物中心、商业街区、住宅社区等,地面总建筑面积80万平方米,地下建筑面积40万平方米。项目开发建设时限3年，最长不超过5年,其中,酒店3年内建成,商业项目3年内主体工程结顶。年内完成基础工程及部分主体工程,综合体完成土方开挖。

【总部经济中心】 位于金华新兴产业集聚区金东分区(金义都市新区),占地650亩,总投资100亿元，设计建筑面积106万平方米，分为A、B、C、D、E、F、G七个地块。目前,已启动A地块78亩地块建设,年内完成20万平方米建筑的主体工程结顶。计划通过制订出台优惠政策等举措，强化招商引资，吸引国内外知名的文化创意、设计中心、科研院所、企业总部等项目入驻。

【金满湖·地心世界】 位于金华新兴产业集聚区金东分区(金义都市新区),占地750亩,计划总投资60亿元。项目按功能划分为炫幻区、美幻区、奇幻区、梦幻区、魔幻区等五大区域,组成幻彩无限的“地心幻城”。建成后,每年可吸引游客300~400万人次,经营收入8~10亿元,利税2亿元。基础工程正在加快开挖和建设,争取年内60%以上的项目主体工程完工。

【都市新社区】 位于金华新兴产业集聚区金东分区（金义都市新区)，总投资20亿元。项目用地245亩,建筑面积63.7万平方米,共建设32幢、4490余套24~27层的高层公寓。其中,一期占地107亩、11幢、1800余套高层公寓，建筑面积24万平方米，已经开工建设,计划2015年底前建成并交房。

【今飞高新产业园】 位于金华新兴产业集聚区金西分区,总投资36亿元,建设年产600万件大型卡车铝合金轮毂生产线,年产1500台(套)汽摩配高端装备、15万吨中间合金材料、40000台农用植保机械生产线。其中一期项目投资5亿元,项目建成后年销售可达5亿元以上，年创税达2000万元以上。项目全面建成投产后,年新增产值100亿元,年上缴税收3.5亿元以上。

【中光科技新材料】 位于金华新兴产业集聚区兰溪分区，项目总用地规模470亩，总投资26.5亿元,年产8000吨纳米氧化锆粉体新材料(水热法)及光通信系列产品、特种陶瓷系列产品。项目投产后，可实现年销售收入50亿元，年缴纳税收3.5亿元。其中,项目一期(年产5000吨纳米氧化锆新材料和光通讯系列产品)已开工建设,2014年底前投产。

（任　魁）

兰溪经济开发区

【概述】 2013年，兰溪经济开发区实现规模以上总产值253亿元,同比增长15.9%;固定资产投入40.9亿元,同比增长9.55%;工业税收8.96亿元,同比增长17.45%;引进内资18.5亿元,外资1700万美元,浙商回归6.6亿元;完成总部税收2780万元。获兰溪市工作目标责任制综合考核先进单位、市工业综合奖一等奖、市科技创新工作考核先进单位一等奖、市招商先进奖一等奖、市项目推进奖一等奖、市服务业发展综合奖三等奖、市新农村建设工作先进部门三等奖和市“三改一拆”先进单位二等奖等荣誉。

【招商引资】 一是成立科技企业孵化园。兰溪市政府出台《兰溪市科技企业孵化园管理办法》,成立兰溪市科技企业孵化园管理委员会,于10月全市首个科技企业孵化园正式开园,1个电子商务项目、4个科技项目和4个技术转移中心进驻。二是开发区两大新招商平台同步推进。总面积2000余亩的兰江片三期招商平台快速推进,已完成全部土石方量的80%;低丘缓坡(浙商创新实验园)完成全部土石方量的85%。三是引进企业和管理。2013年初,开发区与温州中光科技信息有限公司形成年产1万吨纳米氧化锆新材料、光通讯系列产品和特种陶瓷系列产品产业基地项目投资洽谈备忘录,3月28日在重庆成功签约。项目总用地规模470亩,总投资26.5亿元,预计可实现年销售收入50亿元,年缴纳税收3.5亿元。项目已完成工商注册登记等手续,公司总部及部分设备已移至兰溪,计划2014年投产。2012年落户兰溪经济开发区的汇丰贵金属电子商务公司,于2013年1月8日获得省政府文件正式批复,4月公司正式运营,步入快速发展的轨道,截至2013年12月底,共创各项税费2853.4万元。

【十大重点工程建设】 开发区十大重点工程建设总体进展顺利。其中,丹溪大道和西环路延伸工程、兰江片新招商平台框架路网、拆迁集中安置小区一期全面完工；企业服务中心主体11月18日全面结顶,项目被评为兰溪市首个“标杆工地”;园区生活服务配套中心(彩虹城)一期地下室土石方完成,进入主体结构浇筑阶段;浙中国际纺织品综合市场一期工程地下部分全部完成,其中A1地块完成三层楼面浇筑;兰花路和宝龙路延伸工程建设全面推开;低丘缓坡开发全面推进。

【科技创新成果】 全年共申报金华市级以上工业科技项目72项,占全市申报数的75%,其中:国家级17项、省级38项、金华市级17项;新增省级科技型企业6家、省级高新技术研发中心1家、金华市高新技术企业6家;完成专利申请523件,已授权265件;完成省级以上新产品研制开发29只,占全市的63%;新增浙江省著名商标2只、金华市著名商标5只、浙江名牌5只、金华名牌5只。

【整治工作】 开发区按照全市水环境综合整治要求,开展"最差河"——浒溪的清淤及两岸绿化修整工作。以浒溪雨水口的监督检查为重点,会同环保、水务、行政执法及兰江街道等多个部门,加强河道日常巡查监管。对兰江片330国道以南的380家企业的雨污管网进行地毯式核查,采取企业自纠和委托专业工程队双重办法,按期完成相关企业的整改,实现浒溪整治"三步走"的"无黑臭"目标。开展"三改一拆"工作,拆除违章建筑12143.24平方米,完成年度任务的101.2%;改造旧厂区69875平方米,完成年度任务的139.8%;改造旧住宅4765平方米,完成年度任务的158.8%。

(童 赟)

东阳经济开发区

【概述】 2013年,东阳经济开发区围绕东阳市委市政府"强市名城"建设的战略目标,按照"工业东拓、商贸西进、城市北延"的总体发展战略,构建新平台,招引大项目,培育优势企业,着力构筑"442"现代产业体系,加快形成"一带两轴三区"总体发展格局,努力争创省级一流开发区。新增规模以上工业企业14家,累计122家;完成规模以上工业增加值195846万元,同比增长21.2%;完成规模以上工业总产值820194万元,同比增长18.3%;新增省级以上高新技术企业2个,累计8家;新增省级以上专利示范试点企业1家,累计6家;新增省级以上工业技术研究发中心1家,累计13家。新增省级以上高新技术企业2个,累计8家;新增省级以上专利示范试点企业1家,累计6家;新增省级以上工业技术研究发中心1家,累计13家。

【城北工业新区】 该区位于东阳市区中北部,总面积88平方千米,规划开发面积33平方千米,是东阳市重点建设工业区块,处于杭州至永康、金华至宁波大通道的十字交叉口位置,北接金甬高速,东连诸永高速,距浙赣铁路和义乌机场20千米,区位优势明显。新区16家规模以上工业企业完成产值12.7亿元,同比增长26%;完成国地税收入8436万元,同比增长89.2%,其中地税2920万元,同比增长111%,国税5516万元,同比增长79.3%;完成工业投资17.8亿元,同比增长88.8%;引进内资6.2亿元(其中浙商回归资金4.9亿元),实际利用外资1679万美元。新增东阳市企业研发中心1家,累计2家。新增东阳市级名牌6只(认定当中),新增金华市高新技术企业1家、金华市企业技术中心1家、金华市专利示范企业1家、东阳市专利示范企业2家、"三化融合"企业3家,浙江省科技型中小企业1家、东阳市创新型企业1家。

【白云商贸园区】 该区地处东阳市西部,东邻吴宁街道,西接义乌市江东街道,南与南市街道相连,北濒东阳江,与江北街道隔江相望。是东阳市重要工业基地,基本形成以生产经营电子机械类产品为主的西城工业园,以生产经营服装针织类产品为主的服装工业园,以生产经营工艺品类产品为主的小商品工业园。61家规模以上企业完成产值42.6亿元,同比增长9%;实现销售产值38.4亿元,同比增长7%;完成国地税收入7.49亿,同比增长19.8%,其中国税2.99亿,同比增长13.4%,地税4.5亿,同比增长24.5%;实际利用外资1540万美元;工业性投入8.23亿元,完成年度目标;固定资产投入17.21亿,同比增长17.11%;规上企业用电量6748万千瓦小时,同比增长1.31%。

【江北高新产业园区】 该区地处东阳市西北部,东阳市政府所在地,东邻六石街道,南濒东阳江,与城东、吴宁、白云三街道隔江相望,西接义乌市廿三里镇、华溪镇,北壤诸暨市岭北乡。2013年内,初步形成以生物制药、纺织服装、塑料制品、工艺品等为主的工业体系。街道(园区)实现2000万以上规模以上企业总产值15.3亿元,同比增长13%;工业销售产值14.5亿元,同比增长10.4%;工业性投入10.8亿元,完成年度目标;引进内资2.6亿元,同比增长30%;浙商回归资金2亿元;完成国地税税收收入3.6亿元,同比增长40.6%,其中国税收入1.5亿元,同比增长38.9%,地税收入2.1亿元,同比增长41.6%。

(张道驰)

东阳横店电子产业园区

【概述】 2013年,浙江东阳横店电子产业园区积极推进工业转型升级,形成以磁性材料、电子电气等为主导的产业群体,积极培植"新材料、新能源、新光源"等新兴产业,太阳能光伏、光控科技、风力发电等现代"高新企业群"得到壮大。全区完成工业总产值150.7亿元,同比增长18.2%,实现利税12.3亿元,同比增长14.21%;磁性电子产业工业总产值126.5亿元,占园区工业总产值的83.94%,同比增长1.24%;区内规模以上工业企业实现产值131亿元,同比增长7.9%;规模以上企业实现新产品产值63.2亿元,同比增长2.8%;规模以上企业上缴税收5.06亿元,同比增长24.9%;高新技术产业产值27.91亿元,同比增长17.5%;完成工业性投入20.53亿元,同比增长31.6%;引进内资6亿多元,引进外资600万美元。

园区拥有企业198家,新增8家;规模以上企业44家,新增14家;园区产值亿元以上企业17家,新增2家;产值十亿元以上企业2家,其中横店东磁达71.1亿元。园区荣获2013年度金华市经济开发区(工业园区)综合考评先进单位二等奖,金华市质量强区示范园区第一名。

【科技进步】 全区重点企业共引进科技项目17项,新增国家创新基金项目1个,国家火炬计划项目1个,国家星火计划项目1个,国家重点新产品2只,年度重大专项2个,省级新产品25只,东阳市科技计划项目8个,共有20个项目获评市级科技进步奖,5个项目列入市科技成果奖候选项目;新增1家省级高新技术企业研发中心,2家东阳市级技术研究开发中心,新增2家金华市高新技术企业;申请专利445件,新增2家金华市专利示范企业,4家东阳市专利示范企业;新增浙江省名牌产品2只,金华市名牌产品4只,省著名商标1只,金华市著名商标2只,2家企业荣获金华市首届市政府质量奖,形成了浓厚的科技创新、质量强企氛围。

【项目建设】 完成市重点技改项目14项,12家企业竣工投产;进行旧厂区改造项目27个,其中:空地新建项目5个、拆改建项目16个,拆除旧厂房6192平方米,完成旧厂房改造建设53202平方米;完成工业功能区的土地平整,完成红木产业园纬九、十、十一、十二路和经七路38140平方米的路面硬化工程;完成园区一期、二期14.1公里排污管网工程建设;完成兴业路、园二、三、四、五、六路的人道树建设;进行400亩电镀行业集聚区的土地平整,完成得邦制药重污的制剂中间体AP002项目搬迁山东的外迁任务;完成注册资金达8.15亿元的上市公司普洛股份有限公司总部从山东青岛的回迁。

(张　刚)

义乌商贸服务业集聚区

【概述】 义乌商贸服务业集聚区是全省14个省级产业集聚区之一,集聚区规划控制区面积133.11平方千米,重点规划区53.2平方千米,以商贸业和现代物流业为主导产业,分为商贸流通创新区、国际商贸区、先进制造研发区和小商品研发总部区,发展定位是建成全球小商品贸易中心核心区、国家国际贸易综合配套改革试验重点区、浙江商贸服务业发展引领区和小商品制造研发创新区。2013年,编制完成《义乌国际陆港物流园区控制性详细规划》和《义乌国际陆港物流园区交通专项规划》,首期招商签订投资意向额152亿元;集聚区重点规划区实现固定资产投资138.36亿元,限额(规模以上)产业增加值73.98亿元,财政总收入33.85亿元。

【项目建设】 11月,国际电子商务城一期主体工程开工建设,其规划建设总用地面积531亩,建筑面积151.16万平方米,总投资80.8亿元,一期项目规划占地面积6.66公顷,建筑面积29.56万平方米,建设投资12.86亿元,计划2014年结顶,2015年全面建成投用。2013 年,启动国际陆港物流园区建设,园区位于义乌城西,规划总面积 43.67 平方千米。按照“产业链完整、功能完善”的原则,规划设置仓储区、国内物流中心、空港物流中心、电商仓储、快递企业、铁路物流、综合保税区、网络型企业及其他物流企业 9 大子功能区块。

【国际生产资料市场开业】 11 月 19 日,义乌国际生产资料市场正式营业。至 2013 年底,招引生产企业和代理商 2552 家,其中生产企业 1841 家,代理商711 家,入驻率达 95%。市场位于义乌机场西南,占地 525 亩, 建筑面积 75 万平方米, 总投资 30 亿元,标准商位 3700 余间,分地上五层,地下一层。主体市场主营行业:商业物流设备、工业电气设备、印刷包装原材料、动力和发电设备、工量刃具、食品加工机械(酒店用品)、印刷包装机械、织带机及注塑机、灯具、皮革原辅材料等。

(骆华超)

义乌经济技术开发区

【概述】 义乌经济技术开发区为国家级经济技术开发区, 实行现行国家级经济技术开发区的政策。整合范围为稠江、北苑、城西、佛堂、上溪、义亭六个镇街的工业功能区, 整合区域面积达 83.92 平方公里。2013 年,义乌经济技术开发区实际开发范围为稠江街道辖区,面积 38.3 平方千米;实现工业总产值 971 亿元,同比增长 18.8%;规模以上工业企业实现产值 483 亿元,同比增长 12%;实现工业出口交货值 119.8 亿元, 同比增长 0.7%; 实现财政收入 54.3 亿元,税收收入 29.3 亿元。9 月,开发区成功获批国家级博士后科研工作站。

【招商引资与项目建设】 2013 年, 开发区引进投资 50 亿元以上大项目 2 个, 中国 500 强企业 2 家,上市公司 5 家。全年引进高层次人才创业项目 13 个,其中:国家千人计划项目 6 个、省千人计划项目 5 个,其中包括义乌智印纺织科技有限公司(郭振荣)纺织数码喷绘项目、义乌达世元电动科技有限公司(楼建伟)年产 5000 套插电式混合动力总成(其中 1000 套用于自行生产的四轮电动车项目)、义乌维纳新材料科技有限公司(徐小平)高温过滤膜材料的研发和产业化项目、义乌云溪绿色造型材料有限公司(朱世根)新型低能耗环保铸造用砂等高层次人才项目。在浙商回归助推义乌国际贸易综合改革(杭州)项目推介会上,三鼎集团有限公司年产 60 万吨锦纶切片及 60 万吨差别化长丝项目、浙江年年红实业有限公司年产 2000 套红木家具系列产品产业化生产投资建设项目等产业项目与开发区签署合作框架协议。总部经济区 A 组团引进企业 78 家,其中已签约 61 家。崇山地块引进浙江世宝股份有限公司、浙江正电新能源有限公司等 3 个项目,用地 180 亩,总投资 7.7 亿元。12 月底引进万达综合体项目、绿城高档住宅项目,其中万达综合体项目总投资 50 亿元,总用地面积 159 亩。总部经济区 B 组团项目挂牌前期工作已完成。4 月,中信银行项目正式营业。8 月,占地 213 亩、投资 20 亿元的赵龙集团有限公司特种车及工程机械制造项目投产,每月生产特种车 120 余辆。深海印刷项目主体工程结顶。10 月,稠州商业银行项目动工建设。

(倪　伟)

义乌工业园区

【概述】 义乌工业园区位于义乌市东北, 成立于 1999 年,前身是义乌市义北工业区。2006 年,经省人民政府批准为省级工业园区,同年通过国家发改委核准,规划面积达 84.39 平方千米。2013 年,园区核心区内完成固定资产投资 14.22 亿元, 初步形成电子电器、衬衫、无缝内衣、针织、小商品制造、印刷为特色的优势产业,培育了欧意、华鼎、贝克曼、棒杰、博尼等优势行业领军企业,现有上市公司 2 家。完成工业总产值 454.2 亿元,同比增长 6.4%,其中规模以上工业总产值 168.5 亿元, 同比增长 13.4%;完成销售产值 435.1 亿元,同比增长 6.8%,其中规模以上工业销售产值 158.7 亿元,同比增长 12.2%;实现利税 39.5 亿元,同比增长 8.2%,其中规上企业实现利税 16 亿元,同比增长 6.5%。

【项目建设】 工业项目建设: 大唐电子信息产业园项目和英特来光电项目于 6 月正式开工建设; 博尼锦纶长丝项目于 11 月正式投产运行。储备项目投资:至 12 月底,共储备亿元以上项目 50 个,申请用地面积约3966亩,总投资额超161亿元,其中总投资额2亿元以上及重点项目21个,申请用地1906亩,总投资额93.74亿元。基础设施建设:年初,苏福路、龙祈路Ⅰ标等市重点工程陆续开工建设,至12月底,苏福路、龙祈路Ⅰ标、规划一路Ⅰ标、华阳路Ⅰ标、规划二路Ⅰ标、苏福路延伸、苏华街延伸基本完工;龙祈路二标段完成工程量的65%,苏华街完成工程量的70%,武德路Ⅰ标完成工程量的60%。

【招商引资】 12月,引进欧意电器、赛安电器、超凡制衣等7个新项目并报市相关部门审核通过,其中5亿元以上项目2个(含10亿元以上项目1个),2亿元以上项目5个,总投资29.33亿元,总用地336亩。其中欧意电器、赛安电器为浙商回归项目,协议总投资13.88亿元;浙商回归项目到位资金2.72亿元,引进内资4.5亿元。

【培育无缝服装科技产业】 为做大做强新型纺织产业园,培育壮大无缝服装科技产业,提高土地资源利用率,对义乌无缝服装行业龙头企业超凡制衣、伊彤服饰、年年旺和恒宝制衣等4家公司原有工业用地实施“以小换大 腾笼发展”,即收回老工业用地,根据需要和实际情况重新安排新的工业用地。至12月底,4家企业已签订书面承诺书,由园区按照现行工业用地出让价格收回土地使用权,按照评估价收购地上建筑物、构筑物。

(陈振华)

永康经济开发区

【概述】 2013年,永康经济开发区实现工商税收13.4亿元,同比增长23.2%;工业总产值328亿元,同比增长3.4%;其中规上企业工业总产值302亿元,同比增长2.77%,销售产值297.7亿元,同比增长3.4%;出口交货值112.9亿元,同比增长2%;高新技术产值106亿元,同比增长3.8%。20多个新产品列入省级以上新产品立项,新产品产值150亿元,同比增长16.4%,新产品产值率50%。妥善处理春风实业、博宇公司等企业危机,维护永康经济发展大局。

【工业经济管理】 抓创新,助推五金产业转型升级。浙江省五金科技创新服务平台,助推产业转型作用日益明显。浙江省五金产业工业设计示范基地正式投入运行,开展设计成果转化、中国五金产品工业设计大奖赛等活动。永康国家五金工具及门类产品质量监督检验中心(公共技术服务检测平台)项目建议书获永康市发改局批复,建成后将成为立足永康,辐射华东,覆盖全国的国家五金制品(防火门)质检中心。抓项目,提升经济发展质量。众泰集团与瑞士Softcar公司达成新能源汽车战略初步合作意向。众泰新能源汽车研究院260亩用地正在交付,纯电动面包车工程取得工信部公告。国际物流保税仓库10月开工,预计年内结顶。入园项目建设进度加快。2011年入园的5家企业,格林凯腾、顶诚、巨力投入生产,实德光电厂房、办公楼结顶,优耐克完成主厂房80%工程量。2012年入园的2家企业,宏伟实业,正在办理开工前手续,道明光学已开工建设。抓“四换”,加快资源整合。众泰集团、浩天实业、中信厨具等企业的“机器换人”,成为全省转型升级活动的先进典型。王力能诚集团的现代化高效立体厂房,得到省地市各级领导的充分肯定。17家企业签订老厂房扩能改造建设协议,效仿王力模式。推广精益化生产,航鹰锁业等企业取得良好成效。1月—12月工业性投入39.2亿元,设备投入16.36亿元。新增技改项目38个,计划投资总额达8.4亿元,其中超亿元项目2个,欣成机械制造有限公司年产60万套智能锁及540万套机械锁生产线项目总投资为1.98亿元。抓提升,增强企业综合实力。众泰汽车研究院、威力园林研究院等创新平台纳入省政府重点支持项目。南龙、中坚、强广剑首次认定为浙江省著名商标;炊大王首次认定为浙江省知名商号;众泰、万事达首次获得浙江名牌;多家企业获得AAA级“守合同重信用”单位、浙江省出口名牌、金华名牌,“永康五金”浙江区域名牌,多家企业参与国家标准和行业标准制定。浙江飞神车业有限公司获永康市政府质量奖。强服务,优化经济发展环境。开展“进企业、解难题、送服务”等走访调研活动,深入141家规模以上企业和80多家上年度销售收入500~2000万元的规下工业企业,征集到138个人才招聘、基础设施配套等各类难题和建议。抓好劳动保障工作,调处工资纠纷案件310件,工伤纠纷案件94件。抓好安全生产监督管理,1548家单位签订安全生产目标管理责任书,90家企业通过安全生产标准验收,市政府挂牌整改的永康市迪奥工贸有限公司、永康市明道机电配件厂均已验收达标。

【项目开发建设】 深化土地开发利用,1月—12月,出让土地约42.12万平方米,其中工业用地26宗约32.48万平方米,商住用地1宗9.64万平方米。完成长城村、苏溪村、荆山夏村等11个村约101.83万平方米的集体留用地转商住用地报批。完成A12-04地块约3.21万平方米林地报批。组卷报批黄城里老村改造农转用及拆迁安置户报批。完成A13-03、04、05等23宗地块约72万平方米土地农转用、征用组卷报批,其中19.98万平方米已经省政府批准,52.02万平方米在上报省政府之中。完成创业承诺及其他重点工程建设任务。市重点工程开发区至芝英联网公路已完成(除石柱镇田畈林段外);完成金山路公铁立交及接线工程、金都路中央绿化带绿化工程、酥溪两侧污水主干管(九鼎路至九州路段)工程;酥溪河道驳坎改造工程完成总工程量的70%;八号桥工程下部基础及八号桥接线工程已基本完成;开工建设酥溪东路工程、荆山公园。北部水库联网工程政策处理在11月8日前完成。按实施计划完成南山水厂源水管线二期政策处理,管线路径放样后即进行政策处理。按要求及时完成东永高速东互通连接线政策处理工作,雅应村13户拆迁户已落实拆迁安置方案,签订拆迁协议。

【"绿色家园、富丽村庄"建设】 公平公正,铁手腕整治"两违"。"两违"工作与干部职工年度实绩考核挂钩,与行政村书记、主任年度考核以及村级组织换届挂钩。坚持全拆原则,全面拆除8个"两违"重点村的全部违章建筑。荆山夏村结合新农村建设,党员干部带头自拆,包干做好违章户思想工作,累计拆除206宗59524平方米。组织39次集体拆违活动,拆除违法建筑626宗122105.7平方米,完成全年计划的128.53%。典型示范,全力推进"三改"。黄城里村,创造"政府引导、乡镇支持、村当主体"的黄城里村模式,金华市委书记陈一新批示全金华推广,年内已统一抓阄,完成农户排基。西朱村全村100多户完成农房改造前期准备工作,新村计划开间数230间,目前已拆除75间。曹园村确权150余户,部分拟将结合立改套模式报批。溪碧山村正在统一拆除旧房。郑村已落实2亩用地指标,正在确权,签订协议。荆山夏村将结合返还地开发利用启动新农村建设。全面启动"双清",取得阶段性成果。捆绑式考核联村干部与联系村,重奖大清除行动成效明显的行政村。投入178万元,新开通垃圾中转站1个,清理垃圾600吨,池塘清理2个150吨,清理臭水沟、污水坑22条,清理华溪4公里、苏溪1千米。完善村级卫生保洁机制,健全督查考核机制,营造齐抓共管工作氛围。12次开展联合集中整治行动,抓好东永一线整治;投入20多万元,制作安装东永一线店牌2000平方米,基本消除东永一线经济开发区段沿线十五米内"脏乱差"现象。市长徐华水多次亲临堰头村指导华溪整治和双清工作。全力做好社会稳定工作。开展"走基层、解矛盾、保平安"和"排查整治、强基促稳"专项活动,集中力量排查化解社会矛盾纠纷、整治社会治安和公共安全突出问题。开展"除隐患、保平安"消防专项行动,检查各类单位830多家,排查并整改消防隐患27起。做好信访工作,调处矛盾纠纷69起,抓好村级民情接访接待群众105人次,妥善化解疑难问题95件。市领导下访活动共接待群众28人次,妥善化解问题13起。强化导向机制,突破计生工作难点。2013年度计生考核后三名的村,一律暂停评先、评优、党员发展、建房批基、经费划拨等;未满14周岁的超生对象不能享受村集体利益分配。山头徐、兰街、陈园村通过永康市森林村庄的验收,堰头村8月份通过金华市森林村庄验收,11月份省级森林村庄验收。山塘水库防汛、完成农民素质提升培训、粮食种植、村级饮用水、村级财务清理等工作达到预期目标。

【自身建设】 深入开展"全科干部、全心服务"主题实践活动。抓好周一学习夜、干部轮值讲学等常规动作,落实全员联村制度,重点抓好服务承诺和"三个一"。实行联系企业制度,一般以上的1000多家企业全部落实联企干部职工,要求联企干部职工每季力争解决1~2个实际问题。推进行政服务中心建设,共受理各类事项1542件,1516件已办结,按时办结率100%,其余26件正在办理。加强财政收支管理。1月—10月,开发区财政收入为76218.66万元,财政支出为27140.75万元,结余49077.91万元。多渠道筹集资金,增强开发区调控能力。完成原堰头乡政府办公场所的处置工作,原苏溪乡工办办公场所正在上报审批处置之中。做好铁牛集团公司借款的监管工作,收回借款本金5000万元,到期利息催缴到位。

(曹国梁)

浦江经济开发区

【概述】 2013年,浦江经济开发区以“双重”工作为抓手,扎实开展工业经济服务年活动,推进项目攻坚破难;以开展水环境整治工作为契机,大力推进各专项整治活动,全面改善区内发展环境,各项工作取得一定成效。开发区共完成工业生产总值234.6亿元,同比增长13.79%,其中规模以上工业总产值211.9亿元,同比增长17.67%;新产品产值49.26亿元,同比增长54.6%;工业增加值46.1亿元,同比增长13.79%;出口交货值85.06亿元,同比增长33.12%;自营出口5.09亿元,同比增长14.29%。

【二期开发建设】 二期11.18平方公里土地利用总体规划获得省政府批复,开发区联合仙华、岩头等乡镇街道和相关职能部门,着手进行开发建设。2200亩土地征用工作已完成田块面积测算及相关征地等前期准备工作,相关资料已移交仙华街道;二期区块三横四纵道路配套工程已完成平面总图、地形图等基础资料的汇总工作。

【招商引资】 引进中能博瑞、三思光电、正丰电器、金豆米工艺、航天神舟、一正文具、德尔塑业、喜乐居、亿通新材料、凡库工贸等“浙商回归”项目,“浙商回归”到位资金5.14亿元,引进内资11.02亿元,完成年度工作目标;实现合同利用外资3000万美元,完成年度目标的200%;实际利用外资1267万美元,完成年度目标的106%。

【项目建设】 共计完成工业性投入35.06亿元。21个千万元以上重点技改项目中10个项目已投产,包括三思光电、心艺袜业、浦江齿轮、牧童鞋业、六维机械、艾杰斯、喜乐居、圣格袜业、航天神舟、伯虎链条;7个项目正在施工中,包括亚特新材料、冠益工贸、风行鞋业、鼎力达、中能博瑞、中亚工贸、亚华水钻;3个项目正在进行规划图纸会审,包括亿通新材料、源捷化纤、正丰电器。16个“双百亿”投资项目中恒泰科技、心艺袜业、航天神舟3个项目已投产;信源信已完成主体工程,科技创业园、风行鞋业(二期)、亚华水钻、三思光电(二期)、冠益工贸、中能博瑞、鼎力达工贸7个项目已动工建设;亚特新材料、正丰电器、亿通新材料、源捷化纤4个项目规划图纸正在会审中;众毅新能源正在进行项目调整对接。

【企业劳动用工】 及时调处劳资纠纷,维护劳动用工合法权益,做好维稳工作,共受理劳资纠纷41起,同比下降200%,调处率达到99%;着力解决企业“招工难”和大学生“就业难”两大难题,共计举办大学生就业指导讲座3场,实现22名应届毕业生与10家基地企业成功对接;组织2场劳动保障法律法规培训班以及一期工业发展扶持政策培训会,参加人数达1200余人次。

【安全生产】 建立健全安全生产四级检查制度,形成上下互动全面开展隐患排查整治的工作格局;推行企业消防安全生产分类等级动态管理公示牌制度,接受企业职工和上级部门监督检查,402家落地企业已完成消防安全生产分类等级动态管理公示牌推行工作,有效促进安全生产常态化管理;开展彻查整治火灾隐患百日大会战等专项行动,有效督促企业立即整改一般隐患531处,限期整改重点隐患93处,通过市级挂牌整改企业3家,县级挂牌整改企业6家。无发生一起重大安全生产事故,安全事故发生率同比下降50%。

(张　玲)

武义经济开发区

【概况】 武义经济开发区(白洋街道)位于武义县城东北部,东连茭道镇,南接泉溪镇、熟溪街道,西邻壶山街道、履坦镇,北靠金华市金东区。2001年9月行政区域调整,原浙江省武义经济开发区管委和白洋街道办事处实行两块牌子一套班子合署办公。2009年5月,武义县委将浙江省武义经济开发区管委会与白洋街道办事处合并,成立武义开发区(白洋街道)党工委。

武义开发区(白洋街道)下辖4个社区、49个建制村、3个经济合作社。区域面积89.2平方千米,总人口 40708 人,其中:非农人口 11330 人,另有流动人口 46007 人。入区企业 550 家,其中规上企业 145 家,已成为五金机械、文旅休闲、汽摩配件三大行业集群区,经济总量已占武义全县的三分之一以上,是武义工业经济发展的桥头堡。2013 年,开发区实现工业总产值 182.88 亿元,同比增长 11.8%,总产值超亿元企业 53 家;实现工业增加值 28.9 亿元,同比增长 14.8%;固定资产投资 26.71 亿元,同比增长 27.2%;税收收入 6.51 亿元,同比增长 19.64%,纳税超千万元企业 6 家,纳税百万元以上企业 137 家。全区开工率 98.95%,投产率 95.8%,投资率为 157.85 万元/亩,产出率 187.56 万元/亩,贡献率 7.17 万元/亩。2013 年,开发区(白洋街道)村集体经济收入达百万元以上的村 15 个,其中 200 万以上的村 8 个,超过 600 万的村 1 个。农民年人均纯收入 7940 元。

【科技创新】 出台《武义经济技术开发区鼓励科技创新奖励办法》,鼓励和引导企业加大科技投入。2013 年,工业企业技改投入 16.3 亿元,研究经费投入 7000 万元,企业技改备案项目 40 个,已累计投资 2.98 亿元。新增国家高新技术企业 1 家,省科技型企业 6 家,市创新型企业 1 家,市专利示范企业 3 家;新增省著名商标 2 只,市著名商标 5 只;新增市级名牌产品 5 个。

【助推企业发展】 关注低效企业的发展,对县低效企业和中小微企业实行一企一人发展监测,助推企业发展。2013 年度的 50 家低效企业总产值同比增长 72.2%,税同比增长 81.1%,其中 18 家企业达到了规上标准。

【招商引资】 坚持“外引优质企业,内促企业科技创新”,加快产业结构的调整。2013 年,全年新到位内资 6.94 亿元,浙(婺)商回归到位资金 3.2 亿元,到位外资 429.3 万美元。

【服务业投资】 通过二次开发,以大平台、大项目建设为抓手,不断加大服务业投入,促进服务业大发展大繁荣。2013 年,完成服务业投资 16397 万元,增速达 110.5%,增速全县第一;服务业增加值实现 99488 万元;完成“个转企”109 家,完成率达 247.73%。

【工业项目建设】 实行“腾笼换鸟”提高土地利用效益,全年流转工业用地 19.38 万平方米,收回闲置土地 46.09 万平方米,完成工业项目用地征用 73.4 万平方米,出让工业用地 49.87 万平方米。低丘缓坡区块、茭塘区块“两区块”土地征用工作已基本完成,大部分已挂牌出让到企业。物产物流项目、科技园项目、华东工业材料城“三园”建设进展加快。投资 7234 万元,先后完成了新塘里自然村搬迁水、路、电建设等 6 项政府性投资项目。

【重点项目建设】 2013 年,开发区具体负责 21 项县重点工程的用地征迁,涉及 29 个村,5 家企业,农户拆迁 120 多户,累计征迁面积 3359 亩。通过建立“主要领导主抓,分管领导具体抓,项目攻坚组为主力”工作机制和完善例会、督查、问责、公示等管理机制,完成武川路延伸工程(武阳路至东升路)等 13 个项目的政策处理,其余 8 个项目进展较快,部分项目已进入扫尾阶段。

【“四边三化一整治”】 制订出台《工业园区环境卫生管理办法》《环境卫生长效管理监督制度》等,建立村庄 12 小时保洁、工业区重点路段全天候保洁工作机制,实行了垃圾统一清运,统一收费,统一处置。落实分级管理、层层负责的管理机制,监督、检查、治理三管齐下,彻底清除卫生死角,着力解决脏乱差问题,园区环境卫生综合管理水平进一步提高。积极开展园区绿化工作,对园区道路进行全面绿化规划设计,制定分年度实施计划,完成兰花路、荷花路、白洋大道等部分路段的绿化改造工作,累计完成绿化面积 2.2 万平方米。

【“三改一拆”】 坚持以“强巡查严控违,抓重点破难题”为主线,以党员干部违法用地户为整治重点,强化卫片执法,突出“公路沿线重点村的整治、党员干部违建的处理、整治工作的统筹安排、突出快速反应机制的建立”四个重点,着力破解违法建筑整治难题,有力扎实推进“三改一拆”工作。2013 年,已累计拆除违法建(构)筑物已拆除 361 宗,306179.59 平方米,其中党员干部自拆 37 宗,13456.6 平方米;整治马路市场 3 个;清理各类广告 198 宗;清理乱堆乱放 89 宗。完成县交办拆违任务数的 165.91%。较好地完成王大路、金畈、叶棋、西田畈、牛背金等村高速公路口、公路沿线违法建(构)筑物的整治、拆违。

【社会事业】 抓实精品村建设,完善农村卫生长效管理机制,全面实现村级垃圾集中处理。投资150余万元,完成中央财政小农水工程,投资50余万元对辖区内15水库进行修复,投资106万元对三个区块2500亩的松材线虫病进行防治。民生保障、社会管理、平安建设等工作齐头并进,新型农村合作医疗保险参保12032人,完成城乡居保1.1万人,被征地农民生活保障0.31万人。

【基层党建】 以村级组织换届选举为契机,把班子建设与重点工作结合,进一步强化村级组织建设,选出的新一届村级班子平均年龄46.8岁,政治思想素质提高,凝聚力增强,抓党建、促经济发展、保社会和谐的能力明显提高。对下辖的基层党组织的星级评定并挂牌,明确基层党组织的建设目标。强化两新党组织建设助推经济发展,在规上企业、党员数三名以上企业覆盖率均达100%的基础上,进一步创新组织活动方式,完善五化工作法,切实增强组织工作成效。

(李　霞)

金磐扶贫开发区

【概述】 2013年,金磐开发区各项经济指标实现平稳持续增长。工业销售产值26.85亿元;规模以上企业总产值18.38亿元;制造业投入2.26亿元,同比增长15.8%;国地税税收合计2.01亿元,首次突破2亿元大关;引进内资1.95亿元,完成年度指标121.5%;盘活闲置和低效用地区45亩;引进固定资产投资3000万以上企业3家,其中,投资亿元以上2家。首次参加省级开发区考评,综合效益位列南片开发区的第4名,进入南片25家省级开发区的第二方阵,在全省46家省级开发区中,综合排名第39名。荣获首届浙江开发区特别贡献奖,此次评选共有省内的18个国家级开发区和68个省级开发区参加,11家开发区分获开放创新、转型标杆、科技创新、生态文明和产城融合五项大奖,金磐开发区获得生态文明奖。

【招商引资】 注重"楼宇招商"、发展总部(楼宇)经济,分别到广东、上海、武汉、杭州、宁波、丽水以及周边县市开展形式多样的招商引资活动,引进企业50多家,其中投资3000万元以上的工业企业3家,楼宇企业40多家,注册资本3.1亿元,浙商回归企业6家,到位浙商回归资金1.21亿元。

【处置闲置低效用地】 区内2家企业45亩低效用地通过股份转让的方式得到盘活,新建厂房近2万平方米;9家企业提交了整改计划书并与管委会签订绩效保证协议书,缴纳绩效保证金145.5万元;跟踪督查2012年处置的4个项目28亩土地,有3个项目23亩土地已经建成投入使用,另外1个项目厂房已完工。开发区节约集约发展得到了省、市、县各级领导的充分肯定。

【促进企业转型升级】 落实税收优惠政策,引导企业转型升级,兑现2012年度企业扶持资金732.78万元;2013年,落实增值税减免企业5户,享受过渡期外资企业所得税减半征收企业4户,为5户企业的技术研发费加计扣除额518万元。指导企业实施品牌战略,向春光橡塑、娅茜内衣发放《商标创牌行政建议书》,建议其争创中国驰名商标,指导鹏孚隆、三德建设向省工商局申报了创省著名商标的有关材料。促进企业做大做强,皇冠集团对下属企业进行整合提升、在公司内部进行改革创新,为下一步的上市创造条件;鹏孚隆公司将组建集团总部,集研发、销售、中试于一体,提高产能。积极开展"个转企""小上规"培育工作,"个转企"5家,上报"小上规"企业4家。

【优化发展环境】 加速推进园区基础设施建设。完成新区主干道文溪路人行道绿化;投入450万元完成新区文溪路和330国道交叉口整治;投资4000万元建设金磐新区综合服务中心,建筑面积6300平方米,已于5月顺利结顶。新区出让104亩商住用地,为总部经济项目建设打下基础。积极开展工业企业服务年活动,成立咨询服务处,走访企业100多户次,帮助15家企业解决难题25个。抓实企业安全生产。组织召开安全生产标准化建设动员会,16家规模以上企业安全标准化创建工作通过评审达标;组织开展"安全生产月"活动和安全生产大检查,检查工商企业94家(次),人员密集场所32个(次),排查、发现安全生产隐患和问题200多个,发送《安全生产事故隐患整改通知书》54份,发放《督查通知书》24份。重视人才培育工作,区内企业有博士3名、硕士5名,经综合评估,上报"省千人计划"1

名、市“双龙计划”2名。加强“两新”党委工作，建立了开发区“两新”党委，开展支部五星争创、党员五星管理等活动，2013年7月全面完成支部活动室的规范化建设，新建8家企业党支部，企业支部上升为24家。

（陈　璐）

磐安工业园区

【概述】 2013年，磐安工业园区已建成区面积3.6平方公里，形成“七横八纵”园区道路主框架。累计完成基础设施投资24亿元，新建道路16.5公里，区内路、水、电、排水、排污、通讯、有线电视、物流中心等基础配套完善。园区现有入区企业128家，其中：从县外引进企业82家，投资超亿元企业7家，国家级高新技术企业4家，产值超亿元企业3家，企业拥有各项发明专利81项，基本形成“塑料制品、汽摩配、光伏电子”三大主导产业。

【工业经济】 全年完成工业产值28.5亿元，同比增长21.74%，完成国地税收入8066.04万元，同比增长32.31%；其中地方财政收入3862.44万元，同比增长24.11%，完成计划数的129.18%；引进或新创办企业6家，其中3000万元以上5家；引进协议投资2亿元以上项目2个；完成制造业投入5.95亿元，完成目标任务的121.4%；引进内资3.12亿元，完成目标任务的173.3%；“浙商回归”项目到位资金1.31亿元。

【平台建设】 投资1300万元的里光洋防洪堤工程完工；投资1200万元同心街、大兴路、三州路等二期道路主干道部分路段完成；二期污水管网、自来水管网等配套工程有序推进。全年完成基础设施投入0.6亿元、土地平整350亩、盘活闲置低效用地64.89亩、完成供地305亩(其中工业用地200亩)，消化转而未供用地45亩；低丘缓坡综合开发200亩；完成土地征收101亩。

【企业培育】 基本完成年初园区提出的自我加压目标：培育税收超千万企业2家，完成产值亿元以上企业2家，产值5000万元以上企业5家，产值3000万元以上企业7家，新增规模以上企业4家，完成个转企15家。在企业科技发展方面，2013年园区共完成8家省重点技改项目、9家市重点技改项目、1家市信息化示范企业、4家企业与中国兵器集团开展合作、5家县科技计划项目、5家县“机器换人”项目；劲牛管业被评为国家高新企业，新兴塑料成功申请省重点高新技术产品开发项目。

【招商引资】 2013年初设立招商局，安排专职招商工作人员3名。全年组织到甘肃、江苏、山东、广东、温州、台州、萧山、东阳等地招商100多人次，谈成意向项目20多个，签约意向项目8家，落地企业12家，其中：投资3000万以上企业6家，投资2亿元以上企业2家。

【工业项目】 通过狠抓低效和闲置工业用地、工业用地绩效评价等举措，园区现有新建、续建工业项目36个，项目投资额15亿元。全县六个十大工业项目园区有6个：现代物流中心二期主体工程、精创置业中小企业孵化园项目、山耐斯气动液压厂房扩建和技改、盛世达汽车配件技改、巨久轮毂厂房扩建和技改等5个项目9月底提前完成预期目标；另外一个慧创工贸也已经投产。

【服务企业】 充实工作人员，各局室的分工更加合理，服务更加对口。园区推行全程代理的范围包括营业执照、税务登记证、组织机构代码证、海关登记证、开户许可证、用地规划许可证、建设工程许可证等10多个证件办理。开设国地税窗口后，基本能满足企业税务办理工作。园区于7月份组建企业用工服务中心，帮助解决企业用工难问题。该中心实时发布企业用工需求，填补春秋两季招聘会中间时间段的招工空白；组织7家企业参加武汉用工招聘会，年底精心安排外省来磐务工人员返乡招聘工作。全年和九和乡、县三中等单位形成用工对接，通过多渠道、多范围招工平台搭建以满足企业用工需求。

【职工权益保障】 2013年，园区组建两新党工委。有企业党支部18个，解决54名外来党员的组织生活问题。外来员工子女入学问题实行全程办理，企业职工合法权益得到保障。在日常管理中，园区十分注重职工的安全生产、集体工资协商、健康体检等福利工作。使得园区真正成为广大务工人员“创业的乐园、幸福的家园”。

【文体活动】 园区组团参加全县首届职工运动会并获得“精神风尚奖”。在全县组织的各项比赛中均取得较好成绩，分别获得全县篮球比赛第三名，全县拔河比赛第三名,全县乒乓球比赛第四名。园区还因地制宜开展各种文体活动,不仅组织台地乡镇干部和园区企业进行篮球比赛。而且在磐安台地的 6 个乡镇和园区企业范围内开展“台地好声音”歌手选拔活动。

(陈华羚)

政治建设

中国共产党金华市委员会

重要会议

【市委六届四次全会】 1月18日上午，市委召开六届四次全体(扩大)会议暨市政府六届四次全体会议。会议的主要任务是:全面贯彻落实党的十八大、中央经济工作会议精神和省委省政府一系列决策部署,总结2012年工作,部署2013年任务,看亮点、剖难点、抓重点、找支点,动员全市上下进一步解放思想、振奋精神、凝聚力量、攻坚克难,再创金华赶超发展新业绩。

会议指出,2012年是金华描绘蓝图、凝心聚力、赶超发展的一年。一年来,谋长远、抓当前、开新局,以解放思想引领赶超崛起,以重点突破带动全局发展,赶超发展思路广为共识,六大战略重点初见成效,城乡统筹发展态势良好,“五个金华”建设统筹推进,党建工作创新亮点纷呈,呈现出经济赶超发展的良好态势和社会和谐稳定的良好局面。预计2012年全市实现地区生产总值2700亿元，增长10.2%,增幅居全省第二位。有17项主要经济指标增速居全省前三位,其中有7项指标增速居全省第一位,4项指标增速居全省第二位,6项指标增速居全省第三位;有5项主要经济指标总量在全省的位次前移,有17项主要经济指标总量占全省比重提高,有9项主要经济指标与全省排名前一位地市的差距有明显缩小。

会议强调,2013年的宏观经济环境依然严峻复杂,保持赶超发展良好态势面临着一系列新矛盾、新困难、新挑战。要明趋势、迎挑战、敢作为,做到既头脑清醒、不盲目乐观,又坚定信心、善作善成,化挑战为机遇,变压力为动力,牢牢把握赶超发展主动权。要在国际国内宏观发展环境严峻复杂的情况下保持赶超发展,要在2012年发展势头处于全省第一方阵的基础上保持赶超发展，要在兄弟地市竞相争先移位的激烈竞争中保持赶超发展，要在长期积累的结构性、素质性、体制性矛盾中保持赶超发展,要在省委要求和人民群众期待不断提高中保持赶超发展。

会议指出,2013年是全面贯彻落实党的十八大和省委十三届二次全会精神、加快“两富”现代化都市区建设的开局之年,是实施“十二五”规划承前启后的关键一年。要盯目标、抓大事、求实效,认真落实“五三举措”,继续抓好“六大战略重点”,全面提高党建科学化水平,大力弘扬“重落实、敢担当、有作为”的务实作风,再创赶超发展新业绩,加快推进“两富”现代化都市区建设。根据2013年全市经济社会发展主要预期目标和工作目标,要着力在“八个现代”上下功夫。要抓好产业集聚区、开发区(工业园区)整合提升,抓好现代产业集群转型升级示范区建设,争创国家现代服务业综合试点城市,深化“双千亿投资系列工程”,抓好“个转企”和“小上规”工作,加快构建现代产业集群。要抓金华—义乌聚合发展,抓县市融合发展,抓智慧型基础设施建设,抓城市管理,抓“三改一拆”工程,加快构建现代城市集群。要深化义乌国际贸易综合改革,做大做强实体市场,积极打造“网上强市”,大力发展会展经济,积极推进市场信用体系建设,加快构建现代市场集群。要抓好现代农业发展体系建设,深化美丽乡村建设,认真实施“富村五年计划”,积极促进农民增收,加强农村基层民主政治建设,加快推进现代农业农村建设。要大力弘扬社会主义核心价值观,推进东阳文化产业全域化发展,加强城乡文化阵地建设,广泛开展群众性文化活动,加强历史文化资源开发利用,加快构建现代文化发展体系。要完善社会公共服务,健全社会保障制度,加强社会就业服务,创新社会管理模式,强化民主政治建设,加快构建现代社会管理体系。要全面推进"五城四边三化"创建活动,不断加大生态环境保护力度,加强资源节约集约利用,切实加强生态制度建设,大力弘扬生态文化,加快构建现代生态文明体系。要大力构建创新平台,推进产学研一体化,大力培育创新主体,推进国家知识产权示范城市建设,加大招才引智力度,加快构建现代科技创新体系。

会议强调,推动工作落实,重点在乡镇、关键在作风、根本在制度、核心在党的领导。要抓关键、出实招、动真格,以为民务实清廉教育实践活动为载体,大力推进思想政治建设;以完善干部管理制度为保障,切实加强领导班子和干部队伍建设;以乡镇干部队伍建设为重点,切实加强基层组织建设;以坚决贯彻中央"八项规定"为契机,大力加强党风廉政建设,千方百计为赶超发展提供有力保障。

会议号召,赶超发展的时代重任已经落到这一届班子、这一代人身上,面对干事创业的广阔舞台,面对千载难逢的发展良机,全市上下要有赶超的雄心和决心、要有赶超的思路和行动,创新理念引领赶超崛起,创新方法落实战略部署,创新考核激励干事创业,为金华赶超发展再添新动力,为"两富"现代化都市区建设再创新业绩。

会议还就抓好当前工作提出要求。一要抓好扎实开局,力争实现首季经济"开门红";二要抓好春耕备耕,推进农业"两区"建设;三要抓好城乡群众生活,确保全市人民过一个欢乐祥和的春节;四要抓好信访维稳和安全生产,全力维护社会和谐稳定;五要抓好党风廉政建设,确保廉洁过节。

【市委六届五次全会】 7月24日,市委召开六届五次全体(扩大)会议暨市政府六届六次全体会议。会议的主要任务是:深入学习贯彻党的十八大和省委十三届三次全会精神,分析当前形势,总结上半年工作,部署下半年任务。会议强调,要始终保持清醒头脑,认真查找各种差距,切实把创新驱动发展摆在核心战略位置,紧紧抓住结构调整、转型升级这一主攻方向,全面加强和改进党的建设,突出重点、抓住关键,正风提效、真抓实干,坚定不移地推进赶超发展。

会议指出,当前,宏观经济环境依然严峻复杂,区域竞争日趋激烈,全市上下要始终保持清醒头脑,清醒看到发展上的差距、精神上的差距、工作上的差距、管理上的差距。会议强调,只要带着感情、带着责任、带着勇气、带着决心、带着创新举措找差距,精心把握好全省第四大都市区建设、义乌国际贸易综合改革试点、低丘缓坡综合开发利用试点等重大机遇,切实发扬"钉钉子"和"功成不必在我"的精神,一张蓝图一干到底,不折腾、不反复,攻坚克难、务实苦干,就一定能够快翻、早翻、多翻,到2020年实现"四翻番"、到建党100年时"赶超全省平均水平"、到新中国成立100年时"赶超全省先进水平"的目标一定能实现,金华人"百姓富裕、浙中崛起"的梦想一定能实现。

会议指出,2013年1月以来,在严峻复杂的宏观经济环境下,全市上下奋力拼搏,迎难而上,保持了经济赶超发展、社会和谐稳定的良好局面,战略重点工作有新进展,产业转型升级有新成效,城乡发展面貌有新改善,社会建设事业有新加强,党建各项工作有新亮点。预计上半年全市实现地区生产总值1355.6亿元,同比增长9.7%,增速居全省第3位。在21项主要经济指标中,有19项指标增速高于全省平均水平,其中8项指标增速居全省前3位,5项指标增速居全省第1位。

会议强调,各级各部门要按照"既定的决策部署不变、既定的目标任务不变、既定的工作机制不变"的要求,加大力度抓投资、促转型、优环境、保稳定、惠民生,确保全面完成年度目标任务,努力实现"全年红"。一要积极创新招商方式、狠抓重点项目推进、深化重点领域改革,全力保持有效投资持续增长,进一步增强赶超发展后劲。二要大力推进制造业改造提升、大力培育现代服务业、大力发展高效生态农业,积极培育壮大特色亮点产业,进一步促进产业转型升级。三要坚定不移推进金义都市新区开发建设、全力加快金华市区重点建设与赶超发展、积极推进浙中城市群融合发展,着力提升中心城市能级,进一步推动现代化都市区建设。四要扎实推进“三改一拆”、“三治一优”、美丽乡村建设,扎实开展环境综合整治,进一步改善生产生活生态环境。五要繁荣发展社会民生事业、深入推进社会管理创新、进一步加强民主法治建设,切实保障和改善民生,进一步维护社会和谐稳定。

会议强调,实施创新驱动发展战略,是加快结构调整、推进转型升级、实现赶超发展的重大战略举措。要充分认识实施创新驱动发展战略的重要意义,把创新平台建设作为重要支撑,把发挥企业主体作用作为牛鼻子工程,把强化产学研用协同创新作为关键环节,把集聚创新人才作为根本保障,把优化创新环境作为重要内容,统一思想认识,抓住关键环节,研究政策举措,加强督查考核,认真贯彻落实,努力实现“十倍增”“两提高”的阶段目标,打造金华经济“升级版”。

会议强调,全面加强和改进党的建设,是“干好一三五、实现四翻番”、推进赶超发展的坚强保证。要讲政治、找痛处、动真格,扎实开展党的群众路线教育实践活动;要强基础、善攻坚、硬考核,切实把基层组织建设和干部队伍建设放在赶超发展的突出位置来抓;要守规矩、聚民心、保清廉,切实加强反腐倡廉建设,营造正风提效促赶超的浓厚氛围,以正风提效能,以效能促赶超,以赶超惠百姓。

会议审议通过了《中共金华市委关于全面实施创新驱动发展战略加快建设创新型城市的决定》。

【市委六届六次全会】 12月30日,市委召开六届六次全体(扩大)会议暨市政府六届七次全体会议。会议的主要任务是:深入学习贯彻党的十八大、十八届三中全会和习近平总书记系列重要讲话精神,按照中央和省委、省政府的一系列决策部署,总结2013年工作,部署2014年任务,动员全市党员干部和广大群众,深化改革再创优势,转型升级走在前列,努力开创“两富”现代化都市区建设新局面。

会议指出,2013年是金华正风提效、奋力赶超的重要一年。全市上下认真贯彻落实中央精神和省委省政府的决策部署,深入开展“正风提效促赶超”活动,全力打好转型升级组合拳,扎实推进重点领域改革和项目建设,努力办好各项民生实事,着力凝聚赶超发展合力,切实维护社会和谐稳定,进一步加强和改进党的建设,各项工作取得明显成效,呈现出崭新气象。但必须清醒地看到,金华发展正处于深化改革、爬坡过坎、不进则退、慢则掉队的重要关口,必须深刻剖析、敢于面对改革发展中的各种困难和挑战,必须以更大的勇气和决心,啃硬骨头,涉大险滩,重拳出击,全力突破。

会议指出,2014年是全面深化改革的开局之年,是“干好一三五、实现四翻番”中干好“三”的关键一年。既要看到有利因素,善于在错综复杂的形势中看清主流;也要清醒认识面临的各种风险和挑战,敢于在触及深层次问题中攻坚克难。要坚持稳中求进、改中求活、转中求好,把改革创新贯穿于经济社会发展各个领域各个环节,进一步释放改革红利、内需潜力、创新动力、市场活动,推动更有效率、更加公平、更可持续地赶超发展。2014年全市经济增长的预期目标确定为增长8.5%左右,确保固定资产投资高于全省平均水平,力求城乡居民收入增长与经济增长基本同步。

会议强调,为了实现2014年全市经济社会发展主要预期目标,要着力推进“八项行动”。一要实施改革创新行动,务实推进全面深化改革工作,全面实施创新驱动发展战略,强势开展“四破”专项整治活动,加快向集约式发展转型;二要实施“群城共建”行动,构建“一轴两带”城市组团发展新格局、枢纽型同城化城市群交通新框架、市场起决定性作用的资源要素配置新机制,加快向都市区经济转型;三要实施“产业升级”行动,大力发展先进制造业、现代服务业、高效生态农业,加快向现代产业集群转型;四要实施“先进文化”行动,唱响时代主旋律,打好舆论主动仗,推动文化大发展,加快向现代文明社会转型;五要实施“美丽金华”行动,打好“五水共治”攻坚战,提升精品城市建设水平,迈出美丽乡村建设新步伐,加快向现代生态文明转型;六要实施“实事惠民”行动,让就业创业更加充分,让社会保障更加公平,让社会事业繁荣,加快向城乡公共服务一体化转型;七要实施“固本强基”行动,发展基层民主政治,提升法治建设水平,维护社会大局稳定,加快向社会治理现代化转型;八要深化“正风提效”行动,真查真改纠“四风”,实干创业树导向,五星争创强基础,标本兼治保清廉,不断提升党的建设科学化水平。

会议指出,全面深化改革,必须全面贯彻落实中央和省委全会精神,以“一三五”为目标节点,以重大问题为导向,以具体改革项目为抓手,通过各领域体制机制优势再造,解决赶超发展中面临的一系列矛盾和问题。要以走在前列的信心和追求,以率先突破的勇气和举措,在一些重点领域和关键环节改革上探索新举措、取得新突破,力求体现金华的亮点和特色。

会议强调,全面深化改革是一个复杂的系统工程,需要凝聚各方面的智慧和勇气,调动社会各界的积极性和创造性,形成强大的合力。要充分发挥党总揽全局、协调各方的领导核心作用,建立健全市领导牵头负责、重点工作绩效考评和问责追究机制,强化组织保证和人才支撑,发挥人民主体作用,不断聚合全面深化改革的正能量。

会议号召,各级党组织和广大党员干部要紧密团结在以习近平同志为总书记的党中央周围,凝聚起强大的干事创业力量,解放思想、开拓创新,真抓实干、勇于担当,坚定地抓改革、促转型、治环境、惠民生,为全面建设“两富”现代化都市区而努力奋斗。

会议审议通过了《中共金华市委关于全面深化改革再创体制机制新优势的决定》。

市委常委会议

1月7日,市委召开第36次常委会议,研究全省党委政府秘书长会议精神及全市贯彻建议、《市委财经工作领导小组工作规则(审议稿)》、金义都市新区规划问题、《加快推进中心镇发展改革暨小城市培育的若干意见(送审稿)》、《关于统筹浙中城市群水资源保护开发利用工作的意见(送审稿)》、《关于实施“富村五年计划”发展经济薄弱村集体经济的若干意见(送审稿)》、财政地税有关工作情况、县(市、区)年度工作汇报会暨县(市、区)委书记抓基层党建述职会方案、《金华市推进精品城市建设全面提升城市综合管理水平实施方案(送审稿)》。

1月16日,市委召开第37次常委会议,研究县(市、区)2012年度工作综合考评办法、市委六届四次全体(扩大)会议暨市政府六届四次全体会议方案和报告、2012年主要预期目标完成情况和2013年主要预期目标、《中共金华市委常委会2013年工作要点(送审稿)》、金华市2013年民生实事、2012年度新农村建设工作考核情况、《关于进一步加强党管人才工作的实施意见(送审稿)》、《关于进一步加强大学生村官工作的实施意见(送审稿)》和有关人事事项。

1月21日,市委召开第38次常委会议,学习传达《中共中央办公厅印发习近平同志关于厉行勤俭节约反对铺张浪费重要批示的通知》(中办发电〔2013〕3号)文件精神,研究《关于改进工作作风密切联系群众的实施意见(讨论稿)》《关于进一步加强乡镇(街道)干部队伍建设的实施意见(送审稿)》等。

2月5日,市委召开第39次常委会议,研究2012年度县(市、区)综合考评情况和市级机关部门(单位)工作绩效考评情况、2012年全市和市本级财政收支预算执行情况及2013年财政预算草案、《政府工作报告(送审稿)》、全市作风建设暨行政审批制度改革工作视频会议方案、全省组织部长会议精神及全市贯彻意见、全省宣传思想工作会议精神和全市贯彻落实意见、“赶超崛起”“双十”典型评选活动情况、加快市区建设与发展克难攻坚活动考核办法。

2月21日,市委召开第40次常委会议,研究《2013年金华市农业和农村工作要点(送审稿)》、全市招商引资工作、2012年度信访目标管理考核工作与武装工作和有关人事及部分群团换届事项。

3月1日,市委召开第41次常委会议,研究2013年全市和市区重点技术改造项目计划编制情况、市便民服务中心建筑设计方案、浙江师范大学恳请市委市政府支持帮助事项、2013年市区政府投资等三大项目计划编制情况、市招才局成立方案和市委市政府近期工作安排以及有关案件。

3月27日,市委召开第43次常委会议,研究三江六岸核心区段整体规划及景观优化提升方案设计情况、2013年全市招才引智工作目标任务分解情况、开展竞争性选拔结构性干部工作建议方案。

4月9日,市委召开第44次常委会议,研究全市“三改一拆”行动、治理城市交通拥堵工作、2012年度人口和计划生育目标管理考核结果、市城投公司组建工作、全省建设“平安浙江”电视电话会议精神及全市贯彻意见。

5月8日，市委召开第46次常委会议，研究贯彻落实“浙中水乡”建设座谈会精神有关情况、市决策咨询委员会换届工作、进一步规范市本级行政事业单位公务用车购置审批工作、建立在外婺商党工委加强婺商队伍建设方案和有关案件。

5月17日，市委召开第47次常委会议，研究在全市各级党组织和党员干部中深入开展向傅煜华同志学习活动的建议、2013年市级政府投资预算安排情况、2012年节会类项目绩效评价情况、领导干部离任经济事项交接办法修订情况、全省农村文化礼堂建设工作现场会精神及全市贯彻落实意见、金华市第四届优秀中国特色社会主义事业建设者评选表彰活动方案、创建法治县(市、区)工作先进单位及示范单位考评情况等。

6月13日，市委召开第48次常委会议，传达学习省委夏宝龙书记关于迅速贯彻落实习近平总书记重要指示全面加强安全生产各项工作的批示和夏宝龙同志给各市、县(市、区)委书记的信，研究省委书记夏宝龙在磐安调研乡镇干部队伍建设情况和全市贯彻建议、2013年度市级机关部门(单位)工作绩效考评办法制订情况、市委六届五次全体(扩大)会议暨市政府六届五次全体会议方案和报告提纲、《关于加强新形势下党外代表人士队伍建设的实施意见(送审稿)》、《中共金华市委关于贯彻〈中国共产党党和国家机关基层组织工作条例〉的实施办法(送审稿)》。

7月2日，市委召开第51次常委会议。会上，省委组织部副部长姚志文宣读省委关于暨军民同志职务任免的文件，传达7月1日省委常委会议有关精神，研究有关人事事项。

7月9日，市委召开第52次常委会议，研究中央和省委党的群众路线教育实践活动工作总体安排及全市贯彻落实建议意见、开展会员卡专项清退活动、《金华市领导干部任前廉政法规知识测试实施意见(送审稿)》、省“低收入群众增收行动计划”先进集体和先进个人评选推荐等。

7月22日，市委召开第53次常委(扩大)会议，研究上半年全市经济形势及下半年经济工作重点、市委六届五次全会报告和决定（送审稿)、《关于深化“正风提效促赶超”活动的若干意见(送审稿)》和有关人事事项。

8月2日，市委召开第54次市委常委会议，传达学习并研究省委书记夏宝龙在义乌国际贸易综合改革试点工作调研座谈会上重要讲话精神。

8月20日，市委召开第55次常委(扩大)会议，学习传达并研究习近平总书记在新华社《国内动态清样》第2860期上的重要批示精神和《省委办公厅、省政府办公厅转发省发改委〈关于我省上半年经济形势和下半年经济工作建议〉的通知》、《关于加强金华江流域水环境综合整治的决定(草案)》、《关于正风提效促赶超的实施意见(送审稿)》、《关于促进农民收入持续普遍较快增长的实施意见(送审稿)》、金华市8890便民服务平台建设方案、市委市政府督查考评机构整合工作和进一步规范市直部门(单位)和县(市、区)市管干部排序意见。

8月30日，市委常委会在兰溪市杨东海纪念馆召开党的群众路线教育实践活动专题学习会。

9月22日，市委召开第57次常委会议，学习传达并研究省委副书记、省长李强同志在金华调研“三改一拆”工作时的重要讲话精神，研究“最美金华人”——第三届金华市道德模范评选情况、《市委市政府主要领导批示办理和重大决策、重要事项督查工作办法(送审稿)》、《加快网络经济发展的若干意见(送审稿)》、《关于扶持市区网络经济发展的实施意见(送审稿)》、《水环境综合治理工作的若干意见(送审稿)》、《加快推进金华市区城中村改造工作的意见(送审稿)》、市城建发展控股有限公司和金华市交通建设投资有限公司组建情况、《关于建设过得硬打胜仗干部队伍的若干意见(送审稿)》等。

10月10日，市委召开第58次常委会议，专题学习并研究全省宣传思想工作会议和省委书记夏宝龙在《临沂市场的真相及其启示》(浙江政研第83期)上的批示精神，研究赴国家有关部委拜访情况。

10月21日，市委召开第60次常委会议，研究金华经济技术开发区和金西经济开发区管理体制完善工作和有关人事事项。

11月4日，市委召开第61次常委(扩大)会议，原原本本地传达学习习近平总书记在参加河北省委常委班子专题民主生活会时的重要讲话精神、刘云山同志在浙江省委常委会专题民主生活会时的重要讲话精神和省委常委会专题民主生活会有关情况,并进行讨论研究。

11月13日,市委召开第62次常委(扩大)会议,传达学习并研究全省政协工作会议和省委常委、省纪委书记任泽民在金华调研时的重要讲话精神,研究《金华市重大决策社会稳定风险评估实施细则(试行)(送审稿)》、《关于深入推进农村(社区)居家养老服务照料中心建设的实施意见(送审稿)》、金华市第四届优秀中国特色社会主义事业建设者评选表彰情况等。

12月2日,市委召开第64次常委(扩大)会议,传达学习并研究省委十三届四次全会精神,研究《落实市委工作务虚会主要建议责任分解方案(送审稿)》《关于进一步搞活基层医疗卫生事业单位绩效工资分配的指导意见(送审稿)》《金华市市级机关事业单位编外用工管理暂行办法(送审稿)》《关于严格落实新形势下党管武装工作基本制度的意见(送审稿)》。

12月18日,市委召开第66次常委会议,研究《市委六届六次全体(扩大)会议暨市政府六届七次全体会议会务方案》《市委工作报告(讨论稿)》和《市委决定(讨论稿)》、金华市市级公立医院综合改革、全省宣传思想工作专题电视电话会议精神及全市贯彻落实意见、第8批金华市拔尖人才选拔工作。

12月23日,市委召开第67次常委会议,研究《市委工作报告(送审稿)》和《决定(送审稿)》、《进一步加强信访干部队伍建设实施办法(送审稿)》、《金华市领导干部约访制度(送审稿)》、《关于加强和改进信访维稳工作的意见(送审稿)》、《金华市县(市、区)领导干部年度考绩推优实施办法(试行)(送审稿)》、《关于2013年度县(市、区)工作综合考评办法(送审稿)》和有关人事事项。

市委主要工作

1月9日,市委召开县(市、区)年度工作汇报会暨县(市、区)委书记抓基层党建述职会,听取各县(市、区)、金华经济技术开发区2012年工作情况和2013年工作思路的汇报,开展县(市、区)委书记、金华经济技术开发区党工委书记2012年度抓基层党建工作专项述职,并征求对市委市政府工作的意见建议。市委书记陈一新主持会议并讲话。市领导徐加爱、黄锦朝、郑金平、陶诚华等参加会议。

1月14日,副省长毛光烈带领省检查组到金华,就全市2012年度推进惩防体系建设和落实党风廉政建设责任制工作情况进行实地检查指导。市委书记陈一新汇报2012年全市推进惩防体系建设和落实党风廉政建设责任制工作情况,市委副书记、市长徐加爱主持汇报会。

1月14日,市委书记陈一新在市文化中心会见由浙江有诚控股集团董事长徐有忠、德国RSBK公司董事长鲁道夫·沙尔平等组成的中德企业家考察团。中德企业家考察团一行,到金义都市新区进行实地考察,并与新区管委会负责人就投资事宜进行意向性洽谈。

1月18日,市委六届四次全体(扩大)会议暨市政府六届四次全体会议召开。会议全面贯彻落实党的十八大、中央经济工作会议精神和省委省政府一系列决策部署,总结2012年工作,部署2013年任务,看亮点、剖难点、抓重点、找支点,动员全市上下进一步解放思想、振奋精神、凝聚力量、攻坚克难,再创金华赶超发展新业绩。市委书记陈一新作报告。市委副书记、市长徐加爱主持。

2月17日,全省现代农业装备产业技术创新综合试点与高新园区创建启动工作会议在永康召开,国内首家省级现代农业装备高新技术产业园区正式落户永康。副省长毛光烈为永康省级现代农业装备高新技术产业园区授牌,市委书记陈一新致辞。

2月17日,市委、市政府邀请部分浙(婺)商代表,金华籍省级商会会长、外地金华商会会长以及在金异地金华商会会长代表等30余人,参加浙(婺)商回归金华创业创新新春恳谈会,共叙故乡情谊,共谋发展大计。市委书记陈一新代表市委、市政府向在外浙(婺)商拜年,并通过大家向广大在外金华老乡和在金创业的新金华人,致以新春的问候和良好的祝愿。市委副书记、市长徐加爱主持恳谈会。

2月18日,全市作风建设暨行政审批制度改革工作会议召开。市委书记陈一新强调,全市上下要扎实推进"正风提效促赶超"作风建设系列活动,加快建设“两富”现代化都市区。市委副书记、市长徐加爱主持会议。

2 月 18 日,市纪委六届三次全体(扩大)会议召开。市委书记陈一新强调,要大力推进党风廉政建设和反腐败斗争,为金华赶超发展营造风清气正的良好环境。

2 月 19 日,全市工业大会召开。市委书记陈一新强调,要深入实施“工业强市”战略,坚定不移走新型工业化道路,以改革创新、招商引资、招才引智为动力,全力推进工业赶超发展,为建设“两富”现代化都市区作出更大贡献。市委副书记、市长徐加爱主持会议。

2 月 20 日,全市宣传思想工作会议召开。市委书记陈一新强调,全市宣传文化系统要创造性地做好宣传思想文化工作,唱响赶超发展主旋律,集聚赶超发展正能量,提升赶超发展软实力,更好地为推进赶超发展、加快“两富”现代化都市区建设提供强大的精神动力。市委常委、宣传部部长何杏仁作工作部署。

2 月 20 日,全市政法工作会议召开。市委书记陈一新作讲话。市委副书记、政法委书记陶诚华作工作部署。

2 月 21 日,全市组织工作会议召开。市委书记陈一新强调, 全市各级党委和组织部门要总结经验、开拓创新、积极打造组织工作新亮点,为推进金华赶超崛起、加快“两富”现代化都市区建设作出新的更大贡献。市委常委、组织部部长温暖主持会议。

3 月 6 日,市招才局成立大会召开。市委书记陈一新出席授牌仪式并讲话。陈一新强调,各级各部门要以市招才局成立为契机, 进一步解放思想、大胆探索、真抓实干,以创新的思路和举措集聚更多天下英才,努力为金华赶超发展提供强大的智力支撑。市委常委、组织部部长温暖主持会议。

3 月 6 日,全市“三改一拆”行动动员会召开。市委书记陈一新强调,开展“三改一拆”工作,任务艰巨、责任重大。全市上下必须统一思想、提高认识,上下联动、统一行动,确保“三改一拆”工作取得圆满成功,努力为“两富”现代化都市区建设和金华赶超崛起作出新的更大贡献。

3 月 8 日—14 日,陈一新、徐加爱、黄锦朝、郑金平、陶诚华等市领导率领 16 个招商招才小组,分赴沿海发达地区和重点区域开展招商引才活动。

3 月 12 日,金华市与中国五矿集团在北京五矿广场会议中心举行项目推介洽谈会。双方就金华多湖中央商务区、湖海塘运动休闲区等重点招商地块在推进特色产业、城市建设等方面进行深入的交流洽谈。中国五矿集团公司副总裁孙晓民、中国五矿集团公司总裁助理、五矿产业园公司总经理潘中艺,市委副书记、市长徐加爱,市人大常委会主任黄锦朝,市政协主席郑金平等出席洽谈会。

3 月 28 日,市领导陈一新、徐加爱、钟关华、金中粱参加金义都市新区高新产业区首批百亿工业项目开工仪式。

3 月 29 日,市残联第六次代表大会开幕,会议回顾总结上一年工作,提出今后五年奋斗目标。市委书记陈一新出席开幕式并讲话。

4 月 2 日,市党政军领导在市区五星革命烈士纪念公园举行祭扫仪式,寄托哀思,激励斗志。市领导陈一新、黄锦朝、陶诚华、杨龙溪等领导和机关干部、部队官兵、企业职工代表近 300 人参加祭扫活动。

4 月 9 日, 金华市科学技术协会第六次代表大会在市文化中心剧场开幕。来自全市各条战线的 320 名科技工作者代表会聚一堂, 共商金华科技发展大计。市委书记陈一新出席开幕式并讲话。省科协党组书记李德忠到会祝贺并讲话。

4 月 17 日—18 日,省委副书记、省长李强在永康、义乌调研经济运行状况。市领导陈一新、徐加爱等陪同调研或参加座谈。

4 月 26 日,金华市文学艺术界联合会第四次代表大会开幕。来自全市文艺界的 336 名代表共聚一堂,回顾总结过去工作,共商文艺事业繁荣发展大计。省文联党组书记、副主席田宇原到会祝贺,市委书记陈一新出席开幕式并讲话。

4 月 26 日—27 日,市委书记陈一新、市长徐加爱等陪同中央政法委书记孟建柱到义乌市、金义都市新区调研。

4 月 27 日,全市社会各界隆重集会,共同庆祝“五一”国际劳动节,表彰近年来金华市改革发展中涌现出的劳动模范、模范集体与劳动关系和谐企业(园区)。市委书记陈一新出席会议并讲话,市委副书记陶诚华主持会议。

5月6日，浦阳江水环境综合整治动员大会在浦江县召开。会议要求，把浦阳江水环境综合整治作为一件要事、难事、好事、实事、大事来抓，全力打好水污染整治攻坚战。副省长卢子跃出席大会并讲话，省环保厅厅长、省生态办主任徐震宣读《浦阳江水环境综合整治方案》。市委书记陈一新出席大会并讲话。

5月15日，第二届浙(婺)商创业创新大会在金华市文化中心召开。140多位参会嘉宾和浙(婺)商代表齐聚一堂，共商深化合作事宜，共谋赶超发展大计。大会共签约浙(婺)商回归项目29个，总投资209亿元。市委书记陈一新致辞并作主题报告。市委副书记、市长徐加爱主持大会。同日，上海—金华医学合作项目签约暨授牌仪式举行。市领导陈一新、徐加爱等出席仪式。

5月16日，金华市网络经济发展暨网络经济发展局成立大会在文化中心召开。市委书记陈一新强调，要站在全局和战略高度，切实把网络经济作为加快转型发展的"一号产业"来抓，早见势、早部署、早行动、抢先机，推动网络经济超常规发展，为加快经济转型升级、推进赶超发展培育新的增长点。市委副书记、市长徐加爱主持会议。

5月20日，金华市第一届招才引智大会在杭州召开。省委组织部副部长、省人才办主任姚志文，省教育厅厅长刘希平、副厅长汪晓村；中国工程院院士、金华博士联谊会会长龚晓南，在浙重点高校和科研院所主要负责人，省海外高层次人才联谊会、金华博士联谊会专家代表；陈一新、徐加爱、黄锦朝、郑金平等市领导以及市机关有关部门、各县(市、区)党委政府负责人出席大会。大会由市委副书记、市长徐加爱主持。

5月21日，省委书记、省人大常委会主任夏宝龙在磐安调研。夏宝龙强调，生态是欠发达山区最大的优势。山区县市要坚定不移地落实"绿水青山就是金山银山"的理念，牢牢抓住生态优势，加快走出一条生态富民、绿色发展的新路子，努力实现与省内发达地区同步发展、共同跨越。省委常委、秘书长赵一德，副省长黄旭明及省政府相关部门负责人参加调研。市委书记陈一新，市委副书记、市长徐加爱，市委常委、秘书长钟关华陪同调研。

5月24日，第五届中国国际旅游商品博览会在义乌国际博览中心开幕。国家旅游局党组副书记、副局长王志发，副省长梁黎明和市领导陈一新、李一飞、何美华等参加开幕式。

6月7日，"浙中崛起千亿投资系列工程"——金义都市新区首批百亿现代服务业项目开工建设。总投资116亿元的三大现代服务业项目包括金满湖·地心世界文化创意中心、总部经济中心(一期)项目、共同沟及路网工程。市领导陈一新、黄锦朝、郑金平等出席开工仪式。

6月14日，省工商联十届一次常委会议在金华市举行。全国政协常委、省工商联主席南存辉作工作报告。市委书记陈一新致辞，市委副书记、市长徐加爱代表市政府与省工商联签署了战略合作协议；省工商联与浙江科技学院签订产学研战略合作协议；金义都市新区作了投资项目推介。会前，与会人员赴金义都市新区开展了"十万浙商进百区"活动。

6月27日，甘肃省陇南市委书记孙雪涛率党政代表团来金华市考察。市委副书记、市长徐加爱在交流座谈时指出，希望两市深化务实合作，不断提升合作交流水平，真正实现优势互补、共赢发展。

7月9日，市委召开全市领导干部会议，宣布省委关于金华市党政主要领导调整的决定：徐加爱同志任中共金华市委书记，暨军民同志任中共金华市委委员、常委、副书记，并提名为金华市市长候选人。省委常委、组织部长蔡奇出席会议并讲话，省委组织部副部长姚志文宣读省委决定，徐加爱主持会议。

7月24日，市委召开六届五次全体(扩大)会议暨市政府六届六次全体会议。会议深入学习贯彻党的十八大和省委十三届三次全会精神，分析当前形势，总结上半年工作，部署下半年任务。市委书记徐加爱作工作报告。

7月30日，市委书记徐加爱参加纪念建军80周年暨纪念双拥运动70周年大会。市领导暨军民、郑金平等参加会议。

8月1日，省委书记、省人大常委会主任夏宝龙到义乌调研国际贸易综合改革试点工作。市委书记徐加爱汇报了2013年以来全市经济社会发展情况、近期主要工作及对深入推进义乌国际贸易综合改革试点的想法和建议。

同日，市领导徐加爱、暨军民、金中梁、李一飞参加省委组织召开的义乌国际贸易综合改革试点工作座谈会。

8月2日，市委书记徐加爱主持召开全市领导干部大会。会议传达习近平同志在中央政治局常委会议上关于当前经济形势和经济工作的重要讲话精神。

同日，市委书记徐加爱到武义县参加全县领导干部大会，宣布武义县委主要领导调整事宜。省委决定：钟关华兼任中共武义县委委员、常委、书记。市领导钟关华、温暖参加会议。

8月12日，市委、市政府与上海铁路局在沪举行座谈会，研究协商共同解决金华市区涉及铁路项目的相关问题。上海铁路局局长郭竹学，市委书记徐加爱，市委副书记、代市长暨军民等参加座谈。

8月17日，由浙江省海外高层次人才联谊会举办的“千人计划”智汇金华网络经济峰会在金华市召开，55名来自海内外电子信息界的顶尖专家学者齐聚婺城，共谋金华创新发展、赶超发展。省委组织部副部长姚志文，市委书记徐加爱，市委常委、组织部部长温暖等出席会议。

8月22日—23日，金华博士联谊会会员代表大会暨“金华博士浙中行”活动在金华举行。市委书记徐加爱，市委副书记、代市长暨军民，金华博士联谊会会长、中国工程院院士龚晓南，市委常委、组织部部长温暖，副市长张伟亚等出席相关活动。

8月26日—28日，市委书记徐加爱在珠三角地区开展招商对接活动。副市长张伟亚参加活动。

9月6日，市委召开全市乡镇(街道)负责人会议。市委书记徐加爱强调，乡镇(街道)干部特别是党政“一把手”要自觉践行党的群众路线，走在前列转作风，从严管理带队伍，干在实处抓发展，切实把中央和省委、市委关于改进作风、建好队伍、科学发展的各项要求落实到基层，为推进赶超发展、全面建设“两富”现代化都市区作出新贡献。

9月9日，市委召开全市机关中层干部大会。市委书记徐加爱强调，要充分认识加强机关中层干部队伍建设的重要性，按照全市深化作风建设大会和全市组织工作会议的统一部署，推动“正风提效促赶超”活动在机关全面深入开展，进一步促进机关中层干部队伍建设、作风转变、效能提升，努力建设人民满意机关，为推进“强身健体、赶超发展”提供坚强保证。

9月16日，市委书记徐加爱，市委常委、东阳市委书记徐建华出席第七届中国·磐安中药材交易博览会。

9月21日，浙江省第二届体育大会开幕式在市体育中心体育馆隆重举行。省委副书记、省长李强宣布大会开幕。省人大常委会副主任姒健敏、副省长郑继伟、省政协副主席姚克出席。市委书记徐加爱致欢迎词。省第二届体育大会组委会执行主任、市委副书记、代市长暨军民主持开幕式。

9月22日，省委副书记、省长李强在金调研“三改一拆”工作，先后考察金华经济技术开发区苏孟乡清江塘拆迁点、二环南路拆违点、苏孟乡拆迁安置点，并到金华市电子商务创业园、浙江银泰电子商务公司金华分公司调研。市领导徐加爱、暨军民等先后陪同调研。

9月26日，市领导徐加爱、暨军民等出席第十八届中国五金博览会开幕式和第三届中国（金华·永康)国际商贸发展大会开幕式。

9月27日，市委召开新型居家养老模式现场推进会。市委书记徐加爱强调，做好养老工作事关经济社会发展全局，全市各级各部门要站在积极应对老龄化挑战、促进经济社会可持续发展的战略高度，充分认识做好农村养老服务工作的重大意义，认真学习金东区新型农村养老模式经验，努力建设农村居家养老服务全国示范点，为民生优先、赶超发展提供良好保障。

9月28日，市委书记徐加爱、暨军民、陶诚华等参加省第二届体育大会闭幕式。

10月9日，由副省长毛光烈率省考评组来金对金华市党政领导科技进步与人才工作目标责任落实情况进行实地考评。市领导徐加爱、暨军民、温暖、傅利常等参加相关活动。

10月12日，市委召开全市宣传思想工作会议。徐加爱强调，要认真学习贯彻全国和全省宣传思想工作会议精神，围绕“正风提效促赶超”主题，找准工作切入点和着力点，切实把中央和省委的决策部署落到实处，努力为中心工作服务、为稳定大局助力。

10月21日,第19届中国义乌国际小商品博览会在义乌国际博览中心开幕。省委副书记、省长李强出席开幕式。原外经贸部部长、第十届全国人大常委、财经委副主任石广生,中国商业联合会会长张志刚,中国国际贸易促进委员会副会长董松根,中国轻工业联合会副会长兼秘书长王世成,中国商业联合会副会长王民,省人大常委会副主任王永昌,副省长梁黎明,省政协副主席吴晶,市领导徐加爱、暨军民、李一飞、何美华参加开幕式。

10月22日,市委、市政府召开市区管理体制调整工作动员大会,全面部署金华经济技术开发区和金西经济开发区整合工作。市委书记徐加爱强调,各级各部门要讲政治、顾大局,切实把思想和行动统一到市委、市政府的决策上来,坚决贯彻落实到位,共同把这件事关金华长远发展的大事办好,进一步做大做强开发区和婺城区,推动中心城区发展在新的起点上实现新跨越。市委副书记、代市长暨军民主持会议。

10月24日—25日,江西省上饶市党政代表团来金考察工业经济、网络经济、文化产业、市场建设、城市建设等方面的经验。市领导徐加爱、黄锦朝、暨军民、郑金平、陶诚华等陪同考察或参加座谈。

10月27日,以浙联会会长、全国政协委员、浙江省政协常委、达唐金融集团副主席兼行政总裁李德麟为团长的香港浙联会访问团一行来金考察。市委书记徐加爱等参加会见。

10月28—30日,市委书记徐加爱赴山东临沂学习考察城市建设、市场建设。

10月30日,第七届浙江中西部科技论坛在金华举行,50多名国内外院士、专家、教授、学者与2000名金衢丽三地科技工作者代表围绕“创新驱动与区域发展”这一主题开展学术交流和专题研讨。中科院院士龚昌德、中国会展经济研究会会长袁再青、商务部国际贸易经济合作研究院副院长顾学明、中国“两弹一星”事业发展基金会秘书长龚晓丽、省科协副主席隗斌贤等,市领导陶诚华、傅利常等参加开幕式。

11月1日,第六届中国义乌国际森林产品博览会在义乌国际博览中心开幕。国家林业局副局长张建龙、省人大常委会副主任程渭山、副省长黄旭明,市领导陶诚华、李一飞、何美华等出席开幕式。

11月8日,青海省副省长、海西州委书记辛国斌,率领海西州党政代表团到金华考察。市领导徐加爱、暨军民等陪同考察。

11月13日,市委副书记陶诚华参加金华市学生联合会第三次代表大会开幕式。

11月14日—16日,市委召开市委工作务虚会。市四套班子领导,市法检“两长”,市四套班子正、副秘书长,各县(市、区)党委、政府主要负责人,市直有关单位负责人参加会议。与会人员围绕“正风提效促赶超、转型升级走前列”主题,畅谈心得体会,提出了许多有思想、有分量、可操作的意见建议。

11月23日,市委书记徐加爱参加2013年接力中国青年精英协会年会并致辞。

11月27日,举行金华市第四届优秀中国特色社会主义事业建设者表彰大会暨工商联60周年总结大会。会前,市委书记徐加爱,市委副书记、代市长暨军民看望获奖者并合影。市委副书记陶诚华出席大会并讲话。

11月30日,孟祥斌塑像落成仪式在市区城南桥桥头举行。第二炮兵副政委、中将邓天生,副省长熊建平,96151部队政委、少将唐国庆,市委副书记陶诚华,副市长张伟亚参加塑像落成仪式。

12月4日,市领导徐加爱、郑金平、陶诚华、温暖等参加金华市红十字会第四次会员代表大会开幕式。

12月23日,市委书记徐加爱参加十八届三中全会精神报告会并讲话。中央宣讲团成员、国际经济交流中心常务副理事长、中央政策研究室原副主任郑新立作宣讲报告。

12月24日,市委副书记陶诚华参加市新四军研究会第七届第一次会员大会。

12月30日,市委召开市委六届六次全体(扩大)会议暨市政府六届七次全体会议,深入学习贯彻中共十八大、十八届三中全会和习近平总书记系列重要讲话精神,按照中央和省委、省政府的一系列决策部署,总结2013年工作,部署2014年任务,动员全市党员干部和广大群众,深化改革再创优势,转型升级走在前列,努力开创“两富”现代化都市区建设新局面。市委书记徐加爱作工作报告。会议审议通过了《中共金华市委关于全面深化改革再创体制机制新优势的决定》。

市委常委任免情况

3 月 2 日，浙委干〔2013〕38 号通知，省委决定：黄志平同志任中共丽水市委委员、常委、副书记，免去其中共金华市委常委、委员，义乌市委书记、常委、委员职务；李一飞同志任中共金华市委委员、常委(列张建明同志之后)，义乌市委委员、常委、书记，免去其中共温州市委常委、委员职务。

6 月 9 日，浙委干〔2013〕135 号通知，省委决定：陈伟同志任中共金华市委常委，免去其中共武义县委书记、常委、委员职务。

6 月 25 日，浙委干〔2013〕165 号通知，省委决定：陈一新同志任中共温州市委委员、常委、书记，免去其中共金华市委书记、常委、委员职务。

7 月 1 日，浙委干〔2013〕170 号通知，省委决定：暨军民同志任中共金华市委委员、常委、副书记，免去其中共宁波市委常委、委员，市纪律检查委员会书记、常委、委员职务。

7 月 1 日，浙委干〔2013〕171 号通知，省委决定：徐加爱同志任中共金华市委书记。

7 月 1 日，浙委干〔2013〕172 号通知，省委决定：提名暨军民同志为金华市市长候选人；提议徐加爱同志不再担任金华市市长职务。

7 月 29 日，浙委干〔2013〕175 号通知，省委决定：杨龙溪同志任中共金华市委委员、常委；钟关华同志任中共武义县委委员、常委、书记；免去周嘉爱同志的中共金华市委常委、委员职务。

(金德高)

市人大常委会

【概述】 2013 年，市人大常委会共召开常委会会议 9 次、主任会议 15 次，听取审议工作报告 22 个，作出决定决议 9 项，开展执法检查 2 次，形成审议意见、视察意见 15 个，依法任免和批准任免国家机关工作人员 73 人次，完成市六届人大四次会议确定的各项任务。

【突出监督重点，推动经济赶超发展和转型升级】 常委会以“十二五”规划纲要中期评估为契机，听取和审议了中期评估报告和半年经济社会发展情况报告，围绕转变发展方式、加强资源节约和环境保护、优化区域统筹、保障和改善民生等提出具体意见建议，并针对存在问题和差距，就促进企业加大研发投入情况组织调研，督促和推动规划深入实施和各项目标任务如期完成。听取和审议了市政府关于低丘缓坡综合开发试点情况的专项报告，建议政府在加强领导协调、加快用地报批和项目落实、严格招商选资和统一规划等方面加大力度。同时，常委会加大对义乌国际贸易综合改革试点、“浙中崛起千亿投资系列工程”实施等的监督；关注国有资产运行，督促市国资经营公司加快历史遗留问题解决；深入分析全市农业现代化进程，视察农业“两区”建设，调研“两头乌”种质资源保护开发和“种子种苗工程”实施，提出建议意见。

【积极探索创新，深化财政预决算审查和政府重大投资项目监督】 常委会进一步改进和深化预决算审查监督工作，听取和审议了市政府关于财政预算、预算执行、预算调整、财政决算和审计工作等报告，批准了市本级财政决算和财政支出预算调整方案，对市本级卫生部门和商务部门 2012 年预算执行中存在问题的整改、交通部门和体育部门 2013 年预算执行进行跟踪监督，对省补专项资金和非税收入收支情况进行审查，听取了市本级财政预算绩效管理、审计发现问题整改等报告，要求市政府加快综合预算体系和绩效监督考评体系建设，强化预算执行，提高财政资金使用绩效；重视发挥审计作用，加大对审计发现问题特别是屡查屡犯问题的整改力度，建立长效防范机制。常委会制定了政府重大投资项目监督暂行办法，通过调研、视察和听取汇报，对项目建设进行跟踪监督，并及时审议政府投资项目调整方案，审查批准 2014 年度新建重大项目计划安排；听取和审议了市政府关于市区重点建设项目进展情况的专项报告，关注重点建设项目特别是七大重点区块、武义特高压工程等的建设进展，强调要提高前期工作质量，完善决策机制，加强统筹协调，加快实施进度，确保工程质量和效益。

【密切上下配合，推动重大民生热点问题解决】 常委会紧紧围绕省委作出的治水工作部署，抓住水环境整治和饮用水保护两个重点,在深入调研的基础上,作出关于加强金华江流域水环境综合整治的决定,明确提出整治目标、重点和要求,为全市的治水工作提供法制保障;集中开展人大代表“关心母亲河溪”主题活动和“八婺问水”大型新闻活动,对市环保局工作进行评议,视察水环境综合整治情况,为查找水污染源、推动水环境整治形成强大的群众基础和舆论氛围;采取统一部署、上下联动的方式,开展《浙江省饮用水水源保护条例》执法检查,并着重就沙金兰功能区水源保护、生态补偿机制完善、供水安全保障、农村水源地建设等问题进行审议和询问。市政府自觉接受监督,加强对治水工作的领导,积极采取措施落实常委会决定和审议意见,取得良好效果。常委会还以关系民生的国资工作为重点对市国资委工作进行评议,对食品安全审议意见落实情况开展跟踪监督,对扶贫开发、农贸市场改造提升等进行视察、听取汇报,推动政府及相关部门进一步落实责任、改进工作,加快民生问题解决。

【多种方式协同,推进社会建设和社会管理】 常委会针对网络技术快速发展给社会生活带来的重大影响,组织代表视察公安机关虚拟社会管控体系建设,从健全工作机制、夯实工作基础、提升防控能力等方面提出建议意见。加强对“三改一拆”工作的监督。听取浙中城市群绿道规划及建设情况报告,对生态绿道及城市公共自行车系统建设提出建议意见。以少数民族地区经济发展和特色村寨建设为抓手,督促制订新一轮少数民族地区帮扶计划。深入调研全市宗教工作,组织代表视察双龙风景区宗教活动场所建设。配合省人大开展社会救助、献血法实施、违法建筑处置、机动车排气污染防治等项目的立法调研,就标准化城市管理、旅游业发展、省第二届体育大会筹备、出生人口性别比治理、数字档案馆建设、非物质文化遗产保护和文化创新、气象法执行、归侨侨眷权益保护法执行等,听取专题汇报,开展视察、执法检查或调研。全年依法受理人民群众来信来访和上级有关部门转交的信访件850余件(批)次。

【改进司法监督,维护社会和谐和公平正义】 常委会以维护社会公平正义为出发点,改进和加强对司法工作的监督。开展刑事诉讼法执法检查,听取和审议了公检法司关于刑事诉讼法贯彻实施情况的专项报告,要求全市司法机关正确把握保障人权与打击犯罪、程序与实体、职权与责任的关系,转变执法理念,规范执法行为,完善执法机制,提升执法能力。听取和审议了市检察院关于民事行政检察工作的专项报告,积极推进民事行政检察监督职能的全方位履行。听取和审议了市中级人民法院、市检察院半年工作报告。关注职务犯罪审判工作。改进规范性文件备案审查工作,建立相关工委会审机制和报备单位常态化沟通机制,对22件规范性文件进行备案审查。

【加强督办工作,提高代表议案建议办理质量】 市六届人大四次会议共收到代表议案1件、建议325件。常委会认真审议代表议案,依法作出关于加强金华江流域水环境综合整治的决定。改进和加强建议督办工作,修订完善代表建议、批评和意见办理规定,运行议案建议网络管理系统,对本届以来办理建议较多的部门进行满意度测评,加强责任考核,着重解决一些承办单位存在的“重答复、轻落实”问题。建立联合督办制度,强化重点建议办理,将发展城市公共自行车、建设公交专用车道、压缩“三公经费”等建议,与监督工作结合起来进行重点督办,取得较好效果。对收到的办理反馈不满意件,通过会议督办、现场督办、书面督办等方式,督促承办单位进一步与代表沟通,重新办理并答复代表,努力提高办理实效。

【主动搭建平台,强化代表履职服务保障】 常委会高度重视代表履职服务工作,制定代表中心组、代表小组年度活动指导意见,认真做好浙江省代表履职服务平台的推广和应用。落实保障代表知情权的各项具体措施,邀请代表小组组长和部分市人大代表听取“一府两院”半年工作报告、参加相关会议,及时通报常委会工作和全市经济社会发展情况。扩大代表对常委会工作的参与,邀请60多位代表列席常委会会议,组织代表参加常委会视察、调研和执法检查等重点工作。围绕省委治水攻坚战和常委会工作重点,组织环保法律法规知识培训,广泛发动全市各级人大代表参与“关心母亲河溪”主题活动,共有8300多名代表参与,巡查河溪2500多条(段),提出治理建议3000余件,各级人大汇总后交政府办理,进一步推动全社会参与治水合力的形成。重视代表履职事迹宣传,开展履职优秀代表和优秀代表议案建议评选表彰。完善代表履职登记制度,制定关于市人大代表辞去代表职务的暂行办法,健全代表进出机制。组织在金的全国、省人大代表围绕新农村建设和城乡统筹发展、东阳文化产业全域化发展、产业转型升级与低丘缓坡综合开发利用等开展专题视察和调研。

【规范自身建设,提升依法履职能力】 常委会把履职能力建设作为做好人大工作的基础和前提,深入学习和领会中共十八大以来习近平总书记等中央领导同志的一系列重要讲话精神,通过主任读书会、专题学习会等形式,将中央和省委、市委的工作要求落实到实践中。围绕常委会议题,举办民事诉讼法、刑事诉讼法专题讲座。深入基层开展调查研究、"三联系"和结对扶贫等工作,完成重点课题研究和专项调研27项。注重监督公开,《金华人大》杂志和信息刊物办刊质量进一步提高,金华人大网站宣传效果逐步提升。加强对县(市、区)和乡镇(街道)人大工作的指导与协调,专题调研乡镇(街道)人大规范化建设情况,建议市委召开全市乡镇(街道)人大规范化建设推进会,并转发人大常委会党组关于加强新形势下乡镇(街道)人大规范化建设的若干意见。加强对机关工作的领导,提高服务保障能力。

重要会议

【金华市第六届人民代表大会第四次会议】 2013年2月26日至3月1日,市六届人大四次会议召开。出席会议的市人大代表430名、列席人员194名,参加市政协六届三次会议的全体委员列席会议。会议听取和审查市人民政府市长徐加爱所作的关于金华市人民政府工作报告,审查市发展和改革委员会关于金华市2012年国民经济和社会发展计划执行情况及2013年国民经济和社会发展计划草案的报告、市财政局关于金华市2012年全市和市本级财政预算执行情况及2013年全市和市本级财政预算草案的报告,听取和审查市人大常委会主任黄锦朝所作的关于金华市人民代表大会常务委员会工作报告、市中级人民法院代院长汤海庆所作的关于金华市中级人民法院工作报告、市人民检察院检察长毛建岳所作的关于金华市人民检察院工作报告,会议通过关于批准上述六个报告的相应决议。会议以无记名投票等额选举的方式,依法选举汤海庆为金华市中级人民法院院长。

【金华市六届人大常委会第十五次至第二十三次会议】 2013年1月17日,市六届人大常委会举行第十五次会议。会议听取市人大常委会副秘书长、城建环保工委主任张志明代表主任会议所作的关于《金华市人大常委会关于严格实施〈金义都市新区规划〉、加快推进金义都市新区建设的决议(草案)》的起草说明,审议通过《金华市人大常委会关于严格实施〈金义都市新区规划〉、加快推进金义都市新区建设的决议》。会议听取并审议通过市人大常委会副主任林一心代表主任会议提出的《关于召开金华市第六届人民代表大会第四次会议的决定》。会议初审了法院、检察院工作报告稿。会议以无记名投票方式表决通过主任会议、市中级人民法院、市检察院的人事提请。

2013年2月20日上午,市六届人大常委会举行第十六次会议。会议听取市政府副秘书长、研究室主任朱志德受市政府委托所作的《关于政府工作报告起草情况的说明》,初审政府工作报告稿。会议听取市人大常委会秘书长应炳兴代表主任会议所作的关于市六届人大四次会议主席团和秘书长名单草案的说明,审议并同意将该名单草案提请市六届人大四次会议预备会议选举。会议听取市人大常委会秘书长应炳兴代表主任会议所作的关于市六届人大四次会议列席人员名单草案的说明,审议并通过市六届人大四次会议列席人员名单。会议听取市人大常委会副主任王国强代表主任会议提出的市六届人大四次会议财政预算审查委员会名单草案,审议并同意将该名单草案提请市六届人大四次会议预备会议通过。会议听取并审议通过代表资格审查委员会主任委员林一心所作的关于补选的市六届人大代表的代表资格审查报告。会议审议通过金华市人大常委会2013年工作要点。会议审议市人大常委会工作报告稿,同意将该报告稿提请市六届人大四次会议审查。会议初审了计划、财政工作报告稿。会议以无记名投票方式通过主任会议的人事提请，任命汤海庆为金华市中级人民法院副院长，并决定汤海庆副院长代理金华市中级人民法院院长职务。会议以无记名投票方式通过市政府的人事提请，决定免去谢春涛的金华市人民政府副市长职务。会议书面审议市政府关于全市深化医药卫生体制改革情况审议意见的研究处理报告。

2013年3月1日下午，市六届人大常委会举行第十七次会议。会议以无记名投票方式通过了市中级人民法院的人事提请，决定批准撤换东阳市人民法院院长郑学青。

2013年4月18日上午，市六届人大常委会举行第十八次会议。会议听取和审议市检察院检察长毛建岳所作的关于民事行政检察工作情况的报告，听取市人大常委会委员、法工委主任王国进代表市人大常委会专题调查组所作的关于民事行政检察工作情况的调查报告。会议听取市人大常委会副秘书长、代表与选任工委主任伊福泉代表主任会议所作的关于《金华市人民代表大会代表建议、批评和意见办理的规定》修改情况的说明，审议通过《金华市人民代表大会代表建议、批评和意见办理的规定》。会议以无记名投票方式通过了主任会议、市政府、市中级人民法院、市检察院的人事提请。会议书面审议市政府关于全市节约集约用地工作审议意见的研究处理报告。

2013年6月17日—18日，市六届人大常委会举行第十九次会议。会议听取并审议市国土资源局局长蒋金红代表市政府所作的关于全市低丘缓坡综合开发试点工作情况的报告，听取市人大常委会委员、农工委主任姜洪森代表市人大常委会专题调查组所作的关于全市低丘缓坡综合开发试点工作情况的调查报告。会议听取并审议市政府副秘书长陈峰齐代表市政府所作的关于全市贯彻执行《浙江省饮用水水源保护条例》情况的报告，听取并审议市人大常委会副秘书长、城建环保工委主任张志明代表市人大常委会执法检查组所作的关于全市《浙江省饮用水水源保护条例》执法检查情况的报告。会议听取市人大常委会委员、财经工委主任胡文君代表主任会议所作的关于《金华市人大常委会关于政府重大投资项目监督暂行办法(草案)》起草情况的说明，审议并表决通过《金华市人大常委会关于政府重大投资项目监督暂行办法》。会议以无记名投票的方式表决通过主任会议和市政府的人事提请。会议决定任命张伟亚、邵国强为金华市人民政府副市长，决定免去黄小杭的金华市人民政府副市长职务。会议期间举行《浙江省饮用水水源保护条例》贯彻执行情况专题询问会。

2013年7月9日，市六届人大常委会举行第二十次会议。会议以无记名投票方式通过主任会议和市政府的人事提请，决定任命暨军民为金华市人民政府副市长；接受徐加爱辞去金华市人民政府市长职务，并报市人民代表大会备案；决定暨军民副市长代理金华市人民政府市长职务。会议表决通过市中级人民法院和市检察院的人事提请。

2013年8月29日，市六届人大常委会举行第二十一次会议。会议听取并审议市政府代市长暨军民代表市政府所作的关于市政府2013年上半年工作情况和下半年主要工作的报告，听取并审议市中级人民法院院长汤海庆所作的关于市中级人民法院2013年上半年工作情况和下半年主要工作的报告，听取并审议市检察院检察长毛建岳所作的关于市检察院2013年上半年工作情况和下半年主要工作的报告。会议听取并审议市财政局局长陈志身受市政府委托所作的关于市本级2012年财政决算和2013年1月—6月财政预算执行情况的报告，听取并审议市审计局局长方卫民受市政府委托所作的关于市本级2012年度财政预算执行和其他财政收支的审计情况报告。会议以电子表决的方式表决通过《金华市人大常委会关于批准市本级2012年财政决算的决议》。会议听取并审议市发改委主任余秋荣受市政府委托所作的关于金华市“十二五”规划纲要实施情况的中期评估报告；听取市人大常委会委员、财经工委主任胡文君代表市人大常委会专题调查组所作的关于金华市“十二五”规划纲要实施情况中期评估的调查报告。会议听取市人大常委会副秘书长、城建环保工委主任张志明代表主任会议所作的关于《金华市人大常委会关于加强金华江流域水环境综合整治的决定(草案)》的起草说明，审查并表决通过《金华市人大常委会关于加强金华江流域水环境综合整治的决定》。会议审议市政府关于今年以来国民经济和社会发展计划执行情况的报告、关于市区政府投资项目建设情况的报告,书面审议市检察院关于民事行政检察工作审议意见的研究处理报告。会议以无记名投票方式表决通过了市政府、市中级人民法院、市检察院的人事提请。

2013 年 10 月 24 日,市六届人大常委会举行第二十二次会议。会议听取并审议市公安局副局长施欣辉受市政府委托所作的关于公安机关贯彻实施刑事诉讼法情况的报告、市检察院检察长毛建岳所作的关于检察机关贯彻实施刑事诉讼法情况的报告、市中级人民法院院长汤海庆所作的关于审判机关贯彻实施刑事诉讼法情况的报告、市司法局局长刘净非受市政府委托所作的关于司法行政机关贯彻实施刑事诉讼法情况的报告,听取并审议市人大常委会委员、法工委主任王国进代表市人大常委会执法检查组所作的关于刑事诉讼法执法检查情况的报告。会议听取并审议市发改委主任李郁华受市政府委托所作的关于市区重点建设项目进展情况的报告,听取并审议市人大常委会副秘书长、城建环保工委主任张志明代表市人大常委会专题调查组所作的关于市区重点建设项目进展情况的调查报告。会议听取并审议市财政局局长陈志身受市政府委托所作的关于调整市本级 2013 年财政支出预算的报告,以电子表决的方式表决通过《金华市人大常委会关于批准调整市本级 2013 年财政支出预算的决议》。会议书面审议市政府关于全市低丘缓坡综合开发试点工作审议意见的研究处理报告。会议以无记名投票方式表决通过市政府、市中级人民法院的人事提请。

2013 年 12 月 27 日,市六届人大常委会举行第二十三次会议。会议听取并审议市政府秘书长祝伦根代表市政府所作的关于市六届人大四次会议代表建议、批评和意见办理情况的报告。会议听取并审议市人大常委会副秘书长、城建环保工委主任张志明代表主任会议所作的关于市六届人大四次会议代表议案办理情况的报告。会议听取市人大常委会副秘书长、代表与选任工委主任伊福泉代表主任会议所作的关于《金华市人大常委会关于市人大代表辞去代表职务的暂行办法(草案)》的起草说明,审议并表决通过《金华市人大常委会关于市人大代表辞去代表职务的暂行办法》。会议听取并审议通过市人大常委会副主任林一心代表主任会议所作的《金华市人大常委会关于召开金华市第六届人民代表大会第五次会议的决定》。会议书面审议市政府关于金华市“十二五”规划纲要中期评估报告审议意见的研究处理报告、关于金华市本级 2012 年度财政预算执行和其他财政收支审计工作报告审议意见的研究处理报告。会议以无记名投票方式表决通过市政府的人事提请,决定任命胡国强为金华市人民政府副市长;表决通过市中级人民法院、市检察院的人事提请。

(唐宇荧)

市政府

【概述】 2013 年,市人民政府在中共金华市委领导下,全面贯彻中共十八大和十八届二中、三中全会精神,坚持“百姓富裕、浙中崛起”总目标,着力稳增长调结构,抓治水促转型,办实事惠民生,正作风提效能,与全市人民一道齐心协力,攻坚克难,完成市六届人大四次会议确定的主要目标任务。全市实现生产总值 2959 亿元,增长 9.1%;地方财政收入 242.5 亿元,增长 12.8%;城镇居民人均可支配收入 36423 元,增长 9.8%;农村居民人均纯收入 14788 元,增长 11.3%。

【经济平稳发展】 固定资产投资 1364 亿元,增长 21.1%。省“411”重大项目、市重点项目分别完成年度投资计划的 169%和 156%。创新招商选资方式,注重招大引强,浙(婺)商回归项目 309 个,到位资金 157 亿元,新引进世界 500 强企业 4 家。抓市场扩大消费。提升实体市场,发展网上市场,积极培育消费热点,社会消费品零售总额 1407 亿元,增长14.8%。商品市场成交额 2121 亿元,增长 11.4%。发挥义乌国际贸易综合改革试点效应,带动外贸出口增长,实现外贸出口总额 325 亿美元,增长 52.7%。坚持稳增长与调结构相结合,实体经济平稳发展。金融机构本外币存款余额 6161.6 亿元,贷款余额 5157.3 亿元,分别增长 15.7%和 18.7%。

【产业转型】 新增国家级高新技术企业 46 家、省级重点企业研究院 3 家、省重点产业技术联盟 4 家。新增省级以上科技项目 477 个,高新技术产业增加值占规上工业增加值比重达到 20.6%。实施“双龙计划”,入选国家“千人计划”5 人、省“千人计划”17 人,新增院士工作站 5 个。加快培育 11 个省级服务业集聚示范区,横店影视文化产业实验区列为国家级文化和科技融合示范基地。加大农业“两区”建设力度,新增省级现代农业综合区 2 个、特色农业精品园 12 个。大力发展网络经济,金华市入选首批信息消费国家试点城市、全国十大电子商务城市,电子商务交易额 1816 亿元、网络零售额668 亿元,分别增长 90%和 123%。培育壮大市场主体。完成“个转企”13102 家,净增“小升规”企业 938 家、“下升上”企业 403 家,新增股份制公司 13 家,新增中国民营企业 500 强 2 家。新增家庭农场 348 家,规范化合作社达到 592 家,省级以上农业龙头企业达到 39 家。

【城乡建设】 加快编制城市群专项规划。完成浙中城市群综合交通、水资源配置等专项规划,编制城市地下空间开发利用规划,完善城镇规划体系。加快重点功能区块建设,加快金义都市新区六大区块开发和十条主干道建设,菜鸟·金义电子商务新城等重大产业项目顺利开工。加强中心镇中心村建设。出台加快推进中心镇发展改革暨小城市培育若干意见,深化横店镇和佛堂镇小城市培育,中心镇建设取得新成效。加快基础设施建设。推进杭长客专、金温铁路扩能改造、东永高速公路等项目建设,加强农田水利基础设施建设,完成钱塘江干堤等堤防加固 60 千米。加强城市管理。推进精品城市建设,成功创建国家园林城市,国家卫生城市通过复审,市区和磐安成功创建省级森林城市。调整完善市区城市管理行政执法体制。

【重点改革】 认真抓好义乌国际贸易综合改革试点。市场采购贸易方式获批试行,全面实施主体准入、货物通关、财税外汇等贸易便利化措施,成功创建国际陆港城市。加快低丘缓坡综合开发利用试点步伐。累计完成农转用征收报批面积 4.7 万亩,完成率达 99%,全面落实试点区耕地占补平衡。有序推进商务部四项改革试点和国家智慧城市、省级智慧车联网等省部级改革试点。深化行政审批制度改革。实行政府投资项目并联审批和行政审批事项目录化管理。开展中介机构和社会团体清理整顿等专项执法监察。

【环境综合整治】 全面实行“河长制”,强势推进浦阳江、金华江等重点流域水环境综合治理。加强重污染高耗能行业整治,关停淘汰电镀、印染、造纸、化工等企业 84 家。抓好农业面源污染整治,拆除养殖场 3608 家,新建畜禽养殖场治污设施 285 家。加快建设城镇生活污水处理设施,建设城镇污水配套管网 377 千米,开工建设秋滨污水处理厂二期工程。推进农村生活污水治理,行政村覆盖率达 72%。大力推进“三改一拆”。拆除违法建筑 1490 万平方米,完成旧厂区、旧住宅区、“城中村”改造 802 万平方米。积极推进交通治堵。市区建设双向公交专用道 11.2 公里,新增公交车 60 辆,公交分担率提高到 16%。新增停车位 1.3 万个。改造城市道路 10 条,打通断头路 4 条,建设智能交通控制系统,探索“十字路口”精细化、人性化管理,道路通畅和安全水平得到提高。

【民生事业】 着力保障和改善民生。财政民生支出占财政总支出的比重达到 75.1%。加强就业和社会保障工作,新增城镇就业 7.1 万人,城乡居民社会养老保险参保率达 97%,医疗保险参保率达 96%。新开工建设保障性住房 7203 套,基本建成6105 套,实施农房改造 22033 户,农村困难家庭危房改造 2386 户。不断扩大社会救助覆盖面,城乡低保标准提高10%以上,困难群众基本生活价格补贴7.6 万人次,救助困难群众 2.1 万人次。认真抓好各项社会事业。创建义务教育标准化学校 40 所、省一级中等职业学校 10 所、省特色示范普高 5 所、省等级幼儿园 226 所,市特殊教育中心开工建设。启动市级公立医院改革,完善基层医疗卫生机构绩效考核体系。开通8890 便民服务平台,试运行以来日均受理市民诉求事项 293 件,累计办结 18475 件,办结率97%,满意率 98%以上。深入推进“平安金华”建设,连续七年获浙江省“平安市”称号,连续五年跻身全国 30 个最安全城市,社会保持和谐稳定。

【政府自身建设】 坚决贯彻落实中央“八项规定”、省委“28 条办法”和“六条禁令”,按照市委部署，扎实开展“正风提效促赶超”专项活动。发挥市民问政、行风热线、市长信箱等平台作用，推进服务型政府建设。认真落实人大决议，自觉接受人大法律监督和工作监督、政协民主监督和群众社会监督，扎实办理人大代表建议298件、政协提案502件。加强规范性文件审查和行政复议工作。加强审计监督和行政监督，完善廉政风险防控机制。加强公务接待、公务用车、因公出国(境)管理，“三公”经费支出同比下降14.4%。

政府常务会议

1月11日，召开市政府第42次常务会议。会议听取金华市2013年民生实事、金华市区最低工资标准调整、中国婺剧院运营模式、金华市城市规划委员会议事规则、杭长客专金华西客站配套基础设施项目委托设计、跨解放东路人行天桥工程投资额调整、建筑业总部园区施工图委托设计和铁路货场“水土保持方案”编制经费、2012年市区180辆公营客运出租车经营权到期处置工作方案、杭金衢高速公路新狮互通提升改造项目、建立九峰水库项目还款机制、2012年度金华市本级财政预算绩效管理等议题的汇报。

1月21日，召开市政府第43次常务会议。会议听取2013年政府工作报告、2012年全市和市本级财政收支预算执行情况及2013年财政预算草案报告、金华市2012年国民经济和社会发展计划执行情况与2013年国民经济和社会发展计划草案的报告起草情况、加快市区建设与发展克难攻坚活动考核办法制订情况、浙中城市群生态绿道及旅游一体化规划等议题的汇报。

2月17日，召开市政府第44次常务会议。会议听取2012年度全市工业经济目标责任制考核和2013年目标任务分解情况、2012年度全市外经贸工作考核及2013年商务工作目标任务分解情况、2012年度全市招商引资工作考核和2013年度目标任务分解情况、2012年度市政府质量奖评审情况等议题的汇报。

2月25日，召开市政府第45次常务会议。会议听取2013年市区政府投资、全市重大前期和重点建设等三大项目计划编制情况，2013年全市重点技术改造项目计划编制情况、市区三江六岸核心区段整体规划及景观优化提升方案设计情况、市便民服务中心建筑设计方案情况、石门农垦场职工住房问题解决方案、五百滩公园雕塑有关情况、金义都市新区凤起区块规划用地性质调整的情况、市区户外广告管理体制调整有关问题、今飞集团与华东铝业战略合作有关情况、加快推进市区企业直接融资发展实施意见制订情况、市区部分被挪用停车场和户外广告整治、市本级行政事业单位资产清查有关问题处置情况等议题的汇报。

3月26日，召开市政府第46次常务会议。会议听取金华市“三改一拆”行动有关情况、治理城市交通拥堵有关情况、市区市政公用管理事项实施网格化管理有关问题、城投公司筹建方案、浙中城市群轨道交通金义东线前期工作有关事项、加快推进杭金衢高速公路新狮互通与03省道连接线工程项目实施有关情况、金义都市新区管委会建设资金负债余额有关情况、贯彻落实市区网络经济发展座谈会精神有关情况、2013年市区继续开展“市场采购”贸易方式出口试点工作情况、古子城有关规划委托设计情况、上海财大浙江学院治理结构调整工作情况，“个转企”政策制订情况等议题的汇报。

4月7日，召开市政府第47次常务会议。会议听取加快推进金义中线工程项目有关情况、市区廉租住房和经济适用住房保障范围调整、双龙大桥匝道建设有关问题、金华市本级行政事业单位国有资产使用管理暂行办法制订情况、加强审计整改工作的通知制订情况、2013年度市本级财政预算执行和其他财政收支审计总体方案制订情况、支持小微工业企业规范升级若干意见制订情况等议题的汇报。

4月19日，召开市政府第48次常务会议。会议听取市区公共自行车项目建设有关情况，推行投资项目审批代办制、联办制、模拟制实施意见制订情况，市区重点区块功能与特色定位建议、二七新村区块改造工程拆迁安置房建设用地有关情况、湖海塘区块后山村拆迁安置用地有关情况、金华市城市照明专项规划(2012–2020)有关情况、贯彻落实浙中水乡建设座谈会精神有关情况、金华市区积极应对H7N9禽流感稳定家禽业生产扶持政策制订情况、2012年全市及市本级政府性债务情况和2013年市区政府性债务收支计划、进一步规范市本级行政事业单位公务用车购置审批工作的通知制订情况、粮食订单政策制订情况、金华市第十次劳动模范和模范集体评选推荐情况、金华市直事业单位退休人员生活补贴有关情况等议题的汇报。

4月24日,召开市政府第49次常务会议。会议听取阿里巴巴"中国·金义电子商务新城"项目情况汇报。

5月7日,召开市政府第50次常务会议。会议听取完善市政府食堂就餐管理方式、进一步规范市区商住经营性建设用地使用权出让工作有关情况、《金华市中心城区停车场(立体停车场)近期建设规划》有关情况,市科技馆、规划展览馆等项目委托设计情况,2013年政府投资预算安排情况、2012年节会类项目绩效评价情况、2013年社保资金保值增值和财政性资金存款分布调整方案、上海财大浙江学院治理结构调整工作有关情况、领导干部离任经济事项交接办法修订情况等议题的汇报。

5月17日,召开市政府第51次常务会议。会议听取赴省级有关部门、金融机构走访情况,政府工作规则修订情况、加大对市第二医院扶持力度有关情况、省二体会开幕式文体演出有关情况、《金华市深化行政审批制度改革工作方案》制订情况、《金华市中介机构清理规范工作实施方案》制订情况、《金华市行政规范性文件管理暂行办法》和行政规范性文件"三统一"制度制订有关情况、《市民问政》栏目有关情况、申办金字冷冻食品城等市场情况、制订进一步支持商贸企业升级发展若干意见情况,兑现大黄山化工区出让地块横店集团、环球制漆集团关停补偿及分成款项情况,《金华市新能源汽车推广工作实施方案》制订情况、市国土资源局记集体二等功有关情况等议题的汇报。

5月24日,召开市政府第52次常务会议。会议听取金华市区大病医疗商业补充保险实施意见制订情况、进一步加强学前教育工作的通知制订情况、调整市区储备土地登记和融资管理政策情况、市区政府投资项目征地拆迁工作考核办法制订情况、金华市扩大有效投资和重大项目工作考核办法制订情况等议题的汇报。

6月18日,召开市政府第53次常务会议。会议研究市政府领导的分工、市区收费公路专项清理政策处理工作有关情况、组建金华市交通建设投资公司有关情况、杭金衢高速公路新狮互通连接线改造提升方案有关情况、市区生态环境功能区规划调整情况、加快推进创新驱动发展战略有关情况、多湖地块商会总部大厦和金融商务用地有关情况、市人民医院迁建工程投资估算总额有关情况、金华通远门——长仙门城垣遗址公园景观环境设计城垣遗址保护展示专题设计方案、全省第三届"人民满意的公务员"和"人民满意的公务员集体"候选对象推荐工作有关情况等议题的汇报。

7月26日,召开市政府第54次常务会议。会议听取金华市保安服务公司脱钩改制工作有关情况、市区建筑遗弃物处置场规划选址有关情况、新一轮金华市区饮用水源涵养功能区生态补偿机制有关情况、促进农民收入持续普遍较快增长的实施意见制订情况、要求落实金义都市新区融资工作有关问题、要求明确市体育中心运营管理有关情况、《重修金华丛书》编纂有关情况等议题的汇报。

8月6日,召开市政府第55次常务会议。会议听取第三届中国(金华·永康)国际商贸发展大会实施方案制订情况、金华市便民服务平台建设工作方案制订情况、开展金华市区推进工业项目用地节约集约专项行动有关情况、金华市鼓励和引导民间投资重点工作分工方案制订情况、核拨金华银行不良贷款剥离资金问题、2013年金华市科学技术奖评审情况等议题的汇报。

8月23日,召开市政府第56次常务会议。会议听取金华市秋滨污水处理厂二期建设有关情况、金发大厦政策处理有关情况、金义都市新区土地出让金滞纳金有关情况、金东区江东低丘缓坡综合开发利用区块控制性详规编制情况、进一步简化省二体会开闭幕式程序有关情况、2013秋季浙中购物节筹备情况、全市第三次全国经济普查工作有关情况等议题的汇报。

9月5日,召开市政府第57次常务会议。会议听取中国武义第七届温泉节筹备情况、金华市重大决策社会稳定风险评估实施细则制订情况、2013年金华市支持浙(婺)商创业创新和招商引资工作目标责任制考核办法制订情况、加强全市砂石资源管理工作的意见制订情况、2013年金华市市本级国有资本经营预算草案编制情况、政府顾问管理办法起草情况、金华市党政机关停止新建楼堂馆所和清理办公用房实施方案制订情况、金华市城建发展控股有限公司组建情况等议题的汇报。

9月18日,召开市政府第58次常务会议。会议听取水环境综合治理工作的意见和全面建立河长制实施意见制订情况、加快网络经济发展的若干意见和扶持市区网络经济发展的实施意见制订情况、加快推进金华市区城中村改造工作的意见制订情况、《关于金华市区天然气高压输配一期工程场站用地有关情况的汇报》,金华市城建发展控股有限公司、金华市交通建设投资有限公司组建情况等议题的汇报。

10月11日,召开市政府第59次常务会议。会议听取"8890"便民服务平台市民诉求事项办理工作实施细则制订情况、第十一届中国苗木交易会有关工作、第九届金华·华东农业科技新成果展示交易会有关工作、长春至深圳高速公路浙江建德至金华段建设有关情况、杭金衢高速公路金华互通连接线提升改造工程方案有关情况、金华市区2013年政府投资项目计划调整情况、设立金华市区域统筹发展专项资金有关情况、2013年中职教育免学费专项补助工作情况等议题的汇报。

10月28日,召开市政府第60次常务会议。会议听取了全市创建国家园林城市有关情况、在金华市区实施黄标车区域限行的通告制订情况、莱恩农业装备有限公司用地有关情况、深入推进农村(社区)居家养老服务照料中心建设的实施意见制订情况、金华申华矿产有限公司国有股权公开转让有关情况、开展市区区域集优债务融资试点有关情况、进一步加快中科院金华科技园建设若干意见制订情况等议题的汇报。

11月11日,召开市政府第61次常务会议。会议听取调整市区工业用地转让最低计税价格有关情况、金华市深入推进基本公共服务体系建设三年行动纲要(2013-2015)编制情况、永盛购物广场地下二层部分商业配套用房功能临时变更为商业用房有关情况、市区一环路贯通隧道工程兼顾人防要求增加投资有关情况、"十倍增、两提高"科技服务专项行动总体实施方案制订情况、金华市区电动汽车充电设施布局专项规划(2011-2020)编制情况等议题的汇报。

11月21日,召开市政府第62次常务会议。会议听取落实市委工作务虚会主要建议责任分解方案、"双龙计划"首批人才项目申报评审情况、金华市第二水厂选址有关情况、金华市市级机关事业单位编外用工管理暂行办法制订情况、加快数字金华地理信息公共平台推广应用的实施意见起草情况等议题的汇报。

11月27日,召开市政府第63次常务会议。会议听取衢江(金华段)航运开发工程建设管理实施方案、婺城新城区桐溪分区龙蟠区块控制性详细规划编制情况、进一步完善基层医疗卫生事业单位绩效工资分配的指导意见制订情况、设立市本级财政扶持中等职业教育专项资金有关情况等议题的汇报。

12月13日,召开市政府第64次常务会议。会议听取金华田园智城开发建设有限公司发行企业债券有关情况、金华市和衢州市行政区域界线联合检查工作情况、《金华市区优先发展公共交通的实施意见》制定情况、《金华市区公共交通专项规划》编制情况、《金华市城市综合交通规划》编制情况、调整金华市区采矿权出让有关政策意见制订情况、实行最严格水资源管理制度全面推进节水型社会建设意见及其考核办法制订情况、《浙中水乡总体规划》编制情况、《进一步规范多种形式消防队伍建设和管理的实施意见》制订情况、金华市市级公立医院综合改革有关情况汇报。

12月27日,召开市政府第65次常务会议。会议听取《关于进一步加强残疾人扶助救助工作的意见》制订情况、《金华市病死动物和病死动物产品无害化处理管理办法》制订情况、开展市区梅溪流域综合治理工作有关事项、万佛塔公园规划设计情况等议题的汇报。

重要会议

【全市工业大会】 2月19日,全市工业大会召开,会议全面贯彻中央和全省经济工作会议精神,总结交流2012年全市工业经济工作,表彰先进,研究部署2013年工业工作任务。市领导陈一新、徐加爱、黄锦朝、郑金平、钟关华、黄小杭、傅利常出席会议。

【全市食品安全工作会议】 4月12日,全市食品安全工作会议召开,会议的主题是总结2012年全市食品安全工作,部署2013年全市食品安全工作并签订工作责任书。市长徐加爱,副市长林丹军,市政府秘书长祝伦根出席会议。

【第二届浙(婺)商创业创新大会】 5月15日,第二届浙(婺)商创业创新大会召开,140多位海内外重要客商、浙(婺)商精英和各县(市、区)主要负责人参加会议。大会共签约浙(婺)商回归项目29个,总投资209亿元,投资领域包括装备制造、电子信息、文化旅游、度假休闲、医疗服务等。其中,重大产业项目24个,占总数的82.8%。市领导陈一新、徐加爱、黄锦朝、陶诚华、钟关华、徐建华、傅利常出席会议。

【市区网络经济发展大会暨市网络经济发展局成立大会】 5月16日,市区网络经济发展大会暨市网络经济发展局成立大会召开,会议指出要站在全局和战略高度,切实把网络经济作为加快转型发展的"一号产业"来抓,早见势、早部署、早行动、抢先机,推动网络经济超常规发展,为加快经济转型升级、推进赶超发展培育新的增长点。会议举行市网络经济发展局授牌仪式,表彰市区网络经济纳税十强企业,并作典型发言。市领导陈一新、徐加爱、黄锦朝、钟关华、温暖、黄小杭、邵国强,市政府秘书长祝伦根出席会议。

【全市安全生产工作会议】 6月8日,全市安全生产工作电视电话会议召开,会议贯彻落实全国、全省安全生产电视电话会议精神,部署开展全市安全生产大检查和全面加强安全生产工作,坚决防范重特大安全生产事故发生,确保安全生产形势稳定。市长徐加爱、副市长傅利常,市政府秘书长祝伦根出席会议。

【浙江省第二届体育大会】 4月25日至9月28日,浙江省第二届体育大会在金华市举行。经过省、市、县三级的共同努力,该届比赛"参赛出色、办赛出彩",达到节俭、文明、安全、有序的办赛目标。省二体会共设58个大项的比赛,其中地市组41个项目、行业组17个项目,绝大多数都是老百姓喜闻乐见的体育活动,有11个市级代表团和11个行业体协代表团,542支队伍,9328名运动员、教练、领队参加了比赛,裁判工作人员近5000人。整个体育大会期间,共有999名志愿者参与各项服务工作。省二体会,充分落实节俭高效的赛会新风,让体育运动回归健康快乐的本质,展示了全省群众体育运动的发展成果。

市政府办公室

【概述】 2013年,市政府办公室在市委、市政府的正确领导下,全面贯彻中共十八大和十八届三中全会精神,围绕"创建学习型组织、建设幸福团队、打造克难铁军"目标,以"服务提升年"活动为载体,抓协调,重规范,促落实,全力保障政府工作高效协调运转,较好完成各项工作任务。

坚持标准,优化服务,政务工作水平进一步提升。一是严谨细致,规范办文办会。全面贯彻《党政机关公文处理工作条例》和整治文风要求,修订完善《金华市人民政府公文处理规则》,出台《金华市本级行政规范性文件管理暂行办法》,建立机关部门非正式公文专报行文制度。组织开展政府系统规范办文业务培训3次。文件、简报得到有效精简。加强会议统筹管理。严格控制会议审批,严格控制各类节会举办,精简会议过程,简化会场布置,提高会议效率。二是整合提升,推进电子政务。健全电子政务机构,增挂市机关信息资源管理办公室牌子。在2013中国地市政府网站绩效评估中,"中国·金华"门户网站排在全国地市第69位。建立协同办公平台,实现市委、市政府及办公室非涉密文件电子化流转。完成全市105家单位电子政务机构、应用系统和网站建设等情况调查,启动整合机关电子政务信息资源。三是健全机制,优化基础工作。健全政务公开工作机制,完善公开审核流程,加快"阳光工程网"建设,推进公开平台改版升级,加大政府信息主动公开力度,截至12月底,市级行政机关通过市政府门户网站主动公开信息11.3万条。整合公安、消防、卫生、水电气等应急队伍,完善应急体系建设。全面落实《档案工作制度》,实现档案电子化管理,获得年度档案工作先进单位荣誉。“金华地方志”网站开通运行，《婺志粹》《婺书》《婺学志》等一批珍贵志书古籍相继重印出版。认真贯彻落实保密法律法规，健全各项保密规章制度，顺利通过省保密局组织的保密工作检查。

紧贴中心，主动作为，参谋助手作用进一步发挥。一是文稿服务突出综合性。牢牢把握文稿起草的新要求新特点，坚持文稿理论性、实践性和指导性相互统一，认真做好重要会议、重大活动的领导讲话稿和重要文件起草工作。二是信息服务突出时效性。紧紧围绕全市中心工作及领导关注的重大问题，及时准确提供动态类、问题建议类、经验类、调研类等信息。建立健全重要信息定期研判约稿机制、重要会议重要工作动态信息跟进机制、信息工作标准化运作机制、信息员队伍建设及激励机制，推进信息工作转型升级。编辑《每日要讯》433期、《金华政务信息》450期，获市领导批示259条；上报国务院办公厅和省政府办公厅信息1368条，国办采用11条，省府办采用197条，获省领导批示25条，全省政务信息工作交流8条。三是调研服务突出前瞻性。紧密结合党的群众路线教育实践活动，组织办公室全体同志深入一线，深入基层，开展“走下去、接地气，静下心、理思路”专题调研活动。继续抓好特约研究员队伍建设，组建政府顾问队伍，为市委、市政府决策提供智力支持。推进调研成果转化运用。组织或参与金华经济技术开发区管理体制调整、市区城市交通拥堵治理、市区重点工程征迁安居房建设、市区城中村改造、“三改一拆”、政府投资项目并联审批等一系列涉及面较广、影响力较大的专题调研活动，形成调研文章百余篇，为市委、市政府制定政策和科学决策提供了有力依据。四是民情反映突出快捷性。统筹协调办好《市民问政》栏目，积极探索搭建“8890”便民服务平台。2013年金华日报社刊发《市民问政》专版46个，开办实时在线交流23期，梳理各类问题建议600余个。金华广电总台《市民问政》累计播出节目7期，收集各类有价值意见建议400余条，收视率突破10%，创金华电视台时政栏目新高。8890平台接收市民诉求事项19045件，平均每天300件，网站点击量12.9万人次；累计办结18520件，办结率97.24%。

统筹协调，敢于担当，推动中心工作进一步落实。一是突出重点项目协调。大力弘扬立说立行，雷厉风行，迎难而上，善作善成的作风，扎实抓好重点工程、重点项目和重点工作协调服务，主动参与市区重点区块开发建设。认真组织推进三期克难攻坚专项行动。全力协调督办“三改一拆”、交通治堵、公共自行车系统建设等重要工作，协调解决影响项目建设问题200余个。二是突出矛盾纠纷化解。周密制订工作方案，协调统筹部门力量，监督跟进工作落实，直接参与和配合做好各类矛盾纠纷调处300余个。三是突出政务督查督办。把《政府工作报告》、常务会议议定事项、领导交办事项等作为督查重点，坚持日常督办与专项督查相结合、电话调度与实地督查相结合、一般督查与跟踪督查相结合，加密督查频率，加大考核力度，做到件件工作有督查、项项督查出成效。加大市政府领导批示办理督查，全年共办理市政府领导批示3600多件，办结率达100%。

注重教育，从严监督，党风廉政工作进一步加强。一是全面部署廉政工作。把党风廉政建设工作摆在全年工作的突出位置，坚持将党风廉政工作与业务工作相结合，认真贯彻同检查，同考核。认真做好反腐倡廉建设任务和惩防体系建设任务分解落实工作，全面完成由本办牵头的重点项目。二是强化廉政教育。坚持不懈地进行反腐倡廉教育和党性党风党纪教育，筑牢党员干部廉洁从政思想基础。把廉洁文化进机关活动作为从严管理干部、加强与改进思想政治工作的重要内容，宣传廉政政策，普及廉政知识，营造倡廉崇廉好氛围。三是严格制度执行。严格执行中央八项规定、省“28条办法”和市“25条意见”。严格执行公车管理各项规定，加强驾驶员队伍管理，严肃查处公车违规使用行为。严格执行财经纪律，强化财务管理，确保资金合理使用。严格执行公务接待有关规定，杜绝奢侈浪费。

选贤任能，加强培养，队伍活力进一步激发。一是严把干部提拔任用关。认真执行干部选拔任用有关规定，突出实绩导向，注重群众公认；规范执行民主推荐、民主评测、集体研究等程序，具体把好测评推荐关、组织考察关、党组讨论关和任前教育关，环环相扣，严谨周密，真正做到公平公正公开。二是狠抓干部教育培训。不断深化“学习型党组织”创建，健全完善学习制度,创新教育培训方式,认真抓好中共十八大和十八届三中全会会精神系列学习活动。坚持“走出去与请进来”相结合、理论教学与案例剖析相结合,先后组织了城乡规划法、公司法等5次业务集中培训;开设公文病苑,定期对办公室办文办会办事中的差错进行汇总、点评,研究出台一系列改进工作、提升水平的举措办法;还组织开展了竞争上岗模拟训练、读好书写心得等活动,在全办形成了全员重视学习、热爱学习的浓厚氛围。三是切实加强机关作风建设。认真学习、严格执行中央关于改进作风密切联系群众“八项规定”,深入组织开展“正风提效促赶超”系列活动。组建文体类兴趣小组,大力支持开展健康向上的文体活动,丰富干部职工业余生活,增强团队凝聚力和战斗力。办公室“真诚务实,高效勤勉,心系群众,服务社会”机关精神表述语被评为政府部门“十佳机关精神”。

(许　丹)

依法行政

【法治政府建设】 市、县两级政府和市直各部门根据机构改革情况及时调整本地本部门的依法行政工作领导小组,健全一把手负总责、分管领导直接抓的领导体系。政府及部门主要负责人切实承担起依法行政第一责任人的职责,及时听取依法行政工作汇报,定期召开学法讲法培训讲座和研究依法行政工作会议。《浙江省法治政府建设实施标准》下发后,市政府常务副市长金中梁专门听取市法制办汇报并作了重要批示。市法制办根据省文件精神和省办政府建设(依法行政)考核评价工作座谈会要求,制定下发《关于开展对各县(市、区)政府、市直各部门2013年度法治政府建设(依法行政)工作考核评价的通知》,明确法治政府建设工作重点任务,落实工作责任。报请市政府领导同意后,市法制办组织成立以市政府、市人大、市政协副秘书长为组长的考核小组,对全市9个县(市、区)政府进行现场实地考核,按照考核标准进行打分。市直各部门根据考核文件要求,开展自查自评工作。市法制办在各部门上报自查自评材料的基础上,结合部门法制工作情况,协调有关部门按考核标准进行考评。为迎接省政府对金华市考核工作,市法制办汇总各部门上报各项考核数据材料,按省法制办要求及时报送。

【制度建设】 落实规范性文件“三统一”与行政机关合同管理制度。按照省统一部署,制定规范性文件管理暂行办法,明确工作流程、文件编号规定及管理文书格式,并组织市直部门及县(市、区)政府法制办人员进行培训。对市本级政府和市直各部门发布的规范性文件分类管理,建立市政府网站规范性文件数据库,方便群众查阅。市政府出台的规范性文件,均按规定交由市法制办进行合法性审核。交市法制办审核行政规范性文件45件,审核率和准确率达到100%。市财政、监察等部门,两次对市级部门(包括其下属单位)合同签订情况进行专项摸底检查。根据检查反映的情况,及时出台《金华市人民政府办公室关于加强市本级行政机关合同管理工作的实施意见》《关于做好行政机关合同管理工作有关事项的通知》,对合同审查、备案程序、报备分类条件及相关文书参考格式等作出具体规定。截至12月底,市法制办共审核各部门报送的合同5件。

【执行力建设】 金华市政府以铁的决心、铁的手腕、铁的措施,推进“三改一拆”工作。金华市主动将拆违任务从100万平方米提高到600万平方米,并量化分解到各县(市、区),层层签订责任书,强势推进。9月21日—22日,省委副书记、省长李强考察金华市“三改一拆”工作,指出“金华的‘三改一拆’工作声势大,力度强,效果好,更重要的是,干部队伍从中得到锻炼,在锻炼中成长”。10月30日,省“三改一拆”行动领导小组第四次(扩大)会议上,王建满再次肯定金华市的“三改一拆”工作。截至12月底,全市累计拆除违法建筑1492.40万平方米,超额完成省下达三年拆违800万平方米的总任务,完成省政府下达金华市2013年100万拆违任务的1492.40%,工作进度列全省各地(市)之首;经核查,累计启动“三改”801.92万平方米(其中:旧住宅区改造194.45万平方米,旧厂区改造225.99万平方米,城中村改造381.48万平方米),完成省下达2013年620万平方米改造任务的129.34%,“三改一拆”工作全省领先。

根据《浙江省跨行政区域交接断面水质监测和保护办法》和省政府办公厅《关于印发浙江省跨行政区域河流交接断面水质保护管理考核办法的通知》要求，参照相关技术规范，金华市出台《乡镇交接断面考核办法》《进一步加强环境保护工作的意见》《水环境综合治理工作的若干意见》等一系列政策性文件。省环保厅对2013年1月—11月全省跨行政区域河流交接断面水质考核评价中，金华市交接断面水质考核结果为优秀，下属各县(市、区)考核结果均为合格以上。

【审批职能下放工作】 根据国务院《关于浙江省义乌市国际贸易综合改革试点总体方案的批复》要求和省委、省政府的部署，制定下发《金华市纪检监察机关服务保障义乌国际贸易综合改革试点实施意见》。同时按照浙委办〔2008〕116号要求，金华市监察局牵头组织市发改委、市编委办、市法制办等部门进行专门督查，督促落实省、市下放义乌市的618项(其中省级445项、市本级173项)经济社会管理权限，主动与义乌市相关部门做好衔接工作。绝大多数职能都已下放到位。稳步提高行政服务效能。以理顺行政服务体系、做强行政服务平台、提升行政服务效能为主线，继续深化行政审批职能归并改革，建立"批管分离"的行政审批体制。深化村级便民服务中心建设，健全"市县乡村"四级服务体系。全市村级便民服务中心基本建成。开展"效能革命"专项活动，规范审批程序与联审联办、网上审批建设同时推进，不断提高审批效能。努力促进行政审批制度改革。在市本级的行政审批改革中，会同行政审批服务中心，认真做好行政许可和非许可审批事项的精简、审批环节的优化、审批时间的压缩等方面工作。及时清理上级已经取消的事项，协调理顺市级部门和区级部门的职责关系。配合市监察部门做好中介机构的整治和规范。遵照市委市政府部署，协同服务中心开展调研，抓好投资领域市区行政审批事权划分方案的制定等工作。

【行政调解和行政复议】 成立金华市行政调解工作领导小组，建立健全行政调解与人民调解、司法调解联席会议制度。下发《关于做好行政调解依据公告信息统计报告工作的通知》，认真做好行政调解依据梳理和公告工作。出台《行政案件诉前协调衔接机制》，建立重大、敏感等类型案件事前进行协调解决的机制。根据各行政调解试点单位的反映情况，开展《金华市行政调解工作流程及文书格式》的调研制订工作，完成征求意见工作。全年各级行政调解主体共处理行政调解案件70170件，达成协议63458件，未达成协议3987件，其他处理2725件，调解成功率90.43%。

制定《金华市行政复议案件风险评估预防工作办法》《金华市行政复议文书规范》《金华市重大行政复议案件集体会审工作规则》等九个制度，初步建立行政复议工作的制度体系，改进行政复议案件受理与审理方式。提出根据案件的不同特点，采用三类不同的审理方式的举措，提升了审理效率和审理质量。制定《行政复议听证程序规则》，采取听证方式审理重大疑难案件。全市行政复议机关共收案318件，受理271件，审结286件，调解、和解方式结案的以及被申请人改变原具体行政行为后申请人自愿撤回复议申请而终止审理68件，占23.8%。市法制办共收到行政复议申请120件，受理82件，审结94件，审结率100%。

【规范行政执法行为】 选定市公安局、市建设局、市烟草局等8个单位进行试点。组织裁量基准难点攻关小组，采取多种形式进行攻坚克难。经过一年努力，八家试行单位根据自身实际，从审批时限裁量、许可(审批)材料数量裁量、许可内容类别裁量等六个方面制定了裁量样本，并发文在单位和行业系统内进行了试行，解决了原来许可事务大小不分、轻重缓急不讲等问题。许可裁量的探索，为行政执法的全面深化和全市全面推行许可裁量工作打下了基础。

严格抓好上一年度案卷评查出的问题整改。联合市档案局组织市本级单位法制人员和档案人员进行行政执法案卷制作和管理业务培训，剖析近年评查中发现的问题，明确行政执法档案规范以及执法案卷质量标准。组织重点执法部门法制人员和案卷承办人，听取先进工作经验，观摩优秀案卷制作。在各县市区、各部门做好案卷的自查自评基础上，市里成立多个案卷评查小组，多轮次进行抽检和重点阅检，以提高全市的案卷质量。全省初步评出的14个省级优秀案卷中，金华市建设局、规划局、商务局3个行政许可案卷名列其中。

下发《金华市开展依法行政示范单位创建活动的工作方案》《关于省级依法行政示范单位创建有关事项的函》，明确创建依法行政示范单位的各项要求。召开全市依法行政示范单位创建工作现场会,详细介绍依法行政示范单位创建工作的典型经验。增加培育数量和加大培育力度,形成较完备的省、市、县三级依法行政示范单位培育梯次,确定省级示范单位培育对象13家,市级培育对象15家,县级培育对象10家，最后选定市工商局等10家单位作为2013年度省级示范单位的候选单位,已通过省级核查并将予以公布。11月,市法制办又对15家市级示范候选对象进行现场验收,认定其中12家单位符合要求,经公示,以市政府名义下文,认定为"金华市依法行政示范单位"。

【提高公众参与度与政府信息透明度】 建立重大决策公众参与专家论证机制，增强制度建设质量。制定下发《金华市人民政府重大行政决策公众参与制度》《金华市人民政府重大行政决策风险评估制度》《金华市人民政府重大行政决策合法性审查制度》等六项制度,把公众参与、专家论证、风险评估、合法性审查和集体讨论决定作为重大决策的必经程序。同时建立行政决策风险评估机制,事关经济社会发展和人民群众切身利益的重大政策、重大建设项目等决策事项,应当进行合法性、合理性、可行性和可控性评估。2013年上网、登报公开征求公众意见的规范性文件(事项)达成10件,重大决策事项听证16件。

各级政府及部门在做好政府信息主动公开和依申请公开工作的同时,着重加强政府信息依申请公开平台体系建设,完善政府信息公开网上申请平台各项功能。出台《关于印发当前我市政府信息公开重点工作安排的通知》。组织专项抽查行动,未发现重点专项政府信息未公开的情况。切实加大政府信息主动公开力度。金华市行政机关(含两个区)全年通过市、区政府门户网站主动公开政府信息127619条,与上年103162条相比增长23.71%。应当主动公开的政府信息及时公开率为100%。依法及时稳妥做好政府信息依申请公开工作。全年市行政机关(含两个区)行政机关受理政府信息公开申请447件。与上年268件相比,同比增长66.79%。政府信息依申请公开及时答复率100%。积极落实推进政府信息公开重点工作。

【提高公务员法律素养】 根据《浙江省公务员学习培训学分制管理办法(试行)》精神,制定《金华市人民政府常务会议学习法律制度暂行规定》《金华市公务员学习培训学分制管理办法（试行)》和《新任公务员培训管理五项规定》,明确规定公务员法律学习每年度至少完成60学分的学习任务,其中在线学习不少于40学分。新任公务员上岗前学习培训不少于15天。新成立金华干部网络学院。市委组织部联合市委党校、市人力社保局、移动金华分公司等单位,开发金华干部教育和金华公务员网络学院手机微平台,构建起全方位、多层次的法制学习阵地。组织开展新任公务员培训515人,军转干部培训222人,参公事业单位人员培训692人。组织新申领浙江省行政执法证件乡镇专业法培训考试500余人,综合法培训考核1000余人,城市管理行政执法人员198人,考核通过率达80%,综合法考核通过率全省领先。

将法制宣传教育与公务员培训、岗位培训、专业培训等有机结合起来。贯彻落实中组部、中宣部、司法部等部门联合下发《关于进一步加强领导干部学法用法工作的意见》等文件精神,完善领导干部、公务员等重点对象学法用法工作制度。《金华市公务员学习培训学分制管理办法(试行)》对公务员法律学习管理方式、课程设定、参加相关学习培训学分折算标准等内容作出明确规定。参加法律知识网上考核的市管干部1063人,参加学法用法网上考核公务员3542人,成绩全部合格。

【党风廉政建设责任制】 下发《2013年反腐倡廉建设组织领导与责任分工》和《2013年度党风廉政建设责任制和党风廉政建设重点工作考核办法》,明确市领导承担的反腐倡廉建设工作责任及部署各专项工作,推动党风廉政建设责任制的有效落实。严格执行党内监督制度。开展会员卡专项清退活动,全市53691名干部职工全部作出会员卡零持有报告。深化"小金库"专项治理,进一步规范津贴补贴,对市机关部门"一把手""五个不直接分管"制度落实情况进行督查。建立市管领导干部廉情季度分析制度,明确各部门廉情信息收集、核实、报送的类别和程序，定期分析研判市管领导干部和后备干部廉情。严格落实领导干部个人事项报告制度。武义县试行领导干部个人事项报告抽查，37位抽查对象中有11位主动进行了重新申报。加强党员干部廉洁从政教育。推进廉政文化教育基地建设，组建廉政文化精品库，推进兰溪杨东海纪念馆创建省级廉政教育基地和兰溪诸葛村、浦江郑义门争创国家级廉政文化教育基地建设。创编《金华廉政手机报》，探索"3+1实景感悟清廉主题教育"模式，变单一说教式教育为立体感悟式教育。出台《市管领导干部任前廉政法规知识测试实施意见》，强化领导干部廉洁意识和法纪观念。全市无县处级以上干部因贪污贿赂被检察机关追究刑事责任的案件，也未发现县处级以上干部被给予记过以上处分。

（施建洪）

机关后勤接待

【概述】 2013年，金华市机关事务管理局全面落实《机关事务管理条例》和省政府《实施意见》，围绕市委市政府中心工作，认真履行管理、保障、服务职能，全力以赴正风提效促赶超，一心一意为民务实谋发展，为保障机关高效运转提供强有力的后勤支撑。

【管理职能调整】 贯彻《机关事务管理条例》和省政府《实施意见》，着力推动机关事务管理体制机制、发展方式和运行模式的转型。一是理顺机构。将金华市市级机关事务管理局更名为金华市机关事务管理局，并推动各县(市、区)尽快更名。二是调整职能。增加"贯彻执行国家有关机关事务工作的法规政策，负责拟定并组织实施有关全市机关事务管理的工作规划、制度和标准；负责对市各级政府有关机关事务工作的指导"的职责。三是强化管理。加大对县(市、区)机关事务工作的指导力度，强化对市级机关部门办公用房、公务接待等工作的统一管理，进一步提升对下属单位的管理水平，出台《直属单位年度综合工作考核实施意见》，推行负责人薪酬绩效考核。

【后勤保障工作】 认真探索现代机关事务工作，保障党政机关的正常运转，同时尊重市场经济规律，发展壮大后勤经济。一是做好办公用房清理腾退和保障工作。认真贯彻《中共中央办公厅、国务院办公厅关于党政机关停止新建楼堂馆所和清理办公用房的通知》(中办发〔2013〕17号)精神，按照市委市政府要求，立即终止市便民服务中心办公用房建设，原地块出让给金融单位建设金融中心项目。同时，迅速开展清理腾退全市党政机关办公用房工作，基本摸清市本级100家行政事业单位和县(市、区)办公用房的家底。通过清理，县级正职、县级副职、市直局(处)级、市直局(处)级以下、县直科级、科级以下等各级别工作人员实际使用面积分别下降31.7%、15.3%、23.1%、1.2%、21.1%、13.1%。积极解决无房少房单位的办公用房问题，陆续收回到期的工人大厦出租房，改造为办公室。市机关大院主楼212会议室改造工程通过竣工验收，将进一步腾出办公空间资源。二是做好餐饮保障。改善硬件拓阵地，完成了市政府食堂一、二楼厨房和三楼包厢改造，食堂卫生和接待保障能力得到大提升；顺利将市国土资源局食堂改造为市政府第二食堂，现已正式营业。统一采购保质量，实行市政府食堂、宾虹食堂、市机关食堂、省管干部公寓食堂和市政府第二食堂等5大食堂原材料集中采购，由原来的个私商户零星供应改为基地、国有配送公司直接供货，确保机关干部吃上"放心菜"。完成"万家购物"传销案安保、全市务虚会、重要接访日等重大会议活动的用餐保障。开展"微笑服务评比""新菜品开发大赛"及推出"错峰菜"等活动，服务水平不断提升。三是做好公务用车保障。严格执行公务用车有关规定要求，按编制按标准配置，处置3辆超标准公务用车。日常管理做到"四定"，即定点停车、定点加油、定点维修、定点保险，全年行车约129万千米，安全无事故，完成市领导公务用车、来宾接待用车、重大活动用车保障任务。四是后勤经济开始起步。物业经济进一步发展，市文化中心市场化运作迈出新步伐，物管中心拉长楼宇物业服务、会务会展产业链，打造中国银行金华支行、交警支队办公大楼等6个精品物业管理项目；餐饮经济雏形显现，2013年以来大胆探索多种经营模式，市政府食堂三楼包厢实行绩效考核，激发人员积极性；市政府第二食堂市场化选聘职业经理人,完成基本保障任务基础上将走向市场。加强资产经营,改变资产经营方式,探索房产租金与市场接轨机制,出台公有住房出租管理意见,局属公有住房和营业房租金收入为上年的1.5倍。进一步提升成品油经营水平,市加油站向管理要效益,营业收入创历史新高。

【日常事务工作】 一是抓好公共机构节能工作。将公共机构节能工作纳入市委市政府对机关部门的工作考核,初步构建市本级公共机构节能组织管理体系。组织永康市行政中心创建国家级节约型公共机构示范单位,东阳市行政中心、磐安县国税局、武义县东干小学、市机关大院创建省级节约型公共机构示范单位。建设市机关大院能耗监测平台, 市机关大院内照明灯具全部更换为节能灯,实施了自来水管道、中央空调、电梯、自动开水机节水节能改造。二是提升会议服务质量。根据八项规定的要求,简化会议室的环境布置,人性化丰富会议用品配置、服务项目设置,做到简朴大方又细致入微,并根据与会人员需求提供个性化服务。不断优化市文化中心功能, 市文化中心401会议室新增电视电话会议功能,满足召开较大规模的电视电话会议需求。三是物业服务开展有序。施行人性化服务,给电梯加装了空调,给厕所加装了纸巾。实施新的《市机关办公大院人员出入管理规定》,确保机关大院出入有序,加强了入院车辆管理。市婺江新村物管中心坚持服务为本,做好婺江新村及老地委宿舍物业管理工作。四是做好幼教工作。市机关幼儿园和市机关婺江新村幼儿园认真抓好校园安全和幼教工作,办园条件进一步改善,教师专业素养不断提高,教育教学质量稳步提升,满足1120名适龄幼儿入托的需求。五是落实安全生产措施。认真抓好机关大院日常安全保卫和消防工作,完成各个重要节点的安保,第五次被评为浙江省省级治安安全示范单位。六是扎实开展党建工作。加强党员干部“真心、用心、全心、公心”的“四心”教育,建设“学习型、服务型、创新型”党组织,完成局系统党支部换届选举工作,干部干事创业的氛围更加浓厚。七是推进创建共建。建立健全领导蹲点调研、下访约访和联系企业、重点项目、村(社区)、“六联系”制度,推进结对扶贫工作,认真抓好社区共建和军民共建工作。八是做好机关医务工作。在保证门诊日常工作和重大活动医务服务的基础上, 重点做好机关干部常见病的医疗咨询和健康保健工作。

【接待服务工作】 认真贯彻落实中央 “八项规定”、省“28条办法”和金华市“25条意见”等新精神,认真按照厉行节约反对浪费各项要求,严格规范来宾报告制度,严格控制公务用餐标准,严格执行公务接待禁酒令,做到既热情富有地方特色又符合上级要求。全年接待批次、接待人数分别比上年同期下降4.1%和16.9%,接待费同比下降约30%,实现公费接待“只减不增”。住宿费用大幅下降,与定点宾馆多次协商,重新签订协议价格,房费大幅下降;用餐费用大幅下降,用餐基本安排在内部食堂,大力开发八婺菜肴系列,形成鲜明的地方特色,这些做法得到省接待办的高度肯定。完成在杭州举行的第一届招才引智大会、第二届浙(婺)商创业创新大会、省工商联十届一次常委会议、全省第二次“三改一拆”工作现场会、浙江省第二届体育大会、第三届商贸发展大会、第六届农博会、中国国际茶文化研究会高峰论坛等重大会议活动的接待服务工作。

市委、市政府接待办公室全年共接待到金华检查、调研、考察、学习的领导和来宾1289批次,其中党和国家领导人有:中共中央政治局委员、中央政法委书记孟建柱,全国政协副主席何厚铧,国务委员王勇,全国政协常委、海协会会长、商务部原副部长陈德铭,原中央政治局委员、全国人大常委会副委员长、中华全国总工会主席王兆国,全国人大常委会原副委员长路甬祥、盛华仁、陈至立、周铁农,政协原副主席厉无畏。

接待来金检查、考察工作的省部级领导有:省委书记、省人大常委会主任夏宝龙,第十七届中央纪律检查委员会委员、总后勤部原副政委刘晓榕中将,全国人大常委会委员、财经委主任委员李盛霖,民建中央副主席、全国人大常委王佐书,国家工商总局局长张茅,国家质检总局局长支树平,中国工程院院士、中国工程院原副院长沈国舫,中国工程院院士姚穆、都有为、龚昌德,财政部原部长、全国社保基金理事会原理事长项怀诚, 省委副书记、省长李强,省委常委、纪委书记任泽民,省委副书记、政法委书记王辉忠,省委常委、宣传部部长葛慧君,省委常委、常务副省长蔡奇，省委常委、公安厅厅长刘力伟，省委常委、常务副省长龚正，省委常委陈德荣，省委常委、省军区政委王新海，省委常委、秘书长赵一德，委常委、组织部部长胡和平，省人大常委会副主任程渭山、王永昌、徐宏俊、厉志海、姒健敏，副省长毛光烈、熊建平、黄旭明、郑继伟、朱从玖、梁黎明、卢子跃，省政府党组副书记、省政府顾问王建满，省政协主席乔传秀、省政协副主席陈加元、陈艳华、汤黎路、张泽熙、陈小平、吴晶、张鸿铭，中国侨联副主席王成云，国家发改委副主任连维良，农业部副部长张桃林，最高人民法院副院长江必新，国务院研究室副主任韩文秀，水利部副部长李国英，中国工程院常务副院长潘云鹤，司法部副部长郝赤勇，省高院院长齐奇，南京军区副政委王平，省消防总队总队长冷俐，省军区原政委贺家弼、副政委范匡夫，省军区副司令员周国建，第一集团军副军长傅勇，省军区副政委、省综治委副主任马家利，南京军区空军副参谋长林岗，第二炮兵副政治委员邓天生，省军区副政委单秀华，山东省委常委、副省长孙伟，福建省政协副主席叶继革，甘肃省委常委、副省长、兰州市委书记虞海燕，福建省常委、宣传部部长裘荣祥，山东省委常委副省长孙伟，青海省副省长、海西州州委书记辛国斌，辽宁省副省长邴志刚，渤海舰队副政委厉江潭、广西壮族自治区人大常委会副主任王跃飞，内蒙古自治区人大常委会副主任赵忠，宁夏回族自治区副主席王和山，国家工商总局副局长甘霖，国家统计局副局长李强，全国工商联副主席谢金荣，国务院扶贫办副主任郑文凯，国家广电总局副局长张丕民，文化部副部长项兆伦，商务部副部长钟山，国家卫生计生委副主任王培安，中国移动董事长奚国华，中国联通集团公司总经理陆益民，商务部原副部长孙广相，中国银监会副主席阎庆民，人社部副部长何宪，中国文明办专职副主任王世明，省委原书记李泽民，省委原副书记梁平波，省九届政协副主席、省企业家联合会、企业家协会会长张蔚文，省政协原副主席陈文韶，省咨询委副主任、原省委常委杭州市委书记王国平，省政协原副主席斯鑫良，省政协原副主席、长三角(浙江)民营经济研究会常务副会长王玉娣，省政协原副主席张蔚文，青海省政协原副主席李忠保，原外经贸部副部长龙永图，中国国际茶文化研究会会长、全国政协文史与学习委员会副主任、省政协原主席周国富，中国社科院学部委员、文化研究中心主任李景源，中国国际茶文化研究会常务副会长、省政协原副主席徐鸿道，安徽省政协副主席、安徽农业大学副校长、中国国际茶文化研究会副会长夏涛，中国国际茶文化研究会副会长、山东省政协原副主席王宗廉，中国国际茶文化研究会副会长、贵州省茶文化研究会会长、贵州省人大原副主任庹文升，河南省人大原副主任亢崇仁，中国国际茶文化研究会副会长、陕西省茶文化研究会常务副会长、陕西省原副省长张伟，省茶文化研究会副会长、杭州市茶文化研究会会长虞荣仁，中国国际茶文化研究会培训部部长、杭州市政协原主席孙忠焕。

【作风建设】 一是深入开展"务实创新转作风，正风提效优服务"专题教育活动，廉政教育逢会必讲，引导党员干部增强党性修养，筑牢道德底线和法纪防线。二是将党风廉政建设各项规定贯穿到服务保障和经营管理各领域、工程建设项目，纪检干部做到参与考察、论证，参与合同会审，参与预算审核。严格采购和建设项目招投标制度，从源头防止工程建设腐败行为。三是对新提拔的中层领导进行新任职谈话，就廉政勤政、拒腐防变、廉洁自律和执行党风廉政建设责任制提出要求；对群众反映和发现有违纪苗头问题的，及时进行提醒谈话，防微杜渐。四是健全绩效考评制、落实首问负责制、完善限时办结制、严格责任追究制。全年度市机关事务局没有发生违反党纪政纪的人和事，较好地完成了党风廉政建设和惩治预防腐败体系建设各项工作任务。

（朱　鸣）

行政服务中心

【行政服务建设】 一方面，开展系列活动，优化政务环境。开展"正风提效促赶超"系列活动，对金华市委、市政府下达的正风提效促赶超任务进行分解。涉及行政服务中心的任务有十项，其中由行政服务中心牵头的任务有八项，配合的任务有二项，都已完成，取得了实效。开展"解放思想、改善服务大调研"活动。开展调查研究年活动，赴外地考察学习,召开务虚会,专题进行讨论学习,借鉴外地先进的经验做法,查找存在的不足,提出下步工作目标和建议。深化行政审改,构建政府行政服务平台。精心组织,统筹推进行政审批制度改革。制定《金华市深化行政审批制度改革工作方案》,围绕"减少、规范、创新、建制"的工作主线,以减少审批事项、审批环节、审批条件、审批层级,下放并理顺市、区两级投资项目审批事权,推行投资项目审批代办制、联办制和模拟制,推进行政审批"两集中,两到位"改革等四项工作为重点,建立科学合理、协调顺畅、信息共享、监管到位的审批管理、运行和监督体制机制。简政放权,大力削减规范行政审批事项。通过取消、暂缓、合并、放权、调整管理方式等形式精简审批事项,市级保留执行的行政许可事项由原先的375项减少到189项,非行政许可审批事项由231项减少到97项,下放审批事项50项,审批事项压减率达52.8%,"一审一核"事项比例达到60%。推进审批职能归并,理顺行政审批运行体制。按照"两集中、两到位"的改革思路,整合行政审批职能。市本级具有审批职能有45家部门(单位),除司法局、旅游局外,均完成了行政审批处(科)的设立,其中单设审批处(科)的有7家(发改、国土、建设、规划、商务、环保、行政执法),设一挂一的有7家(经信、民政、水利、林业、文化、安监、药监),增挂牌的有29家。突出重点,着力推进投资领域审批改革。进一步理顺市、区两级投资项目审批事权划分,从体制上解决区级投资决策自主权小和单个投资项目多级审批的问题;在全市范围推行投资项目审批代办制、联办制和模拟制,从机制上解决投资项目审批程序多、部门多、效率低的问题;新成立的审批代办中心已为汽摩配检测公共服务平台、江南老年公寓等9个项目提供指导、代办、协调等服务,其中全程代办项目2个,代办时间60天左右。谋求创新,努力营造最优发展环境。探索运用容缺倒置机制,推进一批重点投资项目和典型性投资项目建设。推进中介机构规范管理,印发《金华市中介机构清理规范工作实施方案》,制订《金华市投资项目审批中介服务管理暂行办法》。

【公共资源交易平台建设】 全年市区公共资源交易平台共完成公共资源交易项目965宗,总金额77.94亿元;其中工程建设项目213宗,中标金额39.2亿元,节约资金4.5亿元,节约率10.3%;政府采购217宗,采购金额2.5亿元,节约资金3963万元,节约率13.68%;产权交易469宗,成交金额1.02亿元,增值金额2040万元,公房租赁权拍卖项目增值率37%;车牌拍卖48场,为财政增收6172.8万元;土地使用权出让18宗,出让土地715亩,成交额34.6亿元。一是贯彻《电子招标投标办法》,开发招投标网上交易系统工作。建设市区工程建设项目网上交易系统,下发《金华市区工程建设项目网上交易系统建设工作方案》《金华市区工程建设项目网上交易系统设计任务书》《关于做好国有投资建设工程项目招投标网上交易系统试运行工作的通知》《金华市国有投资建设工程项目招投标网上交易系统工作流程》的通知,于10月在网上进行试运行交易,市区所有建设工程项目施工招标全部使用网上交易系统进行开标前的运作交易。二是主动服务,建立重点建设项目标前对接机制。变被动服务为主动服务,主动提前与市区重点建设项目做好对接;对建设项目招标实行倒排,建立提示告知制度,发放《2013年度金华市重点建设项目招标推进建议书》;进一步简化招标前置条件,对招标前置条件实行容缺受理,对市督考办督办的"百日攻坚"47个招标项目招标前置条件都实行容缺受理,先进入开标程序,由招标人承诺相关证件在开标前补齐。三是发挥综合协调功能,为市重点项目招标、政府采购做好服务。对金华市宾虹西路道路优化项目等市重点工程招标工作进行协调,积极配合市财政局去外地学习公安局交警支队驾驶人考试系统单一来源采购方式操作模式。对金华市人防021工程口部伪装房出租等事项提出书面意见,为领导决策当好参谋。

【特殊车牌竞拍】 通过规范特殊车牌竞拍,推进政府资源市场化运作。一是加强日常管理和服务,保证特殊车牌成交额。车牌竞拍金额共计6172.8万元,成交牌号16205个。机动车特殊牌号拍卖48场(金华24场,义乌专场24场),成交牌号926个,成交额2192.6万元;特殊牌号标卖成交牌号15106个,成交金额3881.9万元;特殊牌号回购成交牌号173个,回购成交金额98.3万元。二是开展特殊车牌号网上交易系统建设。研究制订车牌交易系统工作方案和设计要求方案，构建覆盖范围更广的小型机动车特殊牌号网络销售平台；编制《金华市行政服务中心小型机动车特殊牌号交易系统软件项目单一来源采购文件》，完成软硬件的采购工作，新系统已开发完毕，正在试运行测试过程中；做好特殊牌号交易系统的相关协调工作。三是进一步简化更名和延期的办事程序。对于更名中具体的操作存在的分歧进行了规范，理顺细化更名和延期办理的流程，减少车主来回办事的次数。

【政府窗口服务】 加强对市政府办事大厅管理，开展“创先争优提能增效”星级评比活动，建立办事大厅日巡查、月点评、季考核、年评比的考核体系，群众办事满意率达 95%。全年市政府办事大厅受理审批事项 15989 项，办结 16026 项，办结率达 100%。加强对分中心工作的指导，做好绩效管理和组织协调工作，做到抓服务、提效能，抓创新、促发展，抓学习、强素质，推进分中心建设。各分中心共受理行政审批事项 150 余万项，办结率达 99.8%。

（汤友龙）

中国人民政治协商会议金华市委员会

【概述】 2013 年，市政协在中共金华市委的领导下，突出团结民主两大主题，围绕“服务中心、关注民生”工作主线，积极发扬“一线”精神，切实履行三大职能，不断加强自身建设，充分发挥协调关系、汇聚力量、建言献策、服务大局的作用，为推进金华赶超发展与民生改善作出了积极贡献。

发挥协商机构功能，努力汇聚广泛共识。献计市区行政管理体制改革。通过走访座谈、召开专题会议等形式，在充分协商的基础上达成共识，提出对市区现有各功能区进行整合的具体方案，推动金华经济技术开发区与金西经济开发区的整合提升。建言历史文化遗产保护和利用。组织召开“保护和利用历史文化遗产”专题协商会，就“金华老火车站保护利用规划、金华老字号发展、金华古子城保护利用以及打造金华抗战文化名城”等问题与市有关部门面对面协商，提出意见建议。

发挥咨政机构功能，全力推进赶超发展。按照推进新型城镇化和建设“两富”现代化都市区的部署，市政协就“加快推进我市小城镇建设”开展重点课题调研，探讨符合金华市发展的新型城镇化之路，总结金华市十年中心镇建设经验，提出在中心城市周边建设卫星镇的设想，并在加强规划引领、落实中心镇建设扶持政策、创新体制机制建设卫星镇等方面提出建议。按照“转型升级走在前列”的要求，市政协以推动旅游产业转型发展为着力点，开展“做强做大金华旅游产业”专题调研，着重在发展理念、体制机制、资源整合、要素支撑方面提出工作建议。在此基础上，市政协着重就如何利用黄大仙的影响力打响金华旅游产业主打品牌进行深入的探讨，提出富有操作性的建议。围绕经济转型升级，市政协还调研视察市区网络经济发展，提出“解放思想、突破瓶颈、加强规划、强化服务、狠抓落实”等建议。牵头市区两个重点区块指挥部的工作，多方协调解决历史遗留问题。参与引进中国五矿等重点招商引资项目。派出中层干部参与市区“三改一拆”工作。

发挥监督机构功能，扎实推动政府工作。针对去年夏天沙金兰水库水位下降、水质变差的问题，组织委员对沙金兰水源涵养生态功能区开展视察，提出一套整治“组合拳”，推动有关部门采取措施，切实保护市区饮用水安全。组织开展“我市环保设施市场化运营工作”专题调研和“市区民营医院发展”“食品药品安全工作”“市区重点高中和职业高中发展”“公共自行车系统建设”“文化设施建设”“市区重点工程建设”等视察工作，提出针对性建议，推动有关工作的开展和落实。

发挥民意机构功能，积极反映群众心声。发挥提案的传导民意功能。一方面通过举办政情通报会、向委员发送提案参考选题、向社会公开征集提案线索、开展网上在线互动活动、走访提案大户等做法，努力提高提案质量；另一方面通过提案办理协商和媒体跟踪报道等做法，努力促进提案的办理落实。同时，以信息工作为抓手，积极向党委政府和上级政协传递民意、汇集民智。一年来，共向市委、市政府报送信息 65 篇，被采用 7 篇。向省政协报送信息 73 篇，被采用 11 篇，《完善“营改增”工作的两点建议》被全国政协办公厅采用。

发挥统战机构功能,致力凝聚智慧力量。重视发挥党派团体的参政议政作用,积极营造团结民主、宽松和谐的政治氛围。鼓励民主党派成员踊跃参加政协大会发言、小组讨论、重点课题调研及各项视察活动;注重把民主党派、工商联提案列为重点提案。促进民族团结与宗教和睦,组织召开专题座谈会,邀请宗教界人士为弘扬黄大仙文化献计献策。邀请各地金华商会负责人列席全体会议, 利用政协平台为促进"婺商回归"出力。通过参加金华—澳门交流活动、参加闽浙赣皖四省九市政协联谊会、组织视察侨商企业和侨务工作、配合省政协做好各次课题调研活动、举办"迎国庆·纪念改革开放三十五周年"书画摄影展等系列活动,扩大团结联谊面。重视发挥文史工作存史资政、团结育人的功能。广泛发动社会各界人士和各县(市、区)政协共同征集《金华古旧地图集》《老金华的记忆》"改革开放以来金华重大发展变化亲历"等文史资料。积极配合省政协做好"建国以来浙江发展亲历系列史料、浙江历史传承发展亲历史料、委员参政议政史料"的征编工作。

发挥群众工作机构功能,服务基层助困解。开展"加强城乡弱势群体的社会保障"调研,在摸清全市社会保障和救助工作的基本情况、分析存在问题和原因的基础上,提出意见建议。深入基层开展助困解难行动。市政协领导分赴各自联系和走访村开展深入基层助困解难活动。盛夏酷暑,郑金平主席带队深入联系和走访村,指导村庄整治、抗旱救灾等工作,同时组织名医义诊。

围绕提升履职能力,大力加强自身建设。认真贯彻落实中央八项规定和省委、市委有关规定精神,切实改进会风、文风。精心安排六届三次会议日程,精简会议文件,节约会议开支。认真贯彻落实全市作风建设大会精神,突出机关服务功能,履行好参谋助手、统筹协调、后勤保障等职责。举办六届市政协委员培训班,邀请国内著名的专家学者给委员们作专题辅导讲座。召开全市政协主席读书会,请专家授课,了解世情、国情、党情。召开全市政协主席、秘书长会议,传达学习全省政协工作会议精神。举办六届市政协委员培训班,邀请4名国内著名的专家学者分别给委员们做《贯彻十八届三中全会精神、积极为民履职》《易经与智慧人生》《宏观经济分析和未来走势》《孙子兵法与现代战争》专题辅导讲座。加强与新闻单位的联系,扩大对市政协工作的宣传。《金华日报》、金华电视台等本地主流媒体及时报道市政协工作动态。《人民政协报》刊登了《金华市政协善谋成事积极打造"有为政协"》的文章。《联谊报》专版深度报道市政协保护历史文化遗产专题协商会的内容。《金华政协》杂志被评为全市优秀内部期刊。

【市政协六届三次会议】 市政协六届三次会议,于2013年2月25日—28日举行。中共金华市委书记陈一新出席会议并作重要讲话。会议期间,委员们就市委书记讲话、《政府工作报告》、《市政协常委会工作报告》、《提案工作报告》及其他报告开展协商讨论,谋求发展共识。提交大会发言稿19篇,12位委员围绕金义都市新区建设、推动义乌国际贸易综合改革试点、推进横店影视文化产业全域化、促进小微企业发展、振兴市区旅游业、推进全市现代农业发展、智慧城市建设等事关全市改革发展的重大课题,举行大会发言,提出真知灼见。审查立案提案537件,内容涉及金华市经济建设、城建环保、科教文卫体、政法统战人事等各个方面。会议增选杨坚明、柳建民、胡欢刚、戴克华为政协第六届金华市委员会常务委员。

【市政协六届八次至十二次常委会议】 1月30日—31日,市政协召开六届八次常委会议。会议协商讨论《政府工作报告(征求意见稿)》,审议通过市政协常委会工作报告、提案工作报告,协商讨论有关人事事项,审议通过关于召开市政协六届三次会议的有关事宜。会议决定,市政协六届三次会议于2013年2月25日—28日在金华举行。

2月27日,市政协召开六届九次常委会议。会议听取小组讨论情况的综合汇报;审议通过有关人事事项;审议通过市政协六届三次会议提案审查情况的报告(草案)和市政协六届三次会议决议(草案)。

7月18日,市政协召开六届十次常委会议。会议审议通过《关于加快推进我市小城镇建设的建议案》及其他有关事项。

10月18日,市政协召开六届十一次常委会议。会议审议通过《关于做强做大金华旅游产业的建议案》;会议同意邵国强辞去政协第六届金华市委员会副主席、委员职务；会议审议通过其他人事事项。

【工作调研与视察】 开展加快推进金华市小城镇建设调研。按照党的十八大推进新型城镇化和市委市政府建设“两富”现代化都市区的部署，二季度，市政协就“加快推进我市小城镇建设”开展重点课题调研，深入各县(市、区)乡镇了解全市小城镇建设的情况，到广东惠州、东莞等地考察小城镇开发建设的先进经验，探讨符合全市发展的新型城镇化之路，形成《以中心镇和卫星镇建设为重点推进新型城镇化——加快推进金华市小城镇建设调研报告》和建议案，在总结金华市十年中心镇建设经验的基础上提出在中心城市周边建设卫星镇的设想，并在加强规划引领、落实中心镇建设扶持政策、创新体制机制建设卫星镇等方面提出许多富有前瞻性的建议。市委副书记、代市长暨军民对调研成果给予高度评价，认为“分析问题透彻，所提建议具有很强的建设性和操作性”，要求各县(市、区)政府、各开发区管委会积极采纳，抓好落实。对市区小城镇建设问题，市政府召集有关方面进行专题研究。

开展做强做大金华旅游产业调研。按照市委市政府“转型升级走在前列”的要求，市政协以推动旅游产业转型发展为着力点，将“做强做大金华旅游产业”作为三季度的重点调研课题。调研采取市、县两级政协联动的模式，各县(市、区)政协都开展相关调研，并分别形成了调研报告。调研组在深入解金华市旅游产业发展的现状、着重分析市区旅游产业的优势和制约因素、吸纳各县(市、区)政协调研成果的基础上，提出“转变发展理念，明确发展定位；突出政府主导，创新体制机制；推动资源整合，打造大仙品牌；强化要素支撑，破解发展瓶颈”等四部分十二个方面的建议。市委书记徐加爱认为，政协建议“提得好，提得准”，进而提出，要把旅游产业作为战略支柱产业和转型升级的根本举措来抓，充分利用好金华市资源禀赋，做好文化、山水、创意和整合四篇文章。在此基础上，市政协着重就如何利用黄大仙的影响力打响金华旅游产业的主打品牌进行了深入的探讨，提出富有操作性的建议。

开展加强城乡弱势群体的社会保障与救助调研。调研为期5个多月，调研组上门走访相关部门和委员，召开有关部门和乡镇(街道)负责人座谈会，深入弱势群体家庭倾听困难群众的所思所盼，到省内外先进地区学习了相关经验。在摸清金华市社会保障和救助工作的基本情况、分析存在问题和原因的基础上建议：完善管理体制，提高整体救助能力；提高信息化水平，整合部门资源；完善政策措施，改善弱势群众生活质量；积极探索“造血式”社会救助保障机制。同时呼吁：社会救助不仅需要制度全覆盖，还必须人群全覆盖；突出社会公平，缩小城乡差别；加大财政投入，实现“应保全保”。

召开保护和利用历史文化遗产专题协商会。按照建设文化强市的要求，8月8日，市政协组织召开了“保护和利用历史文化遗产”专题协商会。12位市政协委员围绕“金华老火车站保护利用规划、金华老字号发展、三江六岸风光带打造、金华古子城保护利用以及打造金华抗战文化名城”等方面存在的问题，提出具体的意见建议。市教育局、市财政局、市建设局、市规划局、市商务局、市文广新局、市旅游局、市文物局等相关部门作了认真答复，并提出相应举措。

开展沙金兰水源涵养生态功能区视察。针对2013年夏天全市受持续高温干旱天气影响、市区饮用水源地沙金兰水库水位、水质下降的问题，市政协组织委员对沙金兰水源涵养生态功能区开展视察，形成视察报告，提出“建立联合执法队伍、加大下山移民力度、严格养殖业发展、落实萎缩性管理、增加普惠补助、推广生态农业、加强保护意识”等建议。对此，市政府高度重视，要求有关方面明确责任主体，明确责任要求，限期妥善解决。有关部门迅速响应，限期关停并拆除功能区内的畜禽养殖场、锯板厂、采砂场；开展沙金兰水库劝泳禁钓联合执法行动，切实保障人民群众的饮用水安全，解除市区群众的心头之患。

【提案工作】 市政协重视提案工作的全局性作用，通过提案工作，凝聚社会各界的智慧和力量，为推进金华市改革发展和民生改善积极建言献策。六届三次会议期间及闭会期间立案的552件提案已全部办复。提案所提问题已经解决或基本解决的173件，占31.34%；部分解决或已列入计划解决的359件，占65.04%；因受条件限制未能采纳或留作参考的20件，各承办单位都作了认真的说明。

（吕建伟）

金华市中级人民法院

【概述】 2013年,金华两级法院扎实开展“维护公平正义 提升司法公信”和“三进三促”活动,各项工作实现了新一轮发展。全市法院共受理各类案件132778件,审结131873件,同比分别上升14.07%、13.11%,其中,中院新收案件14166件,结案13979件。全市人均结案数103.55件,连续6年居全省第一。

【履行审判职能】 宽严相济惩治犯罪。共受理刑事案件12285件,审结12217件,同比分别上升6.20%、5.83%。成功办结了全国最大网络传销案——万家购物案等重大刑事案件,审判处置工作获市委市政府主要领导批示肯定。严格贯彻宽严相济刑事政策,对950人判处5年以上有期徒刑直至死刑,对3750人适用缓刑、管制、单处附加刑或免除刑罚。切实保障被告人合法权利,共为1411名被告人通知律师出庭辩护;指导义乌法院探索外地籍被告人缓刑适用的工作模式,获省、市党委主要领导及省高院院长的批示肯定,在全省先行先试。妥善处理民事纠纷。共受理民商事案件66663件,审结65791件,同比分别上升17.03%、15.27%。注重涉案民生保障,妥善审结劳动报酬、教育医疗、土地承包等涉民生案件16789件。出台制度解决劳动争议案件中仲裁与诉讼的程序衔接,加强劳动仲裁与民事诉讼的程序衔接,探索设立劳动争议案件专门合议庭;在全市范围内免除劳动争议案件受理费用;统一人身损害赔偿案件中的残疾器具配置标准,减少当事人诉累。实质化解行政争议。受理行政案件440件,审结474件,同比分别下降23.08%、20.87%;审查非诉行政执行案件2016件,同比下降25.39%。完善立案会商与风险评估,联合市政府建立诉前协调对接机制,深化行政机关自动纠错与主动化解理念,经法院协调后和解或撤诉的案件占比38.04%。着力促进依法行政,连续第五年发布行政审判白皮书,积极参与全市法治建设考核,制定面向基层执法人员的培训指导计划,不断增强政府机关及行政执法人员预防化解行政争议能力。

【服务发展大局】 优化区域环境。在“三改一拆”重点区域建立工作联系点,全市法院共参与涉“三改一拆”及重点项目工程推进会、协调会204次,派出工作人员456人次,呈送情况分析报告7份,有力保障了杭长客运专线等国家重点建设项目的顺利进行。依法惩处涉水环境污染犯罪,全市法院审理该类案件10件,指导浦江法院审结了全省首例水环境污染刑事案件。助推赶超发展。走访重点联系企业587家,累计1150人次,发放帮扶手册14535份,进一步增强企业合法经营和风险防范能力。认真剖析类型化案件,及时呈送涉企报告和司法建议40件,为党委、政府决策提供参考。制定出台涉及破产管理人的两项制度,在全市范围内推动危困企业劳资、借贷、货款等纠纷案件的集中管辖与统一处理,努力化解企业危机。首聘9名专家教授为审判技术专家,分别联合市文广新局、市科技局建立诉调对接机制,全面推进知识产权审判工作机制改革。召开新闻发布会,公布18项保障措施,服务国家级义乌国际贸易综合改革试点。推进法治金华。积极参与社会综合治理,新获批复设立减刑假释审判庭,进一步规范减刑假释工作,共审结该类案件7442件。以法院党团组织为依托,将在职党员编入社区志愿者服务队伍,开展图片巡展、法律咨询、法制授课等普法宣传活动,增强群众学法守法用法意识与社会管理的规范化水平。推进法律应用与教育互动,全市法院共派出法制副校长57人,切实完善校园法制教育机制;与浙师大、杭州电子科技大学等高校签订合作协议,合力构建院校双边交流模式。

【保障司法为民】 不断丰富为民举措。推广POS机预交诉讼费,引导预留退费账户,尽量避免当事人奔波;扩充门户网站信息资源,开通官方微博发布法院动态,方便群众多渠道了解法院工作。简化流程以惠民,全市法院简易程序适用率为79.22%,列全省第四。完善机制司法利民,为困难当事人缓、减、免交诉讼费178.1万元,为266名困难当事人、被害人发放救助金341.1万元,司法救助覆盖面稳步扩展;全面推开网络司法拍卖工作,网拍率27.27%,累计为买受人节省佣金753.6万元。有效破解执行难题。共执结案件43148件,执行到位标的60.34亿元,执行标的清偿率64.40%。积极拓展“点对点”查控平台,会商义乌市民航局，协助省高院建立被执行人限乘航班制度；与市国土局签订合作纪要，实现全市范围内土地资产信息的集中查控。着力加强执行监督，已完成4家法院的执行工作和作风巡查，推动全市8家法院创建短信互动平台，有力提升了执行规范与公开程度。扎实开展涉党政机关等特殊主体专项执行活动，实体执结案件41件，居全省首位。落实好失信被执行人名单信息公布工作，公布失信人员320名，促使自觉履行。依法保障申诉权利。加大对申诉案件的复查、调解、协调力度，实行"每案必谈"制度，不断探索规范听证程序，充分发挥再审审查的过滤和纠错功能，审结申诉和申请再审案件510件。妥善化解涉诉信访，组织全市法院开展案件信访风险评估自查剖析，细化判后答疑、院领导接访两项制度，从源头控制信访增量。坚持"化解为主、终结为辅，以终结促化解"原则，共化解信访积案、老案163件，涉诉进京访数量大幅下降。

【提高工作质效】 规范目标管理。深化审执质效认识，设置合理区间，防止质效数据虚高失真；增设季度提示与点评，强化数据分析运用。加强案件质量管控，专项评查全市法院2010~2012年发回重审案件202件；即时通报审委会认定的瑕疵案件，严格实行责任倒查，增强审判人员的质量意识与庭长、主管院长的监管职责。强化专项督查工作，出台实施办法，重力整治部门协调与工作执行力问题，按期书面回复各类督办件60件。规范流程管理。完善审委会会议流程，增设案件讨论报批制度，运用多媒体汇报案件，并对各环节逐项评分，提升案件讨论实效性。深化审限管控机制，组成联合督查组，协调、指导基层法院清理未结案工作，逐案问诊，动态跟踪。扩展审限通报范围，防止"边清边积"，促进长期未结案件清理机制科学化。规范委托鉴定工作，两级法院委托评估、拍卖、鉴定案件，统一进入电子管理系统，加强鉴定用时督促，着力提升案件鉴定质量。推进科技强院。多方学习汲取先进经验，积极推进执行指挥中心建设的全国试点工作。成功改版内部网站，升级改造高清视频会议系统，部署建设电子身份认证、协同办公系统，逐步推进电子政务应用和无纸化办公。推行诉讼档案电子化，多措并举促成全市法院分步实现诉讼档案信息化管理和应用。积极争取省财政厅、省高院支持，建成全省首个覆盖全市法院的司法警察无线通信指挥专网，警务规范化建设走在全省前列。

【加强自身建设】 强化反腐倡廉建设。召开系列廉政会议，开设"道德讲堂"，使廉政意识入脑入心。由纪检监察负责人分别对中层正副职进行了廉政约谈，全面总结评估职权行使流程与风险节点，重新摸底填写了个人廉政信息；从案件信访、发改、再审等渠道建立廉情分析与预警机制，努力实现廉政风险可防可控。对违法违纪行为真正实行"零容忍"，辞退1名违反效能规定的聘用人员，对1名违纪新进公务员作出不予录用的处理，1名干警因办理案件存在严重程序瑕疵受到党纪政纪处分，敦促1名干警主动交代违法犯罪事实并依法移交检察机关处理。强化司法作风建设。共开展审务督察、院风院貌巡查46次，通报6期；完成武义、磐安、婺城3家法院的司法巡查工作，对已完成的法院进行"回头看"，注重与当地党委的沟通与交流，梳理共性问题及建议，加强巡查结果的应用转化。召开深化正风提效专题会议，要求全市法院围绕缺乏责任担当、制度执行不力、考虑大局不够等七方面查摆问题、落实整改；召集全市15名律师代表，围绕法律援助、履职保障、互相监督等六方面进行座谈，汇总25条意见建议分类进行交办。强化司法能力建设。中院提拔任用领导干部7人，干部队伍结构进一步优化。为近三年新进青年干警选任导师，举行结对仪式，颁发聘任证书，明确培养目标责任；组织全市法院干警参加培训68期，参训1000余人次，真正谋划好法院发展的长远之计。以"动力司法、活力法院、魅力法官"为主题，开展青年法治论坛、"婺法夜话"、"天平杯"体育赛事等系列活动，成功组织全市法官协会换届，成立全市法院调研人才库，多途径增强干警的综合素质和能力。

（李　茜）

金华市检察院

【概述】 2013年，全市检察机关深入学习贯彻党的十八大、十八届三中全会精神,围绕全市工作大局,以实施修改后刑事诉讼法、民事诉讼法为契机,不断强化法律监督、自身监督和队伍建设,各项检察工作取得新的进展,工作绩效综合考评再次名列全省检察系统前三,全年共有19个集体、9名个人获得省级以上荣誉。永康市检察院和东阳市检察院胡宇翔同志分别被最高人民检察院荣记集体一等功及个人一等功,金华市检察院等7个集体被省检察院荣记二等功;东阳、永康、义乌3个基层院获评省级先进基层检察院。

【批捕起诉】 严厉打击刑事犯罪,共依法批捕各类刑事犯罪9406人,起诉16347人,占全省七分之一。突出打击重点,批捕杀人、绑架、强奸、抢劫、放火等严重暴力犯罪724人,起诉844人;会同有关部门开展打黑除恶、打击"黄赌毒"等专项行动,批捕1571人,起诉2738人。全力投入"万家购物"案件的办理,集中精力做好批捕起诉、舆情应对、维稳保障等各方面工作,案件获评全省检察机关"三个效果"有机统一优秀案例。制定关于重大敏感案件挂牌督办的规定,对"中天黄金"非法经营黄金期货、杨斌组织、领导黑社会性质组织等一批重大案件,坚持适时介入指导侦查,依法从严从快批捕起诉。保障经济转型升级,积极投入水环境综合治理、"三改一拆"等重点工作,批捕环境污染犯罪36人,已起诉16人;批捕严重妨碍拆违涉嫌犯罪人员10人,起诉34人;严肃查办相关职务犯罪10人。积极参与整顿和规范市场经济秩序,依法批捕严重破坏市场经济秩序犯罪311人,起诉541人,其中批捕集资诈骗与非法吸收公众存款犯罪23人,起诉37人;批捕侵犯知识产权犯罪65人,起诉211人,监督立案的张维、朱健销售假冒注册商标的商品案获评全国检察机关打击侵犯知识产权犯罪十大典型案例。

【惩防职务犯罪】 重视查处大案要案,共立案侦查贪污贿赂犯罪114件134人,渎职侵权犯罪47件60人。贪污贿赂大案比例达92%,其中100万元以上特大案件4件7人,判处10年以上有期徒刑23人;反渎办案重特大率达45%,同比上升12个百分点,立案查办造成重大人员伤亡或者国有资产损失100万元以上的重特大渎职案件21件。突出查办领导干部职务犯罪,立案查处科级以上干部61人,其中处级5人。根据最高人民检察院统一部署,从2013年2月起,集中开展为期两年的查办发生在群众身边、损害群众利益职务犯罪专项工作,着力解决群众反映强烈的问题。已立案查处84人,其中,在工程建设领域、金融、国土等系统查处贪污贿赂窝串案30人,在工商、质监等系统查处渎职犯罪15人。深化"三农工作"服务保障,严肃查办涉农惠民领域职务犯罪,在涉农资金管理、农村土地管理等环节依法查处41人。坚持同步介入重大责任事故调查,立案查处其背后的渎职犯罪8人。重视预防职务犯罪,市检察院结合办案开展全市廉情分析,每季度向市委书记办公会作专题汇报,加强防范,促进廉政建设,市检察院被评为年度全省检察机关六项创新成果之一。扎实开展检察预防进机关、企业、乡村、学校、社区等"五进"活动,共开展警示教育243批次,浙中警示教育基地完成布展设计。全市统一开展以"深入反腐败,大家来预防"为主题的检察开放日活动,结合金华实际案例摄制宣传片,增强活动效果。加强重大项目专项预防,会同建设单位及其主管部门对18个省市重点项目开展预防共建。参与社会诚信体系建设,全年向社会提供行贿犯罪档案查询4348次。重视规范执法办案,全面落实讯问全程同步录音录像、非法证据排除等制度,严格规范讯问与调查取证活动,规范适用强制措施。推进办案工作区规范化建设,全市10个办案工作区已有8个通过省级达标验收,2个在全面改造中。强化检务督察和执法检查,促进各项执法规范和办案安全制度严格落实,确保规范安全办案。

【法律监督】 加大诉讼监督力度。依法监督立案196人,纠正漏捕45人,纠正漏诉86人,已判处无期徒刑3人,10年以上有期徒刑8人。提出刑事抗诉55件,已改判40件。提出民事抗诉21件,再审检察建议70件,法院已改判或采纳建议51件,获评全省及全国民行检察优秀案件18件。监督纠正虚假诉讼19件,已移送公安机关追究刑事责任17人。监督纠正减刑、假释、暂予监外执行以及刑罚执行活动中的违法行为67件。注重深挖执法不严、司法不公背后的腐败,共查处司法及刑罚执行监管人员职务犯罪25人。坚守严防冤假错案底线。在审查逮捕、审查起诉环节全面推行以客观性证据为核心的案件审查模式，克服言词证据为中心审查模式的弊端，严防冤假错案，对不构成犯罪或事实不清、证据不足的，依法决定不批捕 54 人，不起诉 335 人。加强对经济犯罪“破案大会战”中移送审查起诉案件的跟踪指导，确保依法办理。组织开展全市批捕起诉案件质量全面评查活动，重点评查不捕、不诉及公安机关撤回案件 939 件，剖析问题，加强整改。以推行检察机关统一业务应用系统为契机，积极推进案件集中管理机制改革，在全省率先建立“统一受案、全程管理、动态监督、综合考评”的执法办案管理新机制。切实尊重和保障人权。慎重适用强制措施，对可捕可不捕的，决定不批捕 750 人。探索建立逮捕后的羁押必要性审查制度，对不再具备羁押必要性的，变更强制措施 27 人；对侦查机关申请延长羁押期限，严格审查监督，批准延押人次同比下降 43%。坚持宽严相济，对符合不起诉条件的轻微犯罪人员，依法决定不起诉 664 人。认真落实刑事诉讼法关于犯罪嫌疑人权利保障规定，监督纠正违法侵权行为 121 件次。严格执行刑事诉讼程序性条款，依法保障当事人及辩护律师诉讼权利。加强对弱势群体的司法保护，积极做好法律援助、司法救助等工作。加强行政执法监督，针对一些地方存在的食品安全、工程质量、非法采矿、劣质农药化肥坑农等问题开展监督 80 起，督促有关行业部门强化监管。

【实施修改后“两法”】 健全办案机制，审查逮捕、起诉工作坚持每案讯问犯罪嫌疑人，简易程序全部派员出庭支持公诉，率先在全省开发使用远程审讯视频系统，促进提高办案质量和效率，全年共有 20 项机制、经验做法被省检察院推广交流。创新办案方式，在批捕环节引入公开听证程序，增强审查逮捕职能的司法属性；对未成年人刑事案件推行专门办理，联合有关部门推进合适成年人参与诉讼、案前社会调查、案后帮教基地建设，以及犯罪记录封存等工作，强化对涉罪未成年人的感化教育挽救。认真落实新职能，探索实施强制医疗以及庭前会议程序 27 件，开展民事执行监督 106 件。完善配套制度，会同相关部门制定证据收集审查、刑事法律援助等工作细则，为规范实施各项新职能新程序提供长效保障。

【促进社会安定】 防范化解矛盾纠纷，深入开展刑事和解、民行调处、检调对接、释法说理等工作，共调处或促成和解 196 件。加强群众信访工作，进一步畅通群众诉求渠道，完善工作机制，妥善处理各类来信来访 2928 件。积极搭建践行“枫桥经验”的有效平台，全市 13 个基层检察室扎实开展矛盾纠纷调处、基层执法与司法活动监督、涉农职务犯罪预防、村级组织换届督导等工作，促进基层社会和谐稳定。建立完善参与重点地区、重点领域整治和特殊人群帮教工作机制，强化对社区矫正的检察监督，积极开展社会矛盾与稳定形势分析研判工作，助推社会治安防控体系建设。围绕水污染治理、外国人犯罪以及网络经济领域、影视文化产业领域犯罪活动新动向等一批分析报告引起各地党委政府的重视。制定实施服务与保障市区电子商务、义乌金融专项改革、东阳文化产业全域化、兰溪纺织强市创建等工作意见，增强服务保障工作的针对性与实效性。

【自身建设】 深入组织学习贯彻中共十八大、十八届三中全会精神，扎实开展政法干警核心价值观教育实践活动，强化政治意识、宗旨意识和责任意识。全面加强党建工作，坚持理论中心组学习、民主评议党员、定期分析干警思想动态等制度，激发队伍活力。获评全市“二十佳学习型党组织”2 家、市直机关党建工作先进单位 1 家、“五星基层党组织”6 个。加强检察文化阵地建设，开展“检察文化建设示范院”创建活动，武义县检察院获评首批全省检察文化建设示范院。制定实施改进工作作风密切联系群众的实施办法，扎实开展“正风提效促赶超”系列活动。出台《市院机关严禁“两局”、严肃纪律若干规定》等规范，建立每月两次以上不定期督查制度，着力整改文风会风、酒局牌局、上下班秩序等方面存在的问题。深化廉政风险防控体系建设，突出加强对执法办案关键环节和重点岗位的监督，把廉政风险防控措施落实到检察权运行全过程。完善人才培养选拔机制，研究制定工作意见，规范和加强检察干警上挂下派、评先评优、晋职晋级等工作。加强分层次、有重点的教育培训，组织开展反贪、反渎、公诉、电子证据取证等业务培训和岗位练兵 1291 人次，成功举办全市首届控辩电视大赛。加快培养高层次、专业化检察人才，获评全国优秀公诉人、第四届浙江省优秀检察官、全省检察业务专家、优秀反贪局长、十佳侦查监督检察官等业务领军人才9人;入选首批全国检察教育培训精品课程1件,最高人民检察院、省检察院各类人才库18人。加强基层基础建设,及时组织对贯彻修改后刑诉法的人员、经费、装备等保障新需求开展调研,积极争取党委政府及有关部门的重视支持。检察信息化建设和应用步伐加快,完成统一业务应用系统运行维护保障体系建设,市检察院完成与统一业务应用系统相适应的网络分级保护建设。推进科技强检,服务执法办案,办理各类司法鉴定案件70件。

(牛大庆)

政　法

综　述

【概述】 2013年,全市政法战线按照市委、市政府的决策部署,围绕政法工作“三项建设”,以保障“赶超发展、浙中崛起”为重点,以确保“枫桥经验”50周年纪念大会顺利召开为主线,全面落实维稳、平安、综治各项工作措施,有效维护社会大局的持续稳定。扎实做好“万家购物”案件庭审维稳工作,确保了庭内庭外,网上网下平稳有序。积极配合“三改一拆”、金义都市新区、杭长客专等重点工作和重大项目建设,提前介入化解各类矛盾,保障各项工作顺利推进。按照省统一部署的“排查整治、强基促稳”专项活动要求,开展“走基层、解矛盾、保平安”活动、“三百三千”行动,全市共排查矛盾纠纷49375起,调处成功49170起,调处成功率96.12%。全市共排查梳理出87件重大涉稳问题,并对54件重大涉稳问题进行挂牌督办,化解53件,化解率为98%。社会治安防控体系进一步严密,各类违法犯罪得到有效打击,严重刑事犯罪、侵财性犯罪、安全生产事故“三下降”,2013年,全市刑事发案总量同比下降8.7%,命案、七类恶性案件同比分别下降18.7%、8.4%,110警情同比下降了11.5%,连续5年跻身“中国30个最安全城市”行列。切实强化案件督查,省委政法委督办、交办的10件案件全部报结。共督办、交办领导批示及群众反映强烈案件44件,市直政法部门提请各类司法救助案件35件,给予司法救助资金46.7万元。按照提升“五个能力”的要求,在政法系统组织开展以“学党章、强党性”为主题的学习竞赛活动,全面治理政法队伍“四风”问题。在全市政法系统实施了《廉情分析制度》,开展向傅煜华同志学习活动,以先进典型引领政法队伍建设。

【平安创建】 以系统平安创建为抓手,积极创新创建载体,拓展平安创建覆盖面。全市共开展平安家庭、平安医院、平安道路等系统平安创建达20多项,武义县壶山街道南丰社区、义乌中国小商品城等地基层平安创建工作经验在全省基层平安创建工作会议作交流,8个村(社区)获评全省“群众最满意的平安村(社区)”。积极构建“打防控一体、点线面结合、人技防配套”的动态环境下社会治安防控体系,以现场会形式推广永康构建立体化社会治安防控体系经验,金华市整体做法被《浙江政务信息》采用刊登。针对两抢一盗、电信诈骗、传销等突出治安问题,开展专项治理,牵头建立健全《打击防范电信(网络)诈骗犯罪工作部门联席会议制度》,遏制了此类案件的高发势头。联合七部门下发《金华市区肇事肇祸等严重精神障碍患者救助救治工作实施意见》,解决市区肇事肇祸精神病人救治经费和场所问题,并在全市进行推广。

【制度创建】 以省委政法委在金华市及永康市开展“进一步加大刑事被害人救助力度”试点工作为契机,专题向市委作专题汇报并取得支持,新增刑事被害人救助专项资金60万元。试点期间,市本级给予刑事被害人救助26件,发放救助资金29.2万元;永康市给予救助16件,发放资金12.5万元。对试点中好的做法和发现的问题,形成专门工作总结及调研报告报省委政法委,为全省规范该项工作提供有效借鉴。推广劳动争议联合调处工作机制。根据市委办公室、市政府办公室《关于进一步推进劳动争议联合调处机制建设的意见》(市委办〔2013〕91号)要求,市综治办与市人力社保局等部门联合,加大业务指导和面上督促力度,两次组织人员对各县(市、区)劳动争议调解中心建设情况进行检查督查,截至11月底,各县(市、区)均已按照“五有”(有政府牵头的劳动争议预防排查调处组织网络;有相对固定的调处中心场所和统一的受理窗口；有相关部门整合的专兼职调解人员；有相应的纠纷排查预防、联合调处、组织保障等工作机制；有必要的保障经费）建立劳动争议联合调处中心。一年来，各级劳动争议共调处劳动争议纠纷 9893 起，调处成功9892 起。

【维护稳定】 深化反恐斗争，抽调千名警力驰援义乌，开展 24 小时“武装、亮灯、携犬”式巡查，确保了“7·5”敏感时期政治大局的稳定。妥善化解义乌某宗教场所矛盾纠纷、市区个别教派纠纷可能引发的群体性事件，有效防止民族宗教问题波及社会稳定。严厉打击“法轮功”“全能神”等邪教组织非法活动。灵通情报信息，落实重点人员教育稳控，确保全国及省、市“两会”和“枫桥经验”50 周年纪念大会期间的社会大局稳定。推进维稳工作“十项机制”建设，重点完善重大决策社会稳定风险评估机制，从充实评估内容、规范操作流程等方面入手，尽力做到“强力推进、应评尽评、全面覆盖”。全市共开展各类重大事项社会稳定风险评估工作 499 项，同意实施 463 项，暂缓实施 32 项，停止实施 4 项。开展重大涉稳突出问题摸排化解工作。采取交办督办、领导包案等措施，攻坚克难、破解难题。全市共排查梳理出 87 件重大涉稳问题，并对 54 件重大涉稳问题进行了挂牌督办，市级督办案件化解 53 件，化解率为 98%。省维稳办挂牌督办 8 件，化解 7 件。

（郭文锦）

公　安

【概述】 2013 年，金华市公安机关以“百姓富裕、浙中崛起”为总目标，继续围绕“五化三治”建设主线，深入开展“正风提效促赶超”活动，全力打好“打防管控”组合拳，为建设“平安金华”和促进经济社会发展交出一份良好答卷。全市连续 4 年群众安全感满意度保持在 96%以上，金华连续 5 年跻身全国 30 个最安全城市。全市刑事发案总量同比下降 6.36%，其中命案、七类案件同比分别下降 15.7%、10.1%；“两抢”、盗窃、入室盗窃、盗窃“两车”警情分别下降 39.5%、11.38%、18.14%、23.84%。全市市、县两级指挥中心共接警 534169 起，有效接警 276058 起，调度公安和联动部门处警 167976 起，其中刑事案件 8992 起、治安案(事)件 44860 起、交通事件 67768 起、火警或消防救援 2353 起、群众求助 5334 起、社会联动 3614 起、举报线索 34364 起、其他 287 起。2013 年，金华市公安局获评全国公安机关重点信访案件专项治理工作成绩突出集体、2013 年度全省公安信访工作市级考评优秀单位，金华市公安局执法质量连续三年位居全省前列。在全省公安机关 7 个警种比武中，5 个警种获全省第一名，2 个警种获全省第二名，团体总分连续 6 年卫冕全省冠军。共有 13 个集体立二等功，50 个集体立三等功；1 名民警追授全国公安系统二级英雄模范荣誉称号，2 名民警立个人一等功，12 名民警立个人二等功，192 名民警立个人三等功。

【机构人员】 金华市公安局设纪委（监察室）、机关党委等党委办事机构 2 个，办公室等内设机构 32 个，其中新增见义勇为工作办公室 1 个；设金华市看守所、金华市人民警察培训学校等直属单位 4 个，金华市安康医院等下属事业单位 4 个，保安公司等下属企业单位 2 个，下辖婺城、江南、金东 3 个分局，兰溪、义乌、东阳、永康 4 个市公安局，武义、浦江、磐安 3 个县公安局，实有派出所 110 个。截至 12 月底，全市共有在编警力 6064 名（其中职工 148 名），其中男性 5419 人，占 89.4%；女性 645 人，占 10.6%；一线部门警力 5549 人，占 91.6%；综合部门警力 515 名，占 8.4%；本科学历 4281 人，占 70.6%；研究生学历以上 71 人，占 1.2%。

【安保维稳工作】 完成浙江省第二届体育运动会安保工作。4 月 25 日至 9 月 28 日，省二体会在金华市举行。金华市公安局按照“谁主办、谁负责”原则，制定安保工作方案，认展情报搜集、现场保卫、巡逻管控、信访接待、搜爆排爆等工作，确保 56 场比赛场内场外秩序平稳。其间，金华市公安局抽调警力 600 余名，督促整改各类安全隐患 160 余处。

完成“7·5”维稳任务。7 月 2 日—15 日，根据上级公安机关部署，金华市公安局从全市各级公安机关抽调 1000 名警力，在义乌市区开展维稳巡逻防控工作。累计出动巡逻警力 20871 人次，盘查 12000 余人次，设卡清查 98 个区域，登记流动人口 30285 人，收缴管制刀具等违禁品 13062 件，抓获逃犯 8 人。

完成“三改一拆”安全保障工作。2013 年，金华各级公安机关按照“态度坚决，头脑冷静，保障规范,处置稳妥”的要求,确保“三改一拆”工作安全、有序推进。截至12月底,全市共出动警力7.8万余人次,排查化解矛盾纠纷1245起,查处治安案件56起,其中阻碍执法案件30起,扰乱秩序案件10起,行政拘留44人;查处刑事案件17起,其中:涉嫌暴力阻碍执法案件8起,其他案件9起,采取刑事拘留强制措施24人,参与拆违现场秩序维护8000余次,保障相关部门拆违面积达653.8万平方米。

继续强化治安防控体系建设。2013年,金华各级公安机关按照“整体推进、规范运作、完善机制、持续发展”的基本思路,凝聚党政、公安、群众三方力量,继续强化社会治安防控体系建设。截至2013年底,全市城区、省级以上经济开发区及辖区刑事发案200起以上的派出所共建专职巡防队伍43支,配备专职巡防队员3167人;新增公安视频监控4133个、社会视频监控15200个、旅馆外延监控625个,公交车视频监控341套,家庭、单位CK报警器3068套,完成全市所有运钞车、租赁车、危险物品运输车GPS安装工作。12月,经中国城市竞争力研究会(香港)评定,金华连续五年荣登“中国30个最安全城市”行列,排名第15位。

【专项行动】 “打四黑 除四害”专项行动。2013年,金华市公安局继续开展“打四黑除四害”专项行动。2013年,全市共破获四黑四害部督案件8起,省督案件32起,采取刑事强制措施1784人。共破获食品犯罪案件62起,抓获犯罪嫌疑人108人,捣毁生产窝点36处,其中:部督案件2起、省督案件5起;共刑事打击有毒有害食品犯罪嫌疑人71名、生产销售不符合安全标准的食品犯罪嫌疑人8名、生产销售伪劣药品犯罪嫌疑人79名。先后侦破永康微信招嫖、东阳强迫妇女卖淫,磐安山头聚众赌博、江南铅酸电池污染环境、东阳毒豆芽等一批群众反映大,社会影响面广的案件,2014年1月24日,经省厅治安总队考核评定,金华市公安局“打四黑 除四害”成绩位列全省同类地区第二名。

开展打黑除恶专项行动。2013年,金华市公安机关继续开展该行动。2013年,全市共摧毁恶势力团伙118个共736人,其中涉案的村干部19名,乡、镇级人大代表5名,政协委员4名,破获各类刑事案件902起,其中公安部、省厅挂牌督办各1起。

开展缉枪治爆专项行动。2013年,金华市公安局组织开展该行动。截至2013年底,全市公安机关查破涉爆涉枪案件86起,其中部督案件3起,省督案件4起,抓获各类违法犯罪嫌疑人154人,其中采取刑事强制措施118人,治安处罚36人,收缴各类枪支439支,子弹47249发,炸药4059公斤,雷管7932枚,管制刀具5.2万余把,仿真枪53.77万余支。2014年1月26日,经省公安厅缉枪治爆专项行动领导小组办公室考评,综合绩效排名全省第二名。

开展“扫毒害保平安”专项行动。2013年1月底至5月初,根据公安部、省公安厅的统一部署,金华市局组织开展“扫毒害保平安”严打整治行动。其间,全市共破获毒品案件740起,为上年同期的7.79倍;刑拘毒品犯罪嫌疑人916人,为上年同期的5.42倍;破获部目标案件2起,省目标案件38起,市目标案件67起;查处易制毒化学品案件36起,收缴各类易制毒化学品442028公斤;在省级以上媒体发表宣传材料980篇,其中省级363篇,中央级617篇。11月14日,经省公安厅综合评定,金华市公安局获得专项行动二类地区全省第一名。

开展打击侵财犯罪专项行动。2013年,金华市公安局以打击跨地市以上系列性、团伙性侵财犯罪为重点,继续开展该行动。全市侵财案件有效警情101419起,其中“两抢”警情1228起。共移送起诉侵财犯罪嫌疑人6188名,侦破系列性、团伙性案件1429串。其中侦破“两抢”案件890起,破案率为61.9%;省督案件挂牌11起破11起,市督案件挂牌64起破49起。

开展打防电信诈骗犯罪专项活动。2013年4月,金华市公安局制定出台《金华市公安机关打击、防范电信诈骗犯罪专项行动实施方案》,组织全市开展该行动。2013年,全市共发电信(网络)诈骗案件2188起,同比上升11.92%,破案825起(协破多数外地案件),追回冻结赃款1376万元。共抓获电信诈骗犯罪团伙39个,抓获嫌疑人167名,破案825起。

开展“清风护选”专项行动。2013年8月至2014年春节,全市村级组织换届选举期间,金华市公安局按照“到位不越位、有为不错为”的要求,开展“清风护选”专项行动,为换届选举工作营造良好的治安环境。其间,共排摸化解矛盾近百件,查处破坏选举的违法犯罪案件 76 起，行政拘留违法嫌疑人 92 人，刑拘 11 人。

【案件查处与社会环境治理】 开展水环境治理攻坚战。2013 年，根据金华市委、市政府及省公安厅的统一部署。金华市公安局组织全市公安机关开展水环境治理攻坚战。截至 2013 年底，全市共查处环境污染治安案件 101 起，行政拘留 187 人，行政拘留人数占全省一半以上；查处刑事案件数 47 起，其中：部督1 起，省督 15 起，采取刑事强制措施 66 人，办理刑事案件数及采取刑事强制措施数全省第一，得到省委书记夏宝龙的肯定。

开展打假行动。2013 年，金华市公安机关开展打击生产假冒伪劣产品及侵犯知识犯罪活动。其间，全市共提请发起集群战役 83 起，其中：公安部部署核查集群战役 64 起，收网 55 起；配合外地核查集群战役线索 284 起，收网 250 起，上报战果数 221 起，追加为共同发起 6 起。共破获侵犯知识产权和制售假冒伪劣商品案件 334 起，超额完成省厅指标任务数 128%，其中破获部督案件 13 起，跨国案件 1 起。“9·29”特大假冒烟标案得到公安部副部长刘金国，省委常委、公安厅厅长刘力伟等领导批示肯定。

开展企业风险排查活动。3 月—12 月，金华市公安局组织全市开展企业经营风险状况排查活动，其间，共排查企业 72900 余家，其中规模以上企业 4300 余家，重点企业 1800 余家，撰写《全市企业经营风险调查报告》，得到市委、市政府的高度重视。

出台城市交通治堵新措施。2 月 28 日，金华市公安局印发《全市城市道路严重交通违法行为集中整治行动实施方案》，在全市开展城市道路严重交通违法行为集中整治行动。3 月—12 月行动期间，金华市局推出“三个一律”(即对五条城市严管道路的严重交通违法行为一律记分；对影响通行的违法停车一律拖离；对驶入五条道路的电动三轮车一律扣留)“实名曝光”“随手拍”等系列严管措施；组织“迎双节”“百日大会战”和畅行系列整治行动，打造交通“零违法”示范路口，开创“金华式过马路”的城市道路精细化管理模式，得到各级领导及群众的肯定。5 条治堵重点道路机动车、非机动车和行人三项守法率从整治前的 97.19%、78.37%和 76.41%，上升至考核前的 98.87%、93.25%和 92.17%，分别提高 1.68%、14.88%和 15.79%，在 2013 年度全省城市治堵考核中，名列全省二类地区第一名。

【荣誉展示】 蝉联全省公安机关执法质量考核第一名。2013 年，金华市公安局通过推行“每季执法考评、警种垂直考评、突出问题专项考评、易发问题飞行考评”四合一执法考评方式，倒逼各级执法办案部门强化法治意识、规范执法行为、严密执法制度，实现执法质量跨越式发展。2014 年 1 月 20 日，婺城分局、义乌市公安局、磐安县公安局、浦江县公安局、金东分局、兰溪市公安局、江南分局被省厅评为全省公安机关执法质量优秀单位，连续二年获全省公安机关执法质量考核排名第一名。

连续第六次获全省公安机关警种练兵比武总分第一名。2013 年，在全省警种业务技能竞赛中，金华市局纪委、督察、办公室(信访)、指挥中心、刑侦警种代表队分获第一名；出入境、禁毒警种代表队分获第二名，自 2008 年以来第六次蝉联团体总分第一名。

孙炎明被授予第八届全国 “人民满意的公务员”荣誉称号。12 月 17 日，在中央组织部等部门召开的第八届全国“人民满意的公务员”“人民满意的公务员集体”表彰大会上，东阳市看守所主任科员孙炎明被授予“人民满意的公务员”荣誉称号。

傅煜华被授予“二级英模”荣誉称号。傅煜华，男，1974 年 5 月 7 日出生，1997 年 9 月参加公安工作，2002 年 10 月入党，大学本科学历。2013 年 5 月 2 日，因长期超负荷工作，劳累过度、突发疾病，傅煜华乘工作之余前往医院就诊时，突然昏迷，经多方抢救无效，于 5 月 4 日不幸辞世，年仅 39 岁。2013 年 5 月 28 日，省委常委、公安厅厅长刘力伟签署命令，追授傅煜华同志浙江省优秀人民警察荣誉称号，并追记个人一等功，同时获得 2013 年度浙江省优秀人民警察、浙江省“美丽警察”荣誉称号；8 月 16 日，公安部部长郭声琨签发命令，追授傅煜华为全国公安系统二级英雄模范称号。

(张旭华)

司　法

【概述】 2013 年，全市司法行政工作深入学习贯彻落实中共十八大、十八届三中全会和习近平总书记系列重要讲话精神，围绕党委政府的中心工作，全面履行社区矫正、人民调解、法制宣传、法律服务等职能作用，为促进社会和谐稳定和经济社会发展营造良好社会环境，全市各项司法行政工作取得了较好的发展和进步。

【法律服务】 截至2013年，全市共有执业律师1176人，律师事务所132家，办理各类案件22378件；共有基层法律服务工作者280人，基层法律服务所54家，办理各类案件1820件；共有公证处9家，公证员36人，办理公证案件52615件；共有司法鉴定所5家，鉴定人员58人，办理鉴定案件9509件。一是服务“三改一拆”行动。发挥公证工作预防保障的功能，探索实践“公证服务征迁”机制，提供全程“跟进式”服务。利用司法聚焦、《专家说法》、对农广播、普法微博短信、法制宣传栏等多种宣传平台，积极向社会宣传“三改一拆”专项行动，传达党委政府的相关政策措施。对已经出现的因城中村改造和拆除违法建筑引发的各类矛盾纠纷，主动介入积极化解，维护工作秩序。活动开展以来，共发放“三改一拆”专项宣传挂图92274份，张贴宣传标语8746条，解答群众法律咨询57169人次，开展排查2579次，化解矛盾纠纷1543起，办理公证事项3727件。该项工作得到市委书记徐加爱和市委常委、常务副市长金中梁的批示肯定。二是服务地方经济发展。举办了“金华市首届控辩电视大赛”、金华市“金融改革与法律服务论坛”、《企业破产管理与重组》培训班。积极组织律师参与社会敏感重大事件的处置，参与万家购物处置、杭长高铁金东婺城段拆迁纠纷的协调工作。推出符合金华地方经济发展实际的公证服务产品，为金华万达广场、杭长铁路客专、金温铁路扩能改造、怀万线改建等重点工程提供公证法律服务，得到了各工程指挥部的好评。围绕加快转变经济发展方式这一主线，继续推进“服务重大项目建设”“服务民营企业”“服务惠及民生”和“农村法律顾问”等专项活动。东阳市政府常务会议通过，在全市各镇(乡)人民政府、街道办事处建立法律顾问制度。武义县在武川论坛上开通“法律帮帮团”板块，在网络上广泛传播正能量。三是服务换届选举工作。换届试点工作一启动便按照省厅的部署和市委组织部的要求，迅速成立法律服务村级组织换届选举工作领导小组，编印《金春焕说选举》金华市村级组织换届宣传挂图6500套共计32500份，下发至全市各自然村(社区)。发放宣传资料127140册，悬挂横幅11852张(条)。199名选举观察团律师、近千名农村法律顾问，深入重点难点村开展工作，开展村务法律体检、参与专题法律培训77场(次)，担任选举法律监督员69人，参与法律监督95次，解答群众法律咨询3465人次，化解矛盾纠纷399件，发放法律援助联系卡2220张。

【社区矫正】 金华市社区矫正工作于2006年启动试点，2009年全面推开，2013年底全市在管社区矫正人员5067余名，全年累计接收社区矫正人员3700余名，解除矫正3082余名，全市在册刑释解教人员15055余名，刑释解教人员帮教率、安置率分别为98.9%、98.1%，重新犯罪率为0.84%。积极提升社区矫正工作实效。一是加强机构队伍建设，夯实社区矫正工作基础。探索建立和落实“党委政府统一领导、司法行政机关牵头组织、职能部门协作配合、司法所具体实施、社会各界广泛参与”的社区矫正领导体制和工作机制。市、县两级政府分别建立了分管领导为主任的社区矫正工作委员会，并下设办公室；金华经济技术开发区、义乌市成立社区矫正执法大队；全市乡街(街道)建立社区矫正工作领导小组及社区矫正信息管理平台，全市156个司法所承担着社区矫正日常工作，初步形成市、县、乡三级社区矫正工作网络。建立社区矫正专职工作人员、社区矫正协理员和社区矫正志愿者三支队伍，对每一名社区矫正人员都建立由社区矫正工作人员、协理员、志愿者、公安民警、亲属、所在单位或村(居)干部参与的监督管理小组，共同进行监管帮教。二是加强制度建设，规范社区矫正执法行为。全市相继出台《关于加强社区矫正衔接工作的意见》《金华市社区矫正工作及有关部门衔接工作流程》《金华市社区矫正对象教育矫正工作暂行规定》《金华市社区矫正对象监督管理规定》等相关政策和制度，对接收、报到、管理、教育、帮扶等方面进行明确。各县(市、区)结合当地实际，都制定完善相关制度。婺城区制定《婺城区社区矫正审前社会调查工作暂行办法》；金东区、浦江县、武义县等地制定《关于社区矫正衔接工作的若干意见》,永康市制订《永康市社区矫正人员行为规范》《永康市委托管理办法》等制度,进一步规范全市社区矫正工作。开展"禁止令执行排查整治月"活动,全市排查出执法环节问题25个,阶段性思想情绪不稳定矫正人员3990名,故意逃避社区矫正监管的矫正人员14名,全部采取相应措施落实管控职责。三是加强责任落实,密切各职能部门的衔接。建立完善法院、检察、公安、司法行政社区矫正衔接机制,加强社区矫正工作的信息互通,共同分析和解决社区矫正存在的困难和问题。司法行政机关积极承担社区矫正监管帮教职责,并按"信息共享"的要求向检察机关开放社区矫正信息管理平台,主动接受检察监督;检察机关主动参与指导、监督社区矫正工作;法院认真履行居住地的核查核对和社区矫正告知义务,及时审理司法行政机关提请的撤销缓刑、撤销假释案件;公安机关及时对违反治安管理规定和重新犯罪的矫正人员进行处理,履行"追逃"和"配合押解"职责,维护社区矫正刑罚执行的严肃性。公、检、法、司的配合协作,有力推进社区矫正工作的正常开展。四是加强监管帮教力度,提高社区矫正实效。开展社区矫正信息化建设年活动,已建立覆盖市、县、乡三级司法行政机关和司法所的司法行政社区矫正信息化管理平台。全市社区矫正人员100%列入区域监管、100%划定电子围墙,全市138家司法所安装"人脸+指纹"考勤设备,96.45%的社区矫正人员通过考勤设备记录日常报到、集中学习、社区服务等情况。着力推进思想教育型、技能培训型和就业安置型"三型"基地建设,建立市县二级社区矫正心理专家小组,开展心理健康教育、心理咨询、心理危机干预和心理疾病治疗工作。全市已建教育基地47个,社区服务基地175个,村(社区)矫正帮教工作站1735个,开展集中教育51173人次,开展社区服务51172人次,走访教育20530人次,开展个别谈话教育25953人次,提供心理咨询3990人次。同时,切实加强刑释解教人员安置帮教工作,通过分类施策在人格上尊重、在感情上亲近、在生活上关心、在权益上保障、在心理上疏导,通过教育、管理和帮扶,促使他们遵纪守法,增强帮教实效。

【人民调解】 一是抓创建工作,提升基层司法工作水平。扎实开展"星级规范化司法所"创建工作,加强与基层党委政府的沟通协调,推进司法所业务用房等基础设施建设,加快推进司法所形象标识建设。进一步理顺直属司法所管理体制和保障机制,充实基层力量,全市司法所人员教育培训常态机制逐步完善,有效提升司法所队伍整体素质和业务水平。二是抓规范发展,提升人民调解工作水平。人民调解"网格化管理,组团式服务"工作进一步深化,全市人民调解组织共调处各类矛盾纠纷59314件,成功57602件,成功率达到97.11%。防止群体性上访278件4073人,防止群体性械斗71件742人,防止民转刑案94件333人,防止民间纠纷引起自杀13件13人。深化医调、交调、劳动争议调解等专业调委会建设,治调衔接人民调解窗口实现全覆盖,新增基层法庭人民调解工作室8个,成立金华市保险行业人民调解委员会。全市医调会调处医患纠纷401件,其中:死亡案件135件,调解成功356件,调解成功率88.8%。交调会调处交通事故损害赔偿纠纷20453件,调解成功19464件,调解成功率为95.16%。义乌市设立人民调解指导中心,并成立全国首家县级涉外人民调解组织。永康在经济开发区社会发展局成立了"新永康人"调解委员会。浦江出台《关于开展"社会矛盾大调解行动"的若干意见》,进一步规范人民调解工作。金东健全调解中心工作机制,规范"四统一分"工作流程,探索区域调解新路子。婺城按照"排查走在调解前、调解走在激化前"的要求,重点做好新形势下的农村(社区)矛盾纠纷预防化解工作,并在《娘舅来了》节目中播出调解案例,"枫桥经验"在全市得以良好传承并被赋予新的时代内涵。

【法制宣传】 一是深化法律"六进"活动。开展"领导干部、公务员学法用法""法在心中""送法进军营"等活动。原省委常委、常务副省长龚正率队对金华市"六五"普法工作进行中期检查督导,检查组对金华结合实际深入开展法制宣传教育,切实推进依法治理实践,大力弘扬社会主义法治精神,普法和依法治理工作取得阶段性成效给予充分肯定。金华市委副书记、代市长暨军民就进一步抓好"六五"普法工作作出批示。二是完善年度目标考评体系。建立法制宣传教育考评通报制度,健全普法工作的考核考评机制,9个县(市、区)都已将普法工作列入对当地乡镇党委政府和机关部门单位的绩效考核。按照“谁执法、谁普法”的原则,制定下发金华市2013年度“节假日、纪念日、主题日”系列普法活动的通知,配合相关部门开展知识产权宣传周、安全生产宣传月等法制宣传和法律服务活动。三是基层法治实践不断深入。在服务“三改一拆”和本届村级组织换届选举工作中,与市委组织部、市委宣传部、市文联及浙江婺剧团合作,就“三改一拆”和“村级组织换届工作”进行专门法治文艺节目创作,开展巡回演出。由市普法办派员授课,各县(市、区)组织开展的巡回宣讲达10场,巡回演出40多场。制作并在金华电视台播出人民调解、法律援助、社区矫正工作公益宣传片。义乌成功举办“新苗律师志愿团”全省大型法律咨询活动,金东创设“普法二维码”,实现普法方式高效便捷。加强“诚信守法企业”的培育和指导,加大“民主法治村(社区)”创建典型宣传、培育工作,在兰溪市诸葛镇诸葛村召开金华市“民主法治村(社区)”创建现场会。2013年,金华市共有国家级“民主法治村示范村”7个、省级“民主法治村(社区)”69个、市级“民主法治村(社区)”611个。

【法律顾问】 积极做好政府法律顾问工作,推动建立市、县、镇三级政府法律顾问制度,在更深层次上参与政府重大决策研究论证,防范法律风险,推动政府运用法治思维和方式依法行政。全市律师共担任市、县两级政府及其部门法律顾问141家。参与政府重大项目研究216次,参与重点决策讨论179次,涉及金额300余亿元。健全村(社区)法律顾问体系建设,全市5135个村(社区)实现法律顾问全覆盖。村(社区)法律顾问进村入户免费为农民提供法律服务,帮助修订完善村规民约、解答法律疑难问题、开展法制宣传教育、帮助困难群众依法获得法律援助,取得了很好的社会效果,在民主法治村创建中发挥了重要作用。

【法律援助】 一是援助工作网络进一步完善。法律援助沿街窗口全面建立,工作站点有效延伸,服务网络进一步健全。在单位、部门、行业已建法律援助工作站273个,在行政村(社区)已建法律援助联络点5079个,市、县、乡、村四级法律援助网络建设全面完成。二是援助公信力进一步提升。探索建立公检法司刑事法律援助工作联席会议制度,联合出台《加强刑事诉讼法律援助工作的实施细则》,出台《金华市法律援助区域联动暂行规定》,进一步做好刑事法律援助工作。依据援助律师专业特长,设立劳动争议、交通事故、医患纠纷、妇女维权、未成年人保护等专业援助团队,改变以往援助律师“包打天下”的现状。金华市法律援助综合业务平台已投入使用,全年全市共举办法律援助工作培训班23期,累计培训1300多人次。全市“12348”法律援助专线共接待解答法律咨询62633人次,与上年同期相比增长30.5%。全市办理法律援助案件7295,与上年同期相比增长29.25%,为当事人挽回经济损失和争取经济补偿9908.26万元。兰溪市援助中心和公证处为多年上访未果的孤儿落实户口这一事件在金华新闻综合频道播出后,市委书记徐加爱充分肯定司法行政主动服务弱势群体,彰显了法治力量。

(赵晓兰)

消　防

【概述】 2013年,市消防支队启动实施“智慧消防”建设,扎实推进火灾隐患排查整治,大力推动现代化消防铁军建设,完成全省旅店式“农家乐”治安消防管理工作现场会、“救援协作-2013”上海合作组织联合救灾演练、全省后勤工作会议等任务,119大集中接处警系统建设、“坚定信念、铸牢警魂”主题教育、后勤队伍建设等在全省部队会议上作了经验发言,为实现“百姓富裕、浙中崛起”总目标、推进“两富”现代化都市区建设创造良好的消防安全环境,赢得党委、政府和人民群众的充分肯定,支队党委被评为“全国公安消防部队先进支队党委”,被金华市人民政府荣记集体二等功。

【社会火灾管控】 全市共发生火灾4251起,死亡10人,受伤5人,直接财产损失4670万元,未发生较大以上火灾事故,社会火灾形势持续平稳。一是实行消防工作目标责任制。提请市政府与各县(市、区)政府及市本级14个行业主管部门,市公安局与各县(市、区)公安分局签订消防工作目标责任书,明确划分了各级政府、公安机关和相关部门“责任田”。二是推动政府挂牌督办重大火灾隐患单位整改。确立省、市、县三级挂牌重大火灾隐患单位28家,全部完成整改销案。三是开展消防专项行动。先后开展消防安全重点领域“五查两加强”、违章搭建彩钢板专项整治、彻查整治火灾隐患百日大会战行动、大排查大整治、今冬明春火灾防控、第二次“清剿火患”等11个专项行动,完成“两会”、省二体会等重大活动消防安全保卫任务。四是完成市区居住出租房消防安全综合整治。2011年6月至2013年4月,完成金华市居住出租房消防安全综合整治工作,实现了“三年任务,两年完成”的目标。市区共排查居住出租房22848户(其中婺城区8615户、金东区7050户、开发区7183户),共整改完成22255户,整改完成率达到97.40%。共为居住出租房配备灭火器6万余只,消防“四小件”三万余套。市委、市政府拨出3000万元专项经费,三个区政府(管委会)也分别配套专项资金。全年全市公安派出所和消防机构共检查单位85605家,发现并整改火灾隐患66623处,责令改正23862处,临时查封202处,责令“三停”495家,行政拘留91人,罚款1464.108万元。

【推进消防管理创新】 一是建立政府领导“议消查患”新机制。金华市人民政府以内部明电形式下发了《金华市人民政府办公室关于建立政府领导“消防检查日”工作制度的通知》(金政办发明电〔2013〕10号),确定每月19日为消防检查日,市、县两级政府分管消防工作的主要领导听取消防汇报、协调消防重点(难点)问题、组织消防检查、督促隐患整改,将政府领导“议消查患”制度化、规范化、常态化。全年有50余位政府领导完成检查109次,主持召开协调会议17次,解决11个消防重点难点问题。二是开展全市专职消防队伍建设。市政府颁布实施《进一步规范多种形式消防队伍建设和管理的实施意见》(金政发办〔2013〕124号),从建设任务、建队标准、体制职能、经费保障等方面明确各级政府的职责任务。根据全市各乡镇(街道)经济、人口、面积等实际,统筹规划,建立全市专职消防建设线路图和时间表,到2015年底,全市要新建政府专职消防队伍23支,升级达标34支,基本实现全市乡镇消防力量全覆盖;要求各级政府将专职消防队建设经费列入同级财政预算予以保障,政府专职消防队统一纳入公益“事业单位”进行管理。三是提请政府召开全市消防安全网格化管理工作推进会。全市所有乡镇(街道)全都成立消防安全委员会、消防工作站,并建立“大、中、小”各类网格1.92万余个,全市“五位一体”工作体系逐步建成。消防安全重点单位“户籍化”管理基本落实,全市1342家重点单位通过签订责任书、维护运行“户籍化”管理系统等措施,全部建立以“责任化、信息化、分级化”为特点的“户籍化”管理体系。四是在磐安召开浙江省旅店式“农家乐”治安消防管理工作现场会。全省11个地市公安局、治安和消防相关领导共70余人参加会议,与会人员观看磐安县公安局“农家乐”治安消防管理新模式资料片,磐安、安吉分别介绍两地“农家乐”治安消防管理工作经验。以此培育推广旅店式“农家乐”消防管理试点经验,提升火灾防范能力。五是稳步推广火灾高危单位投保火灾公众责任保险。全面推动社会单位落实消防责任自负的刚性要求,全市共有574家社会单位参保。建立建构筑物消防员管理系统,对全市消控室2751名建构筑物消防员实施动态监测。借助“警务一点通”系统,通过整合房屋人员信息、消防器材配备、房屋消防安全状况等模块,提升日常检查效率,实现对出租房全程监管。

【提高灭火救援能力】 紧盯实战,通过训练模式改革、星级铁军创建考核、铁军比武竞赛等,着力推进消防铁军建设。开展辖区重点单位演练、水源道路普查和防护排烟装备实际测试等专项活动,重点夯实战训基础。提请市政府开展石化行业重特大事故风险和应急救援能力评估,紧密参与全市应急联动实战演练,联勤联动体系更加完善。探索“智慧消防”建设。研究推进智慧防控、智慧作战、智慧执法、智慧管理新模式,借助云计算、二维码应用等技术,开发消防重点单位消控室管理APP软件,实现基本数据查询、巡查信息上传、消防设施监控等功能。投入近300万元开展指挥中心改造和119大集中接处警子系统建设、升级,实现公安PGIS平台警用地理信息资源共享,支队作战指挥效能大幅度跃升。全年全市部队共接警出动7679次,抢救被困人员903人,疏散被困人员1403人,保护财产价值12.8亿元,成功处置“5·28”武义液化气槽罐泄漏、“7·29”东阳索普健身器材有限公司火灾等事故,完成“救援协作-2013”上海合作组织联合救灾演练,增援宁波市江东区、余姚市参加抗击台风“菲特”,累计排涝6.7万立方米。

【提升消防服务水平】 制定出台《金华市消防部队服务地方经济建设十项承诺》,被省减负办以工作简报全省刊发。下放权限“提速增效”,将支队70%建设项目审批权下放到县(市、区),义乌基本实现同城审批。三项行政审批时限平均缩短40%。实行窗口受理“一站服务”,所有许可项目均可在各级行政服务中心窗口统一受理,办理结果统一送达。推行“首问负责”和“一次告知”,大力倡导热情服务理念。成立金义都市新区消防服务中心,组建专业服务团队进驻新区“一对一”开展服务。快速响应市委市政府百日克难攻坚抓进度优服务活动要求,创新消防安全服务模式,出台实施并不断完善省、市重点建设项目服务“十项制度”,消防服务效能获得明显提升。继续推动社会化消防培训工作,全年共培训建构筑物消防员1750人,消防安全管理人、责任人3643名,人员密集场所从业人员26106人,各级政府部门人员577人。

【开展部队作风建设】 市消防支队党委围绕“照镜子、正衣冠、洗洗澡、治治病”的总要求,扎实推进党的群众路线教育实践活动,查出在执行中央八项规定和省委“28条办法”“六项禁令”“四风”方面存在的突出问题14条,重新制定完善《关于改进机关作风、为基层减负的措施》等16项规章制度,积极践行“作风建设六项承诺”,开展“为了谁、依靠谁、我是谁”主题讨论,结合实际开展“学禁令、守纪律、保稳定”“夯实基础工作,规范财务管理”“立规矩、树形象、创品牌”“打击非法代办,规范业务办理”四个专项行动。不回避困难、不搁置矛盾,对义乌宝德大厦火灾隐患信访等6件上访、“缠访”难题实行党委成员“包案”。组织3轮机关营以上干部下基层“当兵锻炼”,模范执行“四个秩序”,不搞特殊。紧盯人、车、财、酒、网五个关键点,开展“严纪律、转作风、保安全、树形象”、“正风肃纪”、遏制酒驾专项整治、“三项纪律”宣贯、安全“五无”创建等活动,全市部队未发生任何安全事故和酒驾、醉驾事件,车辆违章次数与上年同期相比下降80%。严格规范公务接待,重点开展“两局”治理,公务接待费与上年相比下降21.3%。大力开展拥政爱民和双拥共建,积极参与金华市全国卫生城市创建活动,走访慰问军烈属和孤寡老人、扶贫助学6万余元,义务献血2万余毫升,被金华市慈善总会评为“最佳组织单位”。

(王跃武)

民主党派

中国国民党革命委员会金华市委员会

【概述】 2013年,中国国民党革命委员会金华市委员会深入学习贯彻中共十八大、十八届三中全会精神,推进自身建设,围绕中心积极参政议政,开展社会服务,推进两岸发展,取得新的成效。市委会工作得到上级领导的关心、关怀和支持,民革省委会副主委、省人民检察院副检察长张雪樵一行到金华调研民革工作,并征求有关意见;全国政协原副主席、民革中央常务副主席厉无畏,浙江省政协副主席、民革省委会主委、省侨联主席吴晶,省委会副主委魏贤超、俞建民等领导莅临民革东阳市基层委员会考察。党员张根芳被中共金华市委、市政府授予第八批金华市拔尖人才称号,党员吕学姜被中共浙江省委宣传部、浙江省文化厅、浙江省文学艺术界联合会联合认定为第二批“浙江省优秀民间文艺人才”。党员吴倩获得全国维护妇女儿童权益先进个人。党员盛仙俏获2011~2013年度浙江省植保技术推广突出贡献奖,并被评为金华市先进科技工作者,论文《水稻病虫害远程智能诊断与防控信息系统》项目获省科学技术奖三等奖(第五完成人)。党员王献洪在“我的中国梦”全国中学生读书征文活动获共青团中央学校部颁发的写作指导一等奖。党员程庐屏潜心研究孙中山,编写出版《孙中山演说集》,党员陈华文教授的合著《浙江民间丧俗信仰研究》获得第十一届中国民间文艺山花奖民间文艺学术著作奖,党员范天行编写《九峰传奇》,在婺城总支的支持下,将2480册捐赠给婺城区金西开发区管委会。

【自身建设】 一是深入开展思想建设。市委会共召开市委(扩大)会议、座谈会、各类工作会议13

次，组织党员认真学习贯彻中共十八大、十八届三中全会精神、民革各级会议精神，并与学习多党合作理论、民革党章、党史结合起来。组织党员积极参加“浙江民革党员学习中共十八大精神、民革新党章测试”“薪火相传，圆多党合作之梦”学习教育活动及“五一口号”65周年、“中国梦·同心路”等一系列主题征文活动。积极参与省委会2012、2013年度参政党理论课题研究，课题涉及孙中山研究、参政党地方组织建设研究、参政党民主监督研究等方面，市委会5位党员荣获省委会理论研究工作积极分子。清明前夕，市委会、金东支部、婺城总支、永康总支等举行清明祭扫先烈活动。二是积极推进组织建设。3月，东阳总支被省委统战部、省社院列为浙江省统一战线教学实践现场培训基地，是浙江民革中的第一家，也是金华市统战系统中的第一家。市委会通过对基层组织的调整，夯实民革组织发展的基础，党章修改后，东阳总支于2013年7月成立基层委员会，为全国首家。各基层组织结合省委会基层支部组织生活创意比赛，积极开展各类活动，使各基层组织建设向前稳步推进。抓好组织发展，强化后备力量。共发展新党员29名，涉及教育、金融、机关、企事业单位等领域，平均年龄36岁，具有大专及以上学历的29名，占100%，其中研究生学历5名，具有中高级职称的17名，占59%。重视对骨干党员和后备干部的教育、培养。市委会选送7名优秀基层骨干党员参加在省社会主义学院的2013年春季、秋季民革全省骨干培训班学习，选送8名新党员参加市委统战部组织的党派新成员培训班学习。在上半年金华市竞争性选拔干部中，郭晓雁和黄君俊2位党员入围副县(处)级非中共党员干部考察，其中郭晓雁被确定为副县(处)级干部拟任人选。陈丽萍任婺城区莘畈乡乡长，程文胜任永康市古山镇副镇长，邵红艳任市农村水利管理处处长。加强与对口部门的联系，下半年选派一名机关人员到市农业局进行挂职锻炼半年。12月，张解放主委在六届35次市委委员会议中辞去民革金华市委会主任委员职务，市委会工作由楼余产副主委负责。三是注重宣传平台建设。通过期刊积极宣传市委会各项工作动态和活动成效，展示民革形象，扩大社会影响。以《金华民革》内刊为阵地，编印一年两期的《金华民革》，全方位、多角度的宣传金华民革工作，并在《团结报》《浙江民革》《金华政协》等报刊中宣传金华民革。积极配合省委会关于民革前辈史料收集工作，完成对5位黄埔老人史料的收集和整理。

【参政议政】 市委会对参政议政工作进行决策部署，取得好成绩，被民革省委会评为2012年度参政议政先进集体，孔爱华同志获省委会参政议政先进个人。一是积极参与协商监督。市委会领导多次在市委、市政府、市政协以及市委统战部召开的协商会、通报会、座谈会、专题研究会上，围绕全市经济社会发展的重大问题和重大决策部署发表意见建议，为促进决策的科学化、民主化发挥积极作用。市委会重视履行民主监督职能，担任各类特约监督员的党员以高度的政治责任感认真履行职责，积极参加相关部门组织的活动，深入调查研究，如实反映意见建议，协助政府有关部门有效开展工作，受到聘请单位的好评。二是围绕中心建言献策。市委会始终把各级“两会”作为履行参政议政职能的重要平台，鼓励各级人大代表、政协委员积极建言献策。党员孔爱华提交省委会的一篇调研报告被省委会采纳用于省政协大会发言，并被民革中央采纳。“两会”前夕，市委会围绕拟提交的团体提案和政协大会发言材料多次组织调研并召开研讨会。“两会”期间，市委会提交团体提案6件，民革界别提案1件，个人提案31件，民革界人大代表提交建议案18件。曹荣庆委员代表民革金华市委会作《推进金义都市新区建设的几点建议》的大会发言荣获优秀大会发言。在市政协全会优秀提案表彰中，市委会提交的团体提案《关于推进我市“菜篮子”工程建设的建议》和市委会副主委楼余产委员提交的《关于加快建立农业科技创新支撑体系的提案》荣获优秀提案；冯秀勤委员荣获市政协2011~2012年度优秀政协委员。市“两会”期间，副市长林丹军参加民革组讨论，委员们为金华赶超发展、浙中崛起提出诸多建设性的建议和意见。在市政协保护和利用历史文化遗产专题协商会上，市委会的《打造金华抗战文化名城》调研报告获得好评。三是积极参与各级联动调研。6月2日—3日，市委会领导及义乌总支陪同民革中央调研组赴义乌调研外来务工子女成长发展问题；6月19日，市委会配合由省财政厅、民政厅等联合组成的调研组进行省政协38号提案办理调研,党员们就社保、教育、医疗、金融等不同领域提出了自己的意见和建议;10月参加由市委统战部组织的金华市各民主党派负责人组成的金华市网络经济发展调研组在市区开展调研,考察走访金东区银泰网、婺城区城北电子商务创业园及经济技术开发区部分公司,对金华市网络经济发展现状及存在的问题提出建设性意见。四是着力反映社情民意。市委会通过召开信息工作会议,总结交流撰写社情民意信息经验,表彰余品军等5位市委会2010~2012年度信息工作先进个人,聘请新一期市委会特约信息员;完善信息员网络等方式,多渠道收集群众的呼声和建议,共上报社情民意信息39条,为社会和谐稳定服务,为党委政府的科学决策提供依据和参考。市委会荣获2012年度全市统战信息工作二等奖,周金华同志荣获全市统战信息工作先进个人。

【社会服务】 一是拓宽社会服务新形式。省市县三级联动,由民革浙江省委会、民革金华市委会、民革永康总支联合主办,由浙江省逸仙书画院、先行集团联合承办的"笔境·永康"文化遗产进基层系列活动在永康隆重推出。活动包括在永康市博物馆的大型书画展、在先行集团企业的现场书画创作交流互动等,直观生动地展现文化遗产的魅力,普及"非遗"知识,提高社会大众对民族传统文化的认识。充分利用民革组织的力量,快速、有效开展赈灾。四川雅安地震发生后,义乌民革党员、北京宝旺印务有限公司总裁陈庆票立即联系民革四川省委会,通过他们交予四川成都民政局捐赠总价值66万的2000条被子,减少中转环节,快速高效地到达灾区群众手中。党员冯秀勤经中央统战部、司法部联合颁发证书成为同心律师服务团的签约律师,浙江省仅有三位律师成为同心律师服务团的签约律师之一。二是投身基层共建新农村。永康总支结对帮扶槐花村建设"美丽乡村",捐助30万元。永康市委统战部也将槐花村确立为"永康市统一战线社会服务实践基地",在槐花村进行送医下乡、文化下乡、法律下乡等各项活动,省委会张雪樵副主委亲临指导。东阳基层委员会继续结对帮扶庙后村,先期帮助所建的茶叶基地、香榧基地产生良好效益的基础上,再帮庙后村建立玉米制种基地,与庙后村举行签约仪式,发动党员为建玉米制种基地募捐,由东阳民革提供种子,负责技术指导,村民培育,基层委员会回收,以此方式增加村民收入。教育总支一行到兰溪市芝堰中心小学开展教育调研,把该校作为开展社会服务及调研活动定点联系学校,在力所能及范围内帮助其解决困难。主委张解放走访慰问婺城区新狮街道下裴村,在市农办的支持下,为该村送上新农村建设资金10万元。义乌总支党员吕世良为佛堂古镇浮桥筹建捐资38万元。三是积极做好各项帮扶活动。积极响应民革中央、民革省委会"伸出博爱之手——民革基层组织牵手困难群众活动",市委会积极组织部署,确定牵手对象重点与民革有关联的黄埔老人、抗战老兵及其农民和各基层组织,市委会、东阳基层委员会、婺城总支、教育总支、企事业总支、浦江支部、金东区支部等尽己所能,积极开展牵手活动。深入开展民革省委"百名教师牵手乡村学校""百名医生牵手基层医院" 活动。党员中的教师利用自身优势,送教民工子弟学校、指导帮助其他学校进行课程设计指导、开设心理健康知识讲座等一系列形式多样、内容丰富的活动。医卫专家开展义诊活动、授课培训等。东阳市基层委员会积极开展统一战线"同心·送温暖"促两富活动,到东阳市佐村镇桑梓村走访慰问十户贫困家庭,与这十户贫困家庭中的在校学子结成了助学对子,为每户贫困家庭送上了1000元的慰问金。金东区支部结对联系孝顺镇新叶店村居家养老中心,送上慰问品和礼金,进行结对活动。

【祖统联谊】 市委会发挥民革优势,把握两岸关系和平发展的主题,开展祖统联谊工作。一是抓好台情学习。6月省委会特邀民革中央郑建邦副主席作"当前台海形势与民革对台工作"报告会,市委会抓住机会,组织机关干部、重点台属党员积极参与,使党员更好地把握当前台海形势与两岸关系。二是加强亲情联络。中秋前夕邀请部分"三胞"家属身份的党员参加"迎中秋"座谈会,激发他们利用考察、访问、接待之机做好祖统工作的积极性。市委会热情接待回乡探亲的台湾军方"海军陆战队""预备役少将"、"海军陆战队"顾问曹正纲先生;接待台北市绅士协会摄影学会会长高伟智、高雄市摄影学会常务监事孙江川等一行台湾摄影家参访团12人,并陪同他们至九峰山、寺平古村落开展采风活动。三是开展帮扶工作。义乌总支充分发挥自身优势,深化“一对一”结对活动,安排专人全程帮助台商张继元父子办理“义乌市双乔山庄”,诞生了义乌市首家台商投资设立的农家乐,赢得在义乌台商的信任和赞誉。

(应爱飞)

中国民主同盟金华市委员会

【概述】 2013年底,民盟金华市委下属县(市)级委员会1个,基层委员会2个,县(市、区)级总支部3个,直属支部9个,直属小组3个。共有盟员768人,其中年内发展盟员45人,具有中高级职称671人,占87.4%。

【自身建设】 市委会认真抓好自身建设工作。一是组织各类学习。市委会召开市委全委(扩大)会议、知盟爱盟教育活动、学习座谈会、入盟学习培训会等形式,组织学习传达中共十八大和十八届三中全会、民盟中央第十一次代表大会、全国及全省两会、中共金华市委全会以及全市领导干部会议精神;市委会主要领导参加中共金华市委召开的纪念中共中央发布“五一口号”65周年座谈会,以此重温历史、弘扬传统,凝聚共识;市委会在兰溪“盟员之家”召开思想宣传工作会议,首次聘请市委会“特约通讯员”。二是组织开展各类活动。参加民盟浙江省委组织的“学习中共十八大精神,知盟兴盟”以及中共市委统战部组织开展的“中国梦·同心路”征文活动,获中共市委统战部“中国梦·同心路”征文活动“优秀组织奖”;在东阳横店召开九届十次全委(扩大)会议暨2013年暑期读书会,主委胡锦全作了“重温民盟历史,弘扬优良传统,深化政治交接,凝聚政治共识”的学习讲座;按照中共市委统战部的统一部署和要求,组织力量,深入调研,完成《适应时代要求,切实加强多党合作和统一战线理论方针政策的学习宣传和培训工作》的重点信息约稿工作;举办“贯彻同心思想,争当民盟优秀宣传员”演讲比赛,并选送三名优秀盟员代表盟市委参加盟省委同主题的演讲比赛;积极配合盟省委编辑拍摄“吴晗、陈望道”等盟员传统教育基地的盟史资料;组织总支以上基层组织赴宁波宁海、舟山开展“盟员之家”建设考察学习活动。此外,民盟省委会机关支部赴武义千家驹故居和藏书阁进行考察,对挂牌成立“盟员传统教育基地”和“盟员之家”,以及对千家驹故居保护和开发问题进行研究和探讨。三是贯彻落实人才强盟战略。做好金华市“党外代表人士后备人才”和“党外乡科级后备干部预备人选”等推荐工作,制定今后五年组织发展规划;17位盟员分别参加了中央、省、市级别的培训班,进一步提升盟员骨干和新盟员的综合素质;加强机关建设,新录用机关干部1人,根据中共市委组织部、统战部的统一部署,有1人到市文广新局挂职锻炼半年。四是鼓励各基层组织创新活动形式。民盟兰溪市委会开展与民盟龙游总支、兰花社区等系列“同心结对工程”;东阳市基层委员会开展现代农业“两区”建设状况调研;金东总支结对金东区塘雅镇塘一村农村居家养老服务中心;民盟婺城总支与浙江大学华家池总支签订友好总支协议书;民盟武义总支组织近40名盟员前往绍兴学习取经,参观全国民盟教育基地——胡愈之纪念室等。

【参政议政】 一是市委会主要领导发挥参政议政作用。参加中共金华市委、市政府、市政协、市委统战部召开的情况通报会、专题座谈会、民主评议会及各类视察活动,就市政府工作报告、婺商回归、金义都市区建设、“五城四边三化”建设、浙中水乡构想、推进“三改一拆”、小城镇建设、网络经济、历史文化遗产开发和保护等进行沟通协商,提出建设性的意见和建议,为市委、市政府科学决策提供有益参考。二是在市政协六届三次会议上发挥参政议政作用。程颖委员代表民盟市委会作的大会发言《新形势下推进我市现代农业发展的建议》被评为市政协六届三次全会优秀大会发言;民盟市委会向大会提交《弘扬“北山四先生”,推进婺州特色文化建设》等7个团体提案,盟员委员个人提案58件(不完全统计)。其中,团体提案《让“黄大仙文化”成为金华闪亮的金名片》成市政协六届三次重点提案,《加强金华市区信息产业园区统筹规划与管理的建议》《安抚金磐“小心脏”,营造健康整洁新金华》《倡导低碳出行,构建公共自行车服务体系》《调整布局,优化结构,提升市区教育现代化水平》四个提案被评为优秀提案,孙黎明、何春花、陈兴兵、陈洪波、邵燕芳、雷永忠6位盟员委员被评为优秀市政协委员(共评出26位)。三是通过学术论文、调研和信息渠道发挥参政议政作用。盟员发表省级以上论文300余篇,获各类表彰奖励400余人次。民盟金职院支部主持的课题《加强党外人才 队伍建设问题研究》成为市社科联、市委统战部的招标课题;市委会和教育局、民政局、文广新局等对口联系单位进行多次座谈会,就"建立教师流动制度,促进金华市教育均衡发展"议题进行联合调研。市委会加强反映社情民意信息工作,市委会荣获"民盟省委会反映社情民意信息工作先进集体", 市统战系统宣传信息工作二等奖,孙黎明、严亮奇、雷永忠三位盟员荣获民盟省委会反映社情民意信息工作先进个人,金职院盟员王成福的信息《义乌街东苑小学路段何时才能解决乱停车现象》获中共金华市委书记徐加爱的批示。四是评选和表彰先进激励参政议政。婺城区总支部、法律社会服务委员会、教育委员会、文化艺术委员会、金东区总支部获先参政议政先进集体称号,严亮奇等10人被评为参政议政先进个人。五是发挥盟员中担任省人大代表(1人)、省政协委员(3人)人员的参政议政作用。

【社会服务】 市委会、各基层组织和盟员,发挥优势,深入基层,开展社会服务工作,努力做好事、做实事。巩固始于2006年由婺城总支发起的"民盟林"种植活动,再次举办"民盟林"全省公益植树活动,推进"森林金华"和生态文明建设;民盟教育培训中心发挥优势继续开展暑期辅导, 服务社会;市委会领导在节假日期间看望慰问民盟老领导和80岁以上老盟员、困难盟员;民盟浙江华夏书画学会金华分会与民盟金东区总支共同组织盟内书法家到澧浦镇进行写春联下乡服务;兰溪市委会启动农村教育"烛光行动",为农村教师配送支教"营养餐"促进全市城乡教育均衡发展和资源共享;民盟东阳市基层委员会到佐村镇上林口村开展"送医送药送温暖"同心活动,参加东阳日报组织的"我为汽车种棵树,我为环保加速度"迎春植树造林活动,重阳节走访慰问退休老盟员;民盟义乌市支部组织盟员到十多个乡村先后开展了爱心助学"手牵手"、送教下乡、送文化下乡等活动;婺城盟员企业家吴晓为金华职业技术学院捐款7万元。

(朱雅玲)

中国民主建国会金华市委会

【概述】 2013年底,全市共有会员652人,平均年龄46.8岁,大专以上学历513人,中级以上职称328人。会员分布主要在经济界, 有467人,占71.6%,会员中有新社会阶层人士270人,占41.4%,民营企业主177人,占27.1%。

【参政议政】 在省"两会"上,金华民建代表、委员共提交建议、提案32件。在金华市"两会"上,民建会员中7位市人大代表、28位市政协委员共提交建议、提案41件;市委会提交团体提案8件、大会发言2篇。市政协六届二次团体提案《加快三个转变,推动保障性安居工程健康有序发展的建议》被评为优秀提案,卢淑芳、杜剑平、辛永良、郭金林获2011~2012年度优秀政协委员,受到市政协表彰。雷永金《关于加强村级社区卫生服务站建设的建议》获六届四次人大会议代表重点建议督办件。全年共向省委会、市政协报送社情民意信息39篇,被市政协采用15篇,被省委会采用8篇,其中3篇被民建中央采用,1篇被全国政协采用。组织会员积极申报课题,由葛深渭负责的《引导民间资本参与小城镇建设的政策及机制创新》被省民建确定为2013年立项课题,由张啸尘负责的《发挥统一战线在协商民主中的作用问题研究》被市委统战部、市社科联确定为2013年中标课题。为调动广大会员参政议政的积极性,市委会制定《民建金华市委会参政议政社情民意奖励办法》。市委会获省民建2013年度信息工作先进集体三等奖,《浙江民建》会刊先进集体三等奖,会员方肖川获省民建优秀信息员,杨文平获《浙江民建》优秀通讯员,陈满荣获浙江民建网站优秀报道员;获市政协2013年度反映社情民意信息工作先进单位一等奖,方肖川获反映社情民意信息工作先进个人;获市委统战部2013年度统战信息工作先进单位三等奖,陈满荣获市统战信息先进个人。

【社会服务】 市委会积极关心会员企业发展,组织金华市金帆饲料有限公司、东阳市圣华工艺品有限公司、中国中坚机电集团等7家会员企业参加省民建组织的民建校园专场招聘会。4月20日,四川雅安7级强震,会员及会员企业踊跃为灾区捐款,累计捐款捐物16万多元。会员企业明家装饰工程有限公司组织员工与驻北山某雷达部队官兵举办"军地共建,心手相牵"联欢晚会。会员刘少辉自筹资金编制的实验舞剧《天若有情》在浙江师范大学音乐学院音乐厅举行演出。永康民建设立"民建永康乡土文化建设"基金。东阳市基层委员会成立思源工程基金会并募集到首批爱心捐助款34.6万元。会员应敏当选为永康市艺术摄影学会首届主席,其摄影作品《孕育》在"影像中国"全国摄影大展中荣获二级收藏奖。会员捷特包装有限公司总经理周卫中被评选为金华市劳动模范。会员张鑫林被省住房和城乡建设厅评为"2012年度浙江省建设工程质量安全管理先进个人"。

【自身建设】 春节前,主委丁国玉走访慰问市委会老领导和原工商业者会员,会员雷永金也向老工商业者赠送礼品,送上新春祝福,并为老会员帮订《金华晚报》。3月31日,市委会机关干部、金东、婺城总支部一行40余人祭扫施复亮先生墓,开展学习民建优良传统学习教育活动。市委会原主委盛天民同志因病医治无效不幸逝世,市委会于8月12日组织举行了遗体告别仪式。市委会以民建新会章的修订为契机,组织市委委员和各支部主委学习《中国民主建国会章程》及进行会章宣讲辅导。

【学习宣传】 市委会多次召开市委会会议,组织学习中共十八大精神并请浙师大法政学院张啸尘副教授作辅导讲座。11月9日,中共十八届三中全会召开,市委会下发文件,要求各支部(总支部)、基层委员会认真学习贯彻中共十八届三中全会精神。市委会及各基层组织相继开展了学习活动。市委统战部组织开展"中国梦·同心路"征文,共有9名会员积极投稿,杨文平的《走同心路 努力实现中国梦》获三等奖、李坚强的《激情唱响"中国梦"》获优秀奖。

重视会员的宣传和教育工作。为方便大家学习交流,编印《金华民建》会刊4期。组织1名会员参加了2013(第十五届)中国风险投资论坛,10多名会员参加由市委统战部组织的《从数字化制造到智能化制造》专题讲座,会员吕后明、邵飞参加民建中央组织的2013年会员企业家"倍增战略与商业模式"培训班,7名会员企业家参加省委会组织的民建青年企业家培训班,8名会员企业家参加省企业家年会,6人参加省民建支部主任培训班,9人参加统战部组织的民主党派新成员培训班,

组织市委会领导班子参加由省民建组织的中央社院培训班。向市委统战部推荐2名党外乡科级后备干部预备人选、6名党外代表人士后备人选,机关干部陈满荣到对口联系单位市商务局挂职,杨文平参与市委组织部组织的"三改一拆""百日服务"活动。

【交流与合作】 5月10日,东阳市基层委员会与永康市总支部开展交流活动。5月25日—26日,省委会组织处、调研处组织省直属支部部分会员企业家来金考察调研。9月17日—18日,省民建常委会在金召开。10月15日,民建钦州市委一行到义乌考察学习,参观义乌国际商贸城。

【组织建设】 2013年是民建中央和省委会基层组织建设年,推荐东阳市基层委员会参加民建全国基层组织建设经验交流研讨会。义乌市总支部、东阳市总支部更名为基层委员会。市直五支部、浙师大总支部、婺城区总支部、金东区总支二支部、市退休四支部、兰溪市总支部、义乌市总支部、东阳市基层委员会被评选为民建浙江省先进基层组织,东阳市基层委员会被授予首批省基层组织学习交流基地。全年发展新会员35名。

(杨文平)

中国民主促进会金华市委员会

【概述】 2013年,民进金华市委员会设总支3个、市直属支部16个、县(市、区)支部3个,会员531人,平均年龄50岁,其中具有中级以上职称会员433人,占会员总数的81.5%,省、市、县人大代表11人,省政协委员2人,市政协委员18人(其中常委3人)。全年新发展会员33人(其中中级以上职称24人,平均年龄39岁)。民进金华市委会围绕"服务中心、关注民生"工作主线,认真履行参政党地方组织职责,为"两富"现代化都市区建设做出积极的贡

献,推进自身建设,较好地完成年初制定的各项工作任务和目标。

【学习型组织建设】 加强党的方针政策和上级组织精神的学习。及时传达学习中共中央、中共金华市委、会中央、省委会一系列重要会议、文件精神,把贯彻落实党的十八大和民进十一大精神作为首项政治任务来抓,引导会员进一步坚定中国特色社会主义的道路自信、理论自信、制度自信,真正做到与中国共产党思想上同心同德、目标上同心同向、行动上同心同行。开展参政党理论学习研究。择优选送省委会征文11篇,其中:一等奖1篇、三等奖2篇、优秀奖2篇。开展“同心路·中国梦”征文工作,其中选送中共金华市委统战部7篇,获二等奖1篇。通过征文、课题等载体推动全会广泛深入开展理论研究。市委会重视参政党理论人才培养,发现和培养理论研究人才,组建成了一支有31位会员参加的理论研究队伍,成为市委统战理论征文主力军、主要依靠力量。健全舆论宣传工作平台,进一步畅通信息沟通渠道。加强与新闻媒体合作,积极宣传报道市委会各项活动。充分发挥《金华民进》报的宣传教育主窗口作用,每季精心编辑一期4版《金华民进》。继续做好金华民进网站日常维护和内容及时更新,发挥网络的优势,及时传递各类会务信息,使会员能在第一时间了解组织活动动态,获取各类信息,强化宣传效果。积极拓宽对外宣传渠道,注重宣传队伍建设,经市委会推荐,6位会员被民进浙江省委会聘为2013~2017年新闻宣传特约通讯员。寓思想教育于活动之中,精心策划组织传统节日活动,使活动赋予参政党之内涵,教与乐相结合,政治性与知识性相结合。

【组织建设】 加强组织发展和会员培训。组织发展工作坚持“发展与参政议政需要相结合,发展与后备干部队伍建设相结合”的原则,依靠统战部和中共基层组织,依靠总支、支部,依靠广大会员和会外朋友来物色发展对象。根据市委会履行职能的实际和人才结构现状,对重点对象,主动上门,真情相邀,热心引导,动员入会。在物色发展对象时不但注重成员的政治素质、代表性、学识水平、社会影响力和活动能力,更注重考察发展对象建言献策的能力和热心程度。做到规范入会考察、审批程序,严格按章程、程序和“纪要”的要求把好“入口关”。重视对新会员的培训,举办新会员培训会,组织会员学习会史、会章及中国的政党制度等知识,开展怎样写社情民意信息的讲座,提高新会员的综合素质。有1位会员参加中央社院民进企业家培训班学习,有1位会员参加省社院民主党派中青年骨干培训班学习,选送4位会员参加省委会参政议政骨干培训班学习,选送6位会员参加省委会的基层组织负责人培训班学习,选送8位新会员参加市社会主义学院党派新成员培训班学习。根据《金华市委关于加强新形势下党外代表人士队伍建设的实施意见》,经调研摸底后初步建立市委会领导班子人选后备库、政治安排推荐后备库、实职推荐后备库。下一步将进一步完善充实并切实做好对入库人员的培训、推荐培训和推荐使用工作,逐步建设一支结构合理、政治坚定、业绩突出、有一定社会影响力的代表人士队伍。市委会通过发挥“浙江民进自身建设现场教学点”作用、开展基层组织活动经典案例(已完成各具特色的案例5个)宣讲和举办基层组织建设研讨会等,来推动开展形式多样、内涵丰富的组织活动。现场教学点还承担金华市社会主义学院“民主党派新成员培训班”教学任务。筹备成立民进东阳支部。市委会抓住东阳市正在推进东阳文化产业全域化发展的契机,积极筹备成立民进东阳支部。民进作为以文化为主界别的参政党,在东阳市的文化全域化发展的过程中应有所作为,有所表现,故积极与省委会、中共金华市委统战部、中共东阳市委统战部沟通,现各方已达成共识,计划在年底成立民进东阳支部。新物色发展会员4名,使东阳市会员增加到10名。新成立的民进东阳支部将成为民进金华市委会在金华各县(市)的第3个基层组织。开展支部联谊活动,扩大会员间的交流和合作,为进一步提升支部的凝聚力和影响力。直属二支部、文艺支部、金东支部联合举办送春联、迎新春活动,金一中支部与金外支部联合赴金义都市区参观考察,开发区支部和综合支部赴浦江学习交流,金华二中支部与金一中支部组织联谊活动等。加强与基层组织所在单位和会员所在单位党组织的联系,不定期邀请有关单位党组织负责人会面,通报相关情况,加强交流,增进友谊,帮助基层组织创造良好的外部环境。同时加强和县(市区)统战部、政协联系,争取他们的支持。市委会以建设"学习型、服务型、效能型、创新型、和谐型"机关为目标,较好地发挥了党派机关协调、服务的功能。选派一名机关干部去"三改一拆"工作组锻炼和到"对口联系"的规划局挂职,提高机关干部的综合素质。

【履行参政议政职能】 在中共金华市委、中共金华市委统战部、市政协召开的各种民主协商会、座谈会、情况通报会上,以及列席市政府有关工作会议上,市委会就金华的经济、政治、文化和社会生活的重大决策发表政见,对中共金华市委、市政府及有关部门提出的事关全市长远发展和人民群众关心的热点难点问题坦诚建言,提出大量颇具可行性的意见和建议,其中一些意见和建议得到市有关部门的采纳。以"两会"为平台,倾情建言献策。有3件材料被市政协全会录用为大会发言材料,作大会口头发言2件,其中《振兴市区旅游业的建议》的大会口头发言被评为优秀大会发言(全市共5个),这是连续第五年获此殊荣。市委会提交《振兴市区旅游业的建议》等8件集体提案,呈交个人提案28件。其中,《振兴市区旅游业的建议》和《建议建立健全社区居家养老服务保障体系》两件提案被列为重点督办提案。市人大代表呈交议案(建议)4件。在"两会"召开前,开展"我为金华发展献一策"活动,向广大会员征集提案、议案线索和社情民意信息,收到21名会员向市委会办公室提交书面线索23条。所提供的信息转化成集体提案2件,个人提案2件,反映社情民意信息1件。集思广益,做好反映社情民意工作。全年收到会员反映社情民意信息23篇,其中被市委市府办采用1篇、民进省委会采用6篇、市政协采用4篇,省政协采用1篇(《建议提升发展弱势小城镇,统筹振兴农业现代化》)。发挥优势,积极承担完成省委会课题。除开展市委会计划课题调研外,还积极参与或配合民进省委会、市政协、中共金华市委统战部重大课题的调研。中标完成省委会《县域义务教育均衡发展对策研究》的参政议政重点课题。牵头完成金华市市级各民主党派联合调研课题:金华市网络经济发展对策研究,该调研成果报市政府后获暨军民代市长批示。

【社会服务工作】 办好民进金华开明画院,举办笔会1场,协办会员个人画展3场。画院致力于开展美术创作、美术理论研究和推进美育发展,以促进艺术繁荣、为社会提供艺术服务、推动美术教育和普及、提高人民群众的艺术素养为宗旨,通过广泛联络美术界人士,开展交流切磋,更好地发挥艺术家的作用,为弘扬民族优秀文化、创造高度的精神文明服务。春节前夕,民进金华市委会组织部分书法家及书法爱好者,先后在中山路社区、东方明珠社区、金东区十二里村、婺城区汤溪镇鸽坞塔村开展写春联送温暖活动;走访慰问了多湖街道十二里社区居家养老中心和金东区麻风村老人,送去优质大米225公斤、金龙油60公斤,捐款11000元。市委会组织了医卫界会员先后赴稠江街道敬老院、十二里村等为近百名老人体检和义诊。为雅畈镇雅畈二村建立图书流通站,提供包括文史、科普、保健、农技类新书300余册;开展"爱心捐赠 送教助学"活动,向婺城区沙畈乡中心小学,捐赠了40条空调被,义务为该小学上公开课;向澧浦镇东湖小学捐赠价值万余元的新图书。市委会对需要关怀、帮助的会员进行物质、精神上的关心,或帮助协调关系,对事业有成的会员做好助推工作。积极服务于会员企业,组织医卫界会员赴浙江驰江工贸有限公司进行指导,为其投资创办骨科专科医院把脉、会诊、支招;组织金一中支部和金外支部部分会员赴东方外国语学校开展教研活动。上门走访、慰问退休干部、资深老会员,帮助市委会老领导的遗孀或家属解决一些力所能及的问题。

(金剑光)

中国农工民主党金华市委会

【概述】 2013年末,农工民主党金华市委员会辖县级市委会2个,县级总支3个,县级支部1个,市直属支部13个。全市现有党员823人,医卫界占45.3%,文教界的34.4%,科技界占4.4%,其他占15.9%,新发展党员31名。

【参政议政】 围绕经济社会发展重大战略问题,市委会主要领导应邀参加通报会、专题会、征求意见座谈会等,坦陈己见,为金华的经济社会发展建言献策。22位担任行风监督员的党员,认真履行行风监督职能,有效开展民主监督。在市“两会”上,市委会共提交集体提案25件,个人提案23件,人大建议案7件。《关于做好城乡医院对口联系,缓解群众就医难的建议》被确定为重点提案,《关于对我市乡镇卫生事业医疗改革的建议》被评为优秀提案,胡晓杭、王晓敏被评为2011—2012年度优秀政协委员。《构筑金衢丽绿色生态屏障,保护我省生态安全》荣获2011—2012年度省参政议政优秀成果三等奖。《建议推广环保便民出行模式——公共自行车租赁系统》的建议,被市政府列为2013年为民办实事的一项重要工作。下发《农工党金华市委会信息工作考核办法》,建立信息员QQ群,强化信息员队伍建设。2013年,全市党员向市委会报送社情民意信息共37条,其中被省委统战部采用1条,省委会采用6条,市两办采用1条,市政协采用8条。市委会荣获2012年度全市统战宣传调研信息工作三等奖。

【自身建设】 深入学习贯彻中共十八大、中共十八届三中全会和中央经济工作会议精神,认真学习中共中央系列新的精神和习总书记的重要讲话精神。以纪念“五一口号”发表65周年活动为载体,传承农工党的优良传统,努力践行同心思想。配合做好农工党中央党员思想状况问卷调查。积极征订《前进论坛》,继续被农工党中央评为先进征订单位。根据工作安排,市委会班子成员开展了届末述职和考评,促进班子建设,为2014年的换届工作打好基础。完善党员人才的培训、推荐和管理机制,推荐8名新党员参加市社会主义学院学习,6位同志参加中央、省社会主义学院学习。已向中共金华市委推荐县处级后备干部2人,科级后备干部2人,省级党外代表人士后备人选1人。根据《农工党金华市基层组织考核办法》量化考核,金华市人民医院支部等10个支部被评为2013年度金华市先进支部,同时荣获农工党省委会2012—2013年度先进基层组织称号。完成东阳市委会的换届工作。全体党员立足本职,爱岗敬业,据不完全统计,在各级刊物发表论文120多篇,获各种表彰奖励近100人次。

【社会服务】 在“中国环境与健康宣传周”期间,市委会组织专家到中山路社区开展糖尿病知识讲座。在“国际科学与和平周”期间,联合金华景迪医疗用品有限公司在金东区低田小商品工业园区联合举办“国际科学与和平周”义诊活动,送出价值4000多元的药品和医疗用品。各基层组织充分发挥优势,开展形式多样的社会服务活动。金华市中医院支部组织开展了7次下乡义诊活动。东阳市委会持续26年在“六一”儿童节期间为东阳市聋哑学校师生免费体检,建立健康档案。婺城区总支部利用教育资源的优势,开展送教下乡活动。永康市总支部在办好前进学校的基础上,接管新永小学,并将新永小学改称为前进学校西塔校区。兰溪市委会为结对的西方坞村联系企业帮扶,为村经济发展出谋划策。据不完全统计,2013年,全市各基层组织共开展送医送教等各项活动16次,全市党员向社会共捐助170多万元。

(陈梅娅)

九三学社金华市委会

【概述】 2013年底,全市共有各级九三学社组织16个,其中,金东区基层委员会于2013年12月31日成立,义乌市委会、婺城区基层委员会、浙师大委员会以及市直属10个支社完成换届。全年发展新社员44名,共有社员643名,主要分布在工业经济、农林科技、医药卫生、高等教育等科技界别,高中级职称占97%以上。

【自身建设】 深入学习贯彻中共十八大和三中全会精神,全面加强思想建设。以纪念“中共中央发布纪念‘五一’劳动节口号”为载体,努力践行同心同行思想。认真回顾社省委历次思想政治工作会议精神,传承九三学社民主与科学优良传统。认真抓好基层组织换届,召开社员代表座谈会,征求中共党组织的意见和主委会议意见,候选人产生过程充分体现协商民主,保证选举民主的质量,一批热爱九三学社,政治思想素质好、工作能力强、身体健康的社员进入新一届基层组织领导班子,为提高自身建设水平奠定组织基础。切实做好后备干部队伍的培养和推荐工作,向中共金华市委推荐县处级后备干部人选4位,党外代表人士后备人选2位。两位青年骨干社员经考察被推荐到九三学社浙江省委机关工作,专职副主委成晓波到交通局治堵办挂职半年,后又抽调到市“五水共治”办公室工作。注重骨干社员和新社员培训工作,推荐30名社员参加中央、省、市社会主义学院和县(市)中共党校学习培训。张跃进、郑祥福当选为省政协常委。王荣山参加韩启德主席召开的组织建设调研(浙江)座谈会,探讨在基层组织建设方面存在的问题; 王荣山继2月获国务院特殊津贴,5月又获“金华市劳动模范”荣誉称号。

【参政议政】 社市委紧紧围绕“两富”现代化建设,积极参政议政。在金华市政协全会上提出团体提案5件,其中“坚持共试共创,推动义乌改革试点惠及全市”列为大会口头发言,“关于进一步健全协商民主制度的建议”列为大会书面发言。委员个人提案57件,金华市人大议案15件。其中市政协优秀提案2件。完成调研报告1件,报送各类信息17件。这些参政议政成果多数来源于社员们深入基层、深入实际、深入思考后形成的“一人一议”,全年收到并采用的“一人一议”有76件,为社参政议政提供有力保障。基层社结合实际参政议政。兰溪市委会贯彻全省科技工作会议精神, 与对口联系单位科技局就兰溪科技工作进行深入的座谈, 建议召开科技工作推进会,落实好纺织行业共性技术的平台建设,在纺织、机械、环保、节能和装备制造方面有新突破;义乌市委会参加九三学社浙江省医委会专家赴义调研活动, 共同探讨义乌医改在医疗保障、基本药物实施、绩效工资、深化人员编制、公共卫生职能化、信息化等六个方面的所取得的成效及存在问题; 永康市委会聘请永康市政协老领导徐杲老师为永康九三参政议政顾问,进一步提高参政议政水平。

【社会服务】 一是市委会探索“上下联动、左右协同”开展社务活动的新机制。联合社省委开展科技服务月活动,与中共金华市委统战部开展的“民主党派专家金华行”活动相结合,取得对口联系单位金华市科技局等单位的大力支持。二是取得上级社省委会领导支持来开展社会服务工作。九三学社省委会副主委、省卫生厅副厅长叶真带领8位专家,实地考察金义都市新区,围绕金义都市新区新建医院的理念、位置选择、科室设置,基层卫生院医改后存在的问题,全科医生的职业环境等课题进行调研,提出意见建议;九三学社省委会专职副主委叶烈窑带队,15位专家学者与全市18家企业座谈交流,根据前期项目需求、专家特点和对接情况,到相关企业开展现场科技咨询,为企业转型升级问诊把脉、出谋划策;中国工程院院士、浙江大学求是特聘教授、博士生导师谭建荣到金华市作了《从数字化制造到智能化制造》的专题报告,市机关有关部门、非公经济人士、企业管理技术人员、学校师生等200余人参加了报告会。该次活动是贯彻落实中共浙江省委十三届三次全会精神,响应《中共浙江省委关于全面实施创新驱动发展战略加快建设创新型省份的决定》,具有院士领衔、多方参与、社会协同,推动产学研相结合的特点,得到市领导的充分肯定,取得良好的社会效果;为开展好“国际科学与和平周”活动,金华市委会与社省委、社浙大委员会、社永康基层委员会联合开展“推进创新驱动发展”九三学社专家永康行活动。谭建荣院士带领32名九三专家组成专家组, 实地考察永康名品展示厅、现代农业装备高新区、有关企业后,与33名永康企业家共同研讨 “产学研合作与产业转型升级”问题,谭建荣院士、范柏乃教授作了转型升级专题辅导报告。该次活动得到永康市委、市政府的高度评价,深受永康企业家的欢迎。三是基层社组织也积极开展社会服务。兰溪市委会与人事劳动局、红狮水泥企业“三合一”共同联系一个民族村,创新社会服务形式,打造新的服务品牌。各级组织共开展社会服务9次,受益人次1500次,捐献13.5万元。

(刘桂英)

群众团体

金华市总工会

【概述】 金华市总工会辖10个县(市、区)总工会,2个产业工会(教育、财贸),4个事业单位(省总工会双龙工疗、市总工会职工学校、市工人文化宫、市总工会职工维权帮扶中心)。全市共有基层工会组织16460家,工会会员192.52万人,职工入会率达到95.2%。2013年,金华市各级工会深入学习贯彻中共十八大,中国工会十六大、省总工会十四大和六届市委历次全会精神,围绕“百姓富裕、浙中崛起”总目标,认真履行工会基本职责,扎实做好新形势下职工群众工作,切实维护职工合法权益,提升自身建设科学化水平,各项工作取得积极进展。

【服务发展大局】 一是开展劳动竞赛。在全市组织8000余家企业、100多万职工参加“六比一创”劳动竞赛活动、节能减排专项竞赛和重点工程立功竞赛等活动,一批企业和个人荣获省政府重点工程立功竞赛先进集体和个人。二是发挥劳模先进引领作用。认真组织开展金华市劳动模范、全国(省)五一劳动奖章和金华市杰出职工评选推荐活动,举行隆重的劳模表彰大会。全市已建立高技能人才(劳模)创新工作室53个,组织攻关项目200余个,实现年效益13亿元,充分发挥劳模先进和高技能人才在技术创新中的示范带动作用。三是提升职工素质技能。广泛组织职工开展“五小活动”和职工技术服务活动,全市采纳实施职工合理化建议近1.6万条,增创效益6亿元,职工技术革新、工艺改进达1000多项,发明创造150余项。广泛开展岗位练兵和技能比武,举办了14个工种的市级技能大赛,有3000余名职工参加。新建市级职工技能培训基地6个,开展技能培训3.8万人次,有效提升职工素质技能。

【维护职工权益】 一是深入开展劳动关系和谐企业创建活动,全市共有151个乡镇(街道)11031家企业参与劳动关系和谐企业创建活动,创建率达到90%以上,已有全国和谐企业2家,省级和谐企业39家,市级和谐企业202家。二是依法推动企业普遍开展工资集体协商,树立酥饼行业协会等一批具有推广意义的工资集体协商典型,建立专职的工资集体协商指导员队伍。金华市签订工资专项集体合同11473份,其中区域性集体合同284份,行业性集体合同28份,覆盖企业29832家,覆盖职工近142万人。积极推进女职工权益保护专项集体合同协议工作,维护女职工合法权益和特殊利益。财贸、教育两个产业工会认真履行产业工会职能,创新工作机制和活动方式,不断探索适合本产业特点的新路子。三是继续深化“安康杯”竞赛活动,出台《关于开展企业工会劳动保护分级管理的指导意见》,全市有6000余家企业、70多万职工参加“安康杯”竞赛活动,建立工会劳动保护监督检查委员会11075个,开展安全检查98561次。四是继续加大厂务公开和民主管理工作力度。和市国资委联合下发《关于深化国有企业厂务公开工作实施方案》,进一步促进国有企业领导人员廉洁从业。积极探索创新职工代表参与日常民主管理的有效形式和途径,国有及其控股企业厂务公开和职代会建制率达到98%,非公企业达到85%以上。

【服务平台建设】 一是建立健全职工维稳工作例会制度,加强对职工维稳形势的研判。积极与人劳社保、安监、卫生、建设、司法等部门联系,加大联合检查执法力度。加强企业劳动争议调解组织建设,新建会企业都同步成立劳动争议调解组织。全年全市各级工会共受理劳动争议案件8005件,处理完成7308件,积极协调处理企业与职工的劳资矛盾,受到市委市政府主要领导的批示肯定。二是积极推进职工服务中心建设。认真贯彻执行《浙江省总工会关于推进职工服务中心建设的指导意见》,全力打造救助、维权、服务三位一体的综合性工会服务平台。金华市总工会服务中心被评为“优秀”单位,义乌市和浦江县总工会服务中心被评为“达标”单位。三是开展职工住院医疗互助保障活动。在市区全面推广职工住院医疗互助保障活动,有948家企业7.2万名职工参加医疗互助保障,筹集互助金360多万元,有560名职工享受保障金支付35万余元。四是全力打造工会“送温暖”品牌。全市已建档困难职工6051人,共筹集助学资金、困难帮扶和医疗救助金等各项送温暖资金700余万元,帮扶职工1.07万人次。开展“福彩牵手温暖回家——困难外来务工人员专项帮扶行动”,深化“情系职工服务会员”活动,与金华工商银行联合发行“工会卡”,扩大工会服务的影响力。

【职工文化】 一是开展“中国梦·劳动美”主题宣传活动,深入企业深入职工开展中共十八大、十八届二中、三中全会和中国工会十六大等会议精神宣讲,依托金华日报的“工会之窗”专栏进一步加大工会工作的宣传力度,对全市工会工作和职工关心的热点难点问题等进行广泛宣传报道。二是广泛开展书法、摄影、趣味运动会和中秋征文等职工群众喜闻乐见的文化活动,组织职工参加浙江省首届职工艺术节的摄影、合唱、排舞等14个比赛项目,市总工会获省总工会优秀组织奖,5个项目获得金银奖项。三是以“两建一送”活动为载体，加大职工文化站点建设力度，拨专款补助基层的农民工文化家园建设，投入30万元专项资金用于职工免费培训。2013年全市新建全国示范职工书屋6家，省级示范职工书屋80家，省级农民工文化家园8家。组建了职工艺术团，送演出、送电影、送报刊到企业，免费为2000多名职工举办文化艺术培训班30多期，不断丰富职工的业余文化生活。

【自身建设】 一是扎实抓好工会组建工作。继续推动重点领域建会工作，实现工业园区、开发区、功能区等各类园区100%建立工会组织；加大规模以上非公有制企业工会组建力度，机关事业单位工会组建率达到95%以上；新增工会组织2200多家，新增会员9.7万名，职工入会率达到95.2%；有序推进乡镇(街道)工会建设，与市委组织部联合下发《关于加强乡镇(街道)工会建设的意见》，全市符合建会条件的112个乡镇(街道)实现总工会全覆盖，配备专职工会干部108名。二是积极推进基层工会规范化建设。举办企业工会主席业务培训班，召开全市机关事业单位工会规范化建设现场会，开展模范职工之家和优秀工会工作者评选活动，提高基层工会规范化建设的主动性和实效性。三是建立完善工会资产监督管理体系，加强工会财会、审计工作，提高工会资金使用效益。

（章　颖）

共青团金华市委员会

【概述】 2013年，金华共青团切实履行团的四项基本职能，以“效能建设年”“活力提升年”为主线，求真务实，锐意进取。获得全国少工委副主任、团中央少年部部长王路，团中央权益部副部长陈琳，团省委副书记苗伟伦、王征、朱斌，市领导陶诚华、金中梁等领导亲临指导工作，并肯定青少年权益、少先队课程改革等工作。少先队活动课常态化建设项目荣获共青团工作、青少年工作创新奖；荣获浙江省信息工作先进单位并首次进入全省三强，同时浦江、武义、永康三个县(市、区)荣获共青团信息先进单位称号；全市供销农超“闪超便民店”项目、“青春加油站”、“爱心农民”、“爱心助学”、“送志愿到家”、“节会志愿服务”等六项工作被《中国共青团》杂志采用，“闪超便民店”还被省政府办公厅《每日要情》采用。

【青少年思想道德教育】 一是认真组织学习贯彻习近平总书记系列重要讲话及团的十七大精神。制定学习贯彻方案，累计开展报告会、讨论会、主题团队日、演讲比赛、征文比赛等学习宣传活动100余场，覆盖团员青年十万余人，统一团员青年思想共识，凝聚奋进力量。开展“三进三服务”系列活动，为党的群众路线教育活动提前做好摸底调研。全市各级团组织共走访联系点2365个，联系青年435名，其中包括闲散青年34名，梳理问题54个，现已解决问题21个，确定调研课题28个，形成调研文章42篇。二是扎实开展青少年励志行动，培育精神富有接班人。开展“青春飞扬中国梦”主题宣传教育活动，分“青春励志梦”“青春建功梦”“青春力量梦”3个篇章，在各县(市、区)开展18项主体活动。启动“启航中国梦”八婺青年大讲堂主题教育实践活动，邀请专家学者、青年领袖开展讲座、研讨活动逾百场，切实引导青年走在时代前列。开展“百名善行好青年、千名美德好少年”评选活动，营造处处有典型、人人争最美的良好社会氛围。开展“十大杰出青年”“青年致富带头人”“新锐婺商”评选表彰活动，塑造了一批可亲、可敬、可学的青年榜样。三是科学设计载体和内容，创新教育引导方式。成立金华市微博联盟，吸收政府部门52个官方微博成为理事单位，评选表彰“金华市十大影响力微博”，发出“共建魅力微家园”的倡议。依托官方微博开展“青春中国梦”“让网络空间清朗起来”“奋斗的青春最美丽”等主题讨论活动，抢占青少年网上舆论高地。开展全市青年舆情监测员培训班，培训180名基层青年舆情监测网负责人、监测员。成立“浙中青年微电影拍摄基地”，凝聚一批优秀青年影视制作人才，为优秀青年文化作品创造提供有力支持，有《天堂的小说》等10部青年励志微电影制作完成。开展“‘争做精神富有好少年’六一嘉年华游戏盛会”“微心愿·中国梦”等校外公益活动，有1.5万名青少年参与。总投资近百万元的“童玩空间”进入试运行。少先队课程改革取得阶段性成果，承办全国《少先队课程指导纲要》试点单位现场观摩推进会。连续15年开展学生社区主任助理工作，成效显著。

【青少年“四大行动”】 一是开展青少年建功行动,引导青年在经济、社会、生态文明建设中贡献力量。围绕经济建设建功。举办省青企协会员“走进金华”经贸考察活动,接待省青年企业家50余人,经过实地考察重点投资项目、召开投资环境推介会,达成初步投资意向10亿元。举办“青春助力企业成长 金融驱动科技发展” 高新技术企业融资辅导培训会,助推创新驱动发展战略。组织青年企业家与湖北、山东、新疆等多地青年企业家的交流互动,推动区域经济发展。开展“感受产业集群、助力浙中崛起”第二届青年百里毅行活动,吸引3000多名团员青年现场参与,引导他们投身市区重点建设。开展青年文明号“评星晋级”探索,优化制度设计,激发创建活力,共评选表彰市级青年文明号75家,青年岗位能手81名。推进青年网商创业行动,开展青年网商现状调查,在兰溪市试点开展“团聚青年力量·网罗创业英才”青年网商创业创新发展论坛,成立青年网商联盟,引导服务广大青年积极投身电子商务创业创新。围绕社会管理建功。动员共青团、少先队、志愿者三支队伍,全面参与治理城市交通拥堵工作,开展“通畅,让城市更美好”青少年交通文明教育实践活动、“文明出行,从我做起”统一队日活动和“青春畅行 文明我心”交通文明宣传教育集中月行动,市区有志愿者1.4万人次参与现场劝导,劝导不文明行为6.3万起。承担并高质量完成省二体会志愿服务任务,共招募赛事志愿者999名,完成54项赛事服务工作,累计服务72296小时、9037人次。开展党员志愿服务“公益日”活动,共招募党员志愿者19465名,成立党员志愿者服务队469支,推动志愿者活动常态化。深入开展“学雷锋 树新风”主题实践活动,开展各类报告会、座谈会、主题班会,微征文、主题活动120余次。大力推动平安志愿行动,累计开展平安志愿服务活动187场,参与服务社会群众超过37.6万人次,直接、间接阻止犯罪事件2160余起。加强社区志愿服务中心建设,组织志愿者深入社区开展医疗保健、家电维修、义务家教、文体娱乐等服务活动,累计开展各类社区便民志愿服务活动160余场,服务社区居民2.7万余人。围绕“美丽金华” 建设建功。积极参与国卫复审迎检工作,组织志愿者承接市八一南街三峰路口等路段墙体创卫宣传活动。开展共青团助力“三化”集中行动周,广大团员青年、志愿者深入市区167个社区、重点场所(路段)开展环境卫生美化,参与人数累计超过4.7万人次。响应市委、市政府、团省委水环境整体治理的号召,广泛开展“助力治水 青春建功”行动,浦江县动员志愿者1090名,建立治水志愿者小分队78支,开展水环境调查、生态监护、环保宣传、河道清理、植绿护绿等志愿服务累计2725小时。开展“我为创森添片绿”行动,进行植树造林活动60余次,参与青年2万余人次。二是开展青少年关爱行动,引导青年在社会建设中大有作为。大力推进青年就业创业。累计发放创业小额贷款1644笔、1.22亿元,带动就业6344人。启动“闪超便民店”项目,依托供销农超现有资源,招募大学毕业生担任“店长”,保证创业前三年,每人每年至少可获10万元收益,全市共开业便民店20家。承办全省大学生村官工作现场推进会,编印《金华市大学生村官10堂课》一书,促进大学生村官就业创业。开展各类创业青年培训活动,累计培训5168人次,其中成泰农村青年创业学院,开班6期,培训300人次;组织89人参加省农村青年致富带头人现代农业培训,受到团省委及领导充分肯定。努力解决青少年民生问题。开展“爱心助跑·圆梦大学”活动,筹集爱心资金226.76万元,帮助396名贫困大学新生圆“大学梦”。开展暑期公益夏令营活动,提供自护教育、学业辅导、亲情陪护服务,有4418名青少年免费参与,组织15名青少年赴韩国、新疆等地开展交流活动。加强“七彩幸福小屋”阵地建设,新建“七彩幸福小屋”30家,服务青少年2万人次。启动“阅读漂流·分享童年”关爱农民工子女主题活动,将全市137所民工子弟学校与137所城区学校结对,组织动员城乡少先队员通过书信交流好书阅读感悟,累计信件来往超过1.7万封。开展“心灵书屋”捐赠活动,完成捐赠图书1.7万余册,在全省捐书点中名列第一。联合金华日报社发起全国首个专门救助贫困缺母儿童的爱心基金——金华市阳光爱心基金,13名兰溪贫困缺母儿童成为首批救助对象。开展“青年汇”联谊活动,为单身青年提供交友平台。开展“轻松备考 与你同行”阳光行动,以解压讲座、心理辅导等形式为高中考考生减压迎考。三是开展青少年维权行动,引导青年在法治建设中自觉参与。着力加强预防青少年违法犯罪工作。对全市五类重点青少年群体开展全面排查筛选，录入数据15162份（其中农村留守儿童7860人、闲散青少年4072人、不良行为青少年1164人、服刑在教437人、流浪乞讨青少年11人、其他1618人），做到工作全覆盖，服务无遗漏。召开全市预防青少年违法犯罪工作会议，团中央权益部副部长陈琳出席会议并充分肯定金华工作。在婺城区、义乌市开展预防青少年违法犯罪省级试点，取得初步成效。着力拓宽青少年诉求表达渠道。组织开展“共青团与人大代表、政协委员面对面”活动，全市范围内共计13场，有100多名市县两级人大代表、政协委员和300多名青少年、社会公众参与，形成调研报告7篇，提出提案、议案20多个。陪同团中央“走进青年、转变作风、改进工作”调研组在金华、永康开展调研，进一步提升金华市维护青少年合法权益工作水平。着力开展青少年普法宣传。启动“青春与法同行”法制教育进校园活动，招募普法志愿者245名，深入全市各中小学开展普法宣传30期，覆盖青少年5万人。广泛开展禁毒宣传，建立禁毒志愿者队伍37支，禁毒志愿者3700余名，建立毒品预防教育示范学校80余所。组织开展以“遏制艾滋履行承诺”为主题的大型艾滋病宣传活动，发放艾滋病知识宣传折页、手册、书签等宣传材料1万余份。10月，市级“12355”服务台纳入金华市政府“8890”热线，形成全市上下一张网的良好局面，共接待转电和来访3起，办结3起。四是开展青少年成才行动，引导青年在人才发展中脱颖而出。选举推报4名团员青年成为团的十七大代表，展示全市优秀团员的青春风采。完成青年企业家协会、学生联合会换届工作，团结凝聚276名优秀青年人才。举荐38名优秀青年加入省青联、青企协，推选24名优秀青年获得省级荣誉。一批团干部在市公选中脱颖而出，有6名县（市、区）团委书记转岗到党政岗位。联合旅游、卫生、建设、质检等系统开展青工技能比武，为青年人才脱颖而出提供平台，共有160余人在省市级技能比武中获得名次。开展新生代婺商培训班、企业青年骨干培训班、企业青工培训班共计200余次。

【“双网互动”团建新模式】 一是以“双网互动五法十例”抓统筹推进。通过“横纵联动法”“点面合力法”“党团共建法”“教管并重法”“上下齐诺法”等全力推进，以每个县市一个示范点打造“十例”为抓手，形成各县（市、区）不同类型典型样本示范带动，形成“双网互动”团建的生动局面。共划分团建网格2314个，网聚青年16.5万人。先后编印政策、经验等交流材料400余册。召开“双网互动”现场推进会，推广浦江“覆盖青年立体化、构建服务多元化、面上推动整体化、服务效能实体化”的经验，对核心试点区进行现场参观，推动“双网互动”团建工作向纵深发展。完成乡镇“实体化”大团委建设，新建乡镇直属团组织1023家，进一步扩大团组织的覆盖面。二是以“同频共振”抓党建带团建。联合市委组织部召开党建带团建工作会议，联合下发《关于深化党建带团建工作的实施意见》，在乡镇街道工作经费保障、团干部任职年龄、团干部队伍作风建设、党建带团建考核保障机制等方面实现较大突破。9个县（市、区）均召开了党建带团建会议并下发党建带团建相关文件。紧紧依托党建资源，成立两新团工委，深入开展“青春党建”工作，召开青春党建现场推进会，全年新建团的非公企业689家，新经济组织264家。在全市村“两委”换届试点期间同步开展村级团组织集中换届工作，深化党建带团建工作。深化推优入党工作，全年共推荐5000名优秀团员入党。认真谋划“全团带队，推优入团”等工作，为少先队工作推进营造良好氛围。三是以“星级活力团组织”抓活力创建。对各创建单位实行科学定星、全力创星、动态管星的立体管理模式，破解基层团组织活力缺乏、服务能力低下、重突击创建不重日常运行的问题，以循序晋级、动态管理的制度设计，激发基层团组织自我运转能力，创造“组织建设好、项目建设好、制度建设好、队伍建设好、作用发挥好”的“五星活力团组织”。全市共建成五星级活力团组织300家，四星级活力团组织1980家。四是以“魅力团干部”系列活动抓干部队伍建设。全年培训各级团干部2300人次，着力提升团干部的业务技能和职业素养。全市专职团干部中有135人次参加省市中青班、团委书记培训班、团内专题培训班等学习，接受系统教育。开展以“点亮青春·激情飞扬”为主题的“魅力团干部”系列活动4次，通过才艺展示、头脑风暴、组织策划能力比武、项目推广等形式，引导团干部自主提升能力,争当有“实力、活力、魅力”和“学习型、实干型、服务型、创新型、活力型”的“三力五型”团干部,展示团干部良好风采。

(何瑛菲)

金华市妇女联合会

【概述】 2013年,金华市妇女联合会紧紧围绕“百姓富裕 浙中崛起”目标,以“争做美丽女性,共建两富金华”为主线,围绕中心抓重点,服务妇女出实招,大胆创新求突破,引领全市妇女为推动“两富”金华建设作出积极贡献。3月,被全国妇联授予“全国维护妇女儿童权益先进集体”称号。7月,获浙江省第四轮“不让毒品进我家”活动先进集体。在年度考核中获表扬单位,在市委、市政府生态、信访、普法、新农村建设等考核中获优秀,被市委授予“优秀学习型党组织”“党建工作先进单位”,优秀女性进两委工作得到市委书记徐加爱大会表扬,被关工委授予“关心下一代工作先进集体”。

【提升妇联工作水平】 围绕“两新”主题,在全省乃至全国首创“巾帼党建”。成立金华市“两新”妇工委,下发《关于在两新组织中探索开展巾帼党建工作的意见》《关于在两新组织中开展巾帼党建争创活动的通知》等文件。5月,联合市委组织部两新工委在永康召开巾帼党建现场推进会,发动巾帼党建百日攻坚。通过宣传发动、组织实施、巩固提高等系列措施,推动加快建立两新组织。以单建、联建等形式在36481个“两新”组织新建妇女组织17143个,覆盖率91.19%,命名100个“巾帼党建示范岗”。围绕“换届”主题,在全省、全国首创村级党组织女委员专职专推、专职专选,推行“席位制”,下发《关于认真做好在村级组织换届中加强农村妇女参与基层民主管理工作的意见》,明确党组织女委员选举具体目标要求,鼓励女性积极参与竞选。12月底,全市共选出村党组织女委员2185名,比上届增加364名,提高20%;其中,女书记192名,比上届增加55名,提高40.1%;村委会女委员4798名,其中,女主任134人,比上届增加28名,提高26.42%,得到全国妇联、省妇联及市委主要领导的充分肯定。围绕“畅行”主题,在全市率先开展交通治堵。组织1000余名巾帼志愿者宣传文明交通知识,发放宣传材料5万余份。开通“文明出行、巾帼先行”短信平台,累计发送3000余条温馨提示短信。举行“文明家庭平安行 五城同创我先行”主题宣传暨万人签名活动,组织巾帼志愿者劝导行人遵章行路,共劝阻不文明交通违法行为1000余起。进入校园、社区,在学生和家长中开展“小手拉大手、文明出行齐步走”活动。组织50余名巾帼志愿者肩披“文明出行 巾帼先行”绶带,参加机关工委组织的绿色骑行。评选100户市文明交通示范家庭,8户获省文明交通示范家庭称号。

【推动女性创业就业】 搭建平台促妇女就业。开展“两富”巾帼带头人评选活动,评出10名金华市十大“两富”巾帼带头人和10名金华市“两富”巾帼带头人。举行“两富”巾帼带头人表彰暨优秀女性事迹报告会,组织优秀女性向600余名女大学生讲述创业经历,畅谈创业感受,传授创业经验,帮助大学生树立正确就业观。联合人力社保局等部门举办以“搭建供需平台 促进转移就业”为主题的女性专场招聘会,组织109家企业参与招聘活动,提供岗位6000余个。牵头组织46家用工单位开展广场用工咨询服务活动,架起在女企业家和求职女性之间的就业桥梁。积极帮扶促转型升级。通过贴息贷款、建立来料加工示范园区等,引导来料加工集聚发展,促进来料加工转型升级,帮助妇女增收致富。全年发放来料加工费28.3亿元,从业人员33.28万名,人均增收8500元。实现来料加工个转企40余家。发放小额贴息贷款1899万,贴息29.6万,受益74人。义博会期间,举办妇女创业就业成果展示展洽活动,组织291名女经纪人参与来料加工产品展示展洽,达成合作意向689笔,成交4183.2万元。培育浙江森宇集团等巾帼创业创新基地30余家,发放妇女创业创新扶持资金40余万元。强化培训促能力提升。先后组织150余名女企业家召开“进村企、优服务促赶超、建两富”座谈会和“走新区、促赶超”考察活动,举办经济形势讲座,探讨应对措施。围绕“网络经济”一号产业,鼓励引导妇女参与网络经济建设,全市举办电子商务培训班11期,培训妇女1620余人。举办农产品女经纪人培训班、妇女领办专业合作社负责人培训班等300余期,培训妇女42000余人次。举办来料加工培训班143期，培训经纪人从业人员16000余人，选送160余名优秀创业女性参加省“两创”实用人才培训。协助外省市举办培训9期，培训人员720人。举办全市巾帼文明岗创建工作培训班10期，参训人员2000余人。

【维护妇女儿童权益】 开展妇女儿童“十二五”划中期监测评估。涉及妇女规划七大领域77项主要目标、相关策略措施和八项实事项目和涉及儿童五大领域62项主要目标全部完成监测，并形成评估报告。开展男女平等基本国策宣传。举办《坚持男女平等基本国策，促进妇女儿童事业发展》主题讲座10余场次，受益妇女达2000余人次。举办“三八”维权周大型广场服务活动，组织215家单位600余名巾帼志愿者为广大市民提供文化、法律、卫生、家教、理财、计生等咨询服务，共发放宣传资料3760份，现场咨询人数达3000余人(次)。做好信访接待消除不和谐因素。发挥6138妇女儿童热线作用，接待来电来访500余人次。累计服务时间8312小时，接访来电5000余人次。全市各级妇联接待信访共计1559件，2215人次，比上年同期信访上升95件，229人次，做到件件有回音，事事有着落。

【关爱妇女儿童需求】 关爱失学女童。先后在婺城区塔石小学、沙畈小学和金东区实验中学举行“金职院·经管”“美然”“青英”“交行”等4个春蕾班的签约授牌仪式。全市结对助学3500余人，发放助学款1408250元。开展“温暖的脚步—走进留守儿童”“赠送精神食粮 助推红领巾成长”等关爱行动。关爱贫困母亲。开展暖冬关爱系列活动，走访27户特困家庭。开展离任村妇代会主任慰问活动。联合卫生部门做好农村妇女两癌免费检查，其中宫颈癌72886例，乳腺癌34577例。关爱大龄女青年。举办“拥军爱民情谊深 共建和谐新家园”军地青年联谊会，帮助大龄女青年圆婚姻梦。开展各类家庭创建。创建“廉洁家庭”。与市纪委联合召开“扬清风正气，建廉洁家园”主题教育会，累计创建省级廉政文化进家庭示范点10家；开展“平安家庭”创建。制定下发《金华市推进“平安家庭”创建活动工作方案》，依托基层5051个“妇女之家”启动“防邪知识进万家”活动，家庭入户率达95%以上，发放倡议书5000余份；开展“绿色家庭”创建。发动广大妇女参与美丽乡村建设，在房前屋后、阳台庭院植树、种绿，美化庭院、优化环境。新创建省级绿色家庭20户，市级绿色家庭100户。

【培训学习】 以“八婺女性大讲堂”为载体，提升机关女干部能力。举办4期“八婺女性大讲堂”，为1000余名机关女干部开展女性健康、科学家教、积极心理学等专题讲座。以“金华女子学院”为载体，提升妇女干部能力。在金华女子学院(浙江师范大学)举办市妇联执委培训班，全市50余名市妇联六届执委及各县(市、区)妇联主席参加培训，培训内容涉及有效沟通和提升执行力、中国梦等4个专题；联合市委组织部在市委党校和上海普陀区委党校举办全市科级女干部培训班，50余名科级女干部参训。以“巾帼建功”为载体，提升城镇妇女能力。在永康市委党校举办金华市巾帼文明岗岗长培训班，培训200人。先后组织140余名巾帼文明岗负责人参加省巾帼文明岗培训。

(何　韡)

金华市工商业联合会

【概述】 金华市工商联紧扣“两个健康”主题，聚力赶超发展，扎实开展“服务提质年”和“组织建设年”活动。市工商联“推行商会人民调解，创新社会治理方式”的做法荣获全国工商联“十大创新”奖，这是市工商联继2012年度“创新领导班子队伍活力建设”获此荣誉之后又一特色工作品牌，也是连续两年成为全省工商联系统唯一获此殊荣的单位。

【招商引资】 认真履行“万名浙婺商进园区”活动领导小组办公室职责，全市共举办各项活动173场次，参与浙婺商人数12146人次，累计签约项目212个，实际利用外资13790万美元，实际引进内资277.2亿元，浙婺商回归到位资金152.57亿元。组织38家会员企业参加省第二届世界浙商大会系列活动，全市有5个项目在大会上签约。4位优秀企业家受到省委省政府的表彰。承办省工商联十届一次常委会议，全省近200名工商界知名企业家、异地商会会长、省直行业商会会长及部分港澳工商界人士参加会议，考察金义都市新区，开展全省首场“十万浙商进百区”活动。市政府与省工商联签订《战略合作协议》。扎实开展招商招才“四个一”活动:即给市工商联执常委企业发出一封“招商招才”倡议书;与市委统战部联合召开一次“以商引商”恳谈会;组织部分县(市、区)工商联、重点会员企业赴云南昆明、保山、广西南宁、崇左等地开展一次招商招才和项目考察对接活动,引进落地项目3个,到位资金2.576亿元;开展一次婺商回归项目“促落地、促开工、促建设”服务活动。在金西开发区举办浙(婺)商71亿项目回归开工仪式,省委副书记王辉忠参加开工仪式并讲话。

【服务会员企业】 商会人民调解创新经验在全国推广。全国工商联在义乌市召开法律工作座谈会暨商会调解工作现场会,全国工商联、国务院法制办、最高人民法院有关领导和全国31个省(自治区、直辖市) 工商联负责人及专家学者120多人参加会议,市商会的经验总结《着力指导提高,注重推广实效》作了典型交流。该会是金华市工商联历史上第一次召开全国性会议,也是第一个工作经验面向全国推广。承办第六期浙江经济主题沙龙活动,省人大、省国税局、省统计局有关领导作了“创新驱动发展的浙商机遇”的主题演讲,并进行互动讨论,现场解答企业生产经营中遇到的实际问题。积极探索中小企业金融服务新途径,共举办各类银企对接活动6场次, 帮助会员企业协调落实信贷支持5.6亿元。充分发挥市企业管理人才建设学会的作用,中央财政扶持项目“国内贸易信用保险融资”授信200亿元落户金华,成立省内唯一“国内贸易信用保险融资”工作服务中心。组织台州银行金华分行、市摄影行业协会举办“银企合作”恳谈会,10多家会员企业现场与银行签订授信合作协议。开展“法律服务进民企”系列活动。深化仲裁法律服务,成立市仲裁委总商会仲裁院。指导非公企业深入开展“劳动关系和谐企业”创建活动,与有关单位联合开展首届“双爱”宣传周、劳动关系法律知识宣传咨询、书画摄影、“双爱”征文比赛等活动。做好上规模民营企业调研工作,发动会员企业积极参与“中国民营企业500强”评选,有7家入围“中国民营企业500强”,比上年增加2家,增幅达40%。六是积极做好科技创新服务。指导两家会员企业成功参评2013年全国工商联科学技术奖,浙江寿仙谷生物科技有限公司和浙江巨龙管业股份有限公司分别得获全国工商联科技进步二等奖和科技进步优秀奖。

【非公经济思想阵地建设】 围绕“中国梦·婺商梦”大讨论,全市共举办报告会、演讲比赛、文艺会演25场次。万里扬集团有限公司和市新一代创业者商会代表金华市非公经济组织在全省非公有制经济人士理想信念教育实践活动推进会上作典型交流发言。举办“2013~2014年度经济形势分析应对‘融资难’破解发展困境前沿政策”论坛,中国人力资源开发研究会会长刘福垣作主题演讲。认真实施“非公企业实用人才‘3631’培养计划”。全年累计举办专家辅导、研讨交流、经济论坛等培训活动15次,受训人数2341人次。指导婺城区、东阳市、浦江县、武义县、磐安县工商联建立总商会党委,推动条件成熟的会员企业和商会协会成立党组织,金华市摄影协会等7个所辖商会(协会)成立党组织,工作覆盖率100%。筹建市钢材行业协会等7家商会党组织。协助市委“两新”工委在省外建立6个婺商党工委。市县二级工商联组织非公企业联动开展“同心·送温暖”活动,共走访慰问“三老”“两户”2016户,发放慰问金163.2万元。参与四川雅安抗震救灾工作,动员全市非公企业、商会协会向地震灾区捐款捐物1258.1万元。全市累计落实各类扶贫慰问资金和项目扶持资金3920万元。支持联系村金东区江东镇南下王村和婺城区罗店镇姜衙村项目建设6万元。全市有3100家非公有制企业与3865个行政村、27365户贫困户结对帮扶,实施帮扶项目4219个,落实帮扶资金2.9亿多元, 安置农村劳动力5.6万多人,资助贫困学生3279名956.4万元。

(周启勇)

金华市科学技术协会

【概述】 2013年, 金华市科学技术协会下辖学会(协会、研究会)68个,会员3万多人。金华市科协立足“三服务一加强”工作定位,动员和组织广大科技工作者积极投身赶超崛起总战略,广泛开展科学普及、科技咨询、科技服务等活动,为金华经济社会发展作出了积极贡献,市科协2012年、2013年连续两年被省科协评为综合考评先进单位。

【院士专家工作站建设】 截至2013年底,全市已建成院士专家工作站32家,省级院士专家工作站7家,其中今年新增院士专家工作站5家,省级院士专家工作站2家,院士专家工作站建设实现县(市、区)全覆盖;进站工作创新团队32个,引进院士34位、专家176位。市科协重视对院士专家工作站的服务,发挥院士专家工作站的作用。组织召开全市院士专家工作站建设座谈会,总结交流经验;组织院士团队和企业参加金华市第一届招才引智大会;组织姚穆、都有为、龚昌德等院士团队与未建站重点优势企业对接活动;深入已建站单位进行调研,对加强院士工作站人员机构、规章制度、深化合作、培养科研队伍等方面提出指导意见。继市科协出台"金华市院士专家工作站争先评优考核办法"之后,部分县(市、区)也出台配套的实施意见,落实院士专家工作站的考核奖励经费和科协工作经费。成功承办在金华市召开的省院士专家工作站建设现场会。省委组织部、金华市委主要领导出席会议并致辞,金华市委书记介绍了金华在建设院士专家工作站方面的主要做法,东阳市介绍了建站工作典型经验。现场会上观看了金华市院士专家工作站建设宣传片,全体与会代表前往金华院士专家工作站现场交流做法,省委组织部、省科协、与会代表对金华院士专家工作站建设的经验做法给予充分肯定。会后,院士团队与2家企业进行了对接活动,初步达成了建立院士专家工作站的合作意向。

【科普工作】 一是拓展科普传播新途径。市科协与金华电视台教育科技频道合办每周一期的《身边的科学》电视专题节目;在《金华晚报》开设"求证实验室"科普专栏,激发青少年爱科学、学科学、讲科学的积极性;进一步加强楼宇电视联播网的科普宣传力度,增加楼宇网点和播放时间。金华楼宇电视科普播放网点已达到300个,每天滚动播放科普信息60次,预计每天受众达10万余人次。二是巩固科普阵地。自上年市科协首次在市委党校开设科普课以来,科普课程进党校已形成制度化、常态化,每期市管干部培训班和中青干部培训班都开设科普课。继续实行移动短信发送平台每周发送科普短信,全年共发科普短信48期,受众达10万余人次。三是加强青少年科普工作。市科协与市教育局联合举办2013年全国科普日活动暨老科学家校园行、光华科普大讲坛活动,活动邀请中国科学院老科学家科普演讲团成员郭传杰等六位老科学家,为金华市的42所学校、3.1万余名中小学生做了科普报告,为全市青少年学生零距离地接触科学家,感受科学无穷魅力创造了机会。重视青少年科技创新能力提升工作。由市科协推荐的武义县壶山小学李罕同学在第28届全国青少年科技创新大赛上获得一等奖。10月,李罕同学作为浙江省唯一一名少先队员代表赴北京参加"全国优秀少先队员、优秀少先队辅导员、优秀少先队集体"表彰活动,受到李源潮副主席的亲切接见。其发明的《农村简易山体滑坡报警器》,获得国家专利证书,并在武义的地质灾害监测点上投入使用。

【活动开展】 加强省、市、县三级学会联动,推动学会服务基层。省农机学会、市农机学会在市科协和永康市科协的配合下,联合组成调研组对永康农机产业发展情况进行调研摸底,省农机学会与永康市政府达成了"学会服务永康农机产业园发展"的合作意向。市科协联合省级学会及市城乡规划学会举办了第43期城市新讲坛,特邀浙江大学建筑工程学院教授王竹,赴金做"美丽村镇建设与规划"专题讲座。举办第七届浙江中西部科技论坛,设主论坛1个,分论坛26个,在医疗卫生、机械制造、生态农业、生物制剂、电子商务、城乡规划、大数据分析等众多领域开展学术交流和专题研讨。中科院院士龚昌德、中国会展经济研究会会长袁再青,省科协领导,金华市四套班子领导,省内各地市科协领导,金华、衢州、丽水三地共600余名科技工作者参加论坛开幕式。市科协开展"基层走亲连心"活动,走访8位基层科技工作者,召开6次专题座谈会,深入6个村镇、社区和企业,广泛征求基层单位和基层科技工作者对科协工作的意见建议。收集基层科技工作者在职称评聘、工资待遇等方面的意见建议30多条,进行专题研究,提出对策建议以书面形式上报市委组织部,及时反映一线科技工作者的诉求。设立科协常委联系青年科技工作者制度,27位常委与52名青年科技工作者建立联系。

(陈航波)

金华市归国华侨联合会

【概述】 2013 年，金华市归国华侨联合会举行五届四次全委会议，审议通过《市侨联工作报告》，增选了、部分市侨联委员、常委。市侨联以创新创业的精神，扎实有序地推进侨联各项工作，取得较好成绩，被省侨联评为全省侨联系统先进集体。

【招才引商】 贯彻“党管人才、侨‘联’人才”原则，市侨联对高层次海外人才进行普查，及时更新完善海外高层次人才数据库。2013 年 3 月金华市首位国家“千人计划”创新人才卢文博士从美国西雅图人才引进加盟南博电源公司后，金东区侨联多次上门了解情况，宣传侨务、人才政策，帮助其申报国务院侨办重点华侨华人创业团队(2014–2015 年)项目。义乌市侨联主动与市招才局协作，提供信息资料，主动承担任务，建立协作共赢机制。东阳市侨联对海外高层次人才信息进行梳理，历时 3 个多月，奔赴 8 个省份，行程 7000 千米，走访慰问 30 多名东阳籍海外高层次回国创业人才。永康市侨联主席兼任该市招才局副局长，建立侨联海外工作站，开展海外人才招聘，不定期在网上发布相关人才所需的信息，聘请 2 名“海外引才大使”。全市请进(侨商回家、浙婺商回归)人数多于往年，达 400 多人(次)。省、市、县联动，全市侨联组织积极投身“侨商回家”“浙商回归”“十万浙商进百区”活动。永康市侨联邀请一批侨领侨商、港澳同胞出席第三届中国(金华·永康) 国际商贸发展大会暨第 18 届中国五金博览会；中国侨联副主席王永乐、省政协副主席、省侨联主席吴晶等领导出席第三届中国(义乌)世界侨商大会、第二届世界采购商大会，中国侨联副主席王永乐发表讲话；世界各地前来参加第二届世界浙商大会的七十多名海外侨商到兰溪市、婺城区考察工业、农业、旅游等招商引资项目；省政协副主席、省侨联主席吴晶带领近 20 名侨领赴武义开展“侨商回家——走进武义”招商引资活动，市侨联界政协委员一起参加活动，考察武义的投资环境和优势项目。不少侨商及海外浙商对金华的区位优势和投资环境产生浓厚的兴趣，陆续来金义都市区、市开发区、原金西开发区考察洽谈、投资兴业，已有多个上规模项目签订投资合作意向。

【侨界政协委员参政议政】 全市侨界省、市、县政协委员 99 名，“两会”召开前，他们深入基层、深入群众，走访调研、倾听呼声，围绕金华市经济社会发展大局，积极撰写提案。永康市侨联界撰写30 件有价值的提案。磐安县侨联界撰写建议和提案 25 件。东阳市侨联界提交 13 件提案。市县两级侨联界政协委员参政议政共提交 100 多件提案，为各级党委政府提供侨界的心声、愿望、意见和建议。

【为侨服务工作】 一是帮助解决实际问题。各级侨联善于发动侨界力量，深入开展“送温暖、献爱心”活动，关心归侨侨眷生产生活，帮助生活困难和老弱病残的归侨侨眷解决实际问题，全市各级侨联走访慰问 400 多人，发放慰问金(品)30 多万元；重视处置信访所反映的问题，全市侨联组织对近 40 件来信来访及侨界反映的问题进行走访调查，特别是对“三改一拆”“三期士官安置”“杭长高铁拆迁” 等敏感问题，及时解疑释惑，理顺情绪，化解矛盾，妥善处理，致力侨界和谐稳定。二是加强联络丰富联谊活动。积极参与市委在粤举办的“港澳台同胞海外侨胞新春团拜会”，举办市侨联归侨侨眷和留学人员代表迎春团拜会；义乌市侨联在省侨联刊物《钱江侨音》上开辟义乌市情专栏，图文介绍义乌情况，便于海内外华侨华人和留学人员了解义乌，宣传义乌；12 月底美国东阳人联谊会成立。三是加强侨联组织建设。浦江县、金东区侨联顺利完成换届。市侨联和永康市建立侨务工作联席会议制度。永康市侨联实现 15 个镇(街、区)基层侨联组织建设全覆盖。磐安县建立了 2 个镇(街)侨联组织。义乌市侨联预算单列，并明确领导和中层职数，增加 1 名编制。兰溪云山街道成立了全市首个街道留联会组织。兰溪市上华、兰江街道侨联组织被省侨联命名为省级示范性基层侨联。

(盛灶生)

金华市社会科学联合会

【概述】 2013 年，金华市社会科学联合会深入学习贯彻中共十八大和十八届三中全会精神，围绕“浙中崛起，百姓富裕”战略主线，开展“正风提效促赶超”活动，解放思想，进取有为，较好完成年初确

金华市第十九届哲学社会科学优秀成果奖获奖名单

表 13

成果名称	形式	作者
一等奖(6 项)		
政府主导下的专业市场转型升级——一个来自义乌的样本	著作	孙祥和
高职的文化自觉	论文	李秋华
试析高职院校教师社会实践的有效性	论文	成　军
奎章阁文人群体与元代中期文学研究	专著	邱江宁
陈樵及其思想研究	专著	顾旭明
《龙门子凝道记》名义考论——兼论元末明初婺州作家外道内儒的文风	论文	于淑娟
二等奖(11 项)		
制定配套政策促进新能源汽车产业发展	论文	吴伟民　杨荣标　范宜华
企业财务危机预警的智能决策方法	专著	孙　洁
中国投资基金监管法律制度研究	著作	方桂荣
公民意识评价与培育机制	著作	章秀英
大中型企业员工心理干预研究	专著	黄淑颖
教师专业发展概论——做人民满意的教师	著作	杨天平　申屠江平
博雅教育的理论与实践	著作	倪军健
从传统音乐的三个特性看音乐类非物质文化遗产保护	论文	廖　丹
高职院校教学团队建设的误区及对策	论文	邵建东
语文视野中的感恩教育	专著	倪静川
初中科学实验教学中的 PTA 量表评价法	论文	李君玉
三等奖(15 项)		
金华发展战略研究	调研　报告	市统计局　课题组
义乌城市发展特色展望——“两富”目标下“两区六城建设”	专著	胡国富
改革试点背景下义乌进口贸易的调查与分析	论文	陈旭华
基于资本市场的民营企业资本社会化发展探讨	论文	吴群英
浙江省社区矫正工作的现状、存在问题及对策	论文	刘净非
论公示物权与未公示物权的分类	论文	应秀良
关于思想政治课教学改革的思考	论文	方　敏
吴茀之艺术论	编著	骆　风
复式的叙事结构和复意的艺术境界——稼轩词艺术特色新论	论文	赵俞凌
丹溪传奇与史实医理	编著	冯永潮　胡建伟　杨子平　冯拾松
家长参与教学的思考——以《科学》课“家庭实验室”为例	论文	陈　芸
谈钢琴训练的“慢练分解”	论文	龚航宇
市场化:保护和传承传统美术类非物质文化遗产的出路——以金华浦江麦秆剪贴为例	论文	苏晓萍
社区老年人健身服务现状的调查分析——以浙江省金华市为例	论文	胡靖平

（方增吉）

定的各项目标任务,中共十八大和十八届三中全会召开以后,分别组织社科界骨干积极参加市委十八大精神宣讲团和市委宣传部、市委讲师团的十八届三中全会精神讲师团,共作十八大精神党课报告200余场,十八届三中全会精神专题辅导报告30余场,对象涉及机关干部、企事业单位职工、学校教师和老干部。在十八大和十八届三中全会精神主题宣传中,坚持三个结合。一是与弘扬"善美"精神相结合。配合市委宣传部开展了"发现善美人物,弘扬善美精神,真当善美公民"宣传活动,深度挖掘金华市草根感动人物身上体现出来的真、善、美,把社会主义价值观具体化为鲜活的道德实践和道德启迪;联合市文明办开展"善美金华"主题征文活动,共收到论文200余篇;协助市委宣传部开展"善美金华"微型党课比赛;指导市党校系统社科联开展"弘扬最美精神,共筑精神家园"演讲比赛;协助中央文明办、市文明办在磐安县召开"如何形成道德模范保护激励机制"专题调研座谈会。组织课题组对金华特有的"一城四感动"现象从文化层面进行解剖,以更好地弘扬"善美"精神,促进社会主义核心价值观在全市的实践,提高全民道德素质。二是与"中国梦"宣传相结合。在中央、省、市作出开展以"中国梦"为主题的中国特色社会主义教育活动部署后,组织社科专家对"中国梦"进行理论阐释,通过党课报告方式,大张旗鼓地宣传"中国梦"的深刻内涵、"中国梦"的历史和现实意义、"中国梦"的时代特征,以及实现"中国梦"的路径,通过"中国梦"的宣传教育,进一步增强"三个自信",坚持走中国道路,弘扬中国精神,凝聚中国力量,把"中国梦"落实到赶超崛起的生动实践中。协调各高校社科联在师生中开展了"中国梦"征文、"我与中国梦"演讲比赛等活动。三是与"浙中崛起,百姓富裕"宣传相结合。配合市委宣传部开展"浙中崛起,百姓富裕"征文、"金点子"比赛,参与中央电视台"金华城市形象宣传片"广告语的征集评选、广告语的策划和广告片的拍摄审查。

【应用研究】 紧紧围绕市委确定的"两富"现代化都市区建设、"五大战略"、"五个金华"、市区赶超发展、"三改一拆"等重大部署,抓住全市经济、政治、文化、社会和生态文明建设中的重大理论和现实问题,组织社科理论工作者开展富有针对性、实效性的应用研究。一是以"两会"为平台,积极建言献策。市"两会"期间,社科界代表、委员深入调查研究,广泛集中民智,撰写一批高质量的提案和议案,内容涉及"田园智城"建设、义乌国际贸易综合改革试点、东阳文化产业全域化、市区赶超发展、市区旅游整合与提升、美丽乡村建设、新型城镇化、生态文明建设等各个方面,不少建议被市委、市政府相关部门采纳。二是以专题调研视察为载体,直接服务基层。3月、5月多次组织社科界政协委员专题调研了东阳文化全域化、美丽乡村建设、金义都市新区建设、义乌国际贸易综合改革、文化古村开发、金华古城保护与旅游的契合等,为基层科学发展出谋献策。组织社科界骨干参加市政协"新型城镇化"专题调研,为金华市新型城镇化支招。配合市政协文史委员会开展"非物质文化遗产的活态保护"专题调研。三是以重大课题攻关研究为重点,提升应用研究影响力。组建较强阵容的攻关研究小组,启动"金华历史文化名人梳理""二十五史中的金华人物全译"两项重大课题,指导婺文化研究会完成14项研究成果。"打造三江六岸历史文化光带"研究成果在市政协组织的市区旅游专题协商会上作了重点发言,建议被金华市政协常委会的决议案采纳;"农村伟大复兴的难点与支点"研究成果被省农办采纳;"堵城解困之道"研究成果得到市公安局、交通局等部门的充分肯定。以武义县桐琴镇重点研究基地为依托,组织社科骨干实施持续跟踪调研,启动并完成了"桐琴文化研究工程"三部书的制作。注重资源整合,联合市委统战部,实施统战工作社会化趋向问题研究、网络意见领袖的统战工作、加强党外人才队伍建设、某些流动群体事件的预防与应对策略、统一战线在协商民主中的作用、涉外留学人员统战工作研究等六项重大课题的招标研究。完成《金华历史文化研究(第五辑)》的编辑出版工作。四是以常规课题为纽带,做实社科研究基础。精心指导开展上级课题的申报工作。国家社科基金项目、国家教育部规划课题、省哲社规课题、省社科联课题、省科普课题的申报和立项教育有新的突破。进行2012年度市级课题的结题验收。经审定,近300项课题准予结题。组织开展本年度市级课题的申报项予以由浅入深的阐释。四是“我们都可以成为智慧父母”系列活动。深化上年开展的“金华市首届十大智慧父母”评选活动成果，启动“我们都可以成为智慧父母”系列活动：举办《如何当智慧父母》首发式暨智慧父母经验分享会，并将上年推选出去的52位智慧父母典型个案，以3.2米的展示墙在咨询现场予以展示；建立智慧父母大讲堂；建立了智慧父母工作站，下设一批智慧父母工作室，并在金东区岭下镇柿树塘村开展“智慧父母走进农村文化大礼堂”活动，把智慧父母们的教子经验推广到农村，着力提高农村家长的家庭教育水平；建立了智慧父母网站，利用网络平台扩散效应，培育网上智慧父母队伍。

（方增吉）

金华市文学艺术联合会

【概述】 团体会员有：作家协会、美术家协会、书法家协会、摄影家协会、戏剧家协会、音乐家协会、舞蹈家协会、曲艺家协会、民间文艺家协会、艾青研究会、小邹鲁文化促进会、葫芦丝巴乌协会等12家艺术协会，9个县(市、区)文联和6家行业协会。下属单位市级书画院1所，现有会员近3800多人。

【文艺活动】 市文联及各团体会员围绕市委市政府中心工作开展多种形式的主题性文艺活动25次，其中积极配合浙江省第二届体育大会在金华召开，联合有关单位成功承办全省体育摄影展，举办健身排舞比赛等活动，配合市区重点工程建设、“三改一拆”行动、交通拥堵整治等工作的宣传力度，组织开展以反映新时代、新风尚为主题的公益墙体广告大赛、“美丽金华”摄影比赛以及中国摄影报“美丽金华”影友作品鉴赏联谊等活动。先后举办“寻芳仙源、人间醉美”仙源湖四季风光全省摄影艺术大赛、浙江·第四届“相约磐安山水”风情风光摄影大赛、中国“美丽武义”摄影大赛、“相约大盘山”风情风光摄影大赛等省级赛事活动，积极宣传金华。

【农村文化】 出台实施《金华市文联关于积极助推农村文化礼堂建设的意见》，对全市文联系统参与农村文化礼堂建设进行总体规划和部署，提出特色品牌创建、互动对接、长效服务、拓展传播阵地和服务网络等五项助推农村文化礼堂建设具体举措。联络省文联与市委宣传部签订共建农村文化礼堂协议，落实全市12个村成为省文联与市委宣传部共建联系点。先后在婺城叶店村，东阳市蔡宅村，磐安县岭干村、上溪滩村、朱山村等地开展由省市文艺工作者参与的“省文联文艺志愿者服务走进农村文化礼堂活动”6场次，向各村文化礼堂赠送百幅带有浓郁乡土气息的摄影精品及文艺书籍和书画精品力作。“浙江书法村”落地婺城区后溪河村、浦江礼张村文化礼堂。深入挖掘农村优秀文化资源，展示农村新风貌。举办“魅力金华古村落”省级摄影大赛，展示八婺古风文化。组织全市农村文化礼堂建设摄影比赛，展示农村文化礼堂建设的丰富多彩。开展“三下乡”送春联活动，市文联组织书法家4次活动共书写春联、书画作品6000余幅。完善整合文艺志愿者队伍，组织文艺志愿者、文艺专家下乡辅导农村文艺活动9次，辅导基层文艺骨干150余人次。完成《浙中农村文艺》全年出刊6期任务，发行量4万余册。以农民读者喜闻乐见的特有农村专题题材，为农民群众传播先进文化。

【促进文艺精品创作】 举办具有金华特色的艺术品牌“黄宾虹艺术奖首届金华市美术书法大展”。共评出“黄宾虹艺术奖”作品20幅、优秀奖40幅，入展作品60幅，并先后举办专家学术讲座、作品研讨会、获奖作者代表艺术创作交流座谈笔会等系列后续活动，提升大展活动影响力、艺术创作力。举办系列高水平展赛活动。2013年，先后10项省级艺术展赛活动落地金华。举办浙江省第三届“温泉杯”书法大赛，“钱塘笔阵——浙江省地市书法精品邀请展·金华篇”，承办“浙风浙派——浙江省历届国展省展获奖作者精品巡回展”等七项省级摄影赛事。先后主办承办“同行——梁平波、张华胜、吴战堡、何斌四人展”、窦金庸水墨·青花艺术展、陈军国画陶艺作品大展、艾青学术研究峰会、艾青诗歌奖全国中小学诗歌大赛等活动。举办聚焦浙派水墨风神——当代中国名家书画展、对话——中国·乌克兰油画展暨学术研讨会、金华(辽宁)大石桥书画联展、第九届长三角民乐展演等高质量的文艺交流活动10余项。同时，积极支持文艺家走出金华展示艺术才华。施明德丹青回首80年画展、探索求道——杜世禄艺术展分别在浙江美术馆展出，方钢军“故纸情怀”书法作品展在北京举行等。

【文艺家队伍建设】 2013年4月26日，市文联召开第四次代表大会。会议期间，书画界的与会代表举行“金华艺术家联手‘小白杨’向雅安献爱心”笔会活动，筹得10万元善款通过市慈善总会捐献给雅安灾区。市文联“崇德、尚艺、包容、奉献”表述语并被评为金华市党群综合和垂直部门“十佳机关精神”。武义县文联、市摄影家协会被评为全省文联系统先进单位，浦江县文联党组书记何金海、东阳文联副主席郭晓笛被评为全省文联先进工作者。杨霞云、胡中福被列为金华市第八批中青年拔尖人才行列。创办《金华文艺》综合性文艺精品展示平台，展示各个文艺门类的优秀成果和作品，年内出刊4期

【文艺成果】 文学。儿童文学作家汤宏英（汤汤)再获全国优秀儿童文学奖。作家王槐荣编剧的电影《妈妈们的青春往事》1月18日在杭州首映并在2014年元月在中央电视台播出。朱晓军与李英合作的《让百姓作主》获得北京文学奖。

音乐。歌曲《希望飞扬》获浙江省第二届体育大会主题曲入围奖。由浙江省文化厅主办的首届浙江省合唱作品比赛，《叮叮咯》《筛子欢歌》和《斗牛歌》《山窝窝飘来畲娃的歌》《青蛙哇木偶》分别获得一等奖和二等奖。歌曲《稻香江南》在省文化厅主办的“浙江省新作演唱(奏)大赛”中获得创作银奖和演唱银奖。在“全省文化馆业务干部才艺大赛”，金华市选手获音乐创作类银奖1名，音乐表演类金奖1名，银奖2名。

舞蹈。舞蹈《畲山春》荣获第九届中国舞蹈“荷花奖”十佳作品奖。

戏曲。故事《九九八十二》《三双布鞋》分别获得了省第二届故事比赛创作金奖、表演三等奖。在萧山举办的浙江省最具地域特色代表性文化符号(民间故事）网络评比故事演讲比赛中，《三个规矩》获得优秀故事员称号；《反捕归真》《棒打老猪娘》获得最佳故事奖。

戏剧。戏剧家陈美兰再获文华奖。青年戏剧家杨霞云夺得第23届“白玉兰”戏剧表演主角奖榜首和首届“浙江戏剧奖·金桂表演奖”，巫文玲获“白玉兰”新人配角奖。话剧《盛和居》获得第八届全国戏剧文化奖金奖，新编传奇故事剧《金台传》获得银奖。新编婺剧《铁血红颜》《英王徐策》荣获浙江省第12届戏剧节新剧目大奖。

美术。美术作品《秋色空朦》获第四届全国中国画作品展优秀奖（最高奖)，《秋色景澄》《阿婆的微笑》入展“朝圣敦煌”全国中国画展；《新·放》《向·往》《守望》先后获“相聚宜兴”全国工笔画作品展优秀奖（最高奖)、2013年全国中国画作品展优秀奖(最高奖)。《冬归故园》入展“泰山之尊”全国中国画展；《藏族老人》在由浙江省文化厅主办的浙江省第三届视觉艺术群星视觉艺术大展优秀美术作品展中获得优秀奖。“视觉江南·浙江省油画作品大展”，人选参展23件，2件获优秀奖(最高奖)。

摄影。金福根、陈敏的摄影作品分别在中国第十五届国际摄影艺术展览中获得铜奖和优秀奖。卢广荣获荷兰克劳斯王子基金奖，他是第一位以摄影师身份获得该奖项的中国人。

书法。在首届“沙孟海杯”全国书法作品展和首届“孙过庭”全国行草书大展中，金华市均有8人入展，在“全浙书法大展”中，金华市有42人入展，列全省地市级入展数前列。在省书协举办的第三届“温泉杯”书法大赛中，金华市以9人获奖、53人入展数居各地市榜首。书法家吴舫以其深厚的书法造诣被聘任为浙江省文史馆馆员。

（江少蓓）

金华市残疾人联合会

【概述】 2013年底，全市有县(市、区)残联9个，乡镇(街道)残联155个，村(社区)残疾人协会5051个。共有持证残疾人10.01万人。全市共有12923名残疾人纳入基本生活保障工程，6909名重度残疾人享受托(安)养工程，4020名残疾人享受到康复工程服务。不断强化残疾人康复服务。创建市级社区残疾人康复示范站14家；对383名残疾儿童实施抢救性康复项目，使无障碍设施进入938户家庭；开展各类残疾人康复服务2.53万人次。大力推进残疾人教育就业。全市残疾人新增就业837人，就业创业帮扶1220人，残疾人职业技能培训2717人；新建省级残疾人“小康·阳光”庇护中心12家，县级

14家，新增庇护照料362人；完成残疾学生及残疾人家庭子女助学任务3852人；市残障人托养中心对残疾人实行单招单考，录用听力残疾人一名。竭力丰富残疾人文体活动。举办第四届残疾人文化艺术周活动，并参加省第七届残疾人艺术汇演获得了省组织奖；举行全市第四届特奥运动会，并组团参加省第四届特奥运动会；创建市级文体示范基地11个，181人获得体育健身指导员贺文化艺术辅导员的资格。宣传维权工作成效明显。在办公楼一楼设立信访接待室，来信来访答复率、回访率达100%；市级以上媒体全年宣传报道助残行动300多次（篇）；连续开展六批残疾人人才评选活动，其中杜剑平获金华市第八批拔尖人才；市亲友协会主席、磐安教师陈斌强入选2012年度“感动中国”和“浙江骄傲”人物。打造爱心系列品牌有新拓展。实施“赶超发展，爱心圆梦”助残行动，完成1552个残疾人梦想。磐安县成功创建爱心城市，东阳、永康、武义深化爱心系列品牌创建工作。全面开展市级爱心乡镇(街道)、爱心村(社区)、爱心家庭的评选活动，并进行表彰，营造充满爱心的社会氛围。

【基础服务能力建设】 年内，全面完成各级残联组织换届工作。金华市残联第六次代表大会胜利召开，选举产生了市残联第六届主席团委员、出席省残联第六次代表大会；各残疾人专门协会也在大会上进行换届。扎实推进综合服务设施建设。市残障人康复中心建设项目已实现主体工程结顶；婺城区残疾人综合服务中心即将投入使用；金东区残疾人综合服务中心、永康市残疾人托养中心已开工建设；兰溪市、浦江县残疾人综合服务设施已立项。转变作风提升残联服务能力。市残联出台转变工作作风密切联系群众23条规定和十项内部管理制度，在全市残联系统开展“转作风、重调研、优服务、促赶超”主题活动，建立市残联“六个一”联系制度，工作作风得到转变。

（潘心怡）

金华市关心下一代工作委员会

【概述】 2013年，金华市关工委被评为全国创建五好基层关工委优秀组织奖，婺城区乾西乡幸福村关工委、东阳市横店镇关工委、新光控股集团有限公司关工委、浦江县白马镇夏张村关工委被评为全国五好基层关工委先进集体。

【会议和调研】 金华市关工委召开成员单位联席会议；分别在金东区、义乌召开金华市关心下一代工作经验交流会；在永康召开关工委经验交流会，会议学习永康市关工委推进企业关工委建设的相关经验。市关工委主任黄友源、专职副主任陆品能等深入金华市秋滨小学、婺城区莘畈小学调研“城乡手拉手、精神共富有”活动开展情况。全省关工委办公室工作会议在海盐召开，市关工委主任黄友源、专职副主任陆品能出席会议，会议传达中国关工委办公室工作和宣传工作会议精神，交流各地开展弘扬雷锋精神、学习“最美浙江人”、同心共筑“中国梦” 主题教育活动情况和加强基层关心下一代工作、加强关工委办公室工作的经验和做法。全省关工委调研工作会议在杭州举行，市关工委主任黄友源、专职副主任陆品能出席会议，陆品能在会上作了专题经验介绍。省关工委副主任王柏荣、傅颂恕一行到金华市调研指导关心下一代工作，金华市关工委主任黄友源、专职副主任陆品能等陪同调研，金华市委常委、组织部长、市关工委名誉主任温暖专程看望省关工委领导。

【主题活动】 市委宣传部、市文明办、市教育局、市关工委等单位联合举办金华市2013年中小学文明礼仪主题教育活动表彰暨《文明礼仪手册》传承仪式在婺城小学举行；市委宣传部、市教育局、市司法局、团市委、市关工委联合开展第三届“法在心中”法制宣传主题活动，举行优秀法制课件联合评比，选出一等奖1名，二等奖3名，三等奖8名；市关工委、市教育局联合开展金华市中小学“学习雷锋活动周”活动。金华市“学雷锋365我们在行动”主题活动启动仪式在金东区曙光小学举行。活动向全市中小学生发出争做“五小”使者倡议：学雷锋日行一善，争做善美小使者，学雷锋不放鞭炮，争做环保小使者，学雷锋净盘行动，争做节约小使者，学雷锋行走百步，争做节能小使者，学雷锋你丢我捡，争做洁美小使者。

市关工委、市教育局、金师附小联合举行“城乡手拉手、精神共富有”结对帮扶活动首批启动仪式。

来自婺城区、金东区、金华经济技术开发区19所农村小学的100名农村青少年与来自于金师附小的100名城市青少年在仪式上进行结对，市委常委、组织部长、市关工委名誉主任温暖出席并讲话；市关工委、金师附小、莘畈小学联合举行“城乡手拉手，共圆中国梦”——金华市城乡小学生结对活动暨莘畈乡中心小学第七届感恩节文艺展示活动；市关工委、团区委、区教育局、区少工委联合主办“红领巾相约中国梦”——婺城区少先队庆六一活动暨播种梦想启动仪式在金师附小举行；市关工委、共青团金华市委、金华市青少年宫联合主办“手拉手相约中国梦”第二届“新金华少年”公益夏令营驻企快乐在山山烘焙开营，来自山山烘焙、默香酥饼、名创光电以及马鞍山社区的50余名青少年参加开营仪式。

【助学圆梦行动】 金华市关工委、市福彩中心、金华日报社、金华广播电视总台联合开展“福彩牵手、助圆大学梦”贫困大学新生资助仪式在市文化中心举行，向全市100名品学兼优的贫困大学新生发放助学金50万元；市关工委、市慈善总会联合开展“情系关心桥”2013贫困学生资助活动，举行资助金发放仪式，向婺城区、金东区、市开发区的66名中、小学生共计发放10万元爱心资助款，发放标准为高中生2000元/人，初中生1500元/人，小学生1000元/人；市关工委、FM93浙江交通之声等单位联合举办“一万个心愿，一万个梦想”助学圆梦行动，共为武义县、磐安县等地的贫困孩子募集爱心善款4万余元。

【“公益百分百”捐助活动】 市关工委联合金华市福泰隆慈善基金会开展“公益百分百”系列助学活动，该活动由福泰隆慈善基金会资助5万元，结合爱心企业的力量，分十期资助金华市的贫困学校和学生。已先后向婺城区沙畈乡中心小学捐赠价值5000元人民币的电风扇；向婺城区竹马小学捐赠价值5000元人民币的课桌椅50套；向婺城区箬阳小学捐赠助学金5000元。

（王杏蓓）

金华市红十字会

【概述】 2013年，组织建设得到加强。市委、市政府印发《关于进一步加强红十字工作的实施意见》。市红十字会成立党组，成功召开第四次会员代表大会，选举产生第四届理事会。全市9个县(市、区)红十字会全面理顺管理体制，现有红十字基层组织130个，团体会员112个，个人会员13463名，志愿者2000余人。市本级现有红十字志愿服务队6支，长期志愿者200余人。加强宣传传播。以“5·8红十字博爱周”“博爱送万家”“应急救护培训”等主题特色活动为契机，向社会公众宣传传播红十字精神和红十字会工作。精心制作“情暖八婺、让爱远航”专题片，在金华日报刊出“汇聚人道力量 共筑善美金华”专刊。市级以上媒体共刊播红十字相关报道640余篇(次)，发放宣传资料17万余份。

【应急救援】 《金华市红十字会自然灾害应急预案》列入市政府应急救援总体预案，初步形成备灾、报灾、救灾机制，建成面积200平方米的物资储备仓库。芦山地震期间，全市共募集救灾款物356.45万元；台风“菲特”影响浙江省后，市红十字会筹集善款14万元，东阳市红十字救援队先后三次赶赴余姚重灾区，运送救灾物资、转运受灾群众。

【人道救助】 市红十字会建立人道救助项目10个，在门户网站向社会公开推介。积极开展“博爱送万家”活动，慰问贫困群众1900户。市本级与金华眼科医院建立总额500万元冠名基金，主要用于青少年眼健康的宣传教育与防治。与市旅游局联合组织“中国旅游日”公益免费旅游活动，与市篮球协会、金华日报社联合开展新年暖身行动。向云南红河州禄春县大黑山乡三楞村小学和个旧市保禾乡啥哦咪村小学发放文具和体育用品价值2.8万元。

【救护培训】 举办全市救护师资培训班，组团参加省红十字应急救护师资教学技能大赛，荣获团体第三名和个人二等奖。组织万人参加全省红十字应急救护知识竞赛活动，获优秀组织奖。全市全年培训红十字救护员11924人，普及培训59689人。

【生命关爱】 全市新增造血干细胞捐献者资料入库318人份，完成捐献造血干细胞3例。人体器官捐献工作持续健康发展，全市新登记器官捐献志愿者43名，实现人体器官捐献18例，名列全省首位。

（张文沁）

民族宗教

民族事务

【概述】 金华市是少数民族散杂居地区，也是全省五个民族工作重点市之一。据2010年第六次人口普查统计，全市已有少数民族常住人口18.26万人，少数民族成分51个，而万人以上的少数民族有5个，其中，畲族为金华市世居民族，有1.4万人，主要分布在武义县、兰溪市和婺城区的南部山区。有2个民族乡(镇)：武义县柳城畲族镇和兰溪市水亭畲族乡。有民族行政村47个，其中武义县26个，兰溪市16个，婺城区5个。近年来，随着经济社会的加速发展和城市化进程的加快，少数民族流动人口也随之快速增长。据公安部门统计，截至2013年10月14日，全市有流动人口313.7万，其中少数民族流动人口30.7万，民族成分52个，占流动人口的9.79%。

【民族经济发展】 抓住重点，坚持把加快民族地区经济发展摆在突出位置。一是总结上一轮“少数民族低收入群众增收帮扶行动计划”取得的成果，启动新一轮的“帮扶行动计划”，全市共有10个村列入新一轮“帮扶行动计划”。二是因地制宜，帮助民族地区发展高效设施农业，指导民族村发展具有民族特色的“农家乐”，提高少数群众和村集体收入，加快民族地区经济发展步伐。三是积极落实并发挥各级民族发展专项资金的经济效益和社会效益，进一步规范专项资金管理制度，共落实省级专项资金359万元，市级专项资金40万元。

【民族团结进步】 多措并举，积极营造民族团结进步事业的良好氛围。组织开展民族团结进步宣传月系列活动；开展“最美民族干部”评选活动，全市有2人被授予浙江省十佳“最美基层民族干部”，有1人获提名奖；指导武义县承办全省民族乡镇发展论坛暨全省民族乡镇长培训会；认真组织民族知识竞赛、民族风情摄影展及主题征文等活动，开展民族工作成就展；开展服务民族基层活动，对贫困少数民族大学生、少数民族困难群众进行帮扶；召开城市民族工作研讨，总结交流城市民族工作中的新举措和新做法，组织赴宁波、义乌等地学习先进经验，进一步推动全市城市民族工作的开展。坚持不懈，不断把民族团结进步创建活动引向深入。积极创建“省级民族团结进步小康村”、建设民族特色村寨，举办一期全市民族特色村寨培训，已有17个民族村被命名为省级民族团结进步小康村，有8个民族村的特色村寨建设取得明显成效，《中国民族》杂志专刊介绍婺城区汤溪镇鸽坞塔村的特色村寨建设情况，有1个民族村被列入全国少数民族特色村寨保护与发展名录申报项目。在全省民族经济工作会议上，金华市的创建工作作典型交流发言，受到上级有关部门的肯定。

【民族文化传承】 勇于创新，不断探索弘扬传承民族文化新途径。3月，举办“多彩三月三”金华市首届畲族文化风情展示活动，展现一台精彩的畲族文化风情表演，展出畲族传统农垦用具、畲族服饰等实物展览，以及反映全市民族地区经济社会发展的图板展览，省民宗委副主任莫幸福，市政府副市长林丹军，市政协副主席、市委统战部部长吴志松等领导出席活动，来自全市各民族乡镇、民族村及周边群众近千人参加活动。武义县、兰溪市也先后举办了一系列民族文化活动。通过这些活动，集中展示近年来在保护、挖掘、传承和弘扬民族文化等方面取得的成效，促进民族传统优秀文化的传承和发展，助推民族地区全面建设小康社会。

（祁晓红）

宗教事务

【概述】 金华市是全省宗教工作重点市之一，其中婺城、金东、兰溪、东阳、义乌、永康6个县(市、区)被列为省宗教工作重点县。全市五大宗教齐全，有宗教团体36个，其中市级宗教团体5个，分别是市佛教协会、市基督教协会、市基督教三自爱国会、市道教协会、市天主教爱国会，县(市、区)宗教团体31个。全市经批准的宗教活动场所有541处，有宗教教职人员1087人、信众40余万人。

【活动开展】 组织全市宗教界开展宗教慈善周活动，下发了《关于开展“宗教慈善周”活动的通知》，将活动主题定为“为少数民族贫困学生献爱心”，筹集9万元对全市11名民族贫困学生进行帮扶，并建立帮扶基金，对贫困民族学生进行跟踪帮扶。组织全市宗教界向雅安地震灾区捐款32余万元，为灾区重建献爱心。2013年，全市宗教界全年慈善捐款(物)合计120余万元。指导帮助宗教团体加强自身建设，举办全市宗教骨干培训班，开展十八大报告和中国梦、宗教政策法律法规学习，宗教界代表、民宗干部共97人参加。指导市道协举办道教养生培训班12期，共360余人次，弘扬道教养生文化。选送5名年轻教职人员参加省民宗委组织的佛道教中青年骨干培训班。指导市佛教协会在永康南都禅寺成功举办首届讲经说法比赛。指导市佛协在东阳玉佛禅院举办“道风建设培训班”。

【场所管理】 深入推进创建“和谐寺观教堂”和星级宗教活动场所评定活动，制定以“教风”建设为主题的创建星级宗教活动场所评定方案，制定评定标准，全年有101处场所达标，现全市达标数量达260处，共评选出五星级场所1处，四星级场所2处，三星级场所21处。开展民间信仰活动场所的调查摸排，各县(市、区)对各辖区内场所的面积、活动情况、供奉神像、管理组织、信众人数等情况进行摸底调查，共摸排3991余处场所，为加强规范管理打下基础。

(吴卫新)

外事 侨务 台湾事务

外事 侨务

【概述】 2013年，金华市外事与侨务工作坚持“服务中央总体外交和地方经济社会发展”宗旨，完善各项举措，推动金华市对外开放和转型升级，完成全年各项工作任务。全年全市审核审批因公出国(境)团174批641人次，其中计划审批130批347人次，比上年分别减少28%和11%，其中市本级63批114人次，比上年分别减少27.59%和14.29%。首创因公出国(境)团组预审批制度。组团单位在任务报批前填报《金华市因公出国(境)团组预审批表》。严格因公证照管理，确保因公证照收缴率。收回因公证照500本，收缴率100%。上交省外办公务护照131本。全年接待外宾31批334人次。

全年安排市级领导出访团组12批64人次，境外安排推介会、洽谈会30余次。组织参加浙江省在美国举办的“2013浙江民营资本与海外人才智力对接活动”和在德国、荷兰举办的2013浙江(欧洲)海外高层次人才洽谈会，达成人才引进初步意向46个，当场达成人才引进协议2个，达成科技项目合作初步意向4项，其中包括与荷兰王氏企业发展集团签署的总投资1亿欧元的PU皮革离型纸制造项目意向。在英国成立金华首家英国招才工作站，聘请英国浙江联谊会会长李雪琳为金华英国招才大使。通过英国、美国工作站，向金华市招才局推荐海外高层次人才27名，有意向落户金华的投资项目4个。其中总投资1.2亿元的户外休闲用品生产建设项目已落地。

全市新增友城8对，其中市本级5对。完善友城区域布局，友城总数已为46对。加强对各县(市、区)友城友协工作的指导。义乌市人民对外友好协会正式成立。“千校结好”目标提前完成。全年全市中小学新结境外友好学校40对，2010年以来共结友好学校93对。全市中小学开展各类交流互访7批120人次。加强对外文化交流和外宣工作。协助浙江婺剧团等艺术团体赴境外演出或举办展览活动，协助市中心医院做好2013年首届国际运动医学交锋论坛及骨关节外科论坛活动，200多名专家出席并参加研讨活动。全年文化类境外演出4批212人次。接待外国记者来金采访12批37人次。

强化服务功能，简化出入境审核审批手续，从2013年4月始，因公临时出国(境)人员审查实行备案制。重新调整直报企业名单。通过金华市8890便民服务平台，重点向市民介绍外事工作职能及外事服务领域，解答市民关心的各类问题。全年办理APEC商务旅行卡159批340人次，办理因私签证483批954人次，领事认证437件。办理邀请外国人来华112批163人次。妥善处置涉外事件。全市发生各类涉外事件212起286人次，其中死亡12人。配合协助公检法重点处理尼日利亚人贩毒案、浦江安哥拉公司扣留罗山县民工案、东阳籍公民在莫桑比克飞机失事身亡事件等。

全年共接待海外华侨华人、港澳同62批390多人次。重视海外侨团建设，指导巴西金华同乡总会完成了换届工作。做好为侨服务工作。开展《中华人民共和国归侨侨眷权益保护法》执法调研。邀请市政协委员视察部分侨资企业。先后走访浙江好安居实业有限公司、浙江博尚电子等侨资企业，了解掌握企业情况，解决实际问题和困难。做好“三侨生”身份认定工作。共受理审核17份“三侨生”华侨身份认定材料，同意上报省侨办17份，开具华侨身份认定证明4份。举办2013年“‘中国寻根之旅’夏令营”金华分营活动。重视信访工作，维护侨胞权益。全市受理来信来访40多件次。做好侨务经科工作。促成坦桑尼亚时代集团有限公司董事长冯瑛丹女士与东阳市政府达成25亿元投资金额的国内最大的檀香木一体化基地项目意向。协助市侨商会理事注册成立浙江点精教育科技有限公司，注册资金1000万元，第一期总投资约5000万元。向省侨办推荐上报重点华侨华人创业团队1个，即金东区浙江南博电源科技有限公司的“南博锂离子动力电池团队”。促成德国大药厂(澳门)有限公司与金华市经济技术开发区的浙江众益药业有限公司达成收购意向。组织开展“千名侨商进园区——走进兰溪”活动。组织开展“感召侨商回归·聚焦金华发展”海外侨领看金华活动。启动全市的基本侨情调查工作，成立全市基本侨情调查工作办公室。

【活动】 首场“十万浙商进百区”活动在金华市举行。8月8日上午，浙江省首场“十万浙商进百区”活动在金西经济开发区隆重举行，金华市浙商回归项目集中开工暨今飞高新产业园项目奠基仪式同时举行，省委副书记、政法委书记王辉忠出席，并实地考察金华市6个2013年省级浙商回归重大项目之一——金西九峰水上乐园项目。市委书记徐加爱致辞。省委副秘书长张才方、省侨办副主任陈安、省侨联副主席陈乃科、省经合办副主任林骏，市领导陶诚华、张伟亚，其他领导陈陆一等出席开工仪式。市委常委、常务副市长金中梁主持。

第三届中国(金华·永康)国际商贸发展大会。9月26日在金华永康举行。300余位商会骨干会员企业及境外重要采购商代表、业界精英参加大会。市外侨办与德国迪恩市外办签署成立德——中经济关系有限责任公司金华代表处的协议，首家海外友城经济办事处落户金华市。大会期间，还举办主旨论坛、专题论坛、签约推介、展览展示、市场和网上采购、对接交流等各类活动。

“透过香港，走向国际”香港专业服务研讨会。11月7日—8日在金华举行。香港在杭机构、企业代表一行27人参加研讨会，本市60多位企业代表与会。其间，代表团在金华参观考察，并参加金华市投资环境推介会，双方就金融服务、电子商务、城市轻轨、航空物流、地产咨询、投资管理等领域的合作进行了探讨和交流。

王建平带领市政协委员视察侨资企业。11月13日下午，市政协党组副书记、副主席王建平带领10余名政协委员视察浙江欧源置业有限公司和金华光华印务有限公司两家侨资企业，听取金华市外侨办副主任金烨关于侨资企业及侨务工作的报告。

【会议】 金华市人大常委会听取市外侨办关于侨法实施情况。9月10号下午，金华市举行市人大常委会主任会议。会上，金华市外侨办主任章宏作了《中华人民共和国归侨侨眷权益保护法》贯彻执行情况的报告。章宏在报告中介绍金华市侨务的基本概况。金华市有归侨侨眷近10万余人，主要来自泰国、印尼、越南等国家和中国香港地区。全市现有侨资企业600多家，占外商投资的50%，总投资额近300亿美元，行业主要分布在电子、纺织服装、机械制造、房地产、高新技术产业等。

10月15日上午，召开金华市基本侨情调查工作和培训会议。交流、探讨侨情调查前阶段工作中碰到的疑点难点，并布置下一阶段工作。市外侨办主任章宏出席会议并讲话，市外侨办副主任金烨主持会议。市侨情调查办公室成员及各县(市、区)侨办具体负责侨情调查工作同志参加会议。当日下午，召开全市基本侨情调查工作培训会。全面部署开展基本侨情调查工作事宜，进一步动员和敦促各县(市、区)侨办及相关部门抓紧落实会议要求和培训内容，会议专门邀请华东师范大学教授吴瑞君给参会人员授课。省侨办联络处调研员杨金坤出席会议并讲话，市外侨办副主任金烨主持会议并部署下一阶段侨情调查工作。市基本侨情调查办公室全体成员、各县(市、区)侨办，市直有关部门及下属单位、各在金高校共120余人参加会议。

【调研】 2月27日，省基本侨情工作调研组一行三人在省侨办联络处处长朱烨的带领下来金华市调研基本侨情调查工作开展情况，听取兰溪市侨办和浦江县侨办的工作汇报，并实地走访调研兰花社区。市外侨办副主任金烨陪同调研。

7月30日，省侨办副主任陈安，秘人处副处长周雯、吴青一行到金华调研侨务工作，并听取对省侨办作风建设突出问题的反映及开展群众教育实践活动的意见建议。下午，陈安一行走访侨资企业——欧源置业有限公司，拜访金华的第一位"国千"人才——浙江南博电源科技有限公司副董事长兼研究院院长卢文。7月31至8月1日，陈安一行赴义乌、磐安等地调研。

8月19日，全国政协副主席何厚铧，全国人大常委会委员、澳门立法会副主席贺一诚，中国银行澳门分行行长叶一新等到金华调研。何厚铧一行重点视察金义都市新区，了解核心区块景观改造等项目的规划情况。考察期间，随行企业界代表与金义都市新区进行了相关项目的洽谈。省政协副主席吴晶、省政府党组成员郑宇民，市领导徐加爱、暨军民等陪同调研。

【出访】 5月26至6月6日，市长徐加爱率金华市代表团赴印度、柬埔寨和新加坡三国考察访问。代表团参观考察企业、商会、行业组织、产业园区、经济特区及政府部门18家，召开推介会、座谈会12次，拜访中国驻上述三国大使馆经济商务参赞处和新加坡中华总商会；中国驻新加坡大使段浩龙、新加坡总理公署部长兼环境及水源部第二部长、外交部第二部长傅海燕会见代表团一行，就发展金华与三国之间的经贸关系达成共识。在印度，代表团考察了班加罗尔软件园、INFOSYS公司，与印度软件和服务企业行业协会(NASSCOM)、卡纳塔克邦政府贸工部投资贸易促进局进行了洽谈。在柬期间，代表团与柬埔寨中国商会、浙江商会进行座谈，考察中国首批国家级境外经贸合作区之一的西哈努克经济特区。在新加坡，代表团参加市政府在新举办金华投资环境推介会。

6月17日—28日，市委书记陈一新率金华市代表团赴英国、俄罗斯和捷克考察访问。在俄罗斯，代表团拜访了国家杜马总秘书、俄亚工业企业家联盟主席刘丽达、中国驻俄公使赵永琛等。与义乌国际商贸中心、俄罗斯义乌商会负责人贾杭林，俄罗斯中国南方企业家联合会会长赵凌云等就市场提升发展、外需市场拓展等问题，进行了交流探讨。在捷克，代表团与纳霍德市政府就双方经济贸易、科技教育、旅游等方面的发展与合作进行洽谈，双方签署建立友好交流关系意向书。在英国，考察布里斯托尔市的田园生态城市建设、创意产业规划建设情况。与英国浙江联谊会就建立英国招才工作站签署建站协议，并举行英国招才站授牌仪式。

7月26至8月6日，市委副书记陶诚华率金华市代表团赴坦桑尼亚、南非和毛里求斯考察访问。在坦桑尼亚，代表团与达累斯萨拉姆市市长马瓦库萨签署两市发展友好交流意向书。召开浙商回归专题座谈会，与坦桑尼亚中华总商会、坦桑尼亚浙江商会等商会代表进行交流。在南非，代表团与友城布法罗市市长祖吉斯娃、布法罗经济发展部部长纳泽、国际关系发展部部长达比等政府官员进行洽谈。在毛里求斯，代表团拜会毛里求斯文化部部长丘尼，就文化交流进行洽谈。

9月10日—12日，市政协主席郑金平率金华市代表团访问澳门，看望在澳门的市政协委员、乡亲、老朋友。访问期间，代表团拜会全国政协副主席何厚铧，全国人大常委、澳门立法会副主席贺一诚等。

10月9日—18日，市委常委、常务副市长金中梁率金华市代表团赴乌克兰、匈牙利和保加利亚考察访问。代表团分别拜访友城乌克兰波尔塔瓦市政府，匈牙利首都布达佩斯市政府和保加利亚首都索菲亚市政府，分别与波尔塔瓦市长马马耶夫、布达佩斯副市长保尔萨斯和索菲亚副市长乔巴诺夫举行会谈，宣传推介金华经济社会发展情况。代表团还与保加利亚驻华旅游投资促进局举行会谈，就11月在金举办保加利亚投资论坛达成意向。

10月23至11月1日，市委常委、秘书长、武义县委书记钟关华率金华市代表团赴葡萄牙、意大利和阿联酋考察访问。在葡萄牙，钟关华与塞图巴尔市长玛丽亚等进行会谈。双方在旅游资源、文化交流和城市互访等方面的合作交流达成初步意向。在意大利，代表团分别拜访帕多瓦市政府、欧洲华人华侨社团联合会和威尼斯地区华侨总会等负责人，出席金华广播电视总台与欧华传媒集团合作项目的签约仪式。在阿联酋，代表团考察龙城贸易市场，看望在市场经营的部分金华籍商户。代表团考察迪拜视博国际传媒集团，参加金华广播电视总台与该公司合作项目的签约仪式。

11月22日—26日，副市长邵国强率金华市代表团赴泰国访问。代表团受省外办委托，代表浙江省参加泰国彭世洛府华侨醒民学校90周年校庆活动暨彭世洛府华侨协会成立65周年庆；拜访彭世洛市政府，签署缔结友好交流关系协议书。

【到访】 1月16日—17日，省侨办副主任王通林率经科处处长朱烨、侨政处副处长朱兰芳、副调研员王少雷，在金华市外侨办党组副书记、副主任章宏的陪同下，走访慰问婺城区洋埠村下徐自然村项胜友等4位困难归侨、侨眷，并送上慰问金和慰问品。

1月18日，市委副书记、市长徐加爱会见了美国巴奥米特全球高级运营副总裁罗宾·巴尼一行。罗宾·巴尼表示，巴奥米特公司高度重视在金华的投资与发展，下一步将扩大投入，引入更先进的技术，生产更高端的产品，也希望市委、市政府和相关部门一如既往地关心、支持公司发展。当天下午，巴尼一行参加浙江巴奥米特公司成立10周年庆祝活动。

7月5日，市委副书记、市政府党组书记暨军民会见捷克纳霍德市市长比尔克一行。双方就工业、旅游方面开展合作交换意见。副市长邵国强、市政府秘书长祝伦根等参加会见。

8月21日—22日，澳大利亚投资银行麦格理中国区和中国城建集团联合考察团到金华考察，并举行投资洽谈会。联合考察团由澳大利亚麦格理投资银行中国区总裁翟隽带队，先后到湖海塘运动休闲区、多湖中央商务区、尖峰山高尚休闲生活区、金义都市新区等进行考察。洽谈会上，考察团就具体投资项目进行对接洽谈。副市长张伟亚参加洽谈会。

9月4日下午，市委副书记、代市长暨军民会见澳大利亚浙江同乡会会长姚亦仕先生。暨市长对姚亦仕先生的来访表示欢迎，希望浙江同乡会能继续发挥澳大利亚与金华的桥梁作用，进一步促进两地企业和人才的交流与合作。

9月6日，市委副书记、代市长暨军民会见由泰国总理顾问、彭世洛府华侨协会顾问主席陈伟侨率领的泰国彭世洛府友好访问团。彭世洛市市长黄文雄介绍彭世洛市基本情况，希望双方早日结成友好城市。9月7日，访问团先后考察今飞控股集团、宾虹小学和金义都市新区。

9月17日下午，副市长邵国强会见中美联合商会会长于建国一行，就两地在高新产业、教育养老事业的合作问题进行深入交谈。市外侨办主任章宏、市外侨办副主任张远平、金烨及招商局、招才局有关领导会见时在座。

10月5日，旨在倡导和推动全球有机农业可持续性发展的世界著名有机农业发展机构——国际有机农业运动联合会(IFOAM)创始人尼格利·乌尔斯来访，深入田间地头，对有机茶发展情况、“中国有机茶第一家”的浙江采云间茶业有限公司进行考察。

10月8日，山特维克全球副总裁迈克·戴尔布兰特一行5人到浙江红狮集团参观考察。戴尔布兰特一行参观浙江红狮生产现场，考察集团先进的生产设备和中控室控制系统。

10月24日，市委副书记、代市长暨军民会见芬兰罗瓦涅米市市长埃斯可·劳特费南。副市长邵国强、市政府秘书长祝伦根参加会见。主宾双方希望在旅游观光、机械制造、文化创意、矿产开发等领域寻找合作机会，推动互利共赢。

10月28日，刚刚参加完第二届世界浙商大会的40多名海外侨领，在省侨办党组书记王文娟、副主任王通林的带领下到金华市考察。市委副书记、代市长暨军民会见海外侨领考察团成员，副市长邵国强，市政府秘书长祝伦根参加会见。在金期间，海外侨领们考察金华经济技术开发区九峰水上乐园、峙垅湖公园、蒙牛项目、黄土丘陵开发二期项目地块等地。

11月12日—13日，亚太总裁协会全球执行主席郑雄伟、微软亚太研发集团主席助理张煜等一行4人访问金华、义乌、武义等地，就“世界新兴产业创新中心”“微软技术实践中心”落户等事宜与有关部门开展了座谈交流。副市长邵国强出席座谈会。

11月19日，保加利亚驻华旅游投资发展促进局主席托多罗夫率保加利亚官员及企业代表一行14人来访，就双方开展经贸合作进行交流。金华市政府举行保加利亚——华投资推介会,组织35家本地从事农产品、外经贸、旅游、建筑业相关的实力企业和在金侨商参加推介会。

【友好城市交流】 7月上旬,金华市小学生访问团一行90人分两批赴日本开展为期一周的“千校结好”友城校际交流活动。在枥木市,访问团分别前往各自姐妹学校开展了交流,内容包含校园参观、才艺表演、课堂体验、文化交流、礼仪学习等。

10月10日,德国迪恩市市长保尔·拉如率领的代表团一行来访。市委副书记、代市长暨军民,副市长邵国强会见来宾,并出席当天举行的德——中经济关系有限责任公司金华代表处揭牌仪式。其间,代表团还考察部分城市设施和学校、医院、企业等。

(王红英)

台湾事务

【对台宣传】 4月中旬,召开全市对台工作会议。会后,全市各台办兴起学习十八大精神和全国、全省对台工作会议精神的热潮。全市各台办注重和加强入岛宣传工作。通过赴台公务团组分发各种推介宣传资料、台属赴台和台胞回乡探亲访友之机,宣传国家对台工作的大政方针,让台湾民众全面了解祖国和家乡的经济社会建设成就。全年共组织宣讲会、报告会等涉台形势教育10次。定期更新台办网站,编发《台湾工作情况》11期2200多份,介绍台海动态,展示台属、台商风采,进行工作经验交流。发挥台湾义勇队纪念馆宣传教育作用,全年累计参观人数达到5000余人,其中岛内人数近400人,先后发放各种宣传教育资料4000多份。

【社团交流】 全市先后有12个团组拜访台北浙江闻乡会、台北金华八县市旅台同乡总会、高雄义乌同乡会。3月初,台湾大高雄里长主席联谊总会总主席林平长一行27人,到东阳花园村参访考察。7月底,金华市两岸文化艺术交流中心落成庆典暨“海峡情”书画展开展,金华籍旅台同乡会二三代一行15人出席中心落成庆典。9月份,磐安旅台同乡会在台北成立。9月中旬,中国国民党高雄党部执行长顾以浩率高雄市有关区党部负责人、里长等一行80人组成的基层干部参访团来到金华市参观考察。10月中下旬,由市台办主任张世元率领小分队到台湾南部高雄村里长和基层农会、发展协会考察。10月份,台湾金门县副秘书长李增财率领金门交通旅游局、观光产业协会、旅行社、旅游企业一行15人走进金华,开展“海西城市巡回——金门观光旅游暨特产业二合一专场推介会”。10月,“2013年中华明招文化研讨会”在武义县召开,由台湾中华吕祖谦学术研究会理事长吕理胡率22人出席会议,并作专题学术报告。12月20日,高雄市里长主席联谊总会一行17人来金华考察,先后走访婺城区下张家村和红湖路社区、开发区南苑社区、金东区蒲塘村、武义县俞源村、义乌市鸡鸣山社区和何斯路村、东阳市花园村等8个村(社区);24日在东阳花园村举行“金华—高雄村里结对”签约仪式,结成9个对子。12月26日,国民党高雄党部副主委施明豪到金华参访,与市长暨军民交流,先后参观市工商联、团市委、规划局等单位。

【医疗交流】 3月29日,由台湾荣总医院院长李三刚率12名专家到东阳市人民医院交流考察。5月下旬,海峡两岸急诊管理与人才培训高峰论坛在东阳市人民医院举行。论坛安排10个专题报告,全省各大医院及台湾医学界代表共160余人出席论坛。10月12日,台湾荣民总医院浙江技术推广中心在东阳市人民医院签约并挂牌。10月23日,由台北宏恩医院、高雄建佑医院、台中中山医学大学附设医院组成的台湾医院团一行8人到广福医院和市人民医院参观考察。11月,旅台同乡会组织台湾医疗专家到金华市参访交流。

【校际交流】 4月中旬,台湾龙华科技大学校长葛自祥和台湾树德科技大学校长朱元祥分别率领考察组到金华职业技术学院进行考察交流。6月底,台湾国民党南投县党部青年学生19名参访团参观了金华抗日义勇队纪念馆。组织国台办重点交流项目——金台百名学生结对交流活动。先后与国民党南投县党部共同组织19名青年大学生走进金华活动。组织台湾南台科技大学20名大学生志愿者与金职院大学生志愿者结对,在全市首个海峡两岸志愿者交流基地(金华市社会福利中心)开展金台大学生志愿者暑期社会实践活动。组织金华旅台同乡会12名回乡参访的第二三代青年大学生与金华台属青年大学生开展“故乡行、牵手为伴”交流活动。组织台湾4所院校60名学生与金职院60名学生一道开展“青春飞扬·书香两岸”浙台大学生牵手同心为主题实践活动,有近200名金台大学生结成92个友好交流对子。开展“看金华·知台湾·共筑中国梦”海峡两岸青少年书信往来交流活动,收到1000余封来自台湾、金华各个小学的信件,进一步密切青少年的交流。

【特色产业合作】 4月底,台湾南投县代理县长陈志清率县政府、农会及茶文化研究专家、茶业协会等代表一行39人到武义参访交流,参观了位于白姆乡更香茶业生产基地,举行品茶会和“南投—武义”茶友交流会。10月底,台办主任交流考察团对南投县进行回访,参观了在南投举办的“世界茶叶博览会”,考察了洞顶乌龙生产基地,与南投相关农会就茶产业进行广泛而深入的交流,武义与南投县茶业交流多个达成合作意向。10月中旬,有42家台企64个展位参加第九届金华·华东农业科技新成果展示交易会。11月初,义乌森博会台湾农林精品展区总规模达到420个,高雄世贸中心首次组团参展。义乌进口商品展会、文博会、旅博会、义乌台湾年货大街展会共设台湾展位124个。11月上旬,永康第八届农展会首次设立台湾馆,设120个台湾展位。11月中旬,省重点交流项目——东阳与台湾两地木雕传统工艺文化交流在东博会期间举行。台湾苗栗县文化观光局主任秘书彭德俊、三义木雕博物馆馆长郑志强一行25人参访团参加。全市全年各项展会上共计设有台湾展位800余个,成交额达2亿多元,创历年之最。

【参与引才工作】 市台办与相关单位一同引进了国家“千人计划”推荐人才1名(杨实:毕业于美国底特律大学,高分子化学博士),在金华双宏化工有限公司任职;“双龙计划”人才2名(杨春雷:毕业于英国纽卡斯大学,计算机博士,在磐安浙江罗奇泰克电子有限公司任职;关绍巍:毕业于吉林大学,高分子化学和物理专业博士,在磐安浙江鹏孚隆科技有限公司任职)。

【服务台胞台商台属】 对涉及台胞、台属投诉案(事)件做到热情接待,做到件件有回音、事事有落实。全年共受理涉台权益保护案件58起(其中国台办、省台办转办11起),办结率98%。特别是6月6日凌晨,在G60高速公路金华段涉台交通事故(台胞一死一伤)中,及时向市委、省台办报告,多方联系台胞家属,热心做好家属的安抚和后勤服务帮助以及事故处理的联系协助工作。省台办副主任张正镛受海协会委托、副市长傅利常专程前往医院看望伤者、原海基会副秘书长李庆平,要求医院全力救护,并向死者家属表示深切慰问,市领导多次作出重要批示。在“7·24”涉台交通事故(2死1伤)处理中,快速反应,靠前服务,处置得当,高速交警支队、市中院、广福医院、文荣医院、殡仪馆等密切配合,确保事故得到妥善处理。先后帮助90多岁的曹锡廉台胞反映其弟贪占其房子和安徽省一台企因本票丢失协助处理并追回损失货款等。

(舒真珍)

军　事

人民武装

【党管武装工作】 着眼“三个确保”时代课题,坚持用中国特色社会主义理论体系铸魂育人。根据机构改革和人事变动,及时调整充实武装工作委员会、国防动员委员会、国防教育委员会等组织机构,不断加强对武装工作的组织领导。坚持把武装工作纳入经济社会发展规划,把工作成效纳入党政主要领导任期目标考核,把经费保障纳入地方财政预算安排,把专武干部纳入党政干部培养使用计划,把国防知识列入党委中心组理论学习重要内容。认真落实党委议军会、武装工作会、过“军事日”、现场办公、走访慰问、述职等制度,促进党管武装各项工作落实。按照“军民结合、寓军于民”的要求,积极改进和创新党管武装工作,主动把融合式发展引向深入。按照常态化军事斗争准备要求,在金华驻军多、军事任务重的情况下,加大人力、物力和财力支持,军地共商国防建设大计、合力建设国防后备力量的氛围更加浓厚,军政军民关系更加密切。

【国防动员和后备力量建设】 着眼动态中建

设、融合中发展,始终坚持把加强国防动员和后备力量基础建设作为推进军事斗争准备的基础性工作来抓。扎实推进民兵工作调整改革。金华市政府、金华军分区坚持以全国及浙江省民兵工作会议、浙江省民兵工作调整改革任务部署会议精神和中发〔2012〕9号文件精神为指导,完成全市民兵组织结构调整,编实建强各类队伍,进一步理顺管理机制,优化布局结构,提高队伍质量。基干民兵分队中,党(团)员占82%、转业退伍军人占65%、35周岁以下占90%、高中以上文化程度占85%。按照"一队多能、一队多装、一队多用"要求,区分常规力量、拳头力量和特种力量三种类型队伍,统筹全市民兵应急力量建设布局,在永康市召开民兵应急连规范化建设现场会。坚持以大纲为依据,采取跨区联训、分层组训、岗位培训、挂钩带训、联动联训等组训方式,严格训练"四落实",不断提高遂行多样化军事任务能力。按照区分类别定标准、把握标准抓规范、落实规范促建设的思路,采取分级保障、全面推进、重点突破、个别帮带的办法,积极开展基层规范化建设。积极适应征兵时间调整带来的新情况新问题,落实士官直招和秋季新兵征集任务。5月—8月,军分区依据《直接从非军事部门招收士官工作规定》,全市共招收士官6名,其中本科生2名、大专生4名。认真贯彻落实全省征兵工作电视电话会议和全省征兵工作业务会议精神,以征集高中以上文化程度青年为主体,超额完成省政府、省军区赋予新兵征集任务,征集的新兵中,大专以上(含在校生)文化程度占38.8%、高中以上(含大专以上、中专技校、职业高中)文化程度占97.8%、初中文化程度占2.2%,实现全市无一例退兵目标。认真贯彻落实民兵预备役政治工作"两个规定"和省军区"大国防"教育精神,继续深化民兵预备役核心价值观培育活动,广大民兵预备役官兵军魂意识进一步牢固。

【民兵预备役参建共建】 广泛开展"百连结百村、共建创'两富'"和"军民共建文化示范村"活动,进一步探索丰富民兵参建创建活动路子,深化国防文化与乡村文化融合、民兵建设与乡村建设融合,推动双拥工作深入发展。积极参与余姚抗洪抢险工作。10月9日—13日,金华陆军预备役工兵团派出23人的防汛抗洪小分队赶赴宁波余姚地区执行抗洪抢险任务,出动指挥车2辆、运输车2辆、橡皮舟6艘、操舟机8台,累计出动橡皮艇100余次,抢救转移受灾人员1000余人,抢救输送物资30余吨,出动运输车50余台次,清理垃圾30余吨,打扫公路15公里,完成上级赋予的各项任务,受到当地政府和群众的一致好评,10月14日宁波市委、市政府专门致电感谢。此次执行跨区抗洪抢险任务,在地域陌生、任务多样、自主保障的情况下展开,为今后应急分队遂行急难险重任务探索了路子、丰富了方法、积累了经验。据不完全统计,全市共组织发动民兵预备役人员参加维护秩序、抢险救灾、森林灭火近2万人次,清扫街道400余条,清运垃圾2000余吨。

【演练与演习】 水上抢险行动演练。6月9日,军分区在义乌江、武义江和金华江三江交汇处组织水上抢险行动演练。演练以金华地区连续普降大到暴雨,金华江水位大幅上涨,严重威胁金华市区城防安全为背景,出动官兵100余人,动用冲锋舟、橡皮艇、摩托艇等舟艇30余艘,重点演练江面搜寻、遇险和落水人员抢救、人员物资转移、水下爆破分洪等课目。通过演练,进一步完善应急响应和处置机制,提高遂行抗洪抢险任务的整体能力。金华市四套班子领导和市防汛抗旱指挥部成员单位领导参加观摩。金动2013国防动员指挥机构带部分实兵战时行动演习。7月25日—26日,金华市国动委采取军事机关导调、政府部门主演、市县两级联动、异地网上同步的方法,区分平战转换、首批动员、持续动员三个阶段,组织市县两级国动委指挥机构带部分实兵完成了战时国防动员行动演习。市县两级10个国动委指挥机构321人、16支民兵预备役和国防动员专业队伍746人参加演习,动用征用各类装备器材120余件(套),下发导调文书193份、实兵调理文书64份,完成作业文书2400余份。演习基本达到强化政府职能、明确职责编成、理清程序方法、检验动员力量、提高国防意识的目的。

【市委常委议军会议】 2月21日,金华市召开党委常委议军会议。会议由市委书记、军分区党委第一书记徐加爱主持,军分区党委常委及市民政局、财税局、人劳局负责人等列席会议。会议传达学习全省党管武装会议精神,听取近两年来党管武装工作、国防动员和后备力量建设情况及军事斗争准备情况汇报，研究解决新形势下双拥共建工作转型升级、军民共建文化示范村建设等4个方面问题，为在新的起点上加强国防动员和后备力量建设打下坚实基础。

（宋盛忠）

武装警察

【概述】 2013年，金华市支队坚定总队党委和金华市委市政府的正确领导，各级紧紧围绕“一条红线”、紧盯“两个确保”，着力抓班子建队伍，抓基层打基础，抓安全促稳定，抓能力保中心，部队现代化建设全面推进，完成以执勤处突为中心的各项任务。

【思想政治与党委班子建设】 一是思想政治建设有力有效。扎实开展“坚定信念、铸牢军魂”和“强军目标”两项重大教育，以“双跟双查”促进小课串讲和班排讨论效果，制作《习主席新思想新观点新论断》口袋书，搞好结合转化，引导官兵牢记强军目标、坚定强军信心、献身强军实践。认真抓好月课教育，开展“今天我主讲”优质课示范教学活动，每月下发要点，统一审定计划，落实“推门听课”，严格“双跟双查”，增强教育实效。扎实开展思想巡查、大谈心、内部关系调研和“三宽、三心、三好”活动，落实“四小”“零报告”和“五位一体”网格化预防机制，先后转化个别人6名。重视先进文化建设，建立支队政工网，投入8万元为基层配发图书，完善支队警史馆和政工网，扎实开展战斗精神系列文化活动，1300人次参加义务献血、扶贫助困、环境治理、“慈善一日捐”(活动共计捐款金额5.14445万元) 等公益活动，金华市支队召开学雷锋先进典型表彰暨学雷锋活动部署会，支队被武警部队评为“学雷锋先进集体”；金华支队代表队在总队第四赛区预选赛中以三场全胜的成绩成功出线，参加“八一杯”全军业余篮球通讯赛浙江赛区决赛，获得第二名，支队被总队评为“新闻报道先进单位”，一中队、八中队党支部被总队表彰为“先进党支部”。二是党委班子建设得到加强。扎实抓好党委中心组理论学习，李苗中同志课题研究成果获总队一等奖。开展“学习贯彻党章、弘扬优良作风”教育和两个讨论活动，制定《党委机关加强和改进作风建设的措施》，组织机关干部到省五监开展警示教育，聘请20名基层官兵担任监督员，《人民武警报》头版头条刊发做法。组织“守法纪、讲道德、正风气”教育整顿，各级认真较真查摆问题，取得了实效。持之以恒刹“四风”，治“五超”，出台《厉行勤俭节约实施办法》，分割机关超面积办公用房，接待费开支同比下降38%；严格按照“两个规范性文件”民主议事决策，任用干部、发展党员、选改士官均做到公正、公开，群众认可满意。成立解难帮困领导小组，为干部争取住房，建立军人子女入优质学校机制，年初承诺为基层办好的5件实事全部兑现。

【执勤战备任务】 始终坚持中心居中，狠抓经常性执勤制度落实，以全军战备值班检查、总部中心工作网上集训和新《执勤规定》学习为契机，开展4个回合的执勤隐患大排查，治理各类隐患78处，圆满完成总部执勤正规化交叉检查任务，实现连续20年执勤安全无事故。以“能打仗、打胜仗”目标为牵引，严密组织“卫士—13”演习、抗洪防汛演练和敏感战备期组织实兵拉动，提高部队遂行任务能力。狠抓部队基础训练，严密组织冬季体能达标竞赛，突出加强干部训练，参加总队大学生干部比武获得团体第五名。狠抓“五种力量”建设，争取专项经费购买特勤排和应急班装备，加快应急力量建设。积极主动作为，圆满完成各类临时勤务：一是“万家购物非法传销”庭审警戒任务。涉及金额240.45亿元，涉案人员近200万人，遍布全国31个省(区、市)2300多个县(市)的全国最大网络传销案件“万家购物”网络诈骗案，因涉嫌组织、领导传销活动罪被立案查处。金华支队接到命令后迅速出动，按照“预先准备、全程参与、树好形象、确保安全”的要求，精心挑选人员，严密组织，完成庭审现场备勤警戒任务。二是义乌清真寺“主麻日”备勤任务。5000余名伊斯兰教徒参加浙江金华义乌清真寺“主麻日”仪式。金华支队在武警总队和市委、市政府统一部署下，扎实做好备勤工作，现场秩序良好态势可控，高标准实现“四个确保，一个维护”总目标。三是担负永康市第18届中国(永康)五金博览会现场安保备勤任务。武警金华市支队精心挑选人员，担负五金博览会期间开幕式、场馆警戒、机动备勤等任务，协助主办方维护现场秩序，确保五金博览会安全顺利进行。

【业务建设】一是组织条令会操。金华市支队组织条令会操，共5个代表队参加，此次会操先后对条令法规应知应会理论考试、警容风纪检查、单个军人徒手队列动作3个内容进行考核，二大队荣获团体第一名。二是组织特勤排、应急班人员装备培训。金华市支队组织支队官兵对"五种力量"装备操作使用进行培训，观摩应急班紧急出动与携装演示。培训采取理论授课、教员辅导、厂家现场指导、答疑解惑、实装操作、讨论交流等方法，促使每名学员熟练掌握各类装备器材的操作技能。三是接受总部正规化执勤等级评定交叉检查。总部工作组听取支队党委的情况汇报，对机关干部进行执勤理论抽问和问卷调查，检查机关执勤战备的"六库两室"，查阅执勤工作相关文件资料并对两个基层中队进行检查考核，检查结果得到总部工作组的高度评价。四是抓安全发展。认真贯彻总队"日常养成规范"现场会精神，开展"条令法规学习月"活动，规范官兵言行举止、基层四项秩序和机关办公秩序。通过学习事故案件通报、开展安全系列教育讨论、组织法制教育图片巡展等措施，制定下发《安全防事故11条规定》《基层一日安全预防要点》，狠抓各类事故预防。扎实开展基层风气教育整顿，紧盯小值日、搞卫生、出公差等工作末端建立公平机制，开展"迎新兵、除陋习、作榜样"教育活动，进一步密切内部关系。狠抓婚恋、"两手"和私家车等重难点问题治理，为所有基层干部统一配备非智能手机，为全部队安装免费公用电话，切实做到疏堵结合，支队被武警部队评为连续8年"三无"单位。五是参加金华市抗洪抢险联合演习。金华市人民政府防汛防旱指挥部联合金华军分区、武警金华市支队在市区三江口举行2013年防汛抢险演练。金华市市长徐加爱、市委副书记陶诚华等领导莅临观摩指导。整个演练历时45分钟，模拟金华江出现新中国成立以来最大洪水(1955年"6·21"洪水)，市防指组织指挥抗洪抢险救灾，开展险情侦察、巡堤查险、堤防加固、封堵决口、水上救援和爆破分洪等内容演练，并展示部分防汛抢险专业装备器材。金华支队迅速出动参与演习，充分发扬"不怕苦、不怕累"的精神，仅半小时便将5米长的决堤封堵，受到市委、市政府和驻地人民群众的高度赞誉。

【基层与后勤建设】基层全面发展更有成效。深入贯彻总部、总队两个1号文件精神，加大"常委包片、营以上干部包队"的责任挂钩帮建力度，开展"三个一"和"当兵蹲连"活动，派出1工作组下基层蹲点，6个惠兵举措在当兵蹲连期间得以实现。先后两批次到丽水支队参观学习，对基层科学发展推进逐队调研论证，为基层安装电磁灶、配备分餐台，改建4个中队网络学习室和游艺室，基层全面建设稳中有进，三中队被总队评为基层建设标兵中队，一、三大队和八、十二、义乌、武义、浦江、东阳中队被评为先进大(中)队，4个帮扶单位进步明显。现代后勤建设强势推进。积极发挥双重保障优势，争取地方保障经费，全面推进基础设施建设，推进教导队开工建设和二中队、警勤中队营房建设立项，改造机关大门和综合保障楼，部队硬件建设整体提升。深入抓好H7N9禽流感等流行性疾病的防范，完成2013式车辆牌证更换。组织军械员、炊事员、卫生员集训，开展驾驶员复训和安全行车教育整顿，提高两级后勤人员的业务能力。

(曹　健)

人民防空

【概述】2013年，金华市人防部门围绕市委、市政府的中心工作，坚持以军事斗争人防准备为牵引，以人防转型升级为主线，突出抓好人防常态化建设和融合式发展，抓主业、拓职能，扎实推进人防事业的发展，取得了较好成绩。市人防办被金华市国防动员委员会表彰为"金动-2013"演习先进单位；被浙江省人防指挥部表彰为"浙江金盾-13"演习先进单位，姚永来被表彰为"浙江金盾-13"演习先进个人；被南京军区人防办表彰为全国人防训练比武竞赛军区先进单位，关导、左万山、姚永来被表彰为全国人防训练比武竞赛军区先进个人；被国家人防办表彰为《中国人民防空》杂志通讯报道先进单位；被国家动员委员会表彰为国防动员潜力统计调查先进单位。

【人防应急应战核心能力建设】一是组织指挥体系不断健全。市县两级人防指挥部编成继续健全完善，并实现了互联互通、有效对接。人防指挥场所建设实现“满堂红”，市本级基本指挥所、地面指挥中心和移动指挥平台建设已经完成，4个县级市指挥所相继建成或投入使用，3个县指挥所正式开工，同时，年内新增2个重点镇民防应急指挥中心，全市累计已建成镇级指挥平台13个。重视人民防空行动方案和各类预案编制及修订，加强了预案方案衔接配套。二是信息预警报警实现融合集成。继去年荣获全国人防信息化建设先进单位后，进一步加大信息预警报警保障体系建设，年内北斗卫星导航定位系统建设开始实施，新安装警报器12台，全面完成警报无线统控升级改造，实现防空防灾和语音广播一体化、多手段、全领域，市区主城区警报音响覆盖率已达98%以上。健全完善人民防空警报管理制度和周检查、月巡查、季维护等相关规定，完成“5·12”“9·18”防空防灾警报试鸣，警报鸣响率和完好率均达到100%。三是各类演习演练活动组织有序。金华市作为“浙江金盾-13”演习五个参演市之一，积极配合省办做好相关筹备工作，并组织两支民防应急救援队参加演习科目的汇报演示，被省人防指挥部表彰为“浙江金盾-13”演习先进集体。首次组织移动指挥车跨区域拉动演练，取得良好效果。结合“5·12”“9·18”防空防灾警报试鸣，组织社区和学校开展人员疏散演练，全市共有32个社区5000余人，59所学校4万余人参加演练。四是应急疏散避灾体系和救援力量建设得到加强。注重资源整合和功能拓展，应急疏散地域、疏散基地、疏散点建设取得新进展，全市年内已完成1个综合应急疏散基地的建设，10个应急避灾疏散中心、4个场所的“双挂牌”。人防专业队和民防应急救援队得到调整和充实，市区7支镇级民防应急救援队正式组建，市本级民防应急救援物资储备库初步建成。

【人防工程建设】 通过健全和完善人防政策和规划体系，结合民用建筑修建防空地下室工作扎实推进。截至11月底，全市新报批“结建”防空地下室面积同比增长30.55%（市本级同比增长28.5%），竣工面积同比增长28.6%（市本级同比增长21.2%），在建面积同比增长18.8%(市本级同比增长29.6%)。按照精细化管理的要求，市县联动开展人防工程质量效能及防护设备、设计审查、专业监理三项检查，编印了《金华市人防工程质量监督指导手册》，规范工作制度流程，明确技术标准，完善监管体系。全市受理质量监督项目84个，同比增长50%，面积33.47万平方米，同比增长22%。主动参与规划编制，与金义都市新区管委会合作，启动金义都市新区地下空间开发利用暨人防专项规划编制工作。积极筹划项目建设。市本级结合一环路贯通隧道项目同步建设人防工程；吸收社会资金投资地下空间开发的兰溪丹溪避灾公园、义乌拨浪鼓广场兼顾人防工程均已进入实施阶段。与规划、建设部门共同牵头落实地下空间开发利用任务。1月—11月，提前完成省政府下达的目标任务。四是贯彻创新理念推动人防工程功能拓展。积极参与城市交通治堵工作，一手抓增量，一手平时使用功能归位，截至11月底，市本级结合人防工程建设累计增加地下停车位1704个，超额提前完成年度目标任务；在全市人防系统部署开展人防工程平时使用情况专项检查，通过检查整改，全市恢复涉及闲置或挪用的地下停车位1578个。积极开展利用人防资源服务民生工作，市区维修改造7处人防工程供市民避暑纳凉，共接待纳凉群众3万余人次，社会反响较好。

【人防基层基础工作】 按照行政审批制度改革的要求，在上年审改基础上，进一步压缩审批事项，优化审批流程，提高审批时效。针对部分纯民生、纯公益、纯政府投资项目的实际，积极提建议优政策，合理减轻执行人防政策负担。强化服务意识，主动做好建设项目前期服务，积极开展案卷评查，建立完善公共服务对象跟踪回访制度，规范依法行政行为。继续加强人防宣传教育“五进”工作，抓住“3.1”国际民防日等时点，加强媒体合作，利用各种载体开展宣传活动。推进基地化教育，与浙师大合作挂牌成立金华民防学院，开展教育培训活动。积极参与“人防在社区”创意大赛，组织开展人防宣传向高中和小学拓展以及“进四场”等试点活动，取得良好的效果。通过制定市级人防基层规范化建设标准、召开规范化建设推进会等一系列活动，不断推进全市基层人防工作。全市有15个重点镇和91个社区开展了规范化建设(其中市本级6个重点镇和34个社区)，全市共有77个社区按规范化建设要求设置了应急疏散标识标牌，将社区人口疏散方案形象化、直观化，为战时基层人防工作奠定基础。开展人防干部职工比武竞赛活动，提升干部队伍能力素质，荣获“全国人防训练比武竞赛南京军区先进单位”称号。以“正风提效促赶超”活动为载体，深化机关作风效能建设，制定出台《平战结合人防工程出租管理暂行规定》，举一反三，加强制度建设，严格纪律要求，加强党风廉政建设。

【成立镇级民防应急救援队】 3月19日，婺城区琅琊镇召开民防应急救援队成立大会，为数20人的琅琊镇民防应急救援队成为金华市区首支镇级民防应急救援队。琅琊镇位于婺城西南部，距金华18千米，镇域面积98平方千米，其中80%属于山林，是山区、平原的结合部，境内有蓄水6800万立方米、素称“金华水缸”的金兰水库，该水库也是金华人防重要经济目标之一。加强镇(乡)民防建设是人防融入地方应急管理机制、拓展人防功能、提升基层处置突发公共事件能力的重要举措。琅琊镇民防应急救援队成立之后，将成为当地普及防空防灾知识的宣传员，参与自然灾害抢险救援的战斗员，服务当地群众的勤务员。

【市民防局金义都市新区分局】 4月15日下午，金华市民防局金义都市新区分局授牌仪式在金义都市新区管委会大楼四楼会议室举行。金华市人防办党组书记、主任(局长)胡宏，新区管委会副主任宋炳坚，向金华市民防局副局长、金义都市新区民防分局局长胡银生授牌，标志金华市民防局金义都市新区分局正式成立。

【试鸣防灾警报】 2013年5月12日是我国第五个“防灾减灾日”，金华市于15:00至15:14在全市统一鸣响防灾警报，以这种特殊的方式纪念汶大大地震五周年，并向市民警示灾难就在身边。为积极配合防灾警报试鸣，积极开展多种形式的宣传演练活动。拓展宣传活动载体，加大防空防灾知识宣传力度。积极参与市政府在兰溪街集中组织的大型广场宣传活动。以展出防空防灾知识图板、向居民免费发放防空防灾知识手册、现场接受群众咨询等方式介绍防空防灾知识，内容丰富的防空防灾知识有奖答题吸引众多市民的热情参与。同时充分利用市内主流媒体、互联网、城市大屏和社区等平台，通过开设专栏、播放防空防灾专题片、发送手机短信、印发科普读物等形式，开展防空防灾知识宣传。突出应急逃生主题，周密组织疏散演练活动。群众的生命安全始终是人防工作的第一要务，应急疏散是防灾减灾的重要方式，市人防办有组织地选择3个社区，在警报鸣放时开展居民应急疏散演练，通过疏散演练让群众了解应急避难场所的位置，熟悉灾害预警信号和应急疏散路径，增强居民防灾减灾意识和应急避险能力。以学生安全为重点，启动全市中小学“防灾减灾”应急演练。青少年防灾减灾能力的培养一直是人防教育的主要内容。在“防灾减灾日”期间，市人防系统与教育部门联合启动全市中小学“防灾减灾”应急疏散演练活动，并在西苑中学组织示范性演练，组织红湖路小学参观人防宣传教育展示点。通过一系列的活动，提高学生安全防范意识，规范学校应急疏散组织程序。

【社区居民疏散演练活动】 自2009年以来，金华市首次恢复在“9·18”试鸣防空警报，当日全市二百余台防空警报于15:00准时在城市上空鸣响。结合警报试鸣，组织全市16个社区居民和59所中小学校的人员疏散演练。参与演练的群众充分体现“练组织、练程序、练技能”的训练要求。通过演练使参演人员熟悉疏散方案、预案，了解组织指挥程序，规范动作要领和疏散要求，使人员疏散方案实现“人头化、感性化、实战化”的目标。

(沈　枕)

文化建设

横店国家影视产业实验区

【概述】 2013年12月，根据东阳市委〔2013〕60号文件，对浙江横店影视产业实验区管委会与浙江省横店影视文化产业实验区管委会进行整合，编制人员合并，实行“一套班子、两块牌子”，设浙江省横店影视文化产业实验区管委会主任，保留浙江横店影视产业实验区管委会办公室，内设办公室、组织人事局、产业发展局、规划建设局四个机构。管委会举办了“2013年影视文化产业发展横店论坛”，邀请国家、省影视主管部门领导、专家及香港知名导演、编剧，知名企业负责人150余人齐聚横店，共同关注影视产业发展的潮流前沿，致力开拓中国影视产业发展新思路。横店影视产业实验区正式获批第二批国家级文化与科技融合示范基地，成为两批34个城市中唯一一个非地级以上城市获此殊荣。国家广电总局副局长张丕民、广电总局电影局局长张宏森一行，省委常委、宣传部长葛慧君一行到实验区，调研横店影视文化产业发展情况，协调解决相关问题。浙江省横店影视文化产业实验区入区企业实现营业收入92.67亿元，同比增长18.66%；上交税费10.81亿元，同比增长12.09%；新增企业52家，入区企业累计达539家；接待剧组142个。

【企业发展与人才吸纳】 横店依托完善的产业政策、优异的发展平台，吸引了包括华谊兄弟等著名影视企业在内的550多家企业入驻。重视完整产业链的打造。已有影视剧本创作企业200多家，影视制作企业500多家，影视后期制作企业30多家，影视发行性企业500多家，影视器材租赁等服务型企业45家，影视衍生产品开发企业15家，影视园区游览型企业25家，影视高科技企业15家，艺人工作室80多家，已经形成了从剧本创作到拍摄、到后期制作、到影视发行的完整产业链条。重视科技进步。已拥有博士后科研工作站3个，国家级企业技术中心2家，省级企业研发中心10家，金华市级企业研发中心7家，国家级高新技术企业11家，金华市高新技术企业12家，科技型企业7家，陆续承担国家星火计划项目15个，省星火计划2个，国家火炬计划项目29个，省火炬计划项目6个，省重大科技专项重点项目29个。加强知识产权工作。已拥有全国知识产权示范(试点、创建)单位3家，省级专利示范企业6家，金华市专利示范企业11家；全年基地申报专利210项，作品著作权225个。积极引导企业走品牌发展道路。共有中国驰名商标9只，省著名商标8只，中国名牌产品2只，浙江名牌产品26只，企业品牌建设工作取得了长足进展。实施省、金华市两级高层次人才创业创新基地创建工程。近年来先后吸引影视产业高水平人才1046名，其中拥有博士学历12名，影视类副高以上职称人员135名。成立浙江横店科技专修学院，年均输送毕业生1000多人，按需培养影视旅游产业各类技能型人才，为横店的长远发展奠定基础。

【影视制作与电影院线建设】 影视制作：横店影视制作公司与加拿大、日本等多个国家的资深电影机构签署战略联盟协议，达成十几部影视作品的合作意向。入区企业制作的多部影视作品，如《幸福卡片》《甄嬛传》《双面胶》《媳妇的美好时代》等影视作品纷纷走向欧美市场。此外，浙江横店影业参与制作、由国际名导、明星参与拍摄的3D奇幻动作片《一千零一夜》已通过了相关部门的合拍资格审批；

由浙江横店影视制作有限公司共同参与投资、联合出品的影片《西游记——大闹天宫》将于2014年农历大年初一全国公映，为横店走向世界，打造“世界横店”打下了良好的基础。影视制作加强文化与科技融合。横店与中国科学院合作，围绕基于移动的虚拟现实增强型体验的需要合作开发面向影视元素虚拟交互式展示的手持终端与服务系统，并计划用于横店在建的影视科技馆中。与常州金刚文化科技有限公司合作开发基于影视元素主体的仿生机器人装置，计划用于横店的影视游览园区内，提升游客的感知兴趣度等。全区各摄影棚均已配备了当前业界最为先进的影视拍摄设备，如VFX虚拟合成设备，Motion Control运动捕获设备等，并自主研发了面向实时高清影视采集与压缩传输的硬件系统、现场图形工作站服务系统等装备，已应用于120多部含复杂特效影视剧拍摄。在影视后期制作环节，已建成国内首条4K/3D影视后期制作生产线和云渲染服务平台，并用于电影《集结号》以及国内第一部3D版电视剧《火旗镇》等大批影视剧的特效制作中。电影院线建设：积极开拓全国影视院线市场，在全国控股或参股了多条电影院线，在长沙、南京、郑州、北京等城市投资建设了数十家五星级影城。其中在长沙、郑州等城市的影城票房收入居所在省的影城首位，排名全国前列。跨省院线——横店电影院线从2009年1月开始运作，其市场规模已跻身于全国电影院线前10位，旗下共有130多家影院，2013年总收入超过10亿元。

【重点项目建设】 万花园项目：浙江省横店影视文化产业实验区工作协调小组第一次全体会议，在省人民大会堂台州厅召开，会议研究讨论万花园项目涉及的土地和资金问题，以及实验区今后发展的定位。万花园项目实施情况为：春园年内投资4.9亿元，开挖土石方800万立方米，一期建筑面积31500平方米，已完成85%，二期工程建筑面积约96500平方米，已完成30%；夏园投入2.05亿元，土石方工程完成95%，西大门、海岳开襟工程主体以及八国联军局部建筑基础土石方开挖等工作均已基本结束。秋园基础土石方工程已动工，预计年内完成10%。通用机场项目：完成投资1.8亿元，开挖、回填土方量已完成总量的60%左右，航站区工程（综合楼和生活服务楼）已结顶。上海滩景区项目：完成投资1.5亿元，已完成红线范围内土地征用、房屋拆迁、所有一期开工设计等，完成电车及景区主要的主题游览项目设计和招标工作。目前正着手建设苏州河、上海大厦、俄罗斯领事馆及苏州宾馆等项目。双子楼基础土方完成80%；人防工程中的土地分隔项目已报国土局审批；详细规划局部调整方案已报规划局审批、公示。

（张　刚）

文　化

【公共文化设施】 中国婺剧院、市非遗展示馆、市文化艺术中心相继建成使用；义乌市大剧院、义乌市美术馆着手前期筹备；兰溪市非遗馆完成建设和布展工作，按照国家五星级现代影院标准设计建设的武川华夏影城建成营业。全面完成全市公共图书馆评估定级工作，8个公共图书馆获评一级馆，全市134个乡镇文化站建成并实现免费开放。完成创建1个省级文化先进县、1个省级文化强镇、9个省级文化示范村（社区）、36个市级文化示范村（社区）和2个市区特色文化示范基地。配合市委宣传部完成建设农村文化礼堂218家。

【群众文化活动】 全市举办各类文化艺术活动230余场。成功举办了《浙江健身潮》省第二届体育大会开幕式群众体育文化展示和首届“欢乐金华”百姓文化节开幕式。深入开展文化产品配送工程，全市完成送戏下乡1853场，其中市区送戏下乡420场；送电影下乡44610场，其中市区送电影下乡9223场；全市完成送书下乡33.9万余册，送讲座展览1008场次，开展培训10.7万人次，组织文化走亲（含乡镇）562场。积极创新“送文化”的方式和载体，探索实施“你点我播”送电影服务模式，实现“群众点片、政府买单”。

【文艺精品创作】 在省内率先制定出台《金华市文艺创作项目扶持办法（试行）》，鼓励原创和地方现实题材的创作生产，共获“浙江省首届合唱作品比赛”等赛事的各类金奖（一等奖）22个奖次。浙江婺剧艺术研究院被列为首批39个“全国地方戏创作演出重点院团”之一，完成创排婺剧大戏《铁血红颜》，该剧入选了浙江省文化精品扶持工程第八批扶持项目，并与东阳婺剧演出有限公司创排的婺剧《英王徐策》分别获浙江省戏剧节“新剧目大奖”。复排了《十八罗汉》《昭君出塞》等8个传统折子戏。青春版《穆桂英》获第三届中国少数民族戏剧会演唯一演出金奖，并获7个单项奖，为获奖最多剧目。

【文化遗产保护】 开展了金华历史文化名人课题研究，拟建金华历史名人馆。完成第六批《婺文化丛书》13本专著的出版、第七批《婺文化丛书》10个课题的立项，以及国家社会科学基金艺术学项目课题《浙江婺剧研究》的出版，举办“小邹鲁大讲堂”“婺文化大讲堂”和“市直机关文化艺术大讲堂”23场。积极开展非遗项目保护工作，编印了《金华市国遗项目“八个一”保护材料汇编》；评选出第五批市级非物质文化遗产名录项目32个，第二批市级代表性传承人122人，第二批市级传承教学基地14个，新增25位省级非遗代表性传承人；举办2013浙江省“文化遗产日”主场城市(金华)活动，在省内率先开展非遗传承人农村实用人培训工作，深化非遗保护工作。

【对外文化交流】 浙江婺剧艺术研究院连续第六年受文化部委派，完成赴南美的文化交流活动，获我驻外使馆表扬。圆满完成赴德国、新加坡和香港的商业演出，取得了很好的反响，其中赴德国的演出，获省委书记、省人大常委会主任夏宝龙批示肯定：“祝贺浙江婺剧院演出成功，塑造了我国我省的好形象”。东阳市首次派艺术团队赴国外进行文化艺术交流，演出深受好评。

【文化产业发展】 出台《金华市关于进一步做好金融支持金华文化产业发展繁荣的指导意见》，文化产业和金融业实现有序对接。第八届义乌文博会成功举办，展会交易额达48.3亿元，同比增长6.92%，其中外贸成交额29.15亿元，同比增长5.81%；东阳市依托横店影视文化产业先发优势和品牌效应，积极创建国家级文化产业示范园区，推动文化产业全域化发展。金华电子信息文创园、鼓楼里文创意园和CRC文创园等重点文化创意园区先后建设，文化产业人才培养有突破，1人次获“文化新浙商”荣誉称号，1人次获“文化产业创新奖”荣誉称号，金华市文化广电新闻出版局获组织奖，全省仅2个单位获该奖项。

【出版工作】 广电安全播出监测工作扎实有效。严格执行安全检查制度、值班制度、“零报告”制度，确保了元旦、春节、全国和省市“两会”、党的十八大等10个重要保障期广播电视的安全播出，全市没有发生一起广播电视安全播出事故。广电惠民工程深入实施，推进“2131”电影放映工程，电影惠民服务辐射圈进一步扩大。农家书屋和村邮站整合建设、“农家书屋课堂”建设有序开展中，农家书屋使用效益进一步提高。完成了2013年全市印刷企业和出版物经营单位和正式出版报刊年检工作，开展了全市记者站年检和评估等工作，建立印刷企业网格化管理模式，强化对印刷复制企业的日常监管；全面完成全市党政机关部门软件正版化工作。

（汪　欣）

戏　剧

【概述】 2013年，金华市共有演出经纪机构3家、国办专业婺剧表演团体4个，民营婺剧表演团体近30个。“婺剧”艺术发展形式多样，影响不断扩大。婺剧青春版《穆桂英》在第三届中国少数民族戏剧会演中获演出金奖，并获优秀导演、音乐、舞美设计、灯光设计、服装设计奖，杨霞云等6位演员获优秀表演奖。新创排婺剧剧目《铁血红颜》入选浙江省文化精品扶持工程第八批扶持项目，并获浙江省第十二届戏剧节新剧目大奖。婺剧表演艺术家陈美兰再获文华表演奖，青年演员杨霞云获第23届上海白玉兰戏剧表演艺术奖“白玉兰主角奖”第一名，青年演员巫文玲获“白玉兰新人配角奖”。浙江婺剧团成功入选全国地方戏创作演出重点院团。

【群文精品】 新创歌曲《筛子欢歌》获浙江省首届合唱作品创作大赛创作金奖，美术作品《塞下秋风》获浙江省第三届群星视觉艺术大展金奖，歌曲《稻香江南》获浙江省新作大赛创作表演银奖，群舞《婺戏情》获浙江省社区居民舞蹈大赛创作表演银奖，歌曲《山窝窝飘来畲娃的歌》获浙江省少儿声乐比赛创作银奖，新创故事《反捕归真》获浙江省最具地域特色代表性文化符号(民间故事)银奖。

(任文俊)

电　影

【概述】 2013年，全市共有数字电影院19家，其中，市本级5家，30个厅，4129个座位。全市农村放映电影44533场次，市本级放映影片9250场，超额完成50场。全市城市影院放映电影场次109742场，观众人数达601.5万人次，其中，市本级城市影院放映37537场，观众人数为111.05万人次。积极探索农村电影放映的新举措，大力扶持山区公益电影事业，确定在塔石、莘畈、沙畈和箬阳四个山区乡设立重点放映点8个，放映点10个，放映电影500场左右；同时创新推广“你点我播”电影放映服务模式，影片按村民喜好点播放映，受到村民的欢迎。

(方旭升)

图书事业

【概述】 2013年，金华市图书馆、金华市少儿图书馆在实现免费开放的基础上，积极探索延伸馆外服务，拓展服务范围。两馆新购书籍报刊近6万册，全年共接待读者近30万人。

【金华市图书馆】 新购书籍20320种，40056册，1256681码洋，(另外视听资料1465种，20347码洋)；征订报纸100种，杂志536种，全年借阅部共接待读者221168人次，书籍流通489961册人次，办理及延续社会读者证5220个，各服务窗口解答咨询8483条。制作《金华市名人数据库》《中国婺剧名家名段》《金华市地方志》三个数据库；完成《浙江通志——艺文志》的编辑工作，向省馆递交近2000条数据；完成《图书馆志》资料提交工作。全年共出宣传橱窗(栏)4期，推荐图书、出新书通报4期。策划组织讲座13场、阅读推广活动14次、展览19次、培训5次，读者活动数量是金华市图书馆恢复重建以来最多的一年。选送8部微电影，组织参加“浙江省未成年人道德建设微电影”比赛，剧情片《缤纷童年话今昔》荣获最高奖项综合奖的三等奖，动画片《冰棍的奇幻漂流》获得最佳动画造型设计奖。市图书馆被授予组织奖；获全省信息服务产品大赛《金华往事——金华文化分专题》优秀奖；《金华现代道情：图书馆小时代》“浙江省公共图书馆服务形象展演优秀奖”。全年媒体宣传达118次。

【金华市少儿图书馆】 全年共接待读者122778人次，图书流通153953册次。其中馆内借阅读者49480人次，阅览读者17844人次，流通站点服务读者60823人次(册次)；新办证989个，累计办证3915个。采购入库图书7187种，14012册，总价值35.1774万元；报纸24种，期刊474种，价值71428.72元；地方文献2430册，价值6.8万元。图书流通站点上门回访9个，为其更替图书4000余册，价值近10万元；举办展览4次，讲座12场，培训5场；围绕“金华市第九届未成年人读书节”“图书馆服务宣传周”“历史文化名人进校园”“阅读梦”等主题，组织开展各类未成年人阅读推广系列活动40余场，媒体报道29次。2013年底，进行为期1个月的闭馆打包整理，于12月31日正式搬入新馆。

(傅建军　许苗苗)

文化市场管理

【概述】 2013年，全市共有网吧759家，歌舞娱乐场所347家，各类演出团体120家，演出场所10家，文化经纪人1家；各类印刷企业1258家(义乌市除外)，其中：出版物印刷企业23家、包装装潢印刷企业1026家、其他印刷品印刷企业321家，专项制排版9家。

【行政审批】 市本级共受理行政许可事项386件，非行政许可服务类51件，备案类150余件，年检、换证630余件，受理咨询1756起。通过文化部开展的审批工作大检查，下放行政审批事项12项，超额完成市政府确定的精简下放50%的目标。

【市场监管】 全年全市出动检查9215人次，检查场所13106家次，查获违规883家次，办理行政处罚案件451件，罚款152.4万元，收缴非法出版物20267张(册、本)，其中，市本级出动检查1028人次，检查场所1828家次，查获违规284家次，办理行政处罚案件53件，罚款21.25万元，没收非法出版物4611张(册、本)。联合公安等部门完成“扫黄打非”

"清源行动""剑网行动""净网行动"和"秋风行动"等专项整治行动，全面净化文化市场。

（陶　冶）

非物质文化遗产保护

【概述】 全市现有国家级名录 28 项，省级名录 122 项，省级以上名录总数列全省前列；建立国家级生产性保护基地 1 个、省级生产性保护基地 7 个，省级传承基地 3 个，省级教学基地 13 个，省级宣传展示基地 7 个，省级传统节日保护基地 4 个，省级非遗生态保护区 1 个，省级非遗经典景区 2 个，市级非物质文化遗产传承教学基地 29 家，市级非物质文化遗产传承生产性保护基地 14 家，市级非物质文化遗产传承传统节日保护示范基地 4 家，市级非物质文化遗产传承宣传展示基地 10 家；全市现有国家级非遗项目代表性传承人 15 人，省级代表性传承人 102 人，市级代表性传承人 305 人。

【非遗名录体系和保护载体建设】 评选出第五批市级非物质文化遗产名录项目 32 个，第二批市级代表性传承人 122 人，第二批市级传承教学基地 14 个，同时新增 25 位省级非遗代表性传承人；完成全市濒危非遗项目的调查、报送和第四批国遗项目预申报工作，以及国家级生产性保护基地(东阳竹编)的申报工作。

【建立非遗保护长效机制】 对 22 个国家级、9 个省级非遗项目"八个一"保护措施实施情况考核，编印《金华市国遗项目"八个一"保护材料汇编》，进一步完善非物质文化遗产保护机制；在省内率先开展了非遗传承人农村实用人培训工作，深化全市非遗保护工作。

【开展非遗宣传展示】 策划、筹备组织开展第八届浙江省非物质文化遗产节暨 2013 浙江省"文化遗产日"主场城市(金华)活动开幕式，并编印《金华非遗十年画册》在开幕式发放。完成金华市非物质文化遗产馆装修、展板布置和第一阶段非遗实物征集和陈列工作，共征集 150 余件特色精品实物，并顺利开馆。非遗馆共分百工区、遗韵区、风情区、传说区、特色区 5 个展区及传承教学区、展演区两个展演展示区，通过展板与实物结合的方式集中展示金华市的 150 多个非遗项目。开馆期间，分别举办金华市非遗生产性保护基地、宣传展示基地 2012-2013 年度现场展示、比武活动，并召开基地负责人总结座谈会。

（何俭强）

新闻出版

金华日报报业传媒集团

【概述】 2013 年，金华日报报网融合创新团队被评为浙江省重点创新团队，是全省唯一一家地方媒体入选。金华日报再次获得"2013 中国十大地市报"等称号，金华晚报获"2013 中国十大地市晚报"等称号，浙中新报获"2013 中国十大传播力都市报"等称号。金华日报还跻身中国报刊广告投放价值排行榜——"开拓创新媒体十强"，金华晚报被入选影响中国最具广告传播价值城市报。广告中心被中国报业协会评为中国报业公益广告贡献奖。

【宣传党的十八大精神】 采取多种宣传手段全方位、立体化、浓墨重彩地报道金华市干部群众学习十八大精神的新体会，践行十八大精神的新成效，在一版开辟"科学发展在金华 赶超崛起看浙中"和"转型升级走前列 正风提效促赶超"两个专栏，全年刊发重点稿件 150 多篇。在三中全会召开后，日报又推出"改革进行时——贯彻十八届三中全会精神特别报道"和"十八届三中全会经济体制改革亮点剖析"系列评论。晚报也开辟"赶超发展路 改革再出发"等专栏。

【围绕中心造势鼓劲】 上年以来，围绕市委、市政府中心工作，日报相继开设"正风提效促赶超""推进三改一拆 建设美丽金华""科学治堵 畅行金华""巩固创卫成果 打造精品城市"等专栏，刊发重点稿件上百篇，金华晚报推出"把脉城市病，共建精品城"等专栏，浙中新报推出"赶超发展，两富先锋"市(县、区)委书记访谈，有力地推动"三改一拆""治堵保畅"和"五城同创"等重点工作。同时，日报还推出金东区居家养老服务模式等典型经验报道，刊发

《让守规矩成为共同自觉——从“全家福”“乡村大院”拆除说开去》等评论员文章,在社会上产生比较大影响,有效地引导舆论,有力地推动全市经济社会发展。

上年3月上旬全市“正风提效促赶超”作风建设系列活动开展以来,金华日报在头版、二版开辟专栏,围绕“正风提效促赶超”这一新闻主题,从不同角度、不同侧面选择题材,共刊发30多篇稿子,并编发2个相关专版,受到市作风建设办公室的高度肯定。

【宣传“善美金华”】 上年以来,日报、晚报、新报、导报及金华新闻网先后组织报道磐安“奔跑男孩”陈炳南、“国门卫士”沈樟有等典型人物。金华日报《道德星空》、金华晚报《最美金华人》、兰江导报《身边的好人》等专栏树立一批民间、身边的道德典型,为加强社会主义核心价值体系建设营造浓厚的舆论氛围。2013年3月,日报社文部刊发金华市四位“感动中国人物”——王选、叶庆华(孟祥斌妻子)、孙炎明、陈斌强联合署名的《“弘扬善美精神争做最美金华人”倡议书》。4月,金华晚报与搜狐网合作,正式进驻搜狐新闻客户端。5月21日上午,日报联合团市委创建全国首个微博联盟组织——金华市微博联盟。金华市微博联盟成立还入选全省宣传思想文化工作“三贴近”优秀百例。

为进一步扩大“善美金华”的影响力,2013年12月由市委宣传部和金报集团联手策划,金报集团出品的首批5部《善美金华》系列微电影拍摄完成并正式上映,这种以系列微电影的形式宣传道德模范人物,弘扬“善美精神”正能量在全国是首创,这也是在互联网时代金报集团主动寻求创新、积极探索新媒体传播手段的一次有益尝试。

【深化“走转改”活动】 金报集团把“走转改”活动与十八大精神宣传结合起来,与贯彻落实中央“八项规定”和省委“28条办法”及市委“25条意见”结合起来,进一步增强采编人员的群众意识。日报服务新闻部联合市督考办、卫生局、教育局、环卫所等部门,精心策划“下基层,转作风,我的体验”系列报道。这组报道促进了不少老大难问题的解决。市委书记徐加爱对此批示给予肯定。日报开辟“走进百镇千村 探寻两富标杆”专栏,报道金华市农村基层在“两富”现代化建设中涌现出来的新典型,已刊发稿件近40篇。金华晚报先后推出“走转改再深入·走进新360行”等专栏,通过进百家门、聊百家事、解百家难,已刊发30多篇报道。浙中新报和兰江导报也结合各自实际,不断深化“走转改”,继续办好“走转改”专栏。

2013年11月,金报集团第四届十佳青年记者评选产生后,组织开展了“十佳青年记者”蹲点8890便民服务平台的活动。日报共刊发4个专版,在读者中产生较大反响。参与蹲点的“十佳青年记者”还撰写《金报集团“十佳青年记者”赴8890便民服务平蹲点调研报告》,市委书记徐加爱,市委副书记、代市长暨军民,市委常委、宣传部长何杏仁先后作出批示,对调研报告给予高度肯定,认为建议很好,要求各相关部门逐项加以落实。

【推进新媒体建设】 2013年《市民问政》在线交流23期,问政议题涉及城市建设管理、社会民生保障、生态环境保护、政府公共服务等方面的热点问题,先后推出“打造精品城市从细节做起”和“水环境整治”两组系列问政,实施跟踪督查报道23期,梳理问题近300个,解决问题200多个;全年共刊发《市民问政》专版46个。《市民问政》期均参与市民上千人,期均网络点击率稳定在1万人左右,有力地推动“大货车乱停乱放”等久拖不决或屡屡回潮的“顽疾”。省长李强在《市民问政》相关材料上作出批示,给予充分肯定,要求“印送各市县政府参阅”。

金报集团成功创办日报、晚报、新报官方微博的基础上,提高官方微博的活跃度,进一步扩大官方微博的影响力,成为金华媒体中影响力第一的官方微博。其中晚报的微博粉丝达到12万、日报的微博粉丝7.5万多、新报有6.1万多。建成首块户外全进口高精度LED屏,面积200平方米(目前金华面积最大、技术最先进),这是金报集团“发展多元媒介,强化党报力量”的又一个载体。另外,还筹建4个党报户外阅报栏。

【拓展县市布局】 继2012年1月1日《永康金报》专版创刊后,2013年7月1日《金报东阳》专版出版。在全市四个经济、人文实力较强的县级市——义乌、永康、东阳、兰溪均有集团主管主办的报纸或专版。依托《永康金报》《金报东阳》以及浙中新报、兰江导报积极主动地做好县市重要报道,不仅围绕当地党委、政府中心工作，宣传“三改一拆”、水环境整治等重点民生工作，而且在“义乌小商品博览会”“永康五金博览会”“东阳木雕博览会”等举行期间，推出特刊，营造了较好的节会氛围，受到当地党委、政府领导的肯定和广大读者的欢迎。

【经营稳中有进】 2013年，金华日报报业传媒中心全年实现主营收入约2.5亿元，其中广告收入首次跨上1.5亿元的关口，比上年稳中有增，多元经营收入2亿元，全年实现利润超5000万元，同比增长明显，继续稳居在全省地市报社(集团)第四。广告中心立足“求新求变”，在采编部门配合下，开展了40多项主题活动。采编经营紧密结合的做法得到进一步加强，推出“金西十周年”“磐安30岁了”“网络经济”“学在婺城”等特刊，还利用金华晚报、浙中新报创刊20周年的契机，有效地拉动广告的大幅增长。特别值得一提的是，浙中新报广告刊登额增长39.3%，成为集团领涨板块。日报持平，达到600万元，晚报增2%，导报略有增。全年刊登分类广告490万元，实现15%的增长。传媒公司作为集团与广告中心许多重大策划活动的有力执行者，成功举办房展、车展、浙中购物节等20多项活动。营收1000多万元，创利200万元。经营办积极参与集团内部设备采购及工程招投标的组织与审核。在东阳分社筹建过程中，经管办协调物管中心等部门为东阳分社办公场地做好装修及办公用品选购等工作。在集团首块LED电子屏的建设过程中，做好招标、审核、工程监管和协调服务。

【引进乒超联赛】 首次将中国乒乓球俱乐部超级联赛引进金华，金报集团和金华银行共同组建乒超女队，协调集团内部和社会力量，承办乒超俱乐部金华赛区的比赛活动。本赛季俱乐部主场、客场共进行了16场比赛，取得第6名的优异成绩，主场观众累计达2万人次。这些比赛大多在央视和省级电视台直播或录播，对提高金华知名度、美誉度起到很好的加分效果。金华赛区还被中国乒协评为“优秀组织奖”，成为最佳赛区。

【投资影视业】 金报集团与横店影视制作有限公司共同投拍的40集电视连续剧《遥远的婚约》9月在江苏城市频道第一剧场试播，被评为浙江省文化精品工程。与浙婺合作参与开发金华演出市场。由日报活动策划部牵线，广告中心具体实施，金报集团尝试与浙江婺剧艺术研究院合作，以双方各自的优势开拓金华的演出市场。满足观众“在金华就能欣赏高质量文艺演出”愿望的同时，为集团多种经营开辟了一个新平台。

【财务审计】 财审中心做好会计核算工作的同时，按照市纪委、市审计局等部门要求做好集团“小金库”的清理工作，配合市财政局、国资委做好集团资产的清理、登记工作。帮助永康分社和东阳分社完成财务独立核算的设置、辅导、衔接及人员培训等相关工作。在控制好资金流量的前提下，财审中心重视资金的投资理财工作。通过了解、比较各银行的理财产品，不怕手续烦琐，勤转勤买，增加集团的利息收入。2013年，仅银行理财就获利300万元，投资其他金融产品1.13亿，两项共计创利1460万元。财审中心还积极协助领导争取税收优惠政策，2013年减免税金1354万元。

【印务中心】 第二套柯达CTP直接制版设备于2013年5月引进投产，不仅大大提高印前制版速度，同时还进行印刷机设备的技改，购进上海高斯无轴传动印刷机。该设备的投产，每小时可印日报4.5万份，同时可印刷金华日报12个彩色版面，极大地提高印刷速度和印刷质量。同时，印务中心在管理上不断细化考核措施，狠抓节支增效，全年实现利润约710万元。还投资240多万元购买了一台二手设备以提高生产能力。公司全年实现销售收入2000多万元，利润970多万元，其中信和分红660万元。

【发行工作】 发行中心克服投递人员招聘难、人力成本不断增加等困难，千方百计稳定日报、晚报的发行量和投递质量。围绕提升报纸投递质量和时效这一主要工作，发行中心上年对发报房进行改造；将原由社会车辆承包的义乌、东阳两条线路收回自己运送；为保障发行时效，开展非全日制用工试点，较好地解决了招工难的问题。市政府推出“8890”热线后，发行中心积极采取措施，增加三部电话并安排专人接听，与各发行站建立联动机制，第一时间将投诉内容转到相关发行站，由站长负责督促整改并反馈结果，提高订户的满意率。

【房产物管】 华发房产主要工作是金报留庄工

程扫尾及金报留庄、金报尊园这两个项目的工程决算及尾盘销售,全年实现销售额近2亿元。物管中心积极配合金华市迎接国家卫生城市复检工作,规范完善安保消防、卫生防疫、健康教育等各项制度和管理措施,对环境进行整治。对新闻大楼和金报公寓的所有灭火器和楼梯应急灯进行全面更新;食堂地面和墙面进行翻新改造,改善就餐环境;新闻大楼、印务中心、金报公寓进行房屋补漏、围墙补漆。

【学习活动】 集团党委理论中心组先后进行8次集中学习,学习习近平总书记在十八届中纪委第二次全会上的讲话、8.19讲话精神、十八届三中全会精神及市委主要领导在作风建设大会、党的群众路线教育实践活动动员会上的讲话等。集团多位班子成员领衔申报市社科联研究课题。12月,还组织全体采编人员进行培训,通过集中培训和自主学习相结合的方式,采编人员的整体水平得到有效提高。2013年,集团被评为金华市党建工作先进单位,集团党委被评为五星级党组织。集团还被市委宣传部等评为全市思想政治工作先进单位。继续推行"青年成才培养计划"系列活动,集团35周岁以下的在岗青年采编人员,通过每周一讲、活动沙龙、作品点评等方式,进行有重点、多形式的学习和提升,上年共举行8次沙龙、9次集中学习。在《金华报业》上开设专栏,刊发青年记者"学习沙龙活动"讨论情况和读书体会文章,营造浓厚的读书氛围。这些做法和经验被中国记协"三项学习教育"杂志刊发。9月6日,集团举行第四届十佳青年记者评选及作品研讨会。邀请浙江大学新闻与传播系主任沈爱国作专题业务讲座,对十佳青年记者的作品进行点评。集团党委成员深入分管部门宣讲十八大精神,举办"中国梦金报梦"等主题党课,在青年员工中开展十八大报告和党章知识竞赛。金华晚报等子报不定期举行有关主题研讨会、学习会和演讲比赛等活动。兰江导报5月起定期和不定期相结合,开展从外面请专家来讲课、内部开展"能者为师"活动,努力提高员工的各方面素质。

【作风建设】 进一步完善中层干部考核细则,把策划创新纳入中层干部的年终考核。通过总编特别奖、社长嘉奖等形式奖优,通过处罚通报、扣罚奖金等措施罚劣,初步形成有利于采编、经营等各类人才脱颖而出的制度环境。开展"正风提效促赶超"相关活动。8月起,又在全体员工中开展深化作风建设活动,对全体员工提出作风建设三问,促进采访作风、工作作风、管理作风的改进,提高读者和人民群众的满意度。特别是《实施细则》的贯彻落实,使新闻报道方式不断改进,会议报道简化了,活动报道压缩了,调研报道深化了,民生报道丰富了,突出了热点追踪、突出了舆论监督、突出了人文关怀,把镜头更多的对准基层、对准百姓,新闻报道更加贴近群众、贴近生活、贴近实际。先后制定《关于改进工作作风密切联系群众的实施细则》《关于重申工作纪律的通知》《关于各报清样时间的规定》等制度。

(陈建飞)

出版事业

【概述】 2013年,全市有正式出版的报纸9家,总发行量达75.2023万份(《义乌商报》除外);正式出版的期刊5家,总发行量达7.9万册;连续型内部资料期刊35家、企业报86家,报刊的数量和总发行量在全省名列第四。2013年,新批内部资料图书21家单位,企业报和内刊呈现良好的发展势头。全市共有各类印刷企业1406家(义乌市除外),其中:出版物印刷企业22家、包装装潢印刷企业699家、其他印刷品印刷企业506家。全市印刷总产值88.1058亿元,固定资产总值113.1819亿元,从业人员2.6160万人。印刷业成为金华市部分县市的主要产业之一,是全省三大印刷基地之一。

【软件正版化】 全面完成全市党政机关部门软件正版化工作。采购安装金山办公软件3494套,每套475元,采购微软办公套件700套,每套1400元,共落实采购金额263.9650万元。其中,市本级采购安装金山办公软件818套,微软办公套件347套,共落实采购金额87.4350万元。

【农家书屋】 开展送书下乡工作,赠送图书、音像制品1200册张,并组织全市星级农家书屋评比活动,联合教育部门和共青团组织探索试点"农家书屋课堂"建设,利用"农家书屋"资源,为当地村民及务工人员子女提供免费看护、辅导等服务。

(李瑞龙)

广播影视

【抓新闻舆论服务中心工作】 深入开展以“中国梦”为主题的中国特色社会主义宣传教育活动，扎实做好中共十八大和十八届三中全会精神的宣传。累计播发新闻、专题报道等400余篇。电视各频道相继开设“当好主力军 共筑中国梦”“我们在基层拥抱中国梦”等专栏，推出“共筑中国梦 实现我的梦”“十八大精神在基层 建设美丽新金华”“百镇千村奔两富”“十八大精神进社区 进农村 进企业”等系列报道，策划启动“助学圆梦”“放飞梦想”“筑梦未来”等系列活动，生动传达普通人的情怀和梦想，真实记录了基层群众为实现中国梦所付出的努力。抓好重点工作宣传，推出“三改一拆在行动”“赶超路上看亮点”“正风提效促赶超”“市区重点区块建设巡礼”等系列报道，特别是为“三改一拆”攻坚战营造良好的舆论氛围，受到省市领导的充分肯定。金华广电报充分发挥舆论监督的作用，对某位人大代表在市区一处大型违法建筑进行曝光，市委书记徐加爱对此作出批示，要求有关部门坚决拆违。省政府党组副书记王建满在全省“三改一拆”工作现场会上对此提出表扬，并对金华市的“三改一拆”工作敢于碰硬、真抓实干表示满意。《百姓零距离》《小马开讲》对全家福、乡村大院等违法建筑做了跟踪报道，促进违法建筑的最终拆除。加强对金义都市新区建设的宣传，成立驻金义都市区记者站，开设专栏，利用金义都市新区成立一周年之际，推出“义乌国家贸易综合改革试点”“金华外贸增速全省第一”“转型升级克难攻坚”等系列报道。6月初，央视新闻频道、国际频道《中国新闻》大篇幅(6分多钟)报道了广电总台上送的新闻《金华民企胜诉欧盟自行车反倾销调查》，对于树立国内企业应对欧盟双反调查的信心起到了积极作用。为配合全市农村换届选举，摄制完成高清数字电影——《茶花村选举记》，影片寓教于乐，受到省委组织部肯定。抓好“生态金华”建设宣传，举全台之力推出“八婺问水”大型新闻行动，电台和电视各频道都派出记者，分赴全市各地进行不分昼夜地蹲守、拍摄和采访，地毯式排查梳理全市河流500多公里，踩点120多处，累计拍摄时间超过300小时，推出大量报道，持续时间长达半年，掀起全市水环境治理的舆论监督风暴。市委书记徐加爱、代市长暨军民等到广电总台演播大厅参加《市民问政》“八婺问水”特别节目的录制，直面代表委员、热心市民和环保志愿者的质询。市人大在广电总台专门召开“八婺问水”工作推进会，生态市建设工作领导小组下发《关于切实加强<八婺问水>栏目反映环境污染问题整改的通知》，有力推进了全市水环境整治工作。开展建设性舆论监督，广播和电视都推出了“记者巡城”系列报道，共播出新闻82篇，其中50多篇都是曝光类的新闻。抓善美典型外宣。最美教师陈斌强、金东区最美园长喻阳春、最美警察傅煜华等善美典型在央视和省台播出，宣扬人性的真善美，推动精神文明的广泛传播。广电总台获得浙江广电新闻协作二等奖。开展新闻公益活动。先后推出“善美金华——2013年金华广电观众嘉年华”“金华好声音”“百姓达人赛”“第二届百姓广场舞电视大赛”“汉字少年派”全市中小学生汉字听写大赛等各类新闻公益活动200多场次，送温暖、送文化、送欢乐，丰富基层群众的精神文化生活。

【抓栏目促品牌建设】《金华新闻联播》按照中央八项规定要求，大力压缩会议新闻和领导活动的报道，做到时政新闻平民化、民生化、鲜活化。《金华新闻联播》栏目推出“问政直通车”小专栏，关注百姓诉求，促动职能部门积极为基层解难题近50件，问政问责卓有成效。电台新闻广播和电视新闻频道《市民问政》栏目分别曝光市区兰溪门菜市场路段污水横流和二环北路乱倒死鱼事件，引发强烈反响，市委市政府高度重视，并印发市委办〔2013〕61号文件，对这两起事件的处理情况进行通报，共有12人受到处分。《市民问政》栏目坚持说真事、讲真话、真监督、真批评，成功解决双龙大桥修复、户外广告治理、城乡违章建筑等一批市民关注的问题，深受社会各界欢迎与好评。栏目收视率突破10%，创下金华电视台时政栏目收视率新高。省政府办公厅《专报信息》刊发文章《金华市构建“市民问政”平台架起政府与百姓的“连心桥”》，全面介绍金华市“市民问政”工作的亮点与成效，省长李强批示肯定。在全市宣传思想工作会上，广电总台以加强建设性舆论监督为主题作了典型发言。此外,《百姓零距离》“真情姐妹帮”、《新闻节节棒》“叮当姐妹帮”、《天天三句半》“娘舅工作室” 等公益品牌形象进一步定型、作用进一步彰显。

【抓产业提升综合实力】 正确面对中央八部委关于联合整治电视广告行动，广电总台多措并举，合理转型,全年广告创收比上年增长 1.3%,其中广播广告创收增速明显，增幅超 20%。广众网进位明显，在全球中文网站排名已跃升至 2000 名之内,成为浙中竞争实力最强、增长速度最快的门户网站之一。完成农村“三务公开”便民服务信息平台建设。数字电视增值业务发展顺利，宽带业务新增用户 2 万多户,总用户数达到 4 万户。金视通讯工程公司运营顺利。新组建的金华广达广告有限公司和金华广顺旅游有限公司正式投入运营后,相关业务开展顺利。

【抓管理树新形象】 广电总台投入 589 万元资金,完成对广播总控改造项目等技术改造和更新项目,确保全国和省市“两会”、十八届三中全会等重要保障期的安全播出任务。体现为民服务宗旨。实施广电低保工程,共为 7666 户市本级城乡低保户家庭免费安装数字电视,免收基本收视费,做到应保尽保。抓干部队伍建设。进一步深化“走转改”活动,以“百名记者进村入企”和骨干记者挂职村(社区)主任助理活动为载体,让新闻接地气,让百姓得实惠,先后举办第二届沙畈竹笋节、祥里葡萄节、爱心助跑圆梦大学等新闻惠民行动，为农民吆喝农产品,为贫困学子解燃眉之急,取得良好的经济和社会效益；加强全员培训，组织开展 100 多期各类培训,开展了“我是明星”主持人大赛、“金华好声音”等活动,以赛代训,提高年轻播音员、主持人的业务水平;成立责任制、重点工作和公共管理三个考核小组,加大考核力度,强化责任落实。广电总台年初确定的十项重点工作都圆满完成,在市级机关年度工作绩效考评中获得了“良好”的成绩。时年广电总台获得了众多荣誉称号:总台党委被评为“二十佳学习型党组织”称号,被评为市直机关党建工作先进单位;总台被评为浙江省广播电视安全播映先进集体;被市委授予“对外宣传贡献奖”;《市民问政》栏目和大型新闻行动“八婺问水”两个项目荣获金华市第一届宣传思想文化工作创新奖;金华华数公司数字电视呼叫中心在全省年度评比中排名第一,成为最佳呼叫中心。

（梅　展）

体　育

【概述】 2013 年,全市体育工作坚持以《全民健身条例》为指导,以办好浙江省第二届体育大会为契机,以“树金体品牌,建体育强市”为目标,群众体育、竞技体育和体育产业协调发展。成功举办浙江省第二届体育大会,完成各项工作任务,实现“办赛出彩、参赛出色”以及节俭、文明、安全、有序的办赛目标。金华市体育中心实现交接,举办浙江省第二届体育大会开幕式等赛事活动，实现对公众开放。积极开展丰富多彩的群众体育,继续开展体育创强活动,推进体育事业城乡协调发展。竞技体育扎实推进,积极备战第十五届省运会。高度重视学生体质,召开全市学校体育工作会议。体育产业取得新突破,继续抓好品牌赛事的培育,体育场馆建设进入新阶段,体彩发行成绩显著。继续开展“月月读”读书学习活动,体育队伍素质不断提升。

【浙江省第二届体育大会】 4 月 25 日至 9 月 28 日,浙江省第二届体育大会在金华市举行,这也是金华市首次承办全省综合性运动会。共有来自全省11 个地市和 11 个行业代表团近 15000 人次参加了58 个大项的比赛。李强省长到金出席开幕式,副省长郑继伟多次到金检查指导省二体会筹备工作。省二体会充分落实节俭高效的赛会新风,让体育运动回归健康快乐的本质,展示浙江省群众体育运动的发展成果。金华代表团获得 40 金、34 银、46 铜,奖牌和总分名次均列第四,获得奖牌总数、团体总分成绩二等奖,完成赛前制定的奖牌、总分超上届、名次位于全省第二集团的总体目标。开展浙江省二体会新闻发布会、体育摄影展、好新闻评选等活动,扩大省二体会的综合影响力。

【市体育中心交接与开放】 市体育中心 5 月实现交接。游泳馆于 8 月 1 日实行对外开放，全年共接待游客6万多人次。进一步完善整体功能,采购安装部分配套设施和器材,完成体育场、体育馆的主席台改造。室外球场含14片篮球场、1片足球场、1片网球场、2片门球场,于5月起实行免费开放,全年共接待健身市民10万多人次。成功举办省二体会开幕式、倒计时100天系列活动以及太极拳、健美操、健身秧歌等单项赛事的比赛,举办中国乒超联赛、中美篮球对抗赛等赛事。举办青少年体育夏令营活动、"三对三"家庭篮球赛等。对网球场加顶、灯光、洗手间改造、绿篱等进入方案设计和论证过程。德国迪恩市市长一行、原浙江省委书记李泽民、财政部原部长项怀诚、商务部原部长陈德铭等视察体育中心。

【群众体育】 继续推进体育创强和小康体育村建设,推进体育事业城乡协调发展。全市创建省级体育强镇、先进街道(社区)13个,省级体育强镇、先进街道(社区)复评31个,创建省级体育特色乡镇2个、省级中心村全民健身广场9个、省级村级体育俱乐部20个、省级社区体育俱乐部4个、省级青少年体育俱乐部1个、省级老年体育活动中心8个、省级幼儿体育示范幼儿园2个。各地正在接受省检查组验收。全市将建成小康体育村495个。以举办省二体会为契机,进一步强化体育公共服务职能,积极开展丰富多彩的群众体育活动。举办全国健身名山金华双龙站登山赛;举行"迎二体"青少年五人制足球邀请赛、千名志愿者"健步走"、市机关干部职工乒乓球比赛等比赛与活动;举行省二体会倒计时100天系列活动,举办第六届八婺杯篮球赛、市首届家庭三对三篮球赛、足球友谊赛等。各县(市、区)以省二体的举办为契机,积极开展各类赛事与活动。共培训社会体育指导员1000多人。加强游泳、攀岩等经营高危险性体育项目的管理。积极开展国民体质监测活动,共对2000多人进行免费监测。

【竞技体育】 召开备战第十五届省运会专题会议,研究部署相关方案,扎实做好各项备战工作。与市教育局联合召开全市学校体育工作会议,部署学校体育工作。全市共注册运动员943人,为选拔优秀体育后备人才奠定坚实的基础。金华籍运动员在第12届全运会上夺得1金2银8铜可喜成绩。组织相关学校和运动队参加田径、武术、柔道、游泳等19个项目的全省青少年锦标赛,共夺得30枚金牌、24枚银牌、32枚铜牌,总分1107.5分。举行全市武术套路争霸赛、全市体育特色学校田径运动会、省运会乒乓球选拔赛等青少年体育竞赛。

【体育产业】 举办金华"武义温泉杯"第六届全国桥牌混双公开赛,来自全国20多个省(市、区)的158对选手参加比赛,参赛人数创历届新高,赛事赞助单位踊跃。与中国桥牌协会、武义县政府、北京更香茶叶公司联合在北京钓鱼台国宾馆举办"更香杯"桥牌邀请赛,全国人大常委会原副委员长王汉斌、成思危等原国家领导人及国家有关部、委领导120多名桥牌选手参加比赛。12月3日—8日,举办"娅茜杯"2013年首届全国桥牌俱乐部女子联赛,全国各地12支顶级队伍100多名运动员到金参赛。举办四期救生员培训班,共培训救生员181人。金华体彩居危思危,从实际出发,确定"强管理、重学习、硬作风、提效能"的工作思路,规范市场运营,强化管理,体育彩票发行保持良好态势,走在全省前列。全市体彩销售总量达7.9697亿元,比上年增长23.62%,销量居全省第四位,增幅居全省第三。全市共有体彩网点845个,其中竞彩店70家,"11选5"网点366家,体彩从业人员达2000多人,为社会就业、体育事业做出积极贡献。

(王国旗)

档　案

【概述】 2013年,全市档案工作坚持"服务大局、服务民生、服务社会"发展方向,围绕"百姓富裕、浙中崛起"总目标,打造与"两富"现代化都市区建设相匹配的"档案强市",取得明显成效。金华市档案局党支部被评为"五星基层党组织","兰台奉献、管档守史、资政为民"的机关精神被评为市党群系统十佳机关精神。

【构建"五大档案"】 积极探索档案工作新模式。提出以民生档案为重点,构建"五大档案"的工作思路,得到省、市领导的肯定。省委常委、秘书长赵一德在《"五个档案"服务"法治金华"》中批示:

“金华的做法体现了档案工作的与时俱进。要总结推广好类似的经验做法,使档案工作更好地服务大局,推进发展。”市委书记陈一新,市委常委、秘书长钟关华也分别作了批示。一是构建民生档案,服务幸福金华。出台《关于进一步加强民生档案工作的意见》。加大民生档案资源收集整理力度,调整档案馆接收范围,市本级接收单位从95家增加到147家。编制《金华市区首批重点民生档案目录指南》。会同市公开办出台《关于进一步加强现行文件报送和档案开放工作的实施意见》,规范现行文件报送管理。制定《金华市档案局窗口规范化服务标准》,推行“异地查档、跨馆服务”,加盟“8890”服务平台,公休日预约查档、网上咨询等举措方便查阅利用。2013年,全市共接待档案查阅利用人员5.9万人次,利用档案17.5万卷次,复印9.2万页。其中:市档案馆接待查档1.62万人次,利用档案5.5万卷次,复印1.7万页。二是构建项目档案,服务美丽金华。做好金义都市新区档案工作,组建都市新区档案工作协作组,开展档案业务培训,制订和完善各项档案管理制度。重视新区建设过程中档案的收集整理查询,做到与新区建设同步跟进。推进重点建设项目档案工作。市人大先后对市区和义乌、浦江等地重点建设项目档案规范化工作开展调研,到温州、丽水等地学习考察。市人大常委会第50次主任会议专题听取市区重点工程档案工作专项验收情况汇报。市政府召开市区重点建设项目工作协调会,落实档案管理工作,会同相关部门形成齐抓共管的工作机制。兰溪、义乌、永康、东阳、武义、浦江等县(市)先后出台重点建设项目档案管理验收办法,加强重点建设项目档案管理。三是构建执法档案,服务法治金华。行政档案是行政机关履行行政职能是否合法、程序是否规范、公权是否滥用的真实记录,做好行政档案工作是规范行政执法的有力抓手,通过对以行政执法为重点的行政档案的规范与监管,将权力关进制度的笼子里。与市法制办联合下发《关于进一步规范行政执法档案工作的通知》;召开行政执法档案规范化工作座谈会,开展以行政处罚、行政审批档案为重点,以档案实体规范化、档案集中管理为内容的行政执法档案规范化工作。四是构建诚信档案,服务和谐金华。构建诚信档案对于维护社会秩序、提升社会道德水平能起到一定的作用。档案部门从档案管理的技术层面入手,开展调研,走访食药监局、质监局等单位,召开诚信档案建设座谈会。会同银行、食品安全监管等部门一起,探索诚信档案的基本归档范围、整理方法,推动诚信档案的规范化,为完善社会管理、信用管理,保障社会稳定服务。五是构建司法档案,服务公平金华。司法档案是司法部门在司法活动中形成的原始记录和法律文书。鉴于司法档案的特殊性,档案部门主动与公、检、法、司等部门联系,在推动规范化、数字化档案室等方面开展重点指导。永康、浦江、武义、磐安等县(市)司法局通过省档案管理达标验收;市公安局、市中院等档案数字化和数字档案室创建扎实推进。

【档案文化编研】“三婺”文化史料的征集工作有序开展,《中国婺剧》一书由中国戏剧出版社出版;《八婺金名片》画册出版发行;制作完成“卷留沉香、续写辉煌”档案宣传片;编印《档案的独特作用》,记录档案为全市经济社会发展服务案例。兰溪名人档案征集工作卓有成效;东阳编印《蒋介石手谕》;义乌开展侵华日军细菌战受害史实档案抢救工作,完成《崇山鼠疫——侵华日军细菌战义乌受害口述历史》制作;浦江出版《浦江方言内涵探究》;武义《叶一苇年谱》完成编辑;磐安《我在朝鲜战场》一书出版,得到广大志愿军老战士的肯定。各地认真配合做好农村文化礼堂建设,开展“乡村记忆”和“企业记忆之窗”试点,推动古村落档案建档和企业档案文化记忆建设。方言语音建档工作全面完成,金华方言语音档案资料库建成。

【档案登记备份】市档案部门完成机关单位档案数字化成果首次备份工作,推进机关重要传统载体档案登记备份。以涉民领域为重点,提升电子业务数据备份的质量,形成在线周备、月备、年备的阶梯型备份周期体系。拓宽重点建设项目、医院病历档案、企业档案的登记备份。贯彻落实《浙江省档案登记备份管理办法》和《电子档案移交与接收办法》,下发《关于进一步深化档案登记备份工作的通知》,健全档案登记备份工作长效机制。

【档案信息化建设】投资495.8万元的市档案登记备份中心和数字档案馆项目,通过两年的建设,初具规模。市档案信息管理系统、多媒体档案管理系统、电子阅览室系统等建成投入使用。开展馆藏档案数字化加工，累计完成扫描200余万页。义乌档案登记备份中心通过省规范化验收。永康数字档案馆创建模式得到了省局的肯定。数字档案室建设取得新成效。市机关部门规范化数字档案室达55家。贯彻落实《档案管理违法违纪行为处分规定》，档案开放鉴定、重点档案抢救、档案信息、网站维护管理以及电子政务等工作安全有序开展。

【异地查档、跨馆服务】 为解决群众异地查档困难，全市各级综合档案馆推行“异地查档、跨馆服务”便民举措。服务的主要范围为：全市各级综合档案馆保存的民生档案，包括婚姻登记、移民、知青、企业职工、土地承包登记、山林承包登记等档案，以及已公开的政府信息。档案利用者可以向所在地综合档案馆提出异地查档申请，档案馆将及时予以受理，并根据有关规定，对符合利用条件的及时、方便地提供利用。

【档案品牌创建】 市档案馆顺利通过国家档案局国家一级档案馆评估验收。12月12日，国家档案局档案馆(室)司司长孙钢带领测评组到金华，就市档案馆晋升国家一级综合档案馆工作进行测评。通过听取汇报、实地查看、审查材料等方式，市档案馆以96的高分通过国家一级档案馆创建验收全国档案馆的最高等级。市委常委、秘书长钟关华出席测评会和授牌仪式并致辞。作为全国文明城市评审的一项指标，近年来，市档案馆以“内强素质、外树形象、服务社会”为目标，认真开展国家一级档案馆的创建工作。截至2013年底，市档案馆累计收藏档案32.3万卷、5万余件。举办各类专题展览10余次，接等参观人员2万多人次；编研出版《人民音乐家施光南》《八婺金名片》《中国婺剧》等100多万字的档案文化精品；三年来，共接待查档人员6.72万人次，调阅档案21.23万卷，复印9.14万页。市档案馆成功创为国家一级档案馆，为全市创建全国文明城市做出了贡献，得到市委、市政府的肯定。市档案馆还被省委、省政府评为省爱国主义教育基地。义乌市档案馆分别成为国家一级档案馆、省国家综合档案馆爱国主义教育示范基地和省中小学档案教育社会实践基地。东阳市档案馆木雕精品展为东阳创建“世界木雕之都”作出了贡献。

【档案宣传活动】 首次开展“国际档案日”活动，举办“档案宣传开放周”。设立“魅力金华”“金华籍院士”“金华老照片”等八大展区；《金华日报》开辟“档案看得见用得着的活历史”专版；启动市档案宣传活动信息发布平台；市档案网全年发布档案动态信息160多篇，点击率长年保持较高水平。东阳开展“档案走进百姓人家”文化下乡活动。《档案见证义乌传奇》作为中学校本课程教材走进中学课堂，举办首届“兰台杯”档案知识电视大赛。浦江举办古籍古艺术品文化节。磐安举办《磐安县复县30周年图片展》。

（黄镇东）

文物考古

【概述】 2013年，金华市文物工作围绕名城建设和文物保护利用总任务，积极开拓进取，攻坚克难，取得较好的成效。市文物局工作机构建设得到进一步加强，成立金华市文物保护管理所，具体负责市本级各级文物保护单位及文物保护点的保护、监管、修缮以及市本级直管不可移动文物保护管理、四有档案编制、考古调查与发掘等工作。

【古子城文化旅游区建设】 古子城文化旅游区建设按照《文物保护法》《金华历史文化名城保护规划》的要求，市委、市政府将其发展目标定位为集文化展示、文化创意和休闲旅游服务于一体，充分展现金华历史文化底蕴，充满生机活力的都市文化休闲旅游区。该项工作得到上级领导的重视与支持，副省长郑继伟、梁黎明等先后来到古子城考察指导。2013年主要完成三方面的工作。一是抓规划编制，明确名城保护目标定位。根据金华市政府第46次常务会议精神，金华市文物局委托《金华历史文化名城保护规划》设计方——清华同衡规划设计研究院有限公司编制《金华市古子城历史街区保护规划》和《金华市古子城历史街区修建性详规》，已形成规划评审稿。为充分整合利用好古子城及历史城区文化旅游特色资源，彰显金华历史文化底蕴，打造市区旅游休闲品牌，推动市区赶超发展三年行动计划的进一步实施，金华市文物局着手编制《婺州古城文化旅游区旅游总体规划》并完成规划大纲的初步论证，初步将婺州古城定位为“文化名邦、军事重镇、商贸江城、风物古城”。二是抓攻坚克难，突破区块建设发展瓶颈。全面完成公有房产确权办证工作。共确权73宗房产，计12725平方米，其中公有店面房和历史建筑面积6288平方米，酒坊巷廉租房面积4686平方米，迁建房产面积1751平方米。完成金华六中老校园资产划转移交与启明学校搬迁协议签订工作，办理六中房产过户面积13353平方米，土地43925平方米。飘萍路交通整治收效明显。金华市文物局召集市交警、建设、行政执法、市政管理等部门的相关负责人员，经过前期两个多月的调研，决定取消飘萍路路面停车泊位，同时对该路段采取机非隔离措施，改变了飘萍路道路两侧挤满车辆和交通堵塞的无序与杂乱状况。三是抓项目实施，推进历史街区保护整治。根据《名城保护规划》要求，积极推进古子城历史街区风貌保护和环境整治，实施八咏路、飘萍路灯光夜景，仿古建筑立面整治和八咏路步行街环境提档三大重点项目，已进入施工图纸审查阶段。成立古子城综合执法大队，拆除违法广告160幅、400多平方米。规范市场秩序，加强古玩市场整顿，规范了摊位秩序和物业管理。根据金华市政府会议精神，金华市文物局配合市场服务中心组织对古子城农贸市场进行功能转换。将原农贸市场功能关闭后，部分经营户聚集古子城八咏路占道经营问题进行了集中整治，已完成所有经营户的分流安置和大部分商铺的收购工作，为优化古子城环境、推进业态调整创造条件。针对古子城历史街区内历史建筑产权的复杂性，灵活多样地开展保护及利用。采取军地合作共同保护方式，通过向部队租赁，将市保单位将军楼维修布置成为金华革命武装斗争史展示基地；完善熙春巷等认养迁建历史建筑群的配套设施与旅游标识，满堂书苑书画博物馆、陈新华婺州窑陈列馆、严军书画艺术馆、三言香堂等一批特色展馆已经发挥出积极的社会效益。古子城历史街区由原先较为单一的古玩市场，逐步发展成为以侍王府纪念馆、八咏楼为代表的文化展示，以八咏街书画古玩和黄蜡石市场为代表的文化休闲，以将军路188创意园和老新华印刷厂为代表的文化创意，以金华府酒酒庄、HOHO餐厅为代表的旅游服务等多种业态相互促进的发展模式，业态结构日趋丰富。

【市博物馆建设】 金华市博物馆展陈工程于2012年11月5日委托浙江大学严建强教授领衔的杭州黑曜石博物馆展示设计有限公司进行展陈策划设计。2013年主要做了四方面工作。一是明确工作分工，落实工作任务。为推进市博物馆建设，确保基本陈列目标任务顺利实现，市博物馆建设指挥部成立了博物馆基本陈列工作领导小组，下设策展配合组、前期工程组、库房整理组、日常工作组四个工作小组。各小组完成许多基础性工作，为实施展陈工程做好了较为充分的准备。二是基本陈列策划设计文本形成。经过多次专家意见征集会，形成博物馆展陈策划与设计方案文本内容，包括一个历史文化基本陈列与反映金华自然资源、风土人情等地方特色的三个专题陈列。三是公共空间改造及装饰工程有序推进。由于市博物馆现有建筑结构与现代博物馆的功能和展陈要求有较大差距，观众通道与楼梯设计存在安全隐患，经市政府同意，决定对市博物馆原公共空间实施改造，改造工程已开工建设，后续的装修工程预计在2014年6月底完工。四是精心组织临时展览，丰富群众文化生活。市博物馆临时展厅共展出“浙江省第三次全国文物普查成果巡回展”等九次临时展览，吸引9.2万余名观众前往参观，为广大群众接触高雅艺术提供优质平台。

【文物工程论证、维修、建设】 一是开展文物工程论证。吕祖谦及家族墓由国务院核定为第七批全国重点文物保护单位，并被列为浙江省首批考古遗址公园。武义县就保护范围和监控地带的划定及保护规划的编制、墓葬勘探等做了大量工作。中华明招文化园规划项目终稿论证在武义县佰年尚庭召开，省文物局文物处郑建华处长、省考古所郑嘉励教授、武义县副县长程浩及各相关部门负责人参加论证会。明招寺概念性设计方案也已编制完成上报省局待批。二是全力推进文保单位修缮保护工作。完成国保单位侍王府维修工程，进入室内布展与环境优化工程阶段；完成省保单位滕氏宗祠、李友邦将军办公处旧址、邵飘萍故居的维修工程；完成省保单位鹿田书院屋面翻漏并移交双龙风景区管委会管理；完成市保单位将军楼的维修与陈列设计，进入布展阶段。黄绍竑别墅维修工程顺利竣工。黄绍竑别墅位于金华市婺城区罗店镇罗店村，始建于1937年，建筑面积234平方米，1995年12月11日，公布为金华市文物保护单位。磐安梓誉下厅民居整体修缮工作竣工。下厅民居2011年1月被省人民政府公布为省级文物保护单位，2012年修缮工程方案通过省文物局批准，2013年5月由梓誉村委会组织公开招投标，工程总投资约160万元，2013年7月开工，使梓誉下厅恢复原有的历史风貌。三是开展场馆建设和利用。磐安茶文化博物馆建成并对外试营业。磐安茶文化博物馆为全国重点文保单位玉山古茶场配套服务设施，项目总投资1300万元，包含原玉山古茶场建筑及新建区块两部分，新建区块总面积1202.5平方米，规划新建单体建筑3幢，其中展厅655.96平方米、办公楼445.74平方米、茶厅100.8平方米。茶博馆的建成填补了磐安县内没有博物馆的空白。磐安榉溪孔氏家庙布展提升工程顺利完工。榉溪孔氏家庙为第六批全国重点文物保护单位，为了充分展示宋室南渡以后婺州南孔的传承以及儒家文化的进一步传播，磐安对榉溪孔氏家庙实施总投资150万元布展的提升工程，内容包括家庙门楼、前厅、过厅的布展，后堂孔子、孔若钧、孔端躬木雕像及编钟编磬、九鼎八簋等内容的布置。

【文物保护工作举措】 一是出台政策扶持。金华市委、市政府联合下发《关于加强历史文化村落保护利用的若干意见》，明确金华市历史文化村落保护利用工作的总体目标、基本原则、主要任务与保障措施。永康市出台《鼓励和促进民办博物馆发展意见》，将民办博物馆纳入经济社会发展规划，支持、鼓励和引导民办博物馆的发展。二是召开工作会议推动。召开金华市文物工作座谈会，总结交流2012年工作，部署2013年工作任务，研讨第一次全国可移动文物普查前期准备工作情况。三是做好文物安全保障。市文物局严格执行文物安全责任制度，与辖区派出所、社区、历史建筑管理使用者、业余文保员相继签订《文保单位安全巡逻协议书》《文保单位委托管理协议书》《文物古建筑使用安全责任书》以及《业余文保员保护管理责任书》，层层落实文物安全责任，全年共开展文物安全大检查5次，总体情况良好。市文物局及时有效抓好文物安全突发事件处理。调查处理国保单位雅畈七家厅建设控制地带村民擅自加砌屋顶违法事件；对省保单位"省立实验农校旧址"酒厂区块被拍卖一事进行调查取证；对国保单位法隆寺经幢进行为期半个月的绿化卫生环境整治，彻底改变过去脏、乱、差的局面；积极配合公安机关侦破金东区曹宅镇等地古墓被盗挖案件。各市县也积极开展文物安全工作。金东区召开文物安全工作会议，还邀请消防部门对文物消防安全知识进行授课。金东区副区长胡放带队检查节前文物安全工作。永康市召开方岩镇全镇文物安全工作会议，由镇政府出资为相关文物保护单位分发了70多只灭火器，分发文物管理员人手一本《方岩镇文物安全巡查记录本》。

【考古发现】 金东区多湖街道发现大型石椁墓。多湖街道黄泥山村西南侧山坡清理平整土地时发现一座古墓，经省文物考古研究所与金华市文物局、金东区文物部门的抢救性清理，初步判断墓主人为当地明代嘉靖万历年间旺族。用整块青石雕凿的石椁极其罕见。该墓的发现为研究明代金华的丧葬习俗提供了非常重要的实物资料。义乌城西桥头村发现近九千年前"上山文化"遗址。由浙江省文物考古研究所专家和义乌博物馆工作人员组成的考古调查队，历时近1个月，完成对义乌城西街道桥头村的史前遗址考古调查。该遗址距今约9000年，比余姚河姆渡遗址还早约2000年，与浦江"上山文化"出土的器物属于同一文化类型，也是迄今发现的义乌市最早的新石器时代遗址。它证明至少在9000年前已有人类在义乌这块土地上定居，为研究该地区早期人类活动提供实证。婺城区发现明代古墓群。婺城区仓里村茶亭山农田改造现场发现古墓群，共有十八穴。经现场勘察，初步判断该古墓群为明代墓葬，保存较完整，形制普通。由金华市文保所负责抢救性发掘，省考古研究所派专家现场指导。经过逐穴清理，除了二十多枚古钱币外，没有发现任何随葬品和有价值的文物，但如此规模的墓葬群实属罕见。此墓葬群对研究古代丧葬制度和墓葬形制及当地人文历史提供实物资料。

【文化遗产宣传与传承】 一是对全国重点文物保护单位进行宣传。2013年国务院公布的第七批全国重点文物保护单位名单中，金华市有1处古墓葬、9处古建筑等10处不可移动文物列入名单范围。该次新增全国重点文物保护单位,古墓葬为武义县吕祖谦及家族墓；古建筑分别为婺城区七家厅、寺平村乡土建筑,兰溪市西姜祠堂、世德堂、上族祠、积庆堂、余庆堂,东阳市马上桥花厅,浦江县龙德寺塔。截至2013年5月4日,金华市共有全国重点文物保护单位26处,省级文物保护单位92处,市、县级文物保护单位627处,文物保护点1110处。市文物局精选22处全国重点文物保护单位进行图文宣传介绍,起到了较好的宣传效果。全年共上报各类信息103篇次。二是庆祝第八个全国文化遗产日金华发行“万佛塔出土文物纪念邮册”。为迎接全国第八个“文化遗产日”,金华市文物局配合浙江省邮票公司,推出《金华万佛塔出土文物五代·铜鎏金观音菩萨像纪念邮册》。该邮册主要收录国家邮政局发行的《金铜佛造像》邮票一套,其中一枚《五代·铜鎏金观音菩萨像》，是1957年在金华塔下寺万佛塔地宫出土的国家一级文物。据悉,这是金华市继1996年的《黄宾虹作品选》特种邮票、2006年的《中国现代科学家(四)》纪念邮票中的严济慈(其中一枚)之后,第三次在“国家名片”上亮相宣传。三是举办“版墨浙江”国际刻字艺术精品巡展。由浙江省文物局主办,永康市博物馆牵头承办的“版墨浙江”国际刻字艺术精品展省内巡回展,为期五个月,在杭州、浦江、缙云、嘉兴、金华等地巡展,展出期间,金华站观众人数达60000多人次，杭州站达到20000多人次。“版墨浙江”国际刻字艺术精品展来自全国各地以及韩国、新加坡、马来西亚的800多件优秀作品,从中精选200到400件作品进行展出。四是东阳天山传统农耕文化陈列馆开馆。天山传统农耕文化陈列馆位于东阳市东阳江镇天山村，由东阳市委、市政府牵头,东阳市博物馆负责策展。陈列馆由原有的天山村大会堂修建而成，陈列馆展陈面积350平方米,展品总数达200余件(套),以农家日常生产、生活用具为主,通过图片和文字资料,以春、夏、秋、冬为主线,尽可能全面地展示农耕时代的生活及其内涵与价值,展现传统的农耕文化。五是武义县开展“流动博物馆进校园”活动。由武义县文化广电新闻出版局、教育局、林业局主办,武义县博物馆承办的“流动博物馆进校园”活动先后走进东干小学、武川小学等学校;开展“明招人文讲坛”讲座和“龙行浙江”“浙江鸟类图片”展览等系列活动;历时八月巡展学校17个,收回学生问卷调查2415张,小讲解员培训15期,明招人文讲堂11期,参观人数达17498人次。六是永康市成立“红领巾讲解员”培训基地。中国共青团永康市委正式将“永康市红领巾讲解员培训基地”在永康市博物馆挂牌,永康市文化广电新闻出版局向永康市大司巷小学授“馆校合作示范基地”牌,标志着永康市博物馆与永康市中小学合作机制的正式形成,进一步加强博物馆与学校间的交流与合作,让历史文化走进学校,让学生走进博物馆。永康市博物馆共培训36名优秀少先队员作为新一批“红领巾讲解员”,并且都顺利通过考核。

【文保单位的开发利用】 一是省级文保单位艾青故居举办诗歌盛会。由首届艾青诗歌奖全国中小学诗歌大赛组委会、金华市艾青研究会、婺城区作家协会以及畈田蒋村委会联合举办的诗歌盛会,在金东区省级文物保护单位畈田蒋村艾青故居举行,来自哈尔滨、珠海等40多位全国各地的知名诗人、诗歌评论家,会同八婺大地的诗人们参加。二是央视大型纪录片《稻之道》摄制组到上山遗址拍摄。中央电视台大型纪录片《稻之道》摄制组一行来到浦江进行有关稻作文化内容的拍摄,实地拍摄上山遗址出土文物的存放地——浦江博物馆,出土的相关文物，万年前上山人用石磨盘碾米的模拟场景,还就稻作遗存出土情况和研究成果采访上山遗址考古队领队蒋乐平。三是东阳博物馆获评国土资源科普教育基地,成为继2009年第一批国土资源科普基地名单公布以来浙江省的第四个入选基地。东阳市博物馆是科技场馆类国土资源科普基地,收藏大批古生物化石特别是恐龙蛋化石、恐龙骨骼化石及恐龙足迹化石等藏品,是展示东阳国土资源科学技术和科技成果的信息平台,肩负着宣传国土资源国情国策、普及地学知识的重任。

【文物普查和成果展】 一是开展文物普查工作。金华市部署第一次文物普查工作。在全国和全省第一次可移动文物普查电视电话会议后,金华市就贯彻会议精神,对第一次全国可移动文物普查工作进行了部署，副市长林丹军出席会议并讲话，市委宣传部、市发改委、市文物局等16个部门与单位参加会议。成立由分管副市长担任组长的金华市第一次全国可移动文物普查工作领导小组，全面领导协调普查工作。普查第一阶段工作已完成，对市本级1054家机关事业单位、国有企业开展文物收藏情况调查。金东区、婺城区分别启动第一次全国可移动文物普查。金华市召开第一次全国可移动文物普查工作会议。市普查领导小组成员、婺城区、金东区普查办负责人以及全市109家党政机关和国企普查联络员参加会议。二是组织浙江省全国第三次文物普查成果巡回展在金华市博物馆开展。自2007年4月，国务院部署开展第三次全国文物普查后，浙江省组织实施了为期五年的文物普查工作，并在2011年底完成任务。其中，金华市的文物工作者以及志愿者经过五年三个阶段的艰苦努力，也出色地完成了各阶段的工作目标和任务：普查登录不可移动文化12663处，占全省总数的17.1%，新发现10428处，占全省总数的16.9%，各项数据均位居全省前列。

【执法与检查】 一是义乌市文物部门依法追缴唐代窖藏出土文物。根据群众举报，义乌市文物执法大队会同市博物馆工作人员，联合对城西街道石明堂村窖藏出土的一批唐代文物进行依法追缴。该批文物共九件，其中：花鸟镜2枚、铜熨斗3只、铜盘1、双立耳三足铁釜1只，扁圆铜罐、釉陶瓮各1只。二是金华文物监察机构赴嘉兴进行文物行政执法监察交叉检查。检查组先后赴南湖区、秀洲区、嘉善县、平湖市、海盐县、桐乡市进行检查。共检查文保单位(点)26处，其中：国保单位7处，省保单位11处，市、县保单位5处，文保点3处。检查组重点检查了文保单位标志碑是否牢固和完好，消防器材是否处于良好状态，在文保单位保护范围和建控地带内是否有违法行为，古建筑内的电线是否安装有套管等。通过检查，总体情况良好。嘉兴市、县(区)各级文物部门都能严格按照文物法的要求，对文物监察工作做到领导重视、制度健全、工作规范、巡查到位，巡查日志及档案齐全，对古建筑修缮工程进行实时监管。三是省名城督查组检查金华市名城保护工作。由原省住房和城乡建设厅副厅长胡理琛带队，省住房和城乡建设厅、省文物局领导与专家组成的名城督查组来到金华市检查指导名城保护工作。检查组一行先后实地检查雅畈历史街区与古子城历史街区，并召开座谈会。

【视察、交流、调研】 一是单霁翔考察义乌文博工作。文化部党组成员、故宫博物院院长单霁翔就2014年故宫博物院文化衍生品参展义乌文化产品交易会事宜，专程赴义乌考察，先后参观义乌博物馆和全国重点文保单位黄山八面厅，并应邀在义乌“商城大讲堂”，为义乌市民作《城市文化建设与文化遗产保护》专题报告，近300人聆听报告。二是郑继伟、梁黎明副省长先后调研指导古子城历史文化区工作。浙江省副省长郑继伟，省政府副秘书长马林云，在金华市委常委、宣传部长何杏仁，副市长林丹军陪同下，冒雨视察古子城历史文化街区，参观了地处熙春巷的婺州窑研究所，东市街的剪纸博物馆和八咏路的黄宾虹故居。郑副省长饶有兴致地观看了三个艺术馆陈列的各类艺术作品，详细了解金华名城保护和历史建筑利用的具体做法，对近年来古子城历史文化街区探索实施的整合社会资源、弘扬传统文化、加大古建筑保护利用、推进公共文化服务建设工作给予充分肯定。

浙江省副省长梁黎明，省旅游局局长赵金勇，在金华市委常委、常务副市长金中梁，市政府秘书长祝伦根陪同下，对古子城历史文化区进行调研指导。分别视察了省级文物保护单位八咏楼、黄宾虹故居、陈新华婺州窑陶瓷艺术馆，认真听取介绍详细了解金华名城保护和历史建筑利用的具体做法，对近年来古子城历史文化区探索实施历史街区保护新举措，特别是黄宾虹故居依托艺术团队指导，利用社会资源对历史建筑进行保护利用，弘扬传统文化惠及于民的做法给予充分肯定。三是省文物局副局长陈官忠视察徐谓礼文书新建库房。鉴于文书为纸质，又是国家一级珍贵文物，按照省文物局及有关专家的意见，专门建造20多平方米的临时库房用于存放徐渭礼文书，购置恒温恒湿精密空调，控制和改善库房整体环境的温湿度；文书存放采用密封柜，柜内放置除湿条以保证小环境温湿度的稳定；更新了安全监控设备，增加防水防火报警设备，照明更换为无紫外线灯具，调整改造库房线路。四是省文化厅副厅长、文物局长陈瑶率调研小组，到金华开展群众路线教育实践调研活动之际,召开文物工作座谈会。五是绍兴市文物行政执法系统来金华市考察交流。考察团一行与金华市文物监察支队进行座谈，就文物行政执法工作中的一些热点、难点问题进行探讨交流。考察团参观国保单位太平天国侍王府、天宁寺,省保单位八咏楼、府城隍庙非物质文化遗产馆。

（赵　晨）

社会建设

教　育

综　述

【概述】2013年，金华市共有各级各类学校2195所(不含技工学校，下同)，在校生103.324万人，教职工75812人。其中小学425所，在校学生40.1008万人；初中175所，在校学生15.2899万人；普通高中65所，在校学生9.0221万人；中等职业学校36所，在校生5.6707万人；特殊教育学校9所，在校学生2041人；全日制高校7所，在校生8.1281万人；成人高校2所，在校生3083人；全日制在校研究生3820人。全市幼儿园1476所，在园幼儿24.6万人，学前三年幼儿入园率98.92%；省等级幼儿园976所，省等级幼儿园招生覆盖面86%；全市112个乡镇都建有中心幼儿园，乡镇中心幼儿园建园率100%。十五年教育普及率99.46%。小学入学率、巩固率100%；初中入学率、巩固率100%；初中毕业生升入高中段学校比例98.39%，升入优质高中比例84.04%。初中毕业生升入普通高中与中等职业学校的比例为1:0.90，普通高中教育与中等职业教育协调发展。高等教育规模不断扩大，结构更趋合理，高

2013年金华市各级各类学校概况

表14

类　别	学校数(个)	班级数(个)	毕业生数(人)	招生数(人)	在校生数(人)	毕业班学生数(人)	教职工数(人)	
							总计	其中:专任教师
一、高等院校	9	2072	23546	28098	84364	24466	6648	4692
二、普通中等专业学校	4	136	2045	1757	5569	2081	401	317
三、成人中等专业学校	1	14	225	282	748	209	29	18
四、普通中学	240	5507	79011	82196	243120	79095	22748	18506
1.初中	175	3545	46738	54473	152899	46565	–	11447
2.高中	65	1962	32273	27723	90221	32530	–	7059
五、职业高中	31	1222	19105	14952	50390	17382	2941	2612
六、小学	425	9293	58835	71440	401008	58835	19183	18359
七、特殊教育学校	9	101	170	393	2041	–	215	191
八、幼儿园	1476	9240	78490	73234	246000	–	23647	14193

等教育毛入学率51.9%。全市教育系统以科学发展观与十八大精神为指针，围绕教育现代化建设战略主线，坚持以教育优先发展为主题，以办人民满意教育为宗旨，以继续实施学前教育三年行动计划、推进义务教育优质均衡发展、彰显素质教育特色和加强师资队伍建设为重点，深化教育改革，大力推进教育公平，全面提升教育质量，全市各项教育事业都取得了显著成效。市教育局获得浙江省2011~2012年度重视教育科研先进单位、浙江省中职教育绩效考核优秀奖、浙江省中小学生艺术节优秀组织奖、浙江省第八届青少年中华经典诵读大赛优秀组织奖、金华市食品安全大整治百日行动先进单位、金华市军地青年联谊活动最佳组织奖、市直机关党建工作考核先进单位、全国地市级五十佳教育门户网站等荣誉。

【目标责任制考核】 按照《县(市、区)党政领导教育发展目标责任制考核办法》，连续第12次开展县(市、区)党政领导教育发展目标责任制考核，金东区、婺城区、兰溪市、磐安县等4个2012年度考核先进的县(市、区)获得通报表彰。下发《关于2013年度党政领导教育发展专项工作考核内容及计分办法的通知》(金政教督〔2013〕18号)，对党政领导教育发展目标责任制考核的部分指标进行调整，将规范聘用代课教师和学前教育三年行动计划实施情况确定为2013年度专项工作考核内容。在《金华日报》发布了《2012年金华市县(市、区)教育改革与发展情况公报》。

【创建工作】 一是全面推进义务教育发展均衡县(市、区)创建工作。指导各县(市、区)对照新标准，全力抓好创建的自查自评工作，针对创建工作的难点和弱项，研究出台相应政策措施，加大教育投入，改善办学条件，促使县域内义务教育的均衡差异系数、经费投入、师资保障等主要指标达到评估标准，确保所有学校达到省义务教育标准化学校的基本办学要求。金华市人民政府教育督导室于9月组织两个督查组对9个县(市、区)创建义务教育发展基本均衡县工作进行了专项督导检查，并对督查情况在全市范围内进行通报。9个县(市、区)已按新标准将义务教育发展基本均衡县(市、区)申报材料上报省教育厅，并通过省人民政府教育督导室、省教育厅的初审。二是扎实推进教育现代化县(市、区)创建。指导各县(市、区)制定教育现代化的创建方案及分年度实施计划，其中金东区、武义县、浦江县、兰溪市及永康市以政府名义正式行文印发。各县(市、区)将实现教育现代化的任务分解落实到相关职能部门，并建立监督考核机制。9月，市人民政府教育督导室组织督导组对9个县(市、区)创建教育现代化县(市、区)工作进行专项督导检查，并通报全市督查情况。市科技教育领导小组下发《金华市科技教育领导小组关于调整金华市县(市、区)党政领导教育发展目标责任制考核标准的通知》(金科教〔2013〕2号)，将教育现代化评估的部分指标列入对县(市、区)党政领导教育发展目标责任制的考核内容。

【教育财政投入】 全市2013年共投入教育经费109.18亿元，比上年增长8.93%，其中教育部门办学校教育经费投入80.49亿元，比上年增长7.51%。全年教育基本建设投入进一步加大，全市共完成基本建设投资9.8亿元，竣工校舍面积36.5万平方米。严格执行政府投资项目管理相关规定，加强对政府投资项目的管理，列入金华市区政府投资计划的10个项目建设任务全部完成，市特教中心完成招投标并进场施工。加强对直属学校暑期维修项目的指导和监管，24个维修项目全部竣工。列入省政府重点实事的9个中心幼儿园项目全部竣工，5个外来务工子女学校建设项目全部竣工并投入使用。实施“塑胶跑道进校园”工程，全年共投入1.4亿元建成78所塑胶运动场。争取省教育技术装备项目经费补助4220.86万元，教育技术装备得到进一步加强。组织开展义务教育标准化学校建设，2013年，63所学校被认定为义务教育标准化学校。

【信息化建设】 全面落实全市千校联网工程，完成省到市、市到县(市、区)、县(市、区)到校的联通工作，目前千兆网到校率达到70%。争取省补资金，促进地方配套资金投入，提升全市教育信息化基础设施装备水平。全市班级多媒体设备全年投入301.2万元，计算机教室投入170万元，实验室和专用教室投入2718.1万元，校园网络中心投入60万元，远程主播教室投入30万元，配套课桌椅投入327万元等。全年全市普通中小学教育装备投入总计21555.59万元。加强教育技术的应用,大力推进教育技术与学科教学的深度融合。举办第七届小学国学经典课堂教学观摩活动、金华市首届职业教育成果展示活动、教师教育多媒体软件制作培训班、教育网络与信息安全管理培训、全市教育技术装备标准化建设培训以及金华市第七届中小学教师现代化教育技术技能比武等。在教育部举办的第二届全国教育门户网站评选活动中,金华教育网获得全国地市级教育门户网站前50佳。

【依法行政】 认真做好规范性文件清理，完成行政规范性文件年度计划上报和备案工作。实施行政规范性文件“三统一”工作。参加金华市行政执法案卷评查,参评案件合格率100%。完成行政审批项目清理和要素规范，落实省下放义乌教育管理事项。组织“六五”普法中期督导检查,编印《教育管理规章选编》,发给局市教育局和各县(市、区)教育局机关干部每人1册。开展行政机关合同合法性审查,结合教育系统实际,印发《转发市府办关于加强市本级行政机关合同管理工作的实施意见的通知》,并组织实施。依法实施行政许可,2013年接受申请2311件,经审核受理2311件,准予许可2173件,其中认定高中教师资格证书2156件。

【教育审计轮审】 全市建立并逐步完善轮审制度。全年实施审计项目604个,其中:实施财政财务收支审计51个、经济责任审计156个、两项审计207个,覆盖面为25%;基本建设项目91个,修缮项目236个,专项资金项目3个,其他项目67个;审计资金总额71亿元,纠正违纪金额58万元,促进增收节支金额3324万元。加强了审计队伍建设,全市举办培训班10期,参加人员139人次,组织117人次参加省内各类培训。开展金华市教育内部审计先进工作者评比活动,表彰了17名教育内审计先进工作者。印发《关于报送审计整改情况的通知》,组织对市本级近二年审计报告提出的审计意见整改情况进行专项督查,督促审计整改意见的落实。

【教育合作交流】 对外交流工作取得新进展,超额完成“千校结好”任务,全年共结91对友好学校。接待加拿大BC省素里市教育局、德国迪恩市政府、新加坡辅华学校等11个国外考察团,并与加拿大素里市教育局、哥摩士谷教育局签订友好合作备忘录。有序推进教育对口支援工作,又派出援疆轮换教师10名,援疆资金资助达50万元,派往阿克苏地区援疆教师及援疆双语教师共56人，培训教师500人次，通过师徒结对方式培养技术骨干30人，2012年、2013年两批次接纳来金实习的少数民族毕业生102人，金华汤溪中学在校的新疆和田地区学生达301人。此外,金华一中、汤溪中学、艾青中学等十所中小学被纳入省教育厅学校项目库向国外教育部门重点推荐。完成新加坡项目招生工作，有4名学生被录取。

【校园安全和信访维稳】 开展第十八个全国中小学生安全教育日活动、“平安出行” 专题教育活动、防溺水活动、“5·12”防空防灾演练和“119”消防安全宣传教育活动,进一步提高中小学生安全意识和风险防范能力。全市学校“三防”建设实现全覆盖,所有中小学校、幼儿园“三防”建设达到100%。交通安全保障工程全面实施,全市所有县(市、区)均出台“学生交通安全保障工程实施办法”和“2013学年学生交通安全保障工程服务方案”。市政府下发了《金华市人民政府办公室关于加强中小学生防溺水工作的实施意见》(金政办发〔2013〕86号),成立了金华市防范中小学生溺水事故专项工作领导小组,建立“中小学生安全千万家”教师家访活动制度,开展全市中小学防溺水150天专项教育行动,学生非正常死亡人数得到有效控制，比上年减少14人,下降幅度达到37%。积极探索校园安全管理长效机制,借鉴社会管理“网格式管理”模式,在全省首推安全工作“月查”制度。同时,对校园安全事故进行处理。加强全国“两会”期间维稳力度,积极做好被辞退民办教师、退休教师再提高津补贴的15%、“两案问题”涉案人员的信访维稳工作。

【学生资助政策】 继续加大学生资助政策宣传力度,积极开展资助政策宣传咨询活动,学生资助金发放创历史新高，全市共资助中小学学生25.14万人,发放资助金额2.16亿元。加强对各县(市、区)学生资助管理工作的年度考核,促使各县(市、区)更加重视并落实好学生资助政策。此外,全市有20名优秀大学生获得浙江绿色共享教育基金会每人10000元的资助,45人在浙江滴水慈善基金会开展的“手拉手结对助学”行动中获得每人每年1000元的资助。

学前教育

【概述】 2013年，是学前教育三年行动计划的收官之年,全市共有幼儿园1476所(公办性质幼儿园数量179所,其中教育部门办的为77所),在园幼儿246000人,学前三年幼儿入园率98.92%。全市共有省一级幼儿园42所,二级幼儿园196所,三级幼儿园738所。全市省等级幼儿园招生覆盖面为86%,全市112个乡镇都建有中心幼儿园，乡镇中心幼儿园建园率100%,其中95%以上的幼儿园都为省等级幼儿园,共有园长1547人,幼儿园专任教师数14193人,在编教师数1223人,专任教师中拥有教师资格证的比例为62.05%,学历合格率为98.19%,具有大专及以上学历9272人,占比为58%,具有幼教职称的比例为23%。学前教育总经费投入130759万元,占教育总经费的比例为11.98%,财政性学前教育经费26912.2万元,占财政性教育经费的3.84%。专任教师接受培训107131人，三年共培训幼儿教师37464人,其中:国培670人、省培871人、市培8398人、现培29016人。

【学前教育宣传月活动】 2013年3月月—5月,市政府多次召集各有关部门召开专题协调会，并带队赴婺城区、金东区及永康市等地调研。5月20日,启动“学前教育宣传月”,组织广大教师和家长学习《3~6岁儿童学习与发展指南》；精心组织，编辑材料,参加教育部、省教育厅的学前教育三年行动计划网络巡展活动;组织开展了学前教育宣传月活动。

【学前教育提档升级】 做好省二级幼儿园的申报评估工作,56所幼儿园通过正式评估,10所通过预评估,整改8所;协助市政府出台《关于进一步加快学前教育工作的通知》，确保学前教育持续健康发展;继续做好金华市园长培训和市区幼师暑期培训，组织开展金华市第十七期幼儿园园长岗位培训,300多名幼儿园园长及后备干部参加,全年共有3287位市区学前教育教师参加5家单位组织的培训;11月，市教育局委托市学前教育师训中心举办幼教干部高级研修班的培训,同时还组织10个县市区的幼教干部进行为期3天的培训和学习,并赴丽水考察莲都市实验幼儿园、乡镇中心幼儿园和启明星幼儿园。组织浙中教育论坛“提升园长课程领导力”专题报告会,邀请上海市教委教研室学前教育部主任、特级教师黄琼作专题辅导报告。2013年,有部分公办幼儿教师被选派到民办幼儿园任园长和支教。以2013年首届浙江省幼儿园教师职业能力大赛为契机,层层选拔助推保教保育工作,11月7日,金华市有3名选手参加省级决赛,最后东阳市实验幼儿园的徐丽超获得省职业能力大赛二等奖(第四名),其他两位教师也获得三等奖的好成绩。12月,市政府教育督导室、市教育局组织7个督查组进行先进乡镇和达标乡镇的评估验收,全市16个乡镇通过先进乡镇(街道)评估,8个乡镇通过达标乡镇(街道)评估。

【学前教育规范化管理】 协助出台《关于印发金华市幼儿园收费管理实施细则的通知》和《关于调整市本级公办幼儿园保教费标准的通知》；新修订《金华市区学前教育专项资金管理办法》。通过问卷和实地调查等方式进行学前教育三年行动政策落实情况调查;继续做好本年度学前教育系统数据录入工作,并启动市区学前教育专项经费管理实施细则的修订工作;9月,向各县(市、区)人民政府,市政府有关部门下发《金华市人民政府办公室关于进一步加强学前教育工作的通知》，要求把学前教育摆在更加重要的位置,统筹发展学前教育,扩大优质学前教育资源,加强教师队伍建设,加快提升保教水平,完善督查考核机制。

【总结学前教育三年行动计划】 “对学前教育的重视程度前所未有,经费投入前所未有,工作力度前所未有,社会关注度前所未有。”金华市副市长林丹军用四个“前所未有”概括了全市自2011~2013年实施学前教育三年行动计划以来所取得的成绩。金华市推行三年行动计划后,给公办幼儿园带来发展的春天，同时形成公民办幼儿园齐头并进的格局,全市创建省等级幼儿园226所,省等级幼儿园达到976所,省等级幼儿园占幼儿园总数的60%,招生覆盖面达到86%。全市乡镇中心幼儿园建园率100%。2013年,全市在升等奖励扶持的基础上,充分发挥省等级幼儿园和公办园的示范引领作用,加大对低(层次低)、小(规模小)、散(布局分散)幼儿园的改造,开展多形式的保教改革。都市快报、金华日报、金华电视台均对全市开展学前教育三年行动计划总结和亮点工作做了采访报道。

义务教育

【概述】 2013年底,全市共有小学425所,在校生401008人,校均规模944人,教职工19183人,其中专任教师18359人;初中175所,在校生152899人,校均规模874人,专任教师11447人。九年义务教育入学率100%、巩固率100%。

【义务教育均衡工作】 9月,金华市人民政府教育督导室组织两个组对9个县(市、区)创建义务教育发展基本均衡县(市、区)和教育现代化县(市、区)工作进行了专项督导检查,了解全市"两创工作"的进展情况,发现存在的主要问题,提出督查意见。各县(市、区)政府结合现状及未来发展趋势,科学规划,合理进行义务教育学校布局调整。按照就近入学、相对集中、优化资源配置的原则,先后撤并了部分规模过小、布点分散的学校,从2010年~2013年四年间,全市小学从456所调整到425所,初中从180所调整到175所,使有限的教育资源得到优化整合,办学条件得到明显改善。从教育资源配置入手,着力推进区域教育均衡和谐发展。各县(市、区)建立了教育资源配置统筹机制,坚持城乡学校均衡配置,并在教育经费安排、师资配备和设备添置等方面向农村学校和薄弱学校倾斜;义务教育学校建设、装备经费、人员经费和资助经费等都由财政足额安排。各县(市、区)按照省、市统一部署,结合本地实际,通过实施义务教育"万校标准化建设工程"、农村学校"四项工程"、"领雁工程"、"书香校园工程"、"农村小规模学校调整改造工程"、"班班通"工程,努力加快义务教育标准化学校建设,促使农村学校和薄弱学校办学条件得到明显改善。全市现有标准化学校76所,另有137所申报学校正在等待省厅复核。

【义务教育中小学"阳光招生"】 在总结2012年义务教育招生制度改革取得的成果基础上,2013年金华市继续深入实施"阳光招生""零择校"政策。扩大优质高中招生名额分配到区域内初中的比例,市区一级重点高中的85%指标定向到初中学校,武义县一级重点学校的指标全部定向到初中学校。坚决制止以各种实验班名义招生,制止举办以选拔生源为目的的各类培训班。坚持"就近入学"原则,科学划定每所学校的学区,切实保障儿童少年的公平接受教育的权利。同时将残疾儿童少年教育纳入当地教育体系,适龄三类残疾儿童少年义务教育入学率达到98.6%。对困难家庭学生做到按规定标准做到"应助尽助"。

【中小学教学改革】 全市各地积极开展中小学校课堂教学改革,在借鉴吸收外地课堂教学改革有益经验的基础上,形成独具特色的课堂教学改革模式。对金华市推进课堂教学改革工作,省教育厅给予充分肯定,在全省中小学教学改革项目第二次推进会上,韩平副厅长对金华市的做法给予重点表扬。省教育厅在义乌召开的全省第十次轻负担、高质量联系县推进会上,重点推广了义乌市课堂教学改革做法。刘希平厅长到金华市蹲点调研,对柳湖小学的课外活动、宾虹小学不留课外作业给予充分肯定。省教育厅公布的52个"轻负高质"优秀实践案例,金华市第十五中学《精讲精练提质增效,课程超市激趣减压》等6个案例获得表彰。11月29日,在磐安县实验中学召开金华市第二次中小学课堂教学改革推进会,表彰一批课堂教学改革先进单位和先进个人,4个县(区)教育局和8所学校在会上分别介绍了课改的经验做法。

【优质资源共享】 建立教育资源配置统筹机制,坚持城乡学校均衡配置并向农村学校、薄弱学校倾斜。继续通过构建教育共同体、教育联盟等组织形式,推进优质资源共享。各县(市、区)通过开展集团化办学,建立城乡教育共同体、教育联盟、教研共同体等组织形式,积极开展联校活动,实现优质教育资源共享。义乌市组建由城区18所优质学校与农村34所学校参与的18个城乡教育共同体,积极开展联校活动。城区学校向每所农村学校选派1~2名教育骨干,为农村学校输送现代教育理念和先进管理经验,给农村学校发展注入生机与活力。在18个城乡教育共同体中,由城区260多名教师与农村教师结成"师徒"关系,广泛开展"带教"与"跟教"活动。东阳市组织城区学校、省示范性学校与山区学校结对帮扶,通过组建“教研共同体”,依托城市优质教学资源带动农村学校教学质量提升,每年安排“教研共同体”专项经费 50 万元。

【外来务工人员随迁子女受教育权】 各县(市、区)按照以“流入地为主、公办学校为主”的要求和就近入学的原则,妥善解决外来务工人员随迁子女入学问题,将外来务工人员随迁子女入学问题纳入当地教育发展规划和财政保障体系,对符合省政府规定条件的外来务工人员随迁子女全部予以安排。

【阳光体育运动】 8 月出台《金华市学校体育工作三年行动指导意见(2013−2015 年)》。10 月 18 日,召开建市以来的首次学校体育工作会议,明确学校体育工作的发展目标和保障水平。举办第七届学生阳光体育冬季长跑启动仪式,公布金华市外国语学校等 19 所学校为第六届金华市冬季长跑优秀组织单位。3 月,公布市区初三年级学生体质情况,5 月,组织相关人员对市区 10 所初中初三近 400 名学生进行了耐力跑抽测,金华市外国语学校、婺城区安地初中、金华市南苑中学等 3 所学校抽测的学生耐力跑成绩全部达到 4.5 分以上,抽测成绩与测试成绩一致。认真办好本年度三大联赛,展示学生阳光体育运动成效。金华十五中、金华东苑小学等学校的乒乓球,金华江滨小学、浦江四中等的足球、金华四中等学校的篮球在今年的省三大联赛中均取得较好成绩。7 月,江滨小学在北京国家奥林匹克中心(鸟巢)举行的全国总决赛上,获全国第十一名,取得浙江省小学生足球队参加全国比赛的历史最好成绩;10 月,受邀参加在韩国举行的亚洲小学生足球节。

普通高中教育

【概述】 2013 年底,全市普通高中学校 65 所,在校生 90221 人,校均规模 1388 人,专任教师7059 人,初中毕业生升高中段比例 98.39%,其中升各类省等级重点中学比例 84.04%。

【教学质量位居全省前列】 2013 年金华市高考继续保持全省领先,第一批上线人数达 5465 人,比上年增加 314 人,占全省 13.1%,上线率为17.3%,高于全省平均水平 2.33 个百分点。普通高中数理化、生物、信息技术等竞赛成绩继续保持领先优势,19 人获全国一等奖。

【普通高中课程改革】 组织浙中教育论坛普通高中发展主题报告会,分两批对高一年级任课教师进行课改培训,进一步深化普通高中课程改革的认识。从省、市组织的课改巡查及各地反映的情况看,全市普通高中较好地贯彻执行浙江省深化普通高中课程改革要求,各项课改有序推进。加大校本选修课程的开发开设力度,形成一批具有区域和学校特色的校本选修课程。全市分两批组织评选 200 门金华市精品选修课程,并向省教育厅推荐省级网络课程、精品课程,共有 70 门课程被选入省网络推荐课程,28 门课程被评为省精品课程。加强学生人生规划和课程选修的指导,加大选修课程的走班教学力度,有些学校每周选修课开设已经达到 8 节,走班教学的管理机制不断完善。浙师大附中、义乌市义亭中学、金华宾虹中学等还尝试必修课程的走班教学。教学评价改革顺利推进,普通高中会考和学业水平考试顺利交接,考试组织管理进一步规范,学分认定工作严格进行。10 月 10 日至 12 月 11 日,分别举办“浙中教育论坛”课程指导力与教学改革两场专题报告会,有力推进全市普通高中的课改工作。

【普通高中特色化建设】 各县(市、区)普通高中加大力度推进特色化建设,坚持通过深化课程改革彰显特色。金华六中在全校整体推进基于小组合作学习的自主合作型课堂教学模式,义乌六中继续推行 315 课堂教学模式。全市普通高中都按省教育厅要求开设选修课,加强体、音、美教学和社团活动,增设小语种,开展国际合作,促进学校特色化形成。金华六中、金华八中小语种班人才培养模式探索,秋季已正式开班。全市有 5 所学校接受省一级特色示范高中评估,其中金华一中、浙师大附中、义乌中学已上省教育厅一级特色高中的公示名单(全省 32 所),还有 7 所学校正接受省二级特色示范高中评估。加大普通高中教育资源整合力度,针对金华市区普通高中资源较富余的实际情况,决定曹宅高中从2013 年停止招收新生。审批设立金华市金西丰子恺学校(高中部),进一步优化市区民办学校布局。同时,为表彰市直普通高中特色化发展取得的成绩,激发市直普通高中及广大教职员工的工作积极性,推进金华基础教育办学水平进一步提升,为市直普通高中颁发了教育成果奖。

中等职业教育

【概述】 2013 年，全市各类中职学校 37 所，教职工数 3948 人，专任教师 3429 人，双师型教师占专业课教师比例为 64.4%，当年招生 19709 人，在校生 66559 人。全市现有国家级中职改革发展示范校 4 所，省级中职改革发展示范校 6 所，国家级重点中职学校 15 所。现有省级示范专业 40 个，国家级实训基地 10 个、省级实训基地 30 个，市级示范专业 40 个。全市中等职业学校开设数控机械、模具设计、电子电工、交通运输、信息技术、旅游餐饮、商贸、食品、金融财会等 60 多个专业。

【中职教育发展专项资金】 金华市教育局会同市财政、人力社保等部门，开展市区中职教育发展情况调研，提出促进市区中职教育发展的意见，设立市本级中职教育发展专项资金。从 2014 年开始，连续五年每年投入资金 3000 万元，用于重点专业、公共实训基地建设，以及校企合作、毕业生就业奖励等事项。

【中等职业教育现代化建设工程】 2013 年，全市积极开展省级中职改革发展示范校等四个重点项目申报工作。结果被评为省级示范校 2 所、省级实训基地 2 个、省级产学研联合体 2 个，特聘兼职教师 148 人次，获得省财政奖励经费 1472 万元；2012 年度中等职业教育质量绩效考核市区和武义县分别获三等奖和二等奖，获得奖金 900 万元，其中金华市区是第二次获得该奖项；获得中央财政支持实训基地 1 个，计 150 万元。以上各项总计 2522 万元。另外，创建了 5 个省级骨干专业、1 个新兴专业、1 个特色专业、2 个德育工作实验基地、2 个创业教育基地、1 个开放实训中心、2 个校外实习实训示范基地、1 个企业职工培训示范基地。

【师生技能大赛】 举办 2013 年金华市中等职业学校师生技能比赛暨浙江省中等职业学校师生技能大赛选拔赛，完成参赛选手的推选工作。全市参加省技能比赛共 106 人，涉及 38 个项目，结果共获一等奖 9 个，二等奖 20 个，三等奖 48 个。有 10 位选手代表浙江省参加全国中职学生技能大赛，结果获得二等奖 3 个、三等奖 5 个。在全省中职师生创新创业大赛中获得一等奖 5 个、二等奖 11 个、三等奖 17 个。

【首届中职学校文化艺术教育成果展示活动】 成功举办金华市首届中职学校文化艺术教育成果展示活动。活动以“引导、展示、交流、提高”为宗旨，主要分教学成果展示类、文化展示类、艺术表演类三大类型，除了设置演讲比赛、书法比赛、绘画作品比赛、造型类作品比赛、摄影类作品比赛、艺术表演赛以及教学成果展等丰富的项目外，还组织召开了校企合作座谈会。来自全市各县(市、区)的 18 所中职学校的选手，以及来自全省各地的 20 家企业代表，共 1000 多人，参加了该次文艺盛宴。

成人教育

【概述】 2013 年，全市共有地市级社区大学 1 所、县级社区学院 9 个、国家级社区教育实验区 1 个、省级社区教育实验区 2 个、省级示范成技校 22 所、省一级成技校 53 所、省级标准化成技校 69 所(其中新建成 46 所)，省级新型农民素质培训示范基地 4 个(其中新建成 1 个)，市级社区教育实验区 8 个。

【社区教育工作体制】 5 月，由金华市政府组织召开金华市社区教育工作领导小组全体成员会议，总结全市社区教育工作，部署下一阶段工作重点，并进一步明确了各成员单位的职责分工。会议要求各有关部门进一步加强领导，站在构建终身教育体系，建设学习型社会，促进和谐社会建设的高度，树立全局观念，确立大教育和全民终身教育的理念，努力形成“党委领导、政府统筹、教育部门主管、社区大学牵头落实，职能部门配合支持、镇街社区积极活动、市民村民广泛参与”的社区教育管理和工作机制；进一步加强协作，密切配合，按照职责分工，协同推进各项工作的落实，进一步加强资金保障、队伍保障和机制保障。

【预备劳动力培训和成人双证制培训】 2013 年，继续组织开展预备劳动力培训和成人双证制培训。全年全市共培训预备劳动力 3093 人，其中一类工种1462 人，二类工种 333 人，三类工种 1298 人。

另有7360人通过成人双证制培训,取得毕业证书。

【扫盲教育】 5月,召开了全市教育系统扫盲教育工作会议,对全市扫盲工作进行了部署,推动全市扫盲工作有了实质性进展。7月,组织了全市扫盲工作者培训,各县(市、区)教育局分管局长、科长和中小学、职业学校和成人文化技术学校校长共500多人参加了培训。各县(市、区)根据各地实际情况均制定出台了扫盲工作实施意见文件,并成立了以局长为组长,分管副局长为副组长,相关科室负责人及各中小学校长为成员的扫盲工作领导小组。全年共有45278人(其中16~55岁13820人,56岁以上31458人)接受扫盲教育培训,8501人已脱盲(其中16~55岁3097人,56岁以上5404人)。

高等教育

【概况】 2013年,全市共有省、市属高校9所,在校学生84364人,其中普通本科高校2所,在校学生34201人;高职院校5所,在校学生47080人;成人高校2所,在校学生3083人。高等教育毛入学率51.9%。

开展对金华市第三批市属高校市级重点学科考核,并发放2014年建设经费。金华市第三批市属高校五个市级重点学科(金华职业技术学院职业技术教育学、金华职业技术学院环境科学与工程学、义乌工商职业技术学院社会学、浙江广厦建设职业技术学院工程管理、金华教育学院成人教育学(教师教育)),在教师队伍建设、科研、教学与人才培养、校企合作与服务地方等方面取得显著的成绩。开展现代远程教育校外学习中心年检。根据省教育厅办公室《关于开展现代远程教育校外学习中心2012、2013年度年检工作的通知》要求,采取书面材料审核、实地察看等形式,对金华市范围内的校外学习中心进行了检查,42家现代远程教育校外学习中心在基本条件建设、辅导教师、管理及技术人员、招生、考试、收费等方面基本符合规定要求。但随着社会高等教育的普及,教育形式的多样化,网络教育社会生源逐渐萎缩。

【浙江师范大学】 2013年,召开了校第五次党代会,选举产生了新一届领导班子,确立了“全面建成特色鲜明、国内知名教学研究型大学”的奋斗目标。以“改进作风作表率,服务师生促发展”为主题,扎实开展党的群众路线教育实践活动。全面实施文化建设纲要,加强校园文明创建。扎实推进“三全”育人工作,完善研究生思政教育工作体制。学科学位点建设实现突破。7月,国务院学位委员会第30次会议审议批准浙江师范大学为博士学位授予单位,教育学、中国语言文学、数学三个一级学科为博士学位授权学科。学科优势特色进一步凸显,化学、物理学和工程学3个学科进入ESI全球排名前1%,非洲研究与中非合作协同创新中心获批成为省级协同创新中心,“先进催化材料”教育部创新团队以优秀成绩通过验收。人才培养质量稳步提高。入选国家级精品开放课程8门、全国高校职业发展与就业指导示范课程1门、教育部教师队伍建设示范项目6项、国家级大学生校外实践教育基地建设项目1项,学生在学科竞赛中获省级以上奖项125项。获省优秀硕士学位论文数居省属高校首位,公共管理硕士(MPA)顺利通过教学合格评估,在中国研究生教育排行中,教育学位列全国第十。科学研究保持良好势头。获国家自然科学基金52项,其中重大研究计划项目资助1项;获国家社科基金16项,其中重点项目3项;获省部级项目111项;获浙江省哲学社会科学优秀成果奖21项,其中一等奖4项,在省属高校中名列第一;获浙江省科学技术奖4项,其中一等奖1项。师资队伍结构逐步优化。高层次人才队伍建设取得新突破,入选长江学者特聘教授1人、百千万人才工程国家级人选1人、教育部新世纪优秀人才支持计划1人。晋升正高职称23人、副高职称51人,获得博士学位42人。国际交流合作卓有成效。全年新增国(境)外合作院校13所,签订合作协议和备忘录18个。派出交换生、交流生361人,比上年增长72%,招收各类留学生1318人次。成功举办“中非智库论坛”第三届会议,入选外交部“中非智库10+10合作伙伴计划”首批中方智库单位,与坦桑尼亚达累斯萨拉姆大学合作共建孔子学院。

【上海财经大学浙江学院】 2013年,上海财经大学浙江学院新增了“经济统计学”和“应用统计学”两个专业。学院录取本科新生1651人,其中:浙江省1147人、省外504人,超额完成招生计划任务。

省一级重点普通高中分校基本情况

表 15

学校名称	班级数(个)	毕业生数(人)	招生数(人)	在校学生				专任教师数					办学条件							
				总计	一年级	二年级	三年级	总计	其中：中学高级		其中：本科以上学历		学校占地面积(平方米)	校舍建筑面积(平方米)	计算机(台)	图书(册)	总计	其中：仪器设备(台)	是否建立校园网	校舍面积中当年新增(平方米)
									人	(%)	人	(%)								
金华一中	58	890	807	2496	807	790	899	200	93	46.50	200	100.00	260047	120024	530	123739	33013.00	1649.00	是	0
金华二中	64	967	847	2694	847	950	897	230	116	50.43	229	99.57	224507	81288	566	123900	3518.00	801.20	是	0
汤溪中学	52	715	612	1965	612	639	714	191	70	36.65	190	99.48	149164	77131	595	111246	8298.00	493.00	是	0
艾青中学	45	615	627	1910	627	639	644	160	60	37.50	159	99.38	145419	64727	419	104560	14676.00	374.00	是	12348
兰溪一中	41	671	642	2016	642	681	693	147	69	46.94	147	100.00	119793	45668	446	109609	6595.00	874.00	是	0
义乌中学	48	835	730	2316	730	790	796	175	79	0.45	152	0.87	279312	123272	572	141884	1988.5	1869.69	是	0
义乌二中	43	762	645	2067	645	707	715	174	48	0.28	166	0.95	71026	55426	439	95446	4396.13	1096.83	是	0
东阳中学	48	812	749	2283	749	730	804	182	72	39.56	181	99.45	184268	82004	530	139546	15250.00	447.00	是	0
永康一中	37	181	571	1614	571	637	606	149	75	50.34	149	100.00	136317	55098	659	100005	7398.00	534.00	是	0
武义一中	42	689	560	1829	560	603	666	156	72	46.15	151	96.79	119880	33538	533	106072	5414	562	是	0
浦江中学	42	717	672	2088	672	698	718	162	66	40.74	162	100.00	170675	95469	780	112950	18858	819.5	是	0
磐安中学	34	536	480	1569	480	550	539	124	48	38.71	122	98.39	81920	34457	353	86300	5658.00	548.00	是	0

学院开展建校5周年庆祝活动,邀请省市多家媒体进行报道,进一步扩大学院办学的社会影响力,力争将学院建成一所省内一流并在国内具有较高声誉的万人规模的多科性高校。科研与教学取得较好成效,学院全年共有22个省市课题批准立项,6项省级课题申报审批;完成14个课题的结题验收工作;学院开展1场大型学术论坛,并组织16讲学术讲坛活动;学院建立上海财经大学研究生培养基地,为提高教学层次和质量积累经验。学生参与竞赛与社会实践取得新突破,学院学生啦啦操代表队在2014年世界大学生啦啦操锦标赛中与来自近20个国家4000名大学生的激烈竞争,获得了集体花球舞蹈啦啦操第六名的优异成绩;学生代表队在全国大学生"用友杯"ERP沙盘模拟经营大赛、数学建模竞赛等多项学科竞赛上斩获二、三等奖;院青年志愿者大队荣获2012年度省志愿服务优秀集体,赴温州金融体制改革调研暑期实践小队荣获省大中专学生志愿者暑期文化科技卫生"三下乡"社会实践活动优秀团队;在省第一届大学生摄影竞赛中11件作品分别获得二、三等奖;学生男子篮球队在市第五届大中专院校学生男子篮球比赛获第一名。学生就业状况良好,由浙江省教育评估院举行的《浙江省2012届高校毕业生职业发展状况及人才培养质量调查报告》显示,2012届高校毕业生一年后就业率学院排名全省高校第二十六;学院毕业生职位胜任度及创业前景在22所独立学院中排名第一,就业质量排名第三,对母校忠诚度排名第八,就业率排在第十,对母校满意度排名第十三,总排名第八。

【金华职业技术学院】 2013年,学校占地2216亩,建筑面积60万平方米,固定资产11.3亿元;教仪设备总值1.77亿元,各类藏书近160万册;教职工1439人,其中教师975人,有正高职称115人、副高职称359人、硕士以上学历234人,双师素质占80.21%;有省级教学团队4个、省教学名师6人、省高校优秀教师2人,省级专业带头人18人;聘请兼职教师1151人;学校面向全国20余个省(区)招生,全日制在校生2.4万余人。现有11个二级学院和1家附属医院(医院职工1106人),有专业79个,其中:国家重点支持建设的示范专业3个、省优势专业3个、省特色专业11个;省级重点学科1个,国家精品课程15门,国家精品资源共享课17门,省级精品课程30门,国家规划教材19门、省重点教材50余门。近三年来,学校承担国家级科研项目5项,省部级项目68项,其中:国家自然科学基金项目3项、国家社科基金项目1项、国家星火计划项目1项、省科技厅重大专项1项;获市级以上科研成果奖215项,其中省部级科研成果奖2项,分别为全国教育科学研究优秀成果奖二等奖、浙江省科学技术奖三等奖各1项;获授权专利312件,其中:发明专利17件、软件著作权55件;科研到款累计2541万元;公开出版学术专著16部;发表各类论文2272篇,其中被SCI、EI收录论文125篇,在《中国高教研究》杂志社组织的14种教育类核心刊物发表论文排名中,位居全国高职院校第二。学校遵循"校企合作、工学结合"的理念,坚持以就业为导向,以学生发展为核心,以职业能力培养为重点,开创了基地、招生、教学、科研、就业"五位一体"育人模式,培养德智体美全面发展的社会主义建设者和接班人。学校在深化该模式过程中提出"校内基地生产化,校外基地教学化",通过引进企业生产线或操作规范、产品工艺、生产流程等,使学生在真实或仿真的生产环境中得到锻炼;通过在校外建立具有稳定教学车间、规范生产流程、承担批量学生实训的教学工厂,确保实践任务落到实处,相关成果获得国家教学成果奖。校内实训场所总面积达13万平方米,逐步具备"教学实训、科技研发、技能考证、社会培训、成果展示"五大功能;校外基地有758家,其中紧密型基地278家。学校积极探索校企深度合作的新途径,实施校企利益共同体建设。已建有"众泰汽车学院""高新IT学院""现代农业技术培训学院""学前教育学教研共同体"等9个校企利益共同体,以"资源共享、优势互补、责任共担、互惠双赢"为共建原则,实现"合作办学、合作育人、合作就业、合作发展"。学校积极开展国际教育合作和校际合作,与15个国家的高校和教育机构建立长期合作关系;现有中澳护理专业、中美会计专业、中加酒店管理专业、中澳建筑设计专业、中美体育服务与管理专业5个中外合作办学项目;招收29个国家的留学生。学校还与新疆乌鲁木齐职业大学等8所中西部地区院校开展对口交流合作。学校注重培养学生的专业能力和综合素质，在课程体系中融入职业道德和职业精神的培养，学生学科竞赛获国家级奖19项、省部级奖213项。学校每年实施毕业答辩、作品展示、现场签约“三结合”毕业生就业招聘现场会，毕业生广受社会认可，初次就业率超过97%，专业对口率达70%。学校办学经验先后在教育部示范建设方案研讨会、全省高等教育工作会议、全省职业教育工作会议上作专题发言，《求是》杂志曾刊发专文，评价学校“探索出了一条具有中国特色的高职教育教学、科研改革之路”。

【义乌工商职业技术学院】 2013年，义乌工商职业技术学院下设6个分院29个专业及国际教育学院、自考学院、浙师大MBA教育义乌中心、远程教育中心和成人教育函授点，有正式在编教师420人，全日制中外学生9800人，其中有来自64个国家的留学生749人。完成电气自动化技术专业、产品造型专业和商贸类实训基地等3个央财支持项目的验收工作，印刷技术专业实训基地获批为2013年度中央财政支持的职业教育实训基地建设项目，获中央财政资助及地方配套经费320万元。学院获得省教育厅专家组人才培养工作现场考察评估全票通过。2013年是学院建校二十周年，举办系列校庆活动。接待各级领导、兄弟院校、媒体记者来访230余批次，接待国外高校来访10余批次。学院2013届毕业生就业率达98%，创业率达14.22%。2013级新生报到率95%，省外招生录取率达100%，48人高考成绩在本科线以上。创意园实现创意产值7350万元，间接带动生产产值11亿元。继国家旅游产品研发中心落户园区后，国家林产品创意研发中心入驻创意园。学院创意园代表义乌市首次亮相台湾文博会，集中展示民族刺绣服饰品、文创工艺品1000多件，展会期间，义乌馆的人流量达5000人次，意向订单20余笔，意向成交额近60万元人民币。面向港澳台地区招生获教育部同意，是省内首家具有港澳台地区招生资格的高职院校。留学生规模再创历史新高，留学生人数居全省高校第五位、高职院校首位。学院留学生凭借精彩的“武林风”武术节目在浙江省外国留学生第六届“梦行浙江”中华才艺展演上荣获三等奖，是全省50多所高职院校中唯一获奖的高校。学院承办义乌市电子商务创业大赛暨大学生职业生涯规划(创业)大赛，收到2100份来自全国15个省份的“梦想”计划书，中央电视台、浙江日报等多家媒体对赛事情况进行报道；承办省首批创业型大学建设试点院校中期经验交流会，浙江省教育厅领导、浙江农林大学、浙大城市学院、杭州师范大学、万里学院、浙江工贸职业技术学院等院校的相关负责人参加会议。义乌启动电商人才培训工作后，学院完成了首批200名村官的创业指导师资培训任务、国际商贸城四区市场教学点11期电子商务培训任务、江东街道电子商务人才4200人次，举办了二期电子商务基本操作技能公益培训班，荣获义乌市2013年度电子商务人才培训工作一等奖。

【浙江广厦建设职业技术学院】 2013年，学院以教育教学改革项目、课堂教学改革项目申报为契机，加快建设精品课程，优化现有专业结构，强化专业建设力度，进一步推进学院质量工程建设，加大对实验实训室等教学设备的投入，仅管理分院的校内实训基地建设就投入480万元，加强优势专业建设。学院的工程造价专业已建成国内一流的虚拟建造实训中心，为行业企业提供工程咨询技术服务8项，发明专利11项，该专业学生在全国算量大赛中获得四连冠的好成绩。学院现代制造技术实验实训基地承接中国缝纫机公司东阳零件分公司等多家企业零部件加工，承接当地企业新产品关键零件试制等。加快精品课程教学资源的共享，精品课程录像拍摄就达104课时(外拍48个课时)。召开深化驾证式考核改革交流会，落实分院制订计划，优化考核项目设计，加强试题库建设，强化驾证式考核改革。进一步完善校内实验实训教学，加快基地建设，突出学生技能的培养，截至年底，学院3706名2011级学生已考取一本以上职业资格证书，双证书制达98.7%。学院积极组织师生参加各级各类比赛，学生技能得到充分展示，在43个省级及以上竞赛项目上获奖，获奖151项(2012年共获奖项127项)，其中国家级16个竞赛项目中，获一等奖10项、二等奖16项、三等奖26项；省级26个竞赛项目中，获一等奖15项、二等奖16项、三等奖51项。教师参与科研热情高涨，各类各级课题申报数达到424项，包括厅局级课题申报215项，完成结题课题161项，其中省级以上课题19项，公开出版专著4部，取得专利数

39 项;公开出版教材 4 本,新编非公开出版教材 29 本。教师主动服务企业行业意识增强,英语教研室的陈晨、滕婷婷等老师承担了东阳市申报“世界木雕之都”评审和世界手工艺理事会理事长工作会议的翻译工作,楼宇教研室的包世健老师为横店东磁集团 30 多名员工进行单片机技术培训指导等。学院 2013 届毕业生数 3620 人,签约率 90%以上、就业率稳定 97%以上。温州、台州、衢州、舟山等地的校友分会正式成立。开展“创建文明班级,争做文明学子”和“我的寝室我的家—文明寝室创建”等活动。暑期通过了省厅的高校公寓标准化建设,26 个寝室被评为“浙江省大学生文明寝室”。学院微博社在浙江省高校微博影响力排行中名列前十;校园电台获中国高校电视奖新闻类二等奖等。学院先后获 5A 级中国社会组织,浙江省文明单位,浙江省非物质文化教学基地,2011~2012 年教科研先进单位,全国教育改革创新示范院校,中国民办十佳特色学院等荣誉称号。

【浙江横店影视职业学院】 2013 年,学院占地 36 万平方米,建筑面积 12 万余平方米。各种教学仪器设备总值 1808.59 万元。图书馆适用图书 19.04 万册,各类期刊资料 426 种。新获批设立音乐管理专业。现有 2 个省级特色专业。成功被录入浙江省具有接收外国留学生资格的高等院校名单。学院建有 63 个校内实训室和 80 个校实训基地。引进教师 29 人,其中副高以上 6 人,硕士 16 人。3 名教师晋升副教授职称,15 名教师晋升高校讲师职称,4 名教师初定助教职称。现有教职工 270 人,其中专任教师 157 人,副高以上职称 39 人,硕士以上学位 80 人,双师素质教师 56 人。全日制高职学生 3500 人。开展“教风学风建设年”活动,组建教学信息员队伍,对教学进行质量评价,反映学生的意见和建议。学院获浙江省来华留学生中国影视文化教育基地和来华留学生社会实践基地授牌。开展了首届校内实训基地星级评比。《浙江横店影视职业学院学报》(影视艺术与产业研究)出版发行 4 期。组织人员到上海戏剧学院、浙江旅游职业学院、浙江艺术职业学院、金华职业技术学院、宁波职业技术学院、杭州科技职业技术学院等高校参观学习,增进交流合作。与台湾致理技术学院、大叶大学、和春技术学院、台北海洋技术学院、龙华科技学院、悉尼和墨尔本的北墨尔本高等技术学院 (NMIT)、悉尼科技设计学院(AIT)签订了合作协议。组织了 1 名学生赴台湾台南应用科技大学研修学习,5 名学生赴奥地利参加 Neudorf 艺术节节目演出。组织师生参与《活佛济公》《魔幻小子》《苍狼》《我是路人甲》等多部影视剧拍摄。组织学生参加多场省、市人才招聘会,截至年底,毕业生就业率 97.84%。

【浙江科贸职业技术学院(筹)】 2013 年,继续挂靠金华职业技术学院招生 200 名,又一次 100%完成了招生计划。每位入学新生,同 2012 级学生一样,免费领到了学院发给的一台笔记本电脑。至 2013 年秋季之后,全院分六个专业共有在校学生近 400 人。教学工作取得初步成绩,2012 级学生 90%以上通过了全国应用英语 B 级考试和参加了全国计算机二级考试。学院为 23 名三等奖,12 名二等奖,3 名一等奖的 2012 级学生颁发了奖学金。学院再次举办了独具特色的英语联欢会,全英文主持、表演、互动,达到了“全员参与、全员英语”的氛围与效果。继续开展对外交流与合作,继北京大学经济学院在学院设立教学研究基地之后,又进一步与北京大学历史学系发展了合作关系,设立了“北京大学历史学系浙江金华教学培训中心”,成立了办公室,着手开展了与北京大学历史学系合作的教学培训工作。进一步搞好校园安全稳定工作,每月定期召开一次安全工作会议,不定期进行安全工作检查,印制了学院的《安全手册》发至每一位师生,并编写了十七期《安全简报》。

【金华教育学院】 2013 年,学院拓宽办学渠道,继续和北京语言大学、华东师大、浙师大和宁波大学等高校合作办学,各项工作开展正常有序。成教招生保持较快的增长,共录取 1530 人。提升办学层次,自考助学首次招收自考本科学生。加强培训管理提升培训质量,学院自主选择培训项目,成功举办 126 个,同比增长了 23.5%,实际参训人数共计 10103 人,比上年基本持平,培训及管理质量综合得分为 98.3 分,再创新高;再次承担了 3 个省级培训项目;承担了中小学校长、中小学教务主任、教研员、教科室主任培训等培训任务。加强师资队伍建设,提高科研水平,学院共发论文 49 篇,公开编辑出论著 3 部;省级课题共立项 8 项,省市教育科学规划课题立项 4 项,金华市社科联重点课题立项 2 项,教育科研精品成果培育工程课题2项，浙江省"十二五"中小学教师及校长培训研究第二轮立项课题1项；学院在教育科研共获22项奖，其中获金华市2013年度教育教学优秀论文一等奖1个。学院社科联被评为"金华市2012年度社会科学工作先进集体"。积极备战省第十五届运动会，创新体育训练方法，提高体育训练的科学含量，共参赛获全国级比赛金牌4块、银牌4块、铜牌5块；省级比赛获金牌22块、银牌19块、铜牌27块。加大投入，改善办学条件，改造了大礼堂，更换了大礼堂的桌椅，大大提高了大礼堂的使用率，也缓解了学院规模较大的场地不足情况；实施学院电压扩容，保障了学院师生用电的安全；创造了新的校医务室，加强爱国卫生教育和周边环境治理，注重校园环境"净化、美化、绿化"，校园环境大为改观。

【金华广播电视大学】 2013年，金华广播电视大学(浙江商贸学校)调整组建党群组织，将原来两校的14个党支部调整为8个党支部，调整了学校纪委组成人员，换届选举了学校工会组织。贯彻执行市委书记徐加爱提出的"平稳过渡、强化管理、整体提升"指示精神，学校进行了机构调整和中层干部竞聘上岗，设置了10个处室、2个中心、2个群众团体、6个学院，竞聘产生了新一轮中层干部33人。学校招聘录用新教师6人，社会招考录用教师6人。教学教研工作丰硕喜人，全年中高职学生共获省一等奖3人次、省二等奖9人次、省三等奖13人次、市一等奖17人次，各类技能考证合格率达93%以上；30多位教师分别在省、市各种技能比武中荣获佳绩；全年共申报各级各类课题58项，其中立项22项，结题12项；参评省市各级各类科研成果与论文64项，获奖38项，其中一等奖7项。招生规模稳中有升，继续保持全省地市电大第一名，学校荣获"奥鹏远程教育2013年春秋两季招生组织工作一等奖"、"2013年春季招生组织工作进步奖"。校企合作不断深化，与喜瑞酒店管理公司合作探索"拜师学艺、师徒结对"的现代学徒制的校企培养模式，与浙江海河环科公司结为紧密型校企合作联合体，与义乌小商品城集团开展"培训、实习、创业"三位一体的实践教学活动。学校在山山烘焙公司开办食品检验订单班，成为学校开办的首个成人教育订单班。学校建设的金华九峰现代农业实训基地，被省电大确定为第四批农民大学生教学实践基地。全国首家"掌上电大"成功运行，得到"中国网·国开在线"、中央电大《电大时讯》《金华日报》"金华新闻网""金华市政府网"等多家新闻媒体的关注与报道，"掌上电大"移动教学方式获得全省电大系统管理工作创新奖一等奖。社区教育有序开展，学校承办金、丽、衢三地社区教育负责人参加的全省社区教育工作推进会；顺利完成市委组织部下达的"农村劳动力再就业——西点制作"省级教学资源片的拍摄任务；免费为150名来自金东、婺城、开发区农村人员培训中西式糕点制作；完成义乌小商品城经营户"义乌购"电子商务提升班共19期的教学任务，累计培训达1600余人次。学校被省电大评为"2012~2013年全省电大系统学生思想政治教育工作先进单位"，被省人力资源和社会保障学会评为2011~2012年度先进单位，被金华市教育局评为2013年安全工作考核优秀单位，被市公安局评为2013年治安安全先进单位。

特殊教育

【概述】 2013年底，全市共有特殊教育学校9所，特殊学校教职工215人，专任教师191人，在校学生数2041人。"三残"儿童入学率为98.6%。

【提高特教办学条件】 市特殊教育中心已进入了初建阶段。东阳市聋哑学校异地新建校舍的建设工程进展顺利，已完成挡土墙施工、开展异地新建项目一期工程市场材料价格调查、完成材料价格预算和主体工程完成招投标等工作。永康市特殊教育学校办学条件进一步优化，更换了师生电脑，增添多感官训练室、言语语言康复、音乐治疗室、心理治疗室、校讯通，卫生保健室等器材，修缮教学楼厕所和学生宿舍。

【推进特殊教育工作改革】 深入贯彻全国特殊教育工作会议和《浙江省关于进一步加快特殊教育事业发展的实施意见》精神，承办在金华召开由浙江省各地市特教分会会长参加的特教会议，对新创建不久的武义县培智学校进行一次实地考察与调研活动。采取措施落实特教改革重点"个别化教育"。派出4名教师参加重庆江津向阳发展中心为期一个月的特教专业培训,提高学校的个别化教育专业师资;由市特教分会和金华教育学院联合组织了上半年90学时集中培训和下半年的24学时培训,邀请陈荣弟主任和广州越秀黎丽琼主任的理论传授、现场指导和当场点评,培训活动得到好评,有力地推动全市个别化教育工作的开展;组织全市个别化教育研讨会,参加研讨会的有来自全市各县市特教学校、浙师大特教系90多名校长、教师、研究生,台湾特教专家陈冠杏博士、杭州杨玲子学校校长俞林亚应邀参加,研讨会进一步推动课改教研。

【提升教学与科研能力】 金华市启明学校以课堂为中心每周开展业务学习,内容涉及培智教育课改知识、课题研究实用方法、课堂教学诊断分析、个别训练小组问题研讨、教学基本功专题训练、现代教育技术运用能力等,鼓励全体教师积极上公开课,特别是45周岁以下教师必上,公开课以自主选择多科类别百花齐放的形式开展,既调动教师的积极性,又给教师展示自己的机会。东阳市聋哑学校打造精致实效公开课,公开课采用"1+23"的模式,即学校每周三第一节课开始之前安排一堂公开课,一人上课,其余23位教师全部参与听课评课活动。金华市启圣学校课程设置增加美术、剪纸等课程。组织了新一届的全市特殊教育论文评比,共评出一等奖7篇,二等奖11篇,三等奖17篇。共有培智、聋教20论文送往省里参评。全市特教教师制作的多媒体课件在省市级比赛中获得不错的成绩,其中金华市启明学校的范春楼老师获得全国一等奖。

【帮扶新办特殊教育学校】 10月,兰溪市曙光学校开始招生,是该市第一所公办的特殊教育学校,由于时间仓促,校长教师均来自普通的中小学,对特教领域的认识从零开始。金华市启明学校两次接收该校全校教职员工的现场观摩活动,帮助其了解培智教育的规范化建设和常规管理,并派出郭旭丹等三位教师前往该校送教生活语文、生活数学,协助曙光学校盛国文校长和老师们一起探讨办学之初遇到的困难和问题的解决办法。

民办教育

【概述】 2013年底,全市共有各类民办教育机构1778家,资产39.47亿元。当年招生201438人,在校生324712人,专职教师19963人。其中高校4所,在校生19694人,占全市高校在校生的24.22%;普通高中14所,职业高中15所,高中段在校生24655人,占全市高中段在校生17.5%;初中6所,在校生2566人,占全市初中在校生的1.7%;小学40所,在校生45815人,占全市小学在校生的11.42%;九年一贯制学校18所,在校生20875人;幼儿园1230所,在园幼儿人数为195657人,占全市在园幼儿79.5%;文化补习学校6所,2013年招生3826人;文化教育培训机构463家,培训98466人。

【办学特色逐步彰显】 全市涌现广厦建设职技院、东阳中天高中、义乌私立群星学校、永康明珠学校、金华市新世纪学校、金华市江南中学、浦江仙华外国语学校等一批有影响的学校。民办学校都注重特色化发展。东阳市人民高中十分重视学生德育工作,以模拟法庭、学生校长等形式创新德育,形成一定的影响。横店技校以管理严谨、内部和谐、专业特色明显、质量出色而形成良好的社会声誉,每年招生爆满。金华市江南中学现有教学班69个,在校生3417人,教职工300多人。近几年来学生学业考试合格率不断提高,连续几年校园暴力为零,校园安全事故为零,校园犯罪事件为零,多年被市教育局评为校园安全优秀单位,社会影响逐步扩大。

【教师队伍素质逐步提高】 金华市要求民办学校按照国家规定的教师任职资格条件,根据办学规模,参照公办学校编制标准,面向社会自主招聘教职工,聘用的专任教师必须具有相应的教师资格。经过多年的努力,逐步建立一支稳定、优秀、符合自身办学特点的专职教师队伍。实现三个转变:一是学校教师的录用学历教育由合格学历向高学历转变;二是民办学校教师中兼职教师逐年减少;三是民办学校骨干教师队伍不断壮大。

【招生广告监管】 为确保民办学校招生广告的真实、合法,维护广大学生及家长、学员的合法权益,与市工商局联合开展全市招生培训广告专项治理行动,对检查中发现存在问题的学校进行处罚,下达整改通知书,督促其及时整改确保学生或学员利益得到应有的保障;开展校园及周边环境联合整治行动,对市区33所学校及其周边擅自从事教育培训活动和招生广告进行查处，规范教育培训市场。

【民办教育行政审批】 规范民办教育行政审批，严格执行审批标准，认真落实现场察看、专家评审等程序，做到公开、公正、合法、合理。共受理审批事项17件，审批17件，其中：新设立7件、变更许可10件、完成案卷收录4件、通过省案卷评查4件。及时做好来人、来电、来信答复和举报信件查处工作，共接待来人来电咨询60多人次，查处违规办学7件，答复书面信访件11件，答复网上咨询12件，“8890”服务平台5件，为群众提供方便高效的教育服务。

教育科研

【概述】 2013年，教育科研继续以《金华市“十二五”教育事业发展规划（2011–2015)》(以下简称《规划》)为统领，以“群体的科研，教师的科研，课堂的科研”为发展方向，坚持为各级政府、教育行政部门和学校的决策服务，推动金华教育改革。全市教育教研综合实力稳步提升，教科规划课题立项在层次和数量上继续实现“双突破”，确立647项应用性强、研究价值高的教育科研规划课题，其中：省教育科学规划课题42项、省农村青年教师专项课题12项、省体卫艺专项课题5项；金华市教育科学重点研究课题65项，一般课题523项。特别是金华市宾虹小学校长李武南领衔的《成就儿童幸福梦：小学无书面家庭作业的多元设计与实践策略研究》被立项为“全国教育科学‘十二五’规划2013年度教育部重点课题”，填补金华市中小学该级别课题立项的空白。

【成果展示】 参加浙江省2012年度教育科学研究优秀成果评比，13项成果获奖，其中：一等奖3项、二等奖5项、三等奖5项，获奖总数列全省第二。在浙江省“解放学生”教育创新工程试点学校优秀成果评比中，金师附小教育集团《基于“项目学习”转换育人模式的实践探索》和宾虹小学《让每个儿童的心灵充盈阳光——基于积极取向的儿童幸福感培养策略研究》分获创新奖和提名奖。在第二届“长三角地区”教育科学研究论文评比中，金华市2篇论文获一等奖，4篇论文获二等奖，5篇论文获三等奖。在浙江省实验学校研究会“教改之星”评选中，金华市有4位教师获得金奖，5位教师获银奖，10位教师获铜奖。此外，《中国教育报》、《浙江日报》、新浪网等主流媒体10月，对宾虹小学、柳湖小学的“无书面作业”“艺术特长生”相关教育教学改革成果进行了报道。

教　师

【概述】 2013年底，全市中小学在职教职工44872人，其中：专任教师39477人，具体为小学18359人、初中11447人、普高7509人、职高2612人，专任教师人数与在校生之比(师生比)小学1:22、初中1:13、普高1:13、职高1:19。全市小学、初中专任教师学历高标率分别是94%、90%；普高、职高专任教师学历合格率分别为99%、91%。全市幼儿专任教师学历高标率为56%。全市初中、普高和职高中级职称比例分别为49%、35%、38%，高级职称比例分别为16%、25%、16%。全市职业高中“双师型”教师比例为76%。全市有在职省特级教师62人，市名师名校长174人。

【师德师风建设】 根据《金华市中小学“师德提高年”活动实施方案》和《浙江省教育工会关于评选第三届师德标兵和师德先进个人的通知》精神，在全市各级各类学校开展师德楷模和师德先进个人的评选活动，共评选出14名市师德楷模，33名市师德先进个人和6名市直先进个人，并从市师德楷模中择优推荐了1名省师德标兵和5名省师德先进个人，磐安县教师陈斌强荣获“全国师德楷模”称号。为树立典型，表彰先进，教师节当天，在浙师大举办了金华市师德楷模颁奖典礼，市委常委、宣传部长何杏仁、副市长林丹军等领导出席颁奖活动并为获奖者颁奖，节目由金华电视台全程录播，受到领导和社会各阶的好评。《金华日报》《金华晚报》《金华电视周报》等媒体也对全市师德楷模和师德先进个人的先进事迹进行广泛的宣传报道。通过进一步完善教育、导向、监督、规范四位一体的师德建设体系，全市教师队伍整体道德素质得到明显提升。

【教师培训】 组织开展中小学教师专业发展培训工作，全市教师专业发展培训管理平台注册教师数达4.358万人；2名中职骨干教师赴德国进修，9名中职学校校长参加国家级2013年度职业院校校长专题研修，28人参加中等职业学校专业骨干教师国家级培训,17 名中职青年教师参加 2013 年度浙江省中等职业学校青年教师企业实践培训,61 名中职教师参加 2013 年浙江省社会培训类项目省级培训,135 名中职教师参加高技能“双师型”培训,91 名中职教师参加专业教学能力培训,26 名中职骨干教师参加 2013 年上半年中德合作管理干部培训,5 名中职教师参加中澳合作专业负责人培训,8 名中职教师参加中澳合作骨干教师培训;52 名骨干校长和教师参加“浙派名师名校长培养工程”培训,162 名骨干校长和学科带动人参加省级培训项目的培训,46 名特殊教育骨干教师参加省级特殊教育项目的培训;组织金华市特级教师及金华市名师共 65 人赴四川师范大学进行培训;创立名师名校长工作室,开展特级教师跨县(市)带徒活动,培养一批有潜力的年轻优秀教师。

【教师队伍管理】 全市共招聘新教师 1662 名,其中硕士研究生 94 名。开展代理教师清理,共清退一年以上代课教师 832 名,顺利完成省教育厅 2013 年底基本清退一年以上代课教师的任务。组织参加省功勋教师、第三届农村教师贡献奖、中小学教坛新秀评选,荣获省“功勋教师”1 人、“农村教师贡献奖”10 人、省教坛新秀 19 人。组织开展金华市级、市直优秀教师和优秀教育工作者评选,共评出金华市级优秀教师 62 名、优秀教育工作者 22 名、市直优秀教师 16 名、优秀教育工作者 4 名。制定专业技术职务职评方案,完善职评考核办法,推荐、评审确认中学高级教师任职资格 235 人,讲师任职资格 9 人,小学挂靠中学高级 52 人,高级讲师 9 人,高级实验师 3 人,副研究员 10 人,副教授 1 人。

高校、中专招生

【概述】 根据教育部的统一要求,继续实施普通高校招生“阳光工程”,完善招生制度,狠抓薄弱环节,全面公开信息,进一步增加招生录取全程的透明度,使整个高考在“阳光”下透明操作,确保招生工作的公平公正。

全市 38769 人报名参加普通高校招生考试(其中:文科 8674 人、理科 22855 人、艺术类 3292 人、体育类 405 人、单考单招高职 3543 人),共有 34655 人上线(其中:文科 7679 人、理科 20536 人、艺术类 3880 人、体育类 185 人、单考单招高职 2375 人)。全市 28827 人被录取(其中:文科 7195 人、理科 19280 人、艺术类 2245 人、体育类 107 人、单考单招高职 2103 人)。

全市 18293 人报名参加成人高校招生考试(其中:专升本 4543 人、高中起点 14537 人),14977 人被各类成人高校录取(其中:专升本 3786 人、高中起点 11191 人)。

全市共有 3356 人报名参加研究生招生考试。

全市共有 25 人被空军和国航招飞录取,其中:空军 6 人、国航 19 人。

全市 45276 名初中毕业生参加升学考试报名,46989 人进入高中段学校学习,其中:普通高中 26144 人,职业高中、技校 18566 人,普通中专(含五年制)2279 人。

督　学

【市政府督学换届】 2013 年,金华市政府聘任了 97 位第四届市人民政府督学,其中:总督学 1 人、副总督学 3 人、专职督学 2 人、兼职督学 46 人、特邀督学 45 人,并颁发聘书和督学证,完成金华市政府督学换届工作。

【督学责任区建设】 根据《教育部关于加强督学责任区建设的意见》《浙江省教育厅 浙江省人民政府教育督导室关于进一步加强督学责任区工作的意见》、国务院教育督导委员会印发的《中小学校责任督学挂牌督导办法》和《中小学校责任督学挂牌督导规程》,金华市教育局、市人民政府教育督导室聘任 17 位金华市直属学校督学责任区责任督学,并在各直属学校醒目位置公示责任区督学的姓名、工作职责和联系方式,建立了责任督学公示制度。

(市教育局)

就　业

【概述】 2013 年,全市城镇新增就业 7.09 万人,失业人员再就业 2.84 人,其中就业困难人员实现就业 7507 人,城镇登记失业率为 2.73%。开展“创业就业政策落实年”活动,印发《服务企业优惠政策手册》《企业用工宝典》等宣传资料 1.5 万份。开展创业型社区和充分就业村创建活动,实现创业带动就业 3 万余人。制订农村公益性岗位指导目录 11 大类 22 个项目,全市公益性岗位进村数 3082 个,达标率为 63%。全市各级人力资源社会保障部门通过举办招聘会、校企对接会、外省劳务洽谈等措施,为企业解决用工 11 万余人,做法得到时任副省长卢子跃的批示肯定。全市接收应届毕业生 2.35 万人。开发各类就业岗位 20 余万个,举办高校毕业生专场招聘会 20 余场。人力社保、供销、商务等部门合作推出了大学生创业项目“闪超便民店”,首批 20 家便利店10 月 28 日开业。接收第二批新疆阿克苏地区温宿县来金培养实习普通高校毕业生 157 名,在市区 14 所学校、5 个街道、3 家医院进行半年的实习培养。

【劳动关系】 全市企业劳动合同签订率达 97.3%,其中:小微企业劳动合同签订率为 96.8%,已建工会企业集体合同签订率达 95.1%。公布 2012 年金华市区在岗职工年平均工资和市区 2013 年部分职业(工种)人力资源市场工资指导价位。组织开展“双爱”征文比赛等系列活动,发布 2012 年度全市劳动关系和谐指数。

【劳动保障监察】 全市办结各类劳动保障举报投诉案件 6991 件,工资类案件 5877 件,处理涉薪群体性突发事件 377 件,追回欠薪 3.25 亿元,涉及劳动者 3.15 万人。各级劳动保障监察机构组织开展春雷、春暖等专项执法检查活动,检查用人单位 2.19 万家,涉及 53.48 万人,检查单位数比上年增加 79.5%。劳动保障书面审查用人单位 5.33 万家,清退风险抵押金 15.5 万元,清退童工 206 人,下达行政处罚决定 249 起。移送 26 起事实清楚、证据确凿、涉嫌拒不支付劳动报酬罪的案件至公安部门,涉案金额 558.25 万元。全面推行建设施工领域工资支付保证金制度、工资支付担保制度,试行租用场地经营企业工资支付保障制度。全市筹集工资支付保证金 4.78 亿元,应急周转金 7780 万元。

【调解仲裁】 金华市委办公室、市政府办公室印发《关于进一步推进劳动争议联合调处机制建设的意见》,在全市范围推广建立劳动争议联合调处机制,成立劳动争议联合调处中心,人力社保、工会、司法、信访、法院、工商联等部门派人到中心集中办公,“一站式”受理劳动争议和维权事项。截至年底,9 个县(市、区)的劳动争议联合调处中心均正式挂牌开展工作。全市各级调解组织办结劳动争议纠纷 9892 件,结案率 99.9%;市县仲裁机构立案办结劳动人事争议仲裁案件 3788 件,结案率 92.64%。

【劳动保障电话咨询服务】 市 12333 电话咨询服务系统实现与金华市“8890”便民服务平台实时联动,及时受理市民咨询和各类诉求。开设金华市“12333”专家服务热线 6 期,全年提供投诉举报、政策咨询、信息查询等服务 13 万人次。

(胡银梁)

社会保障

【概述】 2013 年,全市社会保险参保稳中有升。职工基本养老保险参保人数 151.56 万人,比上年增加 12.15 万人。职工基本医疗保险参保人数 125.43 万人,比上年增加 12.04 万人。失业保险参保人数 70.6 万人,比上年增加 4.77 万人。工伤保险参保人数 148.93 万人,比上年增加 11.04 万人。生育保险参保人数 70.56 万人,比上年增加 9.07 万人。城乡居民养老保险参保人数 170.3 万人,比上年增加 0.1 万人。城乡居民医疗保险参保人数 356.58 万人,比上年增加 0.97 万人。被征地农民基本生活保障参保人数 30.89 万人,比上年减少 8.04 万人。

【社会保险政策】 市政府办公室印发《关于进一步完善金华市区被征地农民基本生活保障制度的补充意见》,被征地农民养老标准提高到城市居民最低生活保障标准的 60%,建立被征地农民转职工养老保险和待遇同步调整机制。截至 2013 年底,市区 1.9 万名被征地农民提高待遇,5.3 万人转保职工养老保险,转保后月养老金平均水平达 1160 元。市政府办公室印发《关于开展金华市区大病医疗商业补充保险工作的实施意见》,从 2013 年 7 月 1 日起,参保人员无须额外支付任何费用,在基本医疗保险报销基础上,再享受55~75%、限额为5~30万元的医疗费报销,城镇职工、城乡居民医保报销平均水平分别达90%和75%以上。企业退休人员养老金人均上调235.31元,调整后的人均基本养老金为1763.65元,涉及17.43万人。

【社会保险经办管理】 建成“金华市区社会保障卡管理服务中心”,大厅面积约750平方米,设18个服务窗口,自2013年12月23日统一经办市区社会保障卡制卡、换卡、咨询、挂失等业务。2013年年底,全市累计持卡人数达282.95万人。制定出台《金华市社会保险事业管理局基金支付权限管理办法(试行)》,健全社保基金内控稽核机制。开发建立医疗保险费用智能化平台,保障社保基金安全。推广社会保险网上申报服务,市区383家企业12万余职工纳入网上申报系统,实现17项社保业务的网上办理或查询。开展社保权益记录单免费寄送服务,寄出社保权益记录单8.1万份。市区企业退休人员纳入社区管理人数7.72万人。人力社保部门组织开展“进家入户”走访活动,走访企业退休人员7.9万人。

(胡银梁)

民　政

【概述】 2013年,全市民政工作以“贴心民政、法治民政、阳光民政、数字民政”建设为抓手,践行“以民为本、为民解困、为民服务”宗旨,抓规范、打基础、强素质、优服务、创一流,全面推进现代大民政建设。全市民政事业费实际总支出10.83亿元,比上年增长9.27%,民政事业基本建设完成投资总额1.4989亿元,比上年增长-48.5%。金华市民政局在年度考核中被评为金华市级机关部门良好单位、被金华市委、市政府命名为“金华市文明单位”,东阳市民政局、武义县民政局、金东区民政局荣获2013年全省民政工作先进县(市、区)。

【社会组织建设】 2013年底,金华市设婺城、金东2个市辖区,辖浦江、武义、磐安3个县,代管兰溪、东阳、义乌、永康4个县级市。全市共有镇76个、乡36个(含民族乡1个)、街道39个,村民委员会4795个、社区居委会(居民委员会)366个。2013年,全市行政区划基本没有变动,仅部分县(市、区)对村民委员会、社区居委会(居民委员会)的布局进行了微调,其中村民委员会减少8个,社区居委会(居民委员会)增加16个。截至2013年底,全市共有社会组织4113个,比2012年增加12.16%,其中:社会团体1806个、民办非企业单位2306个,分别占总数的43.90%和56.06%,基金会1个,共有各类工作人员42764人。在社会组织中,按照社团活动区域划分,地级社团353个,县级社团1453个;按照社团行业分类,工商业服务类429个,社会服务类282个,职业及从业组织类204个,文化类228个,农业及农村发展类210个,卫生、体育、科研、生态、教育、宗教、法律、涉外和其他类453个。按照民办非企业单位性质划分,法人1585个,合伙36个,个体669个;按照民办非企业单位行业划分,教育类1732个,社会服务类133个,科技与研究类118个,卫生类114个,文化类75个,体育、农业、工商、生态和其他类134个。探索社会组织承接政府职能转移和政府购买服务改革,新增5家社会组织作为改革试点单位,同时为进一步推进社会组织承接政府转移职能和购买服务,金华市民政局出台《金华市本级政府职能转移和购买服务目录》和《具备承接政府职能转移和购买服务资质的社会组织目录》(第一批),共编制了135项政府转移职能,选择编制首批具有承接政府职能转移能力的58个社会组织提供给市政府参考。全市社会组织通过单建、联建、建立临时支部等形式,已有3329家社会组织建立党组织,党建覆盖率达到91.2%,党的工作覆盖率达100%。开展市本级社会团体专项清理整治工作,共清退48名在社团兼职的有关人员,指导社会团体制定规范性文件187个,注销活动不正常的社会团体4家。培育社区社会组织,组织开展社区文化、体育和社会福利类民办非企业单位直接登记试点,发挥不同社会组织自身优势,有序参与社区网格化管理,为社区居民和行业单位提供多样化服务。民办非企业单位塑品牌活动,通过规范组织内部管理制度、完善信息披露制度、健全财务制度、履行承诺服务以及开展为民服务主题活动等方式,推进民办非企业单位品牌建设。

【双拥优抚安置】 以争创全国双拥模范城三连

冠和省级双拥模范城五连冠为目标，召开双拥工作联席会议，深入开展军地互办实事“双十项”活动。组织开展金华市“十佳拥军企业家、十佳退役军人创业能手”评选活动，组织干部群众走入军营，体验部队生活，关心部队建设，营造全社会支持双拥工作良好氛围。推进义乌市、浦江县、武义县等地开展双拥模范城争创活动，全市双拥水平整体提高，促进军地军民大融合。截至 2013 年底，全市共有抚恤、补助优抚对象 31028 人，其中烈属、因公牺牲军人家属、病故军人家属等定期抚恤对象 430 人，因战、因公、因病等伤残人员 2951 人，红军失散人员、在乡复员退伍军人、参战参试退役人员、60 岁以上农村籍退伍军人等定期补助对象 24020 人，带病回乡 3627 人。全年发放死亡抚恤金 937.1 万元、伤残抚恤金 4584.3 万元、在乡复员退伍军人生活补助费 6627.7 万元，其他优抚支出 1479.5 万元，比 2012 年增长 15.59%，优抚对象整体抚恤水平达到 6141.1 元/人·年。做好优抚对象医疗保障工作，重点优抚对象报销比例和服务模式得到完善，全市有“一站式”实时结报联网医院 100 家，共向 6164 名重点优抚对象支付医疗补助费 1235.5 万元，人均补助 2004.4 元。完成 120 名带病回乡退伍军人病情鉴定工作，将 60 岁以上无生活来源的烈士子女列入优抚补助对象，对 172 名烈士子女按每人每月 200 元标准发放生活补助。开展“关爱功臣，永葆光荣”主题活动，开展助医、助学、助困、住房救助和短期疗养、巡诊等工作，为 6068 名复退军人发放困难补助 362.75 万元。本年度共接收安置复员退伍军人 2350 人，其中退伍义务兵和复员士官 2270 人，符合安排工作条件的转业士官 80 人；自主就业 2270 人，自主就业率达到 100%。调整义务兵家庭优待金标准，为义务兵家庭发放优待金 4000 多万元。各地都出台退役士兵退役金地方补助标准和补助办法，发放退役士兵自谋职业金和生活补助费及一次性建房补助费等 2746.4 万元。投入资金 768 万元，完成 879 名退役士兵职业技能教育培训工作，退役士兵的培训政策知晓率和培训合格率均达 100%。

【社会救助】 全年共发放社会救助资金 3.35 亿元，比上年增长 5.73%。截至 2013 年底，全市共有最低生活保障对象（未含农村五保）38360 户 56511 人，支出保障金 1.84 亿元，人数比上年减少 1.37%，资金支出增长 11.18%，其中城市最低生活保障对象 2460 户 3439 人，支出保障金 1615 万元，比上年减少 9.71%；农村最低生活保障对象（未含农村五保）36311 户 53072 人，支出保障金 1.68 亿元，比上年增加 13.71%。农村低保标准提高至城镇低保标准的 68%。人均月补差：城市 303.91 元，农村 201.26 元。低保对象每人每月最低救助金额不少于 80 元，平均救助金额均高于当地低保标准的 50%。规范困难群众基本生活价格补贴机制，将重点优抚对象、农村“三老”（老游击队员、老交通员、老党员）人员、城乡孤残儿童纳入价格补贴发放对象。健全县、乡、村三级联审机制和基层民主评议、张榜公示两项监督机制，落实社会救助动态管理和年审制度。市、县两级均出台低收入家庭收入核定政策文件，启动此项工作。义乌市、东阳市和兰溪市按“四有”要求完成核对机制建设。全市按人均 11 元标准落实医疗救助资金 5087 万元，共救助 90874 人次（含资助参加城市医疗保险和农村合作医疗人数），发放医疗救助金 7240 万元，其中农村医疗救助29516 人次，资助参加合作医疗 62119 人次，共支出 6122.05 万元，比上年增长 18.7%，平均补助2074.15 元/人次；城市医疗救助 3081 人次，资助参加医疗保险 3088 人次，共支出 524.32 万元，比上年减少 6.3%，平均补助 1701.78 元/人次。各县（市、区）全部实现医疗救助“一站式”实时结报。全市共发放临时救助金 1876.7 万元，救助困难群众 15077 户次，平均救助 765.83 元/户次，其中：城市家庭 1109 户次、农村家庭 13968 户次，支出型临时救助 13753 户次、应急型临时救助 1324 户次；纳入重度残疾人基本生活补助 7616 人，发放补助金 2979.3 万元；实施困难群众白内障复明工程，完成复明手术 130 例。抵御“苏力”“潭美”“菲特”台风和干旱等自然灾害，支出自然灾害生活救助款 1422.5 万元，比上年减少 31.71%，发放救灾物资折价 1115 万元，救济灾民 4.05 万人次，改扩新建避灾场所 88 个。开展救灾应急预案修订工作，完成灾害信息员培训 3500 余人次，建立市、县、乡、村四级灾害信息员队伍。2013 年，有 10 个社区获得国家级“综合减灾示范社区”荣誉称号，12 个社区被评为全省综合减灾示范社区。全市共有慈善总会8个、社会捐赠接收工作站(点)117个,其中慈善超市17个。通过开展慈善宣传、“慈善一日捐”、定向捐赠等募捐活动和实施“慈善温暖行动”系列活动、关爱孤儿成长工程以及助学、慰老、应急救助等活动,共筹集慈善资金6525万元,发放善款6143万元,救助各类困难群众52544人次,其中金华市慈善总会共募集1333.45万元,救助支出1010.43万元,受助人数9170多人次。

【养老服务】 截至2013年底,全市共有收养类社会服务机构135个,床位25493张,比上年增加22.55%,其中:国办养老机构17家、民办养老机构44家、乡镇敬老院74家;2013年末在院人数13888人,其中农村五保、城镇“三无”对象6069人。2013年,出台关于全面推进市区居家养老服务工作的实施意见、养老服务需求评估办法、养老服务补贴制度及金华市区居家养老服务机构建设运行考核办法等文件,建立社区居家养老服务机构的长效运营补助机制。中央电视台对金东区农村居家养老模式进行专题宣传报道。全市累计建成市、县级养老服务指导中心3个,乡镇(街道)养老服务中心150个,城乡社区居家养老服务照料中心620个,市、县、乡、村四级养老服务网络基本形成,有8万多名老年人享受到就餐、康健、活动、上门照料等社区居家养老服务,7307名低收入老人享受到居家养老政府购买服务,1022位低保老人享受失能护理服务补贴。

【社会福利】 全市共有孤儿579人,其中:机构集中养育孤儿256人、社会散居孤儿323人。市区机构养育孤儿生活费标准达到1295元/人,散居孤儿标准为777元/人,全市发放孤儿基本生活费730余万元。全年共办理收养登记421件。被收养人中,女性368人,占87.41%;社会福利机构抚养的孤儿327人,占77.67%,非社会福利机构抚养的弃婴76人,占18.05%。截至2013年底,全市共有社会福利企业266家,职工24045人,其中残疾职工9228人,占职工总数的38.38%。全年完成销售收入189.62亿元,纳税总额4.45亿元,实际减免税金2.81亿元,盈利总额1.92亿元。残疾职工人均月收入2132元,比上年增长9.45%,月人均交纳五项保险663元。全市共有福利彩票发行单位9个,职工126人,全年销售各类福利彩票15.18亿元,提取公益金1.31亿元,分别比上年增长20%和20.18%。福利彩票公益金资助项目1110个,支出公益金1.34亿元,比上年增长38.14%,其中资助收养性单位项目719个,支出9924.41万元;资助社区服务单位218个,支出1392.02万元;资助殡葬事业项目3个,支出535万元;其他专项资助项目170个,支出0.16亿元。全市共有社会救助管理站8个,职工69人,床位160张,全年救助流浪乞讨人员7671人次,支出救助资金(含救助单位经费)1560.7万元,分别比上年增长65.61%和28.39%,其中:救助儿童236人次,老年人1043人次,残疾人122人次,女性1325人次,危重、精神病人305人次,其他人员4640人次。

【基层自治和社区建设】 截至2013年底,全市共有基层群众自治组织5161个,其中:村委会4795个、社区居委会284个、居委会82个、自然村9319个;村委会成员16528人,村民小组31894个,居委会成员1356人,居民小组2526个。全市第十届村民委员会换届选举试点工作于9月启动、11月全面铺开,截至12月底,全市4795个村民委员会基本完成换届选举,共选举产生村委会成员16528人,其中:村委会主任4795名、党员当选村委会成员的6395名、妇女成员4804名。做好全市社区居委会换届选举工作,会同组织部门印发《关于做好全市城市社区党组织和居民委员会换届选举工作的通知》。下发《金华市民政局关于印发〈金华市深化“阳光村(居)务”建设实施方案〉的通知》,深化村(社)务公开,重点深化支农资金和社区“三资”的监督管理。推进社区居务监督工作,实现全市社区居务监督委员会全覆盖。全面完成“联村(社区)帮户、结对帮扶”工作,市、县、街道三级共结对帮扶2358户,资助帮扶资金334万左右,解决居民或社区难题600多个,落实项目233个,健全社区工作机制248项。全市各级投入农村社区建设资金近8000万元,新建乡镇(街道)社区服务中心20个、农村社区服务中心487个、市级示范农村社区服务中心99个。截至2013年底,共建立乡镇(街道)社区服务机构393个、村级社区服务中心(站)3190个。鼓励医疗卫生服务、科教服务、公共文化服务、商贸经营、农资网点等进农村社区,建立为民办事全程代理制度,为农民群众提供优质便捷的党务、政务、村务、事务等服务,农村社区服务中心服务功能得到提升。

【专项社会事务】 组织开展第三轮边界联合检查,完成金华–衢州线联检,县级婺城金东线、兰溪浦江线、东阳永康线内业外业联检工作,完成65%平安边界创建协议书的签订工作。利用“第二次全省地名普查”和“地名清理整顿”成果,在全市范围内开展对居民住房、沿街商铺和单位的“门楼幢牌”排查工作,其中市区共增设路牌536块,新增门牌5600多块。完成大中型水库移民后期扶持人口复核工作。实施水库移民的后期扶持,全市实施后扶资金项目143个,实施后扶结余资金项目341个。在40个乡镇(街道)共建立水库移民基本情况样本监测点609个,其中样本村62个,样本户547户。配合省移民办完成2011年度大中型水库移民后期扶持实施情况的监测评估。全年全市共办理结婚登记40125件,比上年减少4.18%,其中内地居民结婚登记39964件,比上年减少1792件,涉外及华侨、港澳台居民结婚登记162件,比上年增加43件。按婚前状况分类,初婚66879人,占结婚总人数的83.67%,再婚13371人,占结婚总人数的16.72%,其中复婚1030件;按年龄分类,20~24岁占21.54%,25~29岁占40.39%,30~34岁占14.12%,35~39岁占6.7%,40岁以上占17.62%。全年办理离婚登记9581件(不含法院办理的调解和判决离婚),比上年增加6.5%,其中内地居民离婚登记9552件,涉外及华侨、港澳台居民离婚登记29件。开展婚姻登记机关等级建设,积极推广婚姻登记统一标识,开展婚姻登记历史数据录入工作。完成省民政厅授权义乌市办理涉境外婚姻登记事项相关工作。截至2013年底,全市共有殡仪服务单位19个,职工319人,火化炉34台,墓穴位55022个,其中殡葬管理机构6个,殡仪馆8个,民政部门管理的公墓单位4个,全年火化遗体31555具,比上年减少227具,年内销售墓穴位2977个,安葬2993个。实现全市殡葬基本服务项目免费政策全覆盖,市本级减免殡葬服务费用380万元。在积极推行建设骨灰纪念堂、树葬等骨灰安放生态化方式的基础上,组织实施首次海葬活动。市殡仪馆修缮改造扩建项目主体工程竣工。

(潘卫良)

社会稳定

【妥善处置国家安全和政治敏感问题】 深化反恐斗争,抽调千名警力驰援义乌,开展24小时“武装、亮灯、携犬”式巡查,确保“7·5”时期政治大局的稳定。妥善化解义乌某宗教场所矛盾纠纷、市区个别教派纠纷可能引发的群体性事件,有效防止民族宗教问题波及社会稳定。严厉打击“法轮功”“全能神”等邪教组织非法活动。灵通情报信息,落实重点人员教育稳控,确保全国及省、市“两会”和“枫桥经验”50周年纪念大会期间的社会大局稳定。

【开展重大决策社会稳定风险评估】 积极推进维稳工作“十项机制”建设,重点完善重大决策社会稳定风险评估机制,从充实评估内容、规范操作流程等方面入手,尽力做到“强力推进、应评尽评、全面覆盖”。全市共开展各类重大事项社会稳定风险评估工作499项,同意实施463项,暂缓实施32项,停止实施4项。

【开展重大涉稳突出问题摸排化解工作】 采取交办督办、领导包案等措施,攻坚克难、破解难题。全市共排查梳理出87件重大涉稳问题,并对54件重大涉稳问题进行挂牌督办,市级督办案件化解53件,化解率为98%。省维稳办挂牌督办8件,化解7件。

(郭文锦)

信访工作

【概述】 2013年,市信访局共受理群众来信2476件,比上年同期件数减少1.9%;接待来访1996批12362人次,批次比上年同期减少14.45%,人次减少18.01%,其中集体访272批9067人次,批次比上年同期减少23.6%,人次减少23.02%;市县两级共受理“网上信访件”31545件,比上年同期增加73.36%,其中市信访局受理7242件,比上年同期增加183%;办理复查复核案件62件,有36件作出复查(复核)意见书,因不属信访条例规定范围不予受理26件;省级交办积案共54件,已化解48件,化解率88.9%,以市联席办名义交办骨头案、钉子案32件,化解7件,以市“两办”名义交办市级挂牌突出信访涉稳问题62件。

【转变工作作风】 全市信访系统通过专题培训班、党支部学习、主要领导宣讲和撰写学习体会等各种形式认真学习十八大精神,深刻领会精神实质,指导工作实践。紧紧围绕市委市政府的中心工作,坚持用群众工作统揽信访工作,把十八大精神转化为扎实有效的措施和工作的动力,真正落实到信访工作的各方面、全过程。在执行中央政治局“八项规定”和省、市关于贯彻落实中央关于改进工作作风密切联系群众八项规定实施意见的基础上,出台市信访局关于《落实市委、市政府<关于改进工作作风密切联系群众的实施意见>的规定》。

【调整工作导向】 中共十八大对信访工作提出“完善信访制度,畅通和规范群众诉求表达、利益协调、权益保障渠道”的新要求后,中央和省里对今年的信访工作导向进行较大的调整,从原来信访以维稳为主的工作思路回归到《信访条例》和信访自身业务上来。对新一年的信访工作思路和考核办法相应进行调整,从以往侧重信访数量的考核转变为强化对基层基础工作的考核,强化对因行为不当引发信访问题和有权处理而不处理的责任主体的考核,强化对信访工作规范性的考核,弱化对信访数量的考核,坚决防止过度考核。2013年度市委对各县(市、区)经济社会发展主要指标排序情况的督查通报中取消了群众进京、去省和来市上访人数和批次的通报,而将到市初信初访按时报结率、要信要访按时报结率、网上信访按时报结率进行通报,从而推动信访工作导向的转变。

【规范信访业务】 围绕“事要解决”这一信访工作的核心,理顺工作体制,明确工作职责,狠抓信访业务建设。在征地拆迁、劳资纠纷、环境污染、社会保障等重点领域,加强信访信息综合分析,进一步落实民主、科学、依法决策机制,深入开展重大决策社会风险评估工作,从源头上预防和减少矛盾纠纷和信访事项的发生。市和部门出台的涉及民生影响面广的政策事先都进行了社会风险评估工作。对照《信访条例》和省局要求,健全办信、接访、督查、复查复核、网上信访等工作规则,规范初信初访的受理、交办、督办等各个环节,完善信访事项处理流程,统一格式文本,进一步形成职责清晰、内容全面、流程顺畅、运行高效的业务工作体系,提高工作质量和效率。对经过复查复核或公开评议的信访事项,及时做好终结备案工作,使之有序退出信访程序。市信访局在积极组织参加省局开展的业务培训基础上,先后组织各县(市、区)及市机关部门相关人员分接访、复查复核和督查、办信和网上信访三条业务线300余人开展业务培训。把依法保障群众信访权利同依法处理违法信访行为结合起来,加强法制宣传教育,引导信访人理性合法有序反映诉求。大力推进信访工作法制化建设,对实践中出现的“信访不信法”“以闹求决”“以访牟利”等不正常现象,依法严肃处理,切实维护信访秩序。积极向市委、市政府汇报争取支持,驻市政府警务室警力由原来2人增加到4人,要求相关部门支持开展心理咨询和法律服务。

【效能问责】 为切实解决事权单位对信访问题不办理、乱办理的问题,压实事权部门工作责任,与市监察局共同研究出台《关于对信访事项办理中违规违纪行为实行问责的通知》,按“谁负责、谁办理,谁办理、谁回复,谁受理、谁督导”的原则,把与信访问题相关的地方、单位和人员都纳入问责范围,将问责贯穿于信访工作全过程,凡因决策不当、排查不细、矛盾处理不了引发问题的,严格倒查责任。

【维护社会稳定】 2013年,各级“两会”“万家购物”案庭审及省运会等重要时期累计长达50多天,金华市始终把确保重要时期的信访稳定作为一项重要政治任务抓实抓好。重要会议期间,金华市成立信访劝返工作组,市信访局领导担任组长,同时抽调各县(市、区)信访局、公安、法院及相关乡镇(街道)精干力量组成劝返小组。全国“两会”期间,专门从各县(市、区)抽调能力强、素质好、业务精的干部组成赴京劝返工作组,市委副秘书长、信访局局长陈志坚任组长,确保劝返工作正常开展。同时要求各县(市、区)认真落实属地管理责任。期间共接访173批312人次,安全劝返159批286人,上访人员通过劝访开导后情绪均较稳定,无恶性滋事事件发生。各县(市、区)、市机关各部门深入开展矛盾纠纷排查化解工作,做到"不留死角、不留盲点"。市、县、乡三级全面安排领导干部接访活动,保证每天都有领导干部接访,有效地将上访人吸附在当地,最大限度地减少人员上行。各级"两会"及十八届三中全会期间,金华市始终坚持"全市一盘棋",统一领导、统一管理,坚持内外联动、上下联动、警信联动,有效整合了资源、增强了合力。全国"两会"工作受到省驻京工作领导小组的肯定。

【"三无创建"活动】 树立"基层强则全局强"的理念,在省局提出的"三无"县市创建活动的基础上提出"三无"乡(镇、街道)创建活动,力争全市"三无"乡(镇、街道)达到80%以上,并将此作为对县(市、区)的考核的重要内容之一。进一步推进信访工作关口前移、重心下移,努力从源头上减少信访问题的发生。市本级先后建立登记、统计、每月分析、定期督查督办、不定期询问、集体访和特殊事件快报制度。坚持每月一次"地毯式""拉网式"排查,做到问题不积累、矛盾不升级,充分调动各方面积极性,对可能发生的越级访、集体访,做到早发现、早介入,及时化解各类苗头隐患,就地解决各类矛盾问题。磐安县将创"三无"乡镇纳入乡镇年度创业承诺项目中考核。东阳市成立督查工作领导小组,通过采取电话督查、书面督查、约谈督查、挂牌督查、专人督查、联合督查等多种工作方式,对信访工作落实情况进行督查考核,同时对达标乡镇(街道)进行10万元奖励。婺城区每月对各地各部门"三无"创建活动进行一次通报。

【领导干部大接访活动】 市委、市政府高度重视领导干部大接访活动,多次听取市信访局有关工作情况汇报,召开会议进行专门部署。市委办、市府办下发《关于开展2013年领导干部下访约访活动的实施方案》,规定市级领导一年不少于4次定点接访或下访、约访。市信访局积极做好前期准备和具体衔接工作,对每一个接访领导都确定了陪访人员和联络员,同时为规范办理要求,设计"四单一记录"(接访登记单、交办单、办结单、督办单、接谈记录),统一格式,统一编号。各县(市、区)也结合各自实际制定了相关方案,按照规范有序、方便群众、解决问题、依法依规的原则,着重抓住"接访、包案、落实"三个关键环节,采取定点接访、带案下访、督导调研等形式开展大接访活动。把领导干部下访接访活动和积案化解工作相结合,通过领导干部下访接访推动积案的化解。

(沈　晓)

老龄事业

【概述】 截至2013年底,按户籍人口统计,全市60周岁及以上老年人口88.51万人,占总人口的18.71%。80周岁及以上的13.81万人,百岁以上的老寿星114人,年龄最大的是义乌市义亭镇叶前村严桂芝(女)老人,出生于1906年12月。各县(市、区)老年人口比例最高的是兰溪市,占该市总人口的20.5%。2013年,金华市委、市政府非常重视老龄事业,老龄事业得到快速发展。

【老年人协会】 城市社区已建老年人协会286个,占社区总数的95.33%;行政村已建老年人协会4824个,占行政村总数99.46%。有2720个行政村老年协会在当地民政部门备案管理。全市有79.6万老年人参加老年协会,基层老年协会建设已纵向到底、横向到边。

【居家养老服务】 扎实推进高龄和失能老人居家养老服务网络建设,不断扩大养老服务受益面,全市共完成城乡社区居家养老服务照料中心建设620家。通过开展创建"星级老年活动中心"活动,提升了老年活动中心的设施条件,管理水平和服务质量。全市累计有老年活动中心(室)5334个。开展"银龄互助"和"空巢老人帮扶活动",扩大为老服务项目,做好居家养老的社会服务。开展"敬老文明号"的创建工作,市社会福利中心等2家单位被评为全国"敬老文明号",市老义工协会等40家单位被评为省级"敬老文明号"。

【老年文化教育体育】 全市建有浙江省老年电视大学分校10所,教学点656个,招生学员近8万人次。有老年文艺团队2188个,参加人数约4.5万人,有老年体育协会3172个,参加人数38万,有老年体育团队7405个,参加人数23.5万。

【保障老年人合法权益】 新修订的老年人权益保障法2013年7月1日开始施行，电视、广播、报刊、网络等媒体，以专刊、专栏、专访等形式开展集中宣传。印刷发放宣传资料10万多份，各级法院受理涉老案件935起，审结927起。有老年法律援助中心64个，办理老年人援助案件224件。

【"敬老月"活动】 金华市委书记徐加爱、市长暨军民、市委副书记陶诚华带领四套班子领导，对市本级的部分敬老院、福利院进行慰问。各县(市、区)、社会各界积极参与慰问活动，市慈善总会拨专款20万元、浙江世纪龙腾集团捐款15万元用于慰问老年人活动。市老龄办在人民广场举办《乐在重阳》全市老年人喜迎全国第一个老年节文艺演出。市老义工协会开展为老服务系列活动。组织开展"福彩杯"发展老龄事业征文比赛。

（胡炳金）

城乡建设

城乡规划

【浙中城市群规划实施】 加快规划建设金义都市新区。《金义新区规划(2013~2030)》于1月16日由市政府批复实施。为加快都市新区建设，采取新区总规和重点区块控制性详细规划同步编制的工作方法，在新区总规编制的中后期，同步开展新区中心区控规、高新产业园区西区控规和孝顺、傅村、畈塘区块以及支家区块、科教创新区块控制性详细规划编制有关工作。加快编制专项规划，完善城市群规划体系。市规划局大力做好城市群规划深化细化工作，完成《浙中城市群生态绿道及旅游一体化规划》《金华市区生态绿道及旅游一体化规划》《浙中城市群生态绿道试验段修建性详细规划》三个规划编制，并于3月获得市政府批复，积极参与市区绿道试验段建设，并完成浙中城市群绿道标志(LOGO)设计方案征集工作；完成《浙中城市群综合交通规划》《浙中城市群轨道交通线网规划》规划成果，同时开展浙中城市群轨道交通工程金义东线选线规划编制工作；开展浙中城市群重大市政基础设施空间一体化规划编制前期工作。制定以项目实施推进为重点的三个"三年行动计划"，第一个"三年行动计划"拟先期启动实施38项同城化项目，以加快实施浙中城市群规划建设的步伐。为推动行动计划的实施，市浙中城市群工作办公室制定考核办法，将城市群规划建设工作列入金华市级机关部门(单位)共性工作目标考核范围。11月18日—21日，全市50多位市和各县(市、区)有关部门相关负责人参加由浙江大学公共管理学院承办的新型城镇化专题研修班，对金华市浙中城市群发展及"两富"现代化都市区规划建设进行探讨，进一步营造共建城市群(都市区)的良好氛围。

【城市总体规划(修改)实施】 根据金华城市总体规划，编制完成《金华城市综合交通规划》《金华中心城区停车场(立体停车场)近期建设规划》《金华市区电动汽车充电设施布局专项规划》；开展《城市道路网专项规划》编制工作，会同相关部门开展《金华市公共交通专项规划》《金华市区排水、排涝专项规划》《金华市区天然气汽车加气站布点规划》等规划的编制工作。按照控制性详细规划全覆盖要求，继续完成城中、城东、城西片、龙蟠区块、白龙桥区块、金华电子信息创意产业园、金东区江东低丘缓坡综合利用试点区块等控规的编制，开展城北片控规和多湖片区李渔路以南区块控规修改工作，同时金义都市新区、金西开发区完成近期建设区块控规的编制。下一步，将继续加强控规报批和备案工作，并在完成罗店片区东区控规图集编制的基础上，进一步做好其他区块控规图集的编制工作。

【市重点工程项目规划】 根据市区重点区块建设要求，做好多湖区块项目招商和项目规划设计工作。金华万达广场城市综合体项目已完成规划许可工作，项目建设进展顺利；完成建筑业企业总部方案深化和初步设计；开展了多湖地块招商工作，并根据多湖中央商务区管委会要求进一步做好控规修改方案的编制工作。在编制完成湖海塘地块城市设计方案及公园设计方案并通过专家评审的基础上完成方案修改工作。同时根据湖海塘区块招商要求，做好湖海塘区块规划推介和相关规划衔接工作。会同电力等相关部门对五百滩供电方案进行研究,明确了五一变规划选址方案。对五百滩交通组织问题进行研究,形成双龙大桥匝道建设方案,并提交给建设局开展具体设计。根据指挥部要求,提出五百滩公园与黄宾虹公园一体化建设的思路和工作建议;针对浙江瑞城公司引进希尔顿酒店管理公司的要求,做好五星级酒店建筑方案调整的规划服务工作。积极推进三江六岸景观优化提升规划设计工作。1 月份,市区三江六岸核心区段整体规划及景观优化提升方案通过专家评审会,3 月份设计方案在金华日报、市规划局网站上公示征求市民意见,同时第 43 次市委常委会审议通过同意设计方案。8 月 13 日,各项目深化方案通过评审;10 月,完成东关大桥栈道、江南现有公园景观亮化提升工程、武义江东岸金婺大桥至李渔桥绿化、国际友城公园地下车库施工图等设计,并根据老年体育活动中心和防洪堤水工设计的要求开展相应的设计工作。做好万佛塔公园规划设计工作。8 月中旬,委托北京清华同衡规划设计研究院有限公司(北京清轩都市建筑设计咨询有限责任公司、原杭州雷峰塔设计团队)开展《万佛塔公园规划专题研究》课题,并委托其开展万佛塔公园方案设计等。认真做好铁路建设相关规划工作。9 月 4 日,徐加爱书记专题听取西客站区块概念规划方案情况汇报;10 月, 中铁四院完成了方案优化,11 月基本明确南北站房增建地下空间方案。

【农村住房改造建设】 以“美丽乡村”建设为统领,以示范村建设为重点,发挥规划引领作用,全力抓好农村住房改造建设有关工作。截至 11 月底,全市新增启动实施改造建设项目(村)95 个(累计已启动 1212 个村);拆除破旧房占地面积 180 万平方米;已开工(完工和在建)改造建设农村住房 2.2 万户,占全年任务的 110%,完成改造建设面积 396 万平方米,开工(完工和在建)困难家庭危旧房改造户 2228 户, 已全面完成全年任务。同时,2012 年启动的 12 个农房改造示范村均已完成建设。

【城中村改造建设】 积极推进市区城中村改造工作,重点落实“552”计划(市区 12 个整村搬迁村的改造任务), 制定了市区城中村改造三年行动计划及 2013 年改造实施计划,参与制定《金华市人民政府关于推进市区城中村改造的指导意见》, 启动金华市区城中村改造布局规划的编制,重点做好金东区多湖街道横塘沿等 4 个村相对集中安置方案的编制,引领推动市区城中村改造的开展。

【地下空间开发利用】 完成金华市城市综合交通规划、公共停车场规划等规划成果;加强规划条件把关,强化地下空间开发利用,地下空间用于停车的空间比例达到 90%以上。截至 11 月底,全市地下空间开发量 318.2 万平方米 (其中市本级地下空间开发量 72.6 万平方米), 为考核目标任务的 244.63%。全市地下空间竣工量 151.2 万平方米(其中市本级地下空间竣工量 30.2 万平方米), 用于停车设施 115.0 万平方米, 占全市地下空间竣工量的 76.0%,为考核目标任务的 116.31%。超额完成省里下达的 130 万平方米(市本级 25 万平方米)竣工量和 50%地下空间用于停车设施的目标任务。市本级配建停车位 7000 多个,大大超过市政府下达该局审批项目配建 4200 个停车位的目标任务。同时,积极参与市区公交专用道建设、市区公共自行车系统建设等相关工作。

【数字城市建设】 根据年底完成验收的要求倒排时间,全力加快“数字金华”的建设,一库(基础地理信息数据库)、一平台(地理信息公共服务平台)、一套技术规范、五大应用示范工程和支撑体系建设五个方面全面建成。11 月 1 日,数字金华工作通过省测绘与地理信息局组织的预验收,12 月 13 日顺利通过国家测绘地理局的验收,标志着“数字金华”全面建成。同时,数字县(市)建设与应用同步推进,10 月,金华全市完成数字城市地理空间框架建设立项;11 月,数字东阳、数字永康完成验收,浙中城市群地理空间构架基本建成。切实加强“数字金华”的推广应用工作,12 月,市政府印发《关于加快数字金华地理信息公共平台推广应用的实施意见》, 进一步明确地理信息共建共享,打造统一的、唯一的、权威的基础地理信息平台的要求,推进“数字金华”长效机制的建设。12 月 13 日,数字金华地理空间框架建设项目顺利通过国家、省测绘地理信息局验收,并召开成果推广会。

【城乡规划服务管理】 大力开展 “一事一议说改进”主题实践活动,面向基层、企业、群众,深化服务举措,服务水平上新台阶。一是健全服务基层的长效机制。开展行政审批事项精简工作,行政许可事项从原来的23项压缩到9项,非行政许可事项由原来的8项压缩到3项;开展“阳光工程网”建设,所有规划行政权力事项共计92项及主动公开事项全部在网上公开,自觉接受公众监督;同时进一步缩短审批时限,提升服务品质,切实做好规划服务基层群众、服务企业的工作。

【村镇规划编制管理】 认真做好县(市、区)域村庄布局规划编制,截至2013年11月,全市9个县(市、区)均已完成村庄布局规划。全市74个建制镇、25个中心镇的总体规划编制均已完成。全市35个乡(集镇)的总体规划编制已完30个,总规覆盖率达85.6%(其中市本级9个乡已全部完成总规编制)。全市3559保留村(行政村),已有3503个完成村庄建设规划的编制工作,村庄建设规划覆盖率达98.4%(其中市本级834个保留村已完成村庄建设规划806个,村庄建设规划覆盖率达96.6%);全市500个中心村已完成规划编制483个,完成率达96.6%(其中市本级76个中心村已完成村庄规划编制74个,完成率达97.37%)。完成农村困难群众住房救助2386户,超额完成省里下达的2228户任务目标。

【测绘市场管理】 在测绘成果管理方面,与金华市保密局联合对市区10家涉密测绘成果大用户单位进行保密检查,在加强保密法律法规教育的同时,加强新技术指导,采用圆周率、数字水印等保密新技术进行测绘成果保密管理与应用。在测量标志管理方面,完成全市314个GPSD级点巡查,对精化大地水准面项目新增的37个GPSC级点、三等水准点进行保管委托工作,开发测量标志巡查与管理信息系统,将标志点信息与巡查工作纳入系统进行信息化管理。在测绘行业管理方面,着重促进测绘行业科学发展,开展测绘资质检查和测绘质量监督检查,积极引导测绘单位通过兼并重组等方式做大做强做优。启动第一次地理国情普查工作,9月26日召开全市第一次地理国情普查动员会,11月市政府印发关于开展普查工作的通知,并成立领导小组,地理国情普查工作进入正轨。

(刘　俊)

城市建设

【概述】 2013年是项目推进年,先后开展三轮“克难攻坚行动”,全年实现政府城建投资达12.67亿元。全市新增道路77千米,其中市本级新增道路21公里,市区多湖区块内东市街南延(宏济桥至李渔路)、婺剧院连接线、宾虹路东延等主干路完工,并投入使用,东市街下穿铁路工程、丹溪桥工程等项目取得重大进展,为完善城市路网框架、拓展城市空间打下良好基础。

【城市公园建设】 全市新增绿地面积343公顷,其中市本级新增绿地面积17公顷。市区园林绿化建设,借“创园”东风,加快“三江六岸”沿江核心景观建设和完善,五百滩东区景观、燕尾洲公园、义乌江南岸公园等相继建成和实施提档建设。

【浙中绿道网建设】 完成《浙中城市群生态绿道及旅游一体化规划》编制并获批实施。市政府成立以市长为组长的绿道建设领导小组和市绿道建设办公室,部署绿道建设三年行动计划。绿道各县(市、区)也都积极行动起来,开展本辖区绿道网总体规划编制及相关调研工作,其中市本级、义乌、浦江、武义等县(市、区)已完成绿道网总规编制。武义、金东区已建成70千米和42千米绿道,义乌32公里绿道正在建设中。精心打造市区绿道示范段——市民广场至仙源湖段15千米绿道。

【交通治堵】 市区治堵工作共投入资金5.9亿元,围绕停车设施建设、道路路网建设、公共交通提升等方面,强力推进治堵工作。全市新建泊位12836个,地下空间开发151.8万平方米;新建改建道路10条共18.6千米,打通城市断头路4条,拥堵点治理10处;建设公交专用道11.2千米,新增优化公交线路22条,更新清洁能源公交车54辆,新增公共自行车5100辆。在全省治堵工作评比中金华市获得第二名的佳绩。

【创建国家园林城市】 自2012年提出争创国家园林城市目标以来,市本级围绕国家园林城市的各项指标大力开展公园绿化建设、综合环境整治、规范绿地管理以及强化社会管理。先后投入5000多万元,补植一批行道树,优化五百滩、燕尾洲等公园苗木配置。2014年1月16日住建部正式授予金华市国家园林城市称号。

【创建精品城市】 市政园林养护管理水平彰显一个城市的品位和档次，以精细化为切入点推进养护管理的专业化，是完善“精品城市”建设的重要举措。2013 年开始，市园林局完成增植、补植乔木 1789 株，增建花箱 65 只，乔灌木改造 480 株，地被改造 3500 平方米，园路铺装 280 平方米，接管广厦小游园的绿化养护工作，完成解放西路蓝都华城门口荒地的绿化改造工程，完成沿街花坛提档改造 4 处 2800 平方米，完成绿化护栏加装 2440 余米；完成 17 条道路 1300 余只花岗岩树池的改造工程验收，完成人行道硬化工程约 8000 平方米，完成景观改造和绿化工程 5300 余平方米。市政处对市区道路、桥梁、地下管道设施进行日常巡查工作，完成道路、桥梁的日常巡查总长度约 36821 千米，完成江北辖区内窨井防护安全网的安装工作；加强对既有桥梁的检查巡查力度，特别对青石栏杆桥梁进行检查，修复东关大桥倒塌栏杆；对市政雨污管网摸底排查，做好城市排水许可管理工作，强化排水设施的日常巡查；继续做好道路挖掘管理工作，共审批基建项目挖掘 65 处，计 9037 平方米；组织 2014 年度对外桥梁、道路养护巡查招标工作。针对“8890”等便民服务平台群众参与热情高、反馈时效要求高等特点，园林管理处在分工合作的基础上指派专人处理相关诉求，2013 年共完成各类信访件回复反馈 107 件，其中满意的有 100 件，满意率达 93.4%。市政、园林部门积极探索管理模式创新，形成网格化巡逻，即时响应处理等制度，不断提高管理水平，基本实现全年工作目标。

（邱凌云）

村镇建设

【概述】 市建设局村镇建设管理处于 2013 年 9 月正式设立，开始承担起村镇建筑工匠培训管理等村镇建设管理职能。2013 年全市新增 21 个全省“农房改造建设示范村”试点村庄，其中市本级有汤溪镇上叶村、乾西乡上天师社区、曹宅镇杜宅村、岭下镇新亭村等 4 个村庄；全年完成（在建）农村困难家庭危旧房 2386 户，完成目标任务（2228 户）的107%；10 月，组织的全省村镇建筑工匠技能比武中，金华市获得团体二等奖和组织奖，2 名选手获得一等奖。

【农房改造建设示范村建设】 全市累计启动33 个农房改造示范村的建设，大部分已启动“三拆三化”（即拆违、拆危、拆旧和美化、绿化、洁化）项目建设。在农房改造示范村建设工作中，抓好建设选址，在选址上注重“三边一文”，就是多选择在山边、城边、河边和文化底蕴深的村落，同时要体现文化深、环境美、交通优、人气旺的特点。抓好规划设计，对于示范村建设，要求先规划设计，再开工建设。按照特色、文化、精品、亮点的要求，搞好规划设计，努力做好“五十年不落后，一百年成精品”。2013 年，全市共争取省级示范村建设补助资金达 5001 万元。同时鼓励大企业、大集团积极参与示范村的建设。

2013 年上半年，召开全市农房改造建设示范村工作推进会。会上市委常委、常务副市长金中梁对这项工作作了全面部署。10 月，省建设厅副厅长沈敏一行对全市农房改造建设示范村工作进行调研，调研组实地考察东阳市东阳江镇庆泉村，永康市古山镇大园东村、芝英镇松塘园村、江南街道圆周村的农房示范村改造建设进展情况，并召开座谈会。

【农村困难家庭住房救助】 市政府工作部署全年要完成 2228 户的农村困难家庭危旧房改造任务，年底前全市完成（在建）农村困难家庭危旧房 2386 户，完成目标任务的 107%。从 2012 年开始，浙江省被列入国家农村危房改造试点，金华市充分利用扩大全国农村危房改造试点的有利契机，争取中央财政支持，进一步加大全市农村困难家庭危旧房改造力度，中央财政对困难群众住房救助为 7500 元每户。2013 年，全市共争取了 1671 万元补助资金。

【新农村建设】 积极配合市委农办，对治水重要工作之一的农村面源污染治理工作提升提档改造提出技术方面的支持和建议，为政府决策提供参考；参与市农办对各县（市、区）“美丽乡村”的考核，分别对市开发区（原婺城区）汤溪镇、洋埠镇 40 多个行政村创建“秀美村”和“洁美村”的情况进行实地检查；参与省级农村住房改造示范村乾西乡上天师村村庄规划评审，对涉及新农村污水管网改造、农村公厕、垃圾房建设等提出意见和建议；继续做好污水处理技术指导工作，全年先后对婺城区安地镇郭村、里吴村、埠头村,塔石乡百善村、高塘村、小埠口村、东店村,罗埠镇联群村、下杨村,罗店镇盘前村,乾西乡马于村、联合村等20多个村进行生活污水治理工作指导;协助婺城区、金东区、永康、磐安等地农办做好农村垃圾收集房设置等。

【扶贫结对村】 支持婺城区塔石乡塘头村完成上年30亩竹笋两用林改造项目的基础上,对30亩竹笋两用林进行二期改造;完成15亩小红薯引种项目,2013年收获35吨,提高种植户收入;支持完成村中沿溪80米木质结构休闲长廊建设,共完成投资70万元。此外,还向该村提供3万元的帮扶资金。对金东区东孝街道毛竹园(文明结对村)进行重点帮扶,向该村提供2万元扶持资金,用于改善图书阅览室和文化活动室。

(邱凌云)

建筑业

【概述】 2013年,全市共完成建筑业总产值2722.15亿元,比上年增加400.86亿元,同比增长17.27%;全市完成地方税收27.8亿元,同比增长17.62%,占全市税收收入的13.76%。市本级完成地方税收8.76亿元,同比增长12.58%,占市本级税收的16.77%。主要经济指标均列全省第四。

2013年完成省外产值1741.04亿元,占全市建筑业总产值的63.96%。其中建筑总产值超百亿的省外区域市场4个:安徽、陕西、江苏、广东;超50亿的省外区域市场8个:山东、河南、河北、湖北、青海、江西、天津、宁夏。

截至2013年底,全市共有建筑总承包企业445个,专业承包企业156个,劳务分包企业62家,设计与施工一体化企业18家,园林绿化企业69家;特级企业5家,一级企业142家,二级企业195家。

建筑业企业坚持质量第一,安全生产,积极参与创优评奖。38个工程获"双龙杯",16个工程获"钱江杯",2个工程获"鲁班杯"。15个工程获省安全文明施工标准化示范工地。全市发生1起事故,死亡1人。

(李志余)

城市管理

【概述】 2013年2月,金华市区城市管理和执法体制调整,坚持"分级管理、重心下移、条块结合、以块为主、权责一致"的原则,建立健全"市级统一领导、区级牵头负责、街道(乡镇)协调落实、部门联动执法"的市区城市管理和执法体制。围绕市委市政府"建设精品城市"总目标和市委书记徐加爱"改陋习、抓细节、克堡垒、标准化"总要求,通过推进"精品街区"创建和示范带动作用,提升市区城市市容市貌和区域管理水平,提升市民文明素质,加快"精品城市"建设。

【市容市貌】 开展"六乱"整治行动。着力规范小码头、兰溪门等13处重点市场及周边环境秩序,全局整治乱占道13703处,清理乱堆放3581处,乱搭2784处、乱建377处,清除乱涂乱画4215处,查扣占道物品1749处,取缔占道2994处,取缔流动摊1862个。开展"实施精细管理、打造精品街区"活动。11月中旬正式创建婺城、金东、开发区的站前广场、八一北街、双龙南街、李渔东路等首批10个"环境卫生整洁、街容街貌亮丽"街区。制订严格的考核制度,研究金华市区精品街区创建标准,并在媒体公布市区"加强精细管理 打造精品街区"网格责任名单,积极探索精细管理经验做法。9月开始筹建"城管义工""街道长""市民监督团"三支队伍,发挥社会力量参与城管。共招募"城管义工"600名,于12月陆续开展活动;市区首个"街道长"试点于10月底在金华经济技术开发区三江街道雅苑社区试行;"市民监督团"队伍于12月底组建完成。

【交通治堵】 开展市区人行道停车规范、道路停车收费、被挪用停车场查处、人行道泊位施划以及市区5条严管道路的人行道交通治堵工作。2013年推出40条人行道停车重点规范路段;停车收费路段已达21条、收费泊位1132个,收费智能化建设已于9月30日完成招标;市区11处被挪用(少建)停车场已全部整改,恢复停车位725个;市区5条严管道路重新施划人行道泊位900多个。

【民生实事】 全力推动公共自行车系统项目建设。项目的建设运营由金华橘子自行车服务有限公司承担,首期100个站点、3000辆公共自行车于

2013年11月2日投入运营，截至2013年12月31日，公共自行车租车卡共办理24829张，使用量458777人次。启动金华市餐厨废弃物资源化利用和无害化处理建设项目。项目占地26.6亩，其中厂区25亩，道路1.6亩；建设处理能力为110吨/天的餐厨废弃物厂及相关配套系统。餐厨废物处置项目完成环评审批、土地征用、可研批复、初步设计报备等各项前期审批，实施了政府投资部分“三通一平”工程的设计招标及施工等工作。

【“96310”热线】 “96310”投诉电话全年共受理来电15985条，其中咨询建议类电话7336条，投诉电话8649条，投诉处理率达100%。其中投诉最多的是城市道路类，全年累计4000余起。城市道路类投诉中，流动摊贩、商家占道经营居首位，全年1675起，占41.9%；其次为人行道违章停车投诉1493起，占37.3%。

（施俊帅）

双龙风景区

【智者寺复建】 智者寺作为双龙风景区佛教代表性景观，始建于南朝梁代，距今有1480多年历史，历史上曾是敕建大寺、江南名刹。一期项目大雄宝殿、方丈院、五官堂、僧房、库房、云水堂主体建设已经基本完成，二期项目天王殿、角楼、钟鼓楼、藏经阁、伽蓝殿、祖师殿、博物馆、大慧堂于9月份动工建设。

【尖峰山休闲公园扩建】 该项目被市政府列入2013年十大民生实事之一，于9月上旬开工实施第一期工程，主要包括入口迎客山门及管理房的建设、生态公厕的建设、入口处游步道的建设及沿线改造、游步道沿线休闲项目的建设，一期项目基本完成。第二期将按照市尖峰山高尚休闲生活区建设指挥部的要求，统筹建设石墙脚村口至入口管理房道路的改造、停车场改造（含入口处的小广场）项目。完成霞客古道复建一期工程，基本完成二期工程建设。

【景区规划】 规划建设环鹿田水库景观带，建设高品位、高标准的环鹿湖慢生活体验带。完善双龙风景区游客服务中心和换乘中心项目建设规划编制，该项目被列入市重点投资建设项目预排项目。黄大仙景区详规已上报国家住建部审批。参与尖峰山高尚生活区建设指挥部有关工作，完成罗店千年风情小镇前期策划。

【景区整治】 根据省、市、区有关会议精神，按照市、区领导对双龙的重要指示精神，专门成立工作机构，深入开展景区环境卫生综合整治工作。部署动员委机关各部门、罗店镇政府、景区各单位干部，宣传发动全景区干部群众，开展“三改一拆”专项整治行动和“治五乱”环境整治工作。对景区“破坏植被山体面貌乱、违章建房环境乱、乱扔乱排卫生乱、乱堆乱摆秩序乱、乱涂乱画形象乱”等五乱现象进行集中整治。2013年，共拆除各类违法建(构)筑物建筑近5万平方米，明显改善景区景容景貌。采取有效措施，加强高温天气旅游接待服务与管理工作，加强对村民自备营运车、停车场收费等旅游经营秩序的教育引导与管理。

【拓展旅游市场】 加强与杭州文广集团西湖之声、浙江交通之声和长三角区域近45家媒体、省内外旅行社、市内外有关单位的战略合作，编制《2013年双龙风景区营销宣传推广方案》，进一步加大营销力度。举办《金华山记忆——爱你一生一世》爱情文化年等主题活动。5月18日成功举办霞客古道开走仪式，继尖峰山之后，双龙又多了一条登山健身游步道。6月16日“2013中国健身名山登山赛·金华山——双龙洞赛区”落幕，来自全国各地近千名选手参加比赛。该项赛事由中国登山协会、中国风景名胜区协会和省体育局主办，由双龙管委会和市体育局承办。这一国家级赛事的成功举办为金华山赢得了“中国健身名山”和“中国登山协会登山训练基地”两块国家级品牌。7月12日举办第九届“双龙之夏”文化旅游活动暨第二届金华山养生避暑节，大力发展避暑经济，展示丰富人文内涵。积极培育洞前、鹿田、盘前村等特色旅游发展村，鼓励发展农家旅馆和农家乐，鼓励发展旅游服务业。全年实现门票收入3000多万元，同比增长7.5%，接待各地游客160多万人次，同比增长6%。

（冯　钢）

医疗和卫生

综　述

【概述】截至2013年12月，全市共有医疗卫生机构4027个，其中：医院105所(含综合性医院49所、中医医院15所、专科医院39所、医疗护理院2所)，乡镇卫生院(社区卫生服务中心)155所，门诊部48所；采供血机构2家，妇幼保健机构10家，专科疾病防治院6家，疾病预防控制中心10家。卫生监督机构10个，其他卫生机构19个。另有社区卫生服务站、村卫生室、个体诊所3662个。

全市实有医疗床位数22882张，其中：医院床位数19521张，卫生院(社区卫生服务中心)2155张，妇幼保健机构986张；医疗床位分布，市区(含婺城、金东和市开发区)共7304张，县(市)共15578张。按户籍人口计算，每千人床位数4.83张。

全市实有卫生工作人员39991人，其中：卫技人员32810人（含执业助理医师13374人，注册护士11760人）。按户籍人口计算，每千人卫生人员8.45人，每千人卫技人员6.93人，每千人医生数2.83，每千人护士数2.48人。

全年全市医疗机构门诊总人次41092291人次，出院总人次129719人次，医疗业务收入1198183.1万元。

全市人均期望寿命79.93岁，传染率报告发病率493.54/10万，孕产妇死亡率12.6/10万，婴幼儿死亡率2.9‰。各类健康指标处于全省中上水平。

【医疗卫生队伍建设】多次赴杭州、天津招商，主动与天津天士力集团、中天集团等对接投资办医事宜。金华市中心医院与浙江大学开展战略合作，共同建设了3个院士工作站，10个专家工作站；金华市卫生局与上海医疗卫生行业开展紧密合作，5月15日，市卫生局、市中医医院、市人民医院、市第二医院、市妇保院、广福医院、文荣医院、东阳市人民医院、永康市人民医院9个单位分别与上海虹口区卫生局、长征医院、上海市人民医院、上海胸科医院等9个单位签订了战略合作协议，双方将在科研、学科建设、人才培养、社区服务、临床诊疗等方面开展全方位合作，推进全市医疗水平实现跨越发展。深入开展医疗服务“阳光工程”“三好一满意”活动，继续推行单病种临床路径管理、扩大“优质护理示范工程”试点，改善医疗服务。在全市二级以上医院开展预约诊疗服务，优化诊疗服务流程，方便群众看病就医。在永康市、浦江县开展分级诊疗、双向转诊和县乡村一体化管理的试点工作，引导病人合理分流，缓解群众看病难。推进优质资源下沉。市中心医院托管磐安县人民医院，市中医医院托管金东区中医医院，市人民医院托管婺城区、金东区妇保院，派驻管理和技术团队全面参与医院管理和技术支持，提高基层医疗服务水平。定向培养医学类大专生123人，集中招聘面向基层的医学院校毕业生192人，充实基层队伍。8月开始，根据省、市主要领导的部署和要求，开展了基层医疗卫生机构绩效工资制度改革试点工作，会同人社、财政部门研究制定《关于进一步完善基层医疗卫生事业单位绩效工资分配的指导意见》，着力对现有的基层医疗卫生机构绩效考核体系进行改革完善，激发基层卫生发展活力。

【医疗服务能力建设】金华市中心医院急诊病房大楼、门诊大厅改造及中心广场建设完成年度计划投资额；金华市人民医院整体迁建工程已批准立项，正进行环评、土地征用工作；市中医医院老病房楼改造已完成并投入使用；金华市第二医院扩建工程正进行环评等前期工作；基层卫生信息化建设工程已完成招标并开工，市第五医院放射楼改建及污水处理工程主体已结顶并完成年度投资，市区首座献血屋完成建设。继续强化卫技人员培训，提高基层卫技人员服务能力。完成基层公卫人才培训61人，住院医师规范化培训3360人次，社区护士培训193人次，抗菌药物使用培训3626人。推进卫生科研，提高医学科研能力。2013年，全市申报省医药卫生科技奖20项，获二等奖2项，三等奖7项；申报省中医药创新奖2项，获三等奖1项；申报省医药卫生研究基金项目110项，获批24项。市中心医院脑外科、普外科、ICU、儿科及市人民医院妇产科等5个学科，成功创建省级区域专病中心。14名医技工作者分别被评为省医坛新秀或市级拔尖人才。对全市医疗急救指挥系统及院前急救工作进行了专题督查,针对存在的问题开展查漏补缺,狠抓市、县医疗急救指挥体系建设,进一步规范现场抢救、转运和院内急救工作,救护车辆统一安装GPS定位系统,努力提高120急救体系水平,增强快速反应能力,以适应和满足人民群众对应急工作的需求。

【提高公共卫生服务水平】 扎实开展规划免疫,全市免疫规划疫苗接种率达95%以上;完成麻腮风疫苗、脊灰疫苗集中式查漏补种,补种率分别达到98.36%和98.38%。切实加强传染病监测防控,保护公众健康。着重加强了肺结核、艾滋病、麻疹、登革热等重点传染病防控,全市未发生较大规模疫情。做好人感染H7N9禽流感防控工作,及时关闭活禽交易市场,落实综合防控措施,保证全市无人感染病例,维护社会稳定。有序推进慢性非传染性疾病综合防治,开展糖尿病、肿瘤、心脑血管疾病等建档与报告。进一步加强精神卫生防治工作,稳步推进重性精神病管理治疗工作,检出率、管理率、治疗率较去年明显提高。重大妇幼卫生项目稳步推进。农村产妇住院分娩补助完成年度任务数的110.59%;育龄妇女增补叶酸完成全年任务数的132.16%;农村妇女"两癌"筛查、艾滋病、梅毒、乙肝母婴阻断项目顺利推进,全面完成年度任务。婚前医学检查率达97.89%,产前筛查率93.3%,有效降低了婴儿出生缺陷。大力推进农村改水工作。金华市农村改水项目已完成41个村,新增覆盖人口2.8万人,超额完成全年任务;农村卫生户厕改造完成12000座,完成市委、市政府下达的工作任务。

【提高行政服务效能】 以"正风提效 促赶超"主题活动为抓手,全面推进依法行政工作,成功创建省级依法行政示范单位。组织开展卫生行政案卷评查和稽查工作,提高依法行政水平。将原16项行政审批项目精简为6项,对行政许可事项实行主动提前介入预约服务机制,审批内容、审批依据、申报材料、承诺时限一次性告知,提高服务质量和办事效率。顺利完成省卫生厅下放的25项行政审批事项的交接工作。做好国卫复审迎检工作,优化投资发展环境。大力开展"四小"(小美容美发、小旅馆、小浴室、小歌舞厅)整治,广泛开展健康教育、规范饮用水卫生管理、深化医疗卫生单位环境整治。强化学校卫生、饮用水卫生、医疗机构、公共场所等重点领域的卫生监督。

【提高队伍素质】 深化党建品牌创建活动,金华市中心医院开展"健康动车服务站"创建、市第二医院"快乐老家"、江南卫生所"健康进家庭"、广福医院"服务一次,联系一辈子"等党建品牌成效显著,党员带头作用明显增强。深入开展预防与惩治行业不正之风活动,在金华市看守所建立卫生系统警示教育基地,组织卫生系统领导干部和高风险岗位人员300多人次,接受警示教育。积极开展全市卫生系统深化作风建设暨120急救专项整治活动,通过强化领导、开门整风,大力推动卫生系统作风、行风的不断好转,以实际成效取信于民。继续深化"阳光用药"工程,完善处方点评制度和不合理用药警示制度等,制定了行风建设量化检查考评方案,并开展了督查和明查暗访,增强了干部职工拒腐防变意识。认真查处各类信访案件,化解矛盾纠纷,维护卫生系统稳定。共受理各类来信来访320件(次),全部在规定时间内办结。

基层卫生

【概述】 2013年,全市基层卫生工作以绩效工资改革、县乡村一体化管理和双向转诊改革为抓手,着力提升基层服务能力和水平,取得新的成效。

【推进绩效工资改革】 按照省委书记夏宝龙的指示,在全市开展完善基层卫生单位绩效工资改革试点。省人力社保厅、省卫生厅、省财政厅等相关部门组成联合调研组,对金华市基层卫生单位进行广泛调研,制订完善基层医疗卫生机构绩效工资改革的有关政策,提高绩效工资总量,调整奖励性绩效工资比例,完善基层医疗卫生事业单位绩效考核办法,对考核原则、考核内容、考核主体、考核标准、考核结果以及结果运用等方面进行一些改革创新,力求形成比较科学、合理、简捷、管用的绩效考核办法。

【推进县乡村一体化管理和双向转诊改革】 为推进农村卫生资源统筹配置改革,加强县域医疗卫生体系建设,确定永康市、浦江县2个县级试点。充分发挥县级公立医院区域龙头作用,在乡村卫生一体化管理基础上,加快推进县域影像、检验、心电、病理共享中心建设。浦江县侧重"一个网络、五个中心"建设,以县域信息化网络为基础,建立肿瘤诊疗、康复医疗、慢病管理、医学检验影像和精神疾病管理等五个中心,实行大医院专家分片对接基层卫生机构,重点发挥好传帮带作用,推进县级人才、资源"双下沉"。以县级医院与基层卫生机构差异化发展,建立双向转诊信息化平台,采取新农合报销政策激励为重点举措,加快推进社区首诊、双向转诊、分级诊疗工作。金东区为了推进双向转诊工作,在床位标准等方面给予特殊考虑,在赤松镇社区卫生服务中心新增康复病床35张,投入100多万元购置了设备设施,以更好发挥该社区卫生服务中心在中医治疗中风后遗症的专科特色,目前该中心已与金华市中心医院、市人民医院签订双向转诊协议,接收医院下转的中风后遗症病人,35张床位已住满,方便中风后遗症病人得到社区康复服务;永康市建立县域基层首诊、分级诊疗、双向转诊工作机制,各项工作正在有序推进,取得初步成效。

【提升全科医生队伍能力】 2013年,完成定向招生农村社区医生123名(含护理专业31名),全市培训各类基层卫生技术人员3000多人(省定任务为2400人),定向招聘医学类大学生到基层工作192人,金华市的卫生教育培训中心是省内比较完备的卫生教育培训机构,并拥有用于培训的仿真医院1所,临床技能中心2家,实践基地20家,为基层卫生人员培训创造一个良好的教学、培训环境。

【开展家庭医生签约服务】 推动了全科医生签约服务的工作进展,全市以老人、孕产妇、儿童、慢性病患者、残疾人等人群为重点对象,全科医生与他们签订服务协议,建立相对稳定的契约服务关系。全市开展全科医生签约服务的基层医疗卫生机构比例已达到94.8%,已超过50%的全年签约任务。

【落实基本公共卫生服务项目】 2013年全市基本公共卫生服务项目经费已达到人均30元。为推进基本公共卫生服务项目更规范开展,市、县(市、区)基本公共卫生服务项目管理办公室认真承担技术指导、督导检查、绩效考核、培训宣传以及项目信息汇总、审核、报送与管理工作。全面建立了以健康档案为基础的信息系统,完成了居民健康档案录入和基本公共卫生服务信息录入,全市已建立城乡居民规范化电子健康档案463.36万份,规范化电子建档率98.3%。全市高血压管理人数已达到41.71万人,糖尿病管理人数已达到9.35万人。全市的60岁以上老年人健康体检率为79.3%,0~6岁儿童健康体检率为96.8%,中小学生健康体检率为96.3%,完成省定的体检任务指标。

医疗医学

【概述】 积极推进医疗医学发展,开展好临床路径管理工作。不断扩大临床路径病种范围,继续做好单病种质量控制工作,探索建立单病种管理制度。推进电子病历相关工作,促进医疗机构信息化建设,启动市本级的信息化系统建设。进一步扩大"优质护理服务示范工程"范围,在全市医疗单位大力开展优质护理服务,增加优质护理服务病区,扩大覆盖面。推动建立责任制整体护理模式,进一步规范临床护理服务。加强医疗机构和医务人员的依法执业管理。加强医疗机构规划、准入和审批管理。加强医疗机构年度校验管理,规范诊疗科目,校验的重点是医疗机构基本标准、依法执业行为、年度工作情况。顺利完成全市的基层医疗机构整顿工作,对市开发区范围内64家原私人举办的社区卫生服务站和诊室进行了整顿规范。完成2013年执业(助理)医师资格考试考务工作。做好医学合作和"双下沉"工作,全面完成省市下达的对口支援任务和各项合作任务。援疆、援贵、援青各项任务全面落实,派遣6名专家支援新疆温宿县。深入开展"县级医院支援乡镇卫生院""万名医师支援农村"工作,方便群众就医。金华中心医院和磐安人民医院的协作,金华中医院和金东区中医院合作,根据"两下沉、双提升"工程的要求,加大推动人才下沉力度,组织市县两级医疗单位和医务人员深入农村开展经常性送医送药、巡回义诊等活动。认真抓好医疗质量安全各项制度落实,增强医疗质量安全责任意识。严格落实各项核心制度,规范诊疗服务行为。积极创建省区域专病中心,第一批已有5个区域专病中心成功创建。新成立门诊质控中心,11月底组织现有的18个质控中心对全市二级医院和市区基层医疗机构进行质控检查,充分发挥质控中心对医疗质量的指导作用。加强院前急救管理。对金华市医疗指挥中心进行整顿,加强了投入,增加人员编制,更新设备,对原信息化系统进行升级,强化急救站的科学管理,加强院前急救机构装备建设,提高车辆设备装备水平,规范院前急救行为。

公立医院改革

【概述】 完成市级公立医院综合改革是2013年省政府工作报告明确的年度重要工作,是2013年金华市十大民生实事之一。本次市级公立医院综合改革的实施范围包括市区范围6家市级公立医院。市级民营医院可参照实施。市级公立医院综合改革于2013年12月31日全面实施。改革目标是通过实施公立医院综合改革,采取“一减二调一补”(即:减少药品费用,调整医疗服务收费,调整相关医保政策,适当增加政府补助)的手段,破除“以药补医”机制,形成比较科学规范的公立医院管理体制、补偿机制、运行机制和监督机制,逐步建立比较规范完善的公立医院服务体系,促进民营医院与公立医院协调发展,提升医疗卫生机构的服务能力和工作效率,为群众提供安全、高效、方便、价廉的医疗卫生服务。

阳光用药工程

【概述】 采取四项措施推进阳光用药工程建设。深入推进医疗服务阳光用药工程。制定《深化卫生系统阳光工程建设意见》和《金华市深化医疗服务阳光用药工程实施方案》。将阳光用药工程向社区卫生服务中心(乡镇卫生院)和非营利性民营医院拓展延伸;完善指标体系和公示制度,二级以上医疗机构增加了床位使用率、入出院诊断符合率、危重病人抢救成功率等医院运行效率指标;健全临床用药监控系统,三级医院建立以抗菌药物临床应用监管为重点的临床用药监控系统。进一步推进基本药物制度。在巩固政府办基层医疗卫生机构实施基本药物制度的基础上,有序推进村卫生室实施基本药物制度,实现了基层医疗卫生机构基本药物全覆盖。积极探索非政府办基层医疗卫生机构实施基本药物制度,鼓励公立医院和其他医疗机构优先使用基本药物,要求二级医院基本药物销售额占药品总销售额的40~50%,实施综合改革的二级医院基本药物销售占50%以上,三级医院基本药物销售额占药品销售总额的25~30%以上。加强医疗机构药品临床合理使用监管。进一步加强医疗机构抗菌药物临床应用管理,提高抗菌药物临床应用能力和管理水平,促进抗菌药物临床合理应用。完善医疗卫生机构用药管理、处方审核制度,遵照相关法规、技术规范的要求,对处方书写的规范性及药物临床使用的适宜性进行评价,发现存在或潜在的问题,制定并实施干预和改进措施,降低不合理处方的发生率,杜绝大处方现象。全面实施医院临床合理用药专家质询制度,建立不合理用药的动态监测、干预、制约机制,纠正不合理用药,避免药物不良反应的发生,提升医疗机构药物治疗水平,降低患者药品费用。组织临床药学专家对全市14家医疗单位和市直5家社区卫生服务站进行了全处方点评工作,并对检查结果进行了通报。规范药品采购制度。做好药品采购的组织实施工作,规范基层医疗卫生机构基本药物采购、配送工作,除麻醉药品、精神药品、免费治疗传染病用药、免疫用疫苗、计划生育药品以及中药饮片外,国家基本药物、省增补的非基本药物和按照有关规定允许使用的其他药品,严格执行以省为单位的网上集中招标采购和配送的有关规定,实行“六统一”。严禁网下采购、二次议价、返点返利、收受回扣等违法违纪行为。

疾病预防控制

【重点传染病防控】 全年全市共报告甲、乙类传染病21种9132例,报告发病率为169.51/10万。报告发病数居前五位的是:肺结核3154例、病毒性肝炎2235例、淋病1557例、梅毒1440例、痢疾224例。报告丙类传染病8种13079例,报告发病率为242.77/10万。报告发病数居前五位的是:手足口病7657例、感染性腹泻3817例、流行性腮腺炎1379例、流行性感冒90例、急性出血结膜炎85例。全市共发现活动性肺结核病人2733例,其中:涂阳肺结核病人1323例(新发涂阳肺结核病人1172例),涂阴肺结核病人1410例,DOTS覆盖率为100%,各项工作指标均位于全省前列。全市累计报告 HIV/AIDS1582 例(AIDS491 例),死亡 166 例,治疗病人 676 人;全年全市新报告 HIV/AIDS303 例,较去年同期增长 19.8%,新加入治疗 194 例。各级疾病预防控制机构积极开展重点人群高危行为干预工作,全市共干预暗娼、MSM、吸毒者和性病就诊者 97640 人次,检测 28566 人次,检测率 29.26%,发现 HIV 抗体阳性 42 人,阳性率 0.098%。在全市 8 个历史血吸虫病流行县(市、区)开展了春季查螺工作,发现螺点 386 个,涉及 5 个县(市、区)的 122 个行政村,发现有螺面积 31.24 万平方米,捕获钉螺 47883 只,解剖钉螺 47772 只,未发现阳性钉螺。春秋两季对有螺环境进行灭螺处理,反复扩大灭螺总面积 671.67 万平方米,实际药物灭螺面积 24.38 万平方米,改造有螺环境 0.05 万平方米。

【落实国家免疫规划】 全市各级疾病预防控制中心和接种门诊严格按照省卫生厅和市卫生局相关要求开展免疫规划工作,并积极开展星级预防接种门诊的创建,提高服务质量。全市免疫规划接种率 99.24%(基础五苗接种率)。全市积极开展腮风疫苗集中式查漏补种和脊灰疫苗强化免疫工作,完成了 2012/2013 年麻腮风疫苗集中式查漏补种 (第二轮)、2013/2014 年麻腮风疫苗集中式查漏补种 (第一轮)工作、初三学生麻风疫苗加强免疫工和两轮 2~47 月龄 (4 周岁以下) 儿童脊灰疫苗强化免疫工作,接种率均达到了目标要求。围绕“宝宝健康,从接种疫苗开始”的宣传主题,开展形式多样的宣传活动。4 月 24 日,金华市副市长林丹军前往金华开发区江南接种门诊视察,并亲手给适龄儿童喂服糖丸; 采用现场咨询和广播电视媒体等宣传手段,进一步普及免疫规划知识。全市共上报疑似麻疹病例 332 例, 确诊 192 例, 麻疹排除病例报告发病率为 2.56/10 万;报告 AFP 病例 20 例、乙脑 6 例、流脑 1 例、新生儿破伤风 4 例、接种后异常反应 392 例(监测覆盖率 100%),各项监测指标均达到目标要求。全市免疫规划建卡率和建证率等指标均达到国家要求,并顺利通过省和国家对金华市免疫规划工作的督导和考核。

【慢病和地方病防治】 全市共报告户籍死亡卡 23689 张,估算年死亡率 6.05‰。糖尿病报告发病率 271.40/10 万,肿瘤报告发病率 251.08/10 万,冠心病报告发病率 21.01/10 万,脑血管报告发病率278.81/10 万。全市共 12 家县级以上医疗机构完成 HIS 与慢病系统的对接。全市积极开展慢病综合防治示范区的创建工作,东阳市成功创建为省级慢病综合防控示范区, 正申请创建国家级慢病综合防控示范区;举办全市慢性病综合防治知识竞赛,并评出团体以及个人理论和实践操作一、二、三等奖各 1 名。全市积极开展碘缺乏病、地氟病、疟疾和布病等地方病的监测工作。2013 年,全市居民合格碘盐食用率为 83.57%;8~10 岁儿童的甲状腺肿大率为 1.87%;氟斑牙患病率 18.92%;发现疟疾病例 47 例(其中:恶性疟 34 例、间日疟 12 例、混合疟 1 例,均为输入性疟疾病例), 布病病例 5 例; 对发现的病人,全部进行了规范的治疗和处理。启动中国道路安全项目金华试点启动仪式,该项目主要针对机动车驾驶员酒后驾驶和电动自行车违法骑行等开展以社会营销和强化执法为主要干预手段的综合性干预工作。全市完成基线调查工作,并形成基线调查报告。

【食品安全监测】 对全市的农贸市场、超市和餐饮店等食品经营单位进行抽样检测, 采集熟肉制品共 6 类食品 191 份样品和食用菌、乳及乳制品等共 18 类食品 556 份样品分别进行食源性致病菌和化学污染物及有害因素监测, 上报检测数据 10674 条。全市共发生疑似食物中毒事件 16 起,其中突发公共卫生事件 1 起,均及时规范的进行调查和处置。

精神卫生工作

【概述】 全市重性精神疾病管理治疗工作稳步推进,检出率、管理率、治疗率等指标在全省处于中等水平。2013 年全市录入浙江省重性精神信息管理系统的六大类精神障碍患者数为 17401 人, 检出率为 3.25‰,其中:婺城区 1737 人、金东区 1321 人、武义县 776 人、浦江县 1007 人、磐安县 633 人、兰溪市 1623 人、义乌市 3110 人、东阳市 4047 人、永康市 2634 人、开发区 463 人。全市重性精神疾病患者随访率为 88.77%,规范管理率 61.11%,治疗率 60.96%,病情稳定率 71.46%。2013 年 5 月 1 日,《中华人民共和国精神卫生法》正式实施，全市各级精防机构认真组织宣传、贯彻落实。市公安局和市卫生局等七部门联合印发《金华市区肇事肇祸等严重精神障碍患者救助救治工作实施意见》，明确救治对象、部门职责、经费保障和救助救治程序。

妇幼卫生工作

【概述】 2013年，全市户籍人口孕产妇死亡率12.60/10万，流动人口孕产妇死亡率17.79/10万；5岁以下儿童死亡率4.31‰、婴儿死亡率2.90‰、新生儿死亡率1.66‰；出生缺陷发生率11.05‰；3岁以下儿童系统管理率96.82%，7岁以下儿童系统管理率97.14%；出生医学证明当年发证率93.68%，比2012年上升3.38个百分点，废证率控制在0.41%；全市结婚登记63436人，婚检61734人，婚检率97.32%，产前筛查率83.09%。

【健全妇幼保健服务体系】 在全市范围内开展妇保、儿保"规范"门诊和"示范"门诊的创建工作，通过环境和基础设施的改善、人员队伍的充实，提升妇幼保健服务能力。2013年，成功创建孕产妇保健和儿童保健规范门诊各1家，孕产妇保健和儿童保健示范门诊各2家，武义县妇幼保健院成功通过市卫生局二级乙等妇幼保健院的等级评审验收。全市共有接产资质单位79家，其中：市级6家、县级34家、乡镇级39家。

【公共卫生妇幼项目】 继续实施农村孕产妇住院分娩补助项目：全年实施农村孕产妇住院分娩补助19518人，完成国家任务的110.59%。实施农村育龄妇女增补叶酸29874人，完成国家任务的132.16%。完成宫颈癌筛查27588例，乳腺癌筛查4843例，均100%完成国家任务。查出癌前病变152例、宫颈癌28例，确诊乳腺癌11例，均得到及时治疗。2013年孕产妇艾滋病、梅毒和乙肝检测率99.89%。检出HIV阳性妇女25例，其中足月分娩14例，继续妊娠2例，终止妊娠9例，均落实了母婴阻断干预措施；检出梅毒孕妇1216例，对后天梅毒孕产妇进行规范治疗，规范驱梅治疗率达100%；各助产单位积极开展乙肝母婴阻断干预工作，对乙肝表抗阳性母亲所生婴儿100%免费注射乙肝免疫球蛋白。

【妇幼保健】 在婺城区、兰溪市和义乌市等地积极推广婚前医学检查、婚姻登记和计生指导"一站式"服务工作经验，并在全市开展产前筛查和产前诊断工作，2013年，全市产前筛查46700例(其中血清学筛查38493例，筛查率83.09%)，产前诊断1769例，查出异常195例。做好新生儿复苏项目和疾病筛查工作。印发《金华市新生儿窒息复苏项目实施方案》，成立新生儿窒息复苏项目领导小组和技术指导小组。2013年，金华市和义乌市妇幼保健院等5家助产机构的新生儿复苏工作得到省级和国家级督导组专家的充分肯定，并代表浙江省在全国进行经验介绍。新生儿先天性甲状腺功能低下(CH)和苯丙酮尿症筛查率(PKU)100.34%，新生儿听力筛查率96.09%，确诊CH58例，PKU2例，先天听力缺陷95人，并对查出的全部患儿进行了矫正或治疗。做好孕产妇保健服务管理。建立危重孕产妇急救机制，针对剖宫产率较高的现状，在加强技术培训的同时加大宣传力度，并将剖宫产率纳入年度目标责任制考核内容，确保产科安全的措施，2013年户籍人口全市剖宫产率为48.62%，比2012年下降1.48个百分点。

【妇幼保健法治管理】 根据《浙江省卫生厅办公室转发国家卫生计生委办公厅关于〈出生医学证明〉相关违法事件查处情况通报的通知》(浙卫办妇幼〔2013〕9号)文件和省卫生厅人类辅助生殖技术管理专项整治行动电视电话会议的要求，制定下发《金华市人类辅助生殖技术管理专项整治行动实施方案》，要求全市各级医疗单位积极开展自查自纠工作，并组织有关专家对《出生医学证明》管理和人类辅助生殖技术工作进行了专项督查，对发现问题进行通报。2013年，人类辅助生殖技术依法有序开展，出生医学证明当年发证率93.68%，比2012年上升3.38个百分点，废证率控制在0.41%。

卫生监督执法

【国家卫生城市复评】 划分责任区，每个责任区各项工作都100%落实，制作发放公示栏、公示牌等，责任区不留空白；除责任区外，重点对主要街道相关责任工作点巩固提高,工作有侧重、有重点。共检查责任区内的小旅馆、小理发美容店、浴室等“四小”单位2000余家次,落实店内卫生、健康证、卫生制度,发放公共场所卫生许可证、公示牌2500份,发放皮肤病专用理发工具箱900个,上墙张贴“禁烟禁浴”标识3600余,共整理资料30多份,全面完成国家卫生城市复评任务。

【传染病防控】 抓住重点,确保传染病防治、疫情报告工作落实。以人感染H7N9禽流感、夏季肠道传染病防控为重点,加强对医疗机构传染病疫情报告制度、预检分检、发热门诊、肠道门诊的设置和运转、病原微生物实验室生物安全等监督检查。对金华市直1家结核病定点医院(浙江广福肿瘤医院),5家非定点医院,7家社区卫生服务站的结核病防治工作进行了监督检查。实现医疗废物在线监控全覆盖。全市39家二级以上医疗机构,已基本实现在线监控,提前超额完成省定指标,对全市医疗废物的规范管理起到很好促进作用。落实餐饮具集中消毒长效监管,积极探索长效监管方式,严把准入关不放松。累计20家(含义乌共29家,其中1家已停产),均已录入浙江卫生监督信息系统;每季度至少一次对餐具消毒企业的监督管理,对存在问题下达监督意见,责令整改。

【打击非法行医】 进一步完善公安机关驻卫生监督机构联络室,按照联席会议制度、联合办案制度和涉嫌违法犯罪案件移送制度开展有关工作。全年共计召开各级联席会议14次,与公安机关开展联合检查或办案97次,全年共取缔无证行医窝点267个,实施行政处罚254户,共计罚款金额562.446万元,没收违法所得38.16万元,移送刑事案件19件,做到对既往有举报的无证行医窝点复查率100%,无证行医案件查处率100%,涉嫌非法行医罪的案件向公安机关移送率达到100%。全市共对辖区内的4047家医疗机构(医院108家,妇幼保健院9家,社区卫生服务机构(中心、站)679家,乡镇卫生院87家,门诊部101家,村卫生室1867家,诊所855家,其他医疗机构341家)进行监督检查,监督检查覆盖率达100%,对存在违法违规行为的问题医疗机构约谈率达100%,突出问题和安全隐患查处率达100%。全年共计立案查处88家,其中警告48家,罚款67家,罚款金额485585.2元,没收违法所得6户,没收金额74641.3元。全年共计约谈医疗机构88家,通报24家,此外,共对202家医疗机构实施不良执业行为记分,对不符合《医疗机构基本标准》的中小医疗机构责令改正50家,暂缓校验《医疗机构执业许可证》4家,注销《医疗机构执业许可证》183家。

【公共场所卫生监督】 制定《金华市公共场所量化分级管理工作实施方案》,对辖区内住宿场所、游泳场所、沐浴场所和美容美发场所实施卫生监督量化分级管理和目标设定。通过卫生监督员调查摸底和现场监督指导,全市住宿场所共有2114家,其中:A级32家、B级178家、C级1874家、不予评级30家,量化率100%。对83家应量化游泳场所进行量化评定,其中:A级单位7家、B级单位33家、C级单位26家、不予评级5家,量化分级率100%;对714家应量化沐浴场所中的622家进行量化评定,其中:A级单位0家、B级单位42家C级单位574家不予评级6家,量化分级率87.1%;对2955家应量化美容美发场所中的2111家进行量化评定,其中:A级单位0家、B级单位99家、C级单位1997家、不予评级15家,量化分级率71.4%。根据省卫生厅《关于开展浙江省公共场所卫生“333”治理专项行动的通知》(浙卫办监督〔2012〕20号)有关要求,在全市范围内围绕游泳场所、足浴场所和经济快捷酒店开展了“快乐生活有你,健康保障有我”为主题的治理专项行动,取得了成效。辖区内共有使用集中空调通风系统的公共场所236家,抽检155家,抽检覆盖率65.68%。其中合格率55%。全市共监督抽检沐浴场所22家,合格11家,合格率为52.4%;采集样品156件,合格124件,合格率为79.5%。抽检住宿场所公共用品用具51家,合格单位38家,合格率74.51%。对于检测不合格的单位,实行约谈制,要求立即整改并组织人员进行回头看。开展全市游泳场所夏季保健康专项行动,全市监督监测覆盖率100%,量化分级率100%。89家持有有效卫生许可证,持证率为100%;游泳场所水质自检和公示率达到100%,89家泳池安装独立水表,新水换水率符合要求为86.5%(77/89)。89家游泳场所中,均已建立信息公示制度,在泳池入口明显处放置水质公示牌并将泳池水质(池水余氯、水温、酸碱度等)自测结果即时公示。

【学校卫生监督管理】 结合全国中小学校卫生监督监测试点工作，开展以学校春季传染病防控、生活饮用水卫生等重点的“校园卫生安全健康1号行动”，开展以学校突发公共卫生事件应急、学生健康管理及教学环境生活设施卫生为重点的“校园卫生安全健康2号行动”、“3号专项行动”。全年共监督检查学校129所(次)，辖区55所学校监督覆盖率为100%，印发《学校卫生管理工作台账》《二次供水卫生管理工作台账》，内容涉及基本信息、卫生管理制度、组织管理、日常管理工作台账、自查表等。通过实施台账管理制度，为相对人建立健全卫生管理制度提供方便。学校卫生管理工作台账规范建立率达95%以上，二次供水单位卫生管理台账建立工作在指导帮教下有较大幅度提高。组织开展了集中式供水单位监督检查和量化分级管理工作，覆盖率100%；完成1家涉水产品企业1个产品卫生许可批件申报生产能力审核；136家二次供水单位基线调查和监督检查，对10个监测点开展每季一次的监督检查；开展39家集中供水单位水处理剂使用情况调查；监督抽检4家集中供水单位水处理剂4份、5家涉水产品生产企业管材样品5份，检测结果都符合有关卫生规范要求，开展15家涉水产品生产企业，35个涉水产品开展专项卫生监督检查，全年涉水产品生产企业监督覆盖率达到覆盖辖区50%以上的具有有效卫生许可批件的涉水产品规定，检查未发现无批件组织生产现象；全年共监测水样288份，总体合格率99.65%。

【提升行政服务效率】 积极探索依法许可、阳光许可、高效快捷许可、优质许可，本着“简化前期审批、强化后期监督”的原则，建立行政许可审批绿色通道，全面实行阳光审批工作流程，实现高效快捷的“一站式”办公，“一条龙”服务。全年共办理许可证3932本。开展行政许可案卷评审，共评审案卷95份。推行“三明确四原则”即明确工作流程、明确承办期限、明确工作职责；坚持依法行政原则，坚持权责一致原则，坚持高效便民原则，坚持统筹兼顾原则，使行政许可效率不断提高。金华市卫生局成功创建省级依法行政示范单位。

采供血工作

【概述】 2013年，全市临床用血继续保持100%来自无偿献血。献全血总人数22709人次，比上年同期增长2.625%，采血量7136.75升，机采血小板采集量2637.8U，比上年同期增长0.4%；双份机采血小板801人次，比上年同期671份增长19.83%；一次献血300毫升以上(含300毫升)17193人次，占全血总人次的75.71%；大力开展科学合理用血培训及医疗用血业务指导，成分输血率达99.99%；血液报废2.06%，比上年同期下降0.85%。成立应急献血队伍，应对突发事件的血液紧急供应，保障稀有血型血液。

(李图强)

人口和计划生育

【概述】 2013年，全市共出生42388人，计生率为90.79%；出生人口性别比为112.44；社会抚养费兑现率为89.29%。严格执行计划生育“一票否决”制度，全年共审核3434个先进集体和先进个人，否决216个。国家优生项目全面落实，全市共参加免费婚前医学检查6.17万人，检测率为97.32%，参加免费孕前优生检查3.73万人，检测率为92.43%。各项指标均完成省考核要求。出生实名制信息平台、出生人口性别比综合治理、流动人口服务管理等工作得到了国家、省有关领导的肯定。

【计生惠民】 一是大力实施“五心”(奖励政策实惠动心、扶助帮困关爱暖心、项目帮扶满意称心、亲情关怀幸福顺心、全程保障周到贴心)行动计划，全面落实计划生育家庭奖扶、特扶等法定奖励政策，进一步完善计划生育利益导向。全市累计奖励扶助12.32万人次，发放奖扶金9686万元；特别扶助0.56万人次，发放特扶金1126万元；发放计划生育公益金补助款1525万元，救助2.39万人次；市计生协会组织社会募集生育关怀企业冠名基金4.14亿元，发放关爱资金3362.8万元，受益群众16.35万人次。二是打造流动人口服务新品牌。积极推进流动人口基本公共服务均等化示范县(市、区)创建活动,让流动人口切实享受到市民化待遇、亲情化服务。全市为流入人口免费开展查环查孕查病76万人次,免费实施计划生育技术服务3万人次,设置避孕药具免费发放点5695个。义乌国际商贸城、武义县桐琴镇等省级流动人口计划生育规范化服务中心相继建成使用,开创大型市场和中心镇流动人口计生服务管理的新品牌,得到了国家卫生计生委有关领导的充分肯定。东阳市南马镇、义乌市义亭镇、永康市古山镇、浦江县仙华街道、兰溪市横溪镇等一批服务中心也相继建成运行,进一步满足广大流动人口的计生管理服务需求。

【计生服务】 一是深入开展"阳光计生行动"。建立"12356"服务热线,在全市5127个村(社区)便民服务中心配备了9364名计生代办员,为育龄群众代办各类人口计生服务事项,实现审批、政务、维权"三阳光"。严格依法行政,全市未发生计划生育重大违法侵权案件和恶性案件。规范病残儿鉴定和再生育审批,全年共受理鉴定192人。加强信访维稳,全年共受理和处理群众信访1502件次,确保计生秩序稳定。二是加强服务机构标准化建设。把人口计生基本公共服务纳入政府公共服务体系建设,全市免费享有计划生育服务覆盖率达到80%以上。全市县级指导站一期标准化建设基本完成并投入使用;武义、磐安、永康已完成二期标准化建设任务。加强"三优"指导中心建设,全市已建成"三优"指导中心22个,其中3个被评为省级示范点。三是运用出生实名制信息平台。在全省率先推广运用出生实名制信息平台,全市63家定点接生医院已得到有效运用,出生上报及时率提高到86.41%。四是深入开展人口和计划生育基层群众自治示范村(居)和示范企业创建活动,42个村(居)和13家企业被评为市级第三批人口和计划生育基层群众自治示范村(居)和示范企业。五是重视"生育关怀-青春健康"教育工作,在全市各大中小学校开展青春期健康知识讲座。金东区的青春驿站广受好评。

【宣教与执法】 加大计生宣传教育力度。加强与金华日报社、金华广电总台等媒体的战略合作,做到每天电视电台有计生公益广告,每周有计生专栏,每月报纸有计生专版,全年在《金华日报》刊登计生专版12期,在广播电台栏目宣传计生内容97期。设立大型计划生育宣传牌127块,计划生育宣传街100多条,90%以上的村(居)设立计生宣传栏。组织开展计生宣教阵地建设示范村创建活动,创建计生宣教阵地建设示范村151个,深入村(居)放映百场电影专题片和计生公益片,进一步提升宣传影响力。加大计生执法力度,组建完善全市"一盘棋"的出生人口性别比综合治理联动机制和市打击"两非"协调办公室,严厉打击"两非"行为,全市共查处"两非"案件181件,案件查处数居全省第二,有效遏制出生人口性别比偏高势头,得到国家卫生计生委、省委省政府领导及国家出生人口性别比联合督查组的肯定。省政府《工作交流》《专报信息》《中国人口和计划生育》杂志等刊物刊登金华市有关经验。

(李绍益)

"8890"便民服务

【概述】 "8890"便民服务平台于2013年10月28日开通试运行。建设"8890"便民服务平台,是金华市委、市政府开展党的群众路线教育实践活动的有力抓手,是深化"正风提效促赶超、为民惠民谋发展"决策部署的具体行动。平台建设秉持"为民而创、利民而行"理念,在学习宁波"81890"求助热线等成功经验的基础上,融合"12345"市长热线功能,集咨询、求助、服务、投诉于一体,对深化作风建设、转变政府职能、创新社会治理、提升城市公共服务水平和加快建设服务型政府探索了一条新路子、塑造一个新样板。"8890"便民服务平台首期开通10条电话热线,实行24小时服务。截至2013年12月31日,平台累计呼入呼出电话43685个,受理市民有效诉求事项19045件,日均受理市民诉求293余件;累计办结18510件,办结率96.63%;网站点击量达到12.9万人次;市民回访总体满意度99.86%。平台试运行受到广大市民的积极互动支持,在方便市民生活、促进服务业发展、推进服务型政府建设等方面取得初步成效,"8890便民服务平台启用"获选2013年"百姓眼中的金华十大新闻"之首,原省委常委、常务副省长蔡奇对这项便民服务创新举措作出批示肯定，并要求“积极探索市域内一张网”。

【服务平台组织机构】 “8890”便民服务平台，谐音“拨拨就灵”，是一个以市民诉求为导向，以公共信息服务和效能投诉服务为重点，由政府全额投资建设，为市民提供咨询、求助、投诉等非应急社会管理类服务的政府公益信用平台。为保障平台高效有序运行，市委、市政府设立市“8890”便民服务中心，性质为正处级全额拨款事业单位，归口市政府办公室管理，内设机构“一办三部”即办公室、接线部、运维部、执行部，具体负责平台组织协调、运行管理等职能。

【服务平台运作系统】 “8890”便民服务平台构建公共服务、效能投诉、社会服务三大系统，体现综合服务功能。一是公共服务系统。主要运用各种服务资源为市民衣食住行、生老病死等日常生活问题提供“一站式”非应急求助咨询服务，求助咨询事项由平台直接解答或加盟企业派单服务。二是效能投诉系统。主要负责交办、督办市民投诉事项和督促有关职能部门及时协调解决投诉问题，但平台受理不办理，不参与具体问题的协调解决。三是社会服务系统。主要是发挥志愿者和公益性组织的作用，为市民提供服务。“8890”便民服务平台将党政、市场、社会三方各类服务资源整合安装成“88900000”一个总机，建成一个“门类齐全、内容丰富、操作方便、即时即用”的公共信息服务数据库。整合130多个党政部门的170多条服务热线，将分散的服务热线、部门职责等整合到“8890”平台数据库；按照门类齐全、分布均衡、服务优质的原则，诚邀各类服务企业加盟平台，审核签约加盟企业127家，涉及20个大类200个小类，基本涵盖市民日常生活服务需求；征集志愿者500多人、社会公益性组织50余个，可基本满足特殊群体的个性化服务需求。通过整合三方资源，群众只需要拨打“88900000”一个号码，便可。

（孔德东）

生态文明建设

环境保护

【概述】2013年,全市环保工作紧紧围绕“生态金华、美丽金华”建设目标,以重点行业整治、污染减排、“四边三化”、“双清行动”等为抓手,坚持以治水为突破口倒逼转型升级,着力解决突出环境问题,全力保障生态环境安全,较好地完成各项任务。全市饮用水质连续10年100%达标;全市流域考核结果为优秀,首次实现市县两级流域年度考核均在合格以上;市本级平均城市环境空气优良率为84.9%,各县(市)空气质量均符合国家二级标准;全市区域噪声低于55分贝,是全省低噪声区。

【环境整治】一是全面开展水环境综合治理。在全省率先出台了《金华市“河长制”实施方案》,全面建立了市、县、乡、村四级河长制,通过市长与各县(市、区)长签订“河长责任书”的形式,明确河长职责。开展“创建最美河流、整治最差河流”活动,由各县(市、区)书记负责整治1条最差河流,县(市、区)长负责创建1条最美河流,明确目标、时限、标准,组织全市最美最差河流评比,树立水环境治理的样板工程。统筹推进工业污染、城镇生活污染、农业农村污染整治,流域水质明显好转。全市37个市控以上地表水断面中,符合及优于Ⅲ类水断面16个、同比增加5.4%,劣于V类水断面5个、同比减少5.4%。全市所有县级饮用水源均为Ⅱ类水质。其中浦江县通过铁腕治水,2012年完成区域限批整治解禁的基础上再次取得突破,2013年交接断面水质考核为优秀,上仙屋出境断面高锰酸盐指数、氨氮、总磷浓度同比好转了20%、35%、28%。二是有序开展大气污染治理。制订《金华市大气污染防治2013年实施计划》,有序推进“高污染燃料焚燃区”的建设,完成年度工业有机废气治理项目;制订《金华市重污染天气应急预案》,全市已建成8个能见度自动监测站,开展灰霾天气监测和分析工作;机动车污染防治扎实推进。全面实施机动车准入登记实施国Ⅳ标准。开展机动车环保标志管理,开通机动车环保标志委托申领双向快递(EMS)便民服务,截至2013年12月底,全市已有16个机动车环保检验合格标志核发窗口、21个工位,实现全市全覆盖,共核发环保标志90多万张。从12月10日起,市区一环内对“黄标车”实施限行。环保标志核发率达80%以上;出台机动车冒黑烟举报办法;推行绿色出行。金华市区建成公共自行车站点100个,投放公共自行车3000余辆,公交分担率提高到15%。三是深入推进重污染高耗能行业整治。有序推进印染、造纸、化工、制革和浦江水晶等行业整治工作,全市电镀企业137家,已关停29家、验收61家,停产47家;婺城区、金东区、兰溪市、东阳市、义乌市、浦江县电镀行业和兰溪制革行业整治已完成验收;拟建电镀园区7个,均已开工建设。印染、造纸、化工行业各地均制定了整治方案,涉及企业共354家(化工103家、印染224家、造纸25家、制革2家),56家列入淘汰的企业已完成关停淘汰,制革行业已完成整治验收。加强重金属污染防治。制定《2013年金华市重金属污染综合防治实施方案》,铬净削减量完成年底污染物削减目标。四是积极做好固废和辐射等工作。开展危险废物“双达标”提速行动。全市危险废物动态数据库245家企业列入“双达标”创建重点,年底前所有企业完成了县级验收。试点推行污泥刷卡转运行动,明确从事污泥承运单位和车辆要求,建立运输车辆登记备案制度。推行产生单位和处置单位“点对点”封闭式监管，逐步推进运输车辆GPS定位系统建设，实现从点到线的全过程监控。规范转运管理工作取得初步成效，有7家单位23辆运输车辆已安装了GPS，并作了备案登记工作。深入推进全市废塑料加工利用行业污染整治，依法取缔废塑料非法加工点267家，立案查处3家，制定《金华市废塑料长效管理机制》。巩固提高“放心放射源和熔炼企业”创建成果，辐射工作单位持证运营率达到100%。

【环境监测】 一是推动机动车排气检测机构建设。出台《金华机动车排气检测机构管理规定》，抓好金华市机动车排气检测中心站建设，积极推动全市排气检测机构建设和检测方法升级，鼓励有条件的县(市)先行开展机动车尾气遥感监测。截至2013年12月底，全市具有环保检测资质的机动车排气检测机构已覆盖7个县(市、区)，共计9家、28条检测线，检测机动车50多万辆，其中已建设升级为简易工况法检测线的有20条；市区、兰溪、永康、武义等地均已启动排气检测机构扩建和检测方法升级，以满足排气检测的要求；义乌市于2013年8月在全省率先进行了路上排气遥感检测。二是着力优化环境监测服务。及时编报城市空气质量日报、城市环境质量月(季、年)报、金华江流域水质月报、环境异常情况报告等九大类环境质量报告。每周一次组织开展秋滨污水处理厂及各县(市)12个污水处理厂定期监督监测；每月一次组织开展饮用水源监测、地表水常规监测、钱塘江流域交接断面监测、乡镇流域断面水质监测；每两个月一次组织开展4家国控重金属重点监控企业废水、废气监督监测及比对监测；每季一次组织开展21家污水处理厂定期监督性监测和比对监测、19家省控以上废气重点源、91家省控以上废水重点源监督监测及比对监测、环境γ辐射监测、综合电场强度、输变电线路和输变电站的监测。全年市本级共获取常规手工监测数据89900余个，获取自动监测数据160万余个；接受各类委托1230家，出具环境监测报告1120份。共编制水质月报、环境质量月报、水质联合监测月报、生态省考核指标预警报告、交界断面水质预警报告等共60期。三是不断提升环境监测能力。稳步推进大气复合污染立体监测网络建设，全面完成县(市)环境空气自动监测站的升级改造。各县(市)新增PM2.5、臭氧、一氧化碳、能见度等监测指标，全市共计升级改造环境空气自动站13座；在省环境监测中心对全省环境空气自动站飞行考核中，金华市环境监测中心站排名第一；市监测中心站实验室顺利通过国家实验室认可现场评审和省上岗证考核及质量管理体系检查，浦江龙潭、东阳桦誉的地表水交界断面水质自动站建成投用。安装并验收自动监控系统的国、控企业95家；深入开展课题研究，《浙江中部地区灰霾污染特征及形成机制研究》和《基于OSG技术的三维地表水环境监测预警系统开发与示范》两个课题参加市科技局组织的金华市重大科技项目的申报，其中一个被列为市重大科技项目，另一个被列为一般项目。

【环保项目】 一是稳定推进生态市建设。市本级启动创建国家环保模范城市规划编制；义乌市、磐安县巩固国家级生态市(县)的创建成果，积极推进生态文明试点；武义县对照新标准，积极实施国家级生态县的创建工作。扎实推进“绿色细胞”创建。积极探索运用绿色经济政策，着重抓好上市环保核查、企业环境保护信用管理、环境污染责任保险试点等工作，积极利用绿色信贷信息共享平台推行绿色融资政策，开展绿色企业创建活动。全年创建省级生态文明教育基地2个、省级绿色家庭20户，省级绿色饭店2家、绿色企业9家，申报省级绿色社区16个，国家级生态乡镇(街道)7个、国家级生态村2个、省级生态乡镇(街道)18个，累计创建省级生态旅游区4个，省级旅游度假区4个。市级生态乡镇(街道)和生态村创建比例分别达95%和41%。二是扎实开展农村环境整治。开展“四边三化”和“双清”行动，全市完成清水河道建设199千米，完成河边“三化”河道整治长度103.6千米；实施河道保洁260千米，全市清理各类河岸垃圾及河道漂浮物13588吨，清理河道内病死动物9227头，清除河障466处。完成森林通道建设637.1千米，绿化面积6030亩，完成通道沿线林相改造61915亩。完成废弃矿井治理项目92个，共建成绿色矿山14家。公路“三化”完成率达到100%。深入开展“千村示范万村整治”和美丽乡村建设，完成整治建设310个村，建设美丽乡村风景线15条,开展美丽乡村各类项目建设村共1525个,实施污水处理行政村覆盖率85%,比上年提高6个百分点,农村垃圾集中收集处理率99%。深入推进中央农村环境连片整治试点示范,全面完成农村环境连片整治示范工作。如期完成磐安县、浦江县、东阳市、义乌市、金东区等5个县(市、区)共计426个村的连片整治任务,通过省级现场验收。共建成集中式饮用水水源地污染防治设施75套,农村生活污水处理设施513套,农村生活垃圾收集处理设施42821套,预计形成年化学需氧量减排量2209吨、氨氮308吨。三是不断提升基础能力。加强电子政务建设,完成环保系统网络与安全升级项目,实现环保系统办公内网与监测专网安全融合;举办全市第一届污染源自动监控系统运维技能比武,提升了全市污染源自动监控系统运维技能;实施环评审批"阳光工程",推行初审联系单制度,建立并联预审机制,进一步优化审批流程;行政执法电子处罚平台全面投入运行;加强环保系统作风建设出台重申作风建设十条规定,深入纠四风树四气,开展"正风、提能、增效"活动,实行周一学习制度;利用"6·5世界环境日""浙江生态日""世界土地日""世界水日"等活动,召开新闻通报会,组织开展全市"双十佳"评选、"生态金华"摄影比赛,利用金华电台"环保之窗"和《金华日报》"环保特刊",广泛宣传生态文明建设,提升环保宣传引导能力。四是严格把好项目准入关。全面落实空间、总量、项目"三位一体"的环境准入制度,严格控制高耗能、高排放行业发展。全年全市共审批建设项目1583个,其中市本级共审批建设项目198个,否决选址不符合要求、污染严重、不符合国家产业政策的"两高一资"等建设项目44个,有效控制了新污染产生。五是全面完成主要污染物减排任务。采用预警通报、诫勉约谈等措施推进减排项目的实施,全年完成37个涉水项目、53个涉气项目、53个农业减排项目建设。金华市区全面开展排污权有偿使用和交易,全年累计共办理150家企业排污权有偿使用和交易手续,总金额1428.26万余元,新增排污权指标的建设项目排污权交易率达100%。完成年度减排目标,全年化学需氧量削减3.13%、氨氮削减2.80%、二氧化硫削减5.30%、氮氧化物削减6.98%,四项指标均完成省下达目标任务。同时,固废和辐射管理工作不断加强。

【环保执法】 严格环境监管,保持对环境违法行为"零容忍"的高压严管态势。全年共组织"铁腕行动"等各类执法行动10余次,出动执法人员67668人次,检查企业26279家次,行政处罚企业977家,取缔、关停企业5055家,行政拘留154人,刑事拘留106人;通过媒体曝光环境违法企业24家,有10家违法企业通过新闻媒体向全社会进行公开道歉;全面推进环境监察网格化精细化管理,全市共受理各类信访案件5023件次,信访处理率达99%以上;加强核与辐射环境监管,实现全年零辐射事故;全力维护社会稳定。面对环境舆情多发、频发的情况,深化环境隐患排查和应急管理,妥善处置环境信访,妥善应对钱塘江异味等环境突发事件。

(吕一楠)

节能减排

【概述】 2013年,全市实现生产总值2958.8亿元,同比增长9.1%,高于全省0.9个百分点,列全省第三位;实现规模以上工业增加值818亿元,同比增长9.9%,列全省第五位;全社会用电290.7亿千瓦小时,同比增长6.1%,其中工业用电209.5亿千瓦小时,同比增长3.3%;实际能源消费总量1613万吨标准煤,同比增长4.3%。2013年全市单位GDP能耗降低率4.4%,降幅高出全省0.7个百分点,居全省第一位,在2010年基础上累计下降13.92%;单位工业增加值能耗降低率8.1%,降幅高出全省2.1个百分点,居全省第二位。

【落实"双控"责任制】 根据"十二五"全市单位GDP能耗下降18.5%的目标任务,结合各县市实际,以金节能办1号文件,科学分解下达全市2013年GDP能耗在2010年基础上累计下降13%的节能目标任务。9月份,根据全省能源"双控"电视电话会议精神,金华市与各县(市、区)政府签订2013年能源"双控"目标责任书,分解下达"十二五"期间能源消费总量和用电量增速控制目标,以及2013年能源消费总量和用电量增速控制目标。各县(市、区)政府结合自身实际主动扩面,及时与乡镇(街道)、重点用能企业签订责任书。同时,积极引导相关部门提高抓节能降耗的思想认识,要求定期报送部门节能工作总结和下步工作计划,进一步形成横向到边、纵向到底的责任体系。

【推进能耗结构优化】 2013年,全市淘汰印染行业产能9585万米,电镀行业产能148.29万升,铸造行业产能0.48万吨,织造行业产能2528万米,玻璃纤维行业产能1270吨,粘土砖瓦窑拆除8座,腾出用能约12万吨标煤,全面完成国家、省淘汰办下达的目标任务。鼓励优势企业兼并重组,稳步推进杭州锦江、红狮控股与华东铝业战略合作,华东铝业于2013年5月主动关停了一条电解铝生产线,全年用电量同比减少9.2亿千瓦小时,腾出用能约29万吨标煤。扎实推进水晶、电镀、化工、印染、造纸等行业整治提升,全市淘汰关停企业56家,搬迁入园174家,规范提升124家,腾出用能约7万吨标煤。2013年,实际腾出用能约48万吨标煤。

2013年,金华市第一、二、三产业增加值占地区生产总值的比重由上年的5.0:49.8:45.2变化为4.7:48.9:46.4,第三产业所占比重比上年提高1.2个百分点。工业能源消费结构逐步优化,2013年,513家年耗能1000吨标煤以上重点用能企业能源消费量同比增长-1.5%,低于规模以上工业能耗增幅(1%)2.5个百分点;七大高耗能行业能源消费同比增长2.8%,低于全市能源消费总量增幅1.5个百分点。

健全全市能评管理机制,强化行业准入,严格执行固定资产投资项目节能评估审查制度。2013年,全市共审查项目291个,根据“十二五”期末预期单位工业增加值能耗水平和行业能耗限额标准否决项目18个,减少不合理新增用能约5万吨标准煤,切实从源头上控制高耗能产业落地投产。永康市原则上不再审批化工、铸造、热处理、黑色金属等高耗能行业项目;义乌市对能耗总量超过技改前的项目原则上不予审批,以确保全市用能总量不被突破。

【推进节能重点项目】 为加大节能技术改造,实现节能降耗,年初市经信委编制《2013年金华市节能与工业循环经济项目计划》,全年共组织实施市级重点节能项目72项,各县(市、区)结合自身特点实施一批节能项目,其中列入省级节能与工业循环经济重点项目55项,实现节能量23万吨标准煤。积极向上争取项目资金,累计争取省级节能与工业循环经济资金990万元,其中市区140万元。如浙江金利华电气股份有限公司玻璃窑炉综合节能节水技术应用项目获省财政补助138万元,年可节约标煤1353吨。

【用能单位节能管理】 对“万吨千家”企业2012年度节能目标完成情况进行考核,全市75家企业有9家超额完成,57家企业完成,累计完成节能量36万吨标准煤,完成“十二五”节能量目标的63%,对未完成2012年度节能目标考核的9家企业责令其进行能源审计。2013年,共现场监察重点用能企业50家,非工单位3家,对热电和造纸行业进行专项监察。通过监察,有效提升企业合理用能的意识,提高企业能源利用效率和经济效益。对全市14家未完成年度节能目标的重点用能企业、区域万吨标煤以上的耗能大户以及四大整治行业实行强制性能源审计;完成56家重点用能企业70余人的能源管理师培训工作。积极培育合同能源管理服务机构,2013年全市在已有3家国家备案的基础上,又完成5家企业的合同能源管理备案。加大合同能源管理财政资金扶持,首次对合同能源管理项目实施了奖励。

【有序用电】 从7月开始,全市严格执行有序用电方案,建立制订工业企业六级分类有序用电办法,形成“有保有压”制度性用电环境,全市约2万家工业企业纳入了迎峰度夏有序用电方案,累计参与错避峰用户11万户次,保证城乡群众基本生活用电,保证重点单位、重大项目用电。水泥等高耗能行业进行两次集中停电检修,夏季高峰期日让电15万千瓦负荷,为全市有序用电工作的开展创造了巨大空间。金东区将全部工业专变用户按效益高低和贡献大小分成四个大类制定有序用电方案。兰溪全市100KVA及以上专变企业全面安装负控跳闸装置,实时掌握和控制企业用电情况。

【循环经济】 开展以节煤、节电、节水、节材和资源综合利用为主要内容的循环经济建设,积极推进散装水泥和新型墙体材料应用,全年共通过清洁生产审核验收企业151家,预计实现年节水约300万吨,减少COD排放约250吨;创建省绿色企业6

家，创建省工业循环经济示范企业4家；认定资源综合利用企业16家，利用各类废弃资源410万吨；全年推广散装水泥1271万吨，散装率达73.2%，生产新墙材32.67亿块标砖，新墙材使用率达54.5%。

【节能宣传工作】 做好能源利用状况信息系统报送工作。全市161家省重点用能单位，2012年年度能源利用状况报表报送全部完成，受到省相关单位的表扬。在全国节能宣传周期间，市经信委会同供电公司、质监、旅游、商务等部门开展以"践行节能低碳 建设美丽家园"为主题的节能宣传活动，对家用电器卖场进行产品能效标识专项检查，对宾馆、商场、超市等大型公共服务机构空调运行管理情况进行专项检查。认真做好能源利用基础工作。联合市统计局编制完成《金华市2012年度能源利用状况白皮书》，系统记录全市2012年度能源生产、能源消费与利用、能源管理等情况。

【建筑节能】 2013年向省住房和城乡建设厅共申报2个绿色建筑示范项目、2个建筑节能改造示范工程、5个建筑用能监管节能示范工程，获得省建筑节能专项资金补助130余万元。开展建筑节能专项检查，共抽查54个工程项目，下发责令限期整改通知书19份。抓好民用建筑项目节能评估和审查工作，全市共有105个民用建筑项目经节能评估后通过审查，从源头上切实抓好建筑节能工作。

【交通节能】 继续把新能源汽车推广应用作为推进全社会节能的重点实事抓紧抓好。2013年11月，金华市与杭州、绍兴、湖州作为一个区域成功入选国家新能源汽车推广城市。全市累计推广各类纯电动汽车约723辆，建成充换电设施共17座。大力发展清洁能源车(LNG)公交车，全市拥有LNG公交车306辆，占全市公交车比例达18.6%。同时还投入2辆"青年"电动公交车，并在12路投入试运行，实现零排放。启动公共自行车租赁服务，3000辆自行车在市民绿色出行中发挥着积极作用。开展甲醇汽油试点销售，市区共有约200辆出租车和驾校教练车试点使用甲醇汽油，全年共销售360万升甲醇汽油。

【公共机构节能】 将全市1052家公共机构纳入节能统计，推进节能管理规范化建设。立足机关大院，严格执行《金华市机关大院节能工作实施办法》，严控制空调使用，减少电梯运行，节约照明用电，加强办公用电用水管理。市机关大院内新安装节能灯1100支，投资110万元改造食堂厨房炉具，投资50余万元改造自来水管网、安装电梯节电装置、步进式节能开水器。2013，全市公共机构人均综合能耗为182千克标准煤、人均用水量为42.5立方米，比2012年分别下降46%、8.3%。

(经信委)

气候气象

气　候

【概述】 2013年，总的气候特点为气温偏高，雨量、雨日偏少，日照基本正常。年内主要天气事件有：①1、2月降雪，交通农业影响较为明显；②4月冷空气影响，茶园受冻严重；③4、5月局地强对流天气，部分乡镇受灾；④梅雨不典型，期间出现3次明显降水过程，6月22日—24日局地强对流天气频发；⑤60年一遇的高温酷热少雨天气干旱严重；⑥"潭美"和"菲特"台风降水丰沛，对全市影响利大于弊；⑦12月上旬遭遇最强雾霾，空气污染严重；⑧12月罕见暴雨刷新历史纪录。年内出现的主要气候事件对金华市的国民经济和人民生命财产安全造成较大影响，部分地区损失惨重。

气　象

【概述】 2013年，金华市气象工作围绕金华市委、市政府和浙江省气象局的各项任务部署，深入贯彻落实科学发展观，积极推进气象事业发展方式的转变，努力做好气象监测预警、公共气象服务、气象现代化建设，取得较好工作成效。立足异常天气，全力以赴做好监测预警预报服务。针对7月—8月罕见的持续晴热高温少雨天气、影响全市较晚的台风"菲特"、12月初持续雾霾等复杂天气，全市气象部门加强业务值班，密切监测天气形势，科学预测天气发展及其影响态势，及时以《重要天气情况汇报》《气象信息内参》等方式向市委、市政府及相关部门汇报。及时通过网站、微博、手机、多媒体气象显示屏等多种媒介,全方位向公众加密发布高温预报预警信息、台风消息等信息,并于12月5日首次发布霾黄色和橙色预警。准确及时的预报服务同时也为8月人工增雨作业的开展提供科学和可靠的依据。市气象局共发布《重要气象情况汇报》10期、《气象信息内参》89期,发布决策服务短信222次、联防短信276次、气象灾害预警信号64次。立足于农户需求,扎实细致开展为农气象服务。一是积极做好防高温抗大旱气象为农服务工作。针对今夏晴热高温少雨天气,加密进行土壤墒情监测分析和旱情跟踪评估,提出农业生产和合理调度水源建议,制作旱期农业气象电视节目,并广泛向农户发布。共发布《农气月报》《作物生育期气象条件分析》《灾情评估》气候评价及特殊农业时段气象服务专题材料共180期。二是深化直通式为农服务。市级重点为农服务对象1100余户,直接向各农业生产专业合作社负责人、粮食种植大户、特色种养植大户提供各类特色农业气象服务信息。三是以气候品质认证带动农产品旺产旺销。已有婺州蜜梨、兰溪杨梅、甬优单季稻贴上了气候品质"优"认证的标签。三是立足于社会热点,抓住时机进行人工增雨作业。7月以来,全市高温持续长、强度强、范围广、降水量少、蒸发量大,对人民生活质量、供水供电和工农业生产及安全造成较明显的影响。市、县二级人影办加强与省人影办的工作衔接,在原有金华和义乌2支人工影响天气作业队伍和装备的基础上,其他6个县(市)均先后成立人影机构,购置人工增雨设备,共建成火箭人工影响天气作业队伍11支,协调确定作业点25个。7月至8月底共开展人工增雨作业27轮次。在天气系统和人工增雨共同作用下,带来降雨近52亿立方米,其中增雨量相当于2.6个西湖水量,有效缓解当地旱情,取得明显的经济效益和社会效益,树立党委、政府急老百姓所急,想老百姓所想,全心全意为人民服务的良好形象。

【气象工作系统建设情况】 一是立足于合作共建,着力加强防灾减灾体系建设。先后与市应急办、民政局联合下发文件,就共同推进全市防灾减灾体系建设作出部署,与市应急办联合发布雷电灾害应急救援预案。48家省级气象防灾减灾标准乡镇(街道)和示范社区(村)完成市级验收,20家气象灾害防御重点单位进入验收流程。与环保局签订大气污染防治共建共享协议,探索建立极端气象条件下空气质量和突发大气环境事件预警应急机制。与水利、水文、国土等合作开展防汛数据资料共享平台建设,已与各家原则上达成一致意见,确定共享资料内容及方法,尚需相关单位给予配合。召开部门联络员会议、乡镇街道气象工作会议各1次,强化气象防灾减灾的部门联动机制。二是立足于基础建设,妥善推进十二五重点项目进程。以落实公共气象服务均等化计划、山洪地质灾害气象保障工程、台站基础设施建设等为重点,积极推进气象"十二五"重点项目建设:根据2013年基本公共气象服务均等化项目实施方案,重点推进金华气象信息网建设,全面开展气象灾害防御重点单位的应急准备认证工作和防灾减灾标准乡镇(街道)和示范村(社区)建设;金东区气象机构的建设已基本与区政府达成共识,正在由政府协调联建价格;稳步推进各县(市)局的台站基础设施建设工程,三江流域兰溪防灾减灾气象预警中心启动并完成地下室工程,磐安气象科技楼完成土建主体工程,东阳气象防灾减灾业务楼建设进入装修阶段,2014年投入业务使用。三是立足于持续发展,着力加强气象现代化建设。促成金华市政府与浙江省气象局签署共同推进金华率先基本实现气象现代化合作协议,为推进金华市率先实现气象现代化提供了机制保障。继续完善综合观测系统建设,全市新建区域自动站8个,总数达到188个,完成社会气象观测设施普查,完成观测站环境评估,启动区域自动站标准化建设,完成大气电场仪二期建设。加强科技创新和人才队伍建设,开展预报、测报及网络管理人员学习交流、培训20余次。实施金华气象信息网改造工程,启动金华气象信息及金华气象门户网站等网群的整合、美化及功能提升工作。积极开展PM10、PM2.5、和PM1.0气溶胶质量浓度观测项目(雾霾环境气象观测系统),开展后将填补金华气象部门无雾霾环境气象观测系统的空白,目前该项目开始建设。四是立足于便民利民,着力优化行政效能。其一是提高行政审批效率。全市防雷装置设计审核和竣工验收从受理到办结平均时效分别压缩到5个工作日和3个工作日以内，审批时效在法定时限内提速70%以上。气象行政许可审批事项从5项减少到3项。其二是多渠道开展审批服务。加强气象审批网络提示、办事窗口一次性告知，开展气象审批网络申报和进度查询、电话预约办理和办结短信提示、保险理赔气象证明网络申报就近取件等便民服务。其三是强化监督检查，提升部门作风效能，多举措建立健全廉政风险防控机制。

（钱华锋）

各台站2013年1月至2013年12月气候资料

表16

台站	积温(℃)	积温距平(℃)	平均气温(℃)	气温距平(℃)	雨量(毫米)	雨量距平(毫米)	雨日(天)	雨日距平(天)	日照时数(小时)	日照距平(小时)	最高温度(℃)	日期	最低温度(℃)	日期
浦江	6391.7	223.6	17.4	0.6	1384.7	−85.7	131	−24.4	1934.5	171.5	41.5	8月11日	−5.8	12月28日
兰溪	6784.5	227.0	18.5	0.6	1158.0	−300.3	129	−22.9	1743.8	102.4	41.5	8月6日	−4.0	12月28日
义乌	6640.4	170.8	18.1	0.5	1235.0	−151.6	127	−20.7	1645.5	−143.2	41.3	8月11日	−4.7	12月28日
东阳	6863.7	409.7	18.8	1.1	1264.9	−137.2	127	−25.7	1828.2	56.8	42.2	8月11日	−3.8	12月28日
武义	6573.1	238.6	18.0	0.7	1319.6	−200.0	141	−29.1	1880.8	111.8	41.9	8月9日	−5.1	12月28,29日
永康	6995.0	435.1	19.1	1.2	1305.7	−145.2	149	−11.8	1837.7	109.3	41.4	8月6,9,11日	−3.9	12月28日
金华	6856.9	351.3	18.7	1.0	1217.1	−228.6	136	−19.2	1888.0	64.3	41.5	8月9日	−3.3	12月28日

党的建设

纪检监察

【概述】 2013年，是全面贯彻落实中共十八大精神的开局之年。金华市委、市政府高度重视党风廉政建设和反腐败工作，市委常委会、市政府常务会议先后16次进行专题研究，采取有效措施，强力推进反腐倡廉建设；市委、市政府领导带头履行"一岗双责"，全年组织责任范围对象研究党风廉政建设工作34次，及时协调解决一批工作难题。全市各级各部门认真贯彻落实省纪委和市委关于党风廉政建设和反腐败工作的一系列新思路新要求，以作风建设为突破口，集中精力明党纪、纠四风，严规矩、重执行，抓惩处、保廉洁，党风廉政建设和反腐败工作取得了新成效。召开市纪委六届三次全会，总结回顾2012年工作，研究部署2013年任务。全会审议通过了市委常委、市纪委书记张建明同志代表市纪委常委会所作的《坚决反对腐败，建设廉洁政治，为"两富"现代化都市区建设提供有力保障》的工作报告，市委书记陈一新同志出席全会并讲话。武义县纪委被评为全市唯一的"全省第三届人民满意的公务员集体"。

【反腐倡廉】 一是扎实推进反腐倡廉体制机制改革。深入学习贯彻中共十八大精神，贯彻落实中央关于反腐倡廉建设的新部署新任务，组织全市纪检监察干部开展"学党章、守纪律、转作风"集中教育活动，落实中央纪委"转职能、转方式、转作风"的要求，切实把思想和行动统一到中央和中央纪委关于党风廉政建设和反腐败斗争的新要求上来。全市各级纪检监察机关严格落实"三转"要求，坚持以改革统领纪检监察工作全局，聚焦中心任务，强化执纪监督，进一步提高反腐倡廉建设科学化水平，为全面深化改革、加快科学发展提供坚强保障。精简市纪委监察局参加的议事协调机构，将127个议事协调机构减少到40个。二是有序推进有金华特色的惩防体系建设。认真落实党风廉政建设责任制，加强组织领导，落实责任分工，强化检查考核，严肃责任追究，组织开展37次专项检查，50项重点反腐倡廉任务得到了较好落实。加大调研力度，制定《建立健全惩治和预防腐败体系2013~2017年工作细则》。扎实开展惩防体系建设挂牌督办工作，对第五轮36个重点项目实施挂牌督办。探索在重点工程指挥部开展岗位廉政风险防控工作，做到以点带面、整体推进。加强廉政宣传教育，推进兰溪诸葛村和浦江郑义门创建国家级廉政文化教育基地、兰溪杨东海纪念馆创建省级廉政文化教育基地工作。在全省率先开展市管领导干部任前廉政法规知识测试。组建市廉政文化精品库，组织廉政风险防控教育情景案例创作活动，开展"倡廉洁、树清风"优秀廉政公益广告集中展播，创编《金华廉政手机报》，进一步增强党员干部廉洁意识。严格落实党内监督制度，督促各地各部门认真召开民主生活会，抓好整改落实。严格执行领导干部述职述德述廉和个人有关事项报告制度，市县两级共6603名党员领导干部报告个人有关事项。加强对权力的监督制约，对市机关部门落实"五个不直接分管"制度情况进行督查。深化"小金库"专项治理，严格规范津贴补贴。推行"四统一"模式，加强行政事业单位国有资产统一监管，牵头开展社会团体清理整顿、编外用工管理专项检查等工作，取得良好成效。

【机关作风效能建设】 认真贯彻落实中央"八

项规定”,省委“28条办法”“六个严禁”,协助市委研究制定“25条意见”,多措并举刹歪风,动真碰硬抓作风。强力推进“正风提效促赶超”活动,协助市委部署开展市区重大项目克难攻坚专项活动、“进企业、解难题、送服务”、“联村帮户、结对帮扶”活动等八个专项行动,解决一大批影响和阻碍赶超发展的突出问题。以金华市委、市政府建立督查考评办公室为契机,整合督查力量,改进督查方式,全力推动义乌国际贸易综合改革试点、金义都市新区建设、“三改一拆”、“五水共治”等各项重大举措的贯彻实施,助推浙中赶超崛起。持之以恒纠正“四风”,加强监督检查,推动机关作风持续好转。严格“三公”经费管理,2013年全市公务接待经费支出同比下降23.4%;因公出国(境)经费支出同比下降8.5%;公车经费支出同比下降4.5%,23家单位因违规使用公车被通报。砍文山填会海,全市共精简和合并会议414个,会议费用同比下降13.8%;减少文件707个,精简简报192种。开展“酒局”“牌局”专项整治行动,不定期明查暗访,公款吃喝现象得到有力遏制。大力推进简政放权,深化政府机构改革和职能转变,大力推进市、区两级行政审批制度改革,市本级第一批保留执行的行政许可事项由375项减少为189项,非行政许可审批事项由231项减少为97项,压减52.8%。完善群众投诉机制,先后开展效能现场投诉活动6次,依托8890便民服务热线平台,加大效能舆情收集、分析力度,强化作风效能问责。严肃查处市区兰溪门菜场路段污水横流和二环北路死鱼无人处理等事件,对敷衍塞责、推诿扯皮、执行不力的10家单位追究责任,给予13名相关责任人口头和书面效能告诫处分,并在全市进行通报。全年查处违反作风建设行为47起,500多人次受到问责处理。

【制度与机制建设】 一是推行机关效能投诉日制度。为深化“效能现场投诉、开门征集意见”这一具有金华特色的效能专项活动,推进机关作风长效机制建设,金华市建立机关效能集中投诉日制度,明确每月20日为全市效能投诉日,市、县纪检监察机关及与群众生活联系密切、与经济社会发展息息相关的具有行政审批、公共服务职能的机关部门、企事业单位以及法院、检察院等工作人员定期走出机关,集中受理违反机关效能建设规定的各类行为,在实践中取得较好的实际成效。二是建立市管干部廉情分析常态机制。市纪委制订出台《市管干部廉情分析制度暂行办法》,建立市委书记为廉情分析会议召集人,市长、市委副书记、市纪委书记、市委组织部长、市检察院检察长、市纪委副书记等人员参加廉情分析的常态工作机制。廉情分析会议主要职能为分析研判市管干部廉情信息;协调督促有关部门单位做好市管干部廉情分析工作;研究部署对市管干部重要廉情信息的调查处理。廉情分析会议一般每季度召开一次,如有重要情况、重大问题则随时召开。市纪委根据市管干部廉情信息分析情况,每季度、半年、年度进行统计、汇总、梳理,形成阶段性的市管干部廉情分析报告,供市委决策参考。通过对市管干部廉洁从政和作风建设方面的廉情信息进行实时监控、收集、分析、研判、应用,及时将问题发现在萌芽状态,有效提高反腐倡廉建设制度化、规范化水平。三是组建金华市反腐倡廉特聘专家团。为推进全市党风廉政建设和反腐败斗争决策的科学化、民主化,市纪委、监察局决定,聘请王珉等10位同志为金华市反腐倡廉特聘专家,其目的在于最大可能的借用外力,吸收高校、研究机构等专家学者参与金华市反腐倡廉建设的理论研讨、课题研究和制度设计,为打造“廉洁金华”提供有力的理论支撑和智力支持。市纪委印发《金华市反腐倡廉特聘专家工作章程(试行)》,确定特聘专家团的组织机构、工作职责,以及开展工作的方式方法。在研究制定金华市《建立健全惩治和预防腐败体系2013—2017年工作细则》中,各位特聘专家从不同角度对全市惩防体系建设发表真知灼见,提出合理建议,体现特聘专家队伍的巨大作用。四是推进居务监督委员会机构全覆盖。按照全省推进城市社区居务监督委员会建设电视电话会议精神,全面推进城市社区居务监督委员会组织建设,市纪委制定印发《社区居务监督委员会选举办法》,明确居务监督委员会由3~5名成员组成,由社区居民代表选举、户代表选举或选民直接选举三种方法产生,主任实行等额选举,其他成员实行差额选举。全市277个社区共选举产生居务监督委员会成员897名,其中主任277名,平均年龄45.7岁,拥有大专以上学历的占53.8%,具备较好的综合素质。居务监督委员会机构建设的全覆盖,为全面、规范、高效开展居务监督工作打下坚实基础。

【案件查办、资产清查、会员卡清退】 一是严肃查办案件。全市各级纪检监察机关共受理群众信访举报4618件,立案956件,结案945件,其中涉及县处级领导干部8人、乡科级56人,处分党员干部933人,涉嫌犯罪移送司法机关处理87人,为131名党员干部澄清了问题。查办东阳市人民法院原院长郑学青受贿案,双龙风景区管委会原副主任鲍昌顺挪用、受贿案等一批大案要案。全市检察机关立案侦查贪污贿赂等职务犯罪114件。全市法院系统审结贪污贿赂案件98件。发挥信访举报线索主渠道作用,全市纪检监察信访举报部门提供线索718条,转立案查处226件。完善廉情分析制度,先后3次召开廉情分析会,研判处置廉情信息153件。开发案件线索智能管理平台,有效拓宽案件线索来源。市县两级纪检监察领导班子成员下访约访406件,办结率100%。开展重复信访专项治理活动,排查梳理重复信访214件,组织复查45件。注重综合运用执法监察、纠风、效能检查等多种手段联合推进案件查办工作,市纪委查处的城北综合园区土地出让违规招投标案,为国家挽回经济损失2.4亿元。严格依纪依法安全文明办案,制定《关于加强"两规"措施管理的若干意见》和《重要案件线索统一管理办法》,严格流程,规范程序,强化监管。加强案件审理工作,开展党政纪处分决定执行情况检查。强化办案安全保障,停止使用县级纪委办案点,加快市警示教育基地建设;组建由50名正式在编、非金华籍公安特警队员组成的陪护人员库,为安全办案提供有效支撑。二是开展行政事业单位资产清查工作。为解决行政事业单位资产家底不清、资产处置不规范、资产流失情况突出等问题,从源头上防止和减少国有资产流失及腐败现象的滋生,促进干部队伍清正廉洁,在市纪委的组织协调下,从2012年6月开始,全面开展市本级行政事业单位资产清查工作,到2013年3月基本完成。通过资产清查共盘盈资产22.71亿元,盘亏资产1.97亿元,固定资产总额由49.1亿元增加到72.12亿元,新增23.02亿元。同时,建立行政事业单位国有资产统一产权登记、统一存量调配、统一市场运作和统一收益管理的"四统一"监管模式,取得较好实际成效。三是开展会员卡清退工作。首先在全市纪检监察系统开展会员卡专项清退工作,制订下发《关于在全市纪检监察系统深入开展会员卡专项清退活动的通知》(金纪发〔2013〕23号),要求全市广大纪检监察干部本着对自己负责、对组织负责的态度,及时清退、如实填报,切实做到"零持有、零报告",全市2537名纪检监察干部(职工)做到"零持有、零报告"。之后制订下发《关于在全市党政机关深入开展会员卡专项清退活动的通知》(金纪发〔2013〕26号),在全市党政机关扎实开展会员卡专项清退活动。市委常委会专题听取了市纪委关于在全市党政机关开展会员卡专项清退活动的汇报,市委书记徐加爱作出重要指示,要求全市各级党政机关高度重视会员卡专项清退活动。市本级81家机关部门和9个县(市、区)共计53691名干部职工全部作出会员卡零持有报告。

【农村基层党风廉政建设】 严肃村级组织换届纪律,开展换届纪律集中宣传活动,让群众熟知"九种情形""十大禁令"。严肃选风选纪,建立"举报有奖"制度,坚持从早从严从小,发现一起,严查一起,通报一起,全市共查处贿选案件68起、妨害选举行为58起,有4人因履职不力被追究责任。加强村级便民服务中心与乡镇基层站所资源整合,全市1264个乡镇基层站所全部对接村级便民服务中心。发挥五星级便民服务中心带动引领作用,各县(市、区)全部建成信息平台,全市5124个村级便民服务中心累计办结事项66万余件,得到群众的充分肯定。全市277个城市社区全部建立居务监督委员会,规范居务监督委员会工作机制,明确居务监督委员会的基本职责、权利义务及工作程序,促进履职规范化,中央电视台对金华市居务监督委员会建设进行专题报道。建立市、县两级"阳光工程网",并与省网联网。完善广播、电视、报纸、网络"四位一体"的行风热线平台,举行"阳光工程"县(市)行电台直播活动,建立公共服务对象跟踪回访工作机制,推进政风行风持续好转。

【提升人员素质】 一是举行事业单位反腐倡廉建设千人培训活动。市纪委利用中央颁发《事业单位工作人员处分暂行规定》的契机,结合学习贯彻中共十八大精神,邀请中央纪委法规室副主任谭焕民同志作《事业单位工作人员处分暂行规定》专题辅导培训。全市市、县两级纪检机关、社保部门相关负责人及市本级257家事业单位负责人和相关工作人员共1100多人参加培训活动,取得较好的实际成效。二是引入第三方机构开展银行系统群众满意度调查。为深入推进银行系统民主评议行风活动,市纪委引入第三方机构开展群众满意度调查工作。调查范围为12家参评银行及其县(市、区)分支机构,调查内容包括银行系统服务环境、服务表现、服务监督和总体评价等10个方面,采取利用计算机辅助电话调查(CATI)、问卷调查、网络调查等方式,对9022个银行客户样本进行随机抽样调查,并征求11218名网民的意见建议。通过满意度调查这一做法,营造银行间互学互比、相互赶超的竞争态势,激发了各家银行参与行评活动的积极性,实现被评议向要评议的根本转变,推动行评活动全面深入地开展。三是开展"出精品创品牌"廉政文化工程建设。开展廉政婺剧《残月》巡演活动,全市共巡回演出40场,6万余名党员干部受教育;举办中国·义乌廉政农民画大赛,共收到参赛作品1090件,评选作品100幅,汇编出版优秀作品集,在省内外引起较大反响;深入创建廉政教育基地,对全市100家市级廉政文化示范点申报单位进行实地检查验收,增强示范点渗透力;制作播出反腐倡廉电教片,全市共制作播出反腐倡廉教育片30余部,取得良好的宣传教育效果和社会影响。

【工作检查、督查、回访】 一是开展全市党纪政纪处分执行工作专项检查。根据省纪委办公厅《关于开展全省党纪政纪处分决定执行工作检查的通知》精神,下发了《关于全市党纪政纪处分决定执行工作检查有关情况的通知》,除填报《受党纪政纪处分人员情况登记表》情况分析外,还采用"六查六看"的方法进行自查。全市共检查2529人,其中:县处级干部15人、乡科级干部116人、其他人员2398人,检查中发现有69人(次)在处分决定执行工作中存在问题,均进行纠正,共收缴、追缴不符规定发放的工资、考核奖等钱款26.9万元,取得较好的实际效果。二是开展落实党风廉政建设责任制情况检查。根据省委办公厅、省政府办公厅《关于开展2013年度落实党风廉政建设责任制情况检查考核工作的通知》要求,市纪委牵头组织全市党风廉政建设责任制情况专项检查,采取全面自查自评和重点检查考核相结合的方式进行,通过查阅有关文件和资料,召开座谈会,实地检查部分单位,并与市领导班子成员进行个别谈话等形式,对全市落实党风廉政建设责任制工作进行了检查,取得较好的实际效果。三是推行重点工作督查约谈制度。为推进中央、省、市重大决策部署的贯彻落实,金华市纪委会同国土、环保等部门,建立完善诫勉约谈制度,对全市重点工作进展滞后的责任单位实施约谈,突出土地利用、环境保护、安全生产等重点领域,把执法和效能检查中发现的因领导不重视、措施不得力、整改不到位,导致中央和省市的重大决策部署无法顺利贯彻落实的地区和部门,列为约谈范围,推进重点工作落实。共组织召开5次约谈会,先后对2012年节能减排指标完成不理想的东阳市等四个县(市、区),土地卫片执法不严的蒋堂镇政府以及"三改一拆"工作落实不力的婺城区、金东区、开发区等责任单位进行约谈,有效推动年度各项重点工作顺利开展。四是探索试点行政服务对象跟踪回访制度。为规范公共服务行为,提高行政服务水平,探索推行公共服务对象跟踪回访制度。市纠风办制订了跟踪回访内容标准,细化为七大类,即工作人员服务态度和服务水平情况、工作人员作风效能情况、行政执法公正公平公开情况、办事程序规范性情况、办理结果满意度情况、服务创新和服务便捷性情况、廉洁自律情况等。采用电话和上门走访等形式开展跟踪回访,该制度的实施,有效改善行政机关办事人员的服务态度和服务质量,进一步提升办事效率和办事水平,取得比较明显的社会效果。

(童　超)

组织工作

人事工作

【概述】 全市公开招录公务员1066名。制定出台《金华市公务员录用审批操作规程》和《金华市公务员登记审批操作规程》，进一步规范全市公务员录用和登记工作，新获批参照公务员法管理事业单位2家，全市参照公务员法管理事业单位344家。组织开展公务员初任培训4期518名、参公人员过渡培训5期693名。市本级公开招聘事业单位工作人员229人。全市完成岗位聘用和首次认定事业单位2357家，完成率99.16%。首次认定聘用事业单位工勤技能一级岗位21人，推荐专业技术二级岗位拟聘人选1人，聘用专业技术三级岗位33人。

【军队转业干部安置】 全市安置军队转业干部164名，其中：团职干部53名、营以下干部111名；安置到公务员岗位（含参照公务员法管理事业单位）136人，安置到事业单位26人，安置到国有企业1人，自主择业1人。组织军转干部上岗前培训103名。全市企业军转干部赴杭进京零上访。

【工资福利】 根据省委部署，稳妥做好基层医疗公共卫生事业单位绩效工资改革试点工作，金华市人力社保局、金华市财政局、金华市卫生局印发《关于进一步完善基层医疗卫生事业单位绩效分配的指导意见》，进一步搞活分配，发挥绩效工资的激励导向作用。调整公务员津补贴基数，开展其他事业单位绩效工资上浮、加强绩效考核等工作。市区最低工资标准由原来的1160元调整为1310元。

（胡银梁）

人才工作

【概述】 出台《金华市"双龙计划"科技创业创新团队引进实施办法》和《金华市"双龙计划"创业创新领军人才引进实施办法》《金华市创业创新领军人才服务保障办法》等5个"双龙计划"配套政策。开展了百家电商企业赴杭招聘、"百家名企进名校"等大型人才招聘会活动，为企业引进人才2.74万人，其中新引进高层次人才1386名。引进留学人员创业项目8项，创业园区2013年实现技工贸总收入2.95亿元。全市入选国家和省级引智项目23个，获国家和省项目资金41.5万元，市财政配套资金53.6万元。市委统一组织开展赴美欧民营资本和海外人才智力对接、"招商招才月"、全市第一届招才引智大会等活动，签约科技人才合作项目20个，达成初步意向46人。

【专业技术人才选拔与职称管理】 新选拔金华市321人才工程第二层次以上培养人员81名，新增省有突出贡献中青年专家1名、省151人才工程第三层次培养人员4名。新入围国家"千人计划"人选5人、省"千人计划"人选17人，国家和省"千人计划"总量分别达17人、27人。新增博士后科研工作站2家，引进博士后科研人员7人，全市博士后科研工作站(含省级试点站)17家。推荐高级专业技术职称2142人，评审中级专业技术资格3194人，组织专业技术人员参加继续教育2.42万人次，组织一级建造师、执业药师、计算机等27项职(执)业资格考试3.63万人次。

【职业能力建设】 实施金华市高技能人才队伍建设三年行动计划，评选第二届首席技师10名，建成技能大师工作室51个、名师工作室33个、技能人才培训基地35个。新培养高技能人才2.08万人，开展创业培训1918人，职业资格鉴定9.93万人。

（胡银梁）

老干部工作

【概述】 截至2013年底，全市共有离休干部1308人，其中：地专级39人、县处级605人、科级664人、其他2人；抗战时期204人，解放战争时期1104人；平均年龄85周岁。金华市直有离休干部506人，其中异地安置在金的71人，平均年龄85.9周岁。市级离退休老领导36人，其中离休6人，退休28人，正厅级老领导6人，享受正厅级待遇2人，享受副省长级医疗待遇4人，最高年龄96岁，最小年龄64岁。市直无固定收入、需经常走访看望及困难补助的离休干部遗孀共计246人。

【政治、生活待遇落实情况】 认真落实政治待遇。通过等多种形式，组织老干部学习中共十八大精神等，统一老干部思想认识。举办读书会等专题学习会4场次，举办各类情况通报会20余次，现任市委书记徐加爱，市委副书记、市长暨军民分别向老干部通报全市经济社会发展情况；市委常委、常务副市长金中梁，市委常委、组织部部长温暖分别向市级老同志通报市区重点工程建设情况和全市组织工作情况,副市长傅利常、林丹军分别向老领导通报全市工业运行和文教卫工作情况。设立市级离退休老领导“活动日”,搭建老领导与市委、市政府沟通联系的桥梁和建言献策新平台。认真落实生活待遇。开展离退休干部“四就近”服务省级示范社区创建活动,全市3家社区获得省级示范社区称号。市区依托移动“关爱通”应急呼救网络和市政府“8890”服务平台,为老干部居家养老提供单位、家庭、社区、社会“四位一体”的服务管理体系。下发文件,调整离休干部公用经费标准,明确经费开支渠道和使用范围;结合建局30周年,对部分常年重病住院、生活不能自理、空巢、孤寡、易地安置的离休干部和各地老干部局离退休的29位老局长上门看望。开展老干部工作检查1次,开展局长接待活动10次,收集意见建议并提出改进措施52条,上门走访看望老干部1000余人次,协调解决老同志信访件23件,帮助解决问题14个;与市人力社保部门配合协作,2013年实现离休干部医疗IC卡浙江省内一卡通;组织市直400多位离休干部在市中心医院开展年度健康体检。

【活动开展情况】 一是开展“同心共筑中国梦”活动。时任市委书记陈一新向市直老干部作“中国梦”主题宣讲报告;邀请市委党校教授舒晓明向老干部专题解读“中国梦”理论;开展“最美老干部”树评活动,与组织部门、宣传部门联合开展“寻找最美老干部”主题实践活动,4位老干部获此“浙江省最美老干部”殊荣。与市文明办、金华晚报联合开展寻找“最美子女”活动,并在老人节期间,进行宣传表彰。通过“同心共筑中国梦”活动,进一步凝聚老干部的正能量。二是开展“走基层、看变化、促发展”活动。组织离退休干部党支部书记和县处级离休干部赴义乌参观新农村建设情况,组织地专级及享受地专级待遇老同志参观浙江师范大学非洲博物馆和科技馆、市体育馆和金东区岭下镇新农村建设情况等;组织市级老领导赴舟山、台州、丽水参观考察工农业发展情况,并就近就地参观市区国土规划建设情况、市委党校干部教育基地、老年大学和老干部活动室等。

【日常工作开展情况】 一是抓好离退休干部党支部建设。开展“五好”离退休干部党支部和优秀离退休干部党员考核评定推荐工作,8个支部,16名党员受省级表彰,28个支部、36名党员受到市级表彰。举办离退休干部党支部书记培训班,120多位离退休干部党支部书记参加学习会。二是抓好老干部文化养老阵地建设。金华老年大学和老干部活动园区占地30亩,建筑面积15000平方米。对老年大学和老干部活动室整体功能布局进行集中优化调整,其中老年大学新增教室6间和大型展厅1个,共计1300平方米;老干部活动室增加700平方米,新增了阅文、小型电影、理疗、茶文化等活动项目,日均可多容纳300多人次活动,缓解老同志“入学难”和活动场地紧张的问题。老年大学有5大系、50门专业,117个班级,学员人数达3198名,学科人次达4504人次。老年大学开展“美丽校园、魅力学员”校园文化活动,并举办教学公开课观摩和特色课程展示评选,提高教学质量;组织艺术系、书画系、科技文化系、医学保健系等学员深入社区、农村开展医疗服务、文化下乡等,受到干部群众欢迎。老干部活动室首设“值周、咨询岗”,请医学院老师、学生志愿者,定期到活动中心为老干部进行医疗保健宣传、心理疏导、亲情关爱、应急救助和推拿按摩等多样化人性化服务。老干部艺术团开展走进婺城区白龙桥镇后杜村、市武警消防大队、金华职业技术培训学院等开展“走进农村、走进社区、走进军营、走进学校”的“四走进”文艺演出,展示老干部风采。三是加强局机关作风建设。以“正风提效促赶超”为抓手,深入到婺城区莘畈乡大坞头村、金东区源东乡进行实地走访调研,明确结对帮扶重点。坚持每月10日、20日局长接待日,及时了解老干部思想动态、听取意见建议,认真处理老同志反映的问题。赴北京、上海、山东等地走访异地安置在外离休干部;完善分片联系制度,局领导和机关各处室分片联系市直各部门单位老干部工作,对15项制度规定进行修订完善,并进行汇编,切实形成有章可循、按章办事、规范高效的管理体制。

(郭启民)

宣传工作

【概述】 2013年,全市宣传思想文化工作认真学习贯彻中共十八大、十八届二中、三中全会和全国、全省宣传思想工作会议精神，围绕中心，服务大局，为干好“一三五”、实现“四翻番”和推进“赶超发展、浙中崛起”提供了强大的精神文化力量。金华市委宣传部在全市“千企万人双评议”活动和2013年度市级机关部门工作绩效考评（党群综合部门）中均名列第一，并被评为优秀单位。

【学习教育调研活动】 扎实推进学习型党组织建设。抓住党委(党组)理论学习中心组这一龙头和领导干部这一重点，加强党员干部理论武装工作。举办了“加强和改进意识形态领域管理和舆论引导工作”、“智慧城市”建设、“领导干部如何运用法治思维和法治方式深化改革推动发展”等专题报告会7场，组织全国和全省宣传思想工作会议精神专题学习会3次，市委各常委、人大和政协主要负责人畅谈了学习体会。进一步健全完善市机关部门党委(党组)理论学习中心组联络机制，调整充实理论学习中心组组长、副组长和学习秘书。组织开展示范基层党校、先进基层党校、基层党校优秀教员等评选活动。全面开展“中国梦”宣传教育。认真贯彻落实中央和省委的决策部署，着力开展以“中国梦”为主题的中国特色社会主义宣传教育活动。制定下发了《关于开展以“中国梦”为主题的中国特色社会主义宣传教育活动的实施意见》，组织召开“中国梦”宣传教育活动动员会，抽调11名成员组建专题宣讲团，分赴各地各单位开展巡回宣讲。每季度编印日常宣讲菜单，各单位可根据实际按需点单，进一步增强宣讲的针对性和实效性。根据省委的统一部署，邀请省委讲师团成员、省纪委副书记王海超作了以“中国梦”为主题的专题报告会。围绕党的十八大和十八届二中、三中全会和省委、市委全会精神，市委讲师团兼职宣讲成员巡回宣讲200余场次，受益人员达6万余人次。组织县(市、区)宣讲骨干参加了省委宣传部举办的“中国梦”宣讲研讨培训班。各县(市、区)组织开展“中国梦·我的梦”微型党课比赛，推荐3名优秀宣讲员参加浙江省第四届微型党课大赛活动，取得较好成绩。在全市组织开展“学习贯彻十八大，建设‘两富’新金华”微型党课教案、视频评选活动。组织开展宣传文化系统“大调研”活动。以全省宣传系统“大调研”活动为契机，围绕当前宣传思想文化工作中的热点难点问题和群众普遍关心的理论与现实问题开展调查研究，努力为推动全市赶超发展提供强有力的理论支持。根据省委宣传部的统一部署，开展“坚持‘三深入’、推进大众化”理论专题调研，撰写“推进中国特色社会主义理论体系大众化过程中党员干部群众思想状态”综合调研报告，9个县(市、区)形成专题调研报告。完成《提高宣传思想文化工作科学化水平研究》《互联网条件下社会各阶层利益诉求的基本特征和诉求渠道变化》等调研课题。金华日报社的《微博联盟》、永康市的《百姓聊天室》等7个项目入选全省宣传思想文化工作“三贴近”案例。组建攻关研究小组，深入开展“金华历史文化名人梳理”“《二十五史》中的金华人物全译”两项重大课题研究。

【畅通正面主流舆论】 一是做好重要会议宣传报道。重点做好中共十八届二中、三中全会精神的宣传报道，各级媒体及时转载刊播中央和省级媒体重要报道、系列评论和理论文章，同时开设“正风提效促赶超 转型升级走前列——学习贯彻十八届三中全会精神”“赶超崛起路 改革再出发”“贯彻三中全会 全面深化改革”“改革进行时”“改革新时代”、“让改革旗帜高高飘扬”等专栏，全面宣传中共十八届三中全会的重大历史意义、重大战略部署，宣传全市全面深化改革的新亮点新经验，宣传金华市学习贯彻全会精神的新思路新举措。在全国和省、市“两会”期间，各媒体派出精兵强将，开设专栏专题，推出“‘两会’特别报道”等主打栏目。做好省委、市委全会精神的宣传报道，在金华日报上刊发“全面加快‘两富’现代化都市区建设”等系列评论员文章。在全市宣传思想工作会议期间，金华日报开设了全市宣传思想工作综述和十大亮点工作回眸两个专栏，刊发4篇评论员文章。二是做好中心工作主题宣传。围绕市委市政府中心工作、重点工作，做好重大主题宣传。在各媒体开设“数据解读金华赶超发展”栏目，深入报道金华市各项经济发展指标取得的全面进步，大势宣传报道金华市赶超发展的可喜成绩。及时报道市领导及各单位招商引资、“走亲连心”等活动情况，充分展示活动成效，推动工作深入开展。围绕市区重点区块建设、金义都市区建设、攻坚克难活动、“三改一拆”行动、治堵工作、“浙中水乡”和精品城市建设等中心工作,开展宣传报道。各媒体开设“推进‘三改一拆’·建设美丽金华”“科学治堵 畅行金华”“巩固创卫成果 打造精品城市”“创森林城市 建生态金华”“走进百镇千村 探寻两富标杆”等栏目。《金华日报》、金华电视台强力推出“寻找精品街区”“八婺问水——关注水环境”大型新闻行动。三是加强网上舆论工作。健全完善联席会议制度,牵头召开全市社会管理综合治理委员会信息网络管理专项组工作会议,讨论确定专项组工作职责和工作制度。健全突发公共事件新闻应急处置机制,制定下发《金华市突发公共事件和热点问题舆论引导工作协调机制》,加强舆情研判,舆论引导能力不断提升。先后处置“车牌微博信息”“初中老师写露骨情书”“艾青中学跳楼”“华东铝业污染”“白龙桥书记被杀”“申请公开市级 26 个部门三公经费”等 40 多起突发热点事件,取得较好舆情处置效果。特别是平稳有序地完成“万家购物案”审判期间的网络舆论引导和处置工作。进一步打响“市民问政”栏目品牌,有效推进“三改一拆”、“治污治堵”、“精品城市”建设等重点工作,解决各类民生问题 80 多个,得到省长李强的批示肯定。

【文化事业】 一是完善公共文化服务设施。金华市体育中心、中国婺剧院、金华市非遗馆、市文化艺术中心正式投入使用。推动图书馆、文化馆(站)、纪念馆、博物馆、科技馆等公共文化场馆免费开放,不断完善城乡公共文化服务网络。编制《金华市区文化建设与赶超发展三年行动计划》。着力抓好农村文化礼堂建设,制定《关于推进农村文化礼堂建设的意见》。与省文联签署“携手共建农村文化礼堂”合作协议,建立 10 个农村文化礼堂共建点。把农村文化礼堂建设列入县(市、区)委书记履行基层党建工作目标责任制考核和美丽乡村建设考核,并建立每月工作现场推进会制度,取得良好的效果。截至 12 月底,全市建成农村文化礼堂 218 家,完成省里下达任务数的 148%,建设进度在全省领先。以永康市的“百姓聊天室”,兰溪市的“新兵入伍壮行礼”,义乌市大陈镇马畈村的文化礼堂 QQ 群等为代表,各地呈现出许多新亮点和新经验。二是大力发展文化产业。组团参加第九届深圳文博会,参观金华市展区的观众达 10 万余人,达成较深合作意向客户超 100 个,现场成交和合作意向金额超过 500 万元,金华市展区获得第九届深圳文博会组委会优秀展示奖。积极配合筹办 2013 义乌文博会,以融合文化资源、汇聚文化产品、搭建文化交流合作平台为目标,金华市共组织 34 家文化企业参展 72 个摊位。彰显特色的“非遗项目”得到省市领导的充分肯定,吸引众多中外客商的惠顾和洽谈,扩大金华文化产业的影响力,取得良好成效。网络文化产业异军突起,浙江天格信息技术有限公司(9158.com)成为国内视频娱乐行业龙头企业,金华比奇网络科技有限公司(5173.com)成为全国最大的游戏服务网站,国内虚拟游戏交易额居第一。银泰电子商务和“5173”两家企业进入全国互联网百强。三是扎实推进文化民生工程。加大“送文化”和“种文化”力度,不断满足群众日益增长的文化需求。全市送戏下乡 1853 场,送图书下乡 3 万多册,送电影下乡 4 万多场,送讲座展览 1080 多场,开展“文化走亲”活动 562 次,培训业余文化骨干 10.7 万人次,新增省级文化示范村 9 个,市级文化示范村 36 个。成功举办省第二届体育大会。举办金华市首届“欢乐金华”百姓文化节,推出“冬的畅想、春的希望、夏的热情、秋的收获”四季活动,积极探索“政府主导、社会支持、各方参与、群众受益”的活动方式,努力营造“百姓文化我参与、享受文化我快乐”的良好氛围。四是推动优秀文化产品创作生产。完成《阅读金华》的编写出版和发行工作。基本完成《重修金华丛书》编纂工作。修订完善《金华市文化精品和文化人才奖励意见》。举办“艾青诗歌奖”全国中小学诗歌大赛,吸引全国 29 个省、市、自治区 3 万多名选手参赛。金华市选送的婺剧《铁血红颜》、电视连续剧《风筝》、电影《白狐》、儿童剧《小鸟加油》等 4 部作品入选浙江省第八批文化精品扶持工程,入选作品数量仅次于杭州、宁波,位居全省第三。婺剧《穆桂英》获第三届中国少数民族戏剧会演唯一演出金奖。市舞蹈协会李娜编导的作品《畲三春》作为浙江省唯一入围决赛作品,在第九届舞蹈荷花奖民族民间舞大赛中获得“荷花奖”十佳作品荣誉称号。浙婺陈美兰获“中国文化艺术政府奖·文华表演奖”,杨霞云获“白玉兰主角奖”。武义青年作家汤汤的两个作品分别荣获第 25 届陈伯吹儿童文学奖和第九届全国优秀儿童文学奖，其本人当选为浙江省作家协会副主席。

【主题活动】 一是广泛开展“善美金华”主题宣传活动。发动各县(市、区)和各行各业开展“最美教师”“美德少年”“最美子女”“最美邻居” 等“最美人物”推荐评选活动，“最美金华人”不断涌现。陈斌强荣获全国第四届道德模范，孙炎明被评为第八届全国“人民满意的公务员”，分别受到习近平和李克强等党和国家领导人的亲切接见。陈斌强、吴连表荣获浙江省道德模范，吴宪军当选为“最美浙江人——2013 年度浙江骄傲人物”。开展“最美金华人”——金华市第三届道德模范评选表彰活动，产生 10 名道德模范和 11 名道德模范提名奖人物。编印了《好人好风景》一书，大力宣传历届 67 位道德模范的先进事迹。以四位感动中国人物或其家属的名义，向全市发出“弘扬善美精神 争做最美金华人”倡议。开展“善美大家拍”活动，随手记录身边的善人善举。策划拍摄“善美金华”系列微电影 5 部。在市级媒体开设“道德星空”“最美金华人”专栏，报道各类最美人物 100 多名。二是抓好群众性精神文明创建活动。认真对照《全国文明城市测评体系(2011 版)》指标，逐条逐项进行摸底调研，进一步明确创建工作方向和目标，为领导决策提供参谋。积极配合做好国家卫生城市复审和国家森林城市、国家园林城市的创建工作。认真做好城市文明程度指数测评各项工作，并抓好限期整改。指导浦江、磐安顺利通过省级文明县城创建和省级文明县城复评；配合做好中央文明办、省文明办对义乌市创建全国文明城市的调研工作。组织开展文明单位“亮牌子、树形象、展风采”主题实践活动。完成 2013 年度文明单位、文明村镇、文明社区评选和 2014 年度全国和省级文明单位、村镇预申报工作。组建文明单位志愿服务队，广泛开展以“三关爱”、文明出行劝导为主要内容的“学雷锋”志愿服务活动。市本级组建服务队 53 支，志愿者达 4000 余人。开展“百镇千村奔两富” 创建活动，评选产生乡风文明示范村镇 59 个。深化“双千结对共建文明”活动，组织评选“星级文明户”。开展墙体公益广告作品设计创作大赛，制作市区墙体公益广告 1.65 万平方米。三是开展未成年人思想道德建设活动。广泛开展以“人文金华·书香婺州”为主题的系列读书活动，启动金华市“阅读漂流 分享童年”关爱农民工子女活动。深化“一校一书读国学”主题教育活动，举办金华市 2013 年校园国学节，召开“一校一书读国学”主题教育活动现场推进会。邀请全国知名专家，举办中小学国学经典课堂教学观摩培训会，对全市 500 多名国学教师进行国学经典教学培训。以文明礼仪“知行合一”为主题，深入开展中小学文明礼仪教育活动。做好“春泥计划”提质扩面工作，积极推进春泥计划和乡村学校少年宫及农村文化礼堂建设的融合。与团市委、市教育局等部门联合开展“小手拉大手·共建美丽新金华”活动，举办 2013 年“金华市美德好少年”颁奖典礼。

【拓展对外宣传】 一是加强外宣工作机制建设。加强资源整合，形成外宣办、新闻办、网信办“三办合一”的工作格局，协调推进市委讲师团与市网络舆情导控中心合署，加快推进网络舆情研判导控服务平台项目建设。组织开展“让网络空间清朗起来——当战士，不当‘绅士’”学习讨论实践活动，重点做好网上舆论工作培训、主题交流讨论、党员干部联系走访网站等工作，推动领导干部知网用网，推动文明办网、文明上网。深入开展互联网和手机媒体传播淫秽色情及低俗信息专项整治行动，开展微博客网站时政类内容违规发布行为专项治理工作。全年共删除政治类有害信息和淫秽色情及低俗信息 850 余条，清理关闭未备案网站 42 家。二是开展金华城市形象宣传。制作“魅力浙中·善美金华”金华城市形象宣传片，首次在央视一套和新闻频道的“朝闻天下”栏目播出。组织“美丽乡村浙江行”全国知名网媒、驻金媒体和“走基层·改革浙江行”中央驻浙媒体集中采访活动，接待人民日报、经济日报、人民网、新华网等 50 余家媒体网站，高密度刊发和转载《浙江金华：从“老有所养”到“老有善养”》《在诸葛亮后裔的最大聚居地 感受古村神秘气息》《从报纸到网络 广告吆喝让后溪河村苗木经济起飞》《村子像城镇农家像宫殿 浙江第一村震撼网媒记者》等新闻稿件 60 余篇。加大“报纸上飞机”的力度，每天在义乌、衢州机场投入金华日报 700 份、金华晚报 760 份，有效覆盖两地机场的旅客群体。与省交投公司签约，在杭金衢高速金华出口顶棚进行金华城市形象宣传。积极做好省二体会、招才引智大会、浙

(婺)商大会、网络经济大会等活动的对外推荐和宣传报道工作。三是策划重大主题外宣活动。“两会期间”，协调香港文汇报、中国经济导报等媒体记者对金华市城市建设发展进行重点宣传，刊发《金华市长主打“整合牌”助力义乌小商品再闯世界》《好项目是财富，差项目是浪费——与全国人大代表、浙江省金华市市长徐加爱一席谈》等系列报道。扎实做好“善美金华”舆论宣传工作，积极构筑金华道德高地，在全市范围内开展“建设善美金华·共筑‘中国梦’”网上主题宣传活动。认真做好“三改一拆”“治污治水”“精品城市” 等主题外宣。据不完全统计，国内外主流新闻媒体共刊登(转载)有关金华经济社会发展稿件1800余篇，其中央视播出50余条，《浙江日报》刊登140余篇，浙江卫视播出400余条，境外媒体发稿50余篇。

【队伍和阵地建设】采取多项措施加强队伍建设。以“强素质、树形象、创一流”为目标，开展“正风提效促赶超”系列活动；贯彻落实中央“八项规定”和省委、市委的贯彻落实意见，制定本部贯彻落实“八项规定”具体办法；深化宣传文化系统“走转改”活动，深入基层、深入群众，为百姓解难题、办实事；进一步理顺宣传文化系统干部管理体制，着力打造一支有守有为敢担当的宣传文化队伍；组织开展市区建设重点关注好新闻评选活动、2012年度金华新闻奖和金华市先进新闻工作者评选活动。加强意识形态领域管理。多次召开市委常委会、市委理论学习中心组(扩大)学习会等，专题部署加强和改进意识形态工作；坚持谁主管谁负责和属地管理原则，加强对报刊、广播、电视、互联网等媒体的管理，确保所属阵地把握正确导向；扎实推进爱国主义教育基地建设，市档案馆被省委、省政府命名为第八批省级爱国主义教育基地，省级爱国主义教育基地拓展到11家。

(王志平)

统战工作

【概述】2013年，全市统一战线认真贯彻上级部署要求，围绕中心、服务大局，凝心聚力、发挥优势，积极推进各领域统战工作，取得良好成效。一是深入学习贯彻十八大精神，开展“中国梦·同心路”系列活动。举办纪念“五一”口号发布65周年座谈会，组织非公经济人士开展理想信念教育实践活动，围绕“三创一好”目标，开展“中国梦·婺商梦”大讨论、非公经济人士“感恩社会，回报乡里”等活动。二是开展调研服务赶超发展大局。组织各民主党派、工商联、无党派人士开展联合调研，形成《关于加快我市网络经济发展的调查与建议》调研报告，专报信息获得徐加爱书记、暨军民市长的批示肯定；开展“民主党派专家金华行”活动，邀请省25名院士、高校专家来金调研，九三学社省委会副主委、省卫生厅副厅长叶真到金义都市新区、义乌市就都市区新建医院问题进行调研，中国工程院院士、浙江大学求是特聘教授、博士生导师谭建荣为企业管理技术人员、机关干部作“从数字化制造到智能化制造”专题讲座，专家组与16家企业进行座谈对接；开展“香港金华高端人才金华行”活动，邀请香港科技大学11名博士到金华与金华康恩贝制药有限公司等8家企业开展技术交流与项目合作。三是继续推进“婺商回归”工作，开展招商引资、招才引智“四个一”活动，做法得到市委主要领导的批示肯定。四是市县联动开展“同心追梦”实践活动、广场社会服务活动等17次，以及“爱心助跑·圆大学梦”活动。其中“同心·追梦”暑期实践活动，由浙江师范大学教授、老师、在读研究生、在校大学生组成“同心织梦”“诗韵婺语”“汤溪之魂”“魅力汤溪”4个助梦小分队，在汤溪镇开展“中国梦”宣讲、“我的中国梦”主题写作、“我的梦想”绘画比赛、“幸福家庭梦”摄影等活动，并在汤溪瀛洲村文化礼堂举办“同心·中国梦”暨“春泥计划”文艺汇报演出，有400多名农村留守儿童参与活动。五是开展市第四届优秀中国特色社会主义事业建设者评选表彰活动，表彰36名金华市第四届优秀中国特色社会主义事业建设者、14名“光彩之星” 和27名新一代优秀创业者。六是在婺城区汤溪镇鸽坞塔民族村举办“多彩三月三——首届金华畲族文化风情”展示活动，举行畲族文化风情表演，展出畲族传统农垦用具、畲族服饰等实物，以及反映金华市民族地区经济社会发展的图片展览。七是金华市佛教协会主办，永康市佛教协会、永康市南都禅寺承办，在永康南都禅寺举办金华市首届佛教讲经交流会，10位法师围绕《般若波罗蜜多心经》宗旨内容，进行讲经交流。

【年度重点工作】 一是迎接省委统战工作专项督查。省政协副主席、省委统战部部长汤黎路带队，督查全市贯彻中发〔2012〕4号、浙委〔2012〕125号，中发〔2010〕16号、浙委〔2011〕51号，浙委〔2011〕73号等文件情况，召开专题汇报会，市委副书记陶诚华汇报。全市统战工作得到督查组的充分肯定，同时针对督查反馈意见，提出整改措施，逐项抓好落实。二是抓党外代表人士队伍建设。协助市委出台《关于加强新形势下党外代表人士队伍建设的实施意见》(市委〔2013〕26号)；会同组织部门实施“536党外后备干部人选工程”，做好党外代表人士后备人选的推荐工作；建立了市级各民主党派机关干部到对口联系政府部门挂职的常态化机制，这一做法得到省委统战部的充分肯定。三是抓新的阶层人士统战工作。指导义乌开展无党派人士政治面貌规范管理工作，通过组织推荐或个人自荐、考察审定等程序，首批认定登记135人为无党派人士，促进无党派人士队伍建设；指导磐安制定《党外知识分子综合评价标准》，将“政治坚定、业绩突出、群众认同”三大标准细化为13项42条具体指标，促进综合评价工作的规范化、制度化建设。四是抓港澳台统战工作。举办了港澳台同胞新春团拜会、香港金华同乡会第四届理事会就职典礼暨新春联欢会，市委副书记陶诚华，市政协副主席、市委统战部部长吴志松等领导出席活动。做好港澳台同胞来金访问接待工作。开展港澳乡情普查和侨情调查。五是抓基层统战工作规范化建设。在兰溪试点基础上，召开全市基层统战工作规范化建设现场会，在全市13个统战工作重点乡镇(街道)推行，通过健全“四大机制”、完善“四大组织”、配强“四类人员”、抓好“四大保障”，着力提升全市基层统战工作规范化建设水平。

【自身建设】 开展“正风提效促赶超”系列实践活动，出台《改进工作作风、密切联系群众的十项措施》，提炼形成“凝心聚力、亲和包容、勤勉敬业、务实创新”的统战机关精神。在市机关部门班子测评中，市委统战部班子总得分位列市机关76个部门班子第一名。采取“海推直选”方法，对统战系统党总支、机关支部进行改选，开展“五星”党员评比，党建工作被市机关工委评为“先进集体”“同心同向同行”被评为全市优秀党建品牌。举办全市首期乡镇(街道)统战委员培训班，70多名统战委员参加培训。加强调研宣传信息工作，着力构建社会力量参与统战理论研究机制，面向社会开展重点课题招标，研究成果分获全省一、二等奖，建立4个统战理论研究基地，聘请8名统战理论研究员。“义行天下”栏目宣传取得良好成效，被评为全省宣传组织奖。

(吴天福)

政策研究

【概况】 2013年，金华市委政策研究室全力服务市委中心工作，充分发挥决策咨询和参谋助手作用，履行好财经办职能。全年共完成各类文稿、材料200多个，其中涉及市委全局性工作部署的重要文稿10多个，起草市委决定(意见)3个；完成重大调研课题9个，全部进入市委决策，谱写金华政研工作的新篇章。

【调查研究】 开展实施创新驱动发展战略专题调研，研究提出今后一个时期金华市全面实施创新驱动发展战略、推进科教人才强市建设的总体设想、总体部署、总体要求和战略重点。开展全面深化改革再创体制机制新优势课题调研，研究提出当前及今后一个时期金华市全面深化改革的总体思路、目标要求、战略重点和工作举措。开展深化义乌改革发展专题调研，研究提出深化义乌改革试点、提升市场发展的思路及重大举措，为市委常委会专题研究义乌改革发展问题提供决策依据。开展“调结构促转型，推进赶超发展”课题研究，就实现市委六届五次全会提出的到2020年实现“四翻番”、到建党100年时赶超全省平均水平、到新中国成立100年时进入全省先进行列的战略目标任务，进行量化分析和比较研究，提出对策举措。开展打造“浙中水乡”专题调研，提出打造“浙中水乡”的基本思路、目标要求及对策举措。开展“健全改进作风狠抓落实的长效机制”专题调研，研究提出进一步加强作风建设的对策举措，为第二批党的群众路线教育实践活动开展奠定基础。开展加快推进工业转型升级专题研究，研究提出加快金华市工业转型升级的思路、工作重点和对策举措。开展2014年工作思路调研，全面总结2013年工作成效，提出2014年“八大行动”工作重点，为市委决策提供参考。

【优化文稿服务】 把起草好会议报告作为服务市委中心工作、服务市委主要领导的重要途径和重要内容，坚持尽心尽力、反复推敲、精益求精，较好地完成了市委六届四次全会报告、市委六届五次全会报告、市委六届六次全会报告等重要会议报告的起草任务。做好各类专题会议的讲话材料，完成全市农业农村工作会议、生态建设大会、网络经济发展大会、浙中水乡建设动员大会、市区重大项目百日服务活动推进会、“三改一拆”动员会、全市新型农村养老模式现场会等一系列专题会议的报告起草任务。认真做好季度经济形势分析，做好2012年度以及2013年各季度全市主要经济指标分析、2012年度金华市区主要经济指标与全市比较分析工作，起草了市委常委会各季度经济形势分析会讲话。同时，完成国务院副总理汪洋，省委书记夏宝龙、省长李强等各级领导及国家部委和省级机关部门领导来金调研、检查、考评的各类汇报材料。

【做好政策拟定】 拟订政策是落实市委重大战略部署、推进经济社会发展、强化政研成果运用的重要内容。在充分调查研究和咨询论证的基础上，着眼长远，立足现实，强化问题导向，研究新情况、总结新经验、探索新路子，创造性地贯彻中央和省委省政府的决策部署，以科学严谨的态度，研究起草了《中共金华市委关于加强和改进调查研究工作的若干意见》(市委〔2013〕5号)、《中共金华市委关于全面实施创新驱动发展战略加快建设创新型城市的决定》(市委〔2013〕33号)、《中共金华市委关于全面深化改革再创体制机制新优势的决定》(市委〔2013〕62号)，努力把市委的重要决策部署转化为推动发展的政策举措。

【增强工作合力】 积极完善机制、创新载体，加强统筹协调，整合各方资源，凝聚各方力量，形成领导带头、部门参与、市县联动的调研新格局，服务市委决策的整体合力不断提升。积极构建大调研格局，重大课题调研均会同相关部门共同参与，在整合研究资源、集聚研究力量，服务市委决策方面，较好地发挥了牵头组织作用。着力把《金华政研》打造为交流工作、集聚智慧、服务决策的重要工作平台，开设市领导调研、机关部门领导调研、决策建议、决策参考、咨询建议、工作动态等专刊，共编印《金华政研》20期，刊发一批有质量的调研报告，受到领导和各界的广泛好评。积极发挥退出现职领导干部作用，开展市决咨委换届工作，并将决策咨询组与决咨委进行了整合，制定并以两办名义下发《金华市决策咨询委员会工作规则》，更好地发挥退出现职领导干部的作用，同时也有力地推进决策咨询工作的规范化、科学化、制度化。

【自身建设】 以“强素质、强责任、强执行”和“零失误、零差错、零容忍”为主要内容的“学习型、创新型、服务型”机关建设为抓手，着力完善工作制度，加强队伍建设，提升服务质量。推进学习型机关建设，积极营造“好学、善学、肯学、会学”的浓厚氛围，利用上党课、金华干部在线学习网、政研系统QQ群、公共电子邮箱、微信等方式加强学习，提升干部综合素质。政研室被评为全市优秀学习型党支部。健全了工作任务交办制度、文稿差错点评与公告制度，建立了市委文字材料送审制度、月度工作统计制度、领导交办任务完成情况报告制度、领导批示落实情况反馈制度，做到对领导的批示、交办的工作、提出的要求，件件有回应、事事交代。强化作风建设常态化，要求每位干部认真对照“五个表率”“四个心”“三个六”的要求，查找自身精神状态、工作态度、工作效率、文稿质量等方面存在的问题，全面反思查原因，进一步强化责任意识、精品意识、效率意识、协作意识，努力做到与领导思维同向、节奏同步，确保各项工作落实到位、执行有力。

(黄　澄)

党史研究

【概述】 2013年，金华市委党史研究室认真履行党史工作职能，不断加大党史资料征集研究和党史知识普及、宣传教育力度，取得较好工作成效。一是举办三个纪念活动。联合中共金华市婺城区委召开毛泽东“五九批示”50周年暨纪念陈双田座谈会，省委党史研究室副主任王祖强应邀出席会议并讲话；联合中共义乌市委，中共金华市委组织部、宣传部召开中共金萧地委成立70周年座谈会，省委党史研究室副巡视员曾林平应邀出席会议并讲话，中共浙江省委原常委、杭州市委原书记王国平发来贺信；举办“纪念毛泽东同志诞辰120周年图片展”，在金华的市委常委全部到场参观。二是开展开展党史宣教。向在金华革命烈士纪念碑前举行“祭奠革命先烈，传承革命精神”的主题教育活动的武警金华市支队648名官兵，做金华地方党史及金华革命先辈光辉事迹的宣讲；为武警金华支队500多名新兵营进行金华地方党史宣教活动；为来自金华市9所大中专院校的近百名全市团系统学生干部作党史讲座；为140多名参加转业培训的军转干部作金华党史讲座。三是参与党史文化传播。向由省委组织部筹拍的《红色故事汇》摄制组举荐金华市党史人物邵飘萍、陈望道、冯雪峰，并积极配合摄制组联系相关亲属和研究专家、提供拍摄素材；参加东阳市筹拍反映金华抗战题材电视剧《浙赣大会战》的论证和剧本审稿。

【党史资政成果】 一是组织撰写资政文章。围绕发展红色旅游这个主题，组织撰写《注重革命纪念场馆建设 推进基层党史宣传教育》《红色文化在“绿色家园、富丽村庄”建设中互促发展——永康市舟山镇方山口村综合利用开发红军文化的可行性调研》《高度重视党史文化，助推文化和影视名城建设》《开发婺城革命遗址，为红色旅游服务》《武义县红色旅游发展潜力的思考》《整合红色资源，建设旅居名县——磐安红色旅游开发的思考与建议》等6篇资政文章。二是组织命名党史教育基地。组织完成了第一批“金华市党史教育基地”的命名并举行授牌仪式：中共浙西特委纪念馆，金佛庄故居及金佛庄烈士陵园，义乌市党史陈列馆，刘英烈士纪念碑、园，徐英烈士纪念馆，中国工农红军第十三军第三团纪念馆，永康市革命武装斗争史展示室，中共浦江县委旧址，磐安县革命烈士纪念馆等16个党史胜迹。三是参与红色旅游开发。与市旅游局合作，推荐金华地区的红色精品旅游线路30条(其中：一日游线路15条，二日游线路15条)、红色旅游景点33个。在市委、市政府召开的工作务虚会上，作《充分挖掘保护开发红色资源 给力旅游产业转型升级》发言。

【地方党史二卷编写】 市本级共完成《开始有计划的经济建设和社会主义工业化的起步》《贯彻党的八大路线和社会主义建设道路的初步探索》《整风和反右派斗争在金华的开展》《对国民经济和社会政治关系的全面调整》《城乡社会主义教育运动的开展》和《调整任务的完成和十年建设的成就及教训》等6章近30万字初稿的编写，其中1962—1966年初稿完成第一轮修改，形成近14万字的修改稿。东阳、永康两市有了初稿。

（徐勋民）

市委党校

【概述】 2013年，市委党校认真探索党校教育规律和干部成长规律，办精第一班次，搞好主题调研，全力发挥党校在建设“两富”现代化都市区中的能动作用。全年完成16期主体班次培训(市本级10个，511人；婺城区、金东区6个，312人)，培训人次923人。履行好干部培训的“主渠道”“主阵地”职能。

【构建“四位一体”教学体系】 在理论教育上，重点突出，把中国特色社会主义理论体系作为核心课程。在党性教育上，动静相宜，既营造“静”下来思考的机会，又提供“动”起来感悟的平台。侧重于通过体验式革命传统教育、现场式警示教育等活动，强化学员的党性锻炼与党性修养。在能力提升上，学以致用，既有理论大餐，又有实践快餐。积极开拓多种形式的情景模拟教学、现场教学，为学员提供“精、深、新、活”的能力训练。在市情专题上，讲金华话，积极挖掘本土教学资源，开发具有浓郁金华特色的市情研究专题。

【尝试“开门办学”模式】 引进博士研究生一名，对年轻教师进行“三岗制”(教师岗、机关岗、乡镇岗)培养。打造“领导讲台”“专家论坛”，聘任25名市领内专家学者、党政领导作为党校首批客座教授。开展各级各类学历教育和长期培训。其中省委党校2011、2013级在职研究生105人，北科大金华教学点261人，浙大MBA总裁班36人。此外还完成部门办班10个，异地培训培训班次1个。党校严格新课试讲制、教学评估反馈制、提升教师教学质量。以外逼提升的方式，建立由推出现职领导干部、“两代表一委员”以及干部教育主管部门同志组成的督学队伍，首批督学25人，采取跟班督导、专项督导和综合督导的方式对党校干部教育全过程督导。

【科研成果】 2012年省社科联课题结题2项，出专著1本，2013年省社科联研究课题成功申报1项。其他课题研究稳步推进。省党校系统中特研究中心第十四批规划课题结题三项，十五批规划课题立项四项。市社科联2012年课题结题10项，立项10项。

【科研协作】 依托党校系统社科联这一平台，围绕当前金华经济社会发展全局性、前瞻性、战略性问题开展调查研究，全年规划课题立项23项，结题21项；召开全市党校系统“贯彻是八大精神，建设‘两富’现代化都市区”理论研讨会。编写《“两富”乡村，浙中崛起》，2013年6月由浙江人民出版社公开出版。举办“十八届三中全会精神”学习研讨会。编撰《十八届三中全会学习辅导》。建立特约研究员队伍，以资讯决策为导向，聘任25名特约研究员，实现跨学科、跨部门以及跨院校的联合攻关，借力推进党校科研咨政水平。

【协调机制】 把市委、市政府的“关注点”作为党校科研的“着力点”以校级课题为纽带，以“‘两富’现代化都市区”为主课题，立项29个子课题。并在其中择选4个课题作为重点课题，组织科研骨干力量，联合攻关，集团冲锋。推出坚持月汇报，季总结、成果展示等科研调度制度，及时掌握每位教师的科研工作进度，总结科研工作方面的好经验，激发科研工作活力。

【调研工作】 教师层面实施市情专题研究分中心课工程。设立了“田园智城”研究分中心等5个市情研究中心分中心，为教师搭建调研平台，提供实践载体。学员层面围绕“全科干部 全心服务”“招商引资 招才引智”“城镇化建设”“正风提效促赶超”主题，每个主体班次领衔一个主课题，细分为十个子课题，根据学员各自的工作方向和所学所长，发挥团队优势和“拳头”效应，提出对策、建议，形成课题调研报告。

【队伍建设】 在全市党校系统开展“党校人价值观”演讲比赛，致力于在全体教职工中形成“爱党爱校、爱岗敬业、团结协作、开拓创新、争创一流”等价值认同。在全校开展“双向选择、竞聘上岗”，促进“人岗相适”“人尽其才”。在全校开展中层竞聘，提任2名中层正职，4名年轻干部加入中层副职队伍，实现“选贤任能”，营造出“比业绩、讲奉献、求实干”的良好氛围。

【校园建设】 开展管理服务平台招投标，有力提高党校的管理服务质量与水平，营造“智慧校园”。因地制宜，建设廉政文化长廊，营造“文化校园”。强化对校园卫生环境的整治，建立校园卫生环境的定期督查制度，餐饮质量、校园环境得到明显改善，营造“温馨校园”。开展读书征文活动以及学习先进事迹等各类主题活动，营造“学习校园”。

（陆　昇）

市直机关工委

【概述】 2013年，金华市直机关工委围绕市委市政府重大决策部署，健全机制、规范管理，搭建平台、创新载体，围绕大局不缺位，助推中心有作为，党员队伍素质得到新提升，服务中心能力得到新发展，在金华赶超发展事业中发挥积极的作用。

【思想建设】 加强思想建设，凝聚赶超发展共识。一是开展“十八大”精神全员学习培训。举办十八大精神专题培训班，对全体市直机关科级干部进行集中轮训；组织参加学习中共十八大报告和党章知识竞赛活动，举办“合力促赶超，共筑中国梦”主题演讲比赛。加强对机关党员干部的教育培训，全年累计举办各类培训班10期，培训1600余人次，向全体机关党员赠阅《之江新语》《理论热点面对面》等学习书籍40000余本。二是开展“机关精神”大讨论。组织市直机关各部门广泛开展“机关精神”讨论，共同提炼部门“机关精神”表述语。编印《力量之源——机关精神表述语汇编》，并评选表彰“十佳机关精神”。三是开展党员思想状况研判。在机关中层干部中开展思想状况专题调查，形成《关于市直机关科级干部心理状况的调查与思考》呈报市委主要领导参考。以此为依据，组织开展机关干部心理疏导、心态调适专题讲座等活动。四是开展“三微竞赛”活动。以“学十八大，建新金华”为主题，鼓励机关党员干部通过微博发表致力金华发展的微言、微行、微策。网络阅读量超过30万次，发表微博近万条，具体意见建议4500余条。评选出“十佳”微言、微行、微策，将相关“金点子”转交有关部门作为决策参考，并培育一批网评基层骨干，为倡导“不当绅士勇当战士”，营造清朗的网络空间进行了有益探索。

【制度建设】 加强制度建设，创新党建工作方法。一是出台《条例》实施意见。根据中央《条例》和省委《实施意见》精神，立足金华实际、广泛征求意见，提交市委审议下发《中共金华市委关于贯彻〈中国共产党党和国家机关基层组织工作条例〉的实施意见》及《关于进一步建立健全机关党建工作责任制的若干意见》，对机关党建地位作用、工作职责、组织领导等问题进一步明确，因文件及时出台和政策保障有力受到省委督查组的充分肯定。二是建立党建工作年度报告和述职制度。在部门机关党建工作年度报告制度的基础上，首次召开市直机关党建工作述职会，市工商局、市国土局、市水利局、市卫生局直属机关党委和联通金华分公司党委等五家单位，围绕年度机关党建工作最有特色、最有成效的三件事及有待重点突破的一个问题进行口头述职。三是深化完善党建品牌创建活动。目前，市直机关党建品牌已达185个，占机关基层党组织总数的16%，其中：知名品牌37个、优秀品牌59个、工作品牌89个；2013年新增知名品牌16个、优秀品牌25个，工作品牌30个，并组织对历年命名的知名品牌进行星级评定。同时由市委表彰市直机关党建工作先进单位，有15家单位党组织被授予市直机关“共产党员示范岗”称号，48家单位党组织被授予市直机关“学习型党组织”称号。四是构建廉政文化共建共创机制。在市纪委的支持下，与县(市、区)联动，开展廉政文化进乡镇基层机关共建共创工作。在东阳横店、义乌佛堂、武义柳城等三镇进行试点，共有32家基层单位、1097名党员干部参与，开展反腐倡廉宣传教育活动219项，新建和修订完善相关制度256项，打造各类廉政文化品牌10余个。五是建立季度现场例会制度。根据市委抓基层党建工作责任制的要求，由市直机关工委牵头，每季度召开一次机关党建工作现场例会，推进阶段性重点工作，发现基层先进举措。先后围绕党建品牌创建、党员星级管理、乡镇机关党建、“三会一课”制度等主题，召开了四次现场例会，总结20余家基层单位的有益经验，形成机关党建比学赶超、力争上游的氛围。

【日常管理】 加强日常管理，提升党员队伍素质。一是规范基层组织日常管理。着重抓好机关基层党组织集中换届、规范发展党员、“三会一课”制度落实等工作，进行两次专题督查和多次明查暗访，及时发现问题，整改薄弱环节，并提出“三会”抓规范、“一课”重创新的目标要求。二是认真开展“五星争创”工作。根据金华市委组织部的统一部署，开展了机关基层党组织第二轮评星定级和党员“五星管理”工作。各部门结合工作实际，细化评定标准，使“星级评定”成为加强党员日常管理，确保纯洁性、彰显示范性的有效载体。三是深化“在职党员”进社区工作。组织全体市直机关在职党员重新到社区报到，结合社区需要和个人专长，申报服务项目，发挥表率作用。“认领微心愿、共筑中国梦”“同创精品城市”“文明交通、绿色出行”“美化市区、喜迎二体会”等主题活动收到良好社会效果。四是助推机关中层干部队伍建设。认真贯彻全市机关中层干部大会精神，及时举办市直机关中层党员干部专题研讨班，通过专题讲座、分组讨论，听取“十大中层干部标兵”代表谈履职体会等形式，进一步破解“如何当一名优秀的机关中层干部”，以点带面，收效良好。

【服务中心】 突出服务中心，助推金华发展大局。一是围绕“交通治堵”工作发挥先锋作用。组织开展千人签名、公共自行车绕城骑行宣传、“绿色出行周”等活动，倡导2万多名机关党员争当文明出行、绿色出行的表率。在7月和12月，先后开展两轮集中文明劝导活动，安排市直机关党员志愿者到市区32个交通拥堵重点路口，协助交警维护秩序，宣传文明出行理念，机关党员干部参与10000多人

(次),受到广泛好评,并获市交通治堵考核优秀单位。二是围绕“全科干部”建设发挥助推作用。与武义县委组织部联合在王宅镇开展“乡镇机关党建助推全科干部建设”试点,镇机关党委通过健全工作机制,强化作用发挥,较好担任了“全科干部”建设的组织者和执行者、“全心服务”活动的协调者和监督者角色,机关党建围绕中心、服务大局功能得到进一步拓展。三是围绕重点工程推进发挥堡垒作用。根据金华市区重点工程建设需要,成立湖海塘运动休闲区等八个重点区块建设指挥部临时党支部,并分别明确一名党务工作联络员,主动对接,积极服务,切实发挥党建工作在攻坚克难中的思想动员和战斗堡垒作用,部分临时党支部还积极争创党建工作优秀品牌。组织市党代表专题视察金义都市新区建设,通过党代表询问、座谈交流等形式建言献策。四是围绕活力机关建设发挥组织作用。与六部门联合举办首届市直机关文体艺术节,先后组织机关文化艺术大讲堂、演讲比赛、歌咏比赛、摄影书法比赛、乒乓球比赛等十项活动,活跃机关文化生活,提振激发干部工作热情,打造“活力机关”,得到了机关干部的高度评价和踊跃参与。市直机关党员干部职工累计参加5000多人次。

(徐庆妹)

县(市、区)概况

婺城区

【概述】 婺城区政府紧紧团结和依靠全区人民,牢牢把握稳中求进的工作总基调,以经济转型提升年、有效投入提升年、城乡建设提升年为抓手,认真执行区八届人大二次会议决议,凝心聚力、克难攻坚、埋头苦干。围绕"工业强区、商旅兴区、生态立区、城乡统筹"发展战略,按照"抓转型、重投入、优环境、兴实体、惠民生、促和谐"的工作思路,聚精会神抓发展,全力以赴促转型,克服各种困难,实现经济企稳向好的态势,人民生活不断改善,社会保持和谐稳定。

截至2013年10月(10月后区域有变化),婺城区辖9镇、9乡、9街道,土地总面积1391.24平方千米。年末全区户籍管理人口为47.7万人(非农业人口16.06万人)。全区人口出生率为9.77‰,与上年同期相比下降0.59个千分点;死亡率为5.72‰,与上年同期相比下降3.37个千分点;自然增长率为4.04‰,与上年同期相比上升2.77个千分点。

全区实现区属地区生产总值264.3亿元,增长8.9%。其中:第一产业增加值17.17亿元,增长1.7%;第二产业增加值90.08亿元,增长9.7%;第三产业增加值157.03亿元,增长9.1%。在第三产业中,交通运输、仓储和邮政业增长1.8%,批发零售业增长8.9%,住宿餐饮业增长4.4%,金融业增长12.4%,房地产业增长18.7%,其他服务业增长7.1%,人均生产总值55358元,比上年增长8.9%。第一、二、三产业增加值占地区生产总值的比重由上年的6.8:34.3:58.9调整为6.5:34.1:59.4。

财政总收入33.1亿元,同比增长9.3%。其中区级财政收入8.8亿元,增长15.2%;区本级收入7.1亿元,金西开发区完成1.7亿元。全区财政支出17.9亿元,同比增长21.2%。固定资产投资112.9亿元,增长20.4%。其中,投资项目投资69.9亿元,同比增长21.1%,房地产开发投资43亿元,同比增长19.4%。投资项目中工业投资47.5亿元,同比增长20.2%。按投资的产业分:第一产业完成投资5208万元,同比增长12%;第二产业完成投资47.5亿元,同比增长20.2%;第三产业完成投资64.9亿元,同比增长20.7%。

社会消费品零售总额242.1亿元,增长12.8%。其中:批发零售业232.5亿元,同比增长12.3%,住宿餐饮业9.7亿元,同比增长25.6%。

全年实现外贸进出口总额11亿美元,同比增长17.7%,其中自营出口额10.5亿美元,同比增长16.3%;合同利用外资2134万美元,同比增长12.8%。

【工业经济】 扎实开展"经济转型提升年"活动,实现工业总产值397.9亿元,增长11.5%。完成工业增加值77.43亿元,同比增长9.8%,工业增加值占GDP的比重29.3%。其中规模以上工业企业完成总产值202.5亿元,同比增长8.2%,完成销售产值194.1亿元,同比增长7.2%。规模以上工业企业完成出口交货值41.1亿元,同比增长8.7%,占销售产值比重为21.2%。工业品产销率为95.9%。全年规模以上企业实现主营业务收入210.4亿元,同比增长6.9%;实现利税总额15.5亿元,同比增长6.7%,其中利润总额9.3亿元,同比增长7%。

支柱产业加快发展,七大特色优势产业实现产值139.7亿元,增长5.2%,占规模以上工业总产值的

69%。完成限额以上工业投资 47.5 亿元，增长 20.2%。实施市级以上重点技改项目 53 项,完成技改投入 11.5 亿元。实现亿元企业 55 家，超 5 亿元 5 家、超 10 亿元 1 家。科技创新步伐加快,申报各级科技立项 73 项,新增市级以上高新技术企业 11 家,省市研发中心 9 家、科技型企业 7 家，新产品产值达 79.1 亿元,增长 23.8%,被列入浙江省知识产权示范创建区。来料加工从业人员达 4.7 万人,发放加工费 6.3 亿元。

全年完成建筑业总产值 143 亿元。全区 49 个三级及三级以上建筑施工企业全年房屋建筑施工面积 1731.4 万平方米,竣工房屋面积 563.6 万平方米。

【农业经济】 实现粮食播种面积 34.7 万亩,同比增长 1.1%。粮食总产量 13.6 万吨，同比增长 1.6%。单季晚稻最高亩产创全市新高。建成粮食生产功能区 25 个,面积 1.8 万亩。花卉苗木种植面积 6.2 万亩,同比下降 4%。全区油菜籽产量 6246 吨,同比下降 7.7%;蔬菜产量 8.1 万吨,同比下降 10.3%;水果产量 1.54 万吨，同比下降 38.6%。全年生猪出栏 51.8 万头,同比增长 13.7%;奶牛存栏数 16019 头,同比下降 0.7%；牛奶产量 38693 吨，同比增长 15.8%;水产品产量 8129 吨,同比下降 13.1%。

加快现代农业园区建设,安地桂花主导产业示范区和白龙桥生猪、罗埠中华鳖精品园通过省级验收,竹马杜鹃花精品园列入省级现代林业园区创建点。农业主体不断壮大。新增市级农业龙头企业 5 家、区级 15 家,家庭农场 26 家,农民专业合作社达 1040 家。水利建设稳步推进。中央财政追加拨付高效节水灌溉项目竣工,新增灌溉面积超万亩。完成市级农村饮用水项目 10 个。完成水库除险加固 2 座,整治山塘 32 座,治理河道 12.5 千米,白沙溪中小河流治理工程有序推进,石柱头电站即将建成发电。荣获省水利“大禹杯”铜奖、省农田水利标准化建设考核优秀单位等荣誉。

【园区建设】 浙中信息产业园创新大厦建成启用,电信云计算项目落户婺城,网络经济集聚效应凸显。合丰、云安阁等重点项目开工建设,入园企业增至 158 家,营业额超 15 亿元,被评为“浙江省首批电子商务示范区”。商贸流通服务业发展迅速,新增供销农超连锁店 25 家,促进农户增收 1 亿元。万象农业休闲观光园开工建设,西吴花卉苗木展示展销中心二期建成投用。农贸市场改造提升三年行动任务全面完成,创建省级文明示范市场 4 家。旅游业保持增长态势，全年接待游客 258.7 万人次，增长 19%。推进乡村旅游品牌建设,塔石梯田入围“中国美丽田园”梯田景观十强。

婺城新城区城市副中心功能日趋完善。水上交通应急指挥中心建成投用，婺州城市广场二期、新宇宏腾生活广场、伟达雷迪森酒店、怡景商务大楼主体完工,浙中乐园、金华银行婺城支行、330 国道改造工程开工建设。新建、续建商住房项目 10 个,建成商住房 25 万平方米。工业经济稳中有升,在建工业项目 15 个,竣工 10 个,投产 8 个;完成工业投入 19.9 亿元,增长 20.9%;实现工业总产值 192.9 亿元、财政收入 6.4 亿元,分别增长 14%和 8.1%。

双龙风景区开展景区游客服务中心和换乘中心项目规划修编,智者寺复建一期、尖峰山休闲公园扩建一期、霞客古道二期工程基本完工。实施景区环境整治,景容景貌明显改善。成功承办“2013 中国健身名山登山赛”,荣膺“中国健身名山”称号。仙源湖度假区开发力度不断加大。开展首期区块控规修编和 48 平方千米提质扩容规划编制,基本完成安地镇南 232 亩、开源三期 57 亩等扩容区块政策处理。成功引进金华乐园项目,水上运动中心开工建设,动物园水族馆一期海狮表演馆建成营业。新建续建房产项目 6 个,建成商住房 20 万平方米。

完成金西开发区与金华经济技术开发区的整合移交工作。区第二人民医院与水电十二局医院成功整合,县级公立医院改革全面铺开。“四换三名”工程扎实推进。实施腾笼换鸟、机器换人、空间换地、电商换市，开展清闲促产专项行动，收回闲置土地 521 亩,消化批而未供面积 2563 亩。新增省级名牌 1 只、市级名牌 6 只、著名商标和知名商号 6 只。实现“个转企”440 家,“下升上”60 家,“小上规”58 家。开展“有效投入提升年”活动,实施政府性投资项目 113 个,完成投资 18.1 亿元。实施省重点项目 12 个、市重点项目 36 个,分别完成投资 14.8 亿元和 28.9 亿元。引进浙(婺)商回归项目 23 个,到位资金17.4 亿元,增长 21.5%。引进内资项目 149 个，到位资金 48 亿元,增长 24.5%。实现外贸进出口总额 11 亿美元,增长17.7%。引进国家、省“千人计划”各2人,市“双龙计划”5人。深圳婺城商会成立。人才保障用房建设有序推进,盘活人才租赁公寓2240平方米。

【城乡建设】“三改一拆”强势推进。拆除违法建筑102万平方米,违建存量明显减少。改造旧住宅小区10.7万平方米、旧厂区14处12万平方米、城中村674户7.3万平方米,关停非法采砂场58家。二七新村改造有序推进,完成改造方案编制,拆除建筑2.1万平方米,启动安置房建设。城市治堵有序开展。增加停车设施36处,施划停车位2527个,石门路基本完工。重点建设项目加快推进。杭长客专婺城区段红线内征迁全面完成,婺剧院连接线完工,宾虹西路拓宽工程、二环跨沪昆公铁立交桥工程进展顺利。金千线改道工程和琴南公路竣工通车。完成联网公路21千米,农村公路大中修52千米,检修加固桥梁5座。完成蒋堂污水处理厂二期工程15千米管网铺设。溪洛渡电力工程、金衢丽天然气管网基本完成政策处理,天然气高压输配一期顺利施工。完成雅畈、琅琊、蒋堂三镇总体规划和上盛等16个村庄规划修编。城市管理水平不断提升。巩固创卫成果,顺利通过国家卫生城市复审。推进城市精细化管理,创建八咏楼等精品社区6个,取缔规范马路市场5个,修补背街小巷1.2万余平方米,补植绿化4万余平方米。美丽乡村建设扎实推进。启动建设171个村,建成精品村10个、秀美村15个、洁美村100个,美丽乡村精品线2条,农房改造2020户。山区扶贫全面推进,实施省级扶贫项目11个、市级26个。发放小额扶贫贷款6000余万元。乾西移民新村完成二期安置和三期主体工程,蒋堂移民新村启动建设。

【生态建设】全面开展水环境综合治理,城乡环境不断优化。出台“一河一策”整治方案,启动回溪、通园溪、白沙溪、桐溪等小流域专项整治。关停搬迁沙金兰水源涵养区畜禽养殖场95家、锯板厂49家,完成莘畈水库污染整治和湿地工程建设,饮用水源水质良好。农村环境整治力度加大,基本完成“双清”“四边三化”任务,完成109家规模畜禽养殖场排泄物综合治理。创建国家级生态镇1个、省级3个、市级1个,新增市级生态村52个,宜居环境明显改善。森林婺城建设深入推进。完成平原绿化5200亩、山地造林3000余亩、义务植树150万株,创建省级森林城镇1个、森林村庄2个,市级绿化示范村52个。节能减排力度加大。严格项目准入机制,印染、造纸、化工、电镀等重污染高耗能行业整治有序推进,电镀行业扫尾工作通过市阶段性验收,污染减排项目立项31个,减排效益明显。

【科技管理】科技项目立项数量明显增长。全年累计获国家、省、市各类科技立项65项,其中:国家火炬计划3项、国家重点新产品1项;省级新产品试制计划9项、省重大科技专项计划3项、省科技特派员项目4项、省农业成果转化项目1项、企业法人科技特派员1人、省团队科技特派员2家;市科技项目27项(工业12项、农业15项)、市科技特派员项目10项、市农业科技成果转化项目4项。获省农业成果转化推广奖2人,省科学技术奖1项,市科学技术奖6项,市科技合作奖1项。培育创新主体能力加强。全年累计认定高新技术企业11家(省级4家、市级7家)、省科技型中小企业7家、省级农业科技企业1家、省创新型示范企业1家、省创新型试点企业1家、市级创新型企业2家、高新技术研发中心6家(省级1家、市级5家)、农业科技研发中心3家(省级1家、市级2家)。专利授权量1158件,其中发明专利授权量160件,同比增长48%。

【教育文体事业】以“创建全国义务教育均衡区”为契机,积极改善学校办学条件,促进资源优化配置,努力提升教育教学质量。深化学前教育三年行动计划,努力发展小学“特色教育”,切实推广初中“高效课堂”,推进职业教育精品化。全区小学入学率、小学毕业升初中比例均为100%。年末全区有普通高中1所,专任教师12人,在校学生130人;普通初中20所,专任教师1311人,在校学生14749人;职业中学2所,专任教师290人,在校学生8816人;小学45所,专任教师1835人,在校学生32516人;幼儿园163所,专任教师1306人,入园儿童19480人。

文化体育事业持续繁荣。文化馆和图书馆做好免费开放的前期准备,15个乡镇街道完成综合文化站建设;开展“送戏下乡”“送书下乡”以及“激情婺城”系列大型文艺活动;12个乡镇被评为浙江体育强乡镇,1个社区被评为浙江省城市体育先进社区。

【卫生事业】 卫生事业蓬勃发展。全区有医疗卫生机构 28 个，卫生技术人员 765 人，医疗床位 411 张。2013 年参加新型农村合作医疗有 28.8 万人,参合率达到 97%。全区 22 家社区卫生服务中心(卫生院)、35 家具备运行条件的社区卫生服务站以及 163 家村卫生室实施了基本药物制度，实施率为 95.2%,达到浙江省卫生厅的实施要求。三大类十二项基本公共卫生和重大公共卫生服务项目综合达标率达 93%。开展城乡居民健康体检,参保居民健康体检 146418 人,共体检成人 90359 人次,其中:老人 44208 人次，学生儿童 56059 人次，体检结果异常 32091 人次,完成纸质健康档案 461421 份,建立规范化电子健康档案 447186 份,户籍人口电子建档率达 93.56%,提前完成省定目标。

【社会保障】 努力改善民生保障，社会保持和谐稳定。城镇居民人均可支配收入 35377 元，增长 9.6%。人均消费性支出 23098 元,同比增长 4.1%,其中食品消费支出 7637 元,同比增长 5.1%。农村居民人均可支配收入 13573 元,增长 10.8%。人均生活消费支出 9205 元,同比增长 11.5%,其中食品消费支出 3713 元,同比增长 18.5%。

惠民实事有效落实。城镇新增就业 4490 人,失业人员再就业 2252 人。完成农村劳动力培训 4056 人,其中:转移就业培训 2046 人,农村实用人才培训 2010 人。新增就业岗位 4490 个,失业人员实现再就业 2252 人,其中就业困难人员再就业 228 人,城镇登记失业率 2.74%,远低于 4%的控制目标。加强城镇低保对象管理,城镇低保标准每人每月 524 元,农村低保标准每人每月 357 元，家庭人均收入低于 2500 元,符合低保条件的农户已全部纳入低保。全区共有 5273 户 7679 名城乡低保对象、4440 户 6663 名低保边缘困难群众、1038 名重度残疾人享受相应救助,累计发放低保、低保边缘、重残、医疗等各类救助款 3000 余万元；发放冬春荒生活补助 69.8 万元，主要用于 6600 余户因灾受困群众的生产自救。新增 50 家城乡社区居家养老服务照料中心,20 家“星光老年之家”,全区 2700 多名老人享受到居家养老政府购买服务政策。开展“2013 年慈善温暖行动”、慈善助学系列活动,发放慈善救助金 300 多万元;做好慈善总会筹备前期基础工作,宣传发动并开展募捐，共收到善款 193 万余元及价值 100 万元实物捐赠。按政策落实全区 108 名符合条件的孤儿基本生活费的发放，发放孤儿基本生活费及补发 2012 年 62 名困境儿童基本生活费共计 120 万元。做好水库移民后期扶持工作，发放直补资金 639 万元,全区共有 21300 名直补移民受益。加强区划地名管理,统一制作路门牌 4442 块,更新新区街路标示牌 123 块,完成婺城至龙游、婺城至金东行政区划界线勘界的联合检查。

全区养老保险、医疗保险参保人数分别为 15.3 万人和 28.8 万人。被征地农民生活保障实现即征即保,企退人员社会化管理服务工作得到加强。政策性农村住房保险参保率达 99.3%。新建居家养老服务照料中心 43 家、星光老年之家 20 家,五保对象集中供养率达 98%。残疾人综合服务中心建成投用。社会各项事业蓬勃发展。义务教育均衡区创建活动扎实推进,完成新一轮学区布局调整,改造薄弱学校 7 所。义务教育质量稳步提升,职业教育免学费政策全面落实,乡镇中心幼儿园建设基本完成。获全省教育科学和谐发展业绩考核优秀。“激情婺城”文化活动精彩纷呈,举办大型活动 52 场,送戏下乡 140 场,文化走亲 10 场,建成文化礼堂 22 个。竞技体育再创佳绩,获浙江省第二届体育大会团体总分一等奖。群众性体育广泛开展，创建小康体育村 50 个。优化公共卫生资源,创建规范化社区卫生服务中心 16 家,公共卫生服务能力进一步提升。强化社会综合治理,开展村级治安防范工作试点,加强流动人口服务管理,及时处置突发公共事件,社会创新管理深入推进。开展食品安全“强网清源”集中行动,实现食品安全监管网络乡镇全覆盖。安全生产和消防安全形势稳定。计划生育工作走在全市前列。人民武装、拥军优属、文物保护、民族宗教、外事、侨台以及工青妇、老龄、慈善、红十字、地方志、经济普查、侨情调查等各项工作都取得新成绩。

【作风建设】 区政府不断加强自身建设，深入开展“正风提效促赶超,攻坚克难抓执行”主题实践活动、重大项目百日服务活动、“双千”活动,深化一企一策帮扶,企业难题解决率达 87.9%。贯彻党的群众路线，完善两富指导员工作制度,8890 交办事项办理满意率达 93.2%。认真落实人大和政协监督视察决议、建议意见,做好重点工作报告和通报,认真办理人大代表建议意见和政协委员提案。严格执行八项规定,三公经费支出下降15.9%。强化审计监督,加强政府性投资项目超概算管理,从严执行廉政制度要求,总体保持清正廉洁。

(朱睦钧)

金东区

【概述】 2013年金东区辖8个镇、1个乡、2个街道,共491个行政村,17个居委会,总面积661.8平方千米。2013年末总户数127946户,年末总人口31.84万人,其中非农人口3.42万人。

2013年全区实现地区生产总值(GDP)141.5亿元,按可比价计算,较上年增长9.1%。其中:第一产业增加值13.75亿元,增长1.2%;第二产业增加值75.46亿元,增长8.3%;第三产业增加值52.29亿元,增长12.9%。按户籍人口计算,全区人均地区生产总值达到44642元(按年平均汇率折算为7209美元),增长8.1%。第一、二、三产业增加值占地区生产总值的比重由上年的11.0:53.9:35.1调整为9.7:53.3:37.0,第三产业比重比上年上升1.9个百分点。全区完成固定资产投资104.4亿元,增长21.1%。全社会消费品零售总额93亿元,增长18%。全区实现财政总收入15.69亿元,增长27.2%,其中区级财政收入6.17亿元,增长24%。全区财政总支出29.32亿元,增长52%。财政支出更加关注民生,教育、公共安全、社会保障与就业、医疗卫生、农林水事务等民生工程投入,累计实现各类民生支出13.5亿元,增长41.6%,占财政支出比重的46%。全区城市居民人均可支配收入30482元,城市居民人均消费支出16353元。农村居民人均纯收入14270元,增长11%;农村居民人均生活消费支出12840元,增长7.8%。农村居民家庭恩格尔系数(居民家庭食品消费支出占生活消费支出的比重)为29.6%,比上年下降2.6个百分点。出生人口3529人,出生率10.3‰;死亡人口1973人,死亡率6.2‰;人口自然增长率4.1‰。新增城镇就业人数3136人。其中:城镇失业人员实现再就业521人,困难人员实现再就业107人。年末城镇登记失业率为2.0%,远低于全市年度失业率4%的控制目标。

全区完成工业增加值56.72亿元,增长9.2%,工业增加值占GDP比重40.1%,对GDP贡献率42.8%。全区215家规模以上工业企业实现规模以上工业总产值161.66亿元,增长10.1%;销售产值145.25亿元,增长7.5%。规模以上工业企业完成出口交货值58.24亿元,下降0.5%,占销售产值的比重为40.1%。全区产值超亿元的企业达45家。全区规模以上工业实现利税总额7.9亿元,增长4.3%,其中利润3.5亿元,增长2.5%。全年规模以上工业企业新产品产值61.6亿元,增长27.2%,新产品产值率为38.1%,比上年提高3.5个百分点。全区完成建筑业总产值75.7亿元,增长16.1%。房屋施工面积309.8万平方米,增长7.6%;房屋竣工面积176.9万平方米,下降12.3%。资质以上建筑企业实现利润总额36820万元,增长29%;利税总额60585万元,增长7%。

全区实现农林牧渔业总产值25.81亿元,比上年增长5.2%,按可比价计算增长1.4%。农业增加值13.75亿元,按可比价计算增长1.2%。农业结构积极推进,全区农作物总播种面积25.97万亩,下降2%。其中粮食种植面积为7.55万亩,产量2.93万吨,分别比上年下降4.8%和下降11.5%;果用瓜种植面积2.04万亩,产量3.39万吨,下降1.4%和增长1.2%;油料播种面积2.05万亩,产量0.32万吨,分别下降0.5%和与上年持平;蔬菜播种面积6.82万亩,产量11.82万吨,增长0.7%和4.2%;花卉苗木种植面积6.15万亩,增长1.2%。创建省级主导产业示范区3个、特色农业精品园4个、市级现代农业示范基地45个,新增设施农业1800亩。年末拥有农业机械总动力252553千瓦,增长1.6%;全年化肥施用量(折纯)18653万吨,增长3%;农村用电量28979千瓦时,增长2.6%。全年完成绿化造林面积1531亩,迹地更新面积1337亩。幼林抚育作业面积4500亩;封山育林面积16.42万亩。全年肉类总产量4.03万吨,增长13.8%,其中猪肉3.43万吨,增长17.5%。牛奶产量3.02万吨,增长2%。全年生猪出栏49.12万头,增长21.6%;家禽出栏326万羽,下降11.9%。

全区完成固定资产投资104.4亿元,增长

21.1%。按城乡分，城镇投资58.74亿元，增长108.3%；农村投资45.66亿元，下降21.3%。按产业分，第一产业投资0.09亿元，下降95.9%；第二产业投资55.86亿元，增长20.1%；第三产业投资48.45亿元，增长25.2%。按登记注册类型分，国有投资10亿元，增长22.9%；非国有投资94.4亿元，增长20.9%。民间投资活力进一步增强，投资额占全社会投资总额的89.1%。全区共有重点项目40项，全年计划投资66.26亿元，完成投资88.45亿元，为年度计划133.5%，计划完成率比同期增加32.4个百分点。全区完成房地产开发投资40.98亿元，增长177.6%。商品房新开工面积54.3万平方米，增长150.3%。商品房销售面积46.58万平方米，增长81.5%；其中住宅销售面积27.01万平方米，增长41.3%。

全区实现社会消费品零售总额90.96亿元，增长15.4%。城乡消费市场同步增长，城镇消费品零售总额71.15亿元，增长15.3%；农村消费品零售总额19.81亿元，增长15.5%。分行业看，批发业7.82亿元，增长112.7%；零售业80.55亿元，增长10.3%；住宿餐饮业2.59亿元，增长19.3%。全区共有成交额超亿元市场6个。其中，金华农产品批发市场实现成交额61.26亿元，增长13.9%；金华市汽车城成交额38.21亿元，下降1.4%；金华市浙中建筑装饰材料市场成交额46.58亿元，增长17.9%；金华市汽配城成交额25.7亿元，增长42.8%；金华澧浦苗木城成交额14.34亿元，增长33.4%；金华市二手车交易市场成交额8.53亿元，增长55.1%。全区完成外贸出口交货值98.92亿元，增长18.1%。完成外贸进出口总额10.73亿美元，增长23.8%。其中，自营出口10.52亿美元（含市场采购1.9亿美元），增长23.4%；进口2125万美元，增长46%。从出口产品看，传统及新兴出口产品增幅全面上升，机电产品、纺织品、箱包分别实现出口22883万美元、25176万美元和2347万美元，分别增长21.8%、31.7%和255.7%。全年审批外商投资项目3个，总投资额5155万美元。合同利用外资2467万元，下降31.2%；实际利用外资3418万元，增长11.1%。全区引进内资项目138个，其中：工业项目130个，工业项目8个。5000万元以上的项目65个，占引进内资项目比重达47.1%，其中：1亿元以上项目39个，5亿元以上项目13个。2013年实际到位资金42.58亿元，增长9.9%。全年新引进项目27个，总投资275亿元，增长100%，实际到位投资34.8亿元，增长127%。其中新引进重大产业项目22个，占新引进项目的81%，增长144.4%；重大科技人才项目5个，占新引进项目的19%,增长66.7%。新引进重大产业项目税收贡献额19600万元，公益捐赠额7611万元。

全区交通建设共完成投资5.13亿元。国省、县道建设项目完成投资5593.9万元，大中修工程完成投资7219万元，农村联网公路完成投资2241.2万元，安保工程完成投资331.3万元，病旧桥隧加固改造工程完成投资102万元。曹塘澧公路除跨杭金衢立交(列入杭金衢拓宽一起实施)外，其余工程已经全部完工，全线通车。金华至武义公路(金东区段)工程已经基本完工。投资3787万元，完成330国道路面大中修工程5.417千米；投资1241万元，完成103省道路面5.66千米的大修工程；投资2100万元，完成16条农村公路大中修工程26.83千米。投资102万元完成对梁梅西塘桥和金尚塘桥2座危桥的改造。投资312.7万元，完成对32条农村公路的安保工程(临水临崖)，实施里程76.854千米，安装钢质波形护栏12154米。总投资1811.85万元，完成对公路“三化”整治，绿化面积11.6035万平方米。投入260多万元，在区内主要道路增设84个公交停靠站棚。全区等级公路达到1057.6千米。全区共接待海内外游客145.6万人次，增长33.1%，实现旅游总收入1.97亿元，增长10.7%。其中接待国内旅游者144.85万人次，同比增长33.2%，实现国内旅游收入1.95亿元，同比增长10.3%，接待入境旅游者0.75万人次，同比增长8.8%。

全年城市环境空气优良天数达到310天，空气质量优良率达到84.8%。主要河流水质有效改善，达到或优于三类水质标准的占10%，满足功能区要求的占10%；全区35个地表水交接断面，达到或者优于三类水质标准的断面占11.4%；2个出境断面，达到或者优于三类水质标准的断面占50%。全年实施减排项目40个，其中城镇污水处理厂项目1个，农村连片整治项目2个，工业结构调整减排项目8个，农业减排项目7个。在2012年的基础上，削减化学需氧量226吨,削减率为3.2%;氨氮20吨,削减率为2.8%;二氧化硫26吨,削减率为1.4%;氮氧化物8吨,削减率为0.8%,基本完成2013年度减排目标。全区共建成省级生态镇8个,市级生态村394个,市级森林村庄157个,累计建成生态公益林12.86万亩,完成平原绿化扩面6200亩。完成水库除险加固工程1座,山塘整治16座,新增固定式喷微灌面积2530亩,灌区渠道改造86.9千米,新增旱涝保收面积4305亩,扩大灌溉面积6755亩。金东区2013年度中小河流治理重点县建设4个项目片区均已开工建设,完成赤松、澧浦东溪、傅村3个项目区的审查;完成金东区金华江治理工程8.3千米;开展农村河道综合整治,完成万里清水河道整治33千米(亩)。实施农村饮水安全提升工程,总受益人口1.2万人。完成金东区省级百库洁水渔业产业示范区建设并通过验收和挂牌。完成东阳江流域管理站省级管理单位创建,是金华市第一家。

全区拥有各级各类全日制学校51所,其中公办42所,民办9所,在校学生5.12万人。其中小学23所,在校学生22052人,小学适龄儿童入学率达到100%。初中18所,在校学生9799人,初中适龄少年入学率达到100%。初中毕业生升入高中段学校比例98.36%,升入优质高中占高中段招生比例达到89.54%。高中8所(含3所民办高中),在校学生12434人。高等院校2所,在校学生6873人。全区学前儿童入园率超过99.4%。城乡免费义务教育全面实行,各级各类学校政府财政经费投入不断加大。全区列入市级以上科技项目58项,其中:国家级3项、省级29项、市级26项;新到位省级以上科技资金140万元。新立市级科技计划项目26项,其中:工业类9项、农业类14项、社会发展类1项,农业科技成果转化项目2项。列入2013年度评选市科学技术奖3项。新认定创新型企业13家,其中:省级1家、市级2家、区级10家;高新技术企业8家,其中:国家级1家、市级7家;省级科技型中小企业12家;农业科技企业4家,其中:省级2家、市级2家;专利示范企业6家,其中:省级2家、市级4家。申请专利1037件,增长13.7%,其中发明专利158件,增长143%;授权专利616件。全区新认定省级高新技术研发中心3家、市级2家,省级农业科技研发中心2家、市级2家。

举办了全区第四届农民文化艺术节和乡镇婺剧联谊赛等大型文化活动;全年送戏下乡200余场,送电影3910场,培训农村文艺骨干10000多人次。摄影美术书法作品有袁修广、潘志余、王芳等20余人次获得国家、省、市级最高奖项。“金华说书”“迎大蜡烛”等5个项目被评为市级第五批非遗项目。体育竞技战果累累,金东区代表队参加“2013年全国气排球比赛”,勇夺男子中青年组全国冠军。区少体校组队参加浙江省青少年沙滩排球赛,一举夺得男子甲组金牌。全区共设医疗卫生机构268家,其中:疾控中心1家、卫生监督所1家、妇幼保健院1家、医院(社区卫生服务中心增挂)1家、社区卫生服务中心13家、社区卫生服务站60家、村卫生室191家,卫生服务网络进一步完善。全区实际开放床位数247张,拥有卫生技术人员646人。全区所有基层医疗机构全部实施国家基本药物制度,零差率销售药品直接让利就医群众累计约12294.20万元。全面开展参保城乡居民健康体检工作,60周岁以上老人体检率为80.5%,儿童100%,中小学生100%。城乡居民规范化电子健康档案建档率达90%。全区产妇数2417人,孕产妇系统管理率98.23%,住院分娩率100%,产前筛查率84.44%,2013年婚检率100%,农村妇女住院分娩补助1976人,补助经费98.8万元,农村孕产妇住院分娩补助100%。

【农村养老服务】 金东区全面推行村居养老服务照料中心建设,探索了一条解决农村养老问题的新路子。服务中心由民政部门统一规划、统一设计,由各乡镇(街道)集中指导、批量建设,各村自主操作,具体负责。服务中心拥有居家养老标识,内部设施完善,人员配备齐整。每位符合条件的老人只要每餐交2元钱,就能来到照料中心吃上热气腾腾的饭菜,养老服务成了真正的“实惠工程”。2013年底,全区共建成农村居家养老照料中心232家,为近6000名高龄、空巢、孤独和贫困老人解决日常就餐、医疗保健、文化娱乐等基本养老服务。

【省级示范服务中心】 东孝街道行政服务中心被命名为省级示范镇乡(街道)行政服务中心,赤松镇山口冯村等12个村级便民服务中心被命名为省级示范村级(社区)便民服务中心。在实现便民服务

“全覆盖” 的过程中, 金东区首先确定45个基础较好、辐射带动能力较强的中心村(社区)开展示范创建,强化它们在便民服务网络中的支撑作用。

【金东新城区建设】 多湖中央商务区、商业中心、江北中轴线三大板块开发建设同步推进,金华万达广场北区主体结构全面完成,紫金湾等项目全面开工建设,“三江六岸”景观提升工程和“断头路”延伸工程稳步实施,城防堤顶4000米游步道建成投入使用,丽泽公园主体完工。

【政府效能建设】 全区健全科学民主决策制度,制订完善重大决策社会稳定风险评估机制。人大代表建议意见、政协委员提案办结率100%。深化行政审批制度改革,积极推进财政预算编制、国库集中支付和公务卡制度改革。开展区长集中下基层现场办公活动,加强服务乡镇力度。严格执行中央“八项规定”和省委“六个严禁”,规范公务接待和公车管理,压缩一般性经费和“三公”经费支出。强化审计监督和行政监察,健全惩治和预防腐败体系进一步完善。

【省级森林村庄】 以创建国家级森林城市为契机,大力建设森林村庄,实施绿化新城、森林城镇、森林村庄、农田林网、绿色通道、绿色河渠、绿色庭院、绿色厂区等“八大工程”,东孝街道毛竹园,傅村镇深塘坞等7个村庄被省关注森林组织委员会授予“浙江省森林村庄”荣誉称号。

【区文体局获评全国先进单位】 全区建成省级体育强镇9个, 国家级、省级青少年体育俱乐部5个,小康体育村420个。金东区承办了省二体会健美操、健身排舞、羽毛球三大赛事,提升金东形象。是年区文体局获评全国先进单位。

【农村文化礼堂】 依托美丽乡村建设, 整合各类优势资源,注重融入历史元素,形成自己鲜明的个性。曹宅镇龙一村计划依托清代著名天文学家张作楠故里的优势,做足历史文化名人文章;源东乡东叶村充分挖掘施光南、施复亮故居等资源,赋予建设的文化特征和人文色彩;孝顺镇车客村打算借助村级公共服务中心优势, 打造新时代的精神家园。到2013年底,全区新建农村文化礼堂16个。

【金华酥饼博物馆】 8月27日, 首家酥饼博物馆——金华酥饼博物馆正式在曹宅镇大黄村开馆。大黄村是金华酥饼专业村,酥饼行业经过多年的发展,已经形成了自己独特的产业文化。建立博物馆是对酥饼文化进行全面梳理和集中展示。置身博物馆,更像是一段酥饼生产的历史和一幅酥饼制作的全景图。其中有酥饼发展各个阶段的图文资料,更有酥饼制作14道传统工艺的人偶展示。

(金东区地方志办公室)

兰溪市

【概述】 2013年,兰溪市辖6个街道、7个镇、3个乡, 总面积1313平方千米。年底, 户籍总人口66.67万人,常住人口56.40万人。全市实现地区生产总值251.3亿元,增长9.2%;地方财政收入(公共财政预算收入)18.1亿元,增长12.3%;固定资产投资128.9亿元,增长21.3%;外贸出口9.5亿美元,增长20.6%; 社会消费品零售总额92.7亿元, 增长15.7%; 城镇居民人均可支配收入26628元, 增长10.5%,农村居民人均纯收入10790元,增长11%。

【项目建设】 十大指挥长工程全线开工, 完成投资11亿元。“双百工程”项目进展顺利,完成投资57亿元,91个项目开工建设,31个项目竣工投产。开展项目推进“集中攻坚月”“百日冲刺”等行动,解决难题160件。招商选资成效明显,引进内资61亿元,实到外资2700万美元。在重庆、天津相继举办浙商回归项目签约仪式, 签约项目42个, 投资总额105亿元。重大新兴产业项目中光科技落户兰溪。推进历次集中签约项目落地,开工项目32个,投产项目12个。启动浙商创新实验园建设,开发区三期招商平台、低丘缓坡综合开发平台建设顺利推进,在全省率先建立水库移民创业园。国家电网重点工程——1000千伏特高压浙中变电站进展顺利,110千伏女埠变建成投运,110千伏登胜变、游埠变、永昌变、中洲变完成扩容。

【工业经济】 实现规模以上工业总产值699.9亿元,增长11.2%;规模以上工业增加值126.3亿元,增长10.4%;工业投资86亿元,增长20.2%;新产品产值150亿元,增长33.7%。加大企业帮扶力度,净增"小升规"企业109家,为138家企业转贷7.8亿元,完成企业"无证房"办证160家。华东铝业与杭州锦江、红狮集团实现战略合作。列入省"双千工程"技改项目69个,项目数连续7年居全省各县市第一。深入推进"纺织强市"创建,兰溪差别化纤维及纺织特色产业基地列入国家火炬计划,"浙兰纺织"成为浙江区域名牌。大力发展战略性新兴产业,增加值增长11.7%。支持企业科技创新,新增科技型企业56家,列入国家级科技项目5个,组建企业研发中心32家,浙江大学等三所高校、科研机构在兰溪建立技术转移中心。科技企业孵化园正式运营,并设立院士工作站。引进省"千人计划"人才2人,实现历史性突破,9个精英人才高科技项目落户兰溪。开展节约集约用地专项行动,清闲促产1400亩。

【现代农业】 "六个万亩"现代农业项目顺利推进,其中云山万亩粮食功能区基本建成。创建省级现代农业园区3个。成功举办浙商"创业创新"农业产业化项目专题推介会,签约现代农业项目16个,投资总额22.3亿元。新增土地流转面积1.6万亩。与内蒙古扎赉特旗开展现代农业战略合作,引导生猪养殖户和种粮大户"走出去"发展。实现水利投资5亿元,农防加固主体工程基本完工,第二水源完成蓄水验收,全国小农水重点县建设、梅溪二期治理进展顺利。成功举办农展会、全省"六月杨梅红"等系列农业节会。列为全国新型农业社会化服务体系试点县。

【服务业】 服务业增加值占比33.7%,比上年提高0.6个百分点;实现服务业投资42.9亿元,增长27.3%。完成"个转企"687家、"下升上"53家。两大商圈建设顺利推进,山田·捷盛中央广场商贸综合体列入省第三批现代服务业集聚示范区;嘉泰新时代广场结顶,排岭地块启动开发。完成诸葛等6家农贸市场改造。实现总部经济税收2.2亿元,总部大楼主体工程基本完工。完成赤山湖旅游度假区控制性详细规划编制,赤山湖大道建设顺利推进。成功创建省休闲农业与乡村旅游示范县。六洞山风景区升格为AAAA级景区。出台电子商务发展扶持政策,新增电子商务企业10家。全市新增银行贷款52亿元,超年度目标7亿元。

【城乡建设】 兰溪市政府与上海铁路局金华车务段正式签署合作协议,开通兰溪至南通特快列车。金角大桥完成桥墩建设,横山大桥拓宽改建正式实施。马墩公路路基工程基本完成,义兰公路开工建设。完成西环路延伸和福兴路、三江路等改造。顺利通过省级园林城市创建验收。城管执法实现乡镇全覆盖。浙中清洁城市建设有序推进,垃圾填埋场无害化处理达到国家一级标准。实行地下管线统一管理。出台支持中心镇发展政策。成立历史文化名城管理委员会,推进古城保护和利用。成功承办全省历史文化村落保护利用现场会和金华市美丽乡村现场会。启动森林城市建设,绿化造林5200亩。

【人居环境】 强势推进"三改一拆",开展国省县道沿线环境整治、废旧品收购及加工点整治等专项行动,拆除违法违章建筑92万平方米,改造旧住宅、旧厂区、城中村共49万平方米。启动国家卫生城市创建。全面推进"四边三化""双清"行动,共清理道路、河道1600千米,清运垃圾1.4万吨。实施水环境综合整治"十大行动",全市地表水达到Ⅲ类水质断面比例从上年的66.7%上升至83.3%。开展生猪养殖污染专项整治,关停禁养区内的养殖场10万平方米,减少存栏3.3万头。全市181家制(洗)砂场得到彻底整治。组织近千人开展"保护母亲河、畅游兰江"活动。加强大气污染防治,监测并公布PM2.5,实施浙能电厂脱硝改造。开展"绿剑"环保专项行动,整改企业46家,关停"低、小、散"企业作坊223家。严格落实能源"双控"制度,拆除179台陶土坩埚拉丝落后设备。

【社会事业】 兰溪市地方财政民生支出15亿元,占比达到80%。基本完成为民办实事项目。与浙江师范大学建立全面战略合作关系,双方将秉着"优势互补,互惠互利,合作共赢,共同发展"的原则,开展合作办学,在兰溪建设浙江师范大学行知学院,规划全日制在校生规模8000~10000人,共同推进校地融合发展,谱写优势互补、共赢发展的兰溪高等教育新篇章。新兰五中教学区主体工程基本完工,水亭等3家中心幼儿园建成开园。出台职业教育三年行动计划。全社会捐赠教育资金近3000万元,创历史新高。公立医院综合改革稳妥推进。新人民医院投入运行,并挂牌浙医二院兰溪分院;中医院病房大楼基本建成。成功承办省第二届体育大会部分赛事。成立方增先艺术研究会。新版《兰溪市志》正式发行。首部自制的电视连续剧《纺织人家》举行首播仪式,该剧全部采用兰溪演员、场景和故事,演绎了纺织名企最新一代的接班人从国外学成归来,积极投身兰溪纺织行业转型升级所经历的创业与爱情故事。省级流动人口计生服务均等化县市创建工作扎实推进。完成广电台网分离和"一省一网"整合。新增城镇就业 1.1 万人,城镇登记失业率为 2.4%。实施食品药品网格化管理,实现村级饮用水源监测全覆盖。社会保持和谐稳定,连续七年被评为省"平安县市"。

【政府效能】 贯彻落实中央"八项规定",开展"正风提效促跨越"活动,改进政风、文风、会风。深入开展市长集中下基层办公,协调解决基层发展问题。实行并联模拟审批,前移审批关口,项目审批办结时间提速 51%。进一步规范政府采购、工程招投标行为,简化招投标流程,建立网上招投标系统。办理人大代表建议 416 件、政协提案 401 件。主动公开政府信息 5000 余条。制定"三公"经费管理办法。顺利完成村级组织换届。

（成　进）

东阳市

【概述】 东阳市辖 6 个街道、11 个镇、1 个乡,总面积 1746.81 平方千米。2013 年底,总户数 315083 户,总人口 830664 人。年人口自然增长率 3.50‰。

2013 年,全市实现生产总值 403.91 亿元,按可比价计算,比上年增长 9.0%。其中,第一产业增加值 18.22 亿元,比上年增长 0.9%;第二产业增加值 198.46 亿元,比上年增长 9.6%;第三产业增加值 187.23 亿元,比上年增长 9.1%。第一、二、三产业比重由上年的 4.8:49.9:45.3 调整为 4.5:49.1:46.4,产业结构更加优化。按户籍人口计算,全市人均生产总值达 48704 元(按年平均汇率折合 7865 美元),比上年增长 8.5%。财政总收入 59.44 亿元,比上年增长 18.0%,其中地方财政收入 35.3 亿元,比上年增长 17.3%。全年公共财政预算支出 43.23 亿元,比上年增长 10.2%;固定资产投资(不含农户)187.11 亿元,比上年增长 20.8%;项目投资 140.96 亿元,增长 16.2%。社会消费品零售总额 182.49 亿元,比上年增长 15.6%。成功举办第五届休闲购物节。金华一百入驻东阳。成功举办第八届中国(东阳)木雕竹编工艺美术博览会,顺利通过"世界木雕之都"考评,成功申办 2014 世界工艺文化节,被授予"中国红木(雕刻)家具之都"。外贸进出口总额 23.83 亿美元,比上年增长 10.4%,其中外贸出口总额 21.45 亿美元,比上年增长 10.7%;进口总额 2.38 亿美元,比上年增长 7.5%。主要出口市场情况良好,美国为第一大贸易伙伴。全年新批三资企业 5 家,合同利用外资 8661 万美元,比上年增长 836.3%;实际利用外资 3287 万美元,比上年上升 142.9%。年末拥有商品交易市场 85 个,商品交易市场成交额 195.60 亿元,比上年增长 0.04%。2013 年末金融机构本外币存款余额 754.16 亿元,比年初增长 25.6%,人民币存款余额 748.40 亿元,比年初增长 25.9%,其中储蓄存款余额 372.96 亿元,比年初增长 18.2%。金融系统本外币贷款余额 556.88 亿元,比年初增长 24.8%。人民币贷款余额 549.63 亿元,比年初增长 26.1%。新增银行业金融机构 2(和金融办数据不一,金融办 1 家)家,小额贷款公司 1 家。设立"同筑梦想·共享阳光"担保基金,获金华人行特批 2 亿元的专项贷款规模用于发放担保基金贷款。全年保费收入 15.45 亿元,比上年增长 10.8%;赔款、给付 5.13 亿元,比上年增长 39.3%。城市居民人均可支配收入 33350 元,比上年增长 9.7%,农村居民人均纯收入 16634 元,比上年增长 10.8%。城市人均住房建筑面积 57.4 平方米,比上年增长 0.9%。农村居民人均居住面积 82 平方米,与上年持平。财政总收入、地方财政税收收入、金融机构本外币存款余额、贷款余额等指标增幅居金华各县市前列。

粮食作物播种面积 31321 公顷,比上年减少 2.6%,粮食总产量 18.04 万吨,比上年下降 3.2%。年末农田有效灌溉面积 2.13 万公顷,与上年基本持平,节水灌溉面积 1.86 万公顷,比上年增长 3.1%,旱涝保收面积 1.71 万公顷,比上年增长 1.3%。农业机械总动力 49.07 万千瓦,比上年增长 2.4%。顺利通过中央财政小农水重点县项目验收。首次实施人工增雨作业。

工业增加值162.72亿元，比上年增长10.0%。360家规模以上企业工业总产值、销售产值分别达到422.08亿元和402.34亿元，分别比上年增长12.2%和11.4%，其中轻工业总产值193.97亿元,比上年增长20.4%;重工业总产值228.11亿元,比上年增长6.0%。全年新产品产值51.07亿元,比上年减少30.7%。新产品产值率由上年的19.6%回落到12.1%。全社会用电量346721万千瓦小时,比上年增8.8%。110千伏世贸变投运,500千伏吴宁变完成主体建设,横店东磁20.7兆瓦光伏电站并网发电。

建筑业增加值35.74亿元,比上年增长7.5%。全市186家资质以上建筑企业实现总产值1844.02亿元,比上年增长16.3%,实缴东阳市地方税费7.8亿元(不包括建筑企业在本市开办的工业、服务业和房地产开发企业所缴纳的税费),比上年增长27.8%。建筑业总产值连续五年蝉联全国县(市)级第一。新增“鲁班奖”2个、“钱江杯” 等省级以上优质工程奖56个。实现利润56.33亿元,比上年增长23.8%;税金总额56.78亿元,比上年增长27.1%。房屋建筑施工面积24613.32万平方米,比上年增长9.8%;竣工面积6592.68万平方米,比上年增长12.0%。

交通,全年公路客运量3914万人,比上年增长0.3%，旅客周转量138229万人千米，比上年增长2.6%;公路货运量2130万吨,比上年增长0.4%,货物周转量104193万吨千米,比上年下降0.7%。新增公路通车里程15千米,累计2287千米,其中高速公路82千米。2013年末民用汽车拥有量达132265辆，其中私人汽车121698辆，比上年末分别增长21.3%和22.4%。7月中旬顺利完成横店30辆英伦TX4出租车的投放工作,填补横店镇区无出租车的空白。

邮电业务收入100344万元,比上年增长8.2%。年末拥有固定电话用户22.33万户，固定电话主线普及率为26.93部/百人;新增移动电话用户4.22万户,年末达到128.09万户,移动电话主线普及率为154.46部/百人；新增互联网宽带接入用户24126户,年末拥有183914户;年末行政村宽带覆盖率达到100%。

全年接待国内外游客1356.16万人次，比上年增长11.0%。其中国内游客1352.75万人次,比上年增长11.3%,国内旅游收入94.69亿元,比上年增长16.2%;入境游客3.41万人次,比上年下降48.2%,国际旅游外汇收入1569万美元，比上年下降30.1%。横店影视产业实验区成为国家级文化和科技融合示范基地。花儿影视与乐视重组上市,长城影视“借壳”上市通过证监委审核。

拥有高等院校2所,当年招生数5570人,在校学生14243人,毕业生4376人。各类高等院校录取人数达6444人，其中普通高等院校录取人数5518人。启动东阳竹编传承计划,与广厦建设学院协作,组织5名东阳竹编传承人进校园授课。普通高中12所,招生数4581人,在校学生15290人;职业中学8所,招生数2467人,在校学生8628人。东阳技校成功创建省首批中等职业教育改革发展示范校,并顺利通过省一级中等职业学校转评。初中毕业升高中段比例为98%。初中35所,招生数9609人,在校学生26167人。初中入学率、巩固率均为100%。小学93所,招生数12414人,在校学生69166人。小学学龄人口入学率、巩固率均为100%,小学毕业升初中比例达100%,义务教育学龄人口入学率为100%。特殊教育学校1所,当年招生数17人,在校学生126人。幼儿园177所，招生数12155人，在园幼儿33827人,比上年增长2.2%。

2013年末,拥有地及地(市)以上独立的研究开发机构61家,省级高新技术企业研发中心26家,其中国家级企业技术中心2家。全市获科技进步奖39项,其中地(市)级9项。科技成果鉴定33项,其中地(市)级33项。专利申请受理2732项,专利申请授权2104项。荣获2013年全国县(市)科技进步考核先进县(市)。横店集团联谊电机有限公司和英洛华磁业有限公司成功创建省级和金华市级院士专家工作站,已有金华市级院士专家工作站7家(其中省级4家),引进院士12名,开展科研项目44项。

2013年末,拥有文化馆1个,组织文艺活动40次,举办训练班52次;公共图书馆1个,藏书32.1万册;文化艺术表演团体1个,演出场次246场;剧院1个、电影院3个。有线电视用户20.9万户,其中数字电视20.9万户。广播综合覆盖率为100%,电视综合覆盖率100%。拥有档案馆1个,已开放各类档案52082卷,比上年增长5.0%。

参加地(市)级以上运动会获金牌15枚,银牌24枚,铜牌28枚,其中:省级比赛金牌4枚、银牌14枚、铜牌14枚。全市有二级运动员55人,向上级输送体育人才5名。被国家老年体协命名为“全国老年气排球之乡”。任梦茜获全国第十二届运动会女子撑竿跳银牌。发行电脑体育彩票8212万元。

2013年末,有医疗卫生机构(不含诊所)40个,其中医院、卫生院27个,妇幼保健院1个。拥有床位3794张,比上年增长14.0%,其中医院、卫生院床位3485张,妇幼保健院床位300张。卫生技术人员(不含诊所)4705人,执业医师1520人,执业助理医师246人,注册护士1627人。疾病预防控制中心1个,卫生技术人员52人。卫生监督所1个,卫生技术人员35人。另有诊所、医务室、卫生室、社区卫生服务站399个,卫生技术人员405人。农村卫生服务得到改善。成为省慢性病综合防控示范区。出生人口性别比重点管理县成功摘帽。农村自来水普及率由上年的97.6%提高到97.7%,受益人数达67.5万人。

建成环境噪声达标区1个,面积25平方千米。烟尘控制区2个,面积54.4平方千米。污水处理厂2座,城市生活污水集中处理率为85%。全年工业用水重复用水率为64%,工业废水排放达标率为98%,工业废气治理设施224套,工业固体废物综合利用率为90.1%。建成自然保护区5个,面积为14780公顷,市(地)级生态乡镇11个,规范化合格饮用水源保护区2个,集中式饮用水源地水质达标率为100%,城市环境空气质量二级以上天数达88.5%。累计建设生态公益林优质林分面积32051.93公顷,森林面积达103866.1公顷,森林覆盖率达59.2%,年末森林蓄积量470.51万立方米。建成一条“最美河流”泗渡溪。完成2个空气自动监测站PM2.5项目省级改造。东阳市连续八年被评为浙江省平安县(市、区)。

2013年末,基本养老保险参保人数257622人,比上年末增长24.1%;城镇职工基本医疗保险参保人数185725人,比上年末增长8.3%;城乡居民基本医疗保险参保人数664348人;参加失业保险参保人数104983人,比上年末增长13.1%;工伤保险217753人,比上年末增长6.0%;女工生育保险117684人,比上年末增长17.6%。全市最低月工资标准由上年的1160元提高到1310元,失业保险金标准由上年的812元/月提高到983元/月。

2013年末城乡居民社会养老保险参保登记缴费人数512878人,收缴保费4163万元,其中:45~60周岁实际参保11.26万人,参保率为99.5%;60周岁以上人员参保率为100%。对全市60周岁以上符合享受条件的98812人足额发放每月90元的基础养老金,累计发放12471万元;对全市762名复退军人累计发放优待金42.8万元;对3748名城乡居民社会养老保险享受对象死亡人员发放一次性丧葬补助金674万元。全年累计发放城乡居民社会养老保险金17637万元。被征地农民基本生活保障参保34126人,年内新增参保8510人。有低保对象5376人,发放最低生活保障金1822.06万元。2013年末全市各类收养性社会福利单位27个,床位6150张,收养人数3537人。全市筹集医疗救助资金891万元,实际救助1259人次,发放救助金498.31万元。全年发放救灾款64万元,救济灾民1281人。农村五保对象集中供养率为98.8%,城镇“三无”对象集中供养率为100%。建立社区服务中心(站)46个,建立捐赠接收站(慈善超市)19个。全市发放义务兵优待金704.50万元。

【公立医院法人治理结构改革论坛】 4月20日—21日,由中国医院协会和健康报社共同主办的“公立医院法人治理结构改革论坛”在东阳市举行,市人民医院的改革经验再次受到关注。本次论坛中,来自全国各地的280多位领导和专家齐聚一堂,共同探讨公立医院的管理体制改革,解读公立医院法人治理结构改革的意义、政策目标,一起分享国内外医院治理结构模式和改革经验,研讨推进法人治理结构改革的途径、方式。市人民医院在论坛上作《东阳市人民医院法人治理结构改革》的主题报告。

【重大产业项目】 在2013年浙江省重大产业项目名单中,东阳市有6个项目进入省重大产业库(实施类),1个项目进入省重大产业库(预选类)项目名称,入选项目数位居全省各县市第一。列入省重大产业库(实施类)的项目分别是,昌兴铜业公司年产10万吨高精度宽幅铜板带项目,金象科技公司LED纳米管用高纯氨气体精炼、储运设备生产项目,市总部中心开发建设示范项目,中汽·东阳国际汽配城二期项目，市易龙文化产业发展有限公司中国(东阳)古生物文化产业示范项目，歌山凤凰谷生态旅游农业园项目。

【第八届中国（东阳）木雕竹编工艺美术博览会】 11月8日—12日，由中国工艺美术学会、中国林业产业联合会、中国非物质文化遗产保护中心、中国轻工工艺品进出口商会和东阳市人民政府主办，中国工艺美术学会木雕艺术专业委员会、浙江省工艺美术行业协会、浙江省林业产业联合会、东阳中国木雕城承办的第八届中国(东阳)木雕竹编工艺美术博览会在东阳中国木雕城隆重举行。来自20多个木雕主产区的木雕竹编组成36个展区931个标准展位，展览范围包括木雕、根雕、木雕红木家具、竹编竹雕、特色木制工艺品、古玩、字画等。举办“精工善艺——百件木雕(竹编)大师作品展暨专场拍卖”活动、“第三届中国木雕红木家具发展论坛”，举行中国大宗红木现货电子交易平台启动仪式、国家标准红木修订起草小组第二次工作会议暨东阳红木企业座谈会等。博览会期间交易额达5.5亿元，客流量35万人次；签约重点招商引资项目25个，项目总投资31亿元。

【城郊省级现代农业综合区】 自2010年以来，东阳市按照省现代农业园区建设标准和工作要求，扎实推进城郊省级现代农业综合区建设。2012年12月，省考评组一行先后来到富坤农副产品集散中心等地考察，一致同意东阳市城郊省级现代农业综合区创建通过考核验收。

【横店影视产业实验区】 12月12日，科技部、中宣部、文化部、新闻出版广电总局联合下发通知，横店影视产业实验区正式获批第二批国家级文化与科技融合示范基地。这也是入选的全国18个示范基地中，唯一一个非省会城市或计划单列城市。

【建筑业实现全国“五连冠”】 2013年，东阳市完成建筑安装总产值1844亿元，同比增长16.3%，连续5年蝉联全国县(市)级第一；本年度，东阳市承建工程创鲁班奖1项、参建工程创鲁班奖1项，获省级以上优质工程56项，其中“钱江杯”工程10项，再创历史新高。广厦建设集团、中天集团分获2013年中国承包商60强第5位和第12位，海天建设集团跻身“中国建筑业企业竞争力百强”第60名，飞耀装饰公司荣列第二批“浙江省建筑强企”。

【个体工商户、小微企业转型升级】 东阳市从4月份开始，迅速推进具有一定规模的个体工商户转型升级为企业(“个转企”)、规模以下企业转型升级为规模以上企业(“小上规”)、限额以下商贸企业升级为限额以上企业(“下升上”)工作。全年完成“个转企”1009户、“小上规”企业108家，超额完成金华下达目标任务，培育亿元企业8家、10亿元企业1家。

【“两江”流域环境综合整治】 围绕“城乡生活垃圾实现一体化处理，建筑垃圾实现有序堆放，城乡生活污水收集处理率进一步提高，河道、小溪更干净清澈，养殖、制砂行业经营更规范，工业污染治理水平得到提升，企业偷排、漏排现象得以遏制，全民环保意识不断提高。到2015年底‘两江’消灭劣Ⅴ类水，全流域各段面水质总体达到Ⅲ类功能要求。其中，Ⅲ类功能符合率大于80%，跨行政区域河流交接断面水质考核合格。”的目标，下达《关于分解落实两江水质治理重点工作任务的通知》。6月28日，召开“两江”流域环境综合整治工作动员大会进行部署，出台抓好农村垃圾污水收集处理，城区生活污水处理，集镇污水收集处理，取砂、洗砂、制砂专项整治，养殖场专项整治，河道清理，工业污染治理，高耗能重污染企业关停，建筑垃圾清理整治，引导广大群众改变陈旧生产生活方式等十项举措。7月至9月，开展以“大扫除”“大清理”“大整治”“大宣传”为主要内容的“百万群众百日攻坚”行动，深入推进“三清四治”，全面实行“河长制”，设立农村治水基金，清理河道408公千米，建成一条“最美河流”泗渡溪；实施东阳江城区段清淤保洁，完成城区截污点改造364个，关停养猪场184家。市污水处理公司三期扩建、第二污水处理厂项目前期顺利推进，新建镇级污水管网80千米。推进重污染行业整治，关停电镀、印染、化工、造纸、非法制砂洗砂企业495家，推进横店、六石、千祥电镀集聚区建设。

【新一轮行政审批事项清理规范工作】 东阳市新一轮行政审批事项清理规范工作于7月份正式启动，截至11月底，全面完成对全市38个机关部门审批事项的审核清理，取消审批项目51个，暂停实施71个，保留248个，审批服务承诺时限比法定时限平均提速83%，比2009年审改平均提速55%。

【创国卫综合整治】 为确保2013年通过创国卫省级考核,2014年成功创建国家卫生城市,全市上下启动创国卫综合整治打响攻坚战,继续实施城区环境卫生“一把扫帚”保洁,有效破解农贸市场、马路市场、流动摊点、占道经营、渣土运输等难点问题,市容市貌大为改观。

【卢宅保护利用项目】 卢宅保护利用项目一期征收在上一年年底基本完成签约后,2013年相继开展征收房屋腾空验收、安置房选房等工作。截至2013年底,完成370户住户拆迁工作,拆除建筑12万平方米,部分复建项目和安置房启动建设。

【城区顺畅治堵工程】 在2012年成功实施城区道路顺畅工程的基础上,东阳市继续加快实施顺畅治堵工程。兴平路大修、八华南路圆盘绿化工程及居民区停车改造等工程全面完成,振兴路东延竣工验收,环城北路优化、环城东路南延进展顺利,启动学士路南延、吴宁东路和汉宁路部分路段改造工程。

【“三改一拆”工作】 制订《关于开展“三改一拆”行动的实施意见》(改造城中村、改造旧厂房、改造旧居民区、拆除违章建筑),成立领导小组和办公室,设八个专项工作组。以镇乡(街道)为责任主体,推进“三改一拆”行动。市财政、国土、建设、规划、行政执法等相关部门加强协调、整合资源、全程服务。建立“三改一拆”工作进展情况周报告月通报制度,市委、市政府督查室每月对工作的推进情况予以公开通报。对政策落实不力、工作进展缓慢的镇乡(街道)和部门单位,进行约谈问责。同时,市财政三年安排专项资金2000万元,用于对“三改一拆”行动开展较好的镇乡(街道)和部门单位的奖补。2013年,全市启动城中村改造2756户、68.3万平方米,完成年度任务的93.5%;旧住宅区改造5315户、75万平方米,完成年度任务的141.7%;旧厂区改造42家、35.4万平方米,完成年度任务的294.8%;拆除各类违建165.9万平方米,完成年度任务的159.2%。《浙江日报》头版专题报道东阳市“三改一拆”经验做法。

【怀万线二期工程】 怀万线是连接东阳市东北部和磐安西北部几个重要镇乡的主要通道。2013年,紧紧抓住有利施工季节,确定“百日攻坚”目标,克服全线地质条件差、施工环境恶劣、征迁难度大等困难,加快推进怀万线二期佐村至三单段改建工程建设。

(东阳市史志办公室)

义乌市

【概述】 2013年,义乌市下辖6个建制镇、7个街道,地域面积1105平方千米。2013年末,建成区面积达到100.5平方千米,比上年增加0.4平方千米。实有道路面积达1184万平方米,城区大小桥梁126座。人均公园绿地11.02平方米,绿地覆盖率40.01%。全市户籍人口759902人,比上年增加6588人。全市完成地区生产总值882.9亿元,按可比价格计算,增长9.6%。全市人均生产总值达到116688元(按2013年平均汇率折算为18843美元),增长8.6%。全年实现公共财政预算总收入109.7亿元,同比增长8.1%;其中完成地方公共财政预算收入63.3亿元,同比增长10.3%。全市完成财政预算支出61.6亿元,同比增长13%。2013年末金融机构存款余额2262.71亿元,比年初增加276.49亿元;贷款余额1778.07亿元,比年初增加258.19亿元,存贷款同比分别增长13.94%和17.42%。全市银行机构23家,小额贷款公司7家,证券公司9家,年成交额超过4600亿元。城镇居民人均可支配收入为48962元,增长10%;农村居民人均纯收入21273元,同比增长11.1%。

【工业与商贸业】 全市实现工业总产值1654.5亿元,同比增长7.9%,其中规模以上工业企业累计完成产值758.8亿元,同比增长8.8%;销售产值726.1亿元,同比增长7.0%;产销率95.7%。全市实现工业增加值305.5亿元,同比增长9.5%(可比价)。其中规模以上工业实现增加值147.9亿元,同比增长9.6%(可比价)。全市规模以上工业企业实现主营业务收入708.3亿元,同比增长6.4%,增幅较上年同期回落1.7个百分点;利税总额60.9亿元,同比增长10.3%,增幅较上年同期回升6.8个百分点。规模以上企业中,纺织业、纺织服装服饰业、文教工美体育和娱乐用品制造业、橡胶和塑料制品业、化学纤维制造业、金属制品业、电气机械和器材制造业、其他制造业分别实现主营业务收入170.6亿元、133.8亿元、64.8亿元、44.5亿元、22.6亿元、24.4亿元、21.9亿元、44.6亿元，八大主导行业合计实现主营业务收入527.2亿元，同比增长6.2%，占全市规模以上工业的74.4%，合计实现利润总额32.7亿元，同比增长6.6%，占全市规模以上工业的79.6%。全市集贸市场年成交额为879.5亿元，增长15.9%。其中中国小商品城成交额683.02亿元，增长17.76%，连续23年居全国各大专业市场榜首。12月义乌市场景气指数为1088.5点，同比上涨6.49%。义乌海关监管小商品出口集装箱量78.2万个标箱，同比增长19.5%。入境义乌的境外客商达62.2万人次，增长5.4%。全年共举办商业性展览39个，展览成交额578.7亿元，比上年增长66.7%。其中第十九届义博会、第八届文博会、第五届旅游博会分别实现成交额166亿元、48.3亿元和35.02亿元。实现旅游总收入131亿元，增长10.3%，其中旅游外汇收入3.99亿美元，同比增长8.9%。实现进出口总额186.3亿美元，同比增长99.3%；其中出口总额182.2亿美元，同比增长102.3%，其中一般贸易出口46.7亿美元，同比增长19.0%，市场采购贸易出口133.6亿美元；进口总额4.1亿美元，同比增长18.8%。全年累计新批外商投资项目28个，同比下降39.1%；合同利用外资8217.5万美元，同比增长20.0%，实际利用外资4363万美元，同比下降20.5%。全市共开展境外投资项目6个，累计投资总额2457万美元，其中中方投资额2457万美元。境外工程承包营业额5227万美元。

【农林牧渔业】 实现农林牧渔业总产值31.97亿元，增长1.8%，增加值21.84亿元，扣除价格因素，增长0.3%。全市农作物播种面积46.03万亩，增长0.2%。实现林业产值0.63亿元，增长4.1%。实现牧业产值10.70亿元，下降3.1%。全市共有各级农业标准化示范区75个，有无公害农产品基地405个，总面积达17.82万亩。新增绿色食品2个，无公害农产品22个。创建美丽乡村71个，创建新农村建设示范村10个。

【项目投资】 完成社会固定资产投资419.4亿元，同比增长42.9%，增速较上年同期提高12个百分点。在固定资产投资中，完成工业投资108.1亿元，同比增长21.1%，增幅比上年同期提高0.5个百分点；完成房地产投资124.5亿元，同比增长16.9%；基础设施投资99.3亿元，同比增长63%。完成交通建设投资14.0亿元，其中：公路项目11.4亿元，客运项目2.6亿元，共获得上级的各类补助资金3.2亿元。完成重点水利工程投资4890万元，其中东塘水库除险加固工程完成主体工程建设，完成投资880万元；柏峰水库除险加固二期工程全面完成，完成投资800万元；杨宅水轮泵站改造工程完成主体工程的80%，完成投资1600万元；枫坑水库除险加固工程主体、支流、房建等工程全部完工，附属工程完成80%，完成投资1610万元。完成十大民生实事千万农民饮用水工程8项，完成投资736万元，改善1.3万农村人口的饮用水条件。共实施万里清水河道治理工程15项，累计完成河道治理长度21千米，完成投资3500万元。累计建成市政天然气中压管网30千米，完成24个小区建设与通气工作，50个居民小区管网覆盖4.58万用户，全年气量(含居民小区和公建用户)共计739万立方米，累计1805万立方米。

【物流与运输】 全市有内陆口岸场站、国际物流中心、江东货运市场、江北下朱货运市场等4个专业性物流场站，总占地面积1400余亩。规划的义乌国际陆港物流园区占地43.6平方千米，涵盖国内物流、国际物流、快递物流、电商仓储、铁路物流、航空物流、综合保税等十大功能区块。全市货运量达6391.6万吨，国内快件日均出票量达60万件，位居全国第六，国际快件日均出票量达25万件，义乌机场货运量3453.5吨，海关监管小商品出口78.2万标箱。累计完成旅客运输18468万人次，同比增长1.9%，联托运货运量24464万吨，同比下降2.0%。义乌机场完成总起降架次10632次，同比增长27.6%，旅客吞吐量首次突破百万大关，达到116.1万人次，同比增长24.0%。年末实有公共汽车营运车辆1186辆，出租汽车1316辆。

【科技进步】 全年实施各级各类科技计划项目367项，其中省级及以上科技计划项目173项。浙江华义医药有限公司承担的“酶催化技术合成手性药物的研究及产业化”项目被列为2013年厅市会商项目。下达第六批义乌市级科技攻关项目23项，实施社会发展领域科技项目47项。全年市级财政投入科技创新资金5320.6万元，争取上级科技经费

2074.6 万元，带动全社会科技经费支出 14.3 亿元。实施社会发展领域科技项目 47 项，其中：医药卫生类 26 项，现代教育 4 项，节能减排、环保等其他社会发展领域项目 17 项。共组织 1000 余项科技成果(其中实物超过 200 项) 参展，达成初步科技合作意向 127 项，签订科技合作协议 61 项，协议金额超过 2500 万元。全年专利申请量 7735 件，增长 17.8%；专利授权量 4945 件，下降 3.4%，其中发明专利 97 件，增长 15.5%。

【文教体卫事业】 举办全市文化赛事 30 余项，举办周金甫青田石雕精品展、明清玉器精品展等展览 20 次、讲座 29 场，曲苑书场演出 140 场、组织送演出下乡 150 场、送电影 6786 场，观众人数 200 万余人次。农家书屋配送图书 22 余万册、音像制品 1.3 万张。建成省级文化示范村(社区)2 个、金华市级 7 个，培育市级特色文化示范基地 14 个、外来建设者文化示范基地 12 家。启动网络图书馆，开展古籍数字化建设，建成《古籍善本库》，已录入 174 种 2112 册古籍善本。市图书馆被文化部评为一级图书馆，藏书量 61 万册，全年接待读者 35 万人次，总流通图书 31 万册次。全年数字电视用户总数 30.6 万户，集团用户终端总数 2.7 万，广电宽带新增用户超过 5300 户。全市现有普通中小学校 111 所，在校学生 13.53 万人；中职学校 3 所，在校学生 9551 人；幼儿园 334 所，在园幼儿 6.99 万人，学前三年入园率为 99.68%；特殊学校 2 所，在校学生 230 人；在校学生总计 21.5 万人。新增省标准化学校 20 所，培育省级特色学校 30 所，义乌中学通过省首批特色高中评估。设立招收外国学生资格学校 14 所，全面完成“千校结好”三年行动计划，32 所学校与国外学校结对。建成小康健身工程示范点 14 个，健身路径 49 条，篮球场 38 个，小型健身场所 2 处。竞技体育水平得到进一步提升，全年参加省、市两级举办的体育赛事共获得金牌 31 枚、银牌 29 枚、铜牌 31 枚。全年销售体育彩票 2.9 亿元，同比增长 19.4%。福利企业生产全年实现产值 22.3 亿元，安置就业人员 3801 人，残疾员工劳动报酬 4013 万元，参保额达 1137 万元。全年销售福利彩票 6.39 亿元，同比增长 26%，为义乌市公益事业筹集公益金 4600 余万元。共有医疗卫生机构 701 家。其中：综合性医院 6 家(含民营 3 家)，专科医院 15 家(含民营 11 家)，卫生单位 6 家，镇街中心卫生院 13 家，社区卫生服务站 225 个，村卫生室 206 个，其他医疗机构 234 家。

【社会事业】 全年城市环境空气优良天数达到 303 天，空气优良天数比例达到 83%；集中式饮用水源地水质达标率 100%；城市区域环境噪声 54.9 分贝。新创建省级生态文明教育基地 1 个，绿色社区 5 个，绿色家庭 2 户，金华级绿色家庭 11 户。全市城镇和农村低保标准分别提高至 525 元/月·人、420 元/月·人，共有低保户 4123 户 5835 人，发放低保金 1856.21 万元。全市共发生各类上报事故 316 起，比上年同期的 323 起下降 2.2%；死亡 107 人，同比下降 2.7%；直接经济损失 320.93 万元，同比下降0.02%。

【“投资义乌”在国务院国资委网站上线】 3 月 13 日，“投资义乌”专题栏目在国务院国资委网站正式上线，自此义乌招商引资正式有了国家级大平台。栏目围绕义乌商贸服务、金融商务、电子信息、现代物流等几大优势产业，重点介绍义乌国际生产资料市场、义乌经济技术开发区、义乌金融商务区、义乌国际电子商务城、义乌小商品国内物流中心等项目。各项目内容涵盖项目背景和进展情况、建设内容及投资规模、项目优势、中方单位情况和联系方式等。“投资义乌”专题栏目是继安徽、湖南、甘肃省政府后地方政府在国务院国资委网站开通的第四个专题栏目，义乌也由此成为目前国内唯一获国务院国资委投资推介的县级市。

(楼向华)

永康市

【概述】 2013 年，永康市辖 11 个镇、3 个街道和 2 个区，总面积 1049 平方千米，年末总人口 58.5 万人。实现地区生产总值(GDP)422.6 亿元，按可比价计算增长 9.3%。第一产业实现增加值 9.3 亿元，可比价增长 1.4%；第二产业实现增加值 259.9 亿元，可比价增长 9.8%，其中工业实现增加值 239.0 亿元，可比价增长 10.1%，建筑业实现增加值 21.0 亿元，可比价增长 6.3%；第三产业实现增加值 153.3 亿元，可比价增长 8.8%。第三产业中,交通运输仓储及邮政业实现增加值 9.5 亿元,可比价增长 1.0%;批发零售业实现增加值 45.8 亿元,可比价增长 12.1%;住宿餐饮业实现增加值 6.6 亿元,可比价增长 9.3%;金融业实现增加值 27.3 亿元,可比价增长 13.6%;房地产业实现增加值 19.8 亿元,可比价增长 12.1%;其他服务业实现增加值 44.4 亿元, 可比价增长 3.7%。全市一、二、三次产业在地区生产总值(GDP)中的占比是 2.2:61.5:36.3。按户籍人口计算,全年全市人均 GDP 为 72547 元,按美元计算,人均 GDP 为 11715 美元。

【农业】 实现农林牧渔业总产值 13.8 亿元,按可比价计算增长 1.6%。全市农作物播种面积 19298 公顷,同比下降 0.9%。其中粮食作物播种面积 12984 公顷,同比下降 0.4%;粮食总产量 84763 吨,同比下降 2.1%;油料播种面积 553 公顷,同比下降 4.5%;蔬菜播种面积 3603 公顷,比 2012 年略有增加;果用瓜播种面积 990 公顷, 同比增长 10.0%; 茶园总面积 249 公顷, 比 2012 年减少 1 公顷; 茶叶总产量 23 吨;果园面积 3776 公顷,比 2012 年减少 80 公顷;水果总产量 62076 吨,比 2012 年增加 1174 吨。全年零星植树 30 万株,幼林抚育面积 519 公顷,封山育林面积 1645 公顷。肉类产量 9849 吨,比 2012 年增加 453 吨。生猪饲养量 15.9 万头, 比 2012 年增加 0.5 万头。

【工业】 全市规模以上工业企业 (年主营业务收入 2000 万元以上的工业企业)共 496 家,亿元以上工业企业 158 家,大中型工业企业 80 家。规模以上工业企业完成工业总产值 811.3 亿元,比 2012 年增长 11.9%;其中大中型企业实现工业总产值 455.5 亿元,比 2012 年增长 9.5%。规模以上工业企业完成出口交货值 237.8 亿元,比 2012 年增长 5.9%。出口交货值占销售产值的比重为 30.1%。2013 年规模以上工业企业的产销率为 97.5%, 比 2012 年提高 0.5 个百分点。全市规模以上工业企业实现利润总额 56.2 亿元,比 2012 年增长 16.2%;其中亿元以上工业企业实现利润总额 45.6 亿元,增长 14.5%。亿元以上工业企业家数占全市规模以上工业企业家数的 31.9%,利润总额占全市规模以上工业企业利润总额的 81.1%。全市规模以下工业实现工业总产值 376.9 亿元,比 2012 年增长 8.7%。全市有三级及以上建筑业企业 40 家,实现建筑业总产值 65.1 亿元,比 2012 年增长 28.1%; 房屋建筑施工面积 530.6 万平方米。全市固定资产投资 167.5 亿元, 比2012 年增长 20.4%。固定资产投资(指房地产企业的投资和计划总投资在 500 万元以上的投资项目)按房地产、投资项目分,房地产开发完成 38.1 亿元,比 2012 年增长 40.5%;投资项目完成投资 129.4 亿元,增长 15.6%。按国有控股情况分, 国有投资完成 42.4 亿元,比 2012 年增长 16.7%;非国有投资完成 125.1 亿元,增长 21.7%。

【第三产业】 实现社会消费品零售总额 140.4 亿元,比 2012 年增长 15.4%。按行业分,批发零售业实现社会消费品零售总额 128.1 亿元,比 2012 年增长 15.3%; 住宿餐饮业实现社会消费品零售总额 12.3 亿元,比 2012 年增长 16.3%。全市实现自营进出口总额 48.1 亿美元,比 2012 年增长 22.7%,其中自营出口总额 43.4 亿美元, 比 2012 年增长 19.0%。全市有自营进出口备案企业 1709 家, 比 2012 年增加 174 家,其中有出口实绩的企业 959 家,比 2012 年增加 48 家;出口超千万美元企业 110 家,比 2012 年增加 17 家; 出口 4000 万美元以上企业 17 家,比 2012 年增加 5 家;出口超亿美元企业 2 家,比 2012 年增加 1 家;列金华市出口 100 强企业7 家,比 2012 年减少 5 家。全市外商企业家数 85 家,与 2012 年家数一致。全市合同利用外资 205 万美元,实际利用外资 306 万美元。全市新批境外办事处 2 家,境外投资总额 550 万美元。2013 年共接待国际旅游者 3.8 万人,比 2012 年增长 4.0%;旅游创汇收入 1292.2 万美元,比 2012 年增长 2.8%;接待国内旅游者 385.2 万人,比 2012 年增长 11.6%,国内旅游收入 23.1 亿元,比 2012 年增长 22.1%。

【财政总收入】 全市实现财政总收入 61.4 亿元, 比 2012 年增长 11.7%, 其中地方财政收入 35.3 亿元, 比 2012 年增长 17.2%; 地方财政支出合计 36.0 亿元,比 2012 年增长 11.3%。2013 年末全市金融系统(人民币)对外存款余额 886.1 亿元,比 2012 年增长 16.0%, 其中单位存款 443.4 亿元, 增长 17.4%,个人存款 424.5 亿元,增长 15.3%;全市金融系统(人民币)对外贷款余额 793.1 亿元,比 2012 年增长 15.8%。保费收入 18.1 亿元, 比 2012 年增长

15.6%，其中财产保险保费收入8.0亿元，增长17.2%;人身保险保费收入10.1亿元,增长14.3%。

【邮电】全年完成邮电业务收入10.6亿元,比2012年增长4.7%。2013年末固定电话用户20.2万户,比2012年减少9179户;移动电话用户134.8万户,比2012年增加4.9万户;国际互联网用户17.6万户,比2012年增加6248户。

【设施和环境建设】全市公路总里程1100.5千米,其中国道49.8千米,省道56.7千米,县道328.4千米,乡道324.3千米。全年完成公路客运量3298.8万人,公路货运量2799.6万吨。全市民用汽车拥有量19.1万辆,其中私人汽车拥有量为17.2万辆。全市共立案查处违法排污企业单位129家。全年共接到环境信访、污染投诉案件774起,调处率100%。严格执行镇(街、区)地表水交接断面水质及三个中心镇空气质量每月监测通报制度,并对外发布扬溪水库饮用水源地水质及环境空气质量AQI指数。抓好电镀、化工等重点行业整治。开展机动车环保标志发放;实行无绿标机动车区域限行;铁腕治污,开展雷霆治污一号行动;整治违法排污企业,保障群众健康行动等。全年行政拘留1人,刑事拘留6人,判刑1人。加强辐射安全监管,辐射安全许可证持证率100%,废旧放射源收贮率100%。年末烟尘控制区面积60.56平方千米，环境噪声达标区总面积21.4平方千米。全市饮用水源水质达标率100%,地表水交接断面水质省考合格，全年空气质量达标(API〈100)天数293天,城市区域环境噪声值52.9dB。

【科教项目建设】各类科技计划项目申报数236项,其中:国家级项目12项、省级项目134项、地市级项目19项、县市级项目71项。获科技进步奖24项,其中:省级二等奖1项,三等奖1项,地市级二等奖1项、三等奖1项,县市级一等奖4项、二等奖6项、三等奖10项。科技项目通过验收82项,其中国家级7项,省级53项,地市级6项,县市级16项。全市各类专利申请受理量5088项,专利授权量4265项。全市拥有各类学校277所,其中:普通高中6所、初中22所、职业中学4所、小学52所、幼儿园190所、特教学校2所、教师进修学校1所;共有教职工9041人;在校学生13.3万人,其中小学在校学生5.9万人,初中在校学生2.2万人,普通高中在校学生0.9万人。小学适龄儿童入学率、小学巩固率、小学升学率都达到100%;初中入学率、初中巩固率均为100%,初中升学率98.0%;高中毕业生升学率75.1%。2013年考上大中专院校4090人,其中普通高校3081人。

【社会事业】2013年末有图书馆（流通站)231个,藏书总量60万余册;文化馆1个;文化站16个;非物质文化遗产国家级保护项目国家级6个,省级14个，金华市级31个，永康市级60个；电影院1个,放映厅6个,票房收入202万元;艺术表演团体16个,演出场次3049次,观众人数99.3万人次。全市有省级文保单位15个,永康市级文保单位75个,永康市级文物保护点221个，有馆藏文物2508件。全市有线电视用户17.0万户,数字电视用户16.2万户。全市拥有医院、卫生院26个,医院、卫生院床位数2484张。有医生1251人,注册护士1493人,有医院、卫生院技术人员3767人。参加农村合作医疗的人数49.2万人,新型农村合作医疗参保率97.4%。拥有室外健身公园、广场530个，室内全民健身中心20个,省级以上青少年体育俱乐部3个,体育场馆12个。举办全民健身活动20次,参加活动人数2.5万余人。在校中小学体育锻炼达标率为98.0%。年末户籍总户数22.8万户，户籍总人口58.5万人,比2012末增加5891人。户籍总人口按性别分,男性人口29.9万人,女性人口28.6万人。按农业与非农业分,农业人口48.7万人,非农业人口9.8万人,农业人口占总人口的比重为83.2%。全市出生人口8896人,出生率15.2‰;死亡人口3696人,死亡率6.3‰;自然增长人口5200人,自然增长率8.9‰。全市共有常住人口74.3万人。城镇居民人均可支配收入35526元，比2012年增长9.7%；农民人均纯收入16243元，比2012年增长11.5%。有社会福利院1个,年末床位498张,年末收养183人;集体办敬老院8个,年末床位1007张,年末在院人数668人。全市参加基本养老保险人数18.9万人(其中年末离退休参保人数3.1万人，在职参保人数15.8万人),参加工伤保险人数22.1万人,参加基本医疗保险人数13.3万人,新增城镇就业岗位12160个,企业劳动合同签订率为95.3%,享受农村居民最低生活保障人数4441人,享受城镇居民最低生活保障人数167人。

【荣誉】2013年3月25日,永康的浙江一箭实业有限公司出品的安安多功能书包作为国家主席习近平夫人彭丽媛参观坦桑尼亚“妇女与发展基金会”总部时向学生代表赠送的书包。

2013年2月前仓镇后吴村继入选第二批省非物质文化遗产旅游景区(民俗文化旅游村)后,又被住房和城乡建设部、文化部、财政部联合公布为首批中国传统村落。国家相关部门在摸底调查和各地推荐的基础上,确定646个村落列入首批中国传统村落名单,其中浙江省有43个村落入选。

5月27日召开的全省工业强县(市、区)建设工作电视电话会议上,永康被评为浙江省工业强县(市、区)综合评价先进单位,获奖励100万元。

2013年7月由中国轻工业联合会主办的中国轻工业百强企业颁奖盛典暨企业家高峰论坛在北京举行,会上公布了“中国轻工业行业十强企业”榜单。永康飞神车业领跑中国轻工业户外休闲用品行业十强企业;南龙、哈尔斯跻身中国轻工业日用杂品行业十强企业;圣鸿公司入选中国轻工业礼品行业十强企业;千喜车业入围中国轻工业电动自行车行业十强企业。

2013年7月23日,中国科技五金城成功入围浙江省第三批现代服务业集聚示范区名单。

2013年5月,全国会展办、行业协会、权威机构联合全国会展城市、新闻媒体,组委会经历时3个月调查问卷等综合情况严格评议,永康国际会展中心被评为2012~2013年度中国会展产业大奖——第十届“中国会展之星”的十佳商贸会展中心,中国五金博览会入选“中国最具影响力的品牌展会50强”,分别受到商务部、中国贸促会、国际会展组织等机构表彰领导的奖励。

2013年10月21日,东北亚开发研究院、中国社科院社会科学文献出版社、中小城市经济发展委员会等单位联合举行的《2013年中国中小城市绿皮书》发布会发布了2013年度中国中小城市综合实力百强县市排行榜,永康排名第66位。

2013年10月,省工业转升办公布浙江省块状经济向现代产业集群转型升级示范区综合评价考核优秀名单,全省10个示范区获得优秀,永康五金产业集群名列第二。经过自评、审核、测评、现场考核等程序,永康五金产业集群在转型升级中取得的成效得到充分肯定。永康五金产业集群于2009年被省政府列为集群转型升级示范区,首次以永康为核心区,把武义、缙云两县纳入永康五金产业集群进行统一编制,成为跨行业、跨地区产业集群代表。2011年“永康五金”代表永武缙五金产业集群示范区,成功入选省内首批6个产业集群区域国际品牌试点,“永康五金”朝打造区域性国际品牌方向发展。2012年永、武、缙三地共建协作机制日益完善,作为浙江省首批区域国际品牌创建试点单位的永康市,拥有省级经济开发区、现代农业装备高新区、浙商回归创业创新园及10多个重点工业发展基地,在全省评比考核中显示了优势。

2013年12月1日,科技部公布了2013年度全国县(市)科技进步考核结果,永康市荣获2013年度全国县(市)科技进步先进县(市),徐华水、吕群勇、应向群、应晨俊被评为先进个人。

【全国首个水资源管制市】2013年1月7日,《永康市加快实施最严格水资源管理制度试点方案》获水利部、省政府正式批复,永康市成为全国首个试点最严格水资源管理制度市(县)。此次最严格水资源管理制度试点实施时间为3年:2012~2014年。作为全国第一个实行最严格水资源管理制度的县市,肩负着探索建立县级行政区实行最严格水资源管理基层模式的重任。《试点方案》立足永康市实际,以建立最严格水资源管理“四项制度”和确立用水总量控制、用水效率控制、水功能区限制纳污“三条红线”为重点;以建立“监控体系、统计体系、信息系统、管理机构、科技支撑、宣传教育”六大基础支撑体系为基础;以建设“节水减污、面源治理、固废收集处理、水库生态湿地、非常规水源利用、水库联网工程、信息化管理系统”七大示范项目为载体;以明确责任分工、强化监督考核为抓手,全面实施最严格水资源管理制度。

【筹建国家级五金制品质检中心】2013年4月,永康市政府决定创建国家级五金制品质检中心并预算投资建设经费1.5亿元,土地41亩,建设周期为3至5年。中心建成后承担国家五金行业科研开发、人才培训、科研成果转化;法定公正性检验;承担或参与国家、地方相关标准的制修订和标准方法的研究或验证工作;为国家五金产品质量认证和安全风险评价预测提供技术手段等工作。

【创建“中国文教用品生产基地”】 2013年7月16日,中国文教体育用品协会在永康召开“中国文教用品生产基地”考评工作汇报会,全面考评永康文教用品行业发展情况。永康前仓文教用品市场经过20多年的培育发展,已成为国内规模较大、功能齐全、辐射力强的文教用品行业集贸中心、信息中心和技术交流中心,是全国颇具影响力的文教用品批发市场。2013年该镇有从事文教用品制造企业332家,规模以上企业42家,产值1亿元以上企业6家, 产值5000万元以上企业15家,17家企业已加入中国文教体育用品协会,2家企业获得“中国著名品牌”称号。2013年考评组一行还实地考察了前仓文教中心、前仓文教用品市场,以及新世纪文化用品公司、一恒教学仪器公司、红太阳教学设备公司3家企业,认为永康申报“中国文教用品(学校用品)生产基地”的各项条件基本符合。

【打造全国餐厨用品示范基地】 2013年9月27日,中国轻工餐厨用品出口基地建设工作交流会在永康市行政会议中心召开。2013年永康市餐厨用品生产及配套企业达1700多家, 从业人员6万余人,1月—8月出口额达8.58亿美元, 同比增长15.12%,出口额连续多年位居全国县级市第一。永康市餐厨用品出口基地为浙江省第一批“出口基地”,2012年,被商务部授予第二批“外贸转型升级专业型示范基地”。经过多年培育,永康餐厨用品产业已形成产业链完整、规模优势明显、服务平台配套齐全、品牌集聚、标准化领先等产业特色的示范基地。

【创建省循环经济示范市】 为深入实施省循环经济“911”项目,永康通过规划和政策制定建立良好和循环经济发展导向, 以项目建设推进循环经济,2011~2013年,共有6个项目列入省循环经济“911”行动计划重点项目, 获得省循环经济补助85万元。2013年9月10日, 由省发改委资环处处长曲建国带队来永康,通过实地考证,充分肯定永康创建循环示范市工作,领导重视,机构健全,工作有特色。

【建立全国永康五金专业市场联盟会】 2013年9月27日,国内12家永康五金专业市场,在永康共同发起筹备拟组建“全国永康五金专业市场联盟”。会上,大家表决并选出以中国科技五金城为首的12位联盟理事长、副理事长的名单。永康被誉为中国五金之乡,是中国最大的五金产业集群之一,有企业近1万家,五金产品1万多种,其中10多个产品销量居国内之最。据统计,50余万的永康人中,在外创业的商人有10万余人,浙江省外投资额累计超过3000亿元,创造生产总值8000亿元。其中,由永商在外投资建设的永康五金专业市场,或挂永康五金城牌子的五金专业市场,也是遍布大江南北,共有20多家,所经营市场面积达上千万平方米,已成为在外永商的一支重要力量。成立五金专业市场联盟,可以为在外创业的永商搭建沟通平台,可以通过“品牌共塑、资源共享、市场共建、合作共赢”来打响“永康五金”的品牌。并利用“中国科技五金城”品牌,走经营市场和复制市场的道路,可以为浙货外销、永武缙五金产品外销打通更多的渠道。

【创省“平安农机”示范市】 2013年,永康农业机械总动力达33.83万千瓦, 各种农业机械拥有量3.72万台(套)。至10月,已建成省级平安农机示范镇3个,省级平安农机示范村5个,金华市级及以上平安农机示范村89个,被浙江省农业厅列为省级平安农机示范市创建对象。2013年10月21日,由省农机局副局长王天工带领的省平安农机示范单位认定小组一行到象珠镇寺口吕村、经济开发区夏溪村的农机交易市场实地查看有关资料、台账和农机管理情况,听取相关汇报后,对永康前期创建工作给予充分肯定。

(童文贤)

浦江县

【概述】 2013年,浦江县辖3个街道、7个镇、5个乡,总面积920平方千米。年末全县总人口(户籍人口)39.44万人,其中男性20.54万人,女性18.90人。非农业人口7.09万人,人口自然增长率2.45‰。全县生产总值 (GDP)175.41亿元, 比上年增长8.9%,三次产业结构调整为5.4:58.8:35.8;财政总收入21.48亿元,比上年增长5.4%,公共财政预算收入

12.46 亿元,比上年增长 8.0%;全社会固定资产投资 78.75 亿元,比上年增长 20.7%;社会消费品零售总额 77.77 亿元,比上年增长 15.2%;城镇居民人均可支配收入 30711 元,比上年增长 10.3%;农村居民人均纯收入 12389 元,比上年增长 10.7%;年末全县金融机构本外币各项存款余额 265.54 亿元,比上年末增长 5.4%,其中储蓄存款 166.08 亿元,增长 10.3%,各项贷款余额 240.92 亿元,增长 8.5%。

【工业经济与商贸服务】 修订完善工业扶持政策,出台纳税大户表彰奖励办法,扩大应急转贷资金帮扶范围,大力实施“小微企业成长计划”“龙头骨干企业培育工程”“高科技企业培育工程”, 全年实现工业总产值 533 亿元,增长 10.2%,其中规模以上工业产值 321 亿元,增长 9.5%,开发区实现工业总产值 234.6 亿元。完成出口交货值 164.8 亿元,实现自营出口 9.7 亿美元。加快推进企业转型升级,完成“个转企”1031 家、“小上规”67 家。全年信贷投入新增 24.2 亿元,其中工业信贷新增 17.3 亿元。全力开展危机企业解困工作,有效防范系统性风险的发生。启动建设 4 个水晶产业生态集聚点。根据“一区多点”的布局,确定中部、东部、南部、西部 4 个水晶产业生态集聚点,规划用地 800 余亩,投资 20 亿元,配套设立加工集聚、产业提升、污染治理、综合服务等功能,力推水晶产业向“高、精、尖”方向发展。启动建设浦江中国水晶城项目。浦江中国水晶城市场定位集水晶玻璃制品、天然水晶产品、玉石饰品等批发、零售、出口于一体,面向全球的专业化国际水晶交易中心,规划占地 300 余亩,总投资 10 亿元,项目分四期建设,其中一期投资 2.86 亿元,占地 7 亩,总建筑面积 97134 平方米, 配备 1200 余个商位,按 AAAA 级旅游购物配套建设,四星级标准规范管理,已建成启用。浦江·绿谷云溪开发项目和电子商务园一期启动建设, 科技创业园一期完成主体建设,现代物流中心一期、仙华国际度假村一期投入运营。制定出台服务业重大项目管理办法和电子商务扶持政策, 新增市级以上服务业重大项目 4 项,旅游业突破 16 亿元, 跨境电子商务省内排名第四,被列为省“电子商务进万村工程”试点县。

【现代农业与农村】 加大现代农业扶持奖励力度,粮食生产任务圆满完成。农业“两区”新增综合区 1 个、示范区 3 个和精品园 2 个。农村土地股份制改革全面铺开,组建林地股份合作社 14 家,参股林地面积 10767 亩,香榧、葡萄、茶叶等种植面积分别达 3.2 万亩、3.5 万亩和 3.9 万亩,被授予“中国巨峰葡萄之乡”和“浙江林改模范县”称号。浦江县被列为全国科技富民强县行动计划试点县, 建设农业“物联网”基地促农增收。8 月,已在曹街村近 100 亩葡萄试验基地中试行“物联网”技术,通过对大棚内光照、温度、湿度等无线传感系统,实施远程监测和智能化精准控制, 肥料利用率提高 30%以上, 节水 40%以上,葡萄亩均实现增收 6000 多元。2013 年,该县将继续在设施葡萄、黑木耳、高山蔬菜等农业领域建设“物联网”基地,结合 3G、传感等多种系统应用,打破农业种植时空限制,实现粗放农业向生态、精准、绿色农业转变。投资 20 亿元启动实施特色新山区建设。按照《山上浦江建设规划》,加快推进“山上浦江”建设,全力打造宜居、宜业、宜游的美丽新农村,将山区划分为“东部养生旅游产业开发区、西部绿色生态产业培育区、北部农家休闲产业发展区”三大区块,通过实施生态小流域治理、香榧等特色产业培育、生态旅游发展、电子商务营销平台建设等九大重点工程,因地制宜发展特色经济,力争 5 年内建成生态优良、生产发展、生活富裕的新山区。围绕美丽乡村精品建设和历史文化村落保护利用,启动实施 18 个精品项目建设。其中马岭茜溪乡村精品线建设投资 3000 万元, 位于浦江西北部山区,规划为一条集山水风景、古树古建筑、观光果园等现代农业与旅游相结合的休闲产业带,全长 13.1 千米,核心区块位于马岭风景区,面积 10 余平方千米,沿途将实施观光农业基地、古村落开发保护、原生态农家乐等一系列建设, 已完成坞坑精品村建设,茜溪风光尽收眼底;嵩溪、新光、礼张、冷坞、杭坪、潘周家等 6 个历史文化村落规划和《浦江县农家乐总体发展规划》完成编制。围绕改善农民人居环境,开工建设岩头“异地安居奔小康”工程,完成农房改造 1511 户、村庄整治 16 个,修建山区便捷道路 147 千米。围绕农村卫生环境长效化管理,大力开展“清理河道、清洁乡村”行动、“文明卫生乡镇”创建,全面禁止露天焚烧垃圾,完成 15 个乡镇(街道)垃圾中转站建设,探索建立“户集、村收、镇中转、县处理”

的生活垃圾处置城乡一体化机制,农村环卫设施和保洁力量进一步提高。创新模式破解农民贷款难题。该模式由村两委成员、支农联络员、驻村干部和信贷人员组成"自报公议小组",当本村农户提出支农贷款申请,小组成员凭借对该农户的了解情况,进行再次调查和公开评议,符合条件的给予授信,根据农户信用状况最大限度免除个人抵押或担保,解决了金融机构与客户信息不对称问题,有效实现农村金融自治,破解农民贷款难题。截至7月,浦江县已组建村级"自报公议小组"41家,投放农户贷款1.9亿元,惠及农户1268户。启动"青年灯塔"工程,提升大学生村官服务基层能力。通过建立县级示范培训、乡镇街道轮训、村居专题培训的三级联动培训体系,以紧贴基层需要的农村实用技术技能知识为重点,采取"1+X"集中培训模式,以课堂教学、实践操作和基地教学相结合的形式,全面培训146名大学生村官,举办培训班5次,培训大学生村官200余人次。4月,试点推行一村一档"驻村档案"制度,激励乡镇干部勤下基层。该档案由驻村干部着重记录创业承诺进展、驻夜走访信息、村集体疑难问题等,乡镇党委根据"驻村档案"信息,每周对梳理出来的情况,集体会诊,有针对性地研究解决。全县409个村已全部建立"驻村档案",记录疑难问题300余件,有效化解民事纠纷600多件,收集群众合理化建议1000多条。

【社会事业】 劳动就业率提高,全县新增城镇就业岗位4003个,实现就业困难人员再就业302人,"零就业家庭"安置率达100%,城镇登记失业率为3.06%。社保覆盖面扩大,将建筑业劳动者纳入工伤保险体系,城乡居民养老保险参保率达98.2%,城乡居民医疗保险县内住院报销比率提高到75%。社会救助能力加强,尤其是弱势群体的生活、就医、就业和康复得到更多关注,县养老中心、残疾人康复中心完成规划选址,新增社区居家养老服务照料中心36家、乡镇养老服务中心6家、民办养老机构3家、残疾人康复站4家,安置残疾人就业152人,"博爱家园"试点工作得到中国红十字会充分肯定。人体器官捐献例数居全省第一,成功实现人体器官捐献7例,累计捐献肝脏7个、肾脏12个、眼角膜4只,成功挽救19人生命,使4人重见光明。教育工作卓有成效,浦江四中、新华幼儿园、黄宅中学等10所新改扩建的学校竣工并投入使用,创建省级标准化学校15所、省等级幼儿园23所,本科上线人数首次突破2000人,完成省二体会赛事承办和县第十五届运动会举办工作。医疗卫生更加惠民,公立医院改革全面实施,国家基本药物制度实现全覆盖,全县村卫生室紧密型一体化管理达80%以上,城乡居民个人医疗卫生信息实现区域共享。文化事业得到发展,仙华文景园工程完成文化活动中心和书画会展中心主体建设,县体育活动中心、广电中心、青少年活动中心建设工程顺利推进,月泉遗址公园工程和百幢历史建筑保护利用工程启动实施,新建农村文化礼堂14个,成功举办首届浦江·中国古籍古艺术品文化节活动。计生形势有所好转,全县计生率为87.11%,出生人口性别比为117.57,同比下降7.09个比值,查处"两非"案件82起。顺利完成第十届村委会换届选举工作。深入推进"平安创建"工作。开展"严打保民安"行动,加大对企业周边黑恶势力以及经济、侵财等犯罪行为打击力度,群众安全感满意率达97.94%;开展"矛盾纠纷大排查大化解"行动,群体性事件下降43%,确保重要时段未发生进京赴省集体上访和非正常上访;开展道路交通专项整治行动,全力抓好急弯陡坡、连续长下坡、临水临崖等路段整改,杭口岭长下坡路段已全部整改到位;开展安全生产"打非治违"专项行动,采取有力措施抓好消防、食品药品、饮用水、规模以上企业、建筑等重点领域安全工作,安全生产事故大幅下降。

【水环境整治】 5月,召开水环境整治动员大会,率先打响全省水环境整治攻坚战,计划投资54亿元建设42项浦阳江污水综合治理工程,按照"关停淘汰一批、整合入园一批、规范提升一批"的要求,全面治理所有工业污染源,取缔所有无牌无照排污企业,同时开展水晶行业整治、重污染行业整治、畜牧养殖污染治理、农村污染整治、环保基础设施建设、浦阳江水环境生态修复等综合整治工作,力争3年内实现所有水晶企业和加工户入园集聚生产,确保浦阳江水环境得到根本性改善。切实落实水环境整治工作。一是严厉打击和整治污染行为。开展"清水零点行动"和"金色阳光行动",关停、取缔水晶加工户14197家,淘汰水晶设备7.2万台,外来人员离浦返乡 8 万人，移送相关部门处理 533 人,刑拘 29 人;关停印染企业 9 家、造纸企业 3 家、“五小行业”非法生产加工点 260 处;对浦阳江、壶源江等“两江”沿线无证取水和排放不达标的 38 家(轧)洗砂场实行关停,对符合环评、土地等要求的 12 家(轧)洗砂场办理试运行手续;将饮用水源保护区、居民区、旅游景区、浦阳江干支流沿岸 500 米划定为禁养区，禁养区内 201 家养殖场全部关停、拆除,非禁养区内 302 家养殖场实现废弃物 100%零排放和 100%全利用。二是大力推进工程建设。32 个工程性项目全部开工并已完工 13 个，累计完成投资 10.5 亿元,其中:铺设污水管网 140 千米,48 个村完成农村环境连片整治;城市污水处理厂完成提标改造一期工程,第二、三污水处理厂投入试运行,投资 1.38 亿启动建设第四污水处理厂，该工程用地约 5 公顷,建设内容主要为新建处理能力为 3.5 万吨/日污水处理厂一座,敷设配套污水 D400—D1000 污水管网 23.48 千米、D800 尾水排放管 80 米,将有效解决新增污水处理问题,改善浦阳江水环境,受益群众可达 10 万余民;翠湖、第二污水处理厂两处大型人工湿地及 103 个村的“百村湿地”工程完成建设,通济湖库尾人工湿地已启动实施。其中翠湖水资源保护复合生态湿地工程总面积约 15 万平方米,总投资 3000 余万,位于浦阳江上游消落区,设计采用乔灌草截污净化带工程、营养盐集约式植物资源化系统工程等，将流入浦阳江水中的营养盐和有机、无机污染物,转化为生物质资源,提取再利用,从而改善水体生态环境和水质,提升城区景观效果。三是提升整治效果。严格执行“江段长”治水一票否决考核机制,在浦阳江、壶源江 2 条干流及所有 50 条支流流经区域的乡镇(街道)都设立“江段长”,分别履行各流域污染综合治理、水质监管、出界水质达标等 8 大责任,对“江段长”实行年度考核一票否决,奖罚分明,要求乡镇按期消灭劣五类支流;提高水晶验照及整合标准,提前公告 12 条水晶户验照标准和水晶加工行业规范整合标准,全面展开“模拟验照”工作,倒逼 2202 家水晶企业进行了归并整合;规范水晶集聚区准入条件,启动编制水晶加工机械联盟标准,公布两批水晶设备淘汰目录;建立水晶固废不落地全程监管机制，所有水晶企业悬挂公示牌,所有村公示水晶企业分布图;开展水晶固废处置费收缴,基本实现“集污、收集、转运、处理”全过程监管。四是开展水生态文明试点县创建。8 月,浦江县被省水利厅确定为省水生态文明建设试点县,计划用 3~5 年时间,建立水资源开发利用、用水效率、水功能区限制纳污“三条红线”,积极开展河流治理、水环境改善、水土保持、清淤疏浚、生态修复、水环境美化等项目建设,完成水生态文明试点县创建。通过半年多治理实施,浦阳江水环境综合整治成效初显。投资 4.7 亿元的浦阳江治理工程,建成人工湿地 190 余亩,疏浚河道 360 千米,清理河岸垃圾 5500 余吨;截至 10 月底,浦阳江断面高锰酸盐、氨氮、总磷指数分别同比好转 25%、40%、28%,浦阳江上仙屋出境交接断面生态考核结果为优秀;生态环境质量公众满意度从过去全省 90 个县市排名倒数第一,上升到第 38 位。

【城乡建设】 全面掀起“三改一拆”行动新高潮。按照“八先拆”原则,对重点户、重点村、重点区域,集中力量,快刀斩乱麻,一拆到底,全县共拆除违法建筑 215.4 万平方米,其中党员干部、代表委员 24.2 万平方米;改造旧住宅区 23.1 万平方米,城北区块旧城改造项目在 25 天里完成房屋腾空、45 天里完成房屋拆迁;改造旧厂区 19.2 万平方米,改造城中村 31.6 万平方米,超额完成上级交办的“三改一拆”年度目标任务;卫片违法图斑数与往年高峰期相比下降了 87.5%,同时,针对农村违法用地遗留问题的特殊性、复杂性,采取保障需求、分类处置的办法，开辟了农村住房困难户建房审批绿色通道。市政功能不断完善。调整完善中心城区(包含黄宅镇)规划,完成中心城区地下空间开发利用规划、城北区块、月泉区块等重要地段的城市设计、城西区块控规以及秀美通济湖保护和开发规划编制;顺利完成郑宅、郑家坞总规和 100 个村的村庄规划修编。完善市政设施。城北旧城区安置房三期顺利开工，234 套经济适用房完成建设，殡仪馆迁建完成主体工程,220 千伏朱云变电压投入运行,改造提升农贸市场 4 家,新建、改建城市公厕 11 座,新增免费停车场 6 个,成功通过国家卫生城市复审,并创建省级文明县城。畅通城乡交通,20 省道浦江联盟至古塘段改建工程开工建设,浦后公路岩头至郑宅段改建工程如期建成，浦郑公路黄宅至后谢段完成大中修，4条市政道路建成通车，3个拥堵岔口完成拓宽改造。大力发展清洁能源，与央企中国大唐集团合作建设太阳能屋顶发电项目，已纳入国家2013年“金太阳”示范工程项目库。该项目总投资8500万元，在规模企业屋顶安装总面积达10万平方米的太阳能发电站，电能就地输入低压电网，有效降低企业用电成本，项目将于2013年底前全部建成并投入运行，每年可发电1000万千瓦小时，年节约标煤3200吨，减排二氧化碳90余吨。

（傅志远）

武义县

【概述】 2013年，武义县辖8镇7乡3个街道，总面积1568.18平方千米。2013年末户籍总人口34.03万人。

全县生产总值183.58亿元，按可比价格计算，比上年增长9.6%。其中：第一产业增加值14.83亿元，增长1.5%；第二产业增加值101.60亿元，增长10.0%；第三产业增加值67.15亿元，增长10.9%。全县人均生产总值51706元（按常住人口计算），按2013年年均汇率折算约为8349美元。经济结构调整稳步推进，第一、二、三产业增加值占全县生产总值的比重由上年的8.7:55.8:35.5调整为8.31:55.3:36.6，第三产业比重提高1.1个百分点。

全年实现农业总产值23.22亿元，比上年增长4.0%，农林牧渔业增加值15.14亿元，剔除价格因素，实际增长1.5%。全县粮食播种面积27.85万亩，比上年增长0.2%；粮食总产量10.75万吨，增长0.8%。蔬菜面积8.03万亩，产量10.55万吨，增长8.3%。茶园面积9.62万亩，茶叶总产量10766吨，增长14.1%。果园总面积2.92万亩，水果总产量50911吨，增长1.3%。油料面积4.36万亩，总产量4788吨，增长3.7%。花卉苗木面积1.60万亩，增长5.0%。全年完成造林面积494公顷，迹地更新面积741公顷，中、幼林抚育面积3333公顷。累计建成生态公益林优质林面积36733公顷，森林面积达110600公顷，森林覆盖率达70.1%，年末森林蓄积量296.76万立方米。全年实现林业产值1.03亿元，增长1.8%。年末生猪存栏20.41万头，全年生猪出栏32.60万头，生猪全年饲养量53.01万头，比上年增加3.76万头；家禽年末存栏103.47万只，年内出栏303.09万只，全年饲养量406.56万只，下降38.1%。全年畜牧业总产值6.56亿元，下降5.1%。淡水渔业总产值0.55亿元，增长0.7%。生态农业发展稳步推进，新建粮食生产功能区1.47万亩，累计建成农业、林业标准化基地40.1万亩，基本建成城西现代农业综合园区，成立农民专业合作社联合会暨农产品经纪人协会，农民专业合作社达600家，家庭农场28个。推进国家有机产品认证示范区创建，成功举办第二届全国茶艺大赛。年末拥有农业机械总动力20.20万千瓦，比上年末增长0.9%；全年化肥施用量(折纯)1.45万吨，增长2.8%；农村用电量15167千瓦时，增长2.2%。美丽乡村建设深入推进，完成20个村的美丽乡村建设。大力推进省市级农家乐项目创建，全县共有农家乐经营户151户，其中：省级农家乐特色村2个、市级农家乐特色村7个、四星级经营户2家、三星级经营户53家，全年共接待游客100多万人次，增长15.0%；营业收入1.13亿元，增长15.0%。

2013年全县完成工业总产值590亿元，增长6.4%，工业增加值90.85亿元，增长10.5%。规模以上工业企业483家，实现工业总产值442.17亿元，增长10.3%；新产品产值91.50亿元，增长16.3%；工业销售产值419.78亿元，增长10.6%，其中工业出口交货值152.56亿元，增长13.3%。全年规模以上工业企业实现利税总额37.42亿元，增长17.6%，其中利润总额17.95亿元，下降2.5%，从业人员劳动报酬29.19亿元，增长10.1%。全县开发区和工业功能区累计建成积21.2平方千米，进区企业1471家，竣工企业1408家。区内企业实现销售产值527.43亿元，增长10.0%，工业区每平方千米工业总产值24.88亿元，增长9.5%。武义科技园建设有序推进，装备制造产业成为全省优先培育的42个特色产业集群之一，大型数控专用机床基地被命名为省级特色基地。成功举办第24届全国电动工具配套会议暨中国（武义）五金工具博览会、文教旅游用品博览会。扎实推进“四换三名”工程，完成“个转企”575家、“小上规”

90家,新认定市级以上科技型企业49家、高新技术企业研发中心6家,新增市级以上著名商标20只、名牌产品16只、出口名牌12只。

全年实现建筑业总产值34.62亿元,增长15.9%,建筑业增加值10.75亿元,增长5.3%。资质以上建筑企业利润总额1.04亿元,下降2.2%;建筑施工面积401.7万平方米,增长0.4%;完成房屋竣工面积207.6万平方米,下降11.2%。

全年完成固定资产投资97.76亿元,增长20.6%。国有投资15.14亿元,增长33.3%;非国有投资82.62亿元,增长18.5%,其中民间投资82.22亿元,增长18.3%。投资结构进一步优化。农村投资34.85亿元,增长33.2%;工业投资60.72亿元,增长13.5%,其中工业技改投资45.32亿元,增长14.7%,技改投资占工业投资比重为74.6%;第三产业投资36.59亿元,增长35.7%。全年房地产投资15.73亿元,增长18.9%。商品房施工面积86.97万平方米,增长17.5%,商品房竣工面积3.03万平方米,下降76.8%,商品房销售面积18.72万平方米,增长34.4%。政府投资项目建设有效推进。2013年全县共安排政府投资项目105项,完成投资12.54亿元,增长20.0%。2013年列入省、市重点建设项目的16个项目全部开工,开工率为100%。其中列入省重点建设项目7项,全年完成投资6.62亿元,增长42.7%,比上年提高29.1个百分点;列入市重点建设项目16项,完成投资36.91亿元,增长221.9%,比上年提高98.9个百分点。城市建设成效明显。制定城区“退二进三”政策,完成北岭新区、城西拆迁回建区等城市设计,划定上街历史文化街区保护范围14.95万平方米。完成城西区块和“两路一桥”1306户、16.4万平方米的住房调查登记和征收补偿方案制定,发布房屋征收决定。大力推进城区道路畅通工程,武川路延伸至东升路,明招路拓宽至永武一线,内环西路拓宽、温泉中路改造等工程完工。有序推进北岭新区建设,北岭实业发展有限责任公司开展实体化运作。发展支撑逐步加强。开展土地利用规划中期评估,推进土地节约集约利用,消化批而未供土地2592亩,盘活存量用地491.6亩。220千伏莹乡输变电投运,溪洛渡—武义特高压直流输变电、金丽温输气管道等能源保障项目进展顺利,金温铁路扩能改造、义乌至武义公路、44省道武义城区段改建等交通项目积极推进,石碳水库、小型水库除险加固和中央财政小型农田水利重点县建设完成年度目标。

全年实现交通运输、仓储和邮政业增加值3.28亿元,增长7.4%。全县公路总里程为1356千米。年末拥有各种机动车97744辆,其中:摩托车48380辆,汽车49364辆。全年完成货运量678万吨,增长8.0%;公路客运量1698万人次,增长3.6%;公路货运周转量10.33亿吨千米,公路客运周转量2.80亿人千米。

全年实现旅游总收入38.45亿元,增长20.5%;接待游客491.20万人次,增长17.5%,其中国内游客490.22万人次,增长17.5%,入境游客0.98万人次,增长16.1%;景点门票收入1.12亿元,增长5.6%。全力推进生态景区全域化,出台旅游项目招选办法,温泉养生产业园被列为省第三批现代服务业集聚示范区,国家4A级景区实现“零”的突破,建成全省首家中医药文化养生旅游示范基地。成功举办中国武义第七届温泉节暨第四届国际养生博览会,被评为美丽中国·生态旅游(十佳)示范县和浙江省十大养生福地。以治水为突破口,开展“碧水蓝天”行动,强力推进电镀、化工、印染、造纸等重污染行业整治。停产整治工业企业57家、制砂企业35家,规范化改造企业排污口156个。大力开展畜禽养殖污染整治,累计拆除关停249户、12.9万平方米,处置畜禽40.8万只。全面建立“河长制”,推行清水养殖,清理河道355千米。加强大气污染防治,建成2个空气自动监测站。完成节能减排年度任务,跨行政区河流交接断面水质考核为良好,空气优良率达到80.8%。强力推进“三改一拆”,拆除违法建筑114.7万平方米,改造旧住宅区、旧厂区、城中村94.3万平方米。不断深化“四边三化一整治”,清运农村垃圾7.6万吨,1006家企业垃圾池进围墙,清理公路边沟453.5千米、路肩堆积物1.3万立方米,完成沿线林相改造10000亩,景区和绿道沿线植绿4.3万平方米。提升城市管理水平,开展城区违法占道经营专项整治,加强建筑垃圾、施工渣土管理,顺利通过灭蚊灭蝇先进城区复查。

全年实现社会消费品零售总额63.59亿元,增长15.0%。其中,城镇消费品零售额54.28亿元,增长14.7%；乡村消费品零售额9.31亿元，增长17.0%。分行业看,批发零售业零售额53.54亿元,增长15.8%；住宿餐饮业零售额10.05亿元，增长10.7%。完善城乡商贸体系,出台扶持电子商务发展政策,浙江物产(浙中)供应链物流服务基地一期投用,华东工业材料城启动建设。武义县还被命名为“中国超市之乡”。

全年海关进出口总额238067万美元，增长11.2%,其中出口总额235406万美元,增长11.5%;进口额2661万美元，下降7.9%。全年实际利用外资1129万美元,下降46.5%。

全年财政一般预算收入25.97亿元,增长9.7%。其中公共财政预算收入14.23亿元,增长14.5%。地方公共财政一般预算支出25.82亿元，增长26.2%。民生支出保持增长,其中农林水事务支出、交通运输支出、城乡社区事务支出、科学技术支出、公共安全支出、社会保障和就业支出分别增长82.3%、62.9%、52.3%、20.4%、19.5%和12.4%。年末金融系统存款余额(本外币)281.68亿元,比上年增长16.0%。金融系统贷款余额（本外币)291.30亿元，增长18.9%。在人民币贷款中,短期贷款225.05亿元,增长18.8%,中长期贷款56.04亿元,增长27.3%。

2013年底，全县共有幼儿园130所，招生数4944人,在园幼儿16945人;小学31所(其中民办2所),招生数4866人,在校学生27726人;初中8所,招生数3205人,在校学生9221人;普通高中3所,招生数1364人,在校学生4498人;职业高中1所,招生数888人,在校学生2542人;特殊教育学校1所,在校学生18人。全县小学、初中的入学率和巩固率均达到100%，初中毕业升高中比例达到98.43%。全年普通高等院校上线人数达1597人,其中录取1500人。

全县专利申请量1374件，专利授权量898件，分别增长30.5%、18.6%。其中:发明专利申请量120件,授权量17件。新认定各类科技型企业59家,其中:国家级5家、省级26家、市级18家、县级10家。新立项科技项目115项,其中国家级5项、省级38项、市级15项、县级57项。

年末拥有文化馆1个，组织文艺活动96次,举办培训班120次;公共图书馆1个,藏书25.9万册,电子图书4万册;文化艺术表演团体1个,放映公众电影3800场次。全县广播综合覆盖率100%,电视综合覆盖率100%,有线电视用户9.3万户,其中数字电视用户8.6万户。

2013年底全县共有卫生机构(不含诊所)29个,其中:医院、卫生院25个,妇幼保健院1个。年末拥有床位1086张,其中:医院和卫生院床位1053张,妇幼保健院33张。卫生技术人员（不含诊所)1435人,执业医师514人,执业助理医师63人,注册护士519人。疾病预防控制中心1个，卫生技术人员27人。卫生监督所1个,卫生技术人员20人。另有诊所、医务室、村卫生室、社区卫生服务站215个,卫技人员246人。

全年开展了、74场全县性的体育活动（比赛),参加省级运动会获金牌2枚、银牌1枚、铜牌4枚。培训并考核通过游泳等项目三级社会体育指导员106人。完成武义县3~69周岁公民抽样体质测试工作，测试人数1712人。全县共发行电脑体育彩票3555.77万元。

2013年底,全县累计有408个村完成“生态村”建设。农村环境整治扎实推进,全县共完成一般整治村2个,单项整治村3个,以村庄周围、农户房前屋后、通村公路沿线为重点,彻底清除陈年垃圾和废弃物,进一步改善农村环境卫生。县城环境空气质量二级以上天数达80.8%，集中式饮用水源地水质达标率100%,宣平溪水质达标率100%,流经县城及六乡镇街道的熟溪水质达标率100%,城市生活污水处理率83%。

年末全县共有职业介绍机构6个。全年新增城镇就业人数4376人，其中2045名下岗失业人员实现再就业,增长4.4%。年末城镇登记失业率2.5%,比上年末下降0.3个百分点。农村劳动力素质培训6549人,其中:农村劳动力转移就业技能培训2852人,务工农民岗位技能培训1898人,农村实用人才培训1022人,农村后备劳动力培训192人。

据城乡住户抽样调查,全县农村居民人均纯收入10872元,比上年增长11.4%;城镇居民人均可支配收入24530元,增长10.1%。农村居民人均生活消费支出8199元,增长15.8%;城镇居民人均消费支出16925元,增长12.8%。农村居民家庭恩格尔系数为 33.6%,下降 2.9 个百分点;城镇居民家庭恩格尔系数为 34.5%,下降 0.4 个百分点。年末全县在册低保对象 4393 人,发放最低生活保障金 1284.4 万元。年末各类收养性社会福利单位 6 个, 床位 1432 张,收养人数 519 人;实际医疗救助 1888 人,发放救助金 502.99 万元;发放救灾款 140.69 万元,救济灾民 2869 人;发放义务兵优待金 235.9 万元,城镇退役义务兵自谋职业率 100%; 农村五保对象集中供养率、城镇“三无”对象集中供养率均为 100%。全年办理结婚登记 2992 对,离婚 723 对,依法办理收养登记 44 件。年末全县基本养老保险参保 97887 人,城镇职工基本医疗保险参保 72291 人,增长 5.9%;新型农村合作医疗参保 289577 人,增长 1.9%,参合率为 97%;工伤保险参保 116370 人,增长 12.2%;生育保险参保人数达 41433 人,增长 24.5%;失业保险参保人数 34987 人,增长 4.5%。城乡居民社会养老保险参保登记缴费人数 116988 人,参保率 99%,累计发放社会养老金 6361 万元;被征地农民基本生活保障参保人数 12289 人,领取基本生活保障金 6330 人。

【第 24 届全国电动工具配套会议暨中国 (武义)五金工具博览会】 3 月 25 日—26 日,由中国电器工业协会电动工具分会和武义县人民政府主办、县电动工具行业协会承办的第 24 届全国电动工具配套会议暨中国(武义)五金工具博览会在武义县展览中心举行。博览会展示中国五金产业的最新发展成果和趋势,并通过这个平台,以展会友、以展促销, 让电动工具产业集群进一步得到整合提升,加快武义 “赶超富民、特色崛起”。博览会展馆面积 8000 多平方米, 共设 10 个特装位, 国际标准展位 240 个,其中:电动工具配件区 190 个标准展位,园林工具配件25 个标准展位。中国电器工业协会电动工具分会七届会员大会同期召开。

【首届畲族风情展演活动】 4 月 9 日,武义县首届畲族“三月三”风情展演活动在县城滨江广场举行。活动由县民族宗教事务局、文化局、旅游局、文联联合举办,是对武义县深入挖掘、传承民族特色活动的一个展示,是全力推进畲族文化活动年的一个重要组成部分。

【第六届全国桥牌混双公开赛】 4 月 28~30 日,为期三天的金华“武义温泉杯”第六届全国桥牌混双公开赛在武义举行。该届桥牌混双公开赛由中国桥牌协会、金华市体育局、武义县人民政府和金华市旅游局联合主办,武义县体育局、金华市桥牌协会承办,全国各地 176 对选手参加比赛。来自广东的张相平、陈莹组合夺得冠军,除获得 22000 元的奖金外,还获得武义县人民政府颁发的旅游绿卡,可享受终身免费游武义的待遇。

【入选“美丽中国·生态旅游(十佳)示范县”】 4 月 18 日,在全国性的“美丽中国·生态旅游 50 强”评选活动中,武义县成为为浙江省唯一成功入选“美丽中国·生态旅游(十佳)示范县”的县市。县境内有“华东第一,全国一流”的温泉旅游资源、丹霞胜景、国家级风景名胜区大红岩、国家森林公园牛头山以及石鹅湖、寿仙谷、十里荷花等众多自然生态景区。全县旅游已初步形成“北部温泉度假、中部丹霞探古、南部生态风情”三大旅游板块,先后开发温泉养生游、丹霞探古游、生态休闲游、乡村风情游,形成多元化的旅游产品体系。县内还有首批中国历史文化名村郭洞古生态村、俞源太极星象村以及延福寺、明招寺、熟溪桥等人文胜景,形成以古村文化、理学文化、廊桥文化为代表的多层次文化生态景观。武义县的森林覆盖率高达 72%,空气质量优良率达到 100%,75%的地面水达到二类水质标准, 全县拥有国家级森林公园、省级自然保护区 8 处,其中,牛头山国家森林公园森林覆盖率达 98.3%,有“浙中绿洲、华中生物库”的美誉。浙江首条田园休闲——武义绿道的开通,在全省率先开始倡导绿色、低碳的生态旅游,让绿道骑行成为游客欢乐健康旅游的新形式;结合生态环保理念,全县进一步发展乡村旅游,培育乡村旅游精品区,将乡村旅游发展与美丽乡村、美丽武义建设完美结合。

【保护吕祖谦家族墓】 5 月 3 日,吕祖谦及家族墓由国务院核定为 “第七批全国重点文物保护单位”。吕祖谦是南宋时期著名的理学家,金华学派创始人,与朱熹、张栻齐名,时称“东南三贤”。吕祖谦家族墓位于武义县明招山,是由曾祖吕好问、伯祖吕本中、祖父吕忱中、父吕大器、吕祖谦及其弟吕祖俭,至少四代人合葬的家族墓地,共有坟墓 30 余穴,具有鲜明的南宋墓葬特征。世代延续的族葬墓地在江南地区极为少见,“聚族而葬”正是作为“理学名家”的吕祖谦苦心经营，刻意践行儒家丧葬伦理的结果。

【2013中国(武义)文教旅游用品博览会】 5月18日—19日，2013中国(武义)文教旅游用品博览会在武义县展览中心举行，200多家文教用品及文化产品类、旅游用品类、扑克类等生产企业参展，省内及周边省市近千名电商网商、进出口公司等专业采购商观展采购。武义县先后被命名为中国文教用品生产基地、中国扑克牌生产基地。2013年底，全县文教体育用品生产企业达300多家，产品涉及回形针、大头针、图钉、订书钉、扑克牌等6大类1600余种。全县“二针二钉”和扑克牌的产量已分别占全国的80%和50%以上；旅游休闲用品行业产品出口到30多个国家和地区，品种涵盖户外家具、露营帐篷及相关配套产品等数十个品种，产量占全国总产量的15%以上，其中户外用品的产量和出口量占全国总产量和总出口量的20%以上。

【“武阳春雨”茶】 武义县拥有茶园面积12.34万亩，其中有机茶颁证面积1.08万亩，上年茶叶总产值达6.56亿元。国家茶叶加工技术研发分中心、浙江省茶产业科技创新中心落户武义，武义县先后被评为“中国名茶之乡”“中国有机茶之乡”“全国重点产茶县”。武阳春雨茶多次荣获国内外茶博会、农博会金奖，并先后被评为“中国放心茶推荐品牌”“浙江省十大名茶”“浙江省名牌产品”“浙江省名牌农产品”“金华市群众最喜爱名茶”等。8月，国家质检总局在贵阳召开生态原产地产品保护研讨会，向全国获得首批试点生态原产地保护产品的15家单位颁发了证书。其中，武义县的“武阳春雨”茶成为首批国家生态原产地保护产品之一，这是浙江省首个通过评审的生态原产地保护产品。10月22日，“武阳春雨杯”第二届全国茶艺职业技能竞赛总决赛在武义唐风温泉山庄开幕，21个省(市、区)的220多名茶艺选手参加决赛。获得总决赛个人赛前3名的选手由国家人力资源与社会保障部授予“全国技术能手”称号，晋升为国家一级或二级技师资格。团体赛和茶席设计赛设金奖、银奖、铜奖等奖项。

【中国超市之乡】 8月5日，中国商业文化研究会授予武义县“中国超市之乡”称号。近年来，武义县南部山区农民走出大山，在上海、昆山、苏州等地开超市，闯出了一条脱贫致富的道路。全县18个乡镇(街道)均有超市业主，在全国各地开出超市7000多家，从业人员达5万多人，2012年的营业额达到350亿元，其自主品牌“万客隆”“易家福”“三联”“家润多”等在业内有一定的知名度。

【省中医药文化养生旅游示范基地】 9月25日，省中医药文化养生旅游示范基地授牌仪式在武义县寿仙谷有机国药养生园举行。省旅游局、省卫生厅、省农业厅及县领导参加授牌仪式。这是浙江省首家中医药文化养生旅游示范基地。

【摩托车越野锦标赛】 10月18日—20日，作为年度收官大战的2013年“互助会杯”全国摩托车越野锦标赛(武义站)暨国际邀请赛在三美国际赛车主题公园举行。该赛事是武义第6年举办全国性摩托车越野运动赛事，全国近20个省区及新西兰、德国、意大利、澳大利亚等4个国家的26支参赛队112名赛车高手参加比赛。该次比赛由国家体育总局汽车摩托车运动管理中心、中国摩托运动协会、浙江省体育局、金华市人民政府主办，武义县人民政府、金华市体育局承办，北京摩托运动发展公司协办。

【中华明招文化研讨会】 10月22日—23日，2013中华明招文化研讨会在清水湾·沁温泉度假山庄举行，海峡两岸80余位领导、专家、学者出席研讨会。通过对明招文化与中华儒释道传统文化、吕祖谦与明招文化、明招讲学与宋代科举文化、明招文化与浙东学术、明招文化与武义地方历史文化、明招文化与养生武义的历史脉络等议题的探讨，进一步理清明招文化的内涵、特色和历史地位，为传统文化的发掘、保护、弘扬和利用奠定学术基础，助力地方经济、社会、文化事业的发展和生态文明建设。

【浙中首家物流基地】 11月18日，由世界500强企业浙江省物产集团公司与浙江鼎发物流有限公司联手打造的浙江物产(浙中)供应链物流服务基地及武义物流中心正式投入运营。是浙中地区首家集现代物流平台建设、供应链物流总包、物流咨询策划、全国干线运输、国际货运、零担配载、电子商务、仓储中转、包装加工、多式联运等物流服务为一体的大型综合性物流基地。浙江物产(浙中)供应链物流服务基地总占地471亩，总投资10亿元。一期工程占地200多亩，包括228间公路运输专线配载用房、快递专营区、电商运营专区、产品展示中心、行政信息大楼及配套服务生活用房等。

(周云芳)

磐安县

【概述】 2013年末，磐安县辖9个镇，10个乡，全县行政区域面积1194.74平方千米，年末全县户籍人口210350人。

2013年，全县实现生产总值69.14亿元，同比增长8.8%；财政总收入9.46亿元，公共财政预算收入5.19亿元，同比分别增长13.87%、14.6%；农民人均纯收入9013元，同比增长14.4%；城镇居民人均可支配收入24088元，同比增长10.4%；社会消费品零售总额22.44亿元，同比增长15.3%；固定资产投资41.68亿元，同比增长20.1%。

农业生产稳健增长。全年完成农林牧渔业总产值15.04亿元，剔除价格因素比上年增长2.1%，其中：农业产值11.84亿元，增长6.7%；林业产值1.39亿元，增长1.1%；畜牧业产值1.63亿元，增长7.3%。全年农作物播种面积26.18万亩，其中：粮食播种面积12.25万亩，同比减少0.7%；粮食总产量3.90万吨，同比减少3.3%。全年中药材种植面积6.75万亩，实现产值4.86亿元，增长27.0%；食用菌产值2.09亿元，下降1.8%；茶叶种植面积7.60万亩，实现产值1.39亿元，下降4.2%；蔬菜种植面积5.03万亩，实现产值1.26亿元，减少11.1%。全年生猪出栏5.92万头；蚕茧产量129吨，减少60.9%。农业经济增效增收。新发展设施农业3000亩、经济林6100亩，新建粮食功能区3106亩，完成好溪流域、始丰溪流域两个现代农业园区服务中心主体工程和48个农业精品园建设。新增县级以上农业龙头企业9家、市级示范性专业合作社2家、家庭农场32家。开展农业标准化综合示范县创建，2个农业标准化示范项目通过省验收。

工业生产迈上新台阶。全县完成工业增加值27.13亿元，按照可比价计算，比上年增长9.7%，工业增加值占地方生产总值的比重为39.2%。全县规模工业完成产值70.11亿元，同比增长12.5%；实现销售产值64.47亿元，同比增长15.4%。其中：出口交货值18.90亿元，增长17.8%。产值超亿元的企业达到17家。全县规模工业实现利税总额3.48?亿元，同比增长25.8%。纳税超过1000万元的工业企业7家。威邦公司成为磐安县首家年度纳税突破2000万元的工业企业。全部工业用电量2.19亿千瓦小时，同比增长6.8%。金磐开发区、磐安工业园区等工业平台基础设施不断完善，投入基础设施建设资金1.64亿元、平整土地1025亩。金磐开发区获浙江开发区特别贡献奖。新培育规模以上工业企业22家，完成“个转企”167家；完成工业性投入20亿元，同比增长26.8%。开展工业企业绩效评价，盘活闲置低效用地239亩。实施浙商(磐商)回归工程，全年引进回归项目25个，实际到位资金5.7亿元。落实创新驱动发展战略，成立院士工作站2个，获发明专利10件，新增市级以上高新技术企业12家，其中国家级6家。建筑业扶持和招商力度加大，全年完成建安产值105亿元，上交地方税收1.1亿元，同比分别增长46%、29%，建筑业成为磐安县域经济的重要支柱产业，全县完成建筑业增加值7.67亿元，比上年同期增长8.3%。

重点项目加快推进。途经磐安的金台铁路预可研方案通过评审，杭绍台高速公路完成工可审查。安田抽水蓄能电站项目被列入浙江省新建抽水蓄能电站的推荐站点，国网新源控股有限公司已开展预可研工作。9个项目被列入省重点建设项目，13个项目列入市重点项目计划。全年向上争取资金12亿元，完成年度计划的120%；向上争取用地指标2345亩，是省年初计划的6.3倍。全县重点建设项目和65亿重点投资项目进展较快，县乡村三级2200多项创业承诺项目基本完成。交通三大干线公路改建项目列入县十大重点工程：42省道一期改建工程，路线全长20.4千米，完成年度投资计划2.16亿元；磐新线改建工程，路线全长17.73千米，完成年度投资计划1.6亿元；40省道三期改建工程，路线全长9.8千米，完成年度投资计划5000万元。杭绍台高速公路项目完成工可审查，完成绍兴、磐安融资公司组建；金义东磐快速通道具体线位走向已作调整。投资1466万元完成农村公路大、中修29.32千米；投资1896万元实施农村公路安保98.08千米。三大水源项目加快推进，完成了花溪水库大坝主体工程建设，虬里水库、市岭下水库前期工作稳步推进。三大移民小区加快建设，完成古竹移民小区一期安置房建设，启动九里塘移民小区一期安置房建设，完成尖山移民小区平面式一期安置房主体工程。教育投入不断加大，文溪小学完成一期60%工程量，磐安二中、深泽小学改扩建完成一期工程，玉山小学学生宿舍楼开工建设，尚湖中心幼儿园完成主体工程。台地初中(暂名)完成选址及工可编制，新城区初中(暂名)开展规划及方案设计。仁川卫生院搬迁项目完成门诊楼、公共卫生综合楼主体工程建设，茶文化博物馆建成开馆，体育健身中心项目开工建设，中心粮库建设项目加快推进，县气象科普服务中心完成主体工程。

城乡统筹力度加大。编制新老城区一体化、地下空间开发利用和城镇化发展规划。完成月山路改造、新兴街综合管廊和上章桥建设。完成新兴街安置房主体工程建设，启动大田畈公租房建设，加快实施石坑里区块项目前期工作。出台加快安文城区城中村改造的政策，启动坑口、栗里、安里等区块改造。实施龙山公园改建工程。实施城区亮化和路灯节能改造。开展城区严重交通违法行为集中整治和治堵保畅行动，建成城区公共自行车系统。新城区核心商务区块建设、云山旅游度假区新农村建设有序推进。城市管理得到加强，在省级文明县城复评综合考核和国家卫生县城卫生状况群众满意度测评中，磐安均名列全省第一。秀美乡村建设深入实施，集中财力加大榉溪、梓誉、横路、管头、马塘、大皿等精品村培育力度，启动玉山、尖山连线成片区块创建。开展22个秀美村建设，实施村庄整治36个、整乡整治4个，拆除危旧房6.6万平方米，改造农村住房户2267户，建成农村文化礼堂25个。榉溪通过省农房改造示范村验收，朱山、大皿开展第二批省农房改造示范村建设，磐安农房改造工作经验在全市推广。“三改一拆”取得阶段性成果，坚持拉网式排查、地毯式拆违，有效遏制违法建设势头。全年拆除违法建筑24.8万平方米，完成旧住宅区改造16.8万平方米、旧厂区改造3.2万平方米、城中村改造4.9万平方米。

环境整治成效显著。以治水为重点，结合“三边三化”“双清”等行动，开展城乡环境综合整治工作。出台水环境综合整治规划，落实县乡村三级“河长制”，开展“寻找不能游泳的河”专题行动，集中开展采制砂场、畜禽养殖场、花岗岩加工场整治。完善全县采制砂场和生态畜禽业发展规划，重点做好水源保护区、风景旅游区、文溪流域水质保护。开展重污染高耗能行业整治，完成印染、化工、电镀等行业污染治理，完成县城污水处理厂提标改造、台口垃圾填埋场渗滤液处理厂升级改造，尖山污水处理厂投入使用。2013年在省对各市县交界断面水质考核中，磐安达到优秀。出台生态文明示范乡镇、示范村创建标准，实施新一轮农村环境连片整治，完成12个饮用水源地截污设施和24个污水处理点建设。继续实施“美化磐安”行动，完成森林抚育1.55万亩、绿地建设2500多亩、道路绿化87千米、林相改造2300亩，创建省市级森林村庄14个。磐安被命名为省级森林城市，在全省生态环境质量公众满意度调查中名列第二。

民生事业全面推进。全县财政用于各类民生支出达12.3亿元，占公共财政可用支出的69.9%，增长25%。扶贫帮困工作扎实推进，实施农民收入倍增行动计划，完成新一轮低收入农户、扶贫重点村调查认定和农村危旧房普查工作；推广实施“我的幸福计划”项目，落实结对帮扶资金817万元，全年发放来料加工费2.84亿元。就业和社保体系不断完善，制定和完善工伤保险、城乡居民医疗保险、被征地农民基本生活保障等一批惠民政策，落实教育、卫生优秀人才特殊津贴政策。全面完成社会保险参保扩面任务，完成农村低保核查提标工作。发放各类救灾救济救助资金1584万元，完成各类技能培训3000人次，转移农村劳动力2076人。医疗服务能力不断增强，县人民医院、县中医院分别与金华市中心医院和浙江中医药大学附属第三医院合作办医；县人民医院添置了核磁共振等医疗设备。文化计生等事业全面发展，2013年在浙江省基层公共文化服务评估中，磐安排名第十三，在全省35个一类地区中排名第一，在金华市排名第一。县图书馆被文化部正式命名为国家一级图书馆，“祭孔典礼”申报国家非遗项目,全市唯一入选。全县363个行政村和8个社区都已建成了村级文化活动室,实现村级文化活动室全覆盖。开展"幸福家庭"创建活动,人口计生基层基础不断夯实;重视残疾人事业发展,创建成为省级爱心城市。社会管理不断加强,坚持矛盾纠纷常态化排查化解、县领导定期下访接访和包案化解等制度;重视抓好交通、建筑等工程质量安全监管,做好食品药品安全、森林防火、防汛防台等工作,农家乐治安消防管理做法在全省推广,全县安全生产形势总体稳定。

【夏宝龙到磐安调研】 5月21日,省委书记、省人大常委会主任夏宝龙到磐安调研。先后考察了双峰乡大皿村古民居保护工作,仁川镇干部作风建设情况以及"全科干部、全员住夜、全心服务"活动内容等。省委常委、秘书长赵一德,副省长黄旭明及省政府相关部门负责人参加调研。市委书记陈一新,市委副书记、市长徐加爱,市委常委、秘书长钟关华及其他领导祝伦根、磐安县党政负责人陪同调研。

【乔传秀到磐安调研】 8月22日,省政协主席、党组书记乔传秀率省政协调研组到磐调研困难群众重特大疾病医疗救助问题。考察新渥卫生院,慰问住院困难户。在县人民医院主持召开座谈会,听取有关医疗服务、医疗救助、意见建议。金华市政协主席郑金平,磐安县领导周剑敏、黄福良、应跃成等陪同调研。

【第七届中国·磐安中药材交易博览会】 9月16日上午,第七届中国·磐安中药材交易博览会在浙八味特产市场开幕。省人大常委会副主任程渭山,金华市委书记徐加爱,中国中药协会执行副会长王瑛,省中化蓝天集团党委副书记陈鹰,省农业厅党组成员、总农艺师王建跃,金华市委常委、东阳市委书记徐建华,省市有关部门领导,有关科研院校的领导、专家和教授,相关中医药企业老总,省中药材产业协会会员代表,药材和农特产参展商,省内外有关新闻媒体的领导和记者。周剑敏、陈蕾妍等县四大班子领导及有关部门、乡镇、村干部,中药材种植大户、购销大户等参加开幕式。

本届药交会共签约节能型水族器材生产、神农谷旅游开发、尚格集团总部、比特电子科技园、商品砼及预制构件等16个项目,计划总投资29.2亿元,涉及生态工业、现代农业、休闲养生旅游业等多个领域。药交会还举办由省中药材产业协会和磐安县人民政府主办的中药材产业发展高峰论坛;有浙江中医药大学副教授、医学硕士黄建波,浙江中医药大学药学院医学博士、省级名中医张永生,副主任医师、硕士生导师谢远军,省中医院妇科副主任中医师、副教授龙惠珍等众多省市名医到场义诊。

18日,第七届中国·磐安中药材交易博览会圆满闭幕。中国中药协会执行副会长王瑛宣布,浙八味中药材价格指数正式发布。至此,县中药材交易市场有了正式的价格指数。

【创建生态文明示范县】 制定县级生态文明示范乡镇、村建设标准。开展"清理河道、清洁乡村"专项行动。出台《磐安县水环境综合整治专项行动方案》,提出打造浙中"清水山城、亲水之乡"工作目标。全面推行河长制,实行"包河治水",县政府正副县长分别担任县内7条主要河流的"河长",各乡镇长担任辖区内河段的镇乡级"河长",各村长担任村内河流的"河长",全县188条河溪实施"河长制"全覆盖。在全县开展寻找"不能游泳的河"行动,摸清全县188条河溪919千米水域重点污染源的产污环节、制污原因。加强采制砂行业整治,全县共断电整治采制砂场42家,其中:原地整改15家,原址取缔27家。突出畜禽养殖场治理,全县193家规模化畜禽养殖场中,限期治理的85家,限期关停108家。强化环境监督管理,实行投资项目并联审批办法。强化水环境管理,制订12个农村饮用水源保护区划分方案,开展合格规范饮用水源创建工作的实地调查;完成夹溪、好溪部分水域水功能区调整的技术评估。开展重污染高耗能行业整治工作。空气质量优良率达到97.1%。完成了PM2.5、炭黑能见度等项目仪器的安装,PM2.5等数据已接入省控网站并公开发布。

(陈金春)

国家、省直驻金单位

中储粮金华直属库

【仓储工作】 保质保量完成储粮密闭保温工作。以月度“一符四无”自查为抓手，落实各项仓储基础工作。通过落实“四单”管理制度，明确企业各级管理人员的责任，全面提升企业仓储、安全、质量管理水平。同时把《质量控制单》《仓储保管检查单》《粮食出入仓作业单》有序向直管库推进，提高库外储粮的仓储基础管理水平。严格执行《金华直属库质量管理办法（试行）》，明确并落实采购、入库、储存、出库等环节的质量管理责任和工作措施。关口前移，抓好“事前预控”，把好粮源采购关，确保非可控指标符合质量标准，可控指标控制在处理能力范围内。切实做好入库新粮清杂整理工作，累计整理入库稻谷7040吨，入库早籼稻谷全部采用两道除杂整理，清除杂质110余吨。对进入浅圆仓的8858吨进口玉米在入库时均进行两道溜筛除杂整理，确保其储存安全。通过规范《仓储设施租赁合同》明确双方的责任，每月分管领导、仓储负责人及每旬的兼职驻库监管员认真做好巡查监督管理，尤其是金华市婺州粮食收储有限公司、东阳市粮食收储有限公司（上周中心粮库）初次放国家政策性粮，多次亲临现场，指导日常管理基础工作，确保库外储粮的数量真实，质量良好，储存安全，管理规范。投入4.32万元，新安装36台2.2千瓦低功率的轴流风机，使低功率保水通风和PEF板隔热保温技术应用比例分别达到100%（不包括浅圆仓）。对新入粮仓，用麻袋叠包延伸地上笼至仓墙；对地槽通风系统的仓库，每一个空气分配器上按放通风罩笼，有效减少通风死角，提高通风效果，降低通风能耗。采用经济有效的砻糠隔热材料，进行控温储粮，延缓储粮品质变化，延长储存期，节约轮换费用。新安装7个仓库13台空气调节器，56个平房仓100%实现空调控温储粮，为准低温储粮奠定基础。开展防虫、隔离、清洁卫生等物理防治工作，减少药剂的使用量，配有空气呼吸器15套，为熏蒸防治作业人员的安全提供更可靠的保障。投入17多万元对浅圆仓溜粮管和仓顶通风口进行气密性改造，确保浅圆仓的化学防治效果。

【轮换经营】 规范、高效执行各项调控指令，保质保量完成政策性粮食跨省移库任务。完成2013年进口玉米接收入库及除杂工作。严格执行国家托市收购计划，严密制订油菜籽托市收购预案，周密安排落实收购中各个环节工作，完成11000吨油菜籽收购任务，得到分公司检查组的好评。由于东北地区受恶劣天气影响，粮质不尽理想。根据上年玉米轮换（含进口玉米）架空计划和扩大购销的需要，积极掌握一手粮源，确保轮换计划完成和扩大购销粮源的供给。拓展经营思路，完善经营体系。品种上玉米、稻谷、小麦多管齐下，方式上联购分销、终端客户直销、两头在外扩销。稳固老客户，拓展新客户，培育黄金客户，通过与终端用粮大户建立长期合作关系，减少粮食流通环节，让利于终端客户，实现“双赢”。不定期走访终端客户，实地了解企业的需求、生产状况、销售状况、企业困难及风险度、对粮库的要求，特别是禽流感等因素影响。积极做好与终端客户联系沟通，帮助和鼓励养殖企业渡过难关，力所能及地为养殖企业做好服务和政策支持，以稳定优质的货源，合理的价位，优质的服务，赢得了客户的信任，树立中储粮诚信为本的社会形象。

【控制风险】 按照分公司全面预算管理要求，粮库每月对主要预算目标进行对标，对主要预算指标执行情况进行分类跟踪监控，关键性指标严格控制在规定的偏离度以内，充分发挥预算对经营业务的指导作用。以《内控手册》作为内部控制的基石，建立有效的风险管理系统。强化资金风险控制制度执行力度，对资金实行统一管理，做细做实“三账核对”工作。仓储、财务、业务严格按照出入库单据入账，做到入账依据一致，口径一致，定期进行核对，对发生差异及时查明原因，按要求进行调整，做到账实相符，账账相符。加强银企间沟通与合作。及时通报政策性业务动态，为政策性贷款做好提前预报，确保信贷按时到位。

【安全生产】 结合“一符四无”考核进行安全生产检查，库专职安全员进行不定期的抽查。通过检查及抽查，全面及时排查和整改，促进各项安全操作规程的落实，各项纪录齐全，实现全年安全生产“无事故”。根据省粮食局《安全生产大检查“百日行动”实施方案》内容，结合库实际，组成检查组，重点突出防火、安全度夏度汛、直管库储粮管理，认真开展企业自查自纠工作，对库区消防、保卫、监控、用电、高温作业等安全开展隐患大排查，及时更新损坏、失效的消防设施，检查库内外储备粮食是否存在发热、霉变等迹象，尤其是存储在浅圆仓的粮食安全，通过各种方式，力求做到检查全方位、无盲点、无死角，求实效，不走过场。同时积极运用粮情远程监管平台加强对直管库粮情的适时监管，有效控制粮温，防治虫害滋生，确保储粮安全。强化日常督查，严格各项制度。层层签订安全生产责任书。库区实行24小时值班，建立节假日和双休日领导值班制度，由库中层以上干部轮流值班。特别是粮食入库期间，库中层以上24小时轮流带班作业，严格执行《粮食出入仓作业单》制度。建立门卫严格人员入库登记、询问和收存火源的安全制度。制定气调房《气调制氮系统使用操作规程》并上墙，并选派2名气调操作人员参加总公司气调培训，3人参加地方安监部门压力容器操作培训，并取得相应资质证书，确保各类专业岗位持证上岗。另外与外包作业单位签订安全生产责任书，对外包作业人员不定期进行安全培训，专人加强施工现场有监督管理，及时杜绝和消除安全隐患。加大投入，改善硬件。消防和安全生产方面设施、设备累计投入31.12余万元，添置更新空气呼吸器、消防设备、电线电器，配备安全绳、防坠器、PH3报警仪、PH3浓度测定仪、氧气报警仪、氧气浓度测定仪；提升新增库区监控系统，重点部位视频监控全覆盖，做到安全意识深入人心，人防技防措施到位。

【基建工作】 推进浅园仓整改及审价工作。根据工程审价中介机构的初审结果，组织人员对数据进行全面复核，对基建项目进行全面的现场测量，土建主体工程审减五百余万元。完成仓间罩棚项、气调管道安装、氮气房、仓库气密性改造等项目的建设工作。推进营业用房项目的落实审批工作。

【队伍建设】 坚持以建设廉洁、高效、团结、民主的领导班子为核心，以深入学习十八大精神和积极开展创优争先活动为抓手，抓队伍、强监督、讲民主、促和谐，健全各项规章制度，完善各项决策机制，积极营造风清气正的工作氛围。以群众路线教育实践活动为契机，完善库领导班子的监督体制，倡导廉洁、规范从业。从加强企业效能监察、内控管理、运行机制、规章制度和业务流程入手，建立健全惩治和预防腐败体系。严格执行“三重一大”集体决策制度。推进企务公开，将事关粮库发展全局、员工最敏感和涉及员工切身利益的实际问题以各种方式进行公开。发挥党员干部先锋模范作用。开展创“五星”党组织活动，在日常工作中建立党员帮扶、党员联系仓库、党员示范仓等制度活动，开展“讲学习、重示范、创团队、促机制、倡廉洁”五方面主题实践活动，用党员自己的行动去倡导影响员工，形成“比、学、赶、帮、超”氛围，扎实推进粮库各项工作有序开展。加大员工教育力度。制订比较科学的员工培训计划，加大教育投入，内容涵盖保管员岗位技能、智能化气调储粮、业务流程系统、安全生产等，提升员工的整体素质，为企业长远发展提供智力支撑。开展丰富多彩的企业文化活动，在干部员工中培养迎难而上、勇于创新的企业精神，整个粮库营造一种昂扬向上、积极进取的蓬勃朝气。

（李兰芬）

浙江省第三地质大队

【概述】 浙江省第三地质大队创建于 1958 年,主要承担金华地区及浙西南区的地质矿产调查勘探任务。近半个世纪来,共完成国家、省地质勘查项目 700 余个,评价了 9 处大型和特大型矿床,39 处中型矿床,获省部级科技成果奖和找矿奖 25 项,先后涌现"地质矿产部劳动模范"李素芳、"全国新长征突击手"寿国平、"浙江省劳动模范"廖水根、"全国测绘行业先进工作者"胡式如等一大批先进人物。2013 年被中国矿业联合会地质勘查协会评为"首届中国百强地质队"荣誉称号。浙江省核工业二六九大队组建于 1955 年,与浙江省第三地质大队同属一个单位。先后获得 10 多项省部级地质科研成果奖,其中一项获国家科学技术进步一等奖,涌现出"浙江省劳动模范"朱广忠、"核工业部劳动模范、浙江省优秀共产党员"周家志、"浙江省劳动模范"何胜忠等先进人物。在全国所有的硬岩型勘查项目的找矿成果中名列首位。2000 年前后,两队先后属地至浙江省,归口省地质勘查局管理,省地勘局对金华市两个地质队以地域为单位进行战略性重组。大队机关位于金华市区,为原核工业华东地质局干部管理学校,其中白龙桥基地位于婺城区白龙桥镇,由二六九大队于 20 世纪 70 年代建设的,占地 207 亩,居住人口 2800 余人,其中多为大队离退休人员及其家属,70 岁以上的老年人占 70%左右。后城里基地位于婺城区,占地近 70 亩,常住人口 2200 余人。大队现有财政供养人员约 2900 余人,其中离退休职工 1330 余人,在职职工 936 人(其中事业编制约 729 人),精减下放人员及遗孀 1490 余人,是省地勘系统下属队伍规模最大的基层地质队伍。大队现有各类专业技术人员 608 人,其中具有高级技术职务人员 114 人。大队实行"一套班子、两块牌子"的管理模式,队领导共 7 人,队部机关共有 16 个党政工团等部门,拥有覆盖地质勘查、建筑施工、工勘测绘、教育等行业约 13 个二级经营单位,主要涉及地质找矿、多种类地质普查与勘查、地质灾害调查与治理、地质测绘与工程测量、岩石矿物及水质分析鉴定等,拥有工程勘察专业类甲级、地质勘查甲级、工程测绘、地精测绘甲级、地质灾害防治工程勘查和设计甲级等资质。2013 年大队认真贯彻浙江省地质勘查局地勘工作会议精神和局党委实施"十百重点任务"、做好"十个创新"、力争"十个升级"的决策,坚持地质立队,以全面提高地勘经济增长质量和效益为工作重点,围绕"增值增收增效"和"安全安定安稳"的目标,有序推进各项工作,积极探索推动地勘经济发展新动力。全年共签订合同2064 个,合同金额 17.32 亿元,实现总产值 13 亿元、总收入 12.05 亿元、利润 3451 万元、生产增加值 3.28 亿元。

【地质勘查】 大队地质勘查工作以自主矿权为依托、以浙西北地区的金、铀、铜铅锌多金属等为重点矿种开展勘查工作,共开展地质找矿项目 23 项,1:5 万区域地质调查项目 1 项,其中:计划项目(包括中央财政、地方财政、局补助资金、大队自筹资金投入)15 项,市场项目 8 项。特别是衢江区银坑银铅锌矿普查和诸暨市黄城湖矿区普查取得较好阶段性成果。完成二项勘测项目并获优评。由浙江省国土资源厅组织的专家,给对该队承担的《金华市地下水调查与动态监测网络建设(二期)》项目进行野外验收。项目组按要求完成区域地下水污染调查 2400 平方千米,重点区(永康市江南街道、浦江县仙华街道)地下水污染专项调查 131.45 平方千米;安装自动化监测设备及保护装置 15 台套;水质分析 111 件,其中无机组分测试 79 组,有机组分测试 32 组等。经专家组野外现场查验和资料审核,综合评定级别为"优秀"。由中国地质调查局华东项目办组成的专家组对该队承担的《浙江 1:5 万建德市、柏社幅区调项目》进行野外验收。该项目为中国地质调查局 2011 年度地质矿产调查评价专项。项目组经两年的野外工作,主要完成 1:5 万地质填图 898 平方千米,1:5 万遥感解译 898 平方千米,各类地质剖面 81.2 平方千米。专家组对项目组认真负责的工作态度给予高度评价,认为该两个图幅完成的地质路线总长度达到了 1765 千米,远远大于同类图幅的工作量。对提交野外验收的资料一致同意通过验收,符合 1:5 万区域地质调查技术要求,野外验收总评分 89 分,其中建德市幅 91 分为优秀级,柏社幅 88 分为良好级,在华东地区本年度已完成野外验收的三个项目中获最高得分。

【地质公益性服务】 大队共参加地质灾害应急调查和排险91次，完成地质灾害危险性评估383项，完成村庄搬迁避让地质灾害专项调查和地质环境专项调查19项，完成地质灾害防治勘查、设计项目44个，地质灾害危险性评估报告及地质灾害专项调查报告均一次性通过专家组的评审，成果评审一次性合格率100%，其中磐安县安文镇上葛村滑坡勘查成果受到评审专家组的一致好评。参加武义县、磐安县、临海市和金东区等县市的汛期地质灾害巡查，派出专家为地方政府组织的地质灾害防治知识培训班授课，共为金华、仙居、永康、武义、义乌、婺城、东阳和兰溪等8个县市培训1750多人。特别是“菲特”来袭期间，先后派出9个应急小组，分赴武义、义乌、磐安、仙居等地，为地方政府防灾减灾提供技术支撑。10月5日，派出地质专家和隧道施工专家参与磐安双坑隧道塌方事故抢险救灾，协助解救出隧道内8名被困人员，得到地方党委政府领导的赞赏，先后被金华市委《每日要讯》《国土资源报》报道。8月，成立打井抗旱工作小组，调集人员及相关设备，收集有关区域的水文地质资料，主动与金华防汛抗旱指挥部、金华各县市国土资源等部门联系，随时奔赴一线投入抗旱打井工作。积极联系协助金华市政府、市国土资源局和婺城区开展世界地球日、安全月和地质灾害防治日等宣传工作。

【承接建设大型工程项目】 该队以优质的施工管理队伍、良好的业绩信誉频接大型工程项目。1月18日，中标兰溪市赤山湖大道工程BT项目，赤山湖大道为城市主干道，全长3.42千米，是兰溪市重点工程。该项目包括道路、排水、土石方、桥梁、箱涵、排水泵站电气等工程，总造价1.26亿元。于7月28日开工建设，工期为540天，至年底完成工程量5000万元。3月，承建金丽温输气管道工程隧道工程施工A标段工程，标段内共有4座隧道，其中3座山岭穿越隧道，分别为石城山隧道(长1608米)、岩背隧道(长2340米)、雨伞岗隧道(长1686米)，1座水下穿越隧道，为新建溪穿越隧道(长906米)，隧道总长度约6.54千米，隧道净空断面为3.0米×3.0米(宽×高)。4月，承接磐安新兴佳苑及磐城购物广场(五洲御园)建设项目，该工程总建筑面积19万平方米，高层7幢，均为22层，别墅10幢，购物广场2万平方米，沿街商铺2万平方米，总投资3.2亿元。

【首获“全国市政金杯示范工程”荣誉】 2月28日，中国市政工程协会以中市协〔2013〕第0005号文公布了获2012年度全国市政金杯示范工程的83个项目，该队施工的金华市金西经济开发区九号路(白汤下公路)改扩建工程项目榜上有名，这是该项目在先后荣获浙江省安全生产文明标化工地、金华市“双龙杯”优质工程、浙江省市政金杯示范工程、浙江省建设工程钱江杯(优质工程)等荣誉后获得的又一奖项，也是该队承建的市政工程项目首获国家级奖。

【下属单位】 一是核工业金华建设工程公司。该公司始建于1958年，1973年由西北迁入浙江，隶属浙江省地质勘查局，同时接受中国核工业建设集团公司行业领导，是浙江中西部首家获得市政公用工程施工总承包壹级资质的企业，为国家原子能事业做出突出贡献，曾获国家科技进步奖1项、部级科技成果奖4项、省级科技奖2项、省部级优质工程奖12项，各地市(县)“优质工程杯奖”、“标化工地”等100余项。现拥有市政公用工程施工总承包壹级、房屋建筑工程施工总承包壹级、土石方工程专业承包壹级、地基与基础工程专业承包壹级、建筑装修装饰工程专业承包壹级、钢结构工程专业承包贰级、城市园林绿化工程施工叁级、地质灾害治理工程施工甲级与设计单位乙级资质，浙江省工程爆破设计施工资格证书等。连续四年被金华市政府评为“千万纳税大户”荣誉称号。二是金地置业。金地置业完成了金地花园小高层1号楼的以小户型为主的设计方案调整、报建以及开工建设，并已结顶。金地花园和兰溪枣树公寓两个楼盘的销售情况良好，全年预计实现销售额2000多万元。同时做好大队后城里基地38#、39#楼的建设。三是金华女子中学。该中学以培养航空人才和女子教育为特色，以“培养既具有传统美德，又有自信、自强和谐发展的现代淑女和民航实用人才”为培养目标，2013年，被浙江省教育厅授予“首批浙江省二级普通高中特色示范学校”称号。推行个性化、特色化、小班化的教育方法，最大限度地开发学生的潜能，形成了独具女中特色的课程体系，积极探索选修课程开发，全年开设38门选修课程,其中有6门课程获省级和市级精品课程。2013年,报考空中乘务方向的同学高考专业面试通过率接近100%,文科上线率稳居同类学校第一,高考上线率达到96%。学业水平考试合格率在93%以上。2013年,毕业于该校升入高校的学生中已有60多人被中国国际航空公司、中国南方航空公司、中国东方航空公司等9家航空公司录用为空中乘务员。2013年,与中国民航大学、中国民用航空飞行学院、广州民航职业技术学院等民航高校加深合作,与三亚航空旅游学院建立合作关系,与温州文成县第二高级中学联合办学顺利进行,与德国玛利亚女子中学进行交流互访。

【内部管理】 大队继续在建立健全配套完整的管理体系上下功夫,重点建立和完善投资决策、资源配置、监督管理、利益分配等相关制度,进一步规范和理顺内部管理,为经济工作的有效运行提供制度保障。对二级经营单位的年度承包经营责任制进行修改、完善,对年度考核、企业发展基金的计提、管理等方面进一步量化明确。成立大队债权债务清理办公室,配备财务、法律、施工管理等方面的专业人员,整理大队财务报表,分析应收账款明细,挑选出若干项目进行追收工作。完成二个测绘院资源重组和升级,已取得测绘甲级证书,提升大队测绘业的竞争力。加强财务人员的培训,为实施"营改增"做好准备。积极组织安全培训和教育,举办7期全员安全培训,组织以"我知、我懂、我会安全"为主题的安全技能比武、安全生产知识竞赛等活动,安全生产成效进一步巩固。成立大队地质延伸业管理办公室,统一管理大队地质延伸业各二级单位经营工作,统筹、协调、整合大队地质延伸业的各类资源。丰富办公楼走廊文化内容,传递正能量,进一步弘扬"三光荣"传统。建立职工文体组织,成立登山、摄影、文艺、球类、棋牌、钓鱼等6个职工业余文体协会,组织开展拔河比赛、第一届"奋进杯"职工羽毛球比赛、第一届职工广场舞、第四届金秋登山比赛等活动。积极推进文明单位创建工作,做好与社区共建,与婺城区下杨村的结对帮扶等社会公益工作,为大队科学发展创造和谐的内外环境。

(张明 顾冰冰 黄雪艳)

煤炭地质局勘探二队

【概述】 成立于1959年1月的浙江省煤炭工业厅地质勘探一大队二中队、五中队、六中队及金华地区煤炭地质队于1980年合并为浙江省煤田地质公司勘探二队。1992年更名为浙江省煤田地质局勘探二队,2001年更名为浙江煤炭地质局勘探二队。系中央(国资委)直属正处级事业单位,上级主管单位为中国煤炭地质总局浙江煤炭地质局。办公基地位于金华市金东区环城南路洪坞桥东,基地面积12亩。现有职工500余人,其中:在职130余人,离退休370余人。在职人员主要为地质工程技术人员,其中具有中级以上职称人员50余人。主要从事工程勘察、资源勘查、基础工程、工程测量、地灾治理等地质及延伸业工程施工,下属经济实体5个(浙江省华厦工程勘察院、资源勘查公司、基础工程公司、地质环境公司、浙江煤炭测绘院金华测绘处)。

【古生界页岩气资源调查】 该项目为浙江煤炭地质局承担的浙江省地勘基金项目,由二队组织实施,2012年下半年开始工作,项目周期到2015年底结束。2013年度,先后有省长及两位副省长对该项目的建设作出批示。根据省政府及国土厅对该项目的要求,勘探二队调整施工计划,2013年完成野外施工与调查任务,其中钻探实施施工参数井两口,共计钻探工作量1606米。

【印尼煤炭勘查】 2012年9月开工,2013年5月底完成设计工作,完成1:10000地质填图15平方千米,钻孔34个,共计钻探工作量2190.66米。

【四川煤层气项目】 2013年4月份开工,勘探二队投入浙江局最大的ZJ-15型石油钻机,共完成并移交二个井台9口井,完成工作量5800米,收入600余万元,利润100万元以上。

【诸暨萤石矿普查】 2013年1月签订合同,经过半年的野外工作,7月完成详查方案的编制,8月取得详查勘查许可证,进入详查阶段。

【青海煤炭调查】 开展青海面碱沟、大郎沟、龙孔达坂等三个区块煤炭勘查工作。完成三个矿区野外填图,总面积约57平方千米;施工槽探8100立方米，钻探施工2个孔，钻探工作量1200米。

【江山地热勘探】 该项目是浙江煤炭地质局承担的2013年浙江省地勘基金项目，交由勘探二队组织施工，是勘探二队施工的第一个大口径地热井。队领导高度重视，新购置一台TSJ-2000型水源钻机设备，投入到项目施工。

【勘察勘查】 2013年，华厦工程勘察院完成工程勘察项目300多个。第六工程处承担施工铁路勘察贵阳西南环线、客运北站工程勘察，合肥市轨道交通2号线工程详勘等3个项目，完成工作量48500米，创收超过1000万元。宁波均胜总部基地DM-9-A1、DM-9-A2工程共计布置88个勘察孔，勘察费用为780822元。该项目荣获2013年度浙江省建设工程钱江杯奖(优秀勘察设计)综合工程二等奖，获得2012年度金华市优秀工程勘察一等奖。9月，勘探二队中标队首个地灾调查项目——"金华婺城区农村地灾调查"项目。

【队伍建设】 2013年，勘探二队新招收地质工程、勘查技术、钻探工程等专业院校毕业生多名，招收数量是近年来最多的一次。从地方国土系统、地方财政系统调入2名工作人员，主要在矿业权开拓、地勘市场开拓方面开展工作。

【内部改革】 按"大实体小机关"的机构设置，员工实行岗位流动，对不适合的进行及时调整。全年队部机关后勤管理部门精简工作人员5人，调整岗位3人，全队免掉中层干部3人，调整中层干部10人次。工资分配方面实行机关人员与经济实体工作人员两套不同的工资分配办法，向项目技术人员，特别是优秀的技术骨干倾斜，实行"能者多劳，多劳多得"的原则。勘探二队对基础工程、测绘等行业进行了调整，人员进行了重组。年初单位把基础工程作为主业之一来抓，但由于无资质及传统基础工程施工利润率极低等原因，没有达到预先设定的目标，单位对此进了及时的调整；由于测绘业业务量止步不前，单位对测绘处进行了调整。

【文体活动】 5月，勘探二队举行第四届登山活动。6月，队代表局参加省经信委组织的气排球比赛获冠军。9月，队组织第二届职工文体活动。10月，队积极组织人员参加局工会举办的趣味性文体活动获得团体第一等多项荣誉。12月底，队举办全队技术人员技能比武活动。另外，在维稳、离退休人员管理等方面做了大量工作。2013年队工会被浙江省总工会授予模范职工之家荣誉称号。

(李一进)

杭金衢高速金华管理处

【概述】 杭金衢高速公路是国家高速网沪昆高速公路(G60)的组成部分，是浙江省公路主骨架"两纵两横十八连三绕三通道"中的重要一纵。杭金衢高速公路金华管理处成立于2002年11月，所辖杭金衢高速公路金华段，起于浦江县郑家坞镇，止于兰溪市游埠镇，境内主线全长99.242千米。是一条"线型顺畅、路面平整、标志标线齐全、功能齐全、设施完善、管理科学"的现代化高等级公路。管理处下设郑家坞、浦江、义乌、上溪、鞋塘、金华、兰溪、金华西、游埠九个收费所。管理处设有办公室、计划财务科、营运管理科、工程养护科、设备管理科、安全管理科、监控指挥分中心等职能科室，主要承担着所辖路段的道路养护管理、营运管理和路面清障施救、安全保畅等社会与企业职能。管理处坚持"以人为本，以车为本"的全方位服务理念，以树杭金衢优质品牌为目标。2013年，金华管理处积极稳步推进金华段改扩建工作，确保"道路保通与项目建设两手抓，两不误，两安全"；实现全年各类安全生产事故为零，安全生产和社会管理综合治理目标考核为优秀。管理处自成立以来先后获得国家级荣誉2项，省部级荣誉48项，县、市级荣誉80项，实现社会效益与企业效益共赢。

【道路养护管控】 强化道路养护信息化管理。管理处进一步加大道路养护资金投入，切实把现代科技手段运用到日常养护管理之中，电子巡更点全面覆盖桥梁、高边坡、隧道、盖板涵等路面、桥梁结构物，形成双重路况巡检网络化。全年路况持续保持稳定，公路技术状况指数(MQI)为95.78，其中路面使用性能指数(PQI)为94.19、路基技术状况指数(SCI)为99.78、路面行驶质量指数(RQI)为92、桥涵构造物技术状况指数(BCI)为99.96、沿线设施技术状况指数(TCI)为98.67。路面优良率为100%,各项技术指标均达到省公路局的考核要求。多措并举确保道路安全与畅通。2013年所辖路段出入口车流量同比增长18.47%,日均断面混合流量同比增长7.55%,路面发生交通事故832起,同比增长19.20%,对此,管理处积极作出应对。一是切实加强路面管控,提升路面施救效率,全年共进行路面施救作业5114次,清理道路抛洒物3832起,路面保畅巡查52.85万千米,取得在车流量增长和交通事故增加的情况下全年道路封道同比下降6.78%的良好成效。二是认真研判各节假日期间的车流量状况,加强极易造成拥堵路段的信息掌控与发布,强化重点路段管理措施,科学布防施救设备与保畅队伍,确保道路的安全、畅通、有序。三是进一步完善抗冰雪等恶劣天气的应急工作预案,强化应急人员队伍、物资和设备的管理,规范应急突发事件处置指令的严肃性,基本实现在灾害天气期间"基本不封道,尽量不分流"、让司乘人员尽量"走得了走得安全"的目标。全年未发生因管理不善而造成主线车辆拥堵,各项保畅工作指标达到相关考核要求,道路通行能力显著提高。

【杭金衢改扩建工程】 省交通投资集团按照省委省政府扩大有效投资决策部署,对杭金衢高速公路进行改扩建,该项目全长150.812千米,其中金华段63.595千米。金华段起于浦江县郑家坞,至于金华互通(K256+902~K320+497)。其中:浦江县13.127千米(郑家坞镇、白马镇、黄宅镇)、义乌市22.328千米(后宅街道、城西街道、上溪镇)、金东区25.24千米(傅村镇、孝顺镇、曹宅镇、赤松镇)、婺城区2.9千米(新狮街道),涉及4个县(市、区),11个乡镇、街道办事处,27个行政村。改扩建工程采用部颁平原微丘高速公路设计标准,汽车荷载等级为公路-I级,扩建后路基宽为42.0米,双向八车道,设计速度120千米/小时,全线均实行全封闭、全立交,沥青混凝土路面结构。项目总工期自开工之日起三年。金华管理处按照杭金衢改扩建工程建设工作总体目标要求,率先推进了改扩建项目的各项前期工作。一是主动与市政府及行业主管部门、沿线政府指挥部进行工作沟通对接、多次专题向市政府相关领导进行拓宽工作动态情况汇报,得到金华市政府及主要领导的高度重视,有效推动各项工作。二是切实对沿线的房屋拆迁、"三改"、管线、苗木迁移以及附着物、结构物等基础性工作进行调查摸底与再核实,掌握有效防范可能引发矛盾纠纷、影响正常开工不利因素的基础性资料。三是积极配合市政府及时有效制止沿线突击抢栽抢建等违法行为。四是完成沿线229处需迁移管线的类别、权属单位、迁移造价、流程等基础摸底与登记,以及第三方审价单位的委托和部分管线、房屋等附着物的审价与评估。五是有效协助项目施工单位、驻监办完成了程项目部的驻地建设,为改扩建项目的全线开工夯实基础。六是完善内部管理机制,落实有效管理措施,全面推行"阳光工程"建设,努力打造杭金衢改扩建项目的"优质工程、廉洁工程",为确保改扩建工程建设的"三个安全"奠定基础。

【窗口服务】 管理处坚持践行"因您而变"的服务宗旨,不断提升窗口服务水平。一是"清明、五一、国庆及春节"小型客车免收通行费,共服务免费通行小型客车71.7万辆,免收通行费3312.35万元。二是配置专用小型客车专用通道,发放简易导引图,摆放花卉为司乘人员营造赏心悦目的出入环境,开展各种贴心服务。三是切实做好鲜活农产品车辆免收通行费的服务工作,全年共免费绿农车23.45万辆,免收通行费3649.31万元,为惠农、稳定菜篮子工程起到了积极的作用。四是根据政府的统一布置,发挥社会公共职能,为防止禽流感的蔓延,杜绝外省禽类流通到浙江省,对运输活禽的运输车辆进行严格把关,有效控制禽流感的蔓延。

(虞建国)

高速交警金华支队

【概况】 2013年,高速交警金华支队按照"紧抓主业保平安,学习公安争先进,依托政府谋发展,创新管理求佳绩"这28字方针,扎实推进基础建设和机制改革,积极构建交通管理和队伍管理防控体系,实现了两大主业双"控大"的目标。辖区高速公路交通事故死亡人数与上年同比下降7.7%。支队及下属部门荣获公安部文明交通示范公路创建活动成绩突出集体、共青团浙江省委“省级活力团总支”、省春运工作先进集体、金华市春运工作先进集体、金华市应急管理及应急联动工作先进单位等荣誉。金华高速交警支队牺牲民警吴连表入选“最美浙江人——2012年度浙江骄傲人物”，颁奖典礼在省人民大会堂隆重举行。

【交通管理】 1月，金华高速交警支队创建集翻阅浏览、查询检索、借阅管理于一体的事故案卷电子化管理系统，实现事故案卷档案电子化管理。1月25日，金华市公安局下发《金华市公安局交警支队、高速交警金华支队警务协作机制》，将信息会商、封道协作、警卫协作、紧急联动、联合整治、事故处置协作、科技交流、重点车辆联合监管等工作固化成机制。按此协作机制，以及与市运管处联合执法文件精神，2月1日，金华高速交警支队在高速公路各重点口子开展年内首次联合执法行动。8月19日，金华高速交警支队与金华市旅游局、金华市运管局联合下发《金华市高速公路客运车辆交通安全联合管理工作机制》。12月24日，金华高速交警支队牵头在金华市政府17楼会议室召开金华高速公路冰雪恶劣天气协调会暨春运准备工作会，市应急办、交通局、交警支队、消防支队、高速路政大队、各高速公路业主等部门负责人参加会议。

【交通排查与整治】 4月10日至9月30日，根据上级统一部署，金华高速交警支队开展“大排查、大教育、大整治”货车违法行为专项行动，重点打击货车高速公路不按规定车道行驶、疲劳驾驶、违法停车等违法行为。4月22日至5月20日，金华高速交警支队以强化人防、物防、技防为内容，开展为期一个月的道路交通事故“三防”专项排查和整治工作。5月，根据浙江省公安厅等三部门《关于公布2013年省级道路交通事故多发点段和临水临崖高落差危险路段的通知》(浙公通字〔2013〕48号)的要求，金华高速交警支队联合浙江诸永高速公路有限公司，对列入省级事故多发点段的S26诸永高速永嘉方向枫树岭隧道—怀鲁互通路段进行治理。2013年7月，治理方案完成，进入施工阶段。6月至10月底，根据上级统一部署，金华高速交警支队开展交通安全隐患排查整治预防重特大道路交通事故工作。

【交通事件处置】 全力抗击雨雪冰冻。1月3日日—4日，金华境内各条高速公路普降大雪，金华高速交警支队迅速启动应急预案，采取有力措施抗击冰雪。期间，共出动警力170人次，警车60辆，接报警797起，处理事故93起，救助群众128人次。协调业主等协作单位派出吹雪车2辆，除雪、清障车102辆次，投入融雪剂、工业盐125吨。全市高速公路未发生一起重特大交通事故和严重交通堵塞事件。成功处置高速公路主线拦车事件。2月18日，金华高速交警支队成功处置群众冲上沪昆高速公路主线拦车事件，金华市应急办、春运办领导给予高度评价，中国新闻网、浙江在线、《钱江晚报》、《金华日报》、《浙中新报》等媒体对此事做了深入报道。成功处置“7·14”危化品车事故。7月14日凌晨，G60沪昆高速公路金华段，一辆运载25吨丙烯酸乙酯的半挂车追尾碰撞后，冲出护栏翻下路基。金华市副市长傅利常、兰溪市委市政府领导，金华市应急办、安监、环保、消防等部门领导相继赶到现场，金华市委书记徐加爱和金华市副市长、代市长暨军民致电对事故处置作出指示，要求妥善处置事故现场，预防发生次生事故，同时确保救援人员自身安全。金华高速交警支队依托全市应急联动机制成功处置该起事故，未造成严重泄漏和扩散，未发生次生事故或人员伤亡事件。依法维权快速妥善处置妨碍公务案件。11月9日，金华境内高速公路发生一起驾驶人妨碍公务案件，2名民警不同程度受伤，金华高速交警支队班子高度重视，立即启动调查和维权程序，积极争取金华市公安局支持，将施暴者绳之以法。协助塌方事故救援。国庆期间，磐安县发生一起在建隧道塌方事故，多人被困在内。金华高速交警支队作为金华市一级应急联动单位，迅速启动预案，克服免费通行流量增大的困难，竭尽全力疏堵保畅，第一时间将救援设施安全护送至现场，使被困人员全部获救，得到了市、县两级领导的充分肯定，金华市人民政府寄来感谢信，对支队在事故救援中提供大力支持表示感谢。

【工作创新】 建立高速交警驻企指导员机制。8月，省政府党组副书记、省政府顾问王建满在省政府办公厅编报的《浙江政务信息》2013年第31期《金华高速交警建立驻企指导工作模式运行一年客运企业交通违法率普降六成》上批示:金华高速交警驻企指导工作的做法,很管用很有效。要坚持可推广。省公安厅副厅长郑兴军批示:请高速交警总队认真落实副省王建满长的批示精神。金华市委副书记、代市长暨军民批示:对金华高速交警深入一线、驻企指导的做法予以充分肯定,对民生警务、主动警务、联合警务的经验应大力推广。11 月,反映高速交警驻企指导员工作的微电影《非常距离》在优酷网上映,总时长为 12 分 29 秒,点击率位居第一。研发夏季防疲劳自动喷淋装置。8 月,为预防和减少夏季疲劳驾驶引发的交通事故,金华高速交警支队在甬金高速公路东阳服务区设置自主研发的自动喷淋装置, 在夏季高温防疲劳工作中取得良好成效,受到公安部交管局局长许甘露表扬。金华高速交警支队王黎徽编制《集装箱车辆管理操作法》,被授予浙江省直机关第三批以职工名字命名职业操作法。

【领导调研与慰问】 2 月, 金华市委副书记、市长徐加爱,金华市委常委、义乌市委书记黄志平,金华市副市长、义乌市市长何美华,磐安县委书记周剑敏、县长陈蕾妍等领导走访金华高速交警支队及下属各大队慰问,充分肯定支队为服务地方经济发展作出的贡献,并向奋战在保安全保畅通一线的民警表示慰问。3 月与 4 月,省厅党委委员、政治部主任石小忠,省公安厅党委委员、副厅长郑兴军分别到金华高速交警支队检查指导工作,听取支队工作情况汇报,并实地察看支队部业务用房建设情况。5 月,金华市委副书记、市长徐加爱,市委常委、常务副市长金中梁到杭金衢高速公路调研高速公路沿线环境综合整治工作。

(吴丽君)

专 记

“三改一拆”行动

【概述】“改造旧住宅区、旧厂区、城中村,拆除违法建筑”是“三改一拆”工作的主要内容。金华市把“三改一拆”行动作为推进赶超发展和新一轮城市化的重要抓手,作为加快经济社会转型升级的现实举措,精心组织,加压奋进,以铁的决心、铁的手腕、铁的措施,强力推进。全年累计拆除违法建筑1492.4万平方米,完成省政府下达任务的1492.4%,居全省首位;全市累计启动“三改”801.9万平方米(其中:旧住宅区194.45万平方米,旧厂区改造225.9万平方米,城中村改造381.4万平方米),完成省政府下达2013年620万平方米任务的129.34%。

3月5日,金华市“三改一拆”行动领导小组成立。3月13日,召开“三改一拆”行动领导小组会议,确定2013年度为首战年,也是拆违决战年;2014年为深化年,又是处理违法建筑扫尾年;2015年为决战年,确保完成“三改一拆”工作。3月22日,金华市委市政府确定金华“三改一拆”行动违法建筑拆除工作实施方案。4月16日,全市“三改一拆”工作现场会在浦江召开。4月24日,召开市机关百名干部参与“三改一拆”工作动员会。5月8日,省政府党组副书记、省政府顾问王建满在省政府副秘书长谢济建、省建设厅厅长谈月明等陪同下来金华调研“三改一拆”工作。王建满一行先后来到金东区傅村镇畈田蒋村、金东区孝顺镇、金华经济技术开发区山背村拆违现场、婺城区奔宝汽车拆违现场等地实地考察。5月27日,省“三改一拆”行动领导小组办公室来金进行第一季度循环检查。7月8日—9日,在金华义乌召开全省“三改一拆”行动第二次现场会,总结推广各地“三改一拆”行动经验做法,研究相关配套政策,部署下一阶段工作。8月21日,召开全市城乡环境整治提升 加快建设美丽金华现场会。市长暨军民一行考察“千村示范、万村整治”“三改一拆”“四边三化”“清理河道、清洁乡村”和治理城市交通拥堵工作进展情况,通报前阶段有关工作,部署下一步推进全市城乡环境整治提升重点任务。11月7日,召开全市“三改一拆”工作现场会。传达省“三改一拆”行动领导小组第四次(扩大)会议精神,交流“三改一拆”工作,分析存在问题,部署下步工作任务。

(施俊帅)

创建国家森林城市

【概述】2013年全市投入创森工作经费17.44亿元。金华市本级和磐安县成功创建省级森林城市,新增省级森林城镇8个,新增市级以上森林村庄(绿化示范村)337个。全年全市完成绿道建设281千米;四边绿化826.3千米,绿化面积7643亩;通道林相改造70933亩;新造林面积72991亩;举办生态科普活动69次,建设科普知识教育基地33个;全民义务植树率达80%以上。

全市创建省级森林城市3个,省级森林城镇19个,省级森林村庄73个,市级森林村庄(含绿化示范村)1094个。各县(市)通过制订《创森规划》和《实施方案》,召开创森动员大会、推进会。义乌市进入创建国家森林城市批复第2年,东阳市、武义县、永康市、兰溪市提出创建省级森林城市的目标,浦江县创建省级森林城市规划已在编制中。金华市人民政府向省林业厅提出金华市创建国家森林城市申请(金政函〔2013〕34号),由省林业厅转报国家林业局。

【组织工作】 全市围绕"金华市2015年申报创建国家森林城市"工作要求,加强对森林城市创建工作的组织领导,对创森工作进行统一部署、综合决策,定期研究解决创建中遇到的重大问题。金华市、磐安县多次召开创森工作布置会、迎检会,统筹创森工作开展;义乌市委、市政府领导多次带队检查和督查创建工作情况;东阳市委、市政府高度重视创森工作,明确2014年成功创建省级森林城市目标,多次研究森林城市创建工作;武义县政府批准实施森林城市规划,提出2014年创建省级森林城市目标;兰溪市委、市政府高度重视城乡绿化工作,力争通过2~3年的努力,创建成为省级森林城市,并委托国家林业局华东勘察设计院编制《兰溪市森林城市总体规划》,送省林业厅评审。

【绿化经费】 全市各级政府逐步形成以财政投入为主、全社会共同参与的投入机制,逐步加大对森林城市建设工作的投入力度,重点用于森林通道、公园绿地及森林系列创建。婺城区投入8000万元,完成平原绿化5200亩、森林抚育40000亩。金东区投资1.42亿建设金义都市新区绿化。金华开发区加大市区绿化改造力度,投入5000万元,新增绿化15万平方米。永康市用于通道绿化、森林城镇(村庄)、城市重点绿化等资金达1.1亿元。义乌市投入4.79亿元安排城乡绿化工作,并且每年安排不少于1000万元用于森林村庄建设。武义县投入1000万元加快重点工程绿化建设。浦江县结合全国林业科技周活动,方便群众采购和选好苗木。磐安县安排8500万元专项资金用于森林城市创建和绿化工作。兰溪市、东阳市安排专项经费,用于森林城市建设工作。

【绿化工程建设】 金华市区加大"三江六岸"景观带改造提升工程和绿道建设,全面提升城市公园档次和绿化质量。义乌市加大"创森十大工程"建设,极力加快城市绿肺和森林通道工程建设。东阳市大力加强环境整治同时,积极推进江滨景观绿化改造工作,优化提升了江堤春晓和百工园2个主题公园。武义县结合生态文化优势,着力加强休闲绿道工程和壶山、郭洞生态科普教育基地建设。永康市加大村庄绿化和防护林网建设。兰溪市突出森林通道建设,在通道沿线两侧和村庄营造绿化景观带,打造绿色名片。浦江县扎实推进项目建设,实施香榧良种推广3500亩、生态复合经营1000亩、建设香榧良种繁育基地1个,油茶良种推广2000亩。磐安县转变建设理念,利用山体优势,建设花台山公园、塔山公园、双溪口公园等一批绿化精品公园。同时,各地在树种选择和配置上也更加科学、有特色。

【宣传工作】 积极争取报刊、电视、网络、电台等媒体的支持,开展多形式、多角度、多层次的宣传活动。2013年度《金华市创建森林城市工作简报》共收录平原绿化、森林城市创建相关信息12期,送发简报3600余份;全市各地刊登各级报刊报道230篇;录播广播电视新闻报道30期;发送宣传手机短信200余万条,灯箱广告、墙体广告、车身广告以及系列宣传活动不断。金华市团市委、金华市妇联和金华市林业局联合开展"五城四边三化",建设美丽金华"创森专项行动,义务植树3000棵、发放宣传资料5万份。磐安县开办创森专栏6期,播出公益广告1500次。武义县印发创森广告1万份,在电视台播放创森专题节目48期。

(王迦琳)

国家卫生城市复审迎检

【国家卫生城市复审迎检工作】 爱卫办积极当好参谋,提早谋划,提前准备,拟定工作方案和实施方案,认真做好工作汇报,积极争取各级领导重视,为国卫复审迎检打好坚实基础。设计活动载体,加大督导检查。认真组织开展第25个爱国卫生月活动,在青少年宫文化广场举行活动启动仪式,开展爱国卫生集中行动日,组织1000多名机关干部深入社区开展共建活动,邀请市领导开展创卫督导检查,协调解决难题,现场交办任务。根据《浙江省爱国卫生促进条例》要求,对选聘的100名爱国卫生义务监督员进行专题的业务培训,颁发聘书和义务监督员证件,提高监督员履职的主动性和积极性。认真开展市容环境卫生现场督查,召开问题整改交办会，5 月，顺利通过省爱卫会组织的现场考核检查。并根据省考核组检查意见，进一步做好整改提高，9 月底，市区国家卫生城市通过全国爱卫办专家的暗访检查，有效巩固发展了国卫创建成果。

【扎实推进病媒生物防制】 开展春秋季灭鼠活动，制定灭鼠工作方案和技术方案，落实相关工作经费，结合省爱卫会等厅局关于大力开展春秋季灭鼠活动的通知精神，及时下发灭鼠活动文件，确定工作重点，在环境整治基础上，大力开展内外环境的灭鼠投药活动。市区全年共投放各类灭鼠毒饵 10 余吨，清除四害孳生地 5913 余处，城区鼠密度得到交好控制。全面做好夏秋季灭蚊灭蝇灭蟑螂活动。做好孳生地调查，通过公开招投标形式，请专业除害公司对城区范围进行全面的灭蚊灭蝇灭蟑螂，市区爱卫办和各街道社区做好监督和效果评估。根据国卫复审迎检工作要求，市爱卫办与三个区一起对城区各城中村和农贸市场周边进行全面的调查，因地制宜安装灭鼠互饵站 130 个，恢复使用 260 个，保质保量完成复审病媒防制相关工作任务。

【健康教育与控烟工作】 全面落实《金华市健康教育与健康促进工作“十二五”规划》，以实施均等化健康教育为重点，以全民健康促进行动为载体，以健康促进学校、健康促进医院建设为重点，认真抓好健康教育的网络建设、阵地建设和业务技术培训。为进一步推动全市学校健康教育工作，进一步规范健康促进学校的申报、评审和管理，年内全市新创健康促进金奖学校 3 所，新申报创建学校 4 所。开展公共场所控烟工作，印发禁烟标志 8000 余份，免费发放在市区各类公共场所，提高群众控烟意识。组织开展第 26 个世界无烟日宣传活动，一方面抓好无烟医疗卫生机构建设工作，全面开展无烟医疗卫生单位创建；另一方面组织开展学校控烟宣传，联合开展中小学校控烟宣传，现场发放控烟宣传资料 3100 余份，接受戒烟咨询 450 余人次。组织开展省级无烟单位和控烟先进积极分子评选活动，全市共评选出 39 家浙江省无烟单位，25 位浙江省控烟积极分子。

【农村改水改厕工作】 2013 年，爱卫办向上级申报 11850 座中央农村改厕项目任务。爱卫办深入开展调研，做好改厕模型，发放相关技术标准和材料。组织全市 150 人开展技术培训和业务指导。对县各项工作落实情况进行全面督导和考核。全市农村改厕工作通过省爱卫办的考核验收。提高全市城乡生活饮用水水质卫生管理水平，市爱卫办认真做好对兰溪市农村水质管理示范创建工作，积极帮助指导金东区争创浙江省农村水质管理示范县。

【做好基层创卫工作】 抓好市区国卫复审迎检工作的基础上，认真做好各县(市、区)创卫工作的指导培训和考核检查。多次组织专家对浦江县巩固国卫工作进行调研指导和明查暗访，分析存在的问题和困难，提出对策建议，使得浦江顺利通过国家卫生县城的复查考核。促进全市爱国卫生工作平衡发展，指导东阳市、永康市、兰溪市做好国家卫生城市的创建工作，完成对义乌市后宅街道、婺城区汤溪镇、金东区孝顺镇曹宅镇、东阳市巍山镇等五个省卫生街道(镇)的复查考核；配合省爱卫办完成对永康市创建省级灭蚊灭蝇先进城区的考核，对兰溪市创建省级灭蚊灭蝇先进城区的考核，完成对磐安县城双峰乡、浦江县杭坪镇等三个市级卫生镇的复查。开展省、市级卫生先进单位的推荐评选工作，共培育创建省级卫生先进单位 12 个，省级卫生村 4 个，完成对 2010 年命名的 109 个省级卫生先进单位的复查，培育创建市级卫生单位 12 个，市级卫生村 3 个。

(吴功卫)

网络经济

【概述】 2013 年 5 月 16 日召开全市网络经济发展大会，成立国内首家网络经济发展局，明确发展网络经济的总体要求、主要任务及政策举措，切实把网络经济作为全市转型发展的“一号产业”来抓，为加快经济转型升级、推进赶超发展培育新的增长点。全市实现电子商务交易额 1816.6 亿元，同比增长 90.1%，实现网络零售额 668.7 亿元，同比增长 123.3%，占全省网络零售额的 17.5%，总量列全省第二；全市软件和信息服务业实现主营收入251 亿元，同比增长 32%，网络经济成了金华市经济发展的新引擎。

出台《关于加快网络经济发展的若干意见》、《关于扶持市区网络经济发展的实施意见》两个政策性文件。明确下一步金华市网络经济发展总体要求、空间布局、扶持举措、保障措施等,同时从办公用房、土地、税收、投融资、人才等方面进一步加大扶持力度,初步形成网络经济发展的“政策洼地”。力争通过5~10年努力,把金华打造成为全国网商集聚中心、电子商务中心、现代物流中心和网络经济强市。

金华市荣获“全国十大电子商务城市”称号,入选首批国家信息消费试点市,婺城区、义乌市被评为首批“省级电子商务示范县(市、区)”;市高新技术产业园区被评为“全国十大电子商务产业园”;金华比奇网络公司(5173)、银泰电子商务公司上榜2013年中国互联网百强,中国食品网被评为“中国电子商务示范企业”。

(邵建峰)

重点工程与重点区块建设

【杭长客专金华段】 杭长客专金华段项目包括99.65千米范围内的路桥隧工程及无砟轨道、通信、信号、牵引变电、站房等工程,总投资150亿元,计划全线2014年年底开通运营。杭长客专金华段工程的开工,掀开金华高速铁路建设的新篇章,标志着金华将进入新一轮铁路交通发展的“快车道”。杭长客运专线是国家“四纵四横”快速客运专线网中沪昆客运专线的重要组成部分,该项目的实施对优化全国铁路网布局,缩短中西部与长三角地区的时空距离,加快沿线地区经济社会发展具有重大意义,同时也将大大改善浙中城市群的综合交通条件,增强浙中城市群与沪、杭等城市的“同城效应”,进一步提升金华区域性铁路枢纽的功能和地位。

【金华市垃圾卫生填埋场生态修复与改造工程】 金华市垃圾卫生填埋场生态修复与改造工程位于市金东区江东镇杨川十八里垃圾填埋场,项目拟占地451亩,总投资16107万元。平均处理规模为450吨/天,总库容143×104立方米,使用年限7.6年,属Ⅲ类填埋场。工程建设内容包括:已填埋库区封场、新建填埋库区、渗沥液处理、有机肥(粪便)处理及已有设施改造工程等。配套用房建筑面积2611.6平方米,包括综合楼、门卫计量间、机修车间、预处理车间、膜处理车间、鼓风机房及污泥脱水机房等。2013年开始动工建设。

【市区一环路(环城西路–环城南路)贯通工程】 一环路贯通工程北起李渔路和03省道交叉口,东至婺州街,与八达路、金帆街相交,路线全长1489米(其中隧道长约774米,敞开段280米,暗埋段494米),投资概算5.3亿元。工程主要包括道路工程、隧道工程、地下管线工程、景观工程、照明工程、交通设施、征迁及其他附属工程,计划于2014年竣工通车。整个一环路打通后,长度约为21.5千米,环内面积约为31.27平方千米。原来的环线贯通初步设计方案于2008年设计论证, 为进一步优化设计,2010年9月,重新组织进行勘察,现行方案已进行专家论证。其中穿越茶花文化园水域部分将采用箱形隧道,以保证公园景观的完整性,起到保护环境的作用。根据设计方案,这一箱形隧道穿越茶花文化园水域部分,采用双向6车道,长度为550米(不含引道), 道路红线宽度60米。市区一环路贯通工程等基础设施项目的顺利开工,将完善城市功能,改善城市交通状况,对加快市区建设、提高城市品位具有重要的现实意义。

【浙中信息产业园】 该项目包括市区1.5万平方米“新华创新基地”、城北综合区30亩“北辰电商基地”(金华电子商务创业园)、新城区350亩“婺星产业基地”, 其中科技创新大厦, 总建筑面积14128平方米,项目总投资70000万元。2008年,经金华市人民政府审议通过, 报浙江省信息产业厅批复同意,在金华市婺城区设立“浙中信息产业园”。园区于2009年初正式启动,按照“政府引导、企业主体、市场化运作”的原则和“存量启动,整体规划,一园多点,集聚发展”的操作思路,分期、分区块开发建设产业园。浙中信息产业园重点发展电子商务、软件开发、信息服务、文化创意等现代服务业,为信息企业搭建高起点的发展平台,努力成为浙中城市群信息产业集聚中心。2013年,浙中信息产业园区共引进企业31家, 淘汰腐园22家, 在园企业共158

家，包括投资7亿元的中国电信“省级云计算金华分中心”项目，国家、省“千人计划”项目各1个，海内外英才项目7个，全年交易额突破15亿元。

【金华市万达广场】 金华万达广场总建筑面积约50万平方米，涵盖高端购物中心、城市商业步行街、五星级酒店、AAAAA甲级写字楼、城市精装SOHO等丰富的物业类型，是万达集团在浙江打造的第六座第三代城市综合体，预计2014年建成开业。金华万达广场的投入建设，将加速金东新城区与主城区的连接，带动和加快多湖中央商务区的开发，助推金东区商业繁荣和产业发展。

【兰溪金角大桥及连接线工程】 金角大桥及道路连接线工程是兰溪市总体规划中过江通道的一部分。工程位于兰溪城西区，西起兰江片的兰荫路，东接云山片的凯旋路，项目总投资约7000万美元，工程全长约1580米，其中大桥长1145米，桥面总宽36米，双向六车道，两边各3米人行道，为内环线上联系云山片与兰江片重要的过江通道，对均衡片区发展、完善区域路网、促进城市向北拓展、带动经济发展起到重要作用。

【37省道东阳李宅至义乌青岩刘改建工程】 该工程路线起点为东阳市李宅村东侧与310省道相接，经东阳市西南侧，通过紫荆庄园西南进入义乌境内，至大庆水库大坝下游左转往西至大元村南右转上跨甬金高速公路，至金星村接规划义乌宗泽南路后左转，穿山口村东侧的山体垭口经山口村、赤塘村南，沿山脚至青岩刘村南侧与环城南路相接为终点。东阳市境内一级公路21.63千米，连接线为二级公路2千米，总投资18.4亿元。义乌市境内主线长7.152千米，义东路连接线长0.816千米，总投资4.7亿元。

【义乌国际生产资料市场一期建设工程】 总投资100亿元，总建筑面积190万平方米，其中：地下建筑面积55万平方米，地上建筑面积135万平方米。一阶段工程规划占地525亩，建筑面积75万平方米，地上五层，地下一层。市场行业及楼层布局为：一楼是商业物流设备、塑料粒子、印刷包装原材料、其他新材料；二楼是印刷包装机械及配件、食品加工机械及配件(含厨具设备)、动力和发电设备及配件、工量刃具、其他机械及配件；三楼是安防产品、LED产品、灯具及配件、工业电气设备及配件等；四、五楼是皮革原材料及辅料等。

【永康市城市污水处理二期工程】 随着永康经济社会的快速发展，污水量日益增长，城市污水处理厂一期工程已满负荷运行。为有效解除污水对周边生态环境的影响，城市污水处理厂于2012年下半年开始建设二期工程。二期工程污水日处理规模可达到4万立方米。2013年底建成并投入使用。该工程建成后，污水处理厂的出水标准从原先的一级B升为一级A，提高了污水净化效率。

【浦江县浦后公路(岩头至郑宅段)改建工程】 浦江县浦后公路岩头–郑宅段是浦江县中东部地区重要的交通干线，是《浦江县“十二五”交通运输发展规划》“四纵、四横、八联”公路骨架规划其中的一横，项目总长6.97千米，采用一级公路双向四车道标准设计，设计速度80千米/小时，路基宽24.5米，批复概算投资1.395亿元。2011年12月29日开工，2013年11月8日通过交工验收，投入试运营。

【武义县石硖水库】 石硖水库坝址位于白姆乡境内白果树脚500米处，估算总投资1.8亿元，建设总库容988立方米，大坝高61米，坝顶长177米，集雨面积39.6平方千米。工程建设后，可有效提高武义熟溪河的防洪减灾能力，使沿岸县城和建制镇防洪能力分别提高到50年一遇和20年一遇，切实保护8.2万人口，4.8万亩农田的防洪安全，可以提高源口水库灌区灌溉保证率，促进灌区农业生产发展；可以进一步提高城乡供水能力，确保饮水安全，还可以充分开发利用水能资源，有利发展低碳经济，保护生态环境，同时通过实施水库建设，将移民500多人，使山区人口向平原地区转移，改善人民的生产生活条件。

【42省道磐安下葛至潘潭段改建工程】 该工程起点位于磐安县下葛村附近，与40省道安文至岗头段相接，经双坑、上马石、双溪口、深泽、新渥、冷水、潘潭，终点位于磐安与缙云交界的上东岸村，与42省道缙云段改建工程相接，全长34.1千米。该项目起点至上马石段采用二级公路标准设计，设计速度60千米/小时，路基宽10米；上马石至终点潘潭段采用一级公路标准设计，设计速度80千米/小时(困难路段可采用60千米/小时)。

（胡　维）

2013 年金华市十大民生实事完成情况表

表 17

编号	实事名称	工作要求	1—12 月份进展情况	责任单位	备注
一	着力加强城乡居民社会保障	1.调整市区被征地农民基本生活保障政策，提高保障待遇标准	政策已出台，被征地农民基本生活保障“提待转保”工作均已完成，其中提高待遇人数为 1.9 万余人，审核办理转保职工养老保险人数 5.09 万人，转保率为 81%	市人力社保局	已完成
		2.建立大病保险制度，对大病人员住院费用报销后需个人负担的合规医疗费用超规定标准以上部分给予不低于 50%的补偿	政策已出台。已拟订《金华市区大病医疗商业补充保险业务经办操作规程》，商业保险公司派驻 12 名工作人员已经到位，办公地点已完成装修	市人力社保局	已完成
		3.推广劳动争议联合调处机制	全市 9 个县(市、区)已全部完成劳动争议联合调处机制建设。已出台了《关于进一步推进劳动争议联合调处机制建设的意见》	市委政法委	已完成
		4.全市新开工保障性安居工程住房 6100 套，其中新开工公共租赁住房 3865 套；竣工保障性安居工程住房 3700 套，新增廉租住房货币补贴 305 户。市区新增廉租住房租赁补贴 100 户，新开工公共租赁住房 368 套，竣工保障性住房 325 套	全市已开工保障性安居工程建设 7203 套，完成年度目标任务的 118.1%；其中新开工公共租赁住房 4364 套，完成年度目标任务的 112.9%。新增廉租住房租赁补贴 469 户，完成年度目标任务 153.8%。竣工各类保障性安居工程建设 4777 套，完成年度目标任务的 129.1%。其中金华市区新增廉租住房租赁补贴 249 户，完成年度任务 249.0%；新开工保障房 368 套，完成年度目标任务的 100%，其中新开工公租房 368 套，完成年度目标任务的 100%；竣工保障性住房 325 套，完成年度目标任务的 100%	市建设局	已完成
		5.全市建设城乡社区居家养老照料中心不少于 200 家（其中市区不少于 50 家）	全市已建成 531 家，其中金东区建成 188 家	市民政局 市建设局	已完成
		6. 全市城镇新增就业 6 万人，失业人员再就业 2.5 万人，其中困难人员再就业 5000 人，城镇登记失业率控制在 4%以内	全市城镇新增就业 62791 人，完成目标任务 6 万人的 104.7%；失业人员再就业 26157 人，完成目标任务 2.5 万人的 104.6%，其中就业困难人员实现就业 6173 人，完成目标任务 6553 人的 109.6%；城镇登记失业率 2.73%，低于 4.00%的控制目标	市人力社保局	已完成
		7.全市实现残疾人就业创业帮扶 1000 人，其中金华市区 200 人	全市已完成残疾人就业创业帮扶人数 1135 名，其中市区完成 236 名	市残联	已完成

续表 17-1

编号	实事名称	工作要求	1—12 月份进展情况	责任单位	备注
二	着力保障食品安全	8. 全面落实地方政府食品安全责任制,网格化责任制实现全覆盖	全市共投入网格化管理建设经费 340.65 万元;156 个乡镇(街道)网格化管理工作领导小组组建率、召开网格化管理工作动员大会率、村级网格(含以下)7913 个,村(居)覆盖率 100%、下发网格化管理方案均达到了 100%	市食安办	已完成
		9.实施餐饮服务食品安全“321”示范工程,全市完成 1 个示范县(市、区)、3 条示范街、30 个餐饮示范单位创建	建成并通过省、市级有关部门验收餐饮服务食品安全示范县 2 个、示范街 8 条、示范单位 62 家		已完成
		10.开展“百万学生饮食放心工程”,市区学校内 90%商店实现品牌超市入驻,学校内食堂原料索证索票率达 100%	市区品牌超市入驻率 96.67%,全市学校食堂 1092 家,食堂原料索证索票率达 100%		已完成
		11. 建立食品安全检验检测数据共享平台,金华市区建立 30 个食品安全检测点并发布检测结果,每月不定期组织巡查与暗访	完成食品安全检验检测数据共享平台组建,设置了市区食品安全检测点(共 30 个)监测点;发布食品安全检验检测数据公告 8 期,共计公布检测结果 1647 批次,合格率达 98.91%。各职能部门不定期开展检查		已完成
三		12. 实施金华市区三江六岸景观优化提升工程,年底前基本完成一期工程	三江六岸景观提升工程一期工程即市区江北沿江公园游步廊景观照明工程已基本完成	市发改委 市建设局	已完成
		13.启动商业样板街建设,每个县(市)都要建成 1 条有特色、高品位、上档次的商业街	婺城区城北工业园建设“网商一条街”,已有 17 家企业入驻;兰溪市延安路服装精品街、义乌市世纪商城商业街区、东阳市振兴路服装特色一条街、永康市溪中橱柜商业街、武义县特色餐饮一条街建设、浦江县“浦江女人街”、磐安县安文镇海螺街等商业街建设基本完成	市商务局	已完成
		14.实施尖峰山休闲公园提档扩建	第一期工程已经基本完成	双龙管委会	已完成
		15.实施四顾屏休闲公园提档扩建	已基本完成	金华经济技术开发区管委会	已完成
		16.建立市区公厕保洁长效管理机制,提档改造公厕 59 座,投入使用建而未用公厕 6 座,新建公厕 5 座	一期工程 44 座公厕已完工。二期工程 65 座公厕已完工。今年已新开放公厕 8 座,新建公厕 6 座	市建设局	已完成

续表 17–2

编号	实事名称	工作要求	1—12 月份进展情况	责任单位	备注
		17.优化公交营运线网密度,确保城区公交分担率提高到 15%,城乡公交通达率提高到 97%	金华公交公担率已达到 15.5%,已新增、优化 20 条公交线路,城乡公交通达率已达到 97.2%	市交通运输局 市国资委	已完成
		18. 金华市区公交站台优化提档改造 20 个,新建停靠站点 20 个	公交停靠点已新增 20 个,完成优化提档 28 个	市交通运输局	已完成
		19. 延长主干线路夜班车运营时间线路 2 条	公交集团已延长了 7 条主干线的夜班车运营时间,超额完成了该项任务。11 月对部分公交线路冬令行车时刻进行微调	市国资委	已完成
		20. 完成金华市区东阳街与李渔路交叉口等 9 个交通堵点整治	五一路花鸟市场、望府街与李渔路路口、环城东路与李渔路路口、环城北路水果市场、义乌街与李渔路路口、东阳街与李渔路路口堵点改造,双龙南街与金磐路路口、婺州街(宾虹路至双溪西路)段、解放东路与西市街路口等 9 个交通堵点整治工作已完成。宾虹路与环城西路路口堵点、宾虹西路秋高加油站路段堵点整治,八一北街降坡改造已完成。	市交通运输局	已完成
		21. 新增社会公共停车场停车泊位 900 个	已新增专用停车位 12836 个,其中婺城区 1711 个,金东区 662 个,金华经济技术开发区 2509 个,市人防办 1580 个,建设局 1100 个,规划局 5274 个	市交通运输局	已完成
		22. 新增城市道路收费停车泊位 1200 个,金华市区一级区域道路停车收费基本实现全覆盖,收费道路达到 38 条。年内建成停车设施和智能化交通管理系统	共推出了 38 条收费道路,停车泊位实际推出 1203 个,一级区域主要道路已完全覆盖。停车设施和智能化交通管理系统项目已完成	市行政执法局	已完成
		23. 建设金华市区公共自行车服务系统,投放 3000 辆公共自行车	已完成 100 个站点设施设备已全部合成, 整个系统第一期建设任务全部完工	市旅游局	已完成
四	着力防治机动车排气污染	24.金华市区实施黄标车区域限行,未取得有效绿色环保检验合格标志的车辆限行	《金华市人民政府关于在金华市区实施黄标车区域限行的通告》于 11 月 4 日正式印发,于 12 月 10 日正式开始实施市区“黄标车”区域限行		已完成
		25.实施高排放机动车更新淘汰	共注销"黄标车"约 7000 辆。高排放机动车更新淘汰补助办法已发布		已完成
		26.全面实施机动车排气环保检测,实现机动车检测机构全覆盖,两年内市区机动车检测率、环保标志发放率均达 80%以上	全市通过省环保厅委托的机动车环保检测机构 9 家, 共 28 条检测线。共环保检测机动车约 50 万辆;全市核发环保标志约 60 万张		已完成

续表 17-3

编号	实事名称	工作要求	1—12 月份进展情况	责任单位	备注
		27. 全面完成全市油气回收治理改造工作	全市 284 家加油站,除搬迁的 27 家外,均已完成油气回收治理工程建设;57 辆油罐车,已全部完成油气回收治理工程建设;3 座储油库,其中 2 座已完成油气回收治理工程建设,1 座已关停汽油储油业务		已完成
		28.按全省统一部署车用汽、柴油执行国Ⅳ标准	中石化浙江省金华公司、中石油浙江金华销售分公司已开始使用国Ⅳ标准成品油		已完成
五	着力保障城乡饮用水安全	29.实施清洁水源行动,全市实施水库水面保洁 5 万亩,其中市本级 2 万亩	已将全市水面保洁 5 万亩任务分解落实到各县(市、区),其中市本级 2 万亩。全市水面保洁完成垃圾打捞 672 吨以上,市本级 525 吨	市水利局	已完成
		30. 完成 7 个乡镇合格规范饮用水源保护区创建	兰溪市 1 个水源地、武义县 2 个水源地、浦江县里付水库、东阳市横锦水库和磐安县 2 个水源地已完成合格规范饮用水源保护区创建	市环保局	已完成
		31. 全市剩余 5 万农村饮用水不安全人口实现饮用水安全	该项目集中在兰溪市，已解决剩余 5.11 万农村人口的饮用水安全问题,完工率 100%	市水利局	已完成
		32.市区年内完成 35 个村的农村改水项目,新增受益人口 2 万人	已完成 41 个行政村改水项目，新增受益人口 2.8 万人	市卫生局	已完成
		33. 实施沙金兰水源涵养生态功能区 2013 年度项目建设,启动九峰水库水源涵养工作	出台《金华市区饮用水源涵养功能区生态补偿专项资金使用管理办法》。沙金兰区域标志制作工作已完成,近期开展项目验收工作;养殖业、挖沙取沙场、锯板厂整治工作已完成;游泳、垂钓整治在认真开展。已决定把九峰水库集雨区划定为市区饮用水源保护区域,2013 年至 2015 年每年筹措 500 万元,用于保护工作。九峰区域保护规划编制工作已开展	市林业局	已完成
六	着力加快山区群众异地搬迁	34. 继续实施山区群众异地搬迁行动计划，全市搬迁山区群众 1230 户 3488 人。其中婺城区搬迁 3 个村 240 户 500 人，基本完成婺城区乾西移民村三期工程建设，启动蒋堂移民新村建设;金东区搬迁 2 村 59 户 140 人	已搬迁的有 4606 人,其中婺城区 500 人,金东区 140 人，兰溪市 1288 人，东阳市 299 人，武义县 230 人,浦江县 59 人,磐安县 2090 人	市农办	已完成

续表 17-4

编号	实事名称	工作要求	1—12 月份进展情况	责任单位	备注
七	着力改善农村生产生活条件	35. 全市创建美丽乡村精品村 45 个、秀美村 90 个、示范中心村 14 个、优秀历史文化村落 18 个,35%的村建成洁美村,其中市区创建美丽乡村精品村 10 个、秀美村 20 个、洁美村 260 个、示范中心村 6 个、优秀历史文化村落 4 个	全市在建美丽乡村风景线 15 条,有 1525 个行政村正实施美丽乡村项目建设,另有 214 个行政村已符合洁美村标准,合计占行政村总数的 36.21%。已提交验收的风景线 9 条, 秀美村 102 个, 精品村 89 个,已基本建成示范中心村 14 个、优秀历史文化村落 17 个。金华市区 373 个行政村正实施美丽乡村建设,另有 83 个行政村已符合洁美村标准,合计占行政村总数的 42.6%,其中洁美村、秀美村、精品村、示范中心村、优秀历史文化村落目前已基本完成提交验收的分别有 280 个、45 个、22 个、9 个、7 个	市农办	已完成
		36.全市创建森林村庄 217 个,其中市区创建市级以上森林村庄(绿化示范村)102 个	经申报、验收,今年全市共命名市级森林村庄、绿化示范村 285 个,其中市本级 112 个。市本级下达村庄绿化补助资金 204 万元	市林业局	已完成
		37. 完成农村困难家庭危旧房改造 2000 户	已开工（完工和在建）农村困难家庭危旧房改造 2386 户,占全年任务的 107%。	市规划局	已完成
		38. 全市建设市级示范农村社区服务中心 80 个,其中市区 40 个	全市现已建成市级示范农村社区服务中心 99 个,其中市区完成 49 个	市民政局	已完成
		39. 全市年内完成农村户厕改造 12000 座	已完成 12000 所	市卫生局	已完成
八	着力提高医疗服务水平	40.启动市级公立医院改革	市级公立医院改革方案经省政府批准,于 12 月 31 日正式启动	市卫生局	已完成
		41. 推进市中心医院与浙江大学医学院的医学合作;全市 7 家医院与上海各知名医院建立医疗技术合作关系;年内上海、杭州知名专家来金会诊、讲座、指导不少于 500 人次	金华市中心医院与浙大医学院的合作顺利进行,已有 36 名著名专家来金指导,会诊病例 195 例。金华市卫生局、市中医医院、市人民医院等 9 个单位分别与上海虹口区卫生局、长征医院、上海市人民医院、上海胸科医院等 9 个单位签订了战略合作协议; 上海各大医院已有 186 名专家到金华指导、讲学、会诊,会诊病例 524 例。		已完成
		42.培养培训各类基层卫技人员 1500 人	基层临床医生国家基本药物和抗菌药物临床应用管理培训班 3626 人	市卫生局	已完成

续表 17–5

编号	实事名称	工作要求	1—12 月份进展情况	责任单位	备注
八		43.全市培训红十字救护员 10000 人，普及培训 40000 人，其中市区 2000 人，普及培训 5000 人	全市培训红十字救护员 13901 人，普及培训 61837 人，分别完成年度任务数的 193.01 %、154.59 %。其中市区培训红十字救护员 3694 人，普及培训 12371 人，分别完成年度任务数的 184.7 %、247.42 %	市红十字会	已完成
九	着力促进教育公平发展	44. 全市所有乡镇中心幼儿园实现全覆盖，新建乡镇中心幼儿园 14 所		市教育局	已完成
		45.全市 7 个县(市、区)通过义务教育发展基本均衡县评估验收，全市创建标准化学校 40 所			按照省教育厅要求抓紧申报
		46.深入推行国家助学金制度，实现农村户籍(含县镇)及城市困难学生免费就读中职学校	中等职业学校享受免学费政策已全面落实，上半年惠及学生 6 万人，免除学费 7600 万元；下半年惠及学生 5.4 万人，免除学费 6527 万元；合计 10.4 万人次，免除学费 1.31 亿元		已完成
十	着力推进文化惠民	47.金华市区建设特色文化示范基地 2 个，全市创建省、市级文化示范村(社区)36 个	市区 2 个金华市特色文化示范基地通过验收，全市 36 个市级文化示范村(社区)已验收、评出。完成创建 9 个省级文化示范村(社区)	市文化局	已完成
		48. 建成金华市非物质文化遗产展示馆	金华市非物质文化遗产展示馆完成建设，于 9 月 22 日提前开馆		已完成
		49.全市完成送戏下乡 1000 场，送电影下乡 4.3 万场，其中市区送戏下乡 288 场、送电影下乡 9200 万场	全市完成送戏下乡 1853 场，其中市区送戏下乡 420 场；完成送电影下乡 44214 场，其中市区送电影下乡 9223 场		已完成
		50.全市举办各类文化艺术活动 40 次	全市举办各类文化艺术活动 230 场。其中市本级举办首届"欢乐金华"百姓文化节开幕式、金华市首届曲艺小品大赛、金华市第五届排舞大赛、金华市第二届文化馆、文化站业务干部才艺大赛，2013 庆元宵文化广场活动，第九届金华市青年歌手大赛，2013 春节联欢晚会等大型艺术活动；各县市文化部门已举办 170 余场大型文艺活动		已完成

附　录

2013年金华市国民经济和社会发展统计公报

金华市统计局
国家统计局金华调查队

2013年,在市委、市政府的正确领导下,全市上下全面落实科学发展观,按照“干好一三五、实现四翻番”的总体部署,围绕“百姓富裕、浙中崛起”总目标,着力深化改革、强化创新驱动、调整经济结构、优化发展环境、改善民生福祉,凝心聚力,攻坚克难,全市经济延续上年以来的赶超发展态势,经济结构持续优化,社会事业继续发展,民生不断得到改善,较好地完成年初确定的目标任务。

一、综合

初步核算,2013年全市实现生产总值(GDP)2958.78亿元,按可比价计算,比上年增长9.1%。其中:第一产业增加值为140.20亿元,增长1.2%;第二产业增加值为1445.70亿元,增长9.4%;第三产业增加值为1372.88亿元,增长9.6%。全市人均生产总值达到62688元(按2013年年均汇率折算为10123美元),增长8.6%。第一、二、三产业增加值占地区生产总值的比重由上年的5.0:49.8:45.2变化为4.7:48.9:46.4,第三产业所占比重比上年提高1.2个百分点。

市区居民消费价格比上年上涨3.1%,涨幅较上年扩大0.9个百分点。所调查的八大类消费品及服务项目价格“六涨二跌”,食品类价格上涨4.1%,衣着类价格上涨12.0%,家庭设备用品及维修服务类价格上涨2.9%,医疗保健和个人用品类价格上涨0.6%,娱乐教育文化用品及服务类价格上涨1.4%,居住类价格上涨4.4%,烟酒类价格下降0.9%,交通和通信类价格下降2.6%。商品零售价格上涨1.2%。全市工业生产者出厂价格下跌1.9%,工业生产者购进价格下跌3.2%,购销价格为顺差1.3个百分点。

全市新增城镇就业70973人,城镇失业人员实现再就业28366人,年末城镇登记失业率为2.73%,低于省市政府提出的4%的控制目标。

二、农业

2013年全市农林牧渔业增加值140.20亿元,比上年增长1.2%。

全市农作物播种面积272.1千公顷,下降1.0%。其中粮食播种面积为153.4千公顷,总产量为88.30万吨,分别下降0.9%和1.6%;棉花播种面积6.8千公顷,下降5.6%,产量为1.07万吨,下降5.9%;油料播种面积为25.4千公顷,下降1.9%,产量为4.69万吨,下降2.3%;蔬菜播种面积为43.5千公顷,面积与上年持平,产量为93.1万吨,增长0.3%;药材播种面积7.1千公顷,下降4.1%;果用瓜种植面积10.4千公顷,下降1.9%,产量为23.02万吨,下降1.2%;花卉苗木种植面积14.4千公顷,增长3.6%。

全市共完成绿化造林面积4.357千公顷,迹地更新面积1.94千公顷,其中人工更新面积1.352千公顷;完成重点防护林工程建设面积0.943千公顷,其中人工造林0.508千公顷、封山育林0.435千公顷;市区和磐安县成功创建省级森林城市,全市创建省级森林城镇8个,省级森林村庄24个,市级绿化示范村235个。

全市肉类总产量为26.30万吨,比上年增长2.7%,其中猪肉22.74万吨,增长6.5%;全年生猪出栏296.39万头,增长6.5%;家禽出栏2090万只,下降18.7%;全年牛奶产量7.54万吨,增长13.8%;水产品产量7.78万吨,增长5.4%。

全市农田水利有效灌溉面积158.21千公顷,旱涝保收面积121.56千公顷;全年化肥施用量(折纯)12.8万吨,增长6.7%;农村用电量43.3亿千瓦小时,增长9.3%。

三、工业和建筑业

2013年全市完成工业增加值1256.66亿元,比上年增长9.6%,工业增加值占GDP的比重为42.5%。全市实现规模以上工业总产值4371.19亿元,销售产值4160.37亿元,分别增长9.9%和9.2%。规模以上工业企业完成出口交货值1015.34亿元,增长5.1%,占销售产值的比重为24.4%。

全市规模以上工业企业科技活动经费支出37.78亿元,增长14.2%。新产品生产增长较快。规模以上工业企业完成新产品产值1211.58亿元,增长28.6%,新产品产值率达到27.7%,提高3.7个百分点。

全年规模以上工业企业实现利税326.37亿元,增长8.4%;其中利润199.59亿元,增长8.2%。金属制品,纺织,医药制造,电气机械和器材制造,纺织服装、服饰,汽车制造等六大行业实现利润占全市规模以上工业利润总额的49.6%。

全市建筑业总产值达2722.2亿元,增长17.3%;完成建筑业地方税收27.8亿元,增长17.6%,占全市税收总收入的13.8%。建筑施工面积32162万平方米,完成房屋竣工面积9355万平方米。省外市场发展良好,2013年建筑业企业在省外完成产值1741.0亿元,占全省省外完成产值的17.3%,占全市建筑业总产值的64.0%。

四、固定资产投资

2013年全市完成固定资产投资1364.36亿元,比上年增长21.1%。其中,房地产开发投资384.97亿元,增长35%;投资项目(单位)投资979.39亿元,增长16.4%。民间投资快速增长,全年实现民间投资1099.3亿元,增长19.2%,占固定资产投资的80.6%。

投资结构进一步优化。在固定资产投资中:第一产业完成投资3.9亿元,下降35.8%。第二产业完成投资667.53亿元,增长18.2%;其中工业投资666.3亿元,增长18.3%。第三产业完成投资692.93亿元,增长24.6%。第二、第三产业投资比重分别下降和上升1.1和1.3个百分点,三次产业投资结构调整为0.3∶48.9∶50.8。

全市省重点建设名单119项,列入省考核的项目108项,年计划投资115.14亿元,完成投资196.36亿元,为年度计划的170.5%;当年新开工项目37项,未开工项目2项,开工率98.15%。竣工投产项目7项。列入全市重点建设实施类项目共计277个,年计划投资291.69亿元,完成投资456.11亿元,为年度计划的156.4%;未开工项目13个,开工建设项目264个,开工率95.31%。

全市房地产开发房屋施工面积为2197.55万平方米,比上年增长4.6%。当年新开工面积519.11万平方米,增长14.5%;竣工面积211.21万平方米,下降18%。全市商品房销售面积为392.68万平方米,增长21.8%;其中住宅销售面积323.68万平方米,增长15.8%。

五、国内贸易

2013年全市实现社会消费品零售额1406.98亿元,比上年增长14.8%,其中:城镇消费品零售额为1166.87亿元,增长14.4%;乡村消费品零售额为240.11亿元,增长16.9%。分行业看,批发零售业零售额1277.16亿元,增长15.0%;住宿餐饮业零售额129.82亿元,增长13.2%。

在限额以上批发零售业零售额中,金银珠宝类、药品类、衣着类、化妆品类消费增长较快,这四大类商品零售额分别为10.71、33.67、41.70、3.73亿元,分别增长40.3%、38.4%、29.1%、28.6%;石油类、食品类、家电类、汽车类消费增长平稳,零售额分别为142.93、24.62、19.36、256.35亿元,分别增长11.8%、11.5%、10.5%、10.5%。

全市共有各类市场451个,市场总成交额为2380亿元,增长10.5%;其中年成交额超亿元的市场有75个,年成交额为2283亿元,增长14.5%;商品交易市场435个,年成交额2121亿元,增长11.4%;生产要素市场9个,年成交额7.7亿元。

六、对外经济

2013年全市完成进出口总额342.7亿美元,比上年增长50.8%。其中,出口总额325.3亿美元,增长52.7%;进口总额17.4亿美元,增长22.2%。出口有效主体增加。全年新增备案企业1810家,全年有出口实绩企业5799家,净增777家;其中出口超5000万美元企业145家,净增80家。出口市场结构优化。全市与219个国家和地区建立贸易关系，其中出口超1亿美元的国家和地区67个,增加16个。

全市新批外商投资企业59家；合同利用外资3.8亿美元,同比增长8.8%;实际利用外资2.49亿美元(其中外商投资合伙企业外商认缴出资额1881万美元)。工业利用外资继续占主导地位。全年新批工业制造业外资项目24个，实到外资占全市总数的55.3%，其中总投资超1000万美元以上项目9个。外资大项目带动作用明显。全年新设立总投资3000万美元以上项目8个,占全市新增合同外资的38.8%。三产项目引资增长较快。全年新设立第三产业外资项目35个,合同利用外资13589万美元,增长1.48倍。

全市新批核准境外投资项目37个,中方境外投资额18557.35万美元。全市完成对外承包工程劳务合作营业额30618万美元,增长18.8%。境外营销网络建设成效显现。全年设立境外营销网络29个,累计300个,涉及62个国家和地区。

七、交通、邮电和旅游

2013年全市交通建设共完成投资76.0亿元。其中高速公路完成投资7.14亿元,国省道、县道建设项目完成投资31.49亿元，大中修工程完成投资5.53亿元,农村联网公路完成投资0.95亿元,安保工程完成投资0.75亿元,病旧桥隧加固改造工程完成投资0.84亿元,场站建设完成投资27.80亿元,水运建设完成投资1.50亿元。全市境内公路总里程达到12036.79千米。年内公路旅客周转量91.69亿人千米,货物周转量167.30亿吨千米。

邮电业务收入82.74亿元,比上年增长5.6%。其中,邮政业务收入9.05亿元,比上年增长16.6%;电信业务收入73.69亿元,增长4.4%。年末城乡固定电话用户161.73万户,比上年下降3.2%。其中住宅电话83.75万户,下降1.9%;公用电话20.97万户,下降4.4%。年末移动电话用户达985.03万户，增长3.7%；其中3G移动电话用户19.64万户，增长48.8%。移动电话普及率208.7部/百人,固定电话普及率34.3部/百人。互联网宽带接入用户达165.05万户,比上年增长25.1%。

全市共接待游客4914.06万人次，比上年增长17.5%,实现旅游收入490.31亿元,增长22.7%,其中接待国内旅游者4834.36万人次,增长17.8%,实现国内旅游收入462.19亿元,增长24.0%;接待入境旅游者79.7万人次，增长2.6%，实现旅游外汇收入45417.36万美元,增长7.0%。

八、财政、金融和保险

2013年全市完成财政一般预算收入415.96亿元，比上年增长10.5%。其中：上划中央财政收入228.86亿元,增长12.2%;公共财政预算收入242.47亿元,增长12.8%。全市一般预算支出322.25亿元,增长18.5%。财政支出更加关注民生，新增财力的67.9%用于保障和改善民生。其中城乡事务支出、住房保障支出、农林水事务支出、公共安全支出、社会保障和就业支出、科学技术支出、文化体育与传媒支出分别增长76.3%、41.9%、22.4%、18.1%、16.8%、16.5%、16.4%。

全市金融机构本外币各项存款余额6161.56亿元,增长15.7%。其中:单位存款余额2849.81亿元,增长15.4%；本外币储蓄存款余额3022.28亿元,增长12.6%。金融机构本外币各项贷款余额5157.32亿元,增长18.7%。其中短期贷款余额4078.25亿元,增长17.1%；中长期贷款余额978.78亿元，增长20.3%。本外币余额存贷比为83.7%。

全市保险机构全年保费收入120.79亿元,增长13.4%。其中财产险保费收入52.43亿元,人身险保费收入68.36亿元,分别增长17.1%和10.4%。全年支付各类赔偿及给付41.42亿元,增长25.7%。其中财产险赔款29.45亿元,增长21.5%;人身险赔款及给付11.97亿元,增长37.3%。

九、教育和科学技术

2013年全市共有各级各类全日制学校709所,在校生70.21万人。其中小学425所,在校生40.10万人;初中175所,在校生15.29万人;普通高中65所,在校生9.02万人;职业高中31所,在校生5.04万人;普通中专4所,在校生5569人;特殊教育学校9所,在校生2041人。全市有幼儿园1476所,在园幼儿24.60万人,学前三年幼儿园入园率98.92%;有省等级幼儿园976所,省等级幼儿园招生覆盖面86%;全市112个乡镇全部建有中心幼儿园。十五年教育普及率 99.46%，全面普及十五年教育。小学入学率、巩固率 100%；初中入学率、巩固率 100%；初中毕业生升入高中段学校比例 98.39%。初中毕业生升入普通高中与中等职业学校的比例为 1:0.9，普通高中教育与中等职业教育协调发展。高等教育规模不断扩大，结构更趋合理。全市高等院校共 9 所，在校生 8.44 万人，其中普通高校 2 所，在校生 3.42 万人；高职院校 5 所〔含浙江科贸职业技术学院（筹）〕，在校生 4.71 万人；成人高校 2 所，在校生 3083 人。高等教育毛入学率 51.9%。

全市列入市级以上科技项目 770 项，其中：国家级 89 项、省级 388 项，新到位上级科技资金 12977 万元，其中国家级 3075 万元，比上年增长 22%。新立市级科技计划项目 293 项，其中工业类 78 项，农业类 81 项，社会发展类 127 项，农业科技成果转化项目 7 项。申请专利 23356 件，其中发明专利 2379 件；获专利授权 15997 件，其中发明专利 480 件。新认定省级企业研究院 1 家、工程技术研究中心 1 家，省级高新技术研发中心 23 家、市级 32 家，省级农业科技研发中心 10 家、市级 8 家，市级以上各类企业研发机构累计 474 家。

全市新增浙江名牌产品 28 只，累计 269 只，新增加金华名牌产品 73 只，累计 390 只。制修订国家或行业标准 7 个，获国家级农业标准化示范项目和服务业试点项目 4 个，省市级农业标准化推广示范项目 33 个，农业标准示范区面积 24.1 万亩，省级工业服务业标准化试点项目 4 个。产品监督抽查合格率 93.9%，食品监督抽查合格率 95.58%。特种设备定检率、登记率和操作人员持证上岗率达 95%以上，计量器具强制检定 22.77 万台件。

十、文化、体育和卫生

2013 年全市拥有文化馆 10 个，公共图书馆 10 个，其中 8 个馆获评一级馆公共图书馆。完成创建 1 个省级文化先进县、1 个省级文化强镇、9 个省级文化示范村（社区）、36 个市级文化示范村（社区）和 2 个市区特色文化示范基地。举办各类文化艺术活动 230 余场，完成送戏下乡 1853 场，送电影下乡 44214 场，送书下乡 33.9 万余册，送讲座展览 1008 场次，开展培训 10.7 万人次，组织文化走亲（含乡镇）562 场。全市文化市场健康平稳有序，出动检查 9215 人次，检查场所 13106 家次。全市广播综合覆盖率 99.48%，电视综合覆盖率 99.73%，城区数字电视整体转换率 100%，数字电视用户数 129 万户。

全市创建省级体育强镇、先进街道（社区）13 个，创建省级中心村全民健身广场 10 个、省级村级（社区）体育俱乐部 24 个，省级老年体育活动中心 7 个，建成体育小康村 495 个。成功举办浙江省第二届体育大会。共有来自全省 11 个地市和 11 个行业代表团近 9800 人次参加 58 个大项的比赛，金华代表团获得 40 金、34 银、46 铜，奖牌和总分名次均列全省第四，获得奖牌总数、团体总分成绩二等奖。第十二届全运会，金华市运动员获得 1 金 2 银 8 铜，选拔组队参加了 19 个项目的全省青少年锦标赛，共夺得 30 金 24 银 32 铜。体育中心正式对外开放，半年时间共接待健身市民 10 万多人次。全年共培训体育社会指导员 800 多人，审批二级运动员 204 人。举办了全国首届桥牌俱乐部女子联赛，共有全国 12 支队伍近百名运动员参赛。体育彩票全年销量达 7.97 亿元，列全省第四；同比增长 23.62%。

全市共有卫生机构 369 个（不含社区卫生服务站、村卫生室、诊所等，下同），其中医院、卫生院（含社区服务中心）261 个，妇保院（所、站）10 个，专科疾病防治院（所、站）6 个；全市实际开放床位数 22882 张，其中：医院和卫生院床位（含社区服务中心，不含妇保院）19170 张；全市卫生技术人员 32811 人，其中执业医师和执业助理医师 13375 人，注册护士 11759 人；疾病预防控制机构 10 个，总人数 534 人；卫生监督检验机构 10 个，总人数 307 人。另有诊所、医务室、社区卫生服务站 1906 个，卫技人员 2387 人。村卫生室 1742 个，其中卫技人员 547 个。全市共有艾滋病实验室 57 个，其中初筛实验室 53 个、中心实验室 3 个、确诊实验室 1 个。

十一、环境保护

2013 年全面实施“811”生态文明建设推进行动，主要污染物减排各项工作扎实推进。金华市市区空气质量优良率达到 84.9%，全市平均达到 84.8%。7 个主要河段及湖库市控以上断面，达到或优于三类水质标准的占 50%，满足功能区要求的占 50%；全市 20 个地表水交接断面，达到或优于三类水质标准的断面占 60%；10 个出境断面，达到或优于三类水质标准的占90%。

全市生态公益林建设面积为277.86千公顷,生态公益林达到优质林面积195.16千公顷。全市森林覆盖率60.4%。全市共建成国家级生态县(市)2个,省级生态县(市)2个,国家环保模范城市1个,全国环境优美乡镇27个,省级生态乡镇92个,市级生态乡镇127个。全市共有沙金兰等39个规范化合格饮用水源保护区,其中8个县级以上集中式饮用水源保护区水质达标率100%。建成自然保护区4个,其中国家级自然保护区1个。森林公园13个,其中国家级森林公园2个。

十二、人口、人民生活和社会保障

2013年全市出生人口52731人,出生率11.17%;死亡人口29568人,死亡率6.26%;人口自然增长率4.91%。年末总人口473.35万人,其中市区94.57万人;非农业人口108.96万人,其中市区32.39万人。平均每户家庭人口2.58人。

全市城镇居民人均可支配收入为36423元,比上年增长9.8%;城镇居民人均生活消费支出23172元,增长5.5%。全市农村居民人均纯收入为14788元,增长11.3%;农村居民人均生活消费支出10673元,增长15.1%。年末全市城镇居民人均现住房建筑面积51.31平方米;全市农村居民人均生活用房面积62.42平方米。

年末全市拥有各类社会福利单位135个,社会福利床位数26674张,收养各类人员13888人。农村五保对象集中供养率为99.24%。全市共有低保对象6.32万人,发放最低生活保障金1.54亿元;筹集医疗救助资金5283.9万元,实际救助3.26万人次;发放救灾款1115.6万元,救济灾民4.05万人次,改扩新建避灾场所88个。社区服务功能日趋完善,建立乡镇(街道)社区服务中心151个、城市社区服务中心(站)277个、村级社区服务中心(站)3201个、社区服务网点6980个、捐赠接收站(慈善超市)117个。全市共有社会组织4013家,其中社会团体1739家,民办非企业单位2273家。全市共有抚恤优待对象36674人,发放抚恤金13364万元、义务兵优待金5869万元、困难补助经费362.75万元,退役义务士兵自主就业率达到100%,发放自主就业一次性经济补助金2286.04万元。

年末全市城镇职工养老保险参保人数151.56万人,职工基本医疗保险参保人数125.43万人,工伤保险参保人数148.94万人,生育保险参保人数70.56万人,失业保险参保人数70.60万人;城乡居民养老保险参保人数165.37万人,城乡居民医疗保险参保人数356.58万人,被征地农民基本生活保障参保人数30.89万人。

注:(1)本公报所列各项数据为年度初步统计数据;

(2)人口数为公安部门统计年报数;

(3)公报中生产总值和各产业增加值绝对数按现价计算,增长速度按可比价计算,人均生产总值按户籍人口计算;

(4)规模以上工业企业指年销售收入2000万元及以上工业企业。

2013年市区各类价格指数(以上年为100)

表18

居民消费价格总指数	**103.1**	3.衣着类	112.0
1.食品类	104.1	4.家庭设备用品及维修服务	102.9
#粮食	104.0	5.医疗保健和个人用品	100.6
肉禽及制品	103.2	6.交通及通讯	97.4
水产品类	104.0	7.娱乐教育文化用品及服务	101.4
菜类	100.9	8.居住	104.4
2.烟酒及用品类	99.1	**商品零售价格总指数**	101.2

注:表中使用的符号"#"表示其中的主要项,下表同

2013 年全市主要农产品产量

表 19

农产品产量	计量单位	绝对数	比上年增长%
粮　食	万吨	88.30	−1.6
# 谷 物	万吨	73.02	−1.7
油菜籽	吨	40250	−1.3
棉　花	吨	10689	−5.9
蔬　菜	万吨	93.1	0.3
茶　叶	万吨	2.09	3.0
水　果	万吨	57.91	1.5
# 柑 橘	万吨	10.26	−8.7
葡　萄	万吨	8.35	2.2
蚕　茧	吨	1211	−33.6
肉类产量	吨	262957	2.7
# 猪牛羊肉	吨	231654	6.3
禽　肉	吨	31098	−17.7
禽蛋产量	吨	53847	−4.0
牛奶产量	吨	75351	13.8
猪全年出栏	万头	296.39	6.5
猪年末存栏	万头	179.55	−3.0
牛年末存栏	万头	4.19	−4.3
# 奶 牛	万头	2.69	0.7
羊年末存栏	万只	8.10	−5.2

2013 年全市主要工业产品产量

表 20

工业产品产量	计量单位	绝对数
纱	吨	35578045.4
布	万米	130329
服装	万件	63543
家具	万件	3380
机制纸及纸板	吨	720368
乳制品	吨	61332
化学纤维	吨	211812
农用化学肥料总计(折纯)	吨	20796
化学农药原药(折 100%)	吨	5333
涂料(油漆)	吨	90897
塑料制品	吨	443368
水泥	万吨	1720
钢材	万吨	186
铝材	吨	132896
金属切削机床	台	5530
发动机	万千瓦	138
摩托车	辆	286521
汽车	辆	3421
自行车	万辆	334
家用吸尘器	台	237309
发电量	亿千瓦时	155

2013年度全市机动车数据统计表

表21

统计时间：2012年12月21日至2013年12月20日	填报日期： 2013年12月22日

一、机动车注册分布（辆）

车型	金华	兰溪	义乌	东阳	磐安	武义	永康	浦江	合计
大型车	2487	–	285	143	–	–	99	–	3014
小型车	45434	7379	43371	20557	2327	6028	23663	9917	158676
摩托车	4352	654	4988	1817	506	976	2399	945	16637
轻便摩托车	25	–	26	–	61	1	–	–	113
挂车	168	–	11	1	–	–	2	–	182

二、新增机动车数量（辆）

车型	金华	兰溪	义乌	东阳	磐安	武义	永康	浦江	合计
大型车	929	233	906	286	45	110	410	82	3001
小型车	27465	9468	49165	23357	3022	8704	26449	10785	158415
摩托车	4308	655	4979	1824	506	976	2395	943	16586
轻便摩托车	25	–	26	–	61	1	2	–	115
挂车	96	26	–	8	2	6	3	–	141
合计	32823	10382	55076	25475	3636	9797	29259	11810	178258

三、机动车业务工作量（起）

业务种类	金华	兰溪	义乌	东阳	磐安	武义	永康	浦江	合计
注册	53143	8034	48681	22524	2894	7007	26171	10862	179316
所有权转移	39629	514	18134	6664	32	279	11311	263	76826
变更	5975	482	3403	1552	94	643	2690	1563	16402
抵押	45581	4276	16401	13008	627	1612	19717	4715	105937
注销	920	184	356	370	145	217	325	266	2783
转入	4623	29	979	419	8	12	615	8	6693
补换领牌证	9341	1626	14324	4849	886	1642	9170	3143	44981
转出	4486	6	2156	621	–	5	929	2	8205

四、机动车保有量分布（起）

车型	金华	兰溪	义乌	东阳	磐安	武义	永康	浦江	合计
大型汽车	7525	2971	5147	2739	928	1284	3478	1279	25351
小型汽车	177306	51227	301692	128567	16090	47788	185869	61788	970327
摩托车	127167	51342	119055	76164	24885	37417	56028	53075	545133
轻便摩托车	2548	437	1906	2090	2082	10963	2959	795	23780
挂车	544	231	227	138	90	94	255	79	1658
教练车	1051	201	659	388	86	198	475	297	3355
合计	316141	106409	428686	210086	44161	97744	249064	117313	1569604

（黄丽燕）

索　引

A

C

D

F

G

N

P

Q

R

S

T

W

X

Y

Z

数字

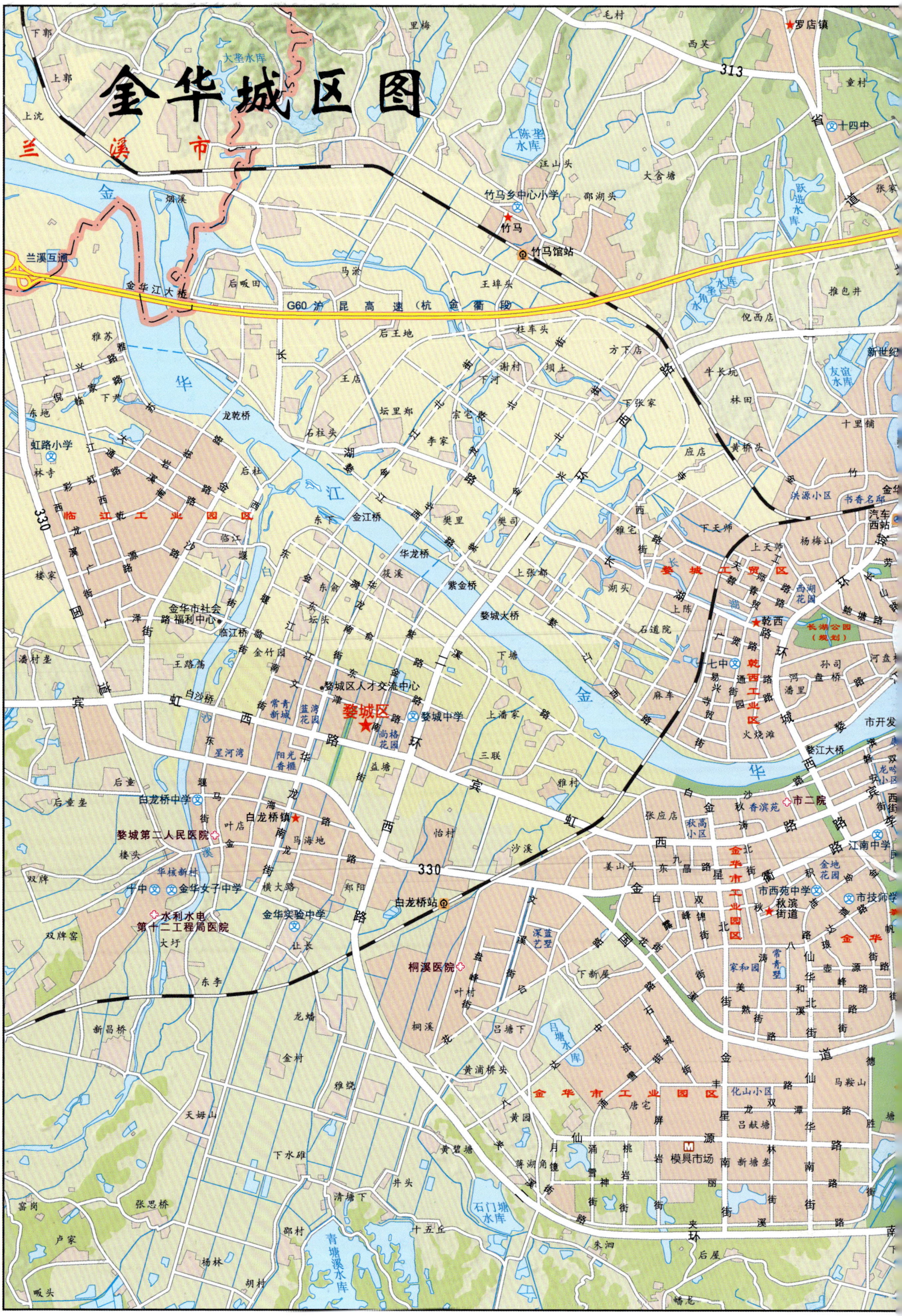
金华城区图
兰溪市
下郭
上郭
上沈
大坔水库
里梅
毛村
罗店镇
西吴
313
童村
十四中
上陈坔水库
汪山头
大会塘
跃进水库
张家
竹马乡中心小学
邵湖头
竹马
竹马馆站
兰溪互通
金华江大桥
烟溪
后畈田
马涂
王埠头
G60 沪昆高速（杭金衢段）
水角垄水库
倪西店
推包井
后王地
桂车头
方下店
新世纪
雅苏
王店
谢村
牛长坑
友谊水库
下河
坝上
林田
龙乾桥
坛里郑
下张家
十里铺
石柱头
李家
虹路小学
黄桥头
应店
林寺
后杜
洪源小区
书香名邸
临江工业园区
金江桥
樊里
樊司
下天师
杨梅山
汽车西站
东下
华龙桥
上天师
临江
筱溪
上张郑
紫金桥
西湖花园
楼家
湖头
上陈
婺城大桥
乾西
金华市社会福利中心
临江桥
石道院
长湖公园（规划）
金竹园
七中
孙司
潘村垄
王路角
下塘
盘桥
河盘
潘里
白沙桥
婺城区人才交流中心
常青新城
蓝湾花园
婺城区
婺城中学
上潘家
麻车
乾西工业园区
市开发
火烧滩
星河湾
尚格花园
阳光香榭
三联
婺江大桥
后童
益塘
雅村
白龙桥中学
市二院
后童垄
香滨苑
秋高小区
白龙桥镇
叶店
马海地
张应店
怡村
婺城第二人民医院
江南中学
楼头
沙溪
330
金地花园
华梳新村
姜山头
十中
金华女子中学
郑阳
金华市工业园区
市西苑中学
双牌
横大路
白龙桥站
秋滨街道
市技师学
金华实验中学
水利水电第十二工程局医院
双牌窑
大圩
深蓝艺墅
桐溪医院
家和园
常青墅
东李
下新屋
叶村
新昌桥
龙蟠
桐溪
吕塘下
月塘水库
金村
黄浦桥头
化山小区
马鞍山
雅饶
金华市工业园区
唐宅
黄园
吕献塘
天姆山
黄碧塘
模具市场
下水碓
新塘垄
蒋湖角
井头
清塘下
石门塘水库
十五丘
富岗
张思桥
邵村
卢家
青塘溪水库
朱泗
后屋
杨林
胡村
畈头